东源年鉴

DONGYUAN NIANJIAN

2024

东源年鉴编纂委员会 编

（总第14卷）

华南理工大学出版社

·广州·

图书在版编目（CIP）数据

东源年鉴 . 2024 / 东源年鉴编纂委员会编 . -- 广州：华南理工大学出版社，2024.12.
ISBN 978-7-5623-7950-8

I. Z526.54

中国国家版本馆 CIP 数据核字第 2024YR3840 号

东源年鉴 2024

东源年鉴编纂委员会　编

出　版　人：房俊东
出版发行：华南理工大学出版社
　　　　　（广州五山华南理工大学 17 号楼，邮编 510640）
　　　　　http://hg.cb.scut.edu.cn　　E-mail: scutc13@scut.edu.cn
　　　　　营销部电话：020-87113487　87111048（传真）
策划编辑：林起提
责任编辑：葛泳娟　卜穗珍
责任校对：梁晓艾　盛美珍
印　刷　者：广东鹏腾宇文化创新有限公司
开　　本：889 mm×1194 mm　1/16　总印张：26　插页：27　字数：650 千
版　　次：2024 年 12 月第 1 版　印次：2024 年 12 月第 1 次印刷
定　　价：200.00 元

版权所有　盗版必究　　印装差错　负责调换

东源县《东源年鉴》编纂委员会

顾　问：秦卫民
主　任：刘大荣
副主任：赖建军　张小龙　黄仲明　王伟亮
委　员：叶　梓　程建平　梁新鹏　李　俊　黄和平　张东明　谢雄青　黄春响
　　　　刘伟忠　张　凌　程春华　刘伟雄　黄　振　黄东平　张桂平　黄瀚川
　　　　曾宪奕　黄伟康　袁国标　张嘉玲　朱扶容　梁　勇　邹淑英　李荣皓
　　　　朱锦标　刘永辉　郭晓锋　李伟强　胡斯诗　潘瑞武　杨勇斌　黄志勇
　　　　蓝法辉　魏慧铭　江爱民　蓝　悦　李友恒　肖三平　周小东　张伟才
　　　　陈志玲　朱永东　吴志燕　刘伟青　陈文镜　王　帅　殷俊涛　黄罗红
　　　　黄文波　蓝淦湖　唐　斌　李常青　杨广荣　叶海兵　周新波　杨建辉
　　　　吴思巧　张冬华　李　勇　李勇增　李远来　罗志明　谭建中　张建安
　　　　赖可谦　张欢胜　李志勇　丘庆雄　蓝汉卿　叶文基　陈维雄　李军良
　　　　陈红星　吴育良　古秀宁　邹绍兴　欧阳班卮　赖兆平　张锦锋
　　　　赖万和　廖鲜芹　朱小华　张建新　廖剑伟　卢灵盛　赵日峰　熊　亮
　　　　曾林华　罗锦文　周小敏　肖会君　李　伟　朱振通　张　涛　吴海韵
　　　　吴炳霖　欧阳雪　李建新　张国华　张小辉　黄宇宁　叶　旭　黄小育
　　　　刘　璐　李　军　廖　帆　罗　威　李　晨　陈文业　蒙建国　钟军辉
　　　　赖达东　蓝伟先

《东源年鉴》编辑部

主　编：王伟亮
副主编：陈志玲
编　辑：赖超清　欧阳小丽　朱昉悦　欧建平　曾利明
　　　　欧阳宏汉　欧小娜　林俊坤　刘金花

《东源年鉴2024》撰稿人名单

(排名不分先后)

郭佳慧	谢玉樱	朱文浩	黄雨沁	古兆景	陈文浩	张文敏	朱伟聪
缪子晴	杜钰莹	朱旖晨	顾安琪	刘伟潮	陈雁霞	林诗欣	杨戈文
邱婧如	黄宸皓	缪楚莹	蓝 强	陈家源	欧敏捷	许振声	黄霭斐
肖 邦	沙世豪	陈仕杰	李慕华	张舒萍	曾闯安	赖晴晴	赖巧燕
丘小玲	李伟昊	丘钰琦	张伟健	李建生	谢雪花	叶怡君	潘刚荣
肖小梅	刘经韬	吴辉城	朱红云	朱雯雅	李嘉颖	李 敏	谢运青
吴斯思	赖智宛	林 洁	陈东良	王斯婷	吴玉姝	缪少强	刁钰婷
陈 玲	廖海洲	欧阳一鸣	张 泳	徐粤霞	叶小浩	罗 涛	
林 琪	李伟华	杨 喻	黄小媚	王凯发	朱昉悦	欧阳梅英	
李适瑜	陈雪华	吴 媛	黄燕萍	魏秀燕	叶新城	叶萁芊	黄丽鸣
吴智祥	俞柳青	林少辉	黄金霞	游远科	刘浩斌	叶 新	张志军
李 鑫	范仲斌	陈欣雄	潘 健	黄 敬	黄相侣	李伟年	蓝 清
陈善茂	李明刚	黄伟坚	朱利银	梁素娥	古 慧	蓝翠萍	游雪莹
杨运宜	朱莉雅	伍学平	蓝柳赵	丘新华	廖秀婷	黄添花	尹倩玉
杜少容	邱瑞娜	李立欢	黄金花	黄苏萍	李燕惠	朱婷婷	薛艳芳
李志坚	缪静梅	钟丽华	杨鑫梅	刘文景	陈 丹	欧阳莹	刘科明
何思民	张小梅	朱颖铿	谢 甜	何振荣	曾 慧	古乐园	李晓玲
莫夏璇	何彩玲	周颖颖	欧颖怡	陈 嵘	丘 丽	罗文娟	顾淑华
苏庆华	李菁菁	潘永雄					

编辑说明

一、《东源年鉴》以马克思列宁主义、毛泽东思想、邓小平理论、"三个代表"重要思想、科学发展观、习近平新时代中国特色社会主义思想为指导，旨在全面、系统、翔实地记载东源县各年度发展情况，为社会各界人士了解和研究东源提供基本地情资料。

二、《东源年鉴》是由中共东源县委、县人民政府主办，东源县地方志编纂委员会组织、《东源年鉴》编辑部编纂出版的地方综合年鉴。本年鉴于2009年创刊，2013年起每年出版一卷。其中，《东源年鉴·2024》为第14卷。

三、《东源年鉴·2024》主要记述东源县2023年自然、政治、经济、文化、社会等方面情况。采取分类编辑法，主体内容设篇目、类目、分目、条目结构层次，以条目为表现内容的基本形式。条目标题采用黑体字加【 】表示。部分比较复杂的内容，条目以下用楷体标题标明各段资料的主题。

四、《东源年鉴·2024》分特载、大事记、东源概况、东源县"百千万工程"、党政机关、群团组织、地方军事、法治、农业农村·水利水电、工业·工业园区、交通·邮政·通信、城乡建设·环境保护、商业·贸易、财政·税务、金融业、经济管理、教育、文化·广电·旅游·体育·融媒、社会民生、乡镇概况、社会经济统计资料、人物、附录共23篇，类目128个，条目879条，共65万字，彩页27页。

五、本卷年鉴资料由各乡镇各单位年鉴通讯员撰稿并经单位审阅后提供，经年鉴编辑部编辑后，交回各单位复核，并送县有关领导和出版部门审定后出版。

六、本年鉴统计数据采用法定计量单位。主要统计数据以县统计局提供的社会经济统计资料为准，不属统计部门的统计数据，由主管部门或有关单位提供，使用时请以县统计局数据为准。

七、对资料中需要另行作注的内容，统一放在文末"注释"。

八、本年鉴配备目录、主题索引，方便读者查阅利用。

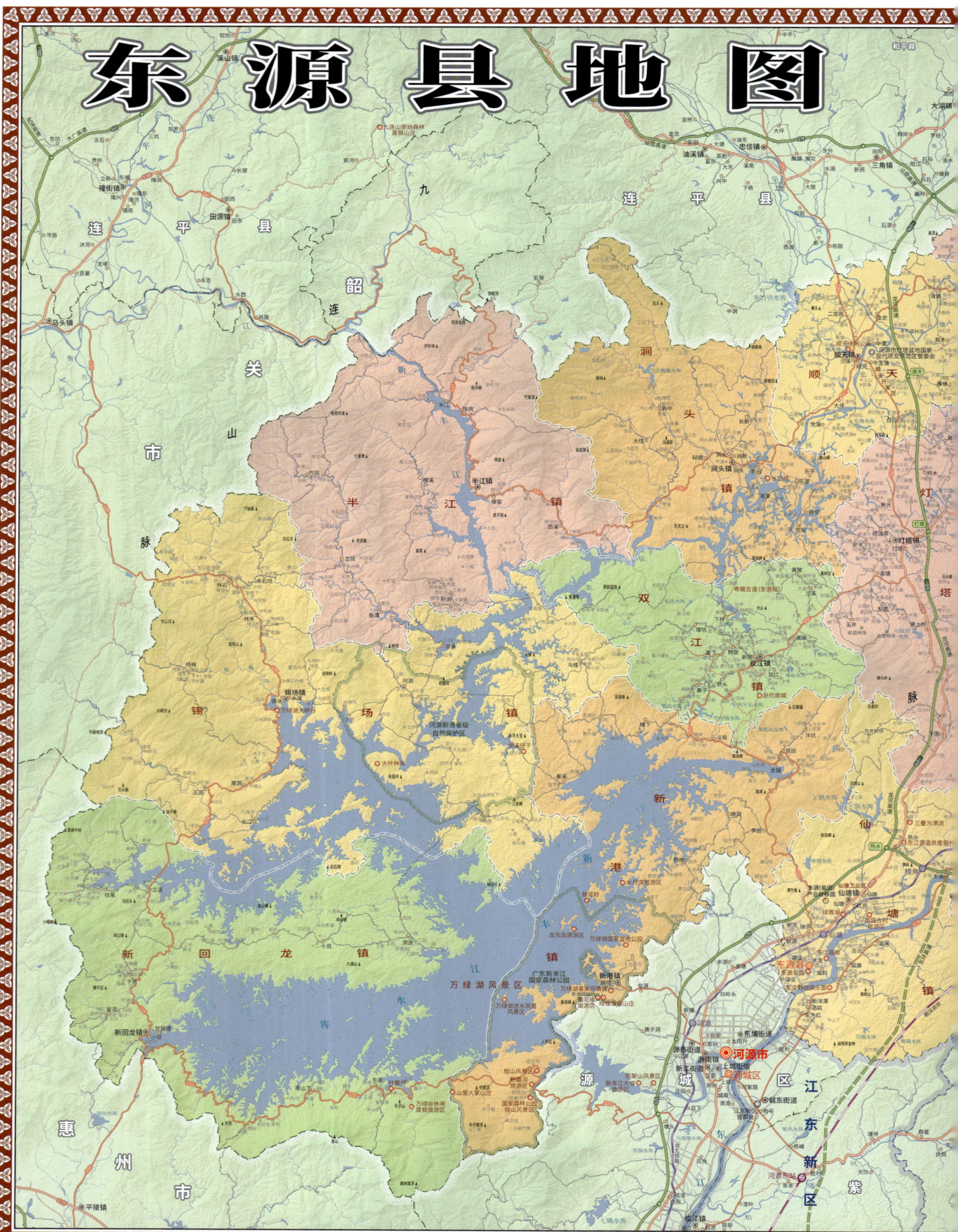

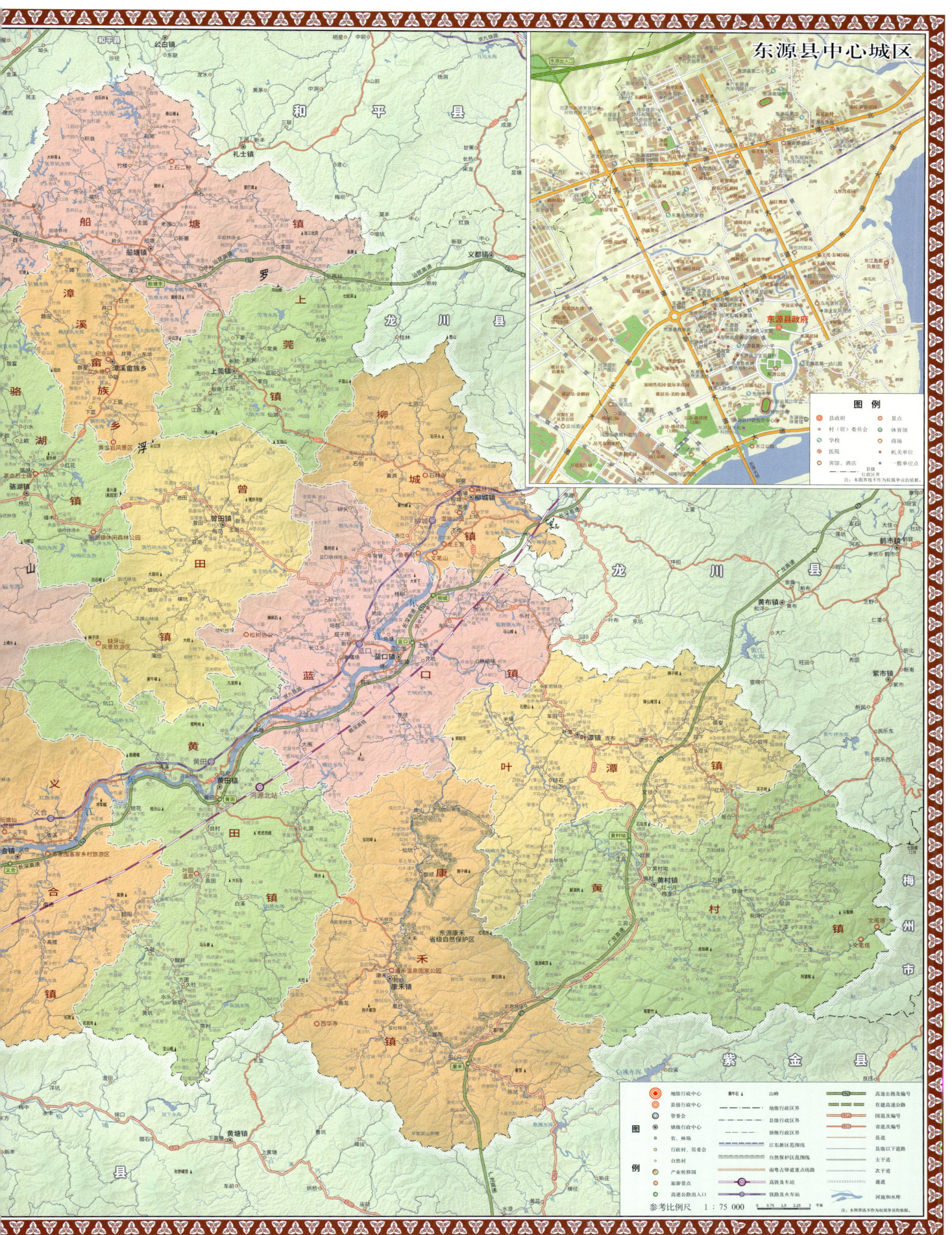

百千万工程
BAIQIANWAN GONGCHENG

◆ 2022年12月10日,县委常委会召开扩大会议,认真传达学习贯彻省委十三届二次全会精神

(县百千万工程指挥部　供图)

◆ 2023年5月31日,东源县举行"百县千镇万村高质量发展工程"暨2023年农业招商大会

(县百千万工程指挥部　供图)

◆ 2023年7月3日，东源县获河源市"一线总指挥"奋楫扬帆赛航线第一名　　　　　（县百千万工程指挥部　供图）

◆ 2023年7月12日，东源县举行河源市"百千万工程"大擂台暨"一线施工队长"百舸争流赛图纸初赛活动

（县百千万工程指挥部　供图）

◆ 2023年8月7日，东源县"百千万工程"推进会暨"县镇村大提升行动"动员会召开

（县百千万工程指挥部　供图）

◆ 2023年8月16日，东源县经济大提速暨"百千万工程"考核评价动员部署会召开

（县百千万工程指挥部　供图）

◆ 2023年12月15日，东源县在仙塘镇举行梦启糖巢项目暨乡村创客创业大赛发布会　　（县百千万工程指挥部　供图）

◆ 义合镇下屯村打造花海经济，接待游客超8万人次，带动周边群众增收48万元　　（县百千万工程指挥部　供图）

大事要闻
DASHI YAOWEN

◆ 2023年1月7日,东源县公安局举行全县公安机关2023年春运道路交通安全管理工作启动仪式暨誓师大会

(县公安局 供图)

◆ 2023年2月1日,东源县国防动员办公室、东源县人民防空办公室举行揭牌仪式

(县发展和改革局 供图)

◆ 2023年2月2日,中国共产党东源县第八届纪律检查委员会第四次全体会议在东源县工人文化宫召开

（县纪委 供图）

◆ 2023年2月22日,中国人民政治协商会议第九届东源县委员会第三次会议在东源县工人文化宫召开 （县政协 供图）

◆ 2023年2月22日，蓝口镇与兆华种业签订千亩杂交水稻制种产业战略合作协议、蓝口镇撂荒地托管项目战略合作协议
（蓝口镇　供图）

◆ 2023年2月23日，东源县第九届人民代表大会第三次会议在东源县工人文化宫召开
（县人大　供图）

◆ 2023年2月28日，柳城镇召开广东省2023年春耕生产暨支农服务下乡现场会 （柳城镇 供图）

◆ 2023年2月28日，中国科学技术协会、广东省科学技术协会在河源市举行2021—2025年"全国科普示范县"授牌仪式。东源县获得"全国科普示范县"招牌 （县科协 供图）

◆ 2023年3月23日,叶潭镇在孙田坑举行"东源县2023年春季经贸活动(叶潭镇分会场)暨名南环保项目动工仪式"
（叶潭镇　供图）

◆ 2023年4月3日,东源县县长刘大荣(中)到万绿湖风景区调研指导国家5A级旅游景区创建工作　　（县府办　供图）

◆ 2023年4月7日，河源市首个县工业开发区公共法律服务工作站暨河源仲裁委员会服务点在东源县工业开发区举行揭牌仪式　　　　　　　　　　　　　　　　　　　　　　　　　　　　　（县司法局　供图）

◆ 2023年4月9日，东源县举行广东省政府扶持东源县城乡消防救援队伍车辆配发仪式　　　　（县消防大队　供图）

◆ 2023年4月16日,南方报业小记者河源联络站在东源县消防大队举行南方报业小记者实践(研学)基地授牌仪式

(县消防大队 供图)

◆ 2023年4月21日,东源县公安局锡场派出所举行新办公楼启用揭牌仪式

(县公安局 供图)

◆ 2023年5月18日，东源县看守所、东源县人民检察院驻看守所检察室、东源县拘留所举行新办公楼启用揭牌仪式

（县公安局　供图）

◆ 2023年7月6日，华南农业大学河源现代农业综合试验站水稻智慧农场技术试验分站授牌仪式在柳城镇田间科技小院举行

（柳城镇　供图）

◆ 2023年8月,东源县归国华侨联合会获得"全国侨联系统先进组织"称号　　　　　　　　　　　　　　（县侨联　供图）

◆ 2023年9月1日,河源市委党史研究室、市地方志办公室主任黄小青,东源县委常委、宣传部部长张松新等在仙塘镇文化活动中心举行"河源市东源县党史方志驿站"揭牌仪式　　　　　　　　　　　　　　　　　　　　　　（县委党史研究室　供图）

◆ 2023年10月25日，东源县仙塘镇红十字会揭牌成立　　　　　　　　　　　　　　　　　　　　　　（仙塘镇　供图）

◆ 2023年10月30日，东源县公安局、交通警察大队车辆管理所举行新办公楼启用揭牌仪式　　　　（县公安局　供图）

◆ 2023年12月14日，广东狮子会槎城服务队在东源县涧头镇康园中心挂牌成立"南粤扶残·狮爱行动工作站"　　　　　（县残联　供图）

◆ 2023年12月28日，东源县公安局举行"东源县公安局防范中心"揭牌仪式　　　　　（县公安局　供图）

党建工作
DANGJIAN GONGZUO

◆ 2023年3月15日，东源县委书记秦卫民（右一）出席2023年上半年新兵欢送仪式，为新兵佩戴红花

（县人武部 供图）

◆ 2023年5月10日，东源县在县人民政府综合楼六楼召开"咸水塘谈判"历史学术研讨会

（县委宣传部 供图）

◆ 2023年6月6日,广东省人大教育科学文化卫生委主任委员刘小毅(前排左二)带队到东源县开展《广东省革命遗址保护条例》执法检查

(县人大　供图)

◆ 2023年6月7日,河源市退役军人事务局、东源县退役军人事务局为蓝口镇荣立二等功现役军人家属送喜报

(县退役军人事务局　供图)

◆ 2023年8月1日,中共河源市委党史研究室、市地方志办公室主任黄小青,中共东源县委常委、宣传部部长张松新等到蓝口镇长江头村咸水塘谈判旧址调研工作
（蓝口镇　供图）

◆ 2023年8月3日,广东省委党史研究室主任杨建伟（前排右二）一行到东源县就党史工作高质量发展开展专题调研
（县党史办　供图）

◆ 2023年9月28日，东源县举办东源县领导干部警示教育会暨党章党规党纪教育培训班　　　　　　　　　　　　（县纪委　供图）

◆ 2023年10月9日，上莞镇举办首届"讲好红色故事　赓续红色血脉"演讲大赛决赛　　　　　　　　　　　　（上莞镇　供图）

◆ 2023年12月6日，上莞镇举行中共九连地委、粤赣边支队司令部旧址揭牌仪式　　　　　　　　　　　　　　（上莞镇　供图）

领导重要活动
LINGDAO ZHONGYAO HUODONG

◆ 2023年2月15日，广东省科学技术协会党组成员、专职副主席林晓湧，科普部部长吴仕高一行到东源县科技馆参加"广东省十佳科普教育基地"挂牌仪式　　　　　　　　　　　　　　　　　　　　　　　　　　　（县科协　供图）

◆ 2023年3月1日，河源市委副书记吴青川（前排右二）、东源县县长刘大荣（前排右一）陪同科学技术部农村科技司司长叶玉江（前排右三）到柳城镇进行调研工作　　　　　　　　　　　　　　　　　　　　　（柳城镇　供图）

◆ 2023年3月8日，中国灌溉排水发展中心副主任周双及广东省水利厅农水农电处领导到东源县顺天镇赤竹径灌区检查、指导灌区建设　　　　　　　　　　　　　　　　　　　　　　　　　　　　　　　（县水务局　供图）

◆ 2023年3月14日,广东省城乡规划设计研究院专家团队到漳溪畲族乡调研岭南民族特色高质量发展项目

(县委统战部 供图)

◆ 2023年3月29日,广东省科学技术协会原副巡视员、广东省青少年科技教育协会理事长黄善辉(右三)到东源县科技馆调研、指导科普工作

(县科协 供图)

◆ 2023年4月13日，广州市创新社区治理发展研究院副院长杨煌（居中）率广东省"美丽庭院"工作调研组到东源县义合镇下屯村调研、指导"美丽庭院"创建工作

（县妇联　供图）

◆ 2023年5月5日，东源县委书记秦卫民（右一）陪同广东省人大常委会副主任刘雅红（前排中）到东源县开展农村供水立法调研和"百千万工程"工作调研

（县人大　供图）

◆ 2023年5月10日,东源县委书记秦卫民陪同广东省水利厅副厅长陈仁著到万绿湖进行生态环境保护专题调研

（县水务局 供图）

◆ 2023年5月18日,广东省水利厅副厅长孟帆率队到东源县赤竹径灌区和灯塔盆地美林油茶基地进行调研

（县水务局 供图）

◆ 2023年5月31日,广东省公路事务中心副主任罗广发(右四)带领省公路事务中心计划部、广东省交规院人员到省道S230线黄田大桥及沿线开展现场调研,检查国省道低等级路段工作　　　　　　　　　　　　　　　　（县公路事务中心　供图）

◆ 2023年6月5日,交通运输部调研组到东源县调研农村公路建设养护工作　　　　　　　　　　　　　　　　（县公路事务中心　供图）

◆ 2023年6月6日，中国气象服务协会专家委员会主任委员、中国气象局原副局长余勇到东源县开展调研工作

（县气象局　供图）

◆ 2023年6月8日，广东省公路事务中心基建部部长李林生（右三）到省道S230线黄田大桥现场检查

（县公路事务中心　供图）

◆ 2023年6月10日，东源县县长刘大荣率队到柳城镇、蓝口镇检查"龙舟水"期间防汛备汛工作　　（县府办　供图）

◆ 2023年6月13日，东源县委书记秦卫民（前排左二）到黄村镇调研"百千万工程"工作　　（黄村镇　供图）

◆ 2023年6月29日,东源县县长刘大荣主持召开第六场县长"面对面"解决群众"城市服务"问题座谈会

(县府办 供图)

◆ 2023年7月18日,中国工程院院士、华南农业大学教授罗锡文(前排右一)到柳城镇指导夏收工作,到田间为基层党员干部上党课,并出席"永根科技站"授牌仪式

(柳城镇 供图)

◆ 2023年7月28日,广东省农业育种专家到蓝口镇调研水稻育种情况 （蓝口镇 供图）

◆ 2023年8月14日,东源县委书记秦卫民到黄田镇深入重点项目、工业企业,就实施"百千万工程"进行调研

（黄田镇 供图）

◆ 2023年8月31日，广东省发改委、河源市发改局、东源县发改局、东源县工商信局等领导到蓝口镇旗滨集团调研

（蓝口镇 供图）

◆ 2023年9月7日，广东省交通厅农村公路建设调研督导组第七组组长、省公路事务中心副主任莫小凯（前排右一）一行到康禾镇南山桥危桥改造工程、叶潭镇酒翁石桥危旧桥拆除现场调研督导

（县公路事务中心供图）

◆ 2023年9月23日,广东省政协机关副厅级干部曾德明(左二)等领导到新回龙镇调研指导　　（新回龙镇　供图）

◆ 2023年9月30日,东源县县长刘大荣(左二)到在建黄田大桥项目工地检查工作,了解大桥建设情况

（县公路事务中心　供图）

◆ 2023年10月30日,东源县委书记秦卫民(右二)陪同公安部监所管理局副处长张涛(右三)到东源县看守所智慧监管建设示范单位调研指导

(县公安局 供图)

社会民生
SHEHUI MINSHENG

◆ 2023年2月3日,骆湖镇江坑村、红花村举行"追龙"非遗传统民俗活动

(骆湖镇 供图)

◆ 2023年2月23日，东源县红十字会牵头组织开展机关单位无偿献血志愿服务活动　　　　　　　　　　（县红十字会　供图）

◆ 2023年3月1日，以"绿美广东齐行动　我为万绿再添绿"为主题的2023年万绿湖义务植树暨纪念广东省新丰江林业管理局成立60周年植树活动在万绿湖镜花岭邻近岛屿举行　　　　　　　　　　　　　　　　　　　　　　（陈剑云　供图）

◆ 2023年3月3日,新丰江林管局联合东源县水库移民工作局在万绿湖风景区龙凤岛举行2023年万绿湖增殖放流活动,共放流鱼苗455万尾　　　　　　　　　　　　　　　　　　　　　　　　　　　　　　　　　　　（陈剑云　供图）

◆ 2023年4月7日,东源县新港镇举行"客青江湖"风筝节暨2023非遗文化活动　　　　　　　　（新港镇　供图）

◆ 2023年4月12日，东源县残联开展残疾人假肢、矫形器取模活动　　　　　　　　　　　　　　　　（县残联　供图）

◆ 2023年4月15日，康禾镇在康泉十八度假村举行2023年河源春茶开采暨东源茶旅文化节招商推介系列活动——康禾贡茶，非遗传承，康禾"四色打卡"集美打卡活动颁奖仪式　　　　　　　　　　　　　　　　　　　　　　　　　　（康禾镇　供图）

◆ 2023年4月22日,叶潭镇在半埔畲族村举办第二届"三月三"畲族文化节活动　　　　　　　　　　　　　　　　　（叶潭镇　供图）

◆ 2023年5月15日,万绿湖风景区首批新能源电动游船启航仪式在万绿湖旅游码头举行　　　　　　　　　　　　（陈剑云　供图）

◆ 2023年5月27日,东源县在漳溪畲族乡举行"东源非遗年"系列活动之蓝大将军出巡节暨岭南畲乡文化高级论坛秘书处揭牌仪式

(县委统战部 供图)

◆ 2023年6月26日,县红十字会到县老年大学开展义诊活动

(县红十字会 供图)

◆ 2023年7月2日，东源县新港镇万绿湖举办首届"开渔节"活动 （新港镇 供图）

◆ 2023年9月27日，东源县获得2023年绿美广东竞风华大型主题活动河源赛区一等奖 （县林业局 供图）

◆ 2023年11月2日，河源市残联辅具中心与东源县残联联合开展听障人士人助听器免费验配活动　　　　（县残联　供图）

◆ 2023年12月5日，东源县农业农村局、东源县供销社及东源县茶叶产业协会等在百信职业培训学校联合举办首届"东源县中高级茶艺师人才技能培训班"
　　　　　　　　　　　　　　　　　　　　　　　　　　　　　　　　　　　　　　　（县供销社　供图）

◆ 2023年12月6日，上莞镇举行"锚定百千万　助力农文旅"——仙湖茶园门楼和房车营地揭牌仪式　（上莞镇　供图）

◆ 2023年12月16日，上莞镇举行第二届百坝茨菇美食季活动暨开挖仪式　　　　　　　　　　　　（上莞镇　供图）

◆ 2023年12月30日，广东省气象局副局长常越向东源县政府授予"东源仙湖茶·岭南生态气候优品"牌匾

（县气象局　供图）

◆ 2023年12月30日，惠州市东源商会举办第一届理监事会就职典礼仪式

（县委统战部　供图）

◆ 2024年2月22日,东源县在上莞镇新轮村举行"东源非遗年"系列活动之追龙民俗活动　　（县委宣传部　供图）

文化教育
WENHUA JIAOYU

◆ 2023年2月3日,东源县在县工人文化宫举行"奋进新时代　唱响新东源"2023年"东源情·家乡美"声乐套曲发布会暨欢度元宵歌会
　　（县文联　供图）

◆ 2023年3月14日，东源县代表队在中山市参加第七届中国残疾人冰雪运动季残疾人旱地冰壶邀请赛，获得肢体残疾组第三名

（县残联　供图）

◆ 2023年4月2日，东源县红十字会联合河源市声音志愿者服务队到瑞康康复中心开展关爱特殊儿童家庭公益活动

（县红十字会　供图）

◆ 2023年4月14日，县委政法委、县委国安办、县公安局、县司法局、灯塔镇党委政府、县教育局、县普法办、县法学会联合在东源卫生职业技术学校举办东源县"4·15"全民国家安全教育日暨平安建设"三大专项"行动法治宣传教育活动启动仪式

（东源县司法局 供图）

◆ 2023年4月20日，东源县2023年"世界读书日"全民阅读活动之经典诗文朗诵会在县文化馆三楼举行

（县文联 供图）

◆ 2023年6月2日,双江镇举行"送瓜助考"活动,助力高考学子金榜题名 (双江镇 供图)

◆ 2023年6月3日,东源县科学技术协会联合相关单位在县文化馆举行东源县第二届"我是科普小达人"决赛暨"全国科技活动周"系列活动颁奖仪式 (县科协 供图)

◆ 2023年6月9日,东源县科技馆迟方圆(中)代表河源市参加2023年广东省科普讲解大赛,荣获一等奖

(县科协 供图)

◆ 2023年8月2日,仙塘镇举行广东乡村歌手大赛河源赛区媒体发布会暨第一场海选赛

(仙塘镇 供图)

◆ 2023年8月6日,广东省文联作家、河源市作协主席、东源县文联主席等领导到仙坑村开展采风活动

(康禾镇 供图)

◆ 2023年8月22日,半江镇在生态文明实践基地举行广东省首个民间河长培训实践基地揭牌仪式暨2023年绿美东源生态保护活动

(半江镇 供图)

◆ 2023年8月22日，东源县妇联、东源县检察院、东源县民政局、东源县工商联联合会联合在船塘镇开展"河爱童行 源自有你"东源县关爱困境儿童助学活动

（县工商联 供图）

◆ 2023年9月20日，东源县代表队在河源市参加2023年河源市残健同行羽毛球友谊赛

（县残联 供图）

◆ 2023年11月20日，东源县代表队在惠州市参加2023年广东省残疾人旱地冰壶邀请赛，荣获肢体组团体赛第一名

（县残联 供图）

◆ 2023年11月25日，东源县科学技术协会联合东源县教育局、东源县文化广电旅游体育局、东源县科技馆、东源县第四小学、河源市航空运动协会举行2023年首届东源县"翱翔蓝天·放飞梦想"青少年航空模型竞赛 （县科协 供图）

◆ 2023年11月26日,半江镇举行半江森林体育公园竣工仪式暨走进绿美半江徒步活动　　（半江镇　供图）

◆ 2023年12月9日,仙塘镇举行村歌发布会　　（仙塘镇　供图）

◆ 2023年12月15日,仙塘镇举行东源县"梦启糖巢"项目暨乡村创客创业大赛发布会　　　　　（仙塘镇　供图）

◆ 2023年12月26日,东源县荣获2023年绿美广东竞风华大型主题活动广东省总决赛优秀组织奖　　　　　（县林业局　供图）

目 录

特 载

中共广东省委文件 …………………………… 1

中共河源市委文件 …………………………… 6

东源县"百县千镇万村高质量发展工程"
　指挥部文件 ………………………………… 11

中共东源县委文件 …………………………… 18

东源县发电 …………………………………… 25

大事记（2023年）

1月 …………………………………………… 27

2月 …………………………………………… 27

3月 …………………………………………… 28

4月 …………………………………………… 29

5月 …………………………………………… 29

6月 …………………………………………… 30

7月 …………………………………………… 30

8月 …………………………………………… 30

9月 …………………………………………… 30

10月 ………………………………………… 31

11月 ………………………………………… 31

12月 ………………………………………… 32

东源概况

□ 基本情况 …………………………………… 33

　建置沿革 …………………………………… 33

　位置面积 …………………………………… 33

　行政划分 …………………………………… 33

　人口民族 …………………………………… 35

　地形地貌 …………………………………… 35

　环境质量 …………………………………… 35

　气候 ………………………………………… 35

　水文 ………………………………………… 35

□ 自然资源 …………………………………… 36

　矿产资源 …………………………………… 36

　土地资源 …………………………………… 36

　水资源 ……………………………………… 36

　野生动植物资源 …………………………… 36

　旅游资源 …………………………………… 36

□ 经济发展 …………………………………… 36

　概况 ………………………………………… 36

　工农业 ……………………………………… 37

　文化教育 …………………………………… 37

社会保障 ……………………………… 38
人民生活 ……………………………… 38
百岁老人 ……………………………… 38

□ 名优特产 ……………………………… 40
茶叶 …………………………………… 40
土特产 ………………………………… 40
东江客家名菜 ………………………… 41

东源县"百千万工程"

概况 …………………………………… 43
工作体系构建 ………………………… 43
县域产业发展 ………………………… 43
乡镇产业发展 ………………………… 44
和美乡村建设 ………………………… 44
深化改革 ……………………………… 45

党政机关

中共东源县委员会 …………………… **46**
□ 重要会议 ……………………………… 46
中共东源县八届四次会议 …………… 46
中共东源县八届五次会议 …………… 47
县委常委会会议 ……………………… 48

□ 重要决策 ……………………………… 58
中共东源县委关于贯彻《中共广东省委关于
深入推进绿美广东生态建设的决定》的
实施意见 …………………………… 58
中共东源县委 东源县人民政府关于印发《东
源县贯彻落实〈关于推动北部生态发展区
高质量发展的意见〉的实施方案》的通知… 58

□ 县委办公室工作 ……………………… 58
概况 …………………………………… 58

秘书工作 ……………………………… 58
文电法规工作 ………………………… 59
综合督办工作 ………………………… 59
新闻信息 ……………………………… 59
调研工作 ……………………………… 59
保密工作 ……………………………… 59
档案工作 ……………………………… 60

□ 组织工作 ……………………………… 61
概况 …………………………………… 61
党组织与党员 ………………………… 61
思想政治建设 ………………………… 62
干部队伍建设 ………………………… 62
人才队伍建设 ………………………… 62
基层组织建设 ………………………… 63
"两新"组织党建工作 ………………… 64
县直机关工委工作 …………………… 64
老干部工作 …………………………… 65
关心下一代工作 ……………………… 66
自身建设 ……………………………… 66

□ 机构编制工作 ………………………… 68
概况 …………………………………… 68
机构改革 ……………………………… 68
优化机构职能体系 …………………… 68
编制周转池制度 ……………………… 68
规范县镇属地管理 …………………… 69
事业机构编制管理 …………………… 69

□ 宣传工作 ……………………………… 70
概况 …………………………………… 70
理论工作 ……………………………… 70
宣传工作 ……………………………… 71
意识形态工作 ………………………… 71
精神文明建设 ………………………… 71
新闻出版（版权） …………………… 71

□ 党史、地方志工作 ⋯⋯⋯⋯⋯⋯⋯⋯ 72	□ 重要会议 ⋯⋯⋯⋯⋯⋯⋯⋯⋯⋯⋯⋯ 78
概况 ⋯⋯⋯⋯⋯⋯⋯⋯⋯⋯⋯⋯⋯⋯ 72	县九届人大三次会议 ⋯⋯⋯⋯⋯⋯⋯ 78
革命遗址普查 ⋯⋯⋯⋯⋯⋯⋯⋯⋯⋯ 72	县九届人大常委会会议 ⋯⋯⋯⋯⋯⋯ 79
《河源年鉴2023》组稿 ⋯⋯⋯⋯⋯⋯ 72	
《东源年鉴2022》编印 ⋯⋯⋯⋯⋯⋯ 73	□ 重要工作和重要活动 ⋯⋯⋯⋯⋯⋯⋯ 80
史志编研 ⋯⋯⋯⋯⋯⋯⋯⋯⋯⋯⋯⋯ 73	重大事项决定 ⋯⋯⋯⋯⋯⋯⋯⋯⋯⋯ 80
史志宣传教育 ⋯⋯⋯⋯⋯⋯⋯⋯⋯⋯ 73	县委决策落实 ⋯⋯⋯⋯⋯⋯⋯⋯⋯⋯ 81
主题教育 ⋯⋯⋯⋯⋯⋯⋯⋯⋯⋯⋯⋯ 73	人事任免 ⋯⋯⋯⋯⋯⋯⋯⋯⋯⋯⋯⋯ 81
	经济监督 ⋯⋯⋯⋯⋯⋯⋯⋯⋯⋯⋯⋯ 81
□ 党校工作 ⋯⋯⋯⋯⋯⋯⋯⋯⋯⋯⋯⋯ 73	民生监督 ⋯⋯⋯⋯⋯⋯⋯⋯⋯⋯⋯⋯ 81
概况 ⋯⋯⋯⋯⋯⋯⋯⋯⋯⋯⋯⋯⋯⋯ 73	环保监督 ⋯⋯⋯⋯⋯⋯⋯⋯⋯⋯⋯⋯ 81
干部培训和思想引领 ⋯⋯⋯⋯⋯⋯⋯ 73	法律监督 ⋯⋯⋯⋯⋯⋯⋯⋯⋯⋯⋯⋯ 82
理论建设和决策咨政 ⋯⋯⋯⋯⋯⋯⋯ 74	规范性文件备案审查 ⋯⋯⋯⋯⋯⋯⋯ 82
阵地建设 ⋯⋯⋯⋯⋯⋯⋯⋯⋯⋯⋯⋯ 74	部门履职评议 ⋯⋯⋯⋯⋯⋯⋯⋯⋯⋯ 82
干部队伍建设 ⋯⋯⋯⋯⋯⋯⋯⋯⋯⋯ 74	信访工作 ⋯⋯⋯⋯⋯⋯⋯⋯⋯⋯⋯⋯ 82
	代表建议督办 ⋯⋯⋯⋯⋯⋯⋯⋯⋯⋯ 82
□ 统战工作 ⋯⋯⋯⋯⋯⋯⋯⋯⋯⋯⋯⋯ 74	代表活动 ⋯⋯⋯⋯⋯⋯⋯⋯⋯⋯⋯⋯ 82
概况 ⋯⋯⋯⋯⋯⋯⋯⋯⋯⋯⋯⋯⋯⋯ 74	自身建设 ⋯⋯⋯⋯⋯⋯⋯⋯⋯⋯⋯⋯ 83
党外知识分子和阶层人士 ⋯⋯⋯⋯⋯ 74	
党外代表人士 ⋯⋯⋯⋯⋯⋯⋯⋯⋯⋯ 74	□ 县人大代表建议选辑 ⋯⋯⋯⋯⋯⋯⋯ 84
台港澳事务 ⋯⋯⋯⋯⋯⋯⋯⋯⋯⋯⋯ 74	案由 ⋯⋯⋯⋯⋯⋯⋯⋯⋯⋯⋯⋯⋯⋯ 84
侨务工作 ⋯⋯⋯⋯⋯⋯⋯⋯⋯⋯⋯⋯ 75	建议 ⋯⋯⋯⋯⋯⋯⋯⋯⋯⋯⋯⋯⋯⋯ 84
民营经济统战 ⋯⋯⋯⋯⋯⋯⋯⋯⋯⋯ 75	
民族工作 ⋯⋯⋯⋯⋯⋯⋯⋯⋯⋯⋯⋯ 75	**东源县人民政府** ⋯⋯⋯⋯⋯⋯⋯⋯⋯⋯⋯ **86**
宗教工作 ⋯⋯⋯⋯⋯⋯⋯⋯⋯⋯⋯⋯ 75	□ 重要会议 ⋯⋯⋯⋯⋯⋯⋯⋯⋯⋯⋯⋯ 86
	县政府常务会议 ⋯⋯⋯⋯⋯⋯⋯⋯⋯ 86
□ 乡村振兴 ⋯⋯⋯⋯⋯⋯⋯⋯⋯⋯⋯⋯ 76	
概况 ⋯⋯⋯⋯⋯⋯⋯⋯⋯⋯⋯⋯⋯⋯ 76	□ 主要政务 ⋯⋯⋯⋯⋯⋯⋯⋯⋯⋯⋯⋯ 88
防返贫工作 ⋯⋯⋯⋯⋯⋯⋯⋯⋯⋯⋯ 76	县域经济 ⋯⋯⋯⋯⋯⋯⋯⋯⋯⋯⋯⋯ 88
乡村建设 ⋯⋯⋯⋯⋯⋯⋯⋯⋯⋯⋯⋯ 77	城市建设 ⋯⋯⋯⋯⋯⋯⋯⋯⋯⋯⋯⋯ 88
乡村治理工作 ⋯⋯⋯⋯⋯⋯⋯⋯⋯⋯ 77	镇域建设 ⋯⋯⋯⋯⋯⋯⋯⋯⋯⋯⋯⋯ 88
驻镇帮镇扶村 ⋯⋯⋯⋯⋯⋯⋯⋯⋯⋯ 77	乡村建设 ⋯⋯⋯⋯⋯⋯⋯⋯⋯⋯⋯⋯ 88
"6·30"助力乡村振兴活动 ⋯⋯⋯⋯ 77	农业发展 ⋯⋯⋯⋯⋯⋯⋯⋯⋯⋯⋯⋯ 88
革命老区建设 ⋯⋯⋯⋯⋯⋯⋯⋯⋯⋯ 77	园区建设 ⋯⋯⋯⋯⋯⋯⋯⋯⋯⋯⋯⋯ 88
	新型工业发展 ⋯⋯⋯⋯⋯⋯⋯⋯⋯⋯ 89
东源县人大常委会 ⋯⋯⋯⋯⋯⋯⋯⋯⋯ **78**	内生动力 ⋯⋯⋯⋯⋯⋯⋯⋯⋯⋯⋯⋯ 89
概况 ⋯⋯⋯⋯⋯⋯⋯⋯⋯⋯⋯⋯⋯⋯ 78	交通环境 ⋯⋯⋯⋯⋯⋯⋯⋯⋯⋯⋯⋯ 89

营商环境…………………………………… 89
科技创新…………………………………… 89
绿美建设…………………………………… 90
污染防治…………………………………… 90
绿色低碳发展……………………………… 90
社会保障…………………………………… 90
教育发展…………………………………… 90
健康服务…………………………………… 90
文化体育…………………………………… 91
社会治理…………………………………… 91
十件民生实事落实………………………… 91

□ 县政府办公室工作 …………………………… 92
概况………………………………………… 92
文秘工作…………………………………… 92
综合协调…………………………………… 92
督查督办…………………………………… 92
金融发展…………………………………… 92
外事工作…………………………………… 93
政府信息…………………………………… 93
建议提案办理……………………………… 93

□ 信访工作 ……………………………………… 94
概况………………………………………… 94
接访工作…………………………………… 94
案件化解工作……………………………… 94
示范县创建工作…………………………… 94
信访法治化宣传…………………………… 94

□ 政务服务 ……………………………………… 95
概况………………………………………… 95
公共服务…………………………………… 95
数字政府…………………………………… 95
12345政务服务热线 ……………………… 96
日常管理…………………………………… 96
政务公开…………………………………… 96
电子监察…………………………………… 96

□ 机关事务工作 ………………………………… 97
概况………………………………………… 97
机关事务管理……………………………… 97
环保绿化…………………………………… 97
机关饭堂管理……………………………… 97
资产管理…………………………………… 97
基建工作…………………………………… 97
财务管理…………………………………… 97
安全保卫…………………………………… 97
公务车辆管理……………………………… 98

□ 接待工作 ……………………………………… 98
概况………………………………………… 98
制度建设…………………………………… 98
接待工作…………………………………… 98
车辆管理…………………………………… 98

□ 移民工作 ……………………………………… 99
概况………………………………………… 99
移民后期扶持……………………………… 99
省级示范项目建设………………………… 99
双转移基地………………………………… 99
移民培训…………………………………… 99
移民信访…………………………………… 99
移民参保…………………………………… 99

政协东源县委员会 …………………………… 100

□ 重要会议 ……………………………………… 100
政协第九届东源县委员会第三次会议…… 100
县政协常委会会议………………………… 101

□ 重要工作和活动 ……………………………… 102
民主监督…………………………………… 102
专题调研…………………………………… 102
提案办理…………………………………… 102
民生福祉…………………………………… 102
联谊宣传…………………………………… 102

纪检　监察	109
概况	109
重要会议	109
党风廉政建设	110
正风反腐	110
宣传教育	111
纪检队伍建设	111
巡视巡察	111
体制改革	112

新丰江林业管理 … 113

概况	113
绿美生态建设	113
林地林木管理	113
森林防火	114
森林病虫害防治	114
野生动植物保护	114
渔业资源保护和利用	114
湖面清漂保洁	114
国土安全监管	115
旅游产业	115
林下经济	115

群团组织

县总工会	116
建功立业	116
基层组织建设	116
维权服务	116

共青团东源县委员会	117
概况	117
组织建设	117
青少年思想引领	117
少先队阵地建设	117
服务青年	118

青年志愿者行动	118

县妇女联合会	118
概况	118
妇联组织建设	118
妇女思想引领	119
妇女发展	119
家庭家教家风建设	119
妇女儿童关爱维权	120

县工商联合会	121
概况	121
组织建设	121
主题教育	121
服务能力	121
社会公益	121
党建服务	122
非公人士教育学习	122

县归国华侨联合会	122
概况	122
友好往来	122
侨联工作	122
扶贫济困	123
走访调研	123
信访工作	123

县残疾人联合会	123
概况	123
残疾人康复工程	123
残疾人培训与就业	124
残疾人教育助学	124
残疾人评残办证	124
残疾人社会保障	125
残疾人基本服务状况调查	125
残疾人家庭无障碍改造	125

残疾人文体宣传……………………………125

□ 县科学技术协会………………… 126
　　概况…………………………………126
　　科普公共服务………………………126
　　科普设施建设………………………126
　　科普志愿服务………………………126
　　科普宣传……………………………126

□ 县文学艺术界联合会…………… 127
　　概况…………………………………127
　　党建工作……………………………127
　　文艺志愿服务………………………127
　　东源文艺品牌打造…………………127
　　文艺繁荣高质量发展………………128
　　文艺平台阵地搭建…………………128
　　业务交流……………………………128

□ 县红十字会……………………… 128
　　概况…………………………………128
　　理论工作……………………………128
　　献血义诊活动………………………129
　　应急救护培训………………………129
　　人道救助……………………………129
　　三献活动……………………………129

地方军事

□ 县人民武装部…………………… 130
　　概况…………………………………130
　　政治工作……………………………130
　　军事工作……………………………130
　　征兵工作……………………………130
　　党建工作……………………………130
　　双拥工作……………………………131

法　治

□ 政法工作………………………… 132
　　社会维稳……………………………132
　　平安东源建设………………………132
　　反邪教工作…………………………133
　　扫黑除恶斗争………………………133
　　司法救助……………………………133
　　政法队伍建设………………………133
　　乡村振兴……………………………133

□ 公安工作………………………… 134
　　打击刑事犯罪………………………134
　　社会治安管理………………………134
　　道路交通安全管理…………………135
　　执法规范化建设……………………135
　　民生警务建设………………………135
　　治安户籍管理………………………135
　　公安队伍建设………………………135

□ 消防工作………………………… 135
　　消防队伍装备建设…………………135
　　综合应急救援工作…………………136
　　重大风险防范化解…………………136
　　消防宣传……………………………136

□ 检察工作………………………… 137
　　刑事检察……………………………137
　　民事行政检察………………………137
　　公益诉讼检察………………………137
　　未成年人保护检察…………………137
　　服务保障绿美东源…………………138
　　诉源治理……………………………138

□ 审判工作………………………… 138
　　概况…………………………………138

刑事审判	139
民商事审判	139
行政审判	139
执行工作	139
司法改革	140

□ 司法行政 …… 140
　依法治县 …… 140
　法治政府建设 …… 140
　行政复议与应诉 …… 140
　法治宣传 …… 141
　人民调解 …… 141
　社区矫正 …… 141
　安置帮教 …… 141
　公共法律服务 …… 141
　公证工作 …… 141
　法律援助 …… 141

农业农村　水利水电

□ 农　业 …… 143
　粮食、花生、果蔬生产 …… 143
　畜牧业生产 …… 143
　渔业生产 …… 143
　特色效益农业 …… 143
　农产品质量监管 …… 143
　新型农业经营主体 …… 143
　动物疫病防控 …… 143
　农业农机 …… 144
　农业龙头企业选介 …… 144

□ 林　业 …… 144
　生态工程建设 …… 144
　绿化造林 …… 145
　桉树林整治 …… 145
　森林防火 …… 145

　林政资源管理 …… 145
　林业产业发展 …… 145
　林木林地管护 …… 145
　林业行政执法 …… 145
　国家级公园建设 …… 145

□ 气　象 …… 146
　气象保障能力 …… 146
　气象保障机制 …… 146

□ 水利　水电　三防 …… 146
　水利水电 …… 146
　河长制推行 …… 146
　农村集中供水建设 …… 146
　灯塔盆地中型灌区建设 …… 147
　水资源管理 …… 147
　水政执法 …… 147
　水旱灾害防御 …… 147
　水土流失治理 …… 147

工业·工业园区

□ 经济贸易与科学技术 …… 148
　工业经济 …… 148
　科学技术 …… 148
　招商引资 …… 148
　惠企服务 …… 148
　市场贸易 …… 148

□ 工业园区 …… 149
　概况 …… 149
　园区产业 …… 149
　园区平台建设 …… 149
　基础设施建设 …… 149
　盘活土地 …… 149
　园区管理 …… 150

企业服务 …………………………………… 150

□ 电力工业 ………………………………… 150
　概况 ………………………………………… 150
　安全生产 …………………………………… 150
　供电服务 …………………………………… 150
　电网建设 …………………………………… 150

交通·邮政·通信

□ 交　通 …………………………………… 154
　交通基础建设 ……………………………… 154
　交通综合执法 ……………………………… 154
　交通运输管理 ……………………………… 154
　安全生产管理 ……………………………… 155

□ 公路事务 ………………………………… 155
　公路养护 …………………………………… 155
　工程建设 …………………………………… 155
　农村公路 …………………………………… 155
　公路安全生产 ……………………………… 155
　路政管理 …………………………………… 155

□ 邮政·通信 ……………………………… 156
　·邮　政 …………………………………… 156
　概况 ………………………………………… 156
　业务效益 …………………………………… 156
　企业管理 …………………………………… 156
　·电　信 …………………………………… 156
　概况 ………………………………………… 156
　网络建设及安全 …………………………… 156
　客户服务 …………………………………… 156
　·移　动 …………………………………… 157
　概况 ………………………………………… 157
　服务网络 …………………………………… 157
　服务网点 …………………………………… 157
　服务质量 …………………………………… 157

　·联　通 …………………………………… 157
　概况 ………………………………………… 157
　网络建设 …………………………………… 157
　数字化转型 ………………………………… 158
　客户服务 …………………………………… 158

城乡建设·环境保护

□ 住房和城乡建设 ………………………… 159
　住房保障 …………………………………… 159
　代建项目 …………………………………… 159
　房地产市场管理 …………………………… 159
　招标监督管理 ……………………………… 159
　排水排污 …………………………………… 159
　村镇生活垃圾治理 ………………………… 159
　安全生产 …………………………………… 159
　农村危房改造 ……………………………… 160
　房地产企业 ………………………………… 160
　房地产项目 ………………………………… 160

□ 城市管理和综合执法 …………………… 161
　城市管理 …………………………………… 161
　县城管控 …………………………………… 161
　环卫绿化管理 ……………………………… 161
　市政管理 …………………………………… 161

□ 房屋征收管理 …………………………… 162
　征收工作 …………………………………… 162
　信访维稳 …………………………………… 162

□ 住房公积金管理 ………………………… 162
　公积金管理 ………………………………… 162

□ 土地储备 ………………………………… 162
　概况 ………………………………………… 162
　土地经营 …………………………………… 163

目 录

| 生态环境保护 …………………………… 163
 概况 ………………………………………… 163
 绿色发展 …………………………………… 163
 污染防治 …………………………………… 163
 环保督察 …………………………………… 164
 基础设施建设 ……………………………… 164
 执法与信访 ………………………………… 164
 环境监测 …………………………………… 164

商业·贸易

| 供销合作 ………………………………… 165
 概况 ………………………………………… 165
 改革转制 …………………………………… 165
 主导业务 …………………………………… 165
 流通网络建设 ……………………………… 166
 农民专业合作社建设 ……………………… 166

| 烟草专卖 ………………………………… 166
 概况 ………………………………………… 166
 卷烟营销 …………………………………… 166
 烟草执法 …………………………………… 166
 宣传工作 …………………………………… 166
 服务与管理 ………………………………… 166

财政·税务

| 财　政 …………………………………… 167
 财政收入 …………………………………… 167
 财政支出 …………………………………… 167
 民生保障 …………………………………… 167
 财政监管 …………………………………… 167

| 国有资产事务 …………………………… 169
 概况 ………………………………………… 169
 国资国企改革 ……………………………… 169

 国资监管 …………………………………… 170
 国企经营 …………………………………… 170

| 税　务 …………………………………… 170
 税费工作 …………………………………… 170
 征管措施 …………………………………… 170
 纳税服务 …………………………………… 171

金融业

| 银行业 …………………………………… 172
· 中国农业银行东源支行 ………………… **172**
 业务经营 …………………………………… 172
 金融工作 …………………………………… 172
· 中国工商银行河源东源支行 ………… **172**
 总体经营 …………………………………… 172
 资产业务 …………………………………… 172
 客户服务 …………………………………… 172
· 中国建设银行河源东源支行 ………… **173**
 概况 ………………………………………… 173
· 东源农商银行 …………………………… **173**
 概况 ………………………………………… 173
 业务发展 …………………………………… 173
 支农支小 …………………………………… 173
· 中国邮政储蓄银行东源支行 ………… **173**
 概况 ………………………………………… 173
· 东源泰业村镇银行 ……………………… **174**
 概况 ………………………………………… 174
 业务发展 …………………………………… 174
 社会服务 …………………………………… 174
 业务结构 …………………………………… 174
 监控管理 …………………………………… 174
· 东源县友鑫小额贷款有限公司 ……… **174**
 概况 ………………………………………… 174
 业务经营 …………………………………… 174
 企业管理 …………………………………… 174

9

企业文化…………………………………174
・河源万绿湖万泰小额贷款有限公司…………175
业务经营…………………………………175

□ 保险业 ……………………………… 175
・中国人寿保险股份有限公司东源支公司……175
寿险业务…………………………………175
队伍管理…………………………………175
客户服务…………………………………175
・中国人民财产保险股份有限公司东源支公司…175
概况………………………………………175
业务经营…………………………………175
理赔服务…………………………………175
实体经济…………………………………175
中小企业…………………………………176
招商引资…………………………………176
乡村振兴…………………………………176
大众健康…………………………………176

经济管理

□ 宏观经济管理 ……………………… 177
概况………………………………………177
年度计划编制……………………………177
项目审批服务……………………………177
固定资产投资与重点项目建设…………177
项目资金申报……………………………177
能源管理…………………………………177
价格管理及价格认定……………………177
粮食储备…………………………………178

□ 统计 …………………………………… 178
概况………………………………………178
统计法治建设……………………………178
统计队伍建设……………………………178
统计调查…………………………………178
统计服务…………………………………178

□ 统计调查工作 ……………………… 179
统计调查…………………………………179
统计法治…………………………………179
统计活动…………………………………179

□ 审计监督 …………………………… 179
概况………………………………………179
审计工作…………………………………179
干部队伍建设……………………………180

□ 市场监督管理 ……………………… 180
"放管服"改革……………………………180
知识产权运用……………………………180
企业信用监管……………………………180
食品安全…………………………………180
药品安全…………………………………180
特种设备安全……………………………181
工业产品安全……………………………181
执法打假…………………………………181
价格监管…………………………………181
计量工作…………………………………181
消费维权…………………………………181
盐业………………………………………181

□ 自然资源管理 ……………………… 184
矿产资源…………………………………184
土地资源…………………………………184
耕地保护…………………………………184
土地开发…………………………………184
用地管理…………………………………184
地籍管理…………………………………185
执法监察…………………………………185
矿产管理…………………………………185
地质灾害防治……………………………185
测绘和地理信息管理……………………185
规划管理…………………………………185

□ 安全生产监督管理 …………… 185
　安全生产 ……………………… 185
　三防工作 ……………………… 185
　抗震救灾 ……………………… 186
　森林防灭火 …………………… 186
　应急救援 ……………………… 186

□ 集贸市场管理 ………………… 186
　市场管理 ……………………… 186
　安全建设 ……………………… 186

教 育

□ 教育行政 ……………………… 188
　概况 …………………………… 188
　党建工作 ……………………… 188
　设施建设 ……………………… 188
　德育工作 ……………………… 189
　素质教育 ……………………… 189
　高考成绩 ……………………… 189
　教学研究 ……………………… 189
　师资建设 ……………………… 189
　校园安全 ……………………… 189

□ 县城学校 ……………………… 191
　东源县职业技术学校 ………… 191
　东源县卫生职业技术学校 …… 191
　东江中学 ……………………… 192
　东源中学 ……………………… 193
　东源高级中学 ………………… 193
　东源县实验中学 ……………… 194
　东源县清平中学 ……………… 195
　东源县崇文学校 ……………… 196
　东源县特殊学校 ……………… 196
　东源县东华学校 ……………… 197
　东源县第一小学 ……………… 197

　东源县第二小学 ……………… 198
　东源县第三小学 ……………… 198
　东源县第四小学 ……………… 199
　东源县第五小学 ……………… 199
　华南师范大学附属东源小学
　　（东源县第六小学）……… 199
　观塘小学 ……………………… 200
　美的城小学 …………………… 200
　东源县第一幼儿园 …………… 201
　东源县第二幼儿园 …………… 201
　东源县越祥湾幼儿园 ………… 202
　御景豪园幼儿园 ……………… 202
　东源县仙塘幼儿园 …………… 202

□ 乡镇中学、中心小学 ………… 203
　仙塘中学 ……………………… 203
　顺天中学 ……………………… 203
　船塘中学 ……………………… 203
　柳城中学 ……………………… 203
　黄村中学 ……………………… 203
　灯塔中学 ……………………… 203
　叶潭中学 ……………………… 204
　上莞中学 ……………………… 204
　义合中学 ……………………… 204
　蓝口中学 ……………………… 204
　康禾中学 ……………………… 204
　涧头中学 ……………………… 204
　骆湖中学 ……………………… 204
　曾田中学 ……………………… 205
　民族中学 ……………………… 205
　柳城镇中心小学 ……………… 205
　仙塘镇中心小学 ……………… 205
　黄村镇中心小学 ……………… 205
　船塘镇中心小学 ……………… 206
　漳溪畲族乡中心小学 ………… 206

顺天镇中心小学	206
叶潭镇中心小学	206
康禾镇中心小学	207
上莞镇中心小学	207
曾田镇中心小学	207
骆湖镇中心小学	207
义合镇中心小学	207
涧头镇中心小学	207
灯塔镇中心小学	208
蓝口镇中心小学	208

□ 乡镇中心学校 …… 208
　船塘镇三河中心校 …… 208
　新回龙中心学校 …… 208
　新港镇南湖中心校 …… 208
　双江中心学校 …… 208
　锡场镇中心学校 …… 209
　黄沙中心学校 …… 209
　久社中心学校 …… 209
　新港中心学校 …… 209
　黄田镇中心学校 …… 209
　崇伊中学 …… 209

□ 乡镇民办学校 …… 210
　东源县春泽醒群实验学校 …… 210

□ 教师发展中心 …… 210
　教育教学研训 …… 210
　教育质量监测 …… 210
　信息技术建设 …… 211
　后勤保障 …… 211

文化·广电·旅游·体育·融媒

□ 文化·广电·旅游·体育 …… 212
　文化设施建设 …… 212
　非物质文化遗产保护 …… 212
　文物保护与利用 …… 212
　省级文物保护单位 …… 212
　旅游发展 …… 214
　全民健身 …… 214
　文旅中心 …… 215
　博物馆服务 …… 215
　文化馆服务 …… 216
　图书馆服务 …… 216
　闻啸轩学堂服务 …… 217
　旅游景区简介 …… 217
　旅行社简介 …… 220
　旅游酒店简介 …… 221

□ 融　媒 …… 221
　概况 …… 221
　宣传工作 …… 222
　新媒体拓展业务 …… 222
　安全播出 …… 222

社会民生

□ 卫生健康 …… 223
　概况 …… 223
　疫情防控 …… 223
　基本公共卫生服务 …… 223
　综合监督执法 …… 224
　医药卫生体制改革 …… 224
　卫生设施建设 …… 224
　干部队伍建设 …… 224

□ 中心卫生院 …… 224
　灯塔中心卫生院 …… 224
　蓝口镇中心卫生院 …… 224
　义合镇中心卫生院 …… 225

卫生监督	225
概况	225
公共场所卫生	225
学校卫生	225
医疗市场监督	225
放射卫生	225
饮用水卫生	225
传染病卫生	225
职业卫生	225
卫生许可	225
双随机、一公开	225

疾病预防控制	226
概况	226
传染病控制	226
免疫预防	226
公共卫生	227
检验检测能力建设	228
基层督导	228
健康宣教	228

慢性病防治	229
概况	229
麻风病防治	229
结核病防治	229
精神病防治	229
皮肤、性病防治	229

妇幼保健	229
概况	229
保健设施	229
妇女保健	230
两癌筛查	230
孕产妇死亡调查	230
儿童保健	230

东源县人民医院	230
概况	230
医疗设备	231
基本公共服务	231
业务收入	231

东源县中医院	231
概况	231
医疗设备	231
经济指标	232
义诊活动	232
二甲复审工作	232
学科建设	232
人才队伍建设	232
履职担当	232

东源县第二人民医院	232
概况	232
人才建设	232
医疗管理	232
医防融合	233
医药管理	233
医疗保险	233
医疗业务	233

人力资源和社会保障	233
人才队伍建设	233
人事管理工作	233
工资福利与退休管理	233
专业技术职称评审	233
就业创业	234
职业技能培训	234
劳动关系仲裁调处	234
劳动者权益维权	234
社会保险管理	234

智慧人社信息化建设……235

□ 医疗保障……235
 概况……235
 基本医疗保险……235
 基本医疗保险待遇……236
 生育保险……236
 大病保险……236
 医疗救助……236
 重大疫情医疗保障……236
 异地就医……236
 两定机构……236
 医保基金监管……236
 医保经办……236

□ 民政工作……237
 概况……237
 社会福利事业……237
 基层政权和社区建设……237
 社会救助……237
 社会事务……237
 老龄工作……237

□ 退役军人事务……238
 优抚优待……238
 双拥共建……238
 褒扬纪念……238
 移交安置和就业创业……238

乡镇概况

□ 仙塘镇……240
 概况……240
 经济……240
 基础设施建设……240
 仙塘圩镇……241

 文教卫体……241
 社会民生……241
 基层组织建设……241
 综合治理……242
 乡村振兴……242
 旅游与特产……242

□ 灯塔镇……243
 概况……243
 经济……243
 灯塔圩镇……244
 基础设施建设……244
 文教卫体……244
 基层组织建设……245
 综治管理……245
 社会民生……245
 新农村建设……245
 文化习俗……246
 革命史迹……246

□ 双江镇……247
 概况……247
 经济……247
 绿色产业建设……247
 双江圩镇……247
 文教卫体……247
 基层组织建设……248
 综治管理……248
 乡村振兴……248
 社会民生……248
 文物与特产……248

□ 涧头镇……250
 概况……250
 乡村振兴……250
 经济……250

基础设施建设…………………251	骆湖圩镇…………………259
涧头圩镇…………………251	文教卫体…………………259
文教卫生…………………251	基层组织建设……………260
基层组织建设……………251	乡村振兴…………………260
综治管理…………………252	综治管理…………………260
社会民生…………………252	社会民生…………………261
旅游与特产………………252	

□ 顺天镇　253
　概况…………………………253
　经济…………………………253
　基础设施建设………………253
　顺天圩镇……………………253
　文教卫体……………………254
　基层组织建设………………254
　综治管理……………………254
　乡村振兴……………………254
　特色产业……………………254
　社会民生……………………255

□ 漳溪畲族乡　255
　概况…………………………255
　经济…………………………256
　基础设施建设………………256
　漳溪圩镇……………………256
　文教卫体……………………256
　基层组织建设………………257
　综治管理……………………257
　社会民生……………………257
　乡村振兴……………………257
　旅游与民俗活动……………257

□ 骆湖镇　259
　概况…………………………259
　经济…………………………259
　基础设施建设………………259

□ 船塘镇　261
　概况…………………………261
　经济…………………………262
　乡村振兴……………………262
　基础设施建设………………262
　船塘圩镇……………………262
　文教卫体……………………262
　综治管理……………………263
　社会民生……………………263
　基层组织建设………………263
　革命史迹……………………263

□ 上莞镇　264
　概况…………………………264
　经济…………………………264
　新农村建设…………………265
　上莞圩镇……………………265
　文教卫体……………………266
　基层组织建设………………266
　综治管理……………………266
　社会民生……………………267
　文物史迹与特产……………267

□ 曾田镇　268
　概况…………………………268
　经济…………………………268
　基础设施建设………………268
　曾田圩镇……………………269
　文教卫体……………………269

基层组织建设 … 269
综治管理 … 270
社会民生 … 270
乡村振兴 … 270
史迹和特产 … 270

□ 柳城镇 … 271
　概况 … 271
　经济 … 271
　商贸财税金融 … 272
　柳城圩镇 … 272
　基础设施建设 … 272
　乡村振兴 … 272
　文教卫体 … 273
　基层组织建设 … 273
　社会民生 … 273
　综治管理 … 273
　革命史迹 … 274

□ 蓝口镇 … 274
　概况 … 274
　经济 … 275
　基础设施建设 … 275
　蓝口圩镇 … 275
　乡村振兴 … 275
　文教卫体 … 276
　基层组织建设 … 276
　综治管理 … 276
　社会民生 … 277
　文物史迹 … 277

□ 叶潭镇 … 278
　概况 … 278
　经济 … 278
　叶潭圩镇 … 278
　乡村振兴 … 278

文教卫体 … 279
基层组织建设 … 279
社会保障 … 279
综治管理 … 280
革命史迹与文物 … 280
特色产业 … 280

□ 黄村镇 … 281
　概况 … 281
　经济 … 281
　基础设施建设 … 281
　黄村圩镇 … 282
　文教卫体 … 282
　乡村振兴 … 282
　综治管理 … 282
　社会民生 … 282
　革命史迹 … 283

□ 康禾镇 … 284
　概况 … 284
　经济 … 284
　康禾圩镇 … 284
　乡村振兴 … 284
　综治管理 … 284
　文教卫体 … 285
　社会民生 … 285
　文旅产业 … 285
　客家古村居 … 285

□ 黄田镇 … 286
　概况 … 286
　经济 … 287
　基础设施建设 … 287
　黄田圩镇 … 287
　文教卫体 … 287
　基层组织建设 … 287

综治管理	288
社会民生	288
旅游与特产	288

□ 义合镇 … 289
概况 … 289
经济 … 289
基础设施建设 … 290
文教卫体 … 290
基层组织建设 … 290
综治管理 … 290
社会民生 … 291
乡村振兴 … 291
旅游与特产 … 291

□ 新回龙镇 … 292
概况 … 292
新回龙圩镇 … 292
经济 … 292
旅游产业 … 293
基础设施建设 … 293
文教卫生 … 294
基层组织建设 … 294
综治管理 … 294
社会民生 … 294
乡村振兴 … 294
生态环境 … 295

□ 锡场镇 … 295
概况 … 295
经济 … 296
锡场圩镇 … 296
基础设施建设 … 296
文教卫体 … 296
基层组织建设 … 297
社会民生 … 297
综治管理 … 297

乡村振兴 … 297
旅游与特产 … 297

□ 半江镇 … 298
概况 … 298
经济 … 299
半江圩镇 … 299
文教卫体 … 299
基层组织建设 … 299
社会民生 … 300
综治管理 … 300
乡村振兴 … 300

□ 新港镇 … 301
概况 … 301
经济 … 301
基础设施建设 … 301
新港圩镇 … 301
旅游餐饮与特产 … 301
基层组织建设 … 302
综治管理 … 302
文教卫体 … 302
社会保障 … 302
新农村建设 … 302

社会经济统计资料

2023年东源县国民经济和社会发展主要指标 … 304
2023年东源县主要农作物生产情况 … 305
2023年东源县畜牧业、渔业生产情况 … 305
2023年东源县工业情况 … 306
2023年东源县建筑业情况 … 306
2023年东源县民用船舶拥有量 … 307
2023年东源县社会消费品零售额 … 307
2023年东源县旅游业情况 … 307

2023年东源县财政、金融情况 …………………308
2023年东源县教育、卫生事业情况 …………308

人　物

2023年东源县新任县处级领导简介 …………309
2023年东源县获市（省厅局）级以上表彰
　　先进个人（工作者）、单位名录…………311

附　录

（一）地方性法规……………………………312
（二）东源县各级重点文物保护单位…………317
（三）东源县2023年市级以上农业龙头企业名单
　　………………………………………………319
（四）2023年东源县民办非企业单位登记情况表
　　………………………………………………319
（五）2023年东源县社会团体登记情况表 …320
（六）东源县建筑业施工企业一览表…………321
（七）东源县500千瓦以上水电站基本情况表
　　………………………………………………325

表格索引………………………………………328
主题索引………………………………………330

特 载

中共广东省委文件

中共广东省委关于实施"百县千镇万村高质量发展工程"促进城乡区域协调发展的决定

（2022年12月8日中国共产党广东省第十三届委员会第二次全体会议通过）

党的二十大把高质量发展作为全面建设社会主义现代化国家的首要任务，对推进城乡融合和区域协调发展作出战略部署。为深入学习贯彻党的二十大精神，推动全省县镇村高质量发展，在新起点上更好地解决城乡区域发展不平衡不充分问题，现就实施"百县千镇万村高质量发展工程"促进城乡区域协调发展作出如下决定。

一、总体要求

（一）重要意义。近年来，我省深入实施乡村振兴战略，着力构建"一核一带一区"区域发展格局，推动城乡区域协调发展取得重要成果。同时也要看到，广东实现高质量发展的突出短板在县、薄弱环节在镇、最艰巨最繁重的任务在农村，特别是县域经济总量较小、增长较慢、总体发展水平较低，县镇村内生动力不足，一体化发展政策体系不健全，资源要素从乡村向城市净流出的局面尚未扭转。必须坚持问题导向，在遵循经济社会发展规律的同时，把握城乡融合发展的正确方向，把县域作为城乡融合发展的重要切入点，从空间尺度上对"核""带""区"进行深化细化，从互促共进的角度对先发地区与后发地区的发展进行通盘考虑，对县镇村各自的功能定位科学把握，把县的优势、镇的特点、村的资源更好地统筹起来。部署实施"百县千镇万村高质量发展工程"，是进一步拓展发展空间、畅通经济循环的战略举措，是惠民富民、满足人民对美好生活新期待的内在要求，是整体提升新型工业化、信息化、城镇化、农业现代化水平的迫切需要，对推动广东在全面建设社会主义现代化国家新征程中走在全国前列、创造新的辉煌具有重要意义。

（二）指导思想。坚持以习近平新时代中国特色社会主义思想为指导，全面贯彻党的二十大精神，深入贯彻习近平总书记对广东系列重要讲话和重要指示精神，完整、准确、全面贯彻新发展理念，以推动高质量发展为主题，以乡村振兴战略、区域协调发展战略、主体功能区战略、新型城镇化战略为牵引，以城乡融合发展为主要途径，以构建城乡区域协调发展新格局为目标，壮大县域综合实力，全面推进乡村振兴，持续用力、久久为功，把县镇村发展的短板转化为广东高质量发展的潜力板，把深刻领悟"两个确立"的决定性意义，增强"四个意识"、坚定"四个自信"、做到"两个维护"落实到具体行动上。

（三）基本原则。

——坚持分类施策。立足各地发展基础和资源禀赋，明确发展定位，针对不同地区、不同类型县镇村制定实施差别化政策，引导走特色发展、错位发展之路，推动各尽所能、各展所长。

——坚持集约高效。发挥县城、圩镇的集聚作用，推动人口、产业、资源要素适度集中，推广节地型、紧凑式开发模式，科学把握开发时序，梯次推进、有序展开，实现高水平保护、高效能利用、高质量发展。

——坚持协同联动。以工补农、以城带乡、工农互促、城乡互补，推进城乡融合发展；加强省市纵向支持，推动资源要素精准对接、优化配置；加强区域横向协作，先发地区拓展纵深，后发地区融湾向海，优势互补、合作共赢。

——坚持改革创新。遵循中央顶层设计，尊重基层首创精神，鼓励探索有利于破除城乡二元结构的创新实践，谋划实施一批创造型、引领型改革举措，构建强有力的城乡区域协调发展体制机制和政策体系。

——坚持群众路线。贯彻落实以人民为中心的发展思想，相信群众、发动群众、依靠群众，把着力点放在发展城乡经济、改善环境、保障民生、富民增收上，让城乡全体居民共享改革发展成果。

——坚持实事求是。从实际出发，尊重规律、稳扎稳打，树立正确政绩观，力戒形式主义、官僚主义，确保工作成效经得起历史和人民的检验。

（四）目标任务。以全省122个县（市、区）、1 609个乡镇（街道）、2.65万个行政村（社区）为主体，全面实施"百县千镇万村高质量发展工程"。到2025年，城乡融合发展体制机制基本建立，县域经济发展加快，新型城镇化、乡村振兴取得新成效，突出短板弱项基本补齐，城乡居民人均可支配收入差距进一步缩小。到2027年，城乡区域协调发展取得明显成效，县域综合实力明显增强，一批经济强县、经济强镇、和美乡村脱颖而出，城乡区域基础设施通达程度更加均衡，基本公共服务均等化水平显著提升，中国式现代化的广东实践在县域取得突破性进展。展望2035年，县域在全省经济社会发展中的地位和作用更加凸显，新型城镇化基本实现，乡村振兴取得决定性进展，城乡区域发展更加协调、更加平衡，共同富裕取得更为明显的实质性进展，全省城乡基本实现社会主义现代化。

二、推动县域高质量发展

统筹抓好产业兴县、强县富民、县城带动，让县域进一步强起来、富起来、旺起来，在不同赛道上争先进位。

（五）分类引导差异化发展。立足资源禀赋、比较优势等因素，科学把握各县域的发展定位、方向、路径、重点，宜粮则粮、宜农则农、宜工则工、宜商则商，以差异化发展助推高质量发展。珠三角地区及周边的县域，融入大城市发展建设，主动承接人口、产业、服务功能，特别是生产制造环节、区域性物流基地、专业市场等的疏解转移，加快工业化、城镇化进程。产业实力较强的县域，进一步做强主导产业，强化产业平台支撑，发展成为先进制造、商贸流通、文化旅游等专业功能显著的区域。生态功能重要的县域，加强点上开发、面上保护，推进生态产业化、产业生态化，筑牢全省生态屏障。农产品主产区的县域，推动增强农业综合生产能力，大力发展农产品种养殖、深加工、大流通，提高粮食安全保障水平。对老区苏区、民族地区和省际边界地区中综合实力较弱的县域，加快补齐在产业发展、城镇建设、公共服务等方面的短板，推动振兴发展。

（六）发展壮大县域经济。重点发展比较优势明显、带动农业农村能力强、就业容量大的产业，统筹培育本地产业和承接外部产业转移，促进产业转型升级。壮大工业经济，推进工业入园，支持与当地主体功能定位相匹配的产业园区提质增效，重点扶持一批10亿元级企业、建设一批亿元级项目，促进现代产业集群发展。支持沿海经济带有条件的县域建设一批海洋产业园区，打造一批渔港经济区。有序承接产业转移，深化"研发＋制造""总部＋基地"等合作模式，开展联合招商引资，建设一批加工贸易产业转移园。发展特色优势产业，以"粮头食尾""农头工尾"为抓手，培育农产品加工业集群，积极发展农业生产性服务业。依托文化旅游资源，培育文化体验、休闲度假、养生养老等产业。开展争创全国经济强县行动，重点支持若干基础条件好的县（市）做大做强做优，示范带动全省县域高质量发展。

（七）推进以县城为重要载体的城镇化建设。推动县城公共服务设施提标扩面、市政公用设施提档升级、环境基础设施提级扩能、产业配套设施提质增效、城产产城融合发展，不断提升县城综合承载能力。推进就地就近城镇化，提高县城就业容量和就业质量，引导镇村人口向县城转移，承接返乡农民就业创业、生产生活。支持县城高水平扩容提质，推动一批有条件的县城按照中等城市的标准规划建设，增强辐射带动能力。加快发展大城市周边县城，强化与邻近地区通勤便捷、功能互补、产业配套，发展成为大城市的卫星城。

三、强化乡镇联城带村的节点功能

充分发挥乡镇连接城市与农村的节点和纽带作用，建设成为服务农民的区域中心，促进乡村振兴、推动城乡融合。

（八）增强综合服务功能。打造完善的服务圈，加强政务服务中心建设，建好用好党群服务中心，优化教育、医疗、文化等公共资源配置，加快补齐偏远乡镇服务"三农"的短板弱项，在家门口满足农民生产生活基本之需。打造兴旺的商业圈，开展农贸市场提升行动，开展家电下乡、汽车下乡等展销活动，挖掘农村消费潜力、助推消费升级。推进电商物流服务联通，加强乡镇农产品冷链物流配送、加工物流中心建设，促进农货出乡出山出海。打造便捷的生活圈，积极发展养老托育等生活性服务业，建设小公园、小广场、小球场等公共活动空间，推动镇村生活一体融合、各有精彩。

（九）建设美丽圩镇。开展人居环境品质提升行动，对路网边、水岸边、街巷边等区域进行洁化、绿化、美化、文化，加强圩镇建筑风貌管控，深化乱搭乱建问题治理，统筹镇村连线成片建设，推动圩镇从干净整洁向美丽宜居蝶变。改造提升旧民居、旧街巷，突出岭南特色、历史文化、民族风情，因地制宜建设美丽街区，打造一批辨识度高、别具特色的网红地、打卡点，统筹绿道、碧道等建设，提升美丽圩镇的特色化、品质化水平。

（十）建强中心镇、专业镇、特色镇。突出发展一批区位优势较好、经济实力较强、未来潜力较大的中心镇，有条件的可打造成为县域副中心、发展成为小城市，增强对周边的辐射带动力和县域发展的支撑力。加快专业镇转型升级，改造提升传统优势产业，培育战略性新兴产业，形成一批在全国有较强影响力和竞争力的名镇名品。鼓励珠三角与粤东、粤西、粤北地区专业镇联动发展，促进特色优势产业跨区域合作。集中资源力量，培育更多全国经济强镇。分类发展特色产业、科技创新、休闲旅游、历史文化、绿色低碳等特色镇，打造一批休闲农业与乡村旅游示范镇，推动一批古镇、古埠、古港焕发新的光彩。

四、建设宜居宜业和美乡村

坚持农业农村优先发展，巩固拓展脱贫攻坚成果，全面推动乡村产业、人才、文化、生态、组织振兴，实现农业高质高效、乡村宜居宜业、农民富裕富足。

（十一）构建现代乡村产业体系。全面落实耕地保护和粮食安全党政同责，牢固树立和践行大农业观、大食物观，强化耕地保护和用途管制，加强粮食生产功能区建设，健全种粮农民收益保障机制，全方位夯实粮食安全根基。完善现代农业产业体系，推进现代农业产业园、农业现代化示范区建设，发展壮大丝苗米、岭南蔬果、畜禽、水产、南药、茶叶、花卉、油茶、竹等特色产业集群。做大做强"粤字号"农业知名品牌，发展预制菜等农产品精深加工，培育壮大乡村旅游、数字农业等新业态，促进农村一二三产业融合发展。完善利益联结机制，让农民更多分享产业增值收益。加快推进村集体经济增收，建成更多集体经济强村。

（十二）稳步实施乡村建设行动。以乡村振兴示范带为主抓手，推进农村道路、供水保障、清洁能源、农产品仓储保鲜和冷链物流、防汛抗旱等设施建设，打造一门式办理、一站式服务、线上线下结合的村级综合服务平台，推动农村逐步基本具备现代生活条件。深入实施农村人居环境整治提升五年行动，巩固垃圾污水治理和厕所革命成果，持续推进村庄绿化、美化、亮化。充分尊重农民意愿，分类整治空心村。强化农房规划建设管控，坚决遏制新增农村违法违规建房行为。塑造广府、客家、潮汕及少数民族等别具风格的特色乡村风貌，加强古树名木、特色民居和传统村落保护利用，守住乡村文化根脉。持续开展珠三角地区"五美"专项行动，建设与粤港澳大湾区相匹配的精美乡村。

（十三）加强和完善乡村治理。健全党组织领导的自治、法治、德治相结合的乡村治理体系，构建共建共治共享的乡村治理共同体。深入推进抓党建促乡村振兴，全面提升"头雁"工程质量，选优派强驻村第一书记，持续整顿软弱涣散村党组织。创新乡村治理方式方法，推广应用积分制、清单制、数字化、网格化等治理方式，开展乡村治理示范创建。全面加强农村精神文明建设，大力弘扬和践行社会主义核心价值观，加强新时代文明实践中心（所、站）等公共文化阵地建设，充分发挥村规民约、居民公约、生活礼俗的作用，推动农村移风易俗，培育向上向善、刚健朴实的文化气质。坚持和发展新时代"枫桥经验"，深入推进平安乡村、法治乡村建设。

五、统筹推进城乡融合发展

加大城乡区域统筹力度，促进发展空间集约利用、生产要素有序流动、公共资源均衡配置、基本公共服务均等覆盖，破除城乡二元结构。

（十四）推进规划建设一体化。坚持县域一张图、一盘棋，高质量编制国民经济和社会发展规划及国土空间规划，优化县镇村生产力布局。明确国土空间保护开发利用策略，严守耕地和永久基本农田、生态保护红线、城镇开发边界三条控制线，一体谋划县镇村产业发展、基础设施建设、公共服务配套、生态系统保护和修复等。健全城乡一体的规划实施制度，合理配置空间资源和生产要素，推动项目跟着规划走、要素跟着项目走。

（十五）推进基础设施一体化。以县域为整体推动水电气路网等基础设施一体化布局，实现城乡基础设施统一规划、统一建设、统一管护。推动骨干交通网向城镇覆盖，全面实现国道通县城、省道通乡镇，加快"四好农村路"提档升级和村内道路建设，建设县镇村三级快递物流网络。推进县域供水一体化、农村供水规模化和水质提升，让城乡居民都喝上好水。加快新型基础设施建设，推动县域同步建设千兆光网和5G网络，相对集中布局建设新能源充换电设施。加强县域防洪排涝、防灾减灾、应急避难等设施建设。健全县镇村基础设施产权管理制度，明确管护主体，落实管护责任，保障管护经费。

（十六）推进要素配置一体化。建立人才入县下乡激励机制，加强人才驿站建设，持续推动千名科技特派员下乡服务。支持科研院所在县域布局设点，引导科研成果推广转化应用。建设县域信用体系，构建普惠金融的公共基础设施。创新为农服务金融产品，引导县域地方法人金融机构将更多资金用于支持当地发展，探索符合农村实际的新型农村合作金融。强化政府对土地一级市场的调控管理，审慎稳妥地推进农村集体经营性建设用地入市,健全土地增值收益分享机制。

(十七)推进生态环保一体化。实施重要生态系统保护和修复重大工程,统筹推进山水林田湖草沙一体化保护和系统治理。深入推进绿美广东生态建设,优化林分改善林相,精准提升森林质量,高标准、高质量建设县级国家森林城市。提升城镇污水设施管网覆盖率,将城镇周边的农村生活污水因地制宜纳入城镇生活污水处理体系,在人口分散的自然村推广污水资源化利用和厌氧式、无动力、小区域的生态处理技术,因地制宜、分类施策,加大力度推进农村污水治理。健全村收集、镇转运、县处理的生活垃圾收运处置体系,鼓励共建共享生活垃圾焚烧处理设施。统筹好上下游、左右岸、干支流、城与乡,推动黑臭水体治理向全县域拓展。

(十八)推进基本公共服务一体化。推动城乡基本公共服务逐步实现标准统一、制度并轨。健全统筹城乡的就业政策和服务体系,加强职业技能培训,实施"万千农民素质提升行动",用好公益性岗位、以工代赈等方式,提升农民就业创业质量。推进县域基础教育优质均衡发展,优化城乡教育联合体模式,深化义务教育教师"县管校聘"管理改革,开展"名优教师送教下乡"活动,推动优质教育资源向镇村倾斜。强化基层公共卫生体系,加强紧密型县域医共体建设,推进基层医疗卫生机构医务人员"县招县管镇用",实施"万名医师下乡"计划。健全县镇村衔接的三级养老服务网络,发展乡村普惠型养老服务和互助性养老。统筹城乡低保制度发展,全面实施城乡特困人员救助供养制度。推进县镇村三级公共文化服务体系一体化,加强图书馆、体育馆等文体设施建设。

六、强化保障措施

(十九)加强组织领导。坚持和加强党的全面领导,发挥各级党组织作用,建立健全省级统筹、市负主责、县镇村抓落实的工作机制。省成立"百县千镇万村高质量发展工程"指挥部,强化统筹协调、政策制定、督促落实等职责。各地级以上市要强化责任担当,推动资源下沉,加强要素保障。县(市、区)委书记要充分发挥"一线总指挥"职责作用,乡镇(街道)党委书记当好"一线施工队长",村(社区)党组织书记发挥"领头雁"作用。选优配强县镇党政正职,对德才兼备、实绩突出的优先提拔使用。培养造就一支懂经济善发展、敢改革、爱基层的县镇干部队伍,加强村(社区)"两委"队伍建设,选派优秀年轻干部到基层一线锻炼。加强对基层干部的激励保护和关心关爱。

(二十)强化政策支持。省有关单位要根据本决定制定产业、商贸、人才、科技、土地、生态保护、财政、金融、民生保障等配套支持政策,各县(市、区)结合本地实际制定具体实施方案,构建"百县千镇万村高质量发展工程"的"1+N+X"政策体系。加大产业政策扶持力度,优化产业发展目录,支持县域重大产业平台建设,推动产业数字化绿色化改造。加大土地政策倾斜力度,强化县域重大项目用地保障,推进点状供地,强化农村一二三产业融合发展用地支持。建立县级财力保障长效机制,试行省财政资金全面直达县(市),稳步提高土地出让收入用于农业农村比例,统筹地方政府新增债券用于县镇村建设。健全多元化投入机制,政府出一点、集体筹一点、社会资本投一点、银行贷一点、帮扶方补一点、乡贤捐一点,引导更多资金注入县域发展和强镇兴村。

(二十一)加大改革力度。深化农村集体产权制度改革,推动资源变资产、资金变股金、农民变股东,发展壮大新型农村集体经济。完善农村承包地"三权"分置制度,稳慎扎实推进宅基地制度改革。开展城乡土地综合整治,推进城乡建设用地增减挂钩,满足县镇扩容提质空间需求。深化涉农资金统筹整合改革。建立健全生态产品价值实现机制。积极推进户籍制度改革,全面落实取消县城落户限制政策，同时保障进城落户农民合法土地权益。深化县镇扩权赋能改革，赋予县更多市级经济社会管理权限，赋予部分中心镇县级管理权限，确保放到位、接得住、管得好。

（二十二）建立新型帮扶协作机制。深化拓展省内帮扶协作，建立纵向支持、横向帮扶、内部协作相结合的机制，实现对粤东、粤西、粤北地区45个县（市）帮扶协作全覆盖，做好对惠州、江门、肇庆市12个县（市）的帮扶工作。强化省市县纵向帮扶，结合驻镇帮镇扶村和对口支援重点老区苏区县工作，建立省直机关事业单位、省属国有企业、高校、科研院所等组团帮扶机制。强化市际横向帮扶协作，按照"市统筹、县协同"的原则，优化珠三角核心区与粤东、粤西、粤北地区县级结对关系，探索建立共建共享机制，推动珠三角产业向粤东、粤西、粤北地区有序转移，鼓励共建产业转移合作园区。强化市域内帮扶协作，推动区、县（市）联动发展。健全省领导同志定点联系县、市领导同志挂钩联系中心镇和欠发达乡镇、县领导同志联系村机制，指导和督促各项工作落实。

（二十三）广泛调动社会力量。提高县域营商环境水平，撬动民间投资，发展民营经济。鼓励、引导、规范工商资本下乡，深入实施"千企帮千镇、万企兴万村"行动，积极探索政府引导下社会资本与村集体合作共赢的模式。大力培育农业新型经营主体，充分发挥龙头企业、种养大户、家庭农场经营者带动作用，推动农民合作社转型升级，激发各类主体的积极性、主动性、创造性。发挥工会、共青团、妇联等群团组织的优势和力量，支持各民主党派、工商联、无党派人士等积极发挥作用，办好农民丰收节、"广东扶贫济困日"等活动，形成人人关心支持、全社会共同参与的良好氛围。

（二十四）强化考核评估。统筹乡村振兴、产业有序转移等考核机制，建立"百县千镇万村高质量发展工程"考核评价体系，对市县党委、政府及省有关单位进行考核。实施县域发展差异化考核监督和激励约束，强化考核结果运用，考出压力、考出动力、考出活力。压实帮扶双方责任，突出帮扶协作实效，既考核帮扶方，也考核被帮扶方。加强县域经济和产业发展统计监测。健全常态化督促检查和定期评估机制，及时研究新情况、解决新问题，根据实际优化调整政策举措。积极有效防范化解工程实施中的各类风险，守住安全发展底线。

中共河源市委文件

中共河源市委关于贯彻《中共广东省委关于实施"百县千镇万村高质量发展工程"促进城乡区域协调发展的决定》的实施意见

（2023年1月6日中国共产党河源市第八届委员会第五次全体会议通过）

河委发〔2023〕5号

为深入学习贯彻党的二十大精神，认真贯彻落实《中共广东省委关于实施"百县千镇万村高质量发展工程"促进城乡区域协调发展的决定》，推动全市县镇村高质量发展，在新起点上促进城乡区域协调发展向着更高水平迈进，现结合实际提出如下实施意见。

一、总体要求

（一）重要意义。近年来，我市深入贯彻落实党中央决策部署，认真落实省委构建"一核一带一区"区域发展格局要求，大力实施产业兴市、乡村振兴等"七大行动"，推动城乡区域协调发展取得新成效。同时必须清醒地看到，河源高质量发展还面临许多现实挑战，特别是县域发展不平衡不充分，县域经济基础较弱、规模较小、综合发展水平较低，县镇村发展内生动力仍需进一步增强。必须坚持系统观念，强化问题导向，遵循发展规律，以县域为重要切入点加快城乡融合发展，对县镇村各自的功能定位科学把握，把县的优势、镇的特点、村的资源更好地统筹起来，按照省委部署实施"百县千镇万村高质量发展工程"的具体要求，大力推进强县促镇带村，加快建设幸福和谐美丽河源。

（二）指导思想。坚持以习近平新时代中国特色社会主义思想为指导，全面贯彻党的二十大精神，深入贯彻习近平总书记对广东系列重要讲话和重要指示精神，完整、准确、全面贯彻新发展理念，以推动高质量发展为主题，深入实施乡村振兴战略、区域协调发展战略、主体功能区战略、新型城镇化战略，认真落实省委实施"百县千镇万村高质量发展工程"的具体要求，以"融湾"为纲、"融深"为牵引，以城乡融合发展为主要途径，加快培育"五大产业"，大力实施"七大行动"，切实把县镇村发展的短板转化为河源高质量发展的潜力板，构建城乡区域协调发展新格局。

（三）目标任务。以全市7个县（区）（含江东新区）、101个乡镇（街道）、1 452个行政村（社区）为主体，全面落实省"百县千镇万村高质量发展工程"。到2025年，城乡融合发展体制机制基本建立，县域经济发展加快，新型城镇化、乡村振兴取得新成效，突出短板弱项基本补齐，城乡居民可支配收入差距进一步缩小。到2027年，城乡区域协调发展取得明显成效，县域综合实力明显增强，一批经济强镇、和美乡村脱颖而出，城乡区域基础设施通达程度更加均衡、基本公共服务均等化水平显著提升。展望2035年，新型城镇化基本实现，乡村振兴取得决定性进展，城乡区域发展更加协调平衡，共同富裕取得更为明显的实质性进展，城乡与全省同步基本实现社会主义现代化。

二、全力推动县域高质量发展

（四）优化县（区）发展分类管理。立足资源禀赋、比较优势等因素，坚持生态优先、绿色发展，分类引导县域差异化发展，科学把握各县域的发展定位、方向、路径、重点，宜粮则粮、宜农则农、宜工则工、宜商则商，推进生态产业化、产业生态化，持续推动各县（区）以差异化发展助推高质量发展。

（五）加快发展县域经济。大力推动产业兴县，以培育电子信息、水经济、先进材料、机械与模具、生态旅游、现代高效农业等产业为重点，进一步做强县域主导产业。坚持制造业当家，壮大工业经济，实行"一把手"抓招商，主动承接粤港澳大湾区产业转移，制定重点承接产业引导目录，建立产业转移重点项目库，大力引进一批亿元级强链扩链型、集群配套型、龙头基地型项目。坚持"一企一策"精准对接，推动企业增资扩产、转型发展。统筹面上保护、点状开发，加快承接产业有序转移主平台建设，实施园区主导产业培育提升计划和园区产值倍增计划，探索多种形式双向"飞地经济"模式，支持符合条件的园区扩园发展、创建省级特色园区和省级高新区，鼓励支持符合条件的产业转移园区申报设立省级经济特别合作区，持续实施园区用地整治提升行动，加快标准厂房建设，健全"亩均效益"综合评价机制。以"粮头食尾、农头工尾"为抓手，以农产品加工业为重点打造农业全产业链，促进农村一二三产业融合发展。大力推进全域旅游，持续擦亮"六色"文旅品牌，建设粤港澳大湾区旅游及康养基地，推动万绿湖风景区创建国家5A级旅游景区，加快将"美丽资源"转化为"美丽经济"。积极探索生态产品价值，实现"河源模式"，有序推动林业碳汇和国家储备林建设，推进用水权、用能权、排污权、碳排放权市场化交易，实现"绿富"双赢。

（六）不断完善县城功能。推动以县城为重要载体的城镇化建设，支持县城高水平扩容提质，有序推进县城补短板、强弱项，不断提升县城综合承载能力。推动县城公共服务设施提标扩面，加快完善县城医疗卫生、教育、社区综合服务等设施。推动市政公用设施提档升级，不断健全县城市政交通、市政管网、配送投递设施，加强智慧化改造。推动环境基础设施提级扩能，加快完善垃圾、污水收集处理体系，推动县城城镇老旧小区改造，提升县城居住条件和环境。推动产业配套设施提质增效，完善县城产业平台、商贸流通、消费平台等配套设施。推动产城融合发展，合理规划县城生产、生活用地，完善产业园区生活、商务功能配套。推进就地就近城镇化，多渠道促进农业转移人口就业创业，提高农业转移人口市民化质量。推动东源县扎实开展国家县城建设示范地区建设工作，统筹东源县城与市区联动发展。

三、着力强化乡镇联城带村的节点功能

（七）提升综合服务功能。构建完善的服务圈，加强政务服务场所建设，建好用好党群服务中心，加快乡镇（街道）综治中心规范化建设，推进教育、医疗、文体等资源统筹布局，加快补齐偏远乡镇服务"三农"的短板弱项。构建兴旺的商业圈，推动乡镇农贸市场升级改造，释放农村发展活力和内需潜力。建设县镇村三级快递物流网络，加强乡镇冷链物流配送、加工物流中心建设，加快农村电子商务发展，促进农货供需精准对接。构建便捷的生活圈，加大养老、托幼等服务供给，建设小公园、小广场、小球场等公共活动空间，推动实现镇村同建、同治、同美。

（八）大力建设美丽圩镇。巩固美丽圩镇建设攻坚行动成果，按照"一县一计划、一镇一方案"要求，持续开展人居环境品质提升行动，加强镇街建筑风貌管控，做好主干道沿街建筑立面风貌改造提升，因地制宜建设凸显客家特色、历史文化的美丽街区，统筹绿道、碧道等建设，打造一批特色化、品质化的美丽圩镇。高标准推进城乡融合发展省级试点建设。一体推进镇村连线成片建设，加快形成"以镇带村、以村促镇"发展格局。

（九）逐步建强中心镇、专业镇、特色镇。综合考虑乡镇区位条件、资源禀赋、建设基础和发展潜力，科学确定乡镇的发展类型、建设方向和创建目标，按照城区镇、中心镇、专业镇、特色镇、普通镇等类型进行精准分类，引导乡镇差异化、品质化、特色化发展，实现"百镇百特色"。做大做强中心镇，突出发展一批区位优势较好、经济实力较强、未来潜力较大的中心镇，有条件的可打造成为县域副中心、发展成为小城市，增强对周边的辐射带动力和县域发展的支撑力。做专做精专业镇，转型升级传统优势产业，培育战略性新兴产业，集中资源力量打造一批工业重镇、商贸强镇、文旅名镇、农业大镇。做优做美特色镇，充分挖掘和利用镇域资源，发展特色主导产业，打造一批创新创意、山水风光、历史文化、绿色低碳类特色镇。

四、加快建设宜居宜业和美乡村

（十）强化现代乡村产业体系建设。全面落实粮食安全党政同责，牢固树立和践行大农业观、大食物观，落实最严格的耕地保护制度，推进撂荒耕地复耕复种，加强高标准农田建设，加快灯塔盆地灌区续建配套与现代化改造，全面提高粮食安全保障能力。发展现代高效农业，全力推动灯塔盆地创建国家农高

区，加快推进现有19个省级现代农业产业园建设，加快完成油茶跨县集群现代农业产业园建设任务，重点围绕"八大特色产业"，深入实施农业龙头企业培优工程，做好"土特产"文章，壮大以油茶、丝苗米、生猪、茶叶、预制菜、花生等为重点的优势特色产业集群，加强"万绿河源"农产品区域公用品牌建设，培育现代种业、数字农业、民宿经济等新兴产业，加快打造粤港澳大湾区的"米袋子""菜篮子""果盘子""水缸子""茶罐子""油瓶子"。健全紧密型利益联结机制，让农民共享全产业链增值收益，带动农民共同富裕。

（十一）深入实施乡村建设行动。健全农村人居环境整治长效机制，巩固垃圾污水治理和厕所革命成果，实现全市农村环境干净整洁有序目标。充分尊重农民意愿，分类整治空心村。强化农房规划选址、用地管理和风貌风格管控，坚决遏制新增农村违法违规建房行为。大力推进绿美乡村建设行动，加强乡村绿化美化，加强古树名木、特色民居和传统村落保护利用，高标准建设一批乡村振兴示范带，塑造具有岭南文化气息和客家人文特色的乡村风貌，推动我市美丽乡村实现由点到面、连线成片的跨越。

（十二）加强和改进乡村治理。坚持大抓基层的鲜明导向，完善党组织领导的自治、法治、德治相结合的乡村治理体系。大力推进抓党建促乡村振兴，全面提升"头雁"工程质量，选优派强驻村第一书记，持续整顿软弱涣散村党组织，积极推广应用积分制、清单制、数字化等治理方式，积极开展党建引领乡村治理试点县、抓党建促乡村振兴示范县创建。大力弘扬和践行社会主义核心价值观，加强新时代文明实践中心（所、站）等公共文化阵地建设，积极开展文明村镇创建，推动农村移风易俗，实施"南粤家风"工程，推动形成文明乡风、良好家风、淳朴民风。坚持和发展新时代"枫桥经验"，开展"民主法治村"创建，持续提升综合网格管理服务成效。

五、深入推进城乡一体化发展

（十三）扎实推进规划建设一体化。坚持县域一张图、一盘棋，全面完成县（区）级国土空间规划编制，推进乡镇级国土空间规划编制，优化县镇村生产力布局。落实市县级国土空间总体规划分解指标，严守耕地和永久基本农田、生态保护红线、城镇开发边界三条控制线。有序开展专项规划编制工作，一体谋划县镇村产业发展、基础设施建设、公共服务配套、生态系统保护和修复等。强化要素跟着项目走的保障机制。

（十四）扎实推进基础设施一体化。以县域为整体推动城乡基础设施统一规划、统一建设、统一管护。畅通城乡区域交通循环体系，完善普通国省干线网络，加快农村公路提档升级和"美丽农村路"建设，打造中心城区、各县城、中心镇、重要产业园区等重要板块之间市域1小时交通圈。以城乡供水一体化和规模化为方向，提升农村供水保障能力，推进农村供水"三同五化"改造提升工程。加快新型基础设施建设，推动乡村5G网络和千兆光网与城镇同步规划建设，确保行政村4G/5G网络100%覆盖。实施新一轮农村电网升级改造。稳步推进天然气"县县通"工程，建设安全可靠的乡村储气罐站和微管网供气系统。加强县域防洪排涝、防灾减灾、应急避难等设施建设。健全县镇村基础设施产权管理制度，明确管护主体，落实管护责任，保障管护经费。

（十五）扎实推进要素配置一体化。扎实推进要素市场化配置综合改革省级试点，抓好试点改革措施的落地落实，推动土地、劳动力、资本、技术等要素在城乡间自由流动和高效配置。持续开展"千名科技专家下千村助力乡村振兴"活动，支持科研院所在县域布局设点，引导科研成果在县域、园区落地转化。加大对县域金融支持力度，深入实施农村金融（普惠）户户通工程，发挥多层次资本市场支农作用，撬动金融和社会资本更多投向县域和农业农村。按照国家和省部署，审慎稳妥推进农村集体经营性建设用地入市，健全土地增值收益分享机制。

（十六）扎实推进生态环保一体化。坚决保护好重要水源涵养区和生态保障功能区，筑牢江湖河水、蓝天绿地的生态屏障。深入推进绿美河源生态建设，持续优化林分、优美林相，提升生态和森林景观质量，高标准高质量创建森林城市，巩固国家园林城市创建成果，努力建设山水相连的秀美山川。提升城镇污水设施管网覆盖率，将城镇周边的农村生活污水优先纳入城镇生活污水处理体系，支持人口规模较大且相对聚集的自然村建设污水处理设施及配套管网，加大力度推进农村污水治理。完善农村生活垃圾收运处置体系，推动完成生活垃圾分类处理系统建设，加快推进市、县（区）生活垃圾焚烧发电项目建设。高质量建设万里碧道，推进乡野型碧道建设，大力开展生态清洁小流域建设，深入推进河湖"清四乱"常态化规范化，推进中小河流治理，推动黑臭水体治理向全县域拓展，梯次推进农村黑臭水体治理。

（十七）扎实推进基本公共服务一体化。强化农村基本公共服务供给县镇村统筹，促进县城、中心镇等公共服务向乡村延伸。持续推进职业技能培训，加快完善"两街两园"平台后续运营管理，开展"万千农民素质提升行动"，提升农民就业创业质量。统筹推进城乡教育均衡发展，推进城乡义务教育标准化建设，优化城乡教育联合体模式，全面推进义务教育教师"县管校聘"管理改革，开展"名优教师送教下乡"活动，进一步优化基础教育城乡资源配置。提升基层医疗卫生服务能力，深化紧密型县域医共体建设，推进基层医疗卫生机构医务人员"县招县管镇用"，落实"万名医师下乡"计划。健全县镇村衔接的养老服务网络，积极探索村庄互助特色养老模式。统筹城乡低保制度发展，全面实施城乡特困人员救助供养制度。推动城乡文化服务体系一体化，高标准建成县镇村三级公共文体设施网络。

六、强化保障措施

（十八）强化组织领导。坚持和加强党的全面领导，发挥各级党组织作用。成立市"百县千镇万村高质量发展工程"指挥部，强化统筹协调、政策制定、督促落实等职责。各县（区）委书记要充分发挥"一线总指挥"职责作用，乡镇（街道）党委书记当好"一线施工队长"，村（社区）党组织书记发挥"领头雁"作用。选优配强县镇（街道）党政正职，培养造就一支懂经济、善发展、敢改革、爱基层的县镇（街道）干部队伍，选派优秀年轻干部到基层一线锻炼。

（十九）加强政策支持。市有关单位要根据本实施意见，按照省有关配套政策要求，研究制定市级层面的支持政策，各县（区）结合本地实际，制定具体实施方案。完善产业政策体系，推进重点产业成规模集群发展，支持县域重大产业平台建设。加大土地政策倾斜力度，强化县域重大项目用地保障，强化农村一二三产业融合发展用地支持。鼓励各级财政支持城乡融合发展，统筹用好地方政府新增债券支持符合条件的城乡融合发展项目。健全多元化投入机制，引导更多资金注入县域发展和强镇兴村。

（二十）深化改革攻坚。深化农村集体产权制度改革，推动农村资源变资产、资金变股金、农民变股东，探索产业开发、资产租赁、服务创收、混合经营等新型农村集体经济实践模式。落实第二轮土地承包到期后再延长30年的政策，稳慎推进宅基地制度改革。开展城乡土地综合整治，推进城乡建设用地增减挂钩、农村拆旧复垦。深化涉农资金统筹整合改革。稳妥有序推进户籍制度改革，全面落实取消县城落户限制政策，健全农业转移人口市民化配套政策，同时保障进城落户农民合法土地权益。深化县镇扩权赋能改革，赋予县更多市级经济社会管理权限。

（二十一）统筹协作机制。统筹推进对口帮扶、乡村振兴驻镇帮镇扶村、省直机关及有关单位对口支援重点老区苏区县工作。拓展深圳全面对口帮扶工作的深度和广度，加强与深圳在产业发展、科技创新、人才招引等方面的帮扶合作，探索建立共建共享机制。加强与驻镇帮镇扶村工作队在人力资源、项目资金等方面的沟通协调，强化市域内帮扶协作，形成工作合力。加强与省相关部门沟通对接，推进省领导同志定点联系河源及东源县工作。纵深推进市领导同志联镇包片抓落实工作，强化市县镇村四级联动，指导和督促各项工作落实。

（二十二）动员社会参与。持续优化市场化、法治化、便利化县域营商环境，全面落实放宽民营企业市场准入政策措施，促进民营经济发展壮大。探索政府引导下社会资本与村集体合作共赢模式，实施"千企帮千镇、万企兴万村"行动，积极引导建筑业企业等投身建设。健全现代农业经营体系，充分发挥龙头企业、种养大户带动作用，推动家庭农场提质增效和农民合作社转型升级。发挥工会、共青团、妇联等群团组织的优势和力量，支持各民主党派、工商联、无党派人士等积极发挥作用，办好农民丰收节、"广东扶贫济困日"、灯塔盆地现代农业高质量发展高峰论坛、农业产业招商大会等活动，形成人人关心支持、全社会共同参与的良好氛围。

（二十三）强化考核评估。结合省考核评价体系制定我市分级分类考核评价办法，对县镇党委、政府及市有关单位进行考核。把年度考核结果纳入市目标管理责任制考核范畴，压实全市各级各有关部门工作责任，强化考核结果运用，以督查促提升、以考核促落实。加强县域经济和产业发展统计监测。健全常态化督促检查和定期评估机制，根据实际优化调整政策举措。积极有效防范化解各类风险隐患，牢牢守住安全发展底线。

东源县"百县千镇万村高质量发展工程"指挥部文件

东源县"百县千镇万村高质量发展工程"指挥部关于印发《东源县"百县千镇万村高质量发展工程"指挥部工作规则（试行）》和《东源县"百县千镇万村高质量发展工程"指挥部办公室工作规则（试行）》的通知

东百千万指发〔2023〕1号

县"百县千镇万村高质量发展工程"指挥部各工作专班、各成员单位，县有关单位，各乡镇"百县千镇万村高质量发展工程"指挥部：

《东源县"百县千镇万村高质量发展工程"指挥部工作规则（试行）》和《东源县"百千镇万村高质量发展工程"指挥部办公室工作规则（试行）》已经县"百县千镇万村高质量发展工程"指挥部全体会议审议通过，现印发给你们，请结合实际认真贯彻执行。

东源县"百县千镇万高质量发展工程"指挥部
2023年12月1日

东源县"百县千镇万村高质量发展工程"指挥部工作规则（试行）

第一章 总 则

第一条 为规范县"百千

镇万村高质量发展工程"（以下简称"百千万工程"）指挥部运行机制，推动形成上下贯通、协调联动、运转顺畅的指挥体系，根据《中共东源县委关于贯彻〈中共广东省委关于实施"百县千镇万村高质量发展工程"促进城乡区域协调发展的决定〉的实施意见》《中共东源县委办公室、东源县人民政府办公室印发〈关于全面推进"百县千镇万村高质量发展工程"促进城乡区域协调发展的实施方案〉的通知》《中共东源县委办公室、东源县人民政府办公室关于成立县"百县千镇万村高质量发展工程"指挥部的通知》要求，制定本工作规则。

第二章　机构设置

第二条　县指挥部是在县委领导下统筹推进全县"百千万工程"的议事协调机构，对县委负责，向县委请示报告工作。

第三条　县指挥部总指挥由县委书记兼任，执行总指挥由县长兼任，设立常务副总指挥3名及副总指挥4名，由县委、县人大常委会、县政府、县政协有关领导同志兼任。

第四条　县指挥部成员包括县委办公室（县委政研室、县委改革办）、县人大常委会办公室、县府办公室（县金融工作局）、县政协办公室、县委组织部、县委宣传部、县委统战部、县委政法委、县委编办、新丰江林管局、县工业开发区管委会、县发展和改革局、县教育局、县工业商务和信息化局、县公安局、县民政局、县财政局、县人力资源和社会保障局、县自然资源局、县住房和城乡建设局、县交通运输局、县水务局、县农业农村局、县文化广电旅游体育局、县卫生健康局、县应急管理局、县市场监管局、县统计局、县政务服务数据管理局、县乡村振兴局、县林业局、市生态环境局东源分局、县总工会、团县委、县妇联、县工商联、国家税务总局东源县税务局、县供销合作联社、县国资事务中心等单位主要负责同志。县领导同志兼任"一把手"的单位安排主持日常工作的负责同志参加。

第五条　县指挥部下设办公室（以下简称"县指挥办"），设在县委改革办公室。

第六条　县指挥部设置县域经济、城镇建设、乡村振兴、要素保障、决策咨询、信息化建设、金融、绿美东源生态建设等工作专班。根据工作需要，可新增设立或调整工作专班，具体由县指挥办会同县有关单位研究提出，报县指挥部审定。

第七条　县指挥部总指挥、执行总指挥、常务副总指挥、副总指挥、成员等根据职务变动自然更替，并及时调整。县指挥部成员单位的调整，由县指挥办按程序办理。

第八条　各乡镇参照县指挥部体系，结合实际成立相应的指挥体系。

第三章　职责任务

第九条　县指挥部的主要职责是：贯彻落实县委、县政府实施"百千万工程"的决策部署和总体规划；制定出台"百千万工程"相关政策；统筹推进"百千万工程"重大工作、重要任务、重点项目等；组织研究、协调解决重大问题，检查监督相关任务落实；完成县委、县政府交办的其他任务。

第十条　县指挥部成员单位应贯彻执行县委、县政府和县指挥部关于"百千万工程"的工作部署，按照职责分工抓好"百千万工程"各项具体任务的实施。

第十一条　县指挥办承担县指挥部日常事务，负责组织研究、统筹推进和督促落实县指挥部工作部署和相关要求，具体做好统筹协调、政策研究、上传下达、督查考核、宣传引导等各项工作。

第十二条　县各工作专班按照县指挥部及其办公室要求，精准发力、集中突破，协调推进重点领域专项工作落实。工作专班牵头单位应发挥牵头抓总作用，加强对工作专班的组织领导和协调推进。具体职责是：

（一）县域经济专班。由县发展和改革局牵头，重点推进发展壮大县域经济、推动产业有序转移、促进城乡区域协调发展等工作。

（二）城镇建设专班。由县住房和城乡建设局牵头，重点推进城镇建设、基础设施提档升级、强化乡镇联城带村节点功能等工作。

（三）乡村振兴专班。由县农业农村局、县乡村振兴局牵头，重点推进宜居宜业和美乡村建设、乡村"五大振兴"等工作。

（四）要素保障专班。由县财政局、县自然资源局共同牵头负责，重点做好资金、自然资源等要素支持保障工作。

（五）决策咨询专班。由县委政研室、县委改革办共同牵头负责，邀请智库、高校以及党代表、人大代表、政协委员和各民主党派、工商联、无党派人士等力量参与，共同为"百千万工程"出谋划策。

（六）信息化建设专班。由县政务服务数据管理局牵头，重点推进"百千万工程"业务指标体系、数据支撑体系和专题库、信息综合平台等工作，统筹协调解决县指挥部信息化（非涉密）建设工作中的重大事项。

（七）金融专班。由县金融工作局牵头，研究提升金融服务县域经济、新型城镇化、乡村振兴的能力和水平，推动把更多金融资源配置到支持"百千万工程"的重点领域和薄弱环节。

（八）绿美东源生态建设工作专班。由新丰江林管局、县林业局共同牵头负责，落实上级关于绿美生态建设的工作部署，围绕高质量发展进行绿美生态建设工作。

第四章　协作分工机制

第十三条　县各工作专班、各成员单位受县指挥办的业务指导，县指挥办全面加强与各工作专班、各成员单位的联系，在县指挥部领导下，各司其职、协调联动、信息共享、齐抓共管、形成合力。

第十四条　县各工作专班、各成员单位把"百千万工程"工作列为单位和行业的重点工作，制定并实施年度工作计划，指导、检查本系统推进"百千万工程"工作的情况。

第十五条　县各工作专班、各成员单位建立健全推进"百千万工程"工作调度机制，实时掌握本领域、本行业、本系统工作进展情况，定期报送县指挥办。

第十六条　县各工作专班、各成员单位在推进"百千万工程"过程中及时梳理、协调解决存在问题，遇到经协调无法解决的，报请县指挥办协调研究。县指挥办根据实际工作需要，统筹按程序报请县指挥部会议或县指挥办主任会议、专题会议研究。

第十七条　县各工作专班、各成员单位制定涉及"百千万工程"的重要文件、重要措施，应提前征求县指挥办意见，正式印发后报县指挥办备案。

第十八条　县指挥办具体推进重点工作时，结合工作需要抽调工作专班、成员单位人员到县指挥办集中办公，共同联合作战、协力攻坚。

第十九条　县各工作专班、各成员单位应加强与县指挥办信息沟通和工作联系，明确1名股级干部作为联络员，负责与县指挥办的日常联系。

第五章　会议制度

第二十条　县指挥部实行重大事项集体讨论和民主决策制度，建立县指挥部全体会议、现场推进会、专题会议等会议制度。

第二十一条　县指挥部全体会议由总指挥召集并主持，参会人员为县指挥部全体成员，列席人员根据需要确定。结合工作实际，县指挥部全体会议可以县委常委会会议套开形式召开。主要任务：研究贯彻落实习近平新时代中国特色社会主义思想和党中央、国务院关于实施乡村振兴战略、区域协调发展战略、主体功能区战略、新型城镇化战略的决策部署；听取县指挥办、各工作专班、各成员单位、各乡镇指挥部有关情况汇报，分析"百千万工程"推进形势，研究"百千万工程"重点工作、重大事项、重要问题；其他需提请会议研究、讨论的重要事项。

第二十二条 县指挥部现场推进会由总指挥召集并主持，参会人员为县指挥部全体成员。主要任务：参观、交流有关乡镇和单位推进"百千万工程"的经验做法，推广典型案例；通报年度考核评价结果，对考核评价优秀的乡镇和单位进行表扬奖励；研究部署推进"百千万工程"的举措和任务。

第二十三条 县指挥部专题会议由总指挥或委托执行总指挥、常务副总指挥、副总指挥召集并主持。主要任务：研究、协调、推进"百千万工程"重要事项；讨论"百千万工程"重大改革试点方案、重大政策措施草案和重点任务实施方案；研究指挥部交办事项的落实措施。总指挥或执行总指挥、常务副总指挥、副总指挥适时召开视频调度会，通过信息化系统，直接调度了解掌握乡镇和单位实施"百千万工程"、推动县域经济社会发展的工作成效，协调推动解决实际困难和问题。

第二十四条 县指挥部全体会议、现场推进会、专题会议的具体安排，由县指挥办根据工作需要统筹并提出建议，由会议召集人确定。

第二十五条 提交会议讨论的事项，会前须征求有关方面的意见，并协商一致、达成共识，做好充分准备。

第二十六条 如参会人员因故不能参加会议，应事先向会议召集人请假，经批准后，可委托有关负责同志参加。

第二十七条 相关会议研究达成的结论性意见，结合工作需要整理形成会议纪要。会议纪要按程序报会议召集人签发，按需印发有关领导同志和单位。

第六章 定点联系制度

第二十八条 县指挥部实行领导同志定点联系制度。按照县委、县政府的统一部署，统筹县领导同志定点联系乡镇工作安排，指导和督促"百千万工程"各项工作落实。

第二十九条 县指挥部领导同志挂钩联系乡镇的主要职责：加强与挂钩联系乡镇的沟通联系，深入开展调查研究和督促检查，掌握乡镇经济社会发展情况，指导谋划推进"百千万工程"的工作举措，推动党中央重大决策部署和省委省政府、市委市政府工作要求以及县委县政府工作安排落地落实，统筹力量帮助乡镇解决在推进城乡区域协调发展过程中遇到的困难和问题。

第七章 督导检查制度

第三十条 县指挥部领导同志按照县委有关要求，根据工作需要，到基层开展督导检查。

第三十一条 县指挥办及时通报督导检查的情况，建立整改问题台账，定期调度整改进展情况。

第八章 请示报告制度

第三十二条 全县"百千万工程"工作重大事项、重要情况，须及时向县委请示报告。

第三十三条 县指挥办每半年向县指挥部专题报告工作。县指挥部各工作专班、各乡镇指挥部每半年向县指挥部报送工作总结和工作计划。

第九章 附 则

第三十四条 本规则由县指挥部负责解释，具体解释工作由县指挥办承担。

第三十五条 本规则自印发之日起施行。

东源县"百县千镇万村高质量发展工程"指挥部办公室工作规则（试行）

第一章 总 则

第一条 根据《中共东源县委关于贯彻〈中共广东省委关于实施"百县千镇万村高质量发展工程"促进城乡区域协调发展的决定〉的实施意见》《中共东源县委办公室、东源县人民政府办公室印发〈关于全面推进"百县千镇万村高质量发展工程"促进城乡区域协调发展的实施方案〉的通知》要求，充分发挥县"百县千镇万村高质量发展工程"指挥部办公室（以下简称"县指挥办"）运转中枢、协调中枢、信息中枢作用，制定本工作规则。

第二章 机构设置

第二条 县指挥办在县指挥部的领导下开展工作，是县指挥部的日常办事机构，承担县指挥部日常事务和统筹协调等工作。

第三条 县指挥办设在县委改革办，办公室主任由县指挥部执行总指挥兼任，常务副主任由县委副书记兼任；专职副主任、挂职副主任、兼职副主任若干名，其中兼职副主任由县委办公室1名副主任、县政府办公室1名副主任和县有关单位负责同志兼任。

第三章 职责任务

第四条 县指挥办必须坚决贯彻落实县委、县政府和县指挥部的决策部署，围绕统筹协调、政策研究、改革创新、督查考核、宣传引导等重点任务，主动研究谋划，加强上下联动，创造性开展工作，比县直部门更加综合、赋能，比镇村更加直接、具体。

第五条 县指挥办具体职责：

（一）组织学习贯彻党中央、国务院重要会议和文件精神，省委、省政府、省指挥部、省指挥办，市委、市政府、市指挥部、市指挥办以及县委、县政府、县指挥部有关重要会议和文件精神。

（二）负责筹备召开县指挥部全体会议、现场推进会、专题会议以及县指挥办主任会议、专题会议等会议。

（三）负责统筹组织"百千万工程"有关政策文件的研究起草，制定年度工作要点，分解落实工作任务，协调推进全县"百千万工程"工作部署的组织实施。

（四）负责组织开展"百千万工程"重大问题调研和政策研究，研究谋划战略性、创造性、引领性改革，集成式推进改革政策落地落实。

（五）负责组织对各乡镇、各部门推进"百千万工程"工作情况和成效开展检查评估、考核评价。

（六）负责对"百千万工程"指挥部的决定事项、工作部署以及年度工作要点等落实情况进行督促检查，实行台账式、项目化跟进，定期调度并通报进展情况。

（七）负责对各乡镇指挥部、县各工作专班、各成员单位进行业务指导，加强与各乡镇指挥部及其办公室沟通协调，与县各工作专班、各成员单位建立高效的协调联动机制，合力推动各项目标任务落实。

（八）编印工作信息和调研专报等，及时反映动态、交流经验，总结、宣传和推广全县实施"百千万工程"好的做法和经验，营造良好氛围。

（九）承担"百千万工程"信息化建设和管理等工作。

（十）完成县指挥部交办的其他事项。

第四章 会议制度

第六条 每季度召开县指挥办主任会议，听取县各工作专班工作情况汇报，研究提出县"百千万工程"推进过程中的跨区域、跨部门事项建议，研究需要提交县指挥部会议讨论或协调事项，由办公室主任、常务副主任或委托专职副主任主持召开，各副主任参加，县指挥办可根据工作需要，安排有关乡镇、部门负责人列席会议。

第七条 不定期召开县指挥办专题会议，落实县指挥部议定事项或县领导同志交办事项，听取县有关工作专班、有关成员单位工作情况汇报，研究需县指挥办协调推进事项，由办公室主任、常务副主任或委托专职副主任主持召开，各副主任和县有关工作专班、有关成员单位负责同志参加，县指挥办可根据工作需要，安排有关乡镇、部门负责人列席会议。

第八条 县指挥办根据县指挥部要求和实际工作需要，确定县指挥办主任会议、专题会议议题，会后起草形成会议纪要，按程序报会议召集人签发，按需印发有关领导同志和单位。

第九条 对于会议决定事项，有关单位和责任人应严格执行落实。县指挥办牵头对会议决定事项进行跟踪督办。

第五章 督查考核机制

第十条 建立定期调度制度。县指挥办坚持"月调度、季通报、年度报告"的调度机制,动态掌握各项工作推进、项目进展情况。

第十一条 实行督导督办工作机制。由县指挥办牵头,对县指挥部工作部署落实情况进行动态跟踪,运用多种形式开展常态化综合督导、专项督导。

第十二条 建立问题通报制度。县指挥办坚持问题导向,对存在突出问题的乡镇和部门"一对一"进行通报,并建立跟踪整改落实工作机制,逐一梳理形成问题清单、责任清单、任务清单,确保存在问题得到及时整改。

第十三条 县指挥办牵头按年度对乡镇党委和政府、县有关单位开展考核评价,对不同类型的乡镇实施差异化分类考核。

第十四条 考核评价形成结果建议,报请县指挥部审定后在全县范围内进行通报。结合年度考核评价结果,对落实"百千万工程"工作表现优秀、实绩突出的干部,优先提拔使用、晋升职级;对工作推进得力、成效明显的乡镇和部门,按规定给予资金、新增建设用地计划指标等支持奖励;对存在问题的进行约谈、挂牌整治。

第六章 附 则

第十五条 本规则由县指挥办负责解释。

第十六条 本规则自印发之日起施行。

东源县"百县千镇万村高质量发展工程"指挥部关于印发《东源县"百县千镇万村高质量发展工程"指挥部及办公室、工作专班组成人员名单》的通知

东百千万指发〔2023〕2号

县"百县千镇万村高质量发展工程"指挥部各工作专班、各成员单位,县有关单位,各乡镇"百县千镇万村高质量发展工程"指挥部:

《东源县"百县千镇万村高质量发展工程"指挥部及办公室、工作专班组成人员名单》已经县"百县千镇万村高质量发展工程"指挥部领导同意,现印发给你们。

东源县"百县千镇万村高质量发展工程"指挥部
2023年12月1日

东源县"百县千镇万村高质量发展工程"指挥部及办公室、工作专班组成人员名单

一、县"百县千镇万村高质量发展工程"指挥部

总指挥:秦卫民 县委书记

执行总指挥:刘大荣 县委副书记、县长

常务副总指挥:邓 山 县委副书记、政法委书记

林俊超 县委副书记(挂职)

赖建军 县委常委、常务副县长

副总指挥:邹元涛 县委常委、副县长

陈文华 县人大常委会党组副书记、副主任

封小虎 副县长(挂职)

许小强 县政协党组副书记、副主席

二、县"百县千镇万村高质量发展工程"指挥部办公室

主任:刘大荣 县委副书记、县长

常务副主任:邓 山 县委副书记、政法委书记

林俊超 县委副书记(挂职)

副主任:邹元涛 县委常委、副县长

赖建军 县委常委、常务副县长

郑远程 县委常委、统战部部长

封小虎　副县长（挂职）

专职副主任：赖浩文　顺天镇党委副书记

兼职副主任：肖嘉明　县委办副主任

邹晓弋　县府办副主任

蓝碧猛　县委改革办专职副主任

程永奇　"双百行动"驻县服务队队长、东源广工大创新研究院院长

陈吉生　"双百行动"驻县服务队副队长

涂学森　县发改局党组成员、副局长（挂职）

刘　洋　县住建局党组成员、副局长（挂职）

夏　季　县财政局副局长（挂职）

黎健健　县发改局党组成员、副局长

郑　岸　县住建局副局长

邱国平　县农业农村局党组成员、县委农办专职副主任

刘伟聪　县乡村振兴局党组成员、乡村振兴服务中心主任

肖三平　县财政局党组成员、副局长

张　健　县自然资源局党组成员、副局长

蒋玉清　县政务服务数据管理局党组成员、副局长

三、县"百县千镇万村高质量发展工程"指挥部工作专班

（一）县域经济专班

总召集人：赖建军　县委常委、常务副县长

副总召集人：邹晓弋　县府办副主任

召集人：吴志燕　县发改局党组书记、局长

副召集人：蓝广生　县发改局党组成员、副局长

黎健健　县发改局党组成员、副局长

（二）城镇建设专班

总召集人：卢帮燕　副县长

副总召集人：唐鉴芬　县府办党组成员

召集人：杨志华　县住建局党组副书记、局长

副召集人：郑　岸　县住建局副局长

（三）乡村振兴专班

总召集人：邓　山　县委副书记、政法委书记

副总召集人：邹元涛　县委常委、副县长

召集人：张冬华　县农业农村局党组副书记、局长

叶海兵　县乡村振兴局党组书记、局长

副召集人：邱国平　县农业农村局党组成员、县委农办专职副主任

刘伟聪　县乡村振兴局党组成员、乡村振兴服务中心主任

（四）要素保障专班

总召集人：赖建军　县委常委、常务副县长

邹元涛　县委常委、副县长

副总召集人：邹晓弋　县府办副主任

召集人：欧文聪　县财政局党组书记、局长

李远来　县自然资源局党组书记、局长

副召集人：肖三平　县财政局党组成员、副局长

张　健　县自然资源局党组成员、副局长

（五）决策咨询专班

总召集人：郑远程　县委常委、统战部部长

召集人：张小龙　县委办主任

副召集人：肖嘉明　县委办副主任

蓝碧猛　县委改革办专职副主任

（六）信息化建设专班

总召集人：陈飞燕　副县长

副总召集人：廖惠健　县府办副主任

召集人：黄志勇　县政务服务数据管理局党组书记、局长

副召集人：蒋玉清　县政务服务数据管理局党组成员、副局长

（七）金融专班

总召集人：具锦标　副县长

副总召集人：黄仲明　县府办党组书记、主任，县金融工作局局长

召集人：邹晓弋　县府办副主任

（八）绿美东源生态建设工作专班

总召集人：邹元涛　县委常

委、副县长

副总召集人：朱冠勇　县府办二级主任科员

召集人：刘伟忠　新丰江林管局党委副书记、局长，万绿湖风景区管委会主任，新港省级自然保护区管理处主任

缪锦平　广东康禾省级自然保护区管理处主任，县林业局党组书记、局长

副召集人：赖志东　新丰江林管局副局长，万绿湖风景区管委会副主任

陈文镜　县林业局副局长

根据县指挥部及指挥部办公室工作规则，县指挥部总指挥、执行总指挥、常务副总指挥、副总指挥、县指挥办主任、各副主任及工作专班组成人员如果出现职务变动，则根据职务变动自然更替；因工作需要或上级要求成立新的工作专班，其人员架构经县指挥部审定后由牵头单位发文（牵头单位分管负责人同时兼任县指挥办兼职副主任），县指挥办不再另行发文。

县指挥部及办公室、工作专班的工作规则和运行机制，详见附件。

附件：1. 东源县"百县千镇万村高质量发展工程"指挥部工作规则（试行）

2. 东源县"百县千镇万村高质量发展工程"指挥部办公室工作规则（试行）

中共东源县委文件

中共东源县委关于贯彻《中共广东省委关于实施"百县千镇万村高质量发展工程"促进城乡区域协调发展的决定》的实施意见

（2023年1月14日中国共产党东源县第八届委员会第四次全体会议通过）

东委发〔2023〕5号

为深入学习贯彻党的二十大精神，认真贯彻落实《中共广东省委关于实施"百县千镇万村高质量发展工程"促进城乡区域协调发展的决定》和《中共河源市委关于贯彻〈中共广东省委关于实施"百县千镇万村高质量发展工程"促进城乡区域协调发展的决定〉的实施意见》精神，推动全县镇村高质量发展，在新起点上更好解决城乡区域发展不平衡不充分问题，现结合实际提出如下实施意见。

一、总体要求

（一）重要意义。近年来，我县深入贯彻落实党中央决策部署，认真落实省委构建"一核一带一区"区域发展格局和市委培育"五大产业"、实施"七大行动"工作要求，构建"一核一副三重四组团"发展格局，奋战"八大重点任务"和开展"三个年"行动，推动城乡区域协调发展取得重要成果。同时必须清醒地看到，东源高质量发展还面临许多现实挑战，特别是存在城乡发展不平衡不充分，县域经济基础较弱、规模较小、综合发展水平较低等问题，镇村内生动力仍需进一步增强。必须坚持系统观念，强化问题导向，遵循发展规律，以县域为重要切入点加快城乡融合发展，科学把握镇村的功能定位，统筹利用好县的优势、镇的特点和村的资源。按照省委部署实施"百县千镇万村高质量发展工程"和《中共河源市委关于贯彻〈中共广东省委关于实施"百县千镇万村高质量发展工程"促进城乡区域协调发展的决定〉的实施意见》的具体要求，

大力推进强县促镇带村,是服务构建新发展格局的战略举措,是满足人民对美好生活新期待的内在要求,是积极探索中国式现代化东源实践的迫切需要,对奋力推动东源又快又稳发展、当好建设幸福和谐美丽河源的主力军具有重要意义。

(二)指导思想。坚持以习近平新时代中国特色社会主义思想为指导,全面贯彻党的二十大精神,深入贯彻习近平总书记对广东系列重要讲话和重要指示精神,全面贯彻落实省委十三届二次全会、市委八届五次全会工作部署,深刻领悟"两个确立"的决定性意义,增强"四个意识"、坚定"四个自信"、做到"两个维护",完整、准确、全面贯彻新发展理念,服务和融入新发展格局,以推动高质量发展为主题,牢固树立和深入践行"两山"理念,坚持稳中求进工作总基调,深入实施乡村振兴战略、区域协调发展战略、主体功能区战略、新型城镇化战略,认真落实省委和市委实施"百县千镇万村高质量发展工程"的具体要求,以"融湾"为纲、"融深"为牵引,以城乡融合发展为主要途径,奋战"八大重点任务",加快培育"3+2+N"产业集群,持续增强县域综合实力,加快农业农村现代化,切实把县镇村发展的短板转化为东源又快又稳发展的潜力板,构建城乡区域协调发展新格局。

(三)基本原则。

——坚持因地制宜、分类施策。根据各乡镇资源禀赋、要素条件和经济社会发展基础,找准各乡镇发展定位,针对不同类型镇村制定实施差别化政策,走特色发展、错位发展之路。

——坚持集约高效、科学开发。发挥县域、圩镇的集聚作用,推动人口、产业、资源要素适度集中,推广节地型、紧凑式开发模式,科学把握开发时序,梯次推进、有序展开,实现高水平保护、高效能利用、高质量发展。

——坚持优势互补、协同联动。以工补农、以城带乡、工农互促、城乡互补,推进城乡一体化发展;加强纵向支持,推动资源要素精准对接、优化配置;加强横向协作,中心乡镇拓展纵深,后发乡镇加快建设,全域全面"融湾""融深",打造粤港澳大湾区发展的战略腹地,实现优势互补、合作共赢。

——坚持改革创新、积极探索。遵循中央顶层设计,落实省委和市委工作要求,尊重基层首创精神,鼓励探索有利于破除城乡二元结构的创新实践,坚定不移推进重点领域和关键环节改革,不断完善城乡区域协调发展体制机制和政策体系。

——坚持群众路线、改善民生。坚持以人民为中心,始终做到发展为了人民、发展依靠人民、发展成果由人民共享,深化实施党政主要负责同志"面对面"解决群众"急难愁盼"问题机制,着力发展城乡经济、改善环境、保障民生、富民增收,不断提升人民获得感、幸福感、安全感。

——坚持尊重规律、实事求是。遵循规律、立足实际、稳扎稳打,树立正确政绩观,力戒形式主义、官僚主义,确保工作成效经得起历史和人民检验。

(四)主要路径。坚持以新型城镇化为纲,做大做强县城、县域副中心、中心镇,实现"以城带乡、以工促农"。大力推进工业向园区集中、居住向社区集中、农业向规模化经营集中"三个集中";努力实现优化农村土地资源配置、优化农村经济社会发展方式、优化城乡区域统筹发展方式"三个优化"的目标,推进城乡区域协调发展。

(五)目标任务。以全县21个乡镇、287个行政村(社区)为主体,全面实施"百县千镇万村高质量发展工程"。到2025年,城乡融合发展体制机制基本建立,县域经济发展加快,新型城镇化、乡村振兴取得新成效,突出短板弱项基本补齐,城乡居民人均可支配收入差距进一步缩小。到2027年,城乡区域协调发展取得明显成效,县域综合实力明显增强,一批经济强镇、和美乡村脱颖而出，城乡区域基础设施通达程度更加均衡，基本公共服务均等化水平显著提升。展望2035年，新型城镇化基本实现，乡村振兴取得决定性进展，城乡区域发展更加协调更加平衡，共同富裕取得更为明显的实质性进展，与全省全市同步基本实现社会主义现代化，力争建设成为广东十大经济强县之一，并实现"三个三"的具体目标（即力争实现制造业及生产服务型产业增加值占GDP比值三分之二以上，力争全县三分之一以上乡镇税收超亿元、三分之一以上村集体收入经济超百万元）。

二、全力推动县域高质量发展

实施产业兴县行动，突出强县富民、县城带动，全面提升县域综合实力和整体竞争力。

（六）坚持分类施策差异化发展。立足各乡镇区位、资源优势等因素，坚持生态优先，绿色发展，分类引导县域差异化发展。以仙塘镇、义合镇为组团，打造成为南部都市经济核心带动发展区；以灯塔镇、顺天镇、船塘镇、漳溪乡、骆湖镇、上莞镇为组团，打造成为北部现代农业示范区；以康禾镇、曾田镇、黄田镇、蓝口镇、柳城镇、叶潭镇、黄村镇为组团，打造成为东部资源整合发展基地；以新港镇、新回龙镇、锡场镇、半江镇、双江镇、涧头镇为组团，打造成为西部生态旅游度假胜地。

（七）做大做强三大产业。坚持制造业当家。聚焦电子信息、先进材料、智能制造等主导产业，大力实施"上规培育""专精特新""数字化转型"等三大重点工程；推动企业技术改造和传统产业技术升级，加大招商引资力度，推动工业项目早落地、早动工、早投产、早达效。提升园区效益，力争成功创建先进材料（硬质合金）省级特色产业园；进一步拓展产业发展空间，全力推进县工业园区和仙塘镇工业园区低效用地、闲置厂房整治。加快推进产业园三期及蓝口产业园集聚区建设，谋划推进徐洞发展区2平方公里水产业及食品加工产业园的规划建设。做大做强现代农业。加快打造G205国道农业高质量发展产业带，形成服务灯塔盆地农高区产业发展的"众星捧月"发展格局；推进茶叶、板栗、蓝莓、丝苗米、生猪省级现代农业产业园建设，谋划生猪国家级现代农业产业园创建和预制菜产业园建设工作，推进农产品精深加工，提升农业附加值。做旺第三产业。大力推广省级粤菜美食街"金字招牌"，推进商贸服务业与文旅、制造业、现代农业等深度融合，加快三产融合发展。充分依托河源北站（东源站）交通枢纽功能和区位优势，谋划发展高铁经济。全力推进万绿湖创5A工作，加快推进房车营地等项目建设，加快发展以民宿为核心的乡村旅游，打造东源民宿品牌，促进东源民宿产业集群发展。

（八）统筹县城规划建设。深入推进国家县城新型城镇化建设示范工作，持续完善县城规划建设。突出县城的核心带动作用，推动义合融入中心城区一体化发展，实现县城与市区联动发展。完善中心城区"十纵十五横"城市交通骨架，全力打造"一园一廊四城"的城市新格局。加速"五馆一宫二中心一长廊"等文化服务设施提挡升级，推动华丰国际贸易中心和城市更新项目加快建设，大力完善县城公共设施和提升服务能力。加快补齐产业发展、城镇建设、公共服务等方面的短板，推动全县又快又稳地高质量发展。

（九）不断优化完善县城功能。加快产城融合步伐，增强县城产业支撑能力，持续推进县城产业转型升级示范园区建设，提升产业平台功能，深入推进产业园区用地整治提升行动，健全商贸流通网络，完善消费基础设施。完善市政设施体系，推进县城市政道路与干线公路高效衔接，畅通对外连接通道，完善防洪排涝设施，增强防灾减灾能力，加强老旧管网改造，推进数字化改造。强化公共服务供给，完善医疗卫生体系，扩大教育资源供给，大力发展养老托育服务，优化文化体育设施，完善社会福利设施。加强环境基础设施建设，完善垃圾收集处理体系，增强污水收集处理能力。推进就地就近城镇化，提高县城就业容量和就业质量，引导镇村人口向县城转移，承接农民返乡就业创业、生产生活。推动县城高水平扩容提质，增强辐射带动能力。

三、着力强化乡镇联城带村的节点功能

充分发挥乡镇连接城市与农村的节点和纽带作用，把乡镇建设成为服务农民的区域中心，促进乡村振兴、推动城乡融合。

（十）做大县域副中心和中心镇、专业镇、特色镇。坚持在分类指导、功能区发展大方向的前提下，推动各乡镇结合自身资源禀赋和特色优势，因地制宜找准细分赛道、跑出各自精彩，在高质量发展的过程中进一步强化连接城乡的纽带作用。突出发展中心镇，推动顺天、灯塔等中心镇以打造成为"县域副中心"或"小城市"为目标，切实增强对周边的辐射带动力、对县域发展的支撑力。加快发展专业镇，推动现有"一村一品、一镇一业"专业镇建设，支持蓝口、新港、船塘、骆湖、上莞、柳城、黄田等具有区位优势或独特资源的乡镇强化要素资源配置，发展成为先进制造、交通枢纽、商贸流通、文化旅游等专业功能镇，形成一批在全省有较强影响力和竞争力的名镇名品。分类发展特色镇，推动各乡镇在各自的特色赛道上赛龙夺锦、各美其美，发展义合、漳溪、叶潭、黄村、曾田等山水风光、历史文化、乡村旅游类特色镇，发展半江、新可龙、锡场等绿色低碳类特色镇，全力打造双江、涧头、康禾等一批休闲农业与乡村旅游示范镇。

（十一）大力建设美丽圩镇。开展人居环境品质提升行动，对"路网边、水岸边、街巷边"等区域特别是毗邻市区、新丰江库区、东江沿岸、灯塔盆地农高区等重点地区的村容村貌进行"洁化、绿化、美化、文化"提升，加强圩镇建筑风貌管控，深化乱搭、乱建、乱涂问题治理，统筹镇村连线成片建设，挂动圩镇从干净整洁向美丽宜居蝶变。改造提升旧民居、旧街巷，突出客家特色、历史文化，因地制宜建设美丽街区，打造一批辨识度高、别具特色的网红点、打卡点，统筹绿道、碧道等建设，提升美丽圩镇的特色化、品质化水平。

（十二）提升综合服务功能。构建完善的服务圈，完善政务服务中心建设，建好用好党群服务中心，加快乡镇综治中心规范化建设，推进教育、医疗、文化等公共资源统筹布局和质量提升，拓展新时代文明实践中心建设，持续推进县、镇、村三级公共文化设施建设，加快补齐偏远乡镇服务"三农"的短板弱项。构建兴旺的商业圈，全面提升乡镇农贸市场，开展家电下乡、汽车下乡等展销活动，挖掘农村消费潜力、助推消费升级。构建县镇村三级快递物流网络，加强农村电子商务发展，促进农货供需精准对接。构建便捷的生活圈，加大养老、托育等服务供给，建设小公园、小广场、小球场等公共活动空间，推动实现镇村同建、同治、同美。

四、加快建设宜居宜业和美乡村

坚持农业农村优先发展，巩固拓展脱贫攻坚成果，加快建设现代农业产业体系、生产体系、经营体系，促进农业高质高效、农村宜居宜业、农民富裕富足，积极打造乡村振兴东源样板。

（十三）强化现代农业产业体系建设。全面落实耕地保护和粮食安全党政同责，牢固树立和践行大农业观、大食物观，落实最严格的耕地保护制度，持续推进撂荒耕地复耕复种，加快推进灯塔盆地大型灌区建设，健全种粮收益保障机制，全面提高粮食安全保障能力。完善现代农业产业体系，全力推进国家农业现代化示范区建设，加快完善6个省级现代农业产业园，发展壮大茶叶、板栗、蓝莓、生猪、丝苗米、油茶等特色产业集群。充分利用"一镇一业、一村一品"强化品牌建设，发展预制菜等农产品精深加工，培育壮大乡村旅游、数字农业等新业态，促进农村一二三产业融合发展。完善利益联结机制，促进农民增收致富。支持各乡镇根据村居的区位和资源优势，发展特色产业和壮大村集体经济收入，建成更多集体经济强村。

（十四）深入实施乡村建设行动。加快打造"东江画廊"示范带二期和"致富林场"三村示范片，升级顺天"诗画田园"示范带，启动西部片区环湖乡村振兴示范带谋划建设。推进农村道路、供水保障、清洁能源、农产品仓储保鲜和冷链物流、防汛抗旱等设施建设，打造一门式办理、一站式服务、线上线下结合的村级综合服务平台，推动农村逐步基本具备现代生活条件。深入实施农村人居环境整治提升五年行动，巩固垃圾、污水治理和厕所革命成果，持续推进村庄绿化、美化、亮化。充分尊重农民意愿，分类整治空心村。强化农房规划建设管控，坚决遏制新增农村违法违规建房行为。塑造客家人文别具风格的特色乡村风貌，加强古树名木、特色民居和传统村落保护利用，守住乡村文化根脉。

（十五）加强和改进乡村治理。健全党组织领导的自治、法治、德治相结合的党建引领基层治理体系，构建共建、共治、共享的乡村治理共同体。深入推进抓党建促乡村振兴，全面提升"头雁"工程质量，选优派强驻村第一书记，持续整顿软弱涣散村党组织。

创新乡村治理方式方法，推广应用积分制、清单制、数字化等治理方式，开展乡村治理示范创建。全面加强农村精神文明建设，大力弘扬和践行社会主义核心价值观，加强新时代文明实践中心（所、站）等公共文化阵地建设，充分发挥村规民约、居民公约、生活礼俗的作用，推动农村移风易俗，培育向上向善、刚健朴实的文化气质。坚持和发展新时代"枫桥经验"，推动村级公共法律服务工作室法治文化阵地建设"全覆盖"，实施农村"雪亮工程"，深入推进平安乡村、法治乡村建设。

五、深入推进城乡一体化发展

深入推进城乡融合发展，统筹推进规划建设、基础设施、要素配置、生态环保、基本公共服务等一体化发展，破解城乡二元结构。

（十六）扎实推进规划建设一体化。发挥规划的引领作用，坚持县域一张图、一盘棋，科学编制"多规合一"、有效管用的发展建设规划，完成全县国土空间规划编制，推进乡镇国土空间总体规划编制，推动有条件有需求的村庄编制实用性村庄规划，合理预留县镇村可持续发展空间，优化县镇村生产力布局。落实市县级国土空间总体规划分解指标，严守耕地和永久基本农田、生态保护红线、城镇开发边界三条控制线。有序开展各行业专项规划编制工作，一体谋划县镇村产业发展、基础设施建设、公共服务配套、生态系统保护和修复等。优化国土空间用途管制，强化国土空间基础信息平台和规划"一张图"系统建设和运用，合理配置空间资源和生产要素，推动项目跟着规划走、要素跟着项目走。

（十七）扎实推进基础设施一体化。以县域为整体推动城乡基础设施统一规划、统一建设、统一管护。构建灯塔盆地外联内通骨架路网，全力推进省道S341线半江镇西溪村至半江村路面改造工程、省道S230线蓝口乐村至义合渡口段先行工程（黄田大桥）等国省道改建项目，优化完善高铁北站美化亮化工程。畅通园区交通内循环，加快推进西环路一期、新材料汇通东路等园区市政道路建设。扎实开展"四好农村路"国家示范县创建工作，推动县级环线公路建设，加快"四好农村路"提档升级和"美丽农村路"建设。推进县域供水一体化、农村供水规模化和水质提升。加快新型基础设施建设，实现县城及工业园、乡镇圩镇等核心区域5G网络全覆盖，相对集中布局建设新能源充换电设施。推进新一轮农村电网升级改造，稳步推进天然气"县县通"工程。加强县域防洪排涝、防灾减灾、应急避难等设施建设。健全县镇村基础设施产权管理制度，明确管护主体，落实管护责任，保障管护经费。

（十八）扎实推进要素配置一体化。推动土地、劳动力、资本、技术等要素在城乡间自由流动和高效配置。用好人才激励政策，激励人才入县入乡发展，加强人才驿站建设，落实"千名科技专家下千村助力乡村振兴"活动，支持科研院所在县域布点设点，引导科研成果在园区落地转化。提升农村金融服务水平，创新为农服务金融产品，鼓励引导金融更大力度支持现代高效农业发展，引导县域金融机构将更多资金用于支持当地发展，健全农村金融服务体系。强化政府对土地一级市场的调控管理，审慎稳妥推进农村集体经营性建设用地入市，健全土地增值收益分享机制。

（十九）扎实推进生态环保一体化。统筹生产、生活、生态空间，落实"三线一单"生态环境分区管控，筑牢生态安全屏障。深入推进绿美东源生态建设，发挥县镇村三级林长体系作用，深入实施新一轮绿化大行动，完成高质量水源林造林、森林抚育、改造桉树林任务。提升城镇污水设施管网覆盖率，将城镇周边的农村生活污水优先纳入城镇生活污水处理体系，在人口分散的自然村推广污水资源化利用和厌氧式、无动力、小区域的生态处理技术，因地制宜、分类施策，加大力度推进农村污水治理。健全"村收集、镇转运、县处理"的生活垃圾收运处置体系，全面完成仙塘二期（一区）、船塘、叶潭3个生活垃圾无害化填埋场建设。推动完成县城生活垃圾分类示范片区建设，加快推进县综合资源利用中心项目建设。统筹好上下游、左右岸、干支流、城与乡，高质量建设万里碧道，深入推进河湖"清四乱"常态化规范化，推动黑臭水体治理向全县拓展，梯次推进农村黑臭水体治理。

（二十）扎实推进基本公共服务一体化。强化基本公共服务供给县镇村统筹，促进县城、中心镇等公共服务向乡村延伸。深入实施就业优先战略和更加积极的就业政策，持续推进职业技能培训，开展"万千农民素质提升行动"，用好公益性岗位、以工代赈等方式，实现更加充分更高质量就业。统筹推进城乡教育均衡发展，以创建"省基础教育高质量发展实验区"为契机，做好城乡学校优化布局规划，推进城乡义务教育标准化和县卫生职业技术学校（南北校区）项目建设，优化城乡教育联合体模式，全面推进中小学教师"县管校聘"改革，开展"名师送教"活动，进一步优化基础教育城乡资源配置。提升基层医疗卫生服务能力，实施基层医疗卫生机构提质增效工程，推进医共体（灯塔）健康产业园、县第三人民医院等项目建设，深化紧密型县域医共体建设，推进基层医疗卫生机构医务人员"县招县管镇用"，落实"万名医师下乡计划"。健全县镇村衔接的养老服务网络，积极探索村庄互助特色养老模式。统筹城乡低保制度发展，全面实施城乡特困人员救助供养制度。推动城乡文化服务体系一体化，高标准建成县镇村三级公共文体设施网络。

六、强化保障措施

（二十一）加强组织领导。坚持和加强党的全面领导，发挥各级党组织作用，建立健全县级统筹、镇村抓落实的工作机制。

全面对接市"百县千镇万村高质量发展工程"指挥部，成立县指挥部，强化统筹协调、政策制定、督促落实等职责。各乡镇、部门要强化责任担当，推动资源下沉，加强要素保障。乡镇党委书记当好"一线施工队长"，村（社区）党组织书记发挥"领头雁"作用。选优配强乡镇党政正职，对德才兼备、实绩突出的优先提拔使用。培养造就一支懂经济、善发展、敢改革、爱基层的镇村干部队伍，选派优秀年轻干部到基层一线锻炼。加强对基层干部的激励保护和关心关爱。

(二十二)强化政策支持。县直有关单位要根据本实施方案制定产业、商贸、人才、科技、土地、生态保护、财政、金融、民生保障等配套支持政策，各乡镇结合本地实际制定具体实施方案。完善产业政策体系，针对新一代电子信息等产业研究出台专项规划和配套政策，推进重点产业成规模集群发展，支持县域重大产业平台建设，积极帮助企业申报国家、省、市高质量发展等各项扶持政策。加大土地政策倾斜力度，推进点状供地，加大农村一二三产业融合发展用地支持。投入更多财政资金支持城乡融合发展，逐步提高土地出让收入用于农业农村比例，统筹地方政府新增债券支持符合条件的城乡融合发展项目。健全多元化投入机制，引导更多资金注入县域发展和强镇兴村。

(二十三)深化改革力度。深化农村集体产权制度改革，推进农村资源变资产、资金变股金、农民变股东"三变"改革，探索产业开发、资产租赁、服务创收、混合经营等新型农村集体经济实践模式。落实第二轮土地承包到期后再延长30年的政策，进一步完善农村土地承包经营制度，稳慎推进宅基地制度改革。重点做好顺天全域土地综合整治，依法依规开展全域土地综合整治试点，推进城乡建设用地增减挂钩、农村拆旧复垦，满足县镇扩容提质空间需求。深化涉农资金统筹整合改革。建立健全生态产品价值实现机制。稳妥有序推进户籍制度改革，全面落实取消县城落户限制政策，深化农业转移人口市民化配套政策，同时保障进城落户农民合法土地权益。深入推动"一镇一改革"。深化乡镇扩权赋能改革，赋予乡镇更多县级经济社会管理权限，确保放得下、接得住、管得好。

(二十四)统筹协作机制。统筹推进对口帮扶、乡村振兴驻镇帮镇扶村、省直机关及有关单位对口帮扶工作。拓宽深圳全面对口帮扶工作的深度和广度，加强与深圳在产业发展、科技创新、人才招引、招商引资、基础设施建设、民生保障等方面的帮扶合作，探索建立共建共享机制。结合乡村振兴驻镇帮镇扶村工作实际，优化深圳盐田与我县乡村振兴对口帮扶结对关系，建立与驻镇帮镇扶村工作信息共享、协同发展机制。加强与驻镇帮镇扶村工作队在人力资源、项目资金等方面沟通协调，整合资源，形成工作合力。加强与省市相关部门对接，落实好省领导同志定点联系、市领导同志联镇包片抓落实工作制度，深化县领导同志联系乡镇制度，指导和督促各项工作落实。

(二十五)动员社会参与。持续提高市场化、法治化、便利化县域营商环境水平，全面落实放宽民营企业市场准入政策措施，激发民间投资活力，促进民营经济发展壮大。探索工商资本与村集体合作共赢模式，实施"千企帮千镇、万企兴万村"行动。健全现代农业经营体系，充分发挥龙头企业带动作用，推进家庭农场提质和农民合作社规范提升，激发各类主体的积极性、主动性、创造性。发挥工会、共青团、妇联等群团组织的优势和力量，支持各民主党派、工商联、无党派人士等积极发挥作用，办好农民丰收节、"6·30广东扶贫济困日"等活动，形成人人关心支持、全社会共同参与的良好氛围。

(二十六)督促推动落实。对接市"百县千镇万村高质量发展工程"考核评价体系，结合我县实际，建立我县相关考核评价体系，对乡镇党委、政府及县有关单位进行考核。实施县域发展差异化考核监督和激励约束，强化督促落实和考核结果运用，把年度考核结果纳入县目标管理责任制考核范畴，充分调动广大干部的积极性、主动性、创造性，压实全县各级各有关部门工作责任，以督查促提升、以考核促落实。加强县域经济和产业发展统计监测。健全常态化督促检查和定期评估机制，加强调度检查和情况分析，及时研究新情况、解决新问题，根据实际优化调整政策举措。积极有效防范化解各类风险隐患，牢牢守住安全发展底线。

主送：各乡镇党委和政府，县直和省、市驻东源副科以上各单位。

中共东源县委办公室
2023年4月21日印发

东源县发电

| 发电单位 | 中共东源县委办公室　东源县人民政府办公室 | 签批盖章 | 张小龙　黄仲明 |

等级特提·明电　东委办发电〔2023〕13号东机发号

中共东源县委办公室　东源县人民政府办公室关于成立县"百县千镇万村高质量发展工程"指挥部的通知

各乡镇党委和政府，县直和省、市驻东源副科以上各单位：

根据《中共广东省委关于实施"百县千镇万村高质量发展工程"促进城乡区域协调发展的决定》和《中共河源市委办公室关于实施"百县千镇万村高质量发展工程"促进城乡区域协调发展的工作方案》《中共东源县委办公室关于实施"百县千镇万村高质量发展工程"促进城乡区域协调发展的工作方案》精神，为落实省委工作部署和市委、县委工作安排，加强对实施"百县千镇万村高质量发展工程"的组织领导，县委、县政府决定成立县"百县千镇万村高质量发展工程"指挥部（以下简称"指挥部"），现将有关事项通知如下。

一、指挥部的主要职责：贯彻落实省委和市委、县委实施"百县千镇万村高质量发展工程"的决策部署和总体规划，根据省委省政府工作要求和市委市政府、县委县政府工作安排，组织拟订"百县千镇万村高质量发展工程"相关政策，统筹推进我县实施"百县千镇万村高质量发展工程"重大工作、重要任务、重点项目等，组织研究并协调解决重大问题，检查督促相关任务落实，完成省委省政府和市委市政府、县委县政府交办的其他任务。

二、指挥部总指挥由县委书记秦卫民同志兼任，第一副总指挥由县长刘大荣同志兼任，常务副总指挥由县委副书记邓山同志兼任，县委常委、副县长赖建军同志兼任，副总指挥由县人大常委会副主任陈文华同志，县政协党组副书记、副主席许小强同志兼任。有关工作专班组长分别由县委常委、副县长赖建军同志，县委常委、统战部部长郑远程同志，副县长陈飞燕同志，副县长卢帮燕同志兼任。县委办公室（县委政研室、县委改革办）、县人大常委会办公室、县府办公室（县金融工作局）、县政协办公室、县委组织部、县委宣传部、县委统战部、县委政法委、县委编办、新丰江林管局、县工业开发区管委会、县发展和改革局、县教育局、县工业商务和信息化局、县公安局、县民政局、县财政局、县人力资源和社会保障局、县自然资源局、县住房和城乡建设局、县交通运输局、县水务局、县农业农村局、县文化广电旅游体育局、县卫生健康局、县应急管理局、县市场监督管理局、县统计局、县政务服务数据管理局、县乡村振兴局、县林业局、市生态环境局东源分局、县总工会、团县委、县妇联、县工商联、国家税务总局东源县税务局、县供销合作联社、县国资事务中心等单位主要负责同志（县领导同志兼任"一把手"的单位由主持日常工作的同志担任）为指挥部成员。

三、指挥部办公室设在县委办公室，办公室主任由县委副书记邓山同志兼任，常务副主任由县委常委、统战部部长郑远程同志兼任；由县委改革办专职副主任肖嘉明同志、县府办副主任邹晓弋同志兼任副主任，受办公室主任委托协调相关重大事项、听取重要进展情况汇报；顺天镇党委副书记赖浩文同志兼任专职副主任，全脱产参与办公室日常工作。

办公室下设综合文秘组、业务指导组、政策研究组、信息宣传组、考核评估组。

（一）综合文秘组

组长：赖浩文（顺天镇党委副书记）

成员：卢凡为（县委办公室）、黄小媚（县乡村振兴局）

（二）业务指导组

组长：刘志坚（县国资事务中心副主任）

成员：张祖瑞（叶潭镇）、朱滔滔（骆湖镇）

（三）政策研究组

组长：包科龙（灯塔镇副镇长）

成员：杨智（黄田镇）、叶润丰（县司法局）

（四）信息宣传组

组长：蓝天明（县委办公室副主任）

成员：陈水平（县委统战部）、傅泽彪（县融媒体中心）

（五）考核评估组

组长：赖振武（县退役军人事务局副局长）

成员：潘沂秦（县农业农村局）、林宇锋（顺天镇）

中共东源县委办公室
东源县人民政府办公室
2023年3月17日

主送：各县（区）党（工）委，市直和中央、省驻河源副处以上各单位。

中共河源市委办公室
2023年4月5日印发

大事记（2023年）

1月

13日 东源县委书记秦卫民到仙塘镇、灯塔镇、黄田镇等地，开展春节"送温暖"慰问活动，并调研检查春运交通安全、农村疫情防控和重点项目推进工作。

14日 中国共产党东源县第八届委员会第四次全体会议暨县委经济工作会议召开。县委书记秦卫民代表县委常委会作报告，县委副书记、县长刘大荣就经济工作作专题讲话。

19日 根据2023年中国科协官方网站发布的《中国科协关于命名2021—2025年度第二批全国科普示范县（市、区）的决定》，东源县成功创建"全国科普示范县"。

20日 东源县信访局举行揭牌仪式，标志着县信访局由县政府办公室挂牌单位调整为县政府工作部门。县委书记秦卫民，县委副书记、县长刘大荣出席活动。

20日 东源县召开推进县域共青团基层组织改革工作会议，深入学习贯彻党的二十六精神和习近平总书记关于青年工作的重要思想，研究部署推进县域共青团基层组织改革相关工作。

22日 东源县委书记秦卫民，县委副书记、县长刘大荣率队看望慰问春节期间坚守岗位的工作人员，代表县委、县政府向他们致以诚挚的节日问候和新春祝福。

2月

1日 东源县委书记秦卫民到县工业园区、灯塔镇，深入联系服务重点企业重点项目、直联村，就全面贯彻落实全省高质量发展大会、全市高质量发展现场会精神，全力拼经济、抓发展，奋力推进制造业当家，深入实施"百县千镇万村高质量发展工程"进行调研。

1日 东源非遗年系列活动之上莞镇新轮村追龙民俗活动在上莞镇新轮村拉开序幕。县委书记秦卫民等领导出席活动。

2日 中国共产党东源县第八届纪律检查委员会第三次全体会议在东源县城召开。李海峰代表中共东源县纪律检查委员会常务委员会作题为"坚定不移推进全面从严治党，为东源县当好建设幸福和谐美丽河源的主力军提供坚强政治保障"的工作报告。

2日 国家税务总局东源县税务局第一税务分局徐红虹获广东省税务局"最美政务人"称号。

3日 东源县举行2023年"东源情·家乡美"声乐套曲发布会暨欢庆元宵歌会，由国内著名词、曲作家紧扣东源丰盈的特色文化创作的7首声乐套曲，经国内著名男女歌唱家激情演唱，歌声婉转悠扬，余音袅袅，让广大听众心情欢愉、精神振奋。

13日 东源县与省、市同步开展2023年全省推进绿美广东生态建设义务植树活动。该活动共设置259个义务植树点，1.24万人参加义务植树活动，植树2.37万余株。

15日 东源县科技馆举行"广东省十佳科普教育基地"挂牌仪式。

22—23日 政协第九届东源县委员会第三次会议在县工人

文化宫召开。大会应出席委员245人，实到委员230人，符合政协章程规定人数。黄镜明受政协第九届东源县委员会常务委员会的委托，向大会作工作报告。许小强代表政协第九届东源县委员会常务委员会，向大会报告政协第九届东源县委员会一次会议、二次会议以来的提案工作情况。共征集到委员提案100件。经审查，立案89件，立案率89%，移交有关单位办理，办复率100%，满意率100%。

23—24日 东源县第九届人民代表大会第三次会议在县工人文化宫召开。会议宣布了表决结果，全票通过了关于东源县人民政府工作报告的决议、关于东源县2022年国民经济和社会发展计划执行情况及2023年计划的决议、关于东源县2022年预算执行情况及2023年预算的决议、关于东源县人民代表大会常务委员会工作报告的决议、关于东源县人民法院工作报告的决议、关于东源县人民检察院工作报告的决议；表决产生了2023年东源县十件民生实事项目。

25日 东源县委书记秦卫民到柳城镇、船塘镇、义合镇等地，深入田间地头、农业企业和乡村建设一线，调研指导春耕备耕、农业企业发展和绿美东源生态建设等工作。

28日 中国科协科普部综合处处长包晗一行5人到东源县科技馆开展基层科普调研工作，广东省科协科普部部长吴仕高，河源市科协党组书记陈新华、潘振伟副主席以及东源县委领导郑远程陪同调研。

2月 东源县气象局胡琼文被广东省气象局评为优秀党员。

3月

1日 科学技术部农村科技司司长叶玉江一行到东源县柳城镇调研。

1日 2023年东源县万绿湖增殖放流活动在万绿湖风景区龙凤岛举行。共投放455万尾鱼苗，品种包括草鱼、鳙鱼、鲢鱼等。

6日 东源县召开全县宣传思想文化工作会议，深入贯彻落实党的二十大精神，认真学习贯彻全国、全省宣传部长会议和全市宣传思想文化工作会议精神，总结2022年全县宣传思想文化工作，安排部署2023年工作任务。参会人员包括各乡镇党委书记、宣传委员，县直和省、市驻东源副科以上各单位主要负责人，县委宣传部、县文化广电旅游体育局领导班子成员。

15日 东源县委书记秦卫民，县委副书记、县长刘大荣，县人大常委会主任张辉会见了赴京参会的东源县全国人大代表肖丽梅。

16日 东源县召开全县干部大会，传达学习贯彻习近平总书记在全国两会上的重要讲话精神和全国两会精神，认真贯彻全省、全市干部大会精神，全面部署东源县贯彻落实工作。

17日 东源县委书记秦卫民到蓝口镇、叶潭镇，深入农村、红色革命遗址保护利用项目、乡村产业项目，就深入学习贯彻党的二十大精神、党的二十届二中全会精神、全国两会精神，对照省委、市委有关部署要求，落实"百县千镇万村高质量发展工程"，全面推进乡村振兴工作进行调研。

23日 东源县2023年春季经贸活动在县新材料产业园举行。签约、动工和投产项目18个，投资总额82亿元，其中高端装备制造项目7个，电子信息项目5个，食品饮料项目2个，产业园、先进材料、环保和物流项目各1个。

27日 河源市委书记林涛先后来到仙塘镇徐洞水库、仙塘镇应急指挥中心，深入了解水情汛情监测、防洪排涝调度、防汛物资储备、巡查巡防值守、救援力量准备等情况，并现场听取防汛备汛工作情况汇报。

27日 东源县召开全县防汛工作视频调度会，深入学习贯彻习近平总书记关于防灾减灾工作的重要论述，深入分析研判汛期天气形势，研究部署东源县防汛工作。

31日 中共东源县委机构编制委员会印发《关于设立东源县应急救援大队的批复》，同意设立东源县应急救援大队，为县应急管理局所属正股级公益一类事业单位，加挂"东源县森林消防大队"牌子。

3月 东源县人民法院田伟恩被河源市人民法院评为2022年度河源法院"十佳调解能手"。

4月

4日 东源县委书记秦卫民到县城、仙塘镇、灯塔镇、顺天镇、涧头镇等地，深入城市易涝点、东江干流流域、地质灾害隐患点、桉树林改造点、中小型水库、尾矿库，实地督导检查防汛备汛工作，并开展巡河、巡库、巡林、巡矿山。

7日 河源市委书记、市人大常委会主任林涛到东源县调研新丰江九里湖绿美广东生态建设示范点工作情况并开展巡林。

8日 "万绿客乡，茶韵飘香"——2023年河源春茶开采暨东源仙湖茶文化节及招商系列活动在东源县上莞镇举行。

9日 2023广东河源"穿越万绿湖"大型徒步活动在万绿湖风景区旅游码头广场启动，来自省内外的5 000多名徒步爱好者齐聚河源，共赏绿美河源生态新画卷。

14日 东源县2023年创建全国文明城市工作推进会在县工人文化宫召开。深入贯彻落实党的二十大精神，认真学习贯彻习近平总书记关于社会主义精神文明建设的重要论述，全力以赴把各项工作做细、做实、做到位。

14日 东源县委政法委、县委国安办、县公安局、县司法局、灯塔镇党委政府、县教育局、县普法办、县法学会联合在东源卫生职业技术学校举办东源县"4·15"全民国家安全教育日暨平安建设"三大专项"行动法治宣传教育活动启动仪式。1 000多人参加了活动。

15日 2023年河源春茶开采暨东源茶旅文化节招商推介系列活动——"康禾贡茶 非遗传承"招商推介会在康禾镇宸泉十八度假村举行，200余名代表及上千名游客前来康禾体验茶文化。

19日 由广东省审计厅、中共河源市委宣传部、中共东源县委宣传部联合筹划摄制，河源市龙威影视传媒有限公司出品的河源首部红色题材电影《阮啸仙》在河源市东源县义合镇下屯村举行开机仪式。省审计厅二级巡视员温国强、河源市委常委宣传部部长江海鹰、河源市政协副主席黄晨光、中共东源县委书记秦卫民出席了此次活动。

20日 东源召开全县干部大会，传达学习贯彻习近平总书记视察广东重要讲话、重要指示精神，认真落实全省、全市干部大会精神，部署贯彻落实工作。

21日 东源县2023年科级领导干部"习近平新时代中国特色社会主义思想"培训班、青年干部培训班结业仪式在县委党校举行。来自各乡镇、县直单位的科级领导干部、青年干部共97人参加了培训。

26日 东源县曾田镇燕归来嘉宝果采摘文化艺术节在曾田镇举办。

27日 河源富马硬质合金股份有限公司技术员黄子锋、铭镭激光智能装备（河源）有限公司研发部技术员何瑞东获"广东省五一劳动奖章"；东瑞食品集团股份有限公司生产部获"全国工人先锋号"称号。

28日 东源县委书记秦卫民率队到万绿湖风景区调研，并召开万绿湖风景区创建国家5A级旅游景区工作推进会。

5月

5—6日 河源市在东源县蓝口镇长江头村举行"咸水塘谈判"历史学术研讨会。深入挖掘宣传咸水塘红色历史资源，探讨"咸水塘谈判"的历史作用、影响和意义。此次研讨会由市委党史研究室、东源县委宣传部、东源县委党史研究室联合主办。

15日 万绿湖风景区首批新能源电动游船启航仪式在万绿湖旅游码头举行，3艘新能源电动游船下水启航，航行中无废油、废气、废水和噪声排放，实现了万绿湖游船项目朝"双碳"目标发展，标志着万绿湖风景区运营游船进入新能源时代。

27日 "东源非遗年"系列活动之蓝大将军出巡节暨岭南畲乡文化高级论坛揭牌仪式在东源县漳溪畲族乡举行。

31日 东源县全面推进"百县千镇万村高质量发展工程"暨2023年农业招商大会在灯塔镇的东源县食品加工（预制菜）产业园（一期）召开。集中签约、动工和竣工项目28个，总投资额41.95亿元。

5月 东源县气象局钟海彬被广东省气象局评为自动站建设工作先进个人。

6月

6日 中国气象服务协会专家委员会主任委员、中国气象局原副局长余勇到东源县开展调研工作。

7日 东源县委书记秦卫民，县委副书记、县长刘大荣到东源县高考考点开展巡考工作。

15日 中国科普研究所郑念副所长、广东省事业发展中心郑文丰处长到东源县柳城镇智慧农场科普馆调研。

29日 河源市委书记林涛到东源县，调研实施"百千万工程"、联镇包片抓落实等工作。

30日 东源县举行2023年"6·30"助力乡村振兴和绿美广东生态建设活动仪式，民营企业家、东源异地商会等积极参与"6·30"活动，认捐款项约1200万元。

7月

3日 中共东源县委组织部、中共东源县委机构编制委员会办公室、东源县人力资源和社会保障局、东源县国有资产监督管理局、东源县残疾人联合会联合印发《东源县关于贯彻落实按比例安排残疾人就业的实施办法》。

16日 东源县自然资源局获广东省第二届垦造水田工作表现突出集体。

8月

8日 河源市"百千万工程"大擂台"一线施工队长"百舸争流赛在河源广播电视台演播厅举行。东源县叶潭镇获C组第一名。

22日 东源县仙塘镇社区综合养老服务中心挂牌运营。该中心建筑面积500平方米，内设长者食堂、保健室、多媒体室、棋牌室、书法室、日间照料室等6个主要功能区。服务对象为社区60周岁及以上的老年人。

24日 东源县船塘镇妈咪爱心互助服务中心获广东省最佳巾帼志愿服务组织。

24日 东源县2023年第三季度经贸活动集中竣工投产仪式在深圳盐田（东源）共建现代物流园举行。共集中竣工投产项目8个，总投资额15.7亿元。

9月

1日 河源市东源县党史方志驿站成立。党史方志驿站覆盖全县21个乡镇、社区以及学校、企业、部队等30个点。旨在展示东源县红色文化、独特地情及历史文化，搭建一个让广大群众全方位了解东源县革命历史、经济、社会、文化发展的窗口。

5日 广东省统计局党组书记、局长杨新洪到东源县调研统计基层基础建设、第五次全国经济普查工作。

9日 东源县义合镇下屯村入选第三批全国乡村治理示范村镇名单。

14日 东源县召开全县生态环境保护重点工作百日攻坚行

动动员会，深入学习贯彻习近平生态文明思想，认真落实上级关于生态环境保护工作的部署要求，动员全县上下进一步坚定信心、提振精神，奋战一百天、打好攻坚战，全力推动生态环境保护各项重点工作取得明显进展和扎实成效。

23日 东源县叶潭镇首届柚子采摘节暨文旅推介活动在叶潭镇山下村举行。

26日 东源县举行义合镇啸仙故里党群教育服务中心项目动工仪式。该中心规划占地面积1 122平方米，建筑面积约2 700平方米。广东省审计厅二级巡视员温国强，县委书记秦卫民，县委副书记、县长刘大荣出席动工仪式。

10月

9日 广东省新丰江林业管理局被全国绿化委员会评为"全国绿化模范单位"。

10日 东源县2023年秋季经贸活动举行集中签约仪式，聚焦新材料、高端装备制造、电子信息等主导产业，共6个项目现场签约，合同投资总额21.7亿元。

12日 中华人民共和国司法部官方网站发布《关于表彰全国模范人民调解委员会模范人民调解员的决定》，东源县黄田镇人民调解委员会主任黄国良入选其中。

18日 中华人民共和国生态环境部发布《关于第二批美丽河湖优秀案例名单的公示》，全国有39个美丽河湖优秀案例，河源市东源县万绿湖入围。

18日 司法部普法与依法治理局发布了《全国红色法治宣传教育基地掠影》，东源县阮啸仙纪念馆被纳入全国红色法治宣传教育基地。

20日 万绿湖被中华人民共和国生态环境部评为第二批"全国美丽河湖优秀案例"。

24日 国家林业和草原局发改司原司长刘树人率队到康禾镇调研康禾茶产业发展情况。

25日 东源县召开全县经济运行分析会，深入学习贯彻习近平总书记视察广东重要讲话、重要指示精神，全面落实省委"1310"具体部署及省委书记黄坤明调研河源指示要求，深入分析前三季度全县经济运行情况，研究解决当前经济运行中存在的问题和短板，部署下一阶段工作。

26日 县委书记秦卫民到柳城镇，深入圩镇、农场、东江干流流域、矿山等地，就落实落细"百千万工程"和安全生产各项工作进行督导调研，并开展巡河、巡矿山。

11月

10日 河源市委书记何国森陪同省气象局党组书记、局长庄旭东一行到位于东源县的河源生态气象综合监测基地调研。

15日 东源县人民法院第二党支部被广东省高级人民法院授予全省法院"四强五好"党支部。

20日 刚果（布）农业部代表团到河源市东源县柳城镇万绿智慧无人农场参观考察，观看柳城镇农业机械化收割水稻操作流程，寻求合作机会，共促刚果（布）农业生产提质增效。

24日 河源市委书记、市人大常委会主任何国森到东源县，深入镇村发展一线，开展联镇包片、巡林、巡河（湖）工作及"四下基层"活动。

25日 国家知识产权局发布证明商标注册公告，经核准，"康禾茶"成功注册为国家地理标志证明商标。

28日 东源县委书记秦卫民到灯塔镇，深入食品安全包保单位，督导检查食品安全"两个责任"落实情况。

11月 全国妇联印发《全国妇联关于表彰全国维护妇女儿童权益先进集体和先进个人的决定》，全国800个集体、800名个人受到全国妇联表彰。东源县司法局荣获"全国维护妇女儿童权益先进集体"称号。

11月 东源县涧头镇丘泽锋被中共广东省委组织部授予"百名南粤党员教育优秀讲师"称号。

12月

7日 中共九连地委、粤赣边支队司仪部旧址（展馆）开放仪式暨《红映上莞》书籍发布会在上莞镇举行。

12日 东源县举行2023年第四季度工业投资项目集中签约仪式。签约落地项目9个，主要是高端装备制造、电子信息、先进材料等主导产业，总投资13.2亿元。

18日 根据中华人民共和国国家标准《旅游景区质量等级的划分与评定》和《旅游景区质量等级管理办法》，经河源市文化广电旅游体育局综合评定。啸仙故里文化旅游区、南园古村景区、仙湖茶园旅游区被评为国家3A级旅游景区。

20日 国家林业和草原局将广东河源新港兽类及鸟类重要栖息地列入第一批全国陆生野生动物重要栖息地名录，主要保护物种有穿山甲、小灵猫、水鹿、豹猫、白鹇、蛇雕等。

23日 东源县的薛思明、郭浓晖、张惠玲、黄婷、朱乐如、陈滢、卢嘉晏、包美婷8名西部计划志愿者获全国"优秀志愿者"称号。

27日 河源市委书记、市人大常委会主任何国森到东源县顺天镇开展定点联系工作并参加"千塘万渠"清淤活动。

28日 根据文化和旅游部印发《关于公布第七次全国县级以上公共图书馆评估定级上等级馆名单的通知》，东源县图书馆获"国家一级图书馆"称号。

31日 国家自然资源部调研组到东源县双江镇菊石化石馆开展国家级重点保护古生物化石集中产地评估调研工作。

12月 东源县市场监督管理局县城市监所被国家市场监督管理总局评为国家级五星级称号。

东源概况

基本情况

【建置沿革】 东源县的前身为原河源县的主体。河源县成立于南朝齐永明元年（483年），立县1 500余年。1988年1月，经国务院批准，河源撤县建市，将河源县东埔镇、埔前镇、源城镇和高埔岗农场划为河源市源城区，将仙塘、灯塔、顺天、骆湖、上莞、曾田、柳城、船塘、黄村、叶潭、蓝口、康禾、黄田、义合、锡场、新港16个镇及双江、涧头、黄沙、三河、漳溪、久社、新回龙、半江8个乡划为河源市郊区。1993年11月8日，经民政部批准撤销河源市郊区，建立东源县，县城设在仙塘镇木京村。1994年1月，经省政府批准，双江、涧头、黄沙、三河、漳溪、久社、新回龙、半江8个乡改为镇，东源县共辖24个镇。1999年7月，撤销漳溪镇设立漳溪畲族乡，全县辖23个镇1个民族乡。2002年12月，久社镇并入黄田镇。2003年7月，三河镇和黄沙镇并入船塘镇，全县共辖20个镇1个民族乡。2004年，东源县撤并28个村委会。

【位置面积】 东源县位于广东省东北部、东江中上游，东邻龙川县、五华县，南接河源市源城区和紫金县，西连龙门县、新丰县，北靠和平县、连平县。地处北纬23°22′～24°15′，东经114°19′～115°22′。辖区东西长130千米，南北宽66.6千米，总面积4 070平方千米。新丰江、东江及G205国道、广梅汕铁路、京九铁路、梅龙高速公路、粤赣高速公路、汕昆高速公路贯穿县境南北。

【行政划分】 2023年，东源县辖20个镇、1个民族乡、258个村委会、29个社区居委会、1 871个村民小组、118个居民小组。

2023年东源县乡镇行政区划表

乡镇名称	面积（平方千米）	村（居）委会（个）	村（居）委会名称
仙塘	164.17	13	热水、禾溪、仙塘、红光、徐洞、木京、龙利、坭坑、东方红、新洋潭、观塘、古云、龙尾村委会，仙塘社区、建设路社区、崇文社区、深业社区、新河社区居委会
		5	
灯塔	198.35	13	白礤、柯木、梨园、玉井、新光、安平、结游草、黄埔地、高车、灯塔、莲塘、黄土岭、下围村委会，灯塔社区居委会
		1	
双江	121.29	11	黄陂、兰溪、高陂、双江、新田、桥头、寨子、寨下、桥联、下林、增坑村委会，双江社区居委会
		1	

续表

乡镇名称	面积（平方千米）	村（居）委会（个）	村（居）委会名称
涧头	174.10	12	东坝、新坝、乐平、洋潭、新田、长新、新中、大往、磜娥、涧新、涧头、乐源村委会，涧头社区居委会
		1	
顺天	114.28	11	枫木、横塘、白沙、牛生塘、党演、大坪、沙溪、牛潭、金史、二龙岗、滑滩村委会，顺天社区居委会
		1	
漳溪	68.25	10	上蓝、下蓝、群星、井口、日光、嶂下、中联、鹊田、井背、东华村委会，漳溪社区居委会
		1	
骆湖	98.5	9	小水、上欧、下欧、骆湖、江坑、致富、红花、杨坑、峰木村委会，骆湖社区居委会
		1	
船塘	192.29	21	船塘、凹头、李田、许村、新寨、老围、流石、龙江、岭头、铁坑、车头、小水、群丰、黄沙、青丰、主固、福坑、积良、三河、竹楼、石岗村委会，船塘社区、黄沙社区、三河社区居委会
		3	
上莞	97.48	13	太阳、新南、江田、冼川、新轮、新民、常美、李白、仙湖、百坝、苏杨、下寨、两磜村委会，上莞社区居委会
		1	
曾田	139.57	9	玉湖、新东、池田、曾田、梅花、石湖、银坑、横坑、蒲田村委会，曾田社区居委会
		1	
柳城	98.56	9	上坝、下坝、围星、黄洞、石侧、上洞、赤江、柳星、柳城村委会，柳城社区居委会
		1	
蓝口	196.97	22	乐村、秀水、车头山、铁场埔、蓝口围、培群、磜下、地运、土陂、齐坑、角塘、塘心、花径、大围、派头、老埔场、长江头、榄子围、杨柳、牛背脊、磜头、鹊坝村委会，蓝口社区、新墟社区居委会
		2	
叶潭	164.83	13	红坑、双头、双下、双坪、儒峯、儒步、文径、吉布、叶潭、车田、半埔、琏石、山下村委会，叶潭社区居委会
		1	
黄村	234.85	16	三洞、正昌、欧屋、黄村坳、黄村、红十月、梅龙、万和、铁岗、祝岗、下漆、上漆、邬洞、宁山、永新、板仓村委会，黄村社区居委会
		1	
康禾	230.92	11	陈坑、彰教、田心、雅陶、星社、若坝、曲龙、大禾、黎顺、仙坑、南山村委会，康禾社区居委会
		1	
黄田	245.25	17	白溪、良田、礼洞、黄田、良村、鹤塘、乌坭、清溪、坑口、桂花、陈村、新联、水头、方围、醒群、久社、黄坑村委会，黄田社区、久社社区居委会
		2	
义合	176.77	9	超阳、中洞、高楼、南浩、曲滩、义合、上屯、香溪、下屯村委会，义合社区居委会
		1	
新回龙	389.86	10	洞源、十洞、东星、南山、立溪、径尾、留洞、下洞、小径、甘背塘村委会

续表

乡镇名称	面积（平方千米）	村（居）委会（个）	村（居）委会名称
锡场	402.39	11	林石、林禾、杨梅、厚洞、长江、三洞、河洞、冶溪、鸟桂、水库、禾石坑村委会，锡场社区居委会
		1	
半江	253.22	9	半江、珠坑、横崟、西溪、积洞、嶂溪、渔潭、左拨、竹园村委会
新港	166.11	9	泮坑、双田、龙镇、斗背、樟下、青溪、李田、杨梅、晓洞村委会，安源社区、碉楼社区、新源社区居委会
		3	
库区	78.84	—	—
合计	4 070	258	—
		29	

【人口民族】 2023年，东源县年末户籍人口58.64万人，民族主要为汉族，其次为畲族，有1个畲族乡。

【地形地貌】 东源县地形地势为东西宽，南北窄，北高南低，东西两侧多山，南北多丘陵，山岭与谷地相间。县境地形似"八"字。按河流切割，全县分为河东、河西、新丰江水库区3大块，东北至西南部属新丰江流域，面积2 152平方千米；东南面为东江主流河谷，面积1 918平方千米。海拔50米以下丘陵160.3平方千米，占全县土地面积（水域除外）4%；海拔51～500米丘陵有3 386平方千米，占84.5%；海拔500米以上山地460.8平方千米，占11.5%。属丘陵山区县。

主要山脉：县境北部有九连山支脉，山势雄伟；南部为罗浮山支脉，与博罗交界；东南角有鸡笼嶂等山；腹部有缺牙山、覆船嶂、牛皮山等山。

【环境质量】 2023年，东源县境内空气质量AQI优良率99.7%，同比提升0.9%，优于河源市下达的97.5%目标值，在全省142个县区中排名第6，六项污染物指标全面达标。其中PM2.5均值为16微克/立方米，优于河源市下达的23.2微克/立方米目标值，优于世界卫生组织第二阶段标准（25微克/立方米）。新丰江水库、东江干流水质保持地表水Ⅰ、Ⅱ类标准，10个市级考核断面水质达标率100%、达优率100%，集中式饮用水水源保护区水质达标率100%。受污染耕地安全利用率持续保持90%以上，重点建设用地安全利用率100%。

【气候】 2023年，东源县年平均气温为21.9℃，较常年平均气温（22.0℃）略偏低0.1℃；极端最高气温为39.2℃（2023年5月30日），极端最低气温为-0.2℃（2023年1月29日）；全年降水总日数（日降水量≥0.1毫米的日数）为149天，其中暴雨日数为7天；年总降水量为1 682.2毫米，较常年平均降水量（1 910.1毫米）偏低12%；年日照时数为1 863.1小时，较常年平均日照时数（1 754.5小时）略偏高6%；年平均相对湿度为78.5%，较常年平均相对湿度（73.7%）略偏高4.8%。

【水文】 河流 东江及其支流新丰江贯穿全境，东江流经县境长70千米，集雨面积4 070平方千米，全县境内有大小河流211条，总长1 484.46千米。其中，流域面积100平方千米以上河流13条，总长度556.35千米；流域面积50～100平方千米河流10

条，总长度176.34千米；流域面积50平方千米以下河流188条，总长度741.77千米。

新丰江水库（又称万绿湖）该水库为人工湖，面积363.8平方千米（116米高程水位），湖内集雨面积5 734平方千米，容量139.8亿立方米，多年平均径流量为25.02亿立方米。

自然资源

【矿产资源】 东源县地处粤中、南岭和武夷山成矿带组合部位，截至2020年末，全县已发现矿产23种，累计发现矿产地（矿点）94处。其中能源矿产1种，矿产地13处；金属矿产10种，矿产地33处；非金属矿产11种，矿产地47处；水气矿产1种，矿产地1处。

地热资源较为丰富，已查明温泉矿产地（矿点）13处，主要分布在黄田镇、黄村镇、康禾镇、仙塘镇，温度在63~91℃之间，允许开采量6 484立方米/日。

金属矿产主要为铁矿、稀土矿。其中铁矿产地6处，主要分布在半江镇、涧头镇、仙塘镇，已探明保有资源量3 977万吨。稀土矿产地11处，主要分布在黄田镇、仙塘镇、康禾镇，其中古云矿区保有稀土氧化物约180万吨。

非金属矿产主要有玻璃用硅质原料、水泥用石灰岩、建筑用石料，其次为高岭土、萤石等，分布范围广，资源量丰富。其中玻璃用硅质原料属优势矿产资源，矿产地9处，主要分布在蓝口镇、柳城镇，保有资源量3 138万吨，潜在矿产资源量超3亿吨，可采资源量约2亿吨。水泥用石灰岩矿产地2处，主要分布在漳溪畲族乡至上莞镇一带，已探明保有资源量1.5亿吨，潜在矿产资源量超4亿吨，可采资源量2.5亿吨。建筑用花岗岩矿产地2处，主要分布在灯塔镇、仙塘镇，已探明保有资源量153万立方米，潜在矿产资源量超3亿吨，可采资源量2亿吨。

【土地资源】 2023年，东源县行政区域总面积4 070平方千米，其中耕地面积1.94万公顷，园地面积1.08万公顷，林地面积30.48万公顷，牧草地面积0.47万公顷，水域及水利设施用地3.92万公顷。

【水资源】 2023年，东源县降水总量68.47亿立方米。地表水径流量为68.47亿立方米，枯水年地表水径流总量19.17亿立方米。全县每人拥有水量：平水年19 452立方米，枯水年5 446立方米，为全国人均水量的5.4倍、全省人均水量的2.1倍。

水力资源，全县水能资源蕴藏量32.11万千瓦，可开发水力资源22.36万千瓦（不含新丰江水电站）。全县建成小水电站143座，装机253台，总装机容量19.8万千瓦。

【野生动植物资源】 2023年，东源县境内有陆生野生脊椎动物资源235种，其中属国家二级保护动物27种。

【旅游资源】 2023年，东源县生态旅游业强势复苏，万绿湖入选"全国美丽河湖优秀案例"，万绿湖风景区通过国家5A级旅游景区复核；苏家围·东江画廊通过国家4A级旅游景区复核，啸仙故里、南园古村、仙湖茶园等景区获评国家3A级旅游景区；万绿客家驿站民宿入选省级休闲农业与乡村旅游示范点。推进全县旅游房车营地、顺天镇党演村"嘟嘟房车"、仙塘镇龙利村"贝拉小镇"建设进度，丰富东源旅游产品。打造东江"小瑞金"红色文旅示范区，形成东源旅游新增长极。利用曾田缺牙山、石臼和国共二次谈判旧址等旅游资源，打造曾田摄影艺术小镇。

经济发展

【概况】 2023年，东源县实现地区生产总值181.68亿元，

东源概况

同比增长5.4%;规模以上工业增加值50.33亿元,同比增长3.4%;农业总产值54.31亿元,同比增长10.4%;地方公共财政预算收入13.89亿元,同比增长9.5%;税收收入16.52亿元,同比增长32.7%;外贸进出口总额35.6亿元,同比增长-30.1%。社会消费品零售总额46.8亿元,同比增长7.6%;城乡居民人均可支配收入2.47万元,同比增长8.2%。

【工农业】 工业 2023年,东源县完成规模以上工业增加值50.33亿元,同比增长3.4%;完成工业投资33.4亿元,同比增长20.7%;完成利用外资0.77亿元,同比增长-76.6%;完成外贸进出口总额35.6亿元,同比增长-30.1%,比市下达目标任务低14.2%。完成全社会消费品零售总额46.8亿元,同比增长7.6%。全年新增规模以上企业19家,推动29家企业完成技改投资7.6亿元。投入7.6亿元,县工业园三期(启动区)完成土地平整550亩、园区二期新增工业用地450亩,实现扩园67万平方米,仙银大道、创新路等4条园区道路完成升级改造;新建标准厂房12.4万平方米、厂房意向入驻率达60%。新材料产业园完成投资4亿元,基础设施更加完善。园区用地整治提升第二年度任务完成111.3%,盘活闲置、低效用地500亩。

农业 2023年,全县农林牧渔累计现价产值54.13亿元,同比增长10%。其中种植业产值28.12亿元,同比增长4.8%;林业产值8.72亿元,同比增长14%;牧业产值13.58亿元,同比增长22.5%;渔业产值2.32亿元,同比增长7.4%;辅助性活动产值1.39亿元,同比增长16.2%。全县农业龙头企业共157家(其中国家级4家,省级30家,市级94家,县级29家);全县家庭农场330家(其中省级示范家庭农场24家,市级示范家庭农场6家,县级示范家庭农场15家);县级以上农民专业合作社179家(其中国家级农民专业合作社14家,省级农民专业合作社57家,市级农民专业合作社83家,县级农民专业合作社25家)。"两品一标"认证农产品50个,其中:绿色生产主体10家,产品22个;有机生产主体16家,产品26个;地理标志产品2个(霸王花、东源板栗);共有24个产品入选"粤字号"农业品牌,"粤字号"农业品牌示范基地3家,省级名特优新区域公用品牌3个,全国名特优新农产品3个。2家茶企获得全国首批生态低碳认证企业;在"中茶杯"第十三届国际鼎承茶王赛中,"仙湖雪里红(红茶)"获得国家级大赛"特别金奖",东源县茶叶产业协会被评为"优秀组织单位";东源仙湖茶生态茶园获首批中国大美茶山荣誉称号,"康禾茶"成功注册为国家地理标志证明商标。

【文化教育】 文化 2023年,东源县成功创建国家一级公共图书馆,建成东源县首个机关分馆东源县图书馆税务局分馆,完成东源县仙塘中学、东源县人才驿站、武警执勤东源中队、东源城镇派出所、骆湖镇杨坑村民委员会等5个东源县图书馆共建服务点建设并挂牌,完成全县11所学校"馆校共享图书"服务点建设任务。县图书馆进馆人流25.47万人次,外借5897人次,外借册数26.1万册次;举办各类阅读推广活动83场次,展览13场次,培训讲座9场次,全民阅读活动61场次,受益群众达3.72万人。县文化馆面向少儿、成人开展茶艺、书法、瑜伽、拉丁舞等40个公益课程培训班,覆盖人数1600余人。组织开展"我们的节日"系列文化活动、广场舞等文艺展演活动共58场次,线下覆盖人数45万余人次,线上覆盖人数910万余人次。开展地方戏曲进乡村、进校园活动72场次,受益群众1万余人;举办2023南国书香节阅读活动、《中华传统文化百部经典》主题巡展等全民阅读活动61场次，受益群众2万余人。开展"锚定百千万 舞动新征程"东源县第二届广场舞表演赛，线上和线下覆盖人数13万余人，组织参加歌咏活动、朗诵大赛、群众艺术花会等市级文艺赛事活动7场次，获二等奖3人，参赛作品获金奖3个、银奖3个、铜奖3个、三等奖5个、优秀奖5个。

开展"非遗过大年 文化进万家"系列活动，举办"汶水塘捕鱼节""上莞镇新轮村追龙""畲族蓝大将军出巡节""东源茶旅文化节招商推介系列活动"等民俗、文旅活动，受众人数10万余人，10余家新闻媒体对活动进行报道，央视网直播点播量200万人次。

教育 2023年，成功获批创建广东省基础教育高质量发展实验区。建成公办中小学校（幼儿园）4所、新增学位2 880个；新增认定普惠性民办幼儿园5所、新增学位1 680个；县卫生职业技术学校（北校区）首期建成开学，新增学位2 500个；新增中小学教育集团3个，集团化办学实现学段全覆盖。整改非学科类培训机构14间，实现规范经营。

【社会保障】 2023年，民生支出44.58亿元，解决民生问题570宗。累计发放各项就业创业专项资金1 661.49万元，惠及人群超5 000人次；新增城镇就业3 577人，高校应届毕业生就业率达93%。基本医疗保险特殊人群参保率达100%，建筑业新开工项目工伤保障参保率达100%。完成养老服务机构消防升级改造5家，建成社区综合养老服务中心及长者饭堂4家，完成适老化改造280户。

【人民生活】 2023年，城乡居民人均可支配收入2.47万元，同比增长8.2%，其中城镇居民人均可支配收入3.09万元，同比增长6.4%；农村居民人均可支配收入2.23万元，同比增长8.7%。2023年末，全县拥有各类社会福利院1家、敬老院18家。纳入城乡最低生活保障救济1.15万人。

【百岁老人】 2023年统计数据显示，东源县百岁老人45人，其中男性9人，女性36人。

2023年东源县百岁老人花名册

序号	乡镇	村（居）委会	姓名	性别	年龄	发放金额
1	灯塔镇	黄土岭村	赖荣华	男	100	300
2	涧头镇	东坝村	赖木先	男	102	300
3	漳溪乡	鹊田村	吴娘海	男	102	300
4	船塘镇	主固村	朱娘曾	男	102	300
5	上莞镇	苏杨村	刘万兴	男	101	300
6	曾田镇	曾田村	李文生	男	100	300
7	蓝口镇	派头村	邹兆喜	男	102	300
8	新回龙镇	立溪村	张亚祥	男	100	300
9	锡场镇	河洞村	何林恩	男	102	300
10	仙塘镇	仙塘村	陈春旧	女	100	300
11	灯塔镇	新光村	朱新贵	女	102	300
12	灯塔镇	白礤村	游亚梅	女	101	300

续表

序号	乡镇	村（居）	姓名	性别	年龄	金额
13	灯塔镇	高车村	蓝草结	女	100	300
14	双江镇	增坑村	肖长仙	女	100	300
15	顺天镇	滑滩村	朱亚添	女	100	300
16	漳溪乡	嶂下村	吴嫌妹	女	111	300
17	漳溪乡	中联村	吴照香	女	101	300
18	漳溪乡	下蓝村	蓝裕娟	女	100	300
19	船塘镇	老围村	曾亚林	女	101	300
20	船塘镇	凹头村	张亚贵	女	100	300
21	船塘镇	凹头村	李欣旧	女	100	300
22	船塘镇	福坑村	张贵英	女	100	300
23	船塘镇	铁坑村	陈香	女	100	300
24	上莞镇	常美村	邱长	女	102	300
25	上莞镇	冼川村	何玉英	女	103	300
26	上莞镇	江田村	陈谷	女	100	300
27	柳城镇	上坝村	郑秀伟	女	106	300
28	柳城镇	上坝村	张万娣	女	102	300
29	柳城镇	围星村	郑七妹	女	101	300
30	柳城镇	黄洞村	廖长英	女	101	300
31	蓝口镇	培群村	邓三娣	女	102	300
32	蓝口镇	蓝口围村	张亚任	女	101	300
33	蓝口镇	蓝口围村	蓝运娣	女	101	300
34	蓝口镇	榄子围村	陈亚谷	女	101	300
35	叶潭镇	叶潭村	黄介	女	105	300
36	叶潭镇	双坪村	罗坤姐	女	103	300
37	叶潭镇	文径村	黄运	女	101	300
38	叶潭镇	文径村	邓文英	女	100	300
39	叶潭镇	山下村	邹亚兰	女	101	300
40	黄村镇	三洞村	钟三	女	106	300
41	黄村镇	正昌村	黄飞	女	101	300
42	黄村镇	梅龙村	黄运	女	101	300
43	黄村镇	下七村	张四	女	100	300

续表

序号	乡镇	村（居）	姓名	性别	年龄	金额
44	康禾镇	南山村	廖龙英	女	101	300
45	新港镇	斗背村	蔡贵兰	女	100	300

名优特产

【茶叶】 东源县绿茶种植有500多年历史，主要品种为上莞镇仙湖茶、康禾镇康禾茶、涧头镇石坪茶、蓝口镇礤头茶和黄田镇久社陈村茶。其他各镇均有绿茶种植。

仙湖茶 因种植在上莞镇仙湖村海拔1 080米的仙湖山上而得名。1998年之前，仙湖茶种植面积有70多公顷。1999年，组建省级扶贫农业龙头企业——东源县茶果发展有限公司，在仙湖山上创办茶叶基地，带动挂扶农户种植优质仙湖茶。2000年，仙湖茶叶基地被广东省农科院茶叶研究所列为广东省名优茶叶示范基地，2003年，仙湖茶通过国家有机食品认证。

康禾茶 因产于康禾镇而得名，有500多年种植历史，为东源县绿茶的重要品种之一。

石坪茶 产于涧头镇石坪村，属高山绿茶。明崇祯年间（1628—1644年）已有种植。该茶叶质地优良，口感好。1990年前少量种植，后在政府的鼓励下扩大种植面积。

【土特产】 米粉 又称米排粉、米丝。主要厂家为广东霸王花食品有限公司。该公司创立于1978年，为原河源县粮食局下属国有企业，2004年改制为民营企业。

霸王花牌米粉有普通排粉、营养米排粉、即食米粉、精品米粉和杂粮米粉等5大系列30个品种，选用优质大米和一级饮用水（万绿湖纯净水）制成，不添加任何添加剂，以爽滑、久煮不糊、不断条、保持原有的米香味等独有的特点，受到消费者的喜爱，产品质量在同行业中处于领先地位，年产量1.4万吨。产品主要销往广东、江西、福建、广西等省和武汉等市，以及香港、澳门，出口到美国、加拿大及东盟等国家和地区。2003年被评为广东省名牌产品、绿色食品，2005年被评为国家地理标志保护产品，2006年被评为广东省著名商标，2011年被评为中国驰名商标。

板栗 东源县林产品之一，全县各镇均有种植，主要产地为船塘、骆湖、新港等镇。主要厂家为东源县板栗发展有限公司，位于东源县新城工业园。其前身是1997年成立的县国有企业，2008年改制为民营企业。该公司是广东省第一家从事板栗深加工的省级扶贫农业龙头企业，年生产加工能力1 500吨，建有"板栗工程技术研究实验室"。2004年通过ISO9001质量管理体系认证。其生产的"望郎回"风味炒栗以优异品质与独特风味深受消费者的喜爱。该产品被评为广东省名牌产品、广东省著名商标。

娘酒 客家传统产品之一。用糯米蒸熟加酒饼酿成，可久存不变质。因其色黄，故又称黄酒。河源市绿纯酒厂和黄田酒厂为东源县黄酒主要生产厂家。

河源市绿纯酒厂驻地涧头镇，占地面积6万多平方米，为专业生产"客家黄酒"的省级民营企业，年产黄酒210吨。主要产品为"绿纯牌"客家喜酒（酒精浓度为16%）。该厂攻克客家黄酒的防酸工艺技术（已申报发明专利）以及灸酒工艺、降低糖度技术等难题，提高黄酒质量；与广东省农科院建立技术合作关系，于2005年成为广东省黄酒协会副会长单位；被列入2005年广东省"放心酒"生产示范基地。2006年建成年产1 000吨的"广东酿酒生态园"。

米酒　客家传统产品之一，用自产稻米加酒饼酿制而成，自古普通农家均有酿造。东源县米酒主要厂家为河源金黄田酒业有限公司。该公司成立于2002年，位于黄田村，厂区占地面积2万多平方米。黄田米酒、客家黄酒自清代起备受东江百姓钟爱。2004年12月，该公司生产的黄田牌米酒系列产品及客家黄酒通过华南理工大学生物工程系专家鉴评，认为产品质量达到国家优质米香型白酒水平。黄田村产的客家黄酒品质优良，酒体呈琥珀色、口感独特。黄田米酒年产量180多吨。黄田牌米酒系列产品及客家黄酒系列产品主要销往广东省各地市，其中销往珠三角地区尤多。

灵芝　东源县锡场镇盛产灵芝，是河源市规模最大的灵芝种植基地和灵芝孢子粉供应基地。该基地地处河源九连山脉，位于万绿湖边，气候适宜，雨量充足，是天然无公害和绿色食品灵芝基地。东源锡场灵芝的药用价值较高，为无公害绿色食品。因灵芝具有扶正固本、养生保健、美容养颜、延年益寿等功效，并具有保肝解毒、强心镇静、抗缺氧、抗惊厥和解除毒蕈中毒等功能，从2015年起，东源县库区锡场、新回龙等镇均有灵芝种植销售，年产量1.5吨以上。

五指毛桃　属桑科植物，分布于万绿湖区深山幽谷中。因其叶子长得像五指，叶片长有细毛，果实成熟时像毛桃而得名。气味辛甘，性质温和，香气四溢，采集后晾干，食用时取小部分先用清水洗净，再用冷水浸15分钟即可与排骨、鸽子等食材煲汤；用小火慢煲，煲出来的汤有椰子香味。五指毛桃具有清肝明目、滋阴降火、健脾开胃、祛湿化滞、清肝润肺等功效。

蜂蜜　东源养蜂业有悠久的历史。1964年全县有蜂群3万多群，蜂蜜年产量250吨，县内各地均有养殖。其中产销量较多的有锡场、黄田、半江、新港、新回龙及康禾等镇。新港镇杨梅村是广东省蜜蜂养殖基地，2023年蜂蜜年产量1 200多吨。

【东江客家名菜】　东江菜为客家菜。东江客家菜讲究用料、原汁原味、鲜嫩可口、乡土味浓的特色突出。

东江盐焗鸡　用料：光鸡一只，精盐、酒、沙姜、八角、生姜、葱、猪油、老抽等配料少许，反纱纸3张，粗盐10斤。制法：先将光鸡吊干水分，在鸡身抹上精盐，将生姜、葱、八角、沙姜、酒放入鸡内膛，抹上老抽；后将反纱纸铺开，抹上猪油，将鸡包好；将粗盐炒至滚烫，把包好的鸡放入锅内粗盐中心焗至熟透，然后取出拆去反纱纸，将鸡的骨、肉、皮分离，重新摆成鸡形上盘。特点：色泽嫩黄，皮爽肉滑，骨香味浓。

红焖肉　用料：五花腩肉，冰片糖、南乳、川椒、八角、酒、盐、酱油等配料适量。制法：先将带皮的五花腩肉切成小块；再加水放入冰片糖熬至开锅，加入酱油煮成糖胶，放入切好的五花腩肉，加酒、盐拌匀，慢火焖熟；最后将焖熟的腩肉摆放至扣碗内，反扣在碟上。特点：色泽金黄，肥而不腻。

东江酿豆腐　用料：去皮猪上肉、鲜鱼肉茸、豆腐，精盐、味精、胡椒适量，淀粉、老抽、葱花、左口鱼末少许，淡汤，清水，花生油。制法：先将去皮猪上肉切成碎料，加入鲜鱼肉茸，放调味料拌搅至起胶，制成肉馅；然后在每块豆腐中间挖一小洞，将肉馅塞进小洞内；再猛火烧锅，将豆腐逐块放入煎锅，慢慢煎至金黄色，加入淡汤、调味料、左口鱼末，焖熟，加老抽调味，逐块摆放在碟上，淋上芡汁，撒上葱花即成。特点：汤汁浓香，嫩滑可口，原煲上席。

上汤桂花鱼　用料：桂花鱼1条，淡二汤、盐、味精、胡椒粉、姜片适量。制法：先将桂花鱼去鳞，宰净，鱼肉切块，鱼骨斩块；再起锅，将鱼肉、鱼骨煎透，加入淡二汤，煮滚成奶白色，起锅放入瓷碟，将青菜煨熟，摆放在菜式两边。特点：口感嫩滑，清甜味鲜。

客家酿三宝　用料：凉瓜（苦瓜）、茄瓜、青红椒、半肥瘦猪肉、水发虾米适量及鸡蛋、调料等。制法：先将虾米、猪肉剁碎，加入鸡蛋、调料拌匀；然后将茄瓜切双飞，青红椒去核、斜切，凉瓜斜刀适中切段，去瓤；再用锅蒸或煎熟。特点：色泽各异，形状美观，味道独特。

娘酒醉河虾　用料：鲜猛河虾半斤，客家娘酒适量，鸡粉、盐、姜片少许。制法：将客家娘酒、姜片放进瓦煲，加生猛河虾，加味精、盐，煲熟上盘。特点：酒香虾爽，美味可口。

清煲草鱼　用料：草鱼1条，姜片、蒜仁、菇丝、葱花、生油、盐等调料适量。制法：先将草鱼去鳞，宰净，切成大块，放入瓦煲内；然后放调料和姜，煲熟上盘。特点：肉质嫩滑，香脆可口，色泽、味道十足。

水晶鸡　用料：三黄鸡1只，姜片、红枣、花生油、生盐等调料适量。制法：先将三黄鸡切成若干小块，放入瓦钵内；然后加调料，用猛火蒸15分钟左右至熟透，即可上盘。特点：原汁原味，肉嫩味鲜。

薯丝煲　用料：本地产薯丝（亦称粉丝），鸡汁、大蒜、花生油等调料适量。制法：先将大蒜、花生油等调料煎制后，放入瓦钵内；然后加入鸡汁、薯丝及适量水，慢火煲至薯丝熟透，即可上盘。特点：清甜爽滑，口味香浓。

咸香鸭　用料：泥鸭（番鸭亦可）一只，芹菜梗、冬瓜若干，陈皮、姜片、沙姜、葱、蒜等调料适量。制法：先将鸭宰净，加入调料腌制约1小时，捞起晾干水，放入油锅炸至金黄色；然后放入卤水，煲30分钟捞起，切块上碟。特点：鸭香味浓郁，咸甜可口。

东源县"百千万工程"

【概况】 为贯彻党的二十大精神，落实《中共广东省委关于实施"百县千镇万村高质量发展工程"促进城乡区域协调发展的决定》和《中共河源市委关于贯彻〈中共广东省委关于实施"百县千镇万村高质量发展工程"促进城乡区域协调发展的决定〉的实施意见》精神，推动全县镇村高质量发展，在新起点上更好解决城乡区域发展不平衡不充分问题，2023年1月14日中国共产党东源县第八届委员会第四次全体会议通过关于贯彻《中共广东省委关于实施"百县千镇万村高质量发展工程"促进城乡区域协调发展的决定》（以下简称东源县"百千万工程"）的实施意见。2023年，东源县入选广东省"百千万工程"首批典型县，顺天镇及15个行政村入选首批典型名单。2023年，东源县地区生产总值同比增长（下同）5.3%，规上工业增加值增长3%，农业总产值增长10%，固定资产投资增长13%，社会消费品零售额增长7.5%，居民人均可支配收入增长6%。

【工作体系构建】 2023年，东源县搭建"1+1+13"指挥架构，由县委书记任指挥部总指挥，县长任指挥部执行总指挥、兼任指挥办公室主任，并增设发改、财政、住建等部门分管负责同志兼任副主任。全面统筹县域经济、城镇建设、要素保障等13个工作专班，构建"百千万工程"指挥体系。在市"百千万工程"大擂台中，获县区擂台比武赛航线第一名，叶潭镇、康禾镇分获百舸争流赛图纸小组第一名、第三名。系统梳理省、市、县重点任务近400项，构建"县领导抓总、指挥办协助、乡镇部门主战"的解题机制。实行县领导挂镇、县直部门直联村的工作机制，常态化下沉一线督导并帮助镇村推进重点任务，组建5个督查小组深入乡镇和责任部门开展督查，推动省、市专项督查问题立行立改、真改实改。聚焦"经济发展贡献""绿美生态建设"等工作重点，开展"8+1"竞标争先活动，制定典型村PK、"富镇强村公司"运营争创等评比方案，将"百千万工程"作为重要内容纳入2023年度目标考核责任制和党建工作考核方案，以考核评比倒逼各镇村、各部门责任落实。

【县域产业发展】 2023年，东源县坚持制造业当家，支持传统产业增资扩产、转型升级，发展壮大先进材料、高端装备制造、电子信息等新兴产业，推动项目动工建设16个、竣工投产20个，全年新增规上工业企业19家、专精特新企业9家，实施技术改造企业28家。持续抓好园区三期建设、闲置低效用地整治、"商改工"等工作，累计新开发、盘活工业用地100公顷。推进"六大特色产业"提档升级（生猪、板栗、丝苗米、蓝莓、茶叶、油茶），建设省级现代农业产业园5个和油茶跨县集群产业园1个，承办全省春耕生产暨支农服务下乡现场会，开展"河源米粉"品牌系列活动，举办农业招商大会，推动总投资额超42亿元的28个农业产业项目集中签约、动工和竣工。开展"茶产业提质增效年"行动，举办茶产业博览会暨"粤茶杯"第十五届广东省茶叶质量推选颁奖典礼系列活动，茶叶种植面积4 000公顷，产值达10亿元、增长23.3%，仙湖村（茶叶）入选2022年全国乡村特色产业产值超亿元村名单，"康禾茶"成功注册国家地理标志证明商标，仙湖茶生态茶园获首批中国大美茶山荣誉称号。推动万绿湖风景区成功创建国家5A级旅游景区，中秋国庆假期万绿湖风景区吸引游客数量比2019年增长306%。聚焦"五大消费"（结对消费、主题消费、惠民消费、文旅消费、回归消费），累计开展各类中大型活动37场次，其中"东源非遗年"、万绿湖开渔等活动获央视关注报道，进一步打造省级粤菜美食街招牌、打响河源米粉品牌。打造"一晚两天""两晚三天"精品旅游线路，全县有登记在册民宿125家，获评省级乡村民宿示范镇1个、省级乡村民宿示范点4个。

【乡镇产业发展】 2023年，东源县实施"一镇一策"，推动镇域全面发展。对全县21个乡镇精准画像，发挥仙塘、顺天、灯塔、蓝口等城区镇、中心镇的辐射带动作用，打造镇域经济发展龙头；发挥船塘、上莞、柳城、新港、义合、康禾、漳溪、新回龙、曾田等专业镇、特色镇资源禀赋、区位交通等优势，打造镇域发展"单项冠军"；发挥骆湖、黄村、半江、黄田、涧头、叶潭、锡场、双江等普通镇后发优势，打破空间限制，抱团发展，推动优势互补、资源互换、利益互享。全面完成21个乡镇便民服务中心建设，推动仙塘镇社区综合养老服务中心及长者食堂项目试点工作，推进万绿社工信息化平台和养老智慧平台运行；完善万达广场周边配套设施，加快完成灯塔、上莞等镇商贸中心主体建设，开展国家级电商示范县创建工作，推动徐洞工业园国家电商示范县项目物流集散中心启动运作，打造兴旺商业圈；启动全长230千米的绿美环县路、沿东江经济带建设，进一步串联沿线乡镇的文化、服务、旅游等节点，打造便捷生活圈。以顺天镇入选省"百千万工程"典型镇为示范，培育打造"1+6"典型镇。仙塘镇入选2023年广东镇域经济综合发展力百强镇。"诗画田园""东江画廊"乡村振兴示范带入选2022年度"广东十大乡村振兴示范带"，并获奖励资金1亿元，建设经验在省"百千万工程"现场会上被作为书面发言材料。

【和美乡村建设】 2023年，东源县实施绿美东源生态建设"六大行动"，高质量建设新丰江九里湖、义合下屯、康禾等三大绿美综合型示范点，重点在仙塘、义合等镇东江两岸因地制宜打造竹林竹海，建成森林乡村2个、古树公园1个，完成林分优化5 000公顷、新造林抚育3 586.67公顷、森林抚育3 106.67公顷的全年目标任务，累计种植榕树等各类乡土树种18万余株，制定出台《东源县2024年"添绿添美你我他·绿美东源靠大家"工作方案》。获2022年度全国村庄清洁行动先进县，启动"党建引领齐参与·镇靓村洁庭院美"专项行动，推进226户农房风貌管控提升工作，谋划建设3个农村住房集中建设示范试点。发展壮大村集体经济，创新探索"村村联合、强村带弱村"发展模式，成功探索"盘活闲置资源"等实践模式，全县行政村基本实现村集体收入20万元以上、总收入同比增长39.7%。组建"富镇强村公司"35家，作为实施主体组织开展船塘镇第八届板栗文化节暨"锚定百千万'栗'助共富路"活动、叶潭镇首届柚子采摘节暨文旅推介活动等系列主题活动，助力乡镇实现各美其美；开展"东江画廊"乡村示范带文旅项目招商活动，累计引进总投资额达5亿元的项目14个。坚持和发展新时代"枫桥经验"，学好用好"浦江经验"，开展"1+6+N"矛盾纠纷多元共治试点工作，创新"阳光议事制""积分制"等治理模式，完成"信访超市"建设，入选"广东省县级标杆群众信访诉求综合服务中心"名单，义合镇下屯村入选全国乡村治理示范村名单。启动交通大会战，累计完成交通基础设施建设投资约10亿元。落实县委书记、县长"面对面"解决群众"急难愁盼"问题机制，加强未成年人救助保护体系建设，优化"一老一小"等重点人群服务。加大投入改造升级敬老院5间，打造全市首家社区综合养老服务中心及长者食堂。加快华南师范大学附属东源小学（县六小）等11个教育项目建设步伐，建成公办学校5所、新增公办学位5 380个。新建县中医院中医专科楼、县妇幼保健院新院、县精神专科医院，新增医院床位580张。

【深化改革】 2023年，东源县落实"县区点菜、省市上菜"的菜单式赋权方式，承接省级审批事项2项；开展"一创三改"、"社账镇代理"、乡镇编制周转池等改革，实施134项全县重点改革项目和18项高质量发展改革攻坚项目，重点推进新一轮机构改革、国资国企改革、农村综合改革等。加强土地供给，通过拆旧复垦、增减挂钩等方式盘活土地资源，拓展建设用地空间，破解产业项目"落地难"问题。实施"双百行动"（百校联百县助力"百县千镇万村高质量发展工程"行动），强化人才引育、结对共建等帮扶实效，重点用好河源东源（广工大）人才科创孵化飞地等三大反向飞地及东源（盐田）海洋经济合作试验基地，揭牌运行校地合作实践基地，出台项目实施清单8类28项，结合现状建设需求和风貌管控要求，推动首批典型镇村村容村貌规划设计工作。聚焦镇村建设突出短板，推动建筑企业与全县乡镇开展结对帮扶，制定建设需求项目库共284项。发挥社会力量，实施"千企帮千镇、万企兴万村"提质行动，全省"百会万企行动"动员会在东源召开；学习运用"千万工程"（"千村示范、万村整治"工程）经验，全市首个乡村启动创客社区——"糖巢"项目启动建设，启动"梦启糖巢"项目暨乡村创客创业大赛，吸引首批百名"农创客"进驻；聘请25名招商大使，引荐接洽企业40多家；连续举办"村BA"、万绿湖开渔等系列活动，吸引乡贤关心关注农村、参与"百千万工程"。发挥金融力量，举办融资对接会3场，促成银行为21家企业授信6亿元，其中为农业企业授信2.2亿元。

（杨家禧）

注释：

1."1+1+13"指挥架构： "1"指东源县"百千万工程"指挥部，"1"指东源县"百千万工程"指挥部办公室，"13"指东源县"百千万工程"指挥部13个工作专班，分别为县域经济专班、城镇建设专班、乡村振兴专班、要素保障专班、决策咨询专班、信息化建设专班、金融专班、绿美东源生态建设工作专班、制造业高质量发展工作专班、"园区建设提升年"工作专班、"茶产业提质增效年"工作专班、"基层治理提升年"工作专班、"双百行动"工作专班。

2."8+1"竞标争先活动： "8"指比"经济指标"、比"企业贡献"、比"服务效能"、比"镇域振兴"、比"绿美生态建设"、比"项目建设"、比"要素保障"、比"工作实绩"，"1"指对不作为的颁发"躺平奖"。

3."1+6"典型镇： "1"指广东省"百千万工程"典型镇顺天镇，"6"指仙塘、灯塔、柳城、义合、叶潭、双江等东源县优先培育选树的6个典型镇。

4."六大行动"： 指实施森林质量精准提升行动、城乡一体绿美提升行动、绿美保护地提升行动、绿色通道品质提升行动、古树名木保护提升行动。

5."1+6+N"： "1"指综治中心，"6"指综合网格、法院、检察院、公安、司法以及"粤平安"社会治理云平台，"N"指其他政法、综治和社会力量。

6.一创三改： "一创"指"绿美""富美""和美"家庭创建，"三改"指"赤膊房"美化、农村"三块地"改革、全域河流综合整治。

党政机关

中共东源县委员会

2023年中共东源县委书记、副书记、常委名录：

书　　记：秦卫民
副书记：刘大荣
　　　　邓　山
　　　　林俊超（挂职，2023.11—）
常　　委：
　　　　刘红珍
　　　　邹元涛（2023.03—）
　　　　邓小林
　　　　侯桂鸿（挂职）
　　　　张松新
　　　　李海峰
　　　　刘云锋（—2023.03）
　　　　赖建军（2023.03—）
　　　　罗振宇
　　　　郑远程

重要会议

【中共东源县八届四次会议】2023年1月14日，中国共产党东源县第八届委员会第四次全体会议在东源县工人文化宫召开。全会由县委常委会主持。全会坚持以习近平新时代中国特色社会主义思想为指导，深入贯彻党的二十大和中央经济工作会议、中央农村工作会议精神，全面落实省委十三届二次全会、省委经济工作会议及市委八届五次全会暨市委经济工作会议精神，回顾总结2022年工作，研究部署2023年工作。全会听取秦卫民代表县委常委会所作的报告和刘大荣关于经济工作的专题讲话，审议县委常委会2022年政治要件贯彻落实情况和抓党建工作情况的书面报告，审议通过《中共东源县委关于深入学习贯彻党的二十大精神奋力推动东源又快又稳发展当好建设幸福和谐美丽河源主力军的意见》《中共东源县委关于贯彻〈中共广东省委关于实施"百县千镇万村高质量发展工程"促进城乡区域协调发展的决定〉的实施意见》和《中共东源县委关于贯彻〈中共广东省委关于深入推进绿美广东生态建设的决定〉的实施意见》。

全会指出，2022年，在以习近平同志为核心的党中央坚强领导下，在省委、市委的正确领导下，县委聚焦迎接党的二十大召开和学习宣传贯彻党的二十大精神这条主线，落实"疫情要防住、经济要稳住、发展要安全"的重要要求，千方百计抓项目、抓平台、促发展，持之以恒强"三农"、促振兴，坚持不懈治污染、优环境，用心用情办实事、解民忧，全力以赴防风险、保稳定，坚定不移抓党建、强堡垒，有力有效应对新冠疫情、53年来最强"龙舟水"、经济下行等系列风险挑战，经济社会保持又快又稳发展的势头，各项事业迈出了新的坚实步伐。

全会强调，学习宣传贯彻党的二十大精神，是2023年及以后一个时期全县的首要政治任务和全部工作的重心，必须在全面学习、全面把握、全面落实上持续下功夫，切实用以统一思想、凝聚力量、引领发展。要深入领会"两个确立"的决定性意义,切实增强做到"两个维护"的自觉性和坚定性;深入领会习近平新时代中国特色社会主义思想的世界观和方法论,从党的创新理论中找思路、找办法、找答案;深入领会以中国式现代化推进中华民族伟大复兴的使命任务,在全面建设社会主义现代化国家中扛起东源担当;深入领会"三个务必"的伟大号召,凝聚起推动东源加快现代化建设的强大合力。

全会指出,站在新的历史起点,东源发展面临新形势新任务新要求,必须认清历史方位、把准前行方向,在更加复杂严峻的战略环境中推动东源发展行稳致远。要深刻把握东源肩负的使命任务、拥有的区域优势、面临的困难挑战以及高质量发展的新要求,找准目标定位、坚定信心决心、坚持问题导向、明确方向路径而勇毅前行,奋力谱写中国式现代化的东源篇章。

全会提出,必须牢牢扛起新时代新征程使命任务,坚定不移走高质量发展之路,围绕2023年全县工作总体要求,奋力推动东源又快又稳发展、当好建设幸福和谐美丽河源的主力军,以实实在在的新战果体现东源新担当。要坚定不移抓好"制造业当家",全力塑造东源高质量发展的新优势;以全面深化改革加快全域全面"融湾""融深",全力积蓄东源高质量发展的新动能;深入实施科教兴国战略,全力强化东源高质量发展的战略支撑;以县域振兴推动城乡区域协调发展,全力提高东源高质量发展的平衡性协调性;全面推进乡村振兴,全力夯实东源高质量发展的重要基础;深入推进绿美东源生态建设,全力擦亮东源高质量发展的鲜明底色;加快推进文化强县建设,全力打造东源高质量发展的重要支点;坚持以人民为中心的发展思想,全力筑牢东源高质量发展的民生根基;更好统筹发展和安全,全力守住东源高质量发展的安全底线,奋力推动东源现代化建设开好局、起好步。

全会强调,要坚定不移加强党的全面领导和党的建设,坚持把党的政治建设摆在首位,坚决落实完善党的自我革命制度规范体系各项部署要求,打造忠诚干净担当的高素质专业化干部队伍,织密建强上下贯通、执行有力的组织体系,纵深推进党风廉政建设和反腐败斗争,为推动东源又快又稳发展、当好建设幸福和谐美丽河源的主力军提供坚强政治保证。

全会号召,全县各级党组织和广大党员干部要更加紧密团结在以习近平同志为核心的党中央周围,坚定信心、同心同德、踔厉奋发、勇毅前行,以高质量发展为牵引,奋力推动东源现代化建设开好局、起好步,为全面建设社会主义现代化国家、全面推进中华民族伟大复兴作出东源贡献。

【中共东源县八届五次会议】
2023年7月21日,中国共产党东源县第八届委员会第五次全体会议在东源县文化宫召开。全会由县委常委会主持。全会坚持以习近平新时代中国特色社会主义思想为指导,深入学习贯彻党的二十大精神和习近平总书记视察广东重要讲话、重要指示精神,全面落实省委十三届三次全会"1310"具体部署及省委书记黄坤明调研河源指示要求,认真落实市委八届六次全会精神,紧扣高质量发展首要任务,分析研判东源面临的新形势新任务,研究部署2023年下半年及以后一段时期的重点工作。全会听取了秦卫民代表县委常委会所作的报告,审议通过了《中共东源县委关于深入学习贯彻习近平总书记重要讲话重要指示精神在全省推进中国式现代化建设走在前列中奋力当好河源绿色崛起主力军的意见》。

全会指出,习近平总书记对广东高度重视、亲切关怀,每到重要节点关键时刻,都及时为广东定向导航。省委十三届三次全会围绕实现习近平总书记赋予广东的使命任务,作出"锚定一个目标,激活三大动力,奋力实现十大新突破"的"1310"具体部署。在全省上下深入学习贯彻习近平总书记视察广东重要讲话、重要指示精神的关键时刻,省委书记黄坤明到河源调研指导工作,寄望河源要牢记习近平总书记殷殷嘱托,立足实际找准新征程上推进现代化建设的着力点和突破口,激发绿色崛起的后发优势,全面提升高质量发展水平;市委八届六次全会紧扣省委对河源的殷切期望,吹响了"加快实现绿色崛起"的新号角。

全会强调,要深入学习贯彻习近平总书记视察广东重要讲话、重要指示精神,锚定"走在前列"总目标,扛起主力军的重担和使命,深刻领会总目标蕴含的新使命、新要求、新期待、新标高,在服务大局、服务全局中当好河源绿色崛起的主力军,走对绿色崛起的道路。

全会要求,要牢记省委、市委嘱托,清醒认识东源具备的基础和条件,准确把握东源具有的优势,勇于正视东源存在的差距,坚定信心、迎难而上,激活改革、开放、创新"三大动力"抓发展,走好绿色崛起的道路。

全会强调,省委"1310"具体部署和市委"加快培育'五大产业'、大力实施'七大行动'"工作安排,是做好今后工作的任务书、施工图。要锚定高质量发展首要任务,抓住关键、聚焦重点,推动七个方面工作取得更为扎实的成效,走实绿色崛起的道路。要始终坚持实体经济为本、制造业当家,在加快推动"产业兴县"上取得更为扎实的成效;要坚决把"百千万工程"作为头号工程,在破解城乡区域发展不平衡问题上取得更为扎实的成效;要全面推进乡村振兴,在加快建设农业强县上取得更为扎实的成效;要深入推进绿美东源生态建设,在走好"生态优先、绿色发展"之路上取得更为扎实的成效;要加快全域全面"融湾""融深",在服务打造新发展格局战略支点上取得更为扎实的成效;要用心用情办好民生实事,在提升群众获得感幸福感安全感上取得更为扎实的成效;要全面加强党的领导和党的建设,在巩固风清气正的政治生态上取得更为扎实的成效。

全会强调,要铆足干劲、团结奋斗,以主力军的昂扬姿态推动绿色崛起,一步一个脚印把美好蓝图变成生动实践。要坚定树牢造福人民的政绩观,全力鼓足干事创业的精气神,全面用好科学有效的工作法,切实形成狠抓落实的好局面,走深绿色崛起的道路。

全会指出,当好绿色崛起主力军,绝不是轻轻松松、敲锣打鼓就能实现的,必须付出更为艰巨、更为艰苦的努力。全县上下要与县委、县政府同心同德,与人民群众同向同行,始终心往一处想、劲往一处使,拧成一股绳、铆足一股劲,激扬冲天斗志、凝聚磅礴力量,只争朝夕、一往无前、顽强拼搏,在绿色崛起中谱写新篇章、创造新辉煌。

全会号召,全县各级党组织和广大党员干部要更加紧密团结在以习近平同志为核心的党中央周围,坚持以习近平新时代中国特色社会主义思想为指导,认真学习贯彻习近平总书记视察广东重要讲话、重要指示精神,自觉担负起省委、市委赋予我们的重要使命,锚定高质量发展首要任务,苦干实干、勇毅前行,在全省推进中国式现代化建设走在前列中奋力当好河源绿色崛起的主力军。

【县委常委会会议】 2023年,中共东源县委员会先后召开县委常委会会议47次。

县委八届第65次常委会会议 1月4日下午,秦卫民在县党政综合楼六楼会议室主持召开县委八届第65次常委会会议,传达学习贯彻习近平总书记在中共中央政治局民主生活会上的重要讲话精神,传达学习贯彻习近平总书记关于"三农"工作的重要论述和习近平总书记在中央农村工作会议上的重要讲话精神,传达学习贯彻中共中央办公厅、国务院办公厅《关于做好2023年元旦春节期间有关工作的通知》精神,传达学习贯彻省委经济工作会议精神,审议《关于解决东源县流域面积50平方千米以下河道管理范围划定项目工作所需费

党政机关

用的事项》，讨论个别同志违纪违法问题处理事项，讨论干部人事议题。

县委八届第66次常委会会议 1月10日下午，秦卫民在县党政综合楼六楼会议室主持召开县委八届第66次常委会会议，传达学习贯彻习近平总书记对政法工作的重要指示精神和中央政法工作会议精神、省委领导班子2022年度民主生活会精神、市委八届五次全会暨市委经济工作会议精神、市委八届第70次常委会（扩大）会议精神、市委八届第71次常委会（扩大）会议精神，学习贯彻中共中央办公厅印发的《党的十九大以来中央巡视工作总结报告》精神，审议《中共东源县委八届四次全会方案（审议稿）》《中共东源县委八届四次全会报告（审议稿）》《2022年传达学习贯彻落实习近平总书记重要讲话和重要指示批示精神情况报告（审议稿）》《2022年抓党建工作情况报告（审议稿）》《县委常委会2022年工作总结（审议稿）》《中共东源县委关于深入学习贯彻党的二十大精神奋力推动东源又快又稳发展当好建设幸福和谐美丽河源主力军的意见（审议稿）》《中共东源县委关于贯彻〈中共广东省委关于实施"百县千镇万村高质量发展工程"促进城乡区域协调发展的决定〉的实施意见（审议稿）》《中共东源县委关于贯彻〈中共广东省委关于深入推进绿美广东生态建设的决定〉的实施意见（审议稿）》等全会有关文件，讨论个别同志违纪违法问题处理事项，讨论干部人事议题。

县委八届第67次常委会会议 1月19日上午，秦卫民在县党政综合楼四楼会议室主持召开县委八届第67次常委会会议，传达学习贯彻习近平总书记在二十届中央纪委二次全会上的重要讲话精神、省第十四届人民代表大会第一次会议、政协第十三届广东省委员会第一次会议精神，审议《东江水乡画廊项目用地开发问题重大行政决策方案草案（审议稿）》《东源县国有企业重组改革总体方案（审议稿）》《关于解决东源县西环路一期（县粮食仓库段）道路工程所需资金的事项》《东源县村（社区）"两委"班子绩效考核管理办法（审议稿）》《东源县财政专项资金分配审批和支出管理暂行规定（审议稿）》，审议《东源县信访局职能配置、内设机构、人员编制规定（审议稿）》《东源县国防动员办公室职能调整方案（审议稿）》。

县委八届第68次常委会会议 1月29日下午，秦卫民在县党政综合楼六楼会议室主持召开县委八届第68次常委会会议，传达学习贯彻全省、全市高质量发展现场会精神，听取春节期间全县有关工作情况汇报，通报个别同志处理意见。

县委八届第69次常委会会议 1月31日下午，秦卫民在县党政综合楼四楼会议室主持召开县委八届第69次常委会会议，传达学习贯彻习近平总书记对爱国卫生运动的重要指示精神，审议《关于解决广东省东源县新港镇碉楼社区地质灾害综合治理项目（对子坑临时堆土场）土石方外运所需费用的事项》《关于解决2022年度东源县不实补充耕地项目后期管护工作经费的事项》《关于解决该县不实耕地后期管护、耕地恢复、撂荒耕地整治和耕地非粮化整治四项耕地保护工作经费的事项》，审议《关于召开东源县第九届人民代表大会第三次会议有关事项的请示》《关于召开县政协九届三次会议的请示》《八届县纪委三次全会会议方案及全会工作报告》，审议《2022年度乡镇和县直单位目标管理责任制考核结果》，讨论干部人事议题。

县委八届第70次常委会会议 2月1日上午，秦卫民在县党政综合楼四楼会议室主持召开县委八届第70次常委会会议，专题讨论干部人事问题等有关工作。

县委八届第71次常委会会议 2月3日上午，秦卫民在县工人文化宫一楼会议室主持召开县委八届第71次常委会会议，专题讨论县党政班子分工有关事项。

县委八届第 72 次常委会会议 2 月 13 日下午，秦卫民在县党政综合楼四楼会议室主持召开县委八届第 72 次常委会会议，传达学习贯彻习近平总书记在二十届中共中央政治局第二次集体学习上的重要讲话精神，传达学习贯彻市八届人大三次会议、市政协八届二次会议精神，审议《关于解决东源县新材料产业园 110kV 热高、热新线四回路迁改工程所需资金的事项》《关于解决 2022 年度河源市东源县小型农田水利设施建设试点项目所需费用的事项》，审议《2023 年度县政府工作报告（审议稿）》《2023 年度县十件民生实事（审议稿）》《东源县 2022 年国民经济和社会发展计划执行情况及 2023 年计划草案的报告（审议稿）》《东源县 2023 年度财政预算（草案）》《东源县人民代表大会常务委员会工作报告（审议稿）》《政协第九届东源县委员会常务委员会工作报告（审议稿）》《东源县人民法院工作报告（审议稿）》《东源县检察院工作报告（审议稿）》，审议《关于 2022 年度东源县驻村第一书记考核等次评定建议的事项》《关于东源县信访局申请设立党组的事项》，论干部人事议题。

县委八届第 73 次常委会会议 2 月 16 日上午，秦卫民在县工人文化宫一楼主持召开县委八届第 73 次常委会（扩大）会议，专题听取各乡镇党委书记和县直有关党（工）委书记抓基层党建工作述职并进行评议。

县委八届第 74 次常委会会议 3 月 7 日上午，秦卫民在县党政综合楼四楼会议室主持召开县委八届第 74 次常委会会议，传达学习贯彻习近平总书记在学习贯彻党的二十大精神研讨班开班式上的重要讲话精神，传达学习贯彻《中共中央、国务院关于做好 2023 年全面推进乡村振兴重点工作的意见》精神，传达学习贯彻全国组织部部长会议、全国老干部局长会议、全省和全市组织部部长会议暨老干部局长会议精神，传达学习贯彻全国、全省宣传部长会议和全市宣传思想文化工作会议精神，听取东源县 2022 年意识形态和网络安全工作情况汇报、义合镇南浩村黄沙坑废弃稀土矿区生态修复工作情况汇报、东源县 2022 年度深化医药卫生体制改革工作情况汇报，审议《东源县综合交通运输体系发展"十四五"规划（审议稿）》《关于解决广东省河源市东源县新港镇碉楼社区二号治理区地质灾害治理工作所需资金的事项》《关于解决广东省东源县 2023 年历史遗留矿山生态修复工作所需资金的事项》《关于解决东源县叶潭河水质提升整治工程所需资金的事项》，审议《关于推荐评选 2023 年广东省五一劳动奖的请示》，讨论干部人事议题。

县委八届第 75 次常委会会议 3 月 10 日下午，秦卫民在县党政综合楼三楼会议室主持召开县委八届第 75 次常委会会议，专题讨论干部人事议题。

县委八届第 76 次常委会会议 3 月 14 日下午，秦卫民在县党政综合楼四楼会议室主持召开县委八届第 76 次常委会会议，传达学习贯彻中国共产党第二十届中央委员会第二次全体会议精神，传达学习贯彻习近平总书记在中央党校建校 90 周年庆祝大会暨 2023 年春季学期开学典礼上的重要讲话精神，传达学习贯彻《广东省全面推进民族地区高质量发展行动方案》精神，听取 2022 年全县统战工作总结，论干部人事议题。

县委八届第 77 次常委会会议 3 月 24 日上午，秦卫民在县党政综合楼三楼会议室主持召开县委八届第 77 次常委会会议，讨论干部人事议题，审议《关于县党政班子分工临时调整方案（审议稿）》。

县委八届第 78 次常委会会议 4 月 6 日上午，秦卫民在县党政综合楼四楼会议室主持召开县委八届第 78 次常委会会议，传达学习贯彻习近平总书记在 2 月 16 日中共中央政治局常务委员会上的重要讲话精神，传达学习贯彻中央文明办主任会议、省文明办主任会议精神，听取东源县 2022 年创建全国文明城市年度测评成绩及2022年精神文明建设工作情况，审议《关于命名2022年东源县文明村镇、文明单位的决定》《关于命名2022年"东源好人"的决定》等文件（套开2023年东源县文明委第一次会议），传达学习贯彻3月31日市委书记林涛调研督导防汛备汛工作时的讲话精神，研究部署广东省对河源安全生产和消防工作考核涉及东源县的整改工作，传达学习贯彻2023年度全市推进乡村振兴战略业务工作会议精神，传达学习贯彻省、市道路交通安全和运输执法领域突出问题专项整治工作动员部署会议精神（套开县道路交通安全和运输执法领域突出问题专项整治工作动员部署会），听取东源县平安建设"三大专项"行动和扫黑除恶三大重点行业领域整治工作情况汇报，审议《东源县政府控制的屋顶光伏资源特许经营项目特许经营实施方案（审议稿）》《东源县政府控制的屋顶光伏资源特许经营项目特许经营协议（审议稿）》《东源县政府控制的屋顶光伏资源特许经营项目可行性研究报告（审议稿）》《东源县政府控制的屋顶光伏资源特许经营项目招标方案（审议稿）》，审议《东源县"又快又稳敢担当、高质量发展勇争先"竞标争先活动工作方案（审议稿）》，审议《关于解决县特殊学校（青少年康复中心）迁址新建项目所需资金的事项》《关于解决广技师（河源校区）项目征收户房租和回迁安置地基础及市政工程建设项目建设用地报批等事项所需费用的事项》，审议《解决东源县灯塔镇污水处理厂和污水管网工程建设项目所需资金的事项》《关于解决国道G236线东源欧屋至高楼段路面预防养护及功能性修复养护工程缺额资金的事项》《关于解决东源县徐洞至双田段路面提升工程所需资金的事项》《关于调增东源县粮食储备直属仓库迁建项目建设费用的事项》，听取县人大常委会、县政府、县政协、县法院、县检察院党组2022年度工作情况汇报，审议《关于东源县2022年度村（社区）"两委"干部绩效考核的事项》《关于2022年度乡镇党委和县直有关党（工）委书记抓基层党建述职评议综合评价等次的事项》，通报东源县2022年度党委书记抓基层党建工作述职评议考核结果和个别同志处理意见，讨论干部人事议题。

县委八届第79次常委会会议4月14日下午，秦卫民在县党政综合楼四楼会议室主持召开县委八届第79次常委会会议，传达学习贯彻3月30日中共中央政治局会议精神，传达学习贯彻习近平总书记在二十届中共中央政治局第四次集体学习时的重要讲话精神，传达学习贯彻习近平总书记在学习贯彻习近平新时代中国特色社会主义思想主题教育工作会议上的重要讲话精神，传达学习贯彻中共广东省委、广东省人民政府《广东省贯彻落实中央八项规定精神实施办法》，听取近期有关工作情况汇报，审议《东源县国土空间总体规划（2021—2035年）（审议稿）》，听取东源县关于2022年全省群众安全感调查反馈问题的整改工作情况汇报，传达学习贯彻习近平总书记关于纪检监察干部队伍教育整顿的重要批示精神、中共中央《关于开展全国纪检监察干部队伍教育整顿的意见》及全国、全省、全市纪检监察干部队伍教育整顿动员部署会议精神，听取东源县纪检监察干部队伍教育整顿工作情况汇报，讨论干部人事议题。

县委八届第80次常委会会议4月20日上午，秦卫民在县工人文化宫二楼会议室主持召开县委八届第80次常委会会议，传达学习贯彻习近平总书记视察广东重要讲话、重要指示精神，学习贯彻省委书记黄坤明到河源调研时的指示精神。

县委八届第81次常委会会议4月27日下午，秦卫民在县党政综合楼六楼会议室主持召开县委八届第81次常委会会议，传达学习贯彻习近平总书记在二十届中央全面深化改革委员会第一次会议上的重要讲话精神（套开县委全面深化改革委员会第十三次会议），研究部署东源县"五一"劳动节期间社会维稳、安全生产、道路交通安全、防汛备汛、森林防灭火等工作，听取本县近期"百县千镇万村高质量发展工程"有关工作情况汇报，通报2022年度法治东源建设考评情况，听取本县2022年法治建设工作情况汇报，审议《关于解决东源县柳城镇Y455线、Y451线公路扩建工程项目建设所需资金的事项》《关于解决东源县国有资产经营有限公司新增注册资本金的事项》，讨论干部人事议题。

县委八届第82次常委会会议5月4日上午，秦卫民在县党政综合楼六楼会议室主持召开县委八届第82次常委会会议，传达学习贯彻4月28日中共中央政治局会议精神，听取"五一"劳动节期间全县有关工作情况汇报。

县委八届第83次常委会会议5月15日晚上，秦卫民在县党政综合楼四楼会议室主持召开县委八届第83次常委会会议，传达学习贯彻中共中央关于学习《习近平著作选读》第一卷、第二卷的通知精神，审议《关于支持部分重点行业保生产稳就业的纾困方案（审议稿）》《关于解决东源县职业教育培训基地（迁建）项目采购设备及工器具所需费用的事项》《东源县2023年乡村振兴驻镇帮镇扶村资金分配方案（审议稿）》，通报关于个别同志处理意见，讨论干部人事议题。

县委八届第84次常委会会议6月1日晚上，秦卫民在县党政综合楼四楼会议室主持召开县委八届第84次常委会会议，传达学习贯彻习近平总书记关于审计工作的重要讲话和重要指示批示精神、二十届中央审计委员会第一次会议精神（套开县委审计委员会第五次会议），传达学习贯彻习近平总书记在二十届中共中央政治局第五次集体学习时的重要讲话精神，传达学习贯彻中央纪委印发的《关于青海省6名领导干部严重违反中央八项规定精神问题查处情况及教训警示的通报》，传达学习贯彻省委书记黄坤明在全省县区党政正职高质量发展能力培训暨"百县千镇万村高质量发展工程"专题培训班开班式上的动员讲话精神、全省"百县千镇万村高质量发展工程"指挥部办公室工作电视电话会议精神，传达学习贯彻市委召开的县（区）委书记、县（区）长工作座谈会精神，传达学习贯彻2023年市委保密委员会全体会议暨全市保密工作会议精神，审议《东源县县属国资国企整合重组实施方案（审议稿）》《东源县县属企业国有资产监督管理暂行办法（审议稿）》，审议《关于解决万绿湖创5A项目前期投入缺额资金的事项》《2023年东源县政府重大行政决策事项目录（审议稿）》，审议关于个别严重违纪违法人员处理意见的事项，通报个别人员立案并采取留置措施，讨论干部人事议题。

县委八届第85次常委会会议6月14日上午，秦卫民在县党政综合楼四楼会议室主持召开县委八届第85次常委会会议，传达学习贯彻习近平总书记在文化传承发展座谈会上的重要讲话精神、致首届文化强国建设高峰论坛的贺信精神，传达学习贯彻习近平总书记在二十届中央国家安全委员会第一次会议上的重要讲话精神（套开县委国家安全委员会会议），传达学习贯彻《习近平外交思想学习纲要》和省、市外事相关工作会议精神（套开县委外事工作委员会2023年工作会议），通报东源县2022年对外工作情况、部署本县2023年对外工作，审议《东源县茶产业高质量发展实施意见（2023—2025年）（审议稿）》《东源县茶产业高质量发展专项资金使用方案（2023—2025年）（审议稿）》《2023年东源县"茶产业提质增效年"行动方案（审议稿）》，审议《关于解决国道G205线河源市热水至埔前段改线工程（东源段）用地报批资金的事项》《关于东源县疫情防控专项工作奖励人员名单及解决相关奖励经费的事项》《关于终止与美誉公司签订的〈项目合作协议〉及退回履约保证金的事项》，审议《关于解决河源市东源县新丰江库区涧头镇水环境综合整治项目缺额资金的事项》《关于省道S230线义合至源城胜利村段公路改造工程规模调整及结算等事项》，听取本县"百县千镇万村高质量发展工程"有关工作情况汇报，通报个别同志处理意见，讨论干部人事议题。

县委八届第86次常委会会议　6月21日下午，秦卫民在县工人文化宫一楼会议室主持召开县委八届第86次常委会（扩大）会议，传达学习省委十三届三次全会精神，研究本县贯彻落实意见。

县委八届第87次常委会会议　6月25日下午，秦卫民在县党政综合楼三楼会议室主持召开县委八届第87次常委会会议，专题讨论干部人事议题。

县委八届第88次常委会会议　6月29日下午，秦卫民在县党政综合楼六楼会议室主持召开县委八届第88次常委会会议，传达学习贯彻习近平总书记对宁夏银川市兴庆区富洋烧烤店燃气爆炸事故的重要指示精神，传达学习贯彻习近平总书记关于耕地保护的重要指示批示精神，听取东源县对《关于加快推进落实自然资源领域硬任务的提醒函》的落实情况汇报，传达学习贯彻市委书记林涛到东源县调研时的指示精神，听取本县近期经济运行情况汇报（套开八届县委财经委员会第四次会议），审议关于个别人员严重违纪违法问题处理意见的事项，通报个别人员处理意见，讨论干部人事议题。

县委八届第89次常委会会议　7月5日上午，秦卫民在县工人文化宫二楼主持召开县委八届第89次常委会会议，传达学习贯彻习近平总书记对党的建设和组织工作的重要指示精神，学习贯彻全省主题教育整改整治工作推进暨专项整治工作部署会和全市主题教育专项整治工作推进会精神（套开全县主题教育专项整治工作会议）。

县委八届第90次常委会会议　7月11日上午，秦卫民在县工人文化宫一楼会议室主持召开县委八届第90次常委会（扩大）会议，传达学习市委八届六次全会精神，研究本县贯彻落实意见。

县委八届第91次常委会会议　7月14日下午，秦卫民在县党政综合楼四楼会议室主持召开县委八届第91次常委会会议，传达学习贯彻习近平总书记对防汛救灾工作的重要指示精神，传达学习贯彻《中共广东省委关于加强新时代广东统一战线工作的实施意见》、省委统一战线工作领导小组民族宗教工作协调机制（扩大）会议精神，审议《东源县贯彻落实〈关于推动北部生态发展区高质量发展的意见〉的实施方案（审议稿）》《东源县承接产业有序转移推动产业高质量发展的实施方案（审议稿）》《东源县促进企业上规上限有关奖励措施（修订）（审议稿）》《东源县关于支持工业企业梯度培育的奖励措施（审议稿）》《东源县关于扶持中小微企业高质量发展贷款贴息的实施方案（审议稿）》，审议关于解决东源县2022年度第三十二至三十六批次城镇建设用地报批耕地指标、征地预存款、征地养老保障金等费用的事项，审议关于解决东源县政府控制的屋顶光伏资源特许经营项目应缴税费的事项，审议关于解决绿美广东生态建设示范点缺额建设资金的事项，审议关于确定2023年度东源县高标准农田建设项目的事项，审议《关于加快推进新时代人才强县建设的实施方案（审议稿）》，听取东源县2023年上半年"扫黄打非"工作情况汇报、东源县公安局开展夏季治安打击整治行动工作汇报，审议《中共东源县委党的建设工作领导小组2023年工作要点》（套开县委党的建设工作领导小组会议），听取全县纪检监察干部队伍教育整顿工作情况汇报，讨论干部人事议题。

县委八届第92次常委会会议　7月20日上午，秦卫民在县党政综合楼四楼会议室主持召开县委八届第92次常委会会议，传达学习贯彻习近平总书记在二十届中共中央政治局第六次集体学习时的重要讲话精神，传达学习贯彻习近平总书记在同团中央新一届领导班子成员集体谈话时的重要讲话精神以及传达学习贯彻省委、市委主要领导对防范个人极端事件发生的批示精神及全市专题维稳工作会议精神，审议《东源县委八届五次全会筹备工作方案（稿）》《中共东源县委八届五次全会报告（稿）》《中共东源县委关于深入学习贯彻习近平总书记重要讲话重要指示精神在全省推进中国式现代化建设走在前列中奋力当好河源绿色崛起主力军的意见（稿）》等全会有关文件，听取本县近期"百县千镇万村高质量发展工程"有关工作情况汇报，审议关于解决东源县义合镇啸仙故里审计博物馆项目建设所需资金的事项，讨论个别同志违纪违法问题处理的事项，讨论干部人事议题。

县委八届第93次常委会会议　8月7日下午，秦卫民在县党政综合楼六楼会议室主持召开县委八届第93次常委会会议，传达学习贯彻习近平总书记在二十届中共中央政治局第七次集体学习时的重要讲话精神，传达学习贯彻习近平总书记在全国生态环境保护大会上的重要讲话精神，传达学习贯彻习近平总书记对网络安全和信息化工作的重要指示精神，听取2023年上半年东源县意识形态和网络安全工作情况汇报，传达学习贯彻省领导定点联系河源工作座谈会、全省产业有序转移招商引资对接平台推广应用现场会精神，传达学习贯彻省法学会九届三次理事会（扩大）会议精神，传达学习贯彻省、市扫黑除恶斗争领导小组全体成员会议暨工作部署会议精神，听取东源县常态化开展扫黑除恶工作情况汇报，传达学习贯彻《2023年市领导同志学习践行"浦江经验"实行"双包双挂"暨领导接访下访群众和包案化解信访突出问题工作方案》精神，通报2023年上半年信访工作情况及部署创建全国信访工作示范县工作，听取2022年乡村振兴资金管理使用暨农村集体"三资"管理专项巡察整改进展情况、八届县委第二轮巡察暨农村基层治理专项巡察工作综合情况汇报，审议个别严重违纪违法人员处理意见的事项，通报个别同志处理意见，讨论干部人事议题。

县委八届第94次常委会会议　8月14日上午，秦卫民在县党政综合楼四楼会议室主持召开县委八届第94次常委会会议，传达学习贯彻习近平总书记对防汛救灾工作的重要指示精神，传达学习贯彻《中共河源市委关于坚决维护以习近平同志为核心的党中央权威和集中统一领导的规定》精神，传达学习贯彻《河源市贯彻落实中央八项规定精神实施办法》精神，审议《东源县贯彻落实中央八项规定精神实施办法（审议稿）》，审议关于终止与河源市福安豪矿业发展有限公司签订的《河源市福安豪石英板及水晶工艺品项目投资协议书》《河源市福安豪石英板及水晶工艺品项目投资协议书之补充协议》及退回相关资金的事项，审议关于解决东源县蓝口镇县道X831线K4+710至K11+347段公路扩建工程所需资金的事项，审议《关于解决新港镇镇区污水处理管网提升工程所需资金的事项》《关于解决东源县县道X154线黄田镇黄田村至方围村段路面提升工程所需资金的事项》《关于解决省道S243线东源黄田至若坝段路面预防养护及功能性修复养护工程所需资金的事项》《关于解决东源县县道X829线骆湖镇致富村至小水村改建工程所需资金的事项》《关于解决2023年东源县村道安全生命防护工程所需资金的事项》《关于解决国道G205线东源红亮至赤江段路面预防养护及功能性修复养护工程所需资金的事项》，审议关于解决2023年东源县创文工作"补短板"项目经费的事项，审议关于解决华南师范大学附属东源小学设施设备采购所需资金的事项，审议关于东源县2022年公务员年度考核优秀拟奖励事项，研究个别人员的处理意见，讨论干部人事议题。

县委八届第95次常委会会议

8月31日上午，秦卫民在县党政综合楼四楼会议室主持召开县委八届第95次常委会会议，传达学习贯彻习近平总书记在首个全国生态日之际作出的重要指示精神，传达学习贯彻8月17日中共中央政治局常务委员会会议精神，传达学习贯彻《中国共产党机构编制工作条例》《党和国家机构改革方案》文件精神，传达学习贯彻8月24日市委专题工作会议精神，听取本县近期"百县千镇万村高质量发展工程"有关工作情况汇报以及全县重大事故隐患排查整治工作情况汇报，讨论干部人事议题。

县委八届第96次常委会会议　9月15日下午，秦卫民在县党政综合楼六楼会议室主持召开县委八届第96次常委会（扩大）会议，专题传达学习省委书记黄坤明在河源调研时的指示精神，研究本县贯彻落实意见。

县委八届第97次常委会会议　9月18日下午，秦卫民在县党政综合楼四楼会议室主持召开县委八届第97次常委会会议，传达学习贯彻8月31日中共中央政治局会议精神，听取县委党校2023年工作情况汇报，传达学习贯彻第十一次全国归侨侨眷代表大会精神，传达学习贯彻《中共中央办公厅关于印发〈规范地方党委政策性文件制定工作规定〉的通知》精神，传达学习贯彻中央、省学习贯彻习近平新时代中国特色社会主义思想主题教育第一批总结暨第二批部署会议和有关文件精神，审议关于东源开展学习贯彻习近平新时代中国特色社会主义思想主题教育实施方案及相关文件的事项（套开县委学习贯彻习近平新时代中国特色社会主义思想主题教育领导小组第一次会议），听取2022年度法治河源建设考评情况通报，部署考评整改工作，审议《关于全面推进"百县千镇万村高质量发展工程"促进城乡区域协调发展的实施方案（审议稿）》，审议《关于解决河源市东源县仙塘镇工业园区基础设施配套项目建设资金的事项》《关于解决河源市学府大桥项目征地拆迁工作相关资金的事项》《关于新港镇碉楼社区地质灾害治理群众转移的事项》《关于解决东源县2023年农村生活污水资源化利用治理项目所需资金的事项》，讨论个别同志违纪违法问题处理事项，通报个别人员处理意见，讨论干部人事议题。

县委八届第98次常委会会议　9月24日下午，秦卫民在县二人文化宫一楼会议室主持召开县委八届第98次常委会会议，研究关于个别人员的处理意见。

县委八届第99次常委会会议　10月7日上午，秦卫民在县党政综合楼六楼会议室主持召开县委八届第99次常委会会议，传达学习贯彻习近平总书记对中国农民丰收节重要指示精神及省委书记黄坤明对广东省庆祝中国农民丰收节的批示精神，传达学习贯彻习近平总书记就推进新型工业化作出的重要指示精神，传达学习贯彻《习近平总书记对新时代办公厅工作作出的重要指示精神》，听取中秋国庆假期期间全县有关工作情况汇报，审议《关于解决灯塔、船塘、县城（二期一区）、叶潭等四座生活垃圾无害化填埋场完善用地手续所需费用的事项》《关于解决收回东源县新河西片区（县第四小学）用地所需资金的事项》《关于解决东源县工商信领域惠企政策县级资金的事项》《关于解决东源县创建"四好农村路"全国示范县——绿美环县路建设工程所需资金的事项》，审议《2023年县级财政预算调整方案（审议稿）》，讨论干部人事议题。

县委八届第100次常委会会议　10月13日下午，秦卫民在县党政综合楼六楼会议室主持召开县委八届第100次常委会会议，传达学习贯彻习近平总书记对宣传思想文化工作作出的重要指示精神，传达学习贯彻市委书记何国森开展主题教育专题调研精神。

县委八届第101次常委会会议　10月17日下午，秦卫民在县党政综合楼三楼会议室主持召开县委八届第101次常委会会议，讨论干部人事议题。

县委八届第102次常委会会议　10月19日上午，秦卫民在县工人文化宫一楼会议室主持召开县委八届第102次常委会（扩大）会议，传达学习贯彻绿美河源生态建设现场会精神和传达学习贯彻市委常委会（扩大）会议暨全市工业园区现场会精神。

县委八届第103次常委会会议　10月30日下午，秦卫民在县党政综合楼三楼会议室主持召开县委八届第103次常委会议，专题讨论干部人事议题。

县委八届第104次常委会会议　11月2日下午，秦卫民在县党政综合楼六楼会议室主持召开县委八届第104次常委会议，传达学习贯彻《关于认真学习贯彻习近平总书记重要讲话精神扎实推进第二批主题教育的通知》《关于认真学习贯彻习近平总书记重要批示精神把学习推广"四下基层"作为第二批主题教育重要抓手的通知》以及河源市主题教育第一次调度工作座谈会精神，听取东源县主题教育进展情况汇报及部署下一步工作安排（套开县委学习贯彻习近平新时代中国特色社会主义思想主题教育领导小组第二次会议），听取本县生态环境保护重点工作百日攻坚行动推进情况汇报，部署迎接第二轮省生态环境保护督察工作，听取本县2023年前三季度经济运行情况汇报（套开八届县委财经委员会第六次会议），听取本县自然资源领域问题整改工作落实情况汇报，通报个别人员处理意见，讨论干部人事议题。

县委八届第105次常委会议　11月8日下午，秦卫民在县党政综合楼三楼会议室主持召开县委八届第105次常委会议，专题研究严重违纪违法人员处理议题。

县委八届第106次常委会会议　11月17日上午，秦卫民在县党政综合楼四楼会议室主持召开县委八届第106次常委会会议，传达学习贯彻习近平总书记对山西吕梁市永聚煤矿一办公楼火灾事故作出的重要指示精神，传达学习贯彻习近平总书记在中共中央政治局第九次集体学习时的重要讲话精神，传达学习贯彻习近平总书记在中央金融工作会议上的重要讲话精神，传达学习贯彻习近平总书记关于知识产权保护的重要论述，听取东源县知识产权工作情况汇报，传达学习贯彻9月27日中共中央政治局会议精神，听取该县优化营商环境专项巡察工作情况汇报，传达学习贯彻《中共广东省委关于建立健全加强调查研究促进科学决策提升落实效果工作机制的意见》，审议《东源县"百县千镇万村高质量发展工程"指挥部工作规则（试行）（审议稿）》《东源县"百县千镇万村高质量发展工程"指挥部办公室工作规则（试行）（审议稿）》，传达学习贯彻《关于认真学习贯彻习近平总书记重要讲话精神高质量开展第二批主题教育的通知》，审议《东源县领导同志牵头整改问题清单（审议稿）》《关于开展整治全县防灾减灾救灾能力不足的专项工作方案（审议稿）》《县级领导班子正反面典型案例（审议稿）》等文件，审议《关于将广东岑田抽水蓄能电站等项目列入广东省2024年重点建设项目和前期预备项目的事项》《东源县机关事业单位编外人员管理暂行办法（审议稿）》《关于解决东源县2023年度拟设采矿权挂牌出让相关工作经费的事项》《关于解决东源县半江镇南坑溪河道水环境综合整治工程所需资金的事项》，讨论干部人事议题。

县委八届第107次常委会议　11月21日上午，秦卫民在县党政综合楼三楼会议室主持召开县委八届第107次常委会会议，研究关于个别人员的处理意见。

县委八届第108次常委会会议　11月28日上午，秦卫民在县党政综合楼六楼会议室主持召开县委八届第108次常委会（扩大）会议，专题学习习近平总书记关于巡视工作重要论述和党中央、省委关于巡视工作部署及十三届省委第三轮巡视工作动员部署会精神，研究配合巡视工作具体安排。

县委八届第109次常委会

会议 12月7日下午，秦卫民在县党政综合楼六楼会议室主持召开县委八届第109次常委会会议，传达学习贯彻习近平总书记在中共中央政治局第十次集体学习时的重要讲话精神，习近平总书记在中央全面深化改革委员会第三次会议上的重要讲话精神及《全面深化法治领域改革纲要》《深化农村改革实施方案》（套开八届县委深改委第八次会议），传达学习贯彻习近平总书记关于食品药品安全的重要论述，听取东源县2023年食品药品安全工作情况汇报，传达学习贯彻习近平总书记在北京、河北考察灾后恢复重建工作时的重要讲话精神，审议《东源县领导同志牵头整改问题清单》《东源县防灾减灾救灾能力不足专项整治工作方案问题清单》撤销有关事项（套开县委主题教育领导小组第四次会议），传达学习贯彻中共中央办公厅、国务院办公厅印发的《关于全面加强新形势下森林草原防灭火工作的意见》精神，传达学习贯彻《中共中央办公厅、国务院办公厅关于进一步加强矿山安全生产工作的意见》精神，传达学习贯彻全省信访问题源头治理现场会精神，听取东源县近期"百县千镇万村高质量发展工程"有关工作情况汇报，审议《东源县2023年度目标管理责任制考核方案（审议稿）》，审议关于将东源县创建"四好农村路"全国示范县——绿美环县路建设工程等23个项目申请列入河源市2024年重点建设项目计划的事项，审议《东源县国民经济和社会发展第十四个五年规划和二〇三五年远景目标纲要实施情况的中期评估报告（审议稿）》，审议关于解决2023年东源县双子坑排土场生态修复治理工程所需资金的事项，审议《关于进一步加强统筹集中财力保障大事要事的通知（审议稿）》，审议关于解决收回县城乡建设投资有限公司名下位于蝴蝶岭工业园区YTY-C09-01地块所需费用的事项，审议关于解决收购东源县社会投资者持有历史补充耕地指标所需费用的事项，审议关于解决顺天镇圩镇商贸综合体建设工程项目库内项目建设（首期）所需资金的事项，审议《2023年县级财政预算第二次调整方案（审议稿）》《东源县县城新型城镇化建设方案（审议稿）》，审议关于个别同志违纪违法问题处理意见的事项，讨论干部人事议题。

县委八届第110次常委会会议 12月15日下午，秦卫民在县党政综合楼六楼会议室主持召开县委八届第110次常委会会议，传达学习贯彻习近平总书记关于宣传思想文化工作、网络安全和信息化工作的重要指示精神以及全国、全省、全市宣传思想文化工作会议和全国、全省、全市网络安全和信息化工作会议精神，传达学习贯彻12月8日中共中央政治局会议、习近平总书记在中央经济工作会议上的重要讲话精神，传达学习贯彻省委全面依法治省委员会会议、市委全面依法治市委员会会议精神，听取蓝口镇党委、县政务服务数据管理局履行推进法治建设第一责任人职责述职汇报（套开县委全面依法治县委员会第九次会议），传达学习贯彻中共广东省委、广东省人民政府印发的《关于促进民营经济发展壮大进一步推动民营经济高质量发展的实施意见》，听取东源县近期"百县千镇万村高质量发展工程"有关工作情况汇报，传达学习贯彻习近平总书记在二十届中央编委第一次会议上的重要讲话精神，审议《东源县疾病预防控制体系改革方案（审议稿）》《东源县疾病预防控制中心和东源县卫生监督所整合设置方案（审议稿）》，听取2023年全县禁毒工作汇报，审议《近三年东源县委党的建设和履行职能责任总体情况汇报（审议稿）》《东源县委推进"百县千镇万村高质量发展工程"情况汇报（审议稿）》，审议关于个别严重违纪违法人员处理意见的事项，通报个别人员处理意见，讨论干部人事议题。

县委八届第111次常委会会议 12月26日下午，秦卫民在县党政综合楼四楼会议室主持召开县委八届第111次常委会会议,传达学习贯彻习近平总书记对"三农"工作作出的重要指示精神、中央农村工作会议精神,传达学习贯彻习近平总书记对甘肃临夏州积石山县6.2级地震、低温雨雪冰冻灾害防范应对工作作出的重要指示精神,部署近期安全生产工作,传达学习贯彻全省落实"四下基层"交流座谈暨主题教育整改整治工作推进会精神(套开县委学习贯彻习近平新时代中国特色社会主义思想主题教育领导小组第五次会议),传达学习贯彻12月15日河源市"百千万工程"指挥部专题会议精神,听取东源县近期"百千万工程"有关工作情况汇报,审议《关于解决东源县西环路二期工程项目建设前期工作经费的事项》《关于解决东源县2023年度第二十一、五十二、五十三、五十四、五十五、六十批次城镇建设用地报批相关费用的事项》《关于解决河源市东源县柳城镇东江示范碧道建设项目(一期)所需资金的事项》《东源县关于推进东源深圳"反向飞地"建设助力经济高质量发展的实施方案(审议稿)》,审议《关于解决东源县电子政务外网升级改造项目所需费用的事项》《关于解决省道S259线东源水库至小径段路面预防养护及功能性修复养护工程所需资金的事项》。

重要决策

【中共东源县委关于贯彻《中共广东省委关于深入推进绿美广东生态建设的决定》的实施意见】 2023年3月23日,中共东源县委办公室印发《中共东源县委关于贯彻〈中共广东省委关于深入推进绿美广东生态建设的决定〉的实施意见》,主要包含总体要求、构建绿美东源生态建设新格局、推进绿美东源生态建设重点任务、发挥绿美东源生态建设综合效益、提升绿美东源生态建设治理水平、组织保障等六个章节的内容。

【中共东源县委 东源县人民政府关于印发《东源县贯彻落实〈关于推动北部生态发展区高质量发展的意见〉的实施方案》的通知】 2023年8月1日,中共东源县委办公室印发《中共东源县委 东源县人民政府关于印发〈东源县贯彻落实《关于推动北部生态发展区高质量发展的意见》的实施方案〉的通知》,主要包含总体要求、筑牢绿色生态屏障、推进基础设施建设、增强内生发展动力、全面推进乡村振兴和新型城镇化、提升公共服务质量、推进全域全面"融湾""融深"、加强实施保障等八个章节的内容。

县委办公室工作

【概况】 中共东源县委办公室(简称县委办)是县委的重要办事机构和综合职能部门,是县委工作运转、承上启下、联系左右和沟通内外的枢纽;协助县领导督促检查县委重要工作部署的贯彻执行和落实情况;办理、检查县委领导和上级领导机关的批示件及交办事项的落实,具有参与政务、处理事务、履行服务三大职能。

【秘书工作】 2023年,县委办承办各类大小会议共283次,其中,县委全会2次,县委常委会48次,专题工作会7次,收听收看上级有关会议25次,县委理论学习中心组专题及扩大学习会12次,其他工作会议191次;承办各类公务活动共252次,其中,承办全省、全市有关现场会7次,陪同上级领导调研60次,组织县委主要领导到珠三角地区开展招商活动8次,其他公务活动177次。牵头完成省委主要领导到东源调研、全省春耕生产暨支农服务下乡现场会议、市委农村工作会议暨全面推进"百县千镇万村高质量发展工程"促进城乡区域协调发展动员会、东源县全面推进"百县千镇万村高质量发展工程"暨2023年农业招商大会等重大活动的筹备组织工作。落实落细习近平总书记对广东系列重要讲话、重要指示精神及省委"1310"具体部署。

【文电法规工作】 2023年，县委办提高办公室"三服务"水平，规范化公文办理，维护党内法规制度的统一性、严肃性和权威性。是年，文电法规组转办中央和省、市、县文件共3872件，印发全县性文件302件，向市委报备规范性文件9件，审查下备一级规范性文件37件，转办县委主要领导批示228件。

【综合督办工作】 2023年，县委办督查室学习领会习近平新时代中国特色社会主义思想，坚持以讲政治、讲服务为宗旨，参与开展主题教育相关工作，服务配合省委巡视工作，推进"百县千镇万村高质量发展工程""绿美广东生态建设"等重大战略部署在东源落地见效。是年，指导跟进落实习近平总书记重要讲话和重要指示批示精神46项。接受省、市专项督查5次，跟踪办理市委常委会决定事项10件次和市委市政府主要领导交办、批示件65件次。上报市委情况汇报24份。督办落实县委主要领导批示事项188件次和交办事项37件次。常态化督导检查41次，签发督查通报3份、督查信息11期、督查通知37份，起草规范性文件10份。

【新闻信息】 2023年，县委办参与修改农业、工业、文旅等专题宣传汇报片20余个，参与策划"百千万工程"、绿美东源生态建设、微观东源等方面专题新闻报道10余个，在东源发布刊发新闻稿件200余篇，在河源日报、河源市电视台等市内主流媒体刊发、播报新闻450余篇，在南方日报、广州日报等省级以上主流媒体参与通讯刊发新闻稿件220余篇。

【调研工作】 2023年，县委办制定印发《2023年全县调研工作计划》《关于在全县深入开展调查研究的工作方案》，推动形成《关于东源县新型农村集体经济的调研报告》《关于大力承接产业有序转移，推动形成优势互补、高质量发展的区域经济布局和国土空间体系的专题调研报告》等调研报告49篇；开展全县民生工作大调研行动，派出2支队伍先后前往惠州、浙江考察调研，完成《东源县民生大起底大调研报告》等调研报告3篇，为学习先进地区经验做法、推动高质量发展提供参考。

【保密工作】 2023年，全县共产生634项定密事项，其中原始定密事项3项，派生定密事项631项；绝密级0项，机密级143项，秘密级488项。定密责任人总数132人，其中法定定密责任人92人，指定定密责任人总数40人。全县各乡镇各县直单位工作秘密确定事项194项。无国家秘密事项解密、变更情况。加强网络保密管理。对10家拥有涉密网络的单位开展风险隐患问题整改落实，严格按照涉密信息系统分级保护要求进行建设、使用、管理，定期实施安全保密风险评估，严格运维单位和运维人员管理。加强涉密人员保密管理。全县各级各部门共设涉密岗位343个，其中核心涉密岗位0个，重要涉密岗位223个，一般涉密岗位120个；共有涉密人员657人，其中核心涉密人员0人，重要涉密人员354人，一般涉密人员303人。加强涉密人员岗前审查、在岗培训管理、出国（境）管理和离职离岗脱密期管理。开展保密宣传教育活动。全年共举办全县新任保密员岗位资格培训班2次，培训109人，制发新证83人，继续教育26人。组织开展"4·15"全民国家安全教育日保密宣传活动，在县广播电视台每天投播保密宣传片3次，持续1个月，共播放93次；在东源广场、行政服务中心等大型户外LED屏幕定期播放保密宣传片共计930次，在东源发布、公安等部门微信公众号投放保密宣传片，播放总次数达93次，组织各单位利用户外LED屏幕、室内外宣显示屏播放保密宣传片，总计3720次；

在部分校园、社区、企业、机关张贴保密宣传海报及编印、派发保密宣传小册子1 700余份。组织开展保密教育线上培训。组织开展2023年度保密公益宣传片创意文案和保密公益宣传海报征集评选活动，选送优秀作品上报市局20份。加强国家统一考试保密监管，完成全国高考、学业水平考试、英语听说考试、中小学教师资格考试、中考等涉密统一考试试卷保密监管指导工作。开展废旧文件资料和涉密文件资料集中清理销毁工作，全年接收、销毁涉密文件8 000余份，内部文件资料3吨。加强监督检查，对黄村、叶潭、锡场、新回龙、康禾、双江、半江、仙塘、义合等9个镇实施保密常规检查，共抽查非涉密计算机40台、涉密文件资料180份、互联网邮箱9个，发出书面反馈意见表9份，反馈问题60个，并对存在问题较严重的两个乡镇下发整改通知书。根据省、市部署要求，开展武装系统专项保密检查、法院系统保密专项检查、保密工作自查自评督查，完善保密工作台账，规范涉密载体日常管理，对全县92个单位保密工作考核评分。严肃失泄密案件查处，全年查处轻微失泄密事件3起。

【档案工作】 2023年，县委档案局制定《"十四五"东源县档案事业发展规划》实施情况评估办法及评估标准，组织开展《"十四五"东源县档案事业发展规划》实施情况中期评估工作，推进县直机关、乡镇档案分类方案、文件材料归档范围和档案保管期限表三合一制度编制工作指引，对县档案馆全宗号重新规范编排整理，推动全县档案全宗管理。县档案局、档案馆在第16个国际档案日举办以围绕"奋进新征程 兰台谱新篇"主题推出一批展览，开展多种形式普法宣传和互动体验活动，让市民可零跑动满足查档需求。是年，落实农村土地承包确权档案接收工作，全县有8个乡镇3.11万件土地确权档案进馆。截至2023年底，馆藏档案总量为4.44万卷11.65万件，其中2023年馆藏302卷3.3万件。全年接待提供档案查询服务371人次，查阅档案1 070卷149件，复印件3 403张，为全县经济建设、编史修志、落实政策、调解纠纷、学术研究等方面提供第一手资料。严格落实档案管理"二十防"措施，加强档案库房安全管理，建立健全人防、物防、技防三位一体的档案安全工作新格局，全年未发生危害档案安全事故。

注释：

1. 百县千镇万村高质量发展工程：简称"百千万工程"，是广东高质量发展的"头号工程"，以推动高质量发展为主题，以乡村振兴战略、区域协调发展战略、主体功能区战略、新型城镇化战略为牵引，以城乡融合发展为主要途径，以构建城乡区域协调发展新格局为目标，壮大县域综合实力，全面推进乡村振兴。

2. "五大产业"：千亿级电子信息产业、百亿级水经济产业、百亿级先进材料产业、生态旅游业、现代高效农业。

3. "七大行动"：产业兴市、"融湾""融深"、乡村振兴、城市提质、形象提升、民生保障、生态优先。

4. 反向飞地：指欠发达地区主动到发达城市去集聚所需的人才和资源，孵化在外地，而转化在当地，以"他山之石"建立创新的新支点，从而实现跨越式发展。

5. 下备一级：各乡镇党委、县委工作部门、政府工作部门党组（党委）。

6. 绿美广东生态建设：《中共广东省委关于深入推进绿美广东生态建设的决定》对广东的生态文明建设提出一系列部署规划及行动目标，推动生态优势转化为发展优势，打造人与自然和谐共生的绿美广东样板，走出新时代绿水青山就是金山银山的广东路径，为广东省在全面建设社会主义现代化国家新征程中走在全国前列、创造新的辉煌提供良好生态支撑。

7. "三个年"行动：工业倍增升级攻坚年、乡村振兴提质增效年、干部能力提升建设年。

8. "八五"普法：指中央宣传部、司法部关于开展法治宣传教育的第八个五年规划。

9. "四不两直"："四不"指不发通知、不打招呼、不听汇报、不用陪同接待，"两直"指直奔基层、直插现场。

10. 硬环境"和"软环境"："硬环境"指硬件设施，如高速公路、电网、电信网络等。"软环境"指人文环境，由传播活动所需要的非物质条件构筑而成的环境，如公民素质、政治制度、社会舆论等。

11. "1+6"规划体系："1"指"三江六岸"生态景观城市功能廊道。该廊道是中心城区未来发展的纽带，是实施都市经济带动战略的载体，将其打造成为河源都市经济载体、生态休闲平台、城市形象窗口。要以"三江六岸"为抓手，重点打造"三江六岸"生态城市功能廊道，引导中心城区六大片区的发展。"6"指中心城区的六大片区。将按照"强化城市北区、优化老城区、加快江东新区、提升市高新区、激活西部资源、培育东源县城"的思路，统筹推进六大片区建设，不断优化城市空间布局，提升城市功能品质，形成现代要素向中心城区集聚的发展态势。

12. "一园一廊四城"："一园"指深河共建东源产业园，"一廊"指东江画廊，"四城"指木京中心城、南园古村、官塘教育城、义合红色文旅城。

13. "双随机、一公开"监管：指政府部门的日常监管中，随机抽取检查对象、随机选派执法检查人员，抽查检查结果及时向社会公开的新型监管方式。

14. 美丽圩镇"七个一"建设任务目标：指一个美丽乡镇入口通道、一条美丽示范主街、一处房屋外立面提升样板、一个美丽圩镇客厅、一个干净整洁农贸市场、一条美丽河道、一个绿美生态小公园。

15. "一湖两江三路四园"："一湖"指万绿湖；"两江"指新丰江流域、东江流域；"三路"指国道、高速公路、铁路沿线；"四园"指广东康禾温泉国家森林公园、广东新丰江国家森林公园、广东东江国家湿地公园、广东万绿湖国家湿地公园。

16. 档案工作"二十防"措施：建立健全人防、物防、技防"三位一体"的档案安全体系，采取防盗、防火、防雷、防震、防水、防潮、防高温、防霉、防虫、防鼠、防光、防尘、防磁、防污染、防腐蚀、防辐射、防汛、防台风、防失泄密、防电子病毒等措施，确保档案绝对安全。

县委办公室领导名录：

主　任：张小龙

副主任：朱振通

肖嘉明（2023.04—）

蓝天明（2023.04—）

县委保密委专职副主任：

曹　辉（2023.03—）

县委国安办专职副主任：

陈柳青

县委改革办专职副主任：

蓝碧猛（2023.04—）

（王斯婷）

组织工作

【概况】　中共东源县委组织部（简称县委组织部），加挂中共东源县直属机关工作委员会、中共东源县委老干部局牌子，对外加挂东源县公务员局牌子。2023年，县委组织部全面推进"8+4"行动，开展主题教育，代表全市在省"四下基层"座谈会发言；提拔任用在"百千万工程"等实绩突出的优秀年轻干部38人次，高学历干部3人；高学历公务员总数突破40人；代表全市参加省"扬帆计划"资助竞选获得第二档次，为东源县争取3年共300万元资金补助；康禾镇曲龙村成功入选中共中央组织部红色村试点。

【党组织与党员】　2023年，全县有基层党组织1149个，其中基层党（工）委40个，基层党总支138个，基层党支部972

个；有党员 2.8 万名，其中农村党员 1.54 万名；机关企事业单位党员 6 777 名，"两新"党组织党员 593 名，其他党员 5 214 名。党员中女性党员 6 624 名，占 23.63%；少数民族党员 500 名，占 1.78%；大专以上学历党员 1.06 万名（大学专科 5 918 名，大学本科 4 530 名，研究生 170 名），占 37.88%；35 岁以下党员 4 775 名，占 17.03%；61 岁以上党员 9 327 名，占 33.27%。

【思想政治建设】 2023 年，县委组织部把政治建设摆在首位，开展主题教育。全年召开主题教育领导小组会议 6 次，推动举办县级领导班子读书班 3 次、县委理论学习中心组学习会 7 次，组织"直联"干部讲授主题教育专题党课 410 次；牵头形成调研成果 42 篇。收集群众诉求、建议 1 012 条，检视分析问题 1 412 条，制定整改措施 1 446 条，学习习近平总书记视察广东重要讲话重要指示精神，举办专题培训班，培训基层党组织书记 66 人，推动全县各党组织以"三会一课"、主题党日活动等方式组织开展专题学习 710 次，覆盖党员干部 1.61 万人；推动落实领导干部上讲台制度，开展专题党课 51 场次，覆盖基层干部 3 256 人；加强师资培训和理论研讨，选派 1 名党校副校长参加省委党校（行政学院）校（院）长专题学习培训，举办东源县意识形态暨党校师资培训班 1 期，选派 2 名教师担任河源市镇街党校精品课程评选活动的评委。建强用好党员教育培训阵地，推进省委党校现场教学点 2 个，构建涵盖 108 门课程的"1+2+N"课程体系，形成 93 名专家学者的专兼职师资库，开展乡镇党校精品课程评选工作，评选出精品课程 7 门，完善干部教育培训保障体系，教育引导党员干部持续加强党性锤炼，树立和践行正确政绩观。

【干部队伍建设】 2023 年，县委组织部坚持党管干部原则和新时代好干部标准，建设政治过硬、适应新时代要求、具备领导现代化建设能力的干部队伍。加大培养选拔优秀年轻干部力度，制定《东源县推进"赛场选马"行动工作方案》，挑选担当作为、实绩突出的干部参与"百千万工程""制造业当家"等重点工作。安排 45 名年轻干部到重点工作专班、重点项目一线锻炼，推动 12 名优秀干部到省直单位、深圳等地挂职学习，提高年轻干部的综合素养和专业能力，完成上级调训领导干部任务 112 人次。制定公务员转任工作指引和细则，加强源头管理和审核把关。科学设置公务员考录职位，高学历公务员总数突破 40 人，选调生考录力度在河源市稳居首位，从严落实"凡提四必"、廉政"双签字"、正反双向评议等制度，开展任前谈话 139 人次，对 14 名党政正职进行离任和任中审计，向 6 个责任单位发出因私出国（境）工作提醒函，对 19 名离职人员做好备案和监督检查工作。多措并举激励公务员担当作为，发挥物质激励和精神激励的合力作用，设置好干部担当作为奖，规范公务员工资津贴补贴；公务员平时考核试点工作得到省委、市委组织部认可并作经验交流；开展"最美公务员"评选学习宣传活动，培养选树典型 5 人。实施新时代干部教育培训工作，开展"凝心铸魂"等行动，举办干部培训班 24 期，培训干部 1 725 人。

【人才队伍建设】 2023 年，县委组织部深入实施"雁归源"等人才行动，成立深圳盐田海洋经济合作试验基地、广工大人才科创孵化飞地等。是年，建立先进材料产业省市级研发机构 30 个，全职或柔性引进中国工程院彭寿院士、罗锡文院士团队等人才 500 余人，招录教育、卫生、"雏雁"干部等人才 2 200 多人，有挂职省直单位选调生 13 人，打造乡村振兴人才驿站 15 个，有"雁归源"服务中心（窗口）309 个，引回"归雁"4 000 多人。围绕"百千万工程"等任务需求，注重培养造就乡村振兴、科技创新等人才，创新实施"博士来了"送医下乡活动，打造全市首个"粤菜师傅名村"，开设"富马班""铭镭班"等校企特色工匠班，结合"双百行动"，开展各类人才培训3.6万人次，促进新增就业2.5万人。落实领导干部联系服务高层次人才制度，打造人才"一站式"综合服务平台，先后受理人才服务事项200多件，为30多名人才子女安排优质学校就读，解决20多名人才配偶工作安置；综合运用政治、物质和精神激励，涌现一批诸如全省优秀共产党员朱火养等"归雁"人才。

【基层组织建设】 2023年，县委组织部坚持以党的政治建设为统领，坚持把党建工作与中心工作同谋划、同部署、同落实，深入实施"基层治理提升年"行动，为东源加快建设省"百千万工程"典型县、当好河源绿色崛起主力军提供坚强政治保证和组织保证。推进政治建设做到"两个维护"。全年跟踪落实习近平总书记重要讲话和重要指示批示46项，主持召开县委常委会会议"第一议题"学习36次、县委理论学习中心组学习23次，召开研究部署意识形态工作会议5次。严格落实市领导联镇包片抓落实、驻镇帮镇扶村工作机制，实施干部"直联"制度，推动东源县成功入选省"百千万工程"首批典型县、顺天镇入选典型镇、15个村入选典型村。实施"县领导联系服务重点企业重点项目""首席服务员"等制度，推进11个企业党建工作指导站建设，推动出台惠企政策5项、解决企业问题74个，推动项目动工建设16个、竣工投产20个，招引超亿元工业项目20个、投资额47.2亿元。开展"交通大会战"，全年投入资金6.5亿元，加快建设长深高速东源出口连接线改造工程等一批重点项目；用好用活深圳盐田对口帮扶资源，推动三大"反向飞地"和"飞海"平台实体化运作，"三个一"信访工作机制、乡镇编制周转池制度等一批重点改革项目有力推进。发动各级党组织和广大党员干部投身"爱绿植绿护绿"行动，创新开展"一名党员一棵树、一个支部一片林"等活动，全面启动绿美环县路建设，高质量建设绿美综合型示范点3个，推动完成"林分优化7.56万亩、新造林抚育5.38万亩、森林抚育4.66万亩"的全年目标任务。实施固本强基，打造坚强战斗堡垒。开展"8+4"行动，全过程抓实党委（党组）书记抓基层党建工作述职评议考核，夯实基层党建工作基础。抓实党建引领乡村振兴促基层治理，顺利通过抓党建促乡村振兴示范县创建中期评估市级复评、船塘镇老围村、义合镇下屯村红色村市级验收，康禾镇曲龙村入选第三批中共中央组织部红色村试点，义合镇下屯村入选全国乡村治理示范村。开展竞标争先行动，推动义合镇下屯村和涧头镇大往村获评2022年度党支部规范化建设行动市级示范单位，整顿软弱涣散基层党组织7个，动态调整"两委"干部8人。成立东源县个体私营企业党委，设立首个快递协会联合党支部和11个个体私营企业党建工作指导站。实施党员先锋工程，发挥党员模范作用。发展党员378人，义合镇成功获评省"百个镇街党校示范点"，成立党员先锋队、党员志愿服务队等各类队伍273支，在"龙舟水"强降雨期间，动员2.2万名党员干部下沉基层，推动580人次深入镇村督促基层落实安全稳定工作，发现并研究解决存在问题52个。聚焦问题查摆，破解工作突出难点。创新集体经济经营机制，因地制宜实施"一镇一策""一村一策"，培育"富镇强村公司"35家，探索"支部（合作社）+公司+农户"等发展模式，推动全县所有行政村全年的集体经济收入均超25万元。联合华农大、广师大等高校合作开办"两委"干部大专、本科学历提升班，共录取287人，提升干部素养。创新实施村干部到县、镇职能部门跟班学习模式，选派5批16人到县自然资源局、乡镇党政办等部门跟班学习、提高能力。实施"面对面"机制，召开座谈会3场，收集问题724宗，解决535宗，整改率73.9%。推动县领导包案化解信访积案29宗，办理民生实事58件，其中，该县结合"交通大会战"现场办公解决道路安全隐患问题的做法获《南方》杂志专门报道，《坚持"四下基层"破难题促发展助推绿美东源生态建设》代表全市在省"四下基层"座谈会发言。全面从严治党，营造风清气正政治生态。持之以恒正风肃纪反腐，推动查处违反中央八项规定精神问题18起36人；始终保持高压反腐态势，推动纪检监察机关立案234件、党纪政务处分233人、移送司法机关6人，挽回直接经济损失2800多万元。

【"两新"组织党建工作】2023年，县委两新工委深化"三新"党建提质行动。深化"双同步"摸排。组织税务、市监、民政等部门联合开展"双同步"摸排2轮；加大对"五类企业"和从业30人以上的社会组织党建力度，全面摸清两新组织底数584家，建有行业党委3个、两新党组织107个（非公组织80个、社会组织27个）。推进党建带群建工作，推动在未成立党组织的两新组织新成立工会12个、共青团7个、妇联组织1个。开展党支部规范化建设行动。推动成立县个体私营企业党委，设立个体私营企业党建工作指导站11个，指导成立两新党组织9个、按期换届选举19个、调整优化两新党组织书记及副书记15人，组织两新党组织到市级样板党支部观摩学习107次，推动富马、铭镭等示范点集中建设4个，巩固提升两新党建工作示范点15个。推进新兴领域党建集中攻坚行动。推动成立全县首个快递行业协会联合党支部，新建新业态工会组织3个、新发展新业态工会会员829人，在县城社区、园区等试点建立"骑手驿站"4个。

是年，县委两新工委加强头雁队伍建设，推进党组织班子成员与两新组织管理层"双向进入、交叉任职"，党组织书记与出资人（负责人）一人兼比例为22.23%。加强党员队伍建设，通过"找、招、培"等方式发展党员34人，培养吸纳入党积极分子86人。加强党务工作者队伍建设，择优选派120名党建和业务能力强的党员干部担任584个两新组织的党建指导员，举办两新党务工作者专题培训班2期；协助解决经营发展和党建工作难题，指导26名规上企业员工递交入党申请书，新建3个规上制造业企业党组织。

是年，县委两新工委聚焦中心大局，深入实施党建服务制造业发展行动。落实领导干部挂钩联系重点企业重点项目121个，推动职能部门开展"组团式"惠企服务24场次，组织开展党建服务制造业发展主题党建沙龙，协调解决企业招工用工难、申请减税降费等企业发展问题74个。实施绿美行动，发动全县两新党组织和党员全覆盖参与"一名党员一棵树，一个支部一片林"绿美行动，发挥两新党组织资源优势，发动广大民营企业开展认捐认种。优化营商环境，完善园区"衣食住行闲"等生活配套设施，规划县工业园区至赣深高铁河源东站的公交路线。开展"送政策、送资金、送服务"三送活动，确保各项惠企利民资金尽快落实到位，结合国家和省、市各类纾困稳岗政策、资金项目、服务内容，形成政策清单27项、资金清单26项、服务清单21项。

【县直机关工委工作】2023年，县直机关工委坚持不懈用习近平新时代中国特色社会主义思想凝心铸魂，推动各级机关党组织开展"第一议题"学习2694次，开展"百千万工程"、绿美广东生态建设等各类理论研讨和专题培训12期689人次，依托2个省委党校现场教学点开展各类活动34批1449人次，综合运用"学习强国"、广东省干部培训网络学院等平台，全覆盖组织机关党员干部参加线上培

党政机关

训3734人。指导县直机关党组织开展"三会一课"、主题党日活动超过1080场,参学党员达1.02万人次,践行"四下基层"制度,检视分析问题422条,制定整改措施468条。

是年,县直机关工委优化组织设置,批准新成立基层党组织16个、换届36个、届中调整机关党组织书记及副书记17人。开展竞标争先行动,推动党支部规范化建设示范点创建市级6个、县级57个,全年争创全国、全省荣誉超10个,获评河源市竞标争先创建单位机关党组织2个,深化模范机关创建,推动12个机关单位荣获第六届河源市县(区)直机关"先锋杯"工作创新大赛奖项。加强发展党员工作,举办培训班1期覆盖县直机关发展对象(入党积极分子)134人,全年培养入党积极分子94人、发展党员41人、预备党员按期转正47人。

是年,县直机关工委做实做优社区"双报到",统筹安排79个县直机关企事业单位党组织和2092名在职党员到县域3个社区报到。聚焦中心大局,推动"一老一小"等重点人群服务优化,升级改造敬老院5间,打造全市首家社区综合养老服务中心及长者食堂。实施"一个党员一棵树,一个支部一片林"等活动,开展"党建引领齐参与,镇靓村洁庭院美"专项行动,推进绿美综合型示范点3个,开展"全民爱绿植绿护绿"等大型植树活动5场,发动党员干部投身绿美生态建设1.24万人。实施党建服务制造业发展行动,推行领导干部挂钩联系121个重点企业重点项目制度,推进企业党建工作指导站建设11个,出台惠企政策5项,解决用工、交通和融资等企业问题74个,推动项目动工建设23个、竣工投产20个、在建项目39个。加大重点用工制造业企业服务力度,开展"春风行动"等线上线下招聘活动22场,提供岗位3.1万个、解决用工需求6000余人,推动广技师、河职院等院校与铭镭、富马等企业"校企结对",开展"实习定岗"180余人次。

【老干部工作】 至2023年,县委组织部老干部局管理现有离退休干部107人,其中离休干部41人(处级8人,正科33人,平均年龄93.6岁),中华人民共和国成立初期参加工作的3人,副处级以上退休干部27人,企业离休干部遗属36人。全县离退休干部共有4925人,离退休党支部35个,离退休党支部人数1140人,占全县党员3.8%。以学习党的二十大精神为契机,组织离退休党支部书记为支部党员上专题党课42场次,送学上门100多人次,收看收听全国离退休干部网上专题报告会4场,收集心得体会30多篇,其中被"广东老干部"微信公众号采用并发表2篇。落实"三会一课制度",开设课前十分钟《思政微视频》课堂20期,组织学员收看习近平新时代中国特色社会主义思想系列微视频15期2250多人次;建立健全《东源县干部荣誉退休制度》,举办干部荣誉退休座谈会1次。严格贯彻落实解放战争时期参加革命工作的离休干部享受副厅级医疗待遇40人;在县人民医院设立"离休干部病房",接待离休干部就诊医疗30多人次;在市人民医院、市中医院、深河医院、县人民医院、县中医院及21个乡镇卫生院均开通就医"绿色通道",实行"四优先"。推进"两个阵地"建设,开设县老干部活动中心、县老干部(老年)大学8个专业共9个班,注册学员600多人次。为县老干部(老年)大学开办古筝、合唱、舞蹈、书法等8门课程,共报名170多人;举办党的二十大、老年人防诈骗、预防白内障等讲座7场次,举办文艺汇报演出1场次,组建"夕阳红"民乐队和老年大学银发志愿服务队1支。重大节假日走访慰问老干部190多人次,发放慰问金和慰问品约30万元。全年,帮扶特困离退休干部5人,发放特困补助1.5万元。组织开展"话传统、谈复兴、聚力量"专题调研活动,收集老干部建议意见21条；制定《"时间银行"银发志愿服务平台实施方案》，开展"时间银行"银发志愿者活动，建立"银发人才库""志愿服务队""时间银行"志愿服务站点，储备9名老干部，并动员25名老干部参加志愿活动。

【关心下一代工作】 2023年，县关工委促进青少年思想道德建设、关爱困境青少年、农村创业青年培训、基层关工委组织建设等工作，组织"五老"关爱团为10所学校9000多名学生上爱国主义、革命传统、法治宣传等教育课程10场次，联合县教育局、县科协等单位举办2023年"科技引领我成长"社会主义核心价值观主题征文活动，参与学生有3万多名和获相关奖项391人。全年慰问留守儿童56人，联合东瑞集团、县农创会举行"金秋助学"活动，资助贫困大学生15人；与市关工委到康禾镇、蓝口镇慰问困境少年儿童40人。坚持创业培训、提升能力并举，引导农村大学生、外出务工青年返乡创业，助力乡村振兴，助力4名青年被市关工委评为"创业之星"，东源县龙远生态农业发展有限公司等3个创业基地被县关工委授予"农村创业青年培训示范基地"。

【自身建设】 2023年，县委组织部围绕中心，服务大局，充分发挥综合协调、上传下达、后勤保障和督查督办职责，为推动组织工作高质量发展提供坚强保障。加强政治思想建设，开展部机关主题教育，建立部机关贯彻落实政治要件闭环管理台账46项，开展专题学习会、党课辅导、观看警示片、主题党日等活动98次。开展党支部规范化建设行动，开展"凝聚团队力量展现青春风采""学党章守纪律转作风"等志愿服务、结对帮扶、联建共建等实践活动12次。提升业务能力水平。创新建立全县组织人事干部积分制管理和部机关"师徒结对"制度，成立部机关青年理论学习小组并对应制定学习规则，举办东源县周末组工讲堂3期，安排县直和乡镇组织人事干部在部机关跟班学习41人，推动5名"老师傅"（部领导）帮带"新徒弟"（中层及以下干部）28人。持续推进14个重点工作专班实体化运作，建立"周调度、月跟踪、季督查、年考核""清单制+责任制+限时办结制"等工作机制，调度"8+4"工作进度42次，召开乡镇视频调度会5次，形成服务保障"百千万工程"典型县建设具体任务清单39项，提升工作质效。推进信息网宣工作，有17篇文章被市级以上媒体采纳，其中共产党员网7篇、"广东党建"1篇、"粤讲粤政"5篇、河源组工信息4篇。加强作风建设，创新开展"廉洁家访"等活动，组织召开党风廉政等专题会议3次，签订责任清单34份，落实谈心谈话42次。注重家庭家教家风建设，创新开展"廉洁家访"活动和举办"大手牵小手传承好家风"亲子活动。修订各组室工作职责清单和禁限清单，制定《工作职责清单》以及工作指引、制度规范24项。推进平时考核示范点建设，运用信息化手段提高平时考核工作质效，推动2023年第三季度成功试行线上平时考核。

注释：

1."8+4"行动："8"指市部八大行动（凝心铸魂行动、竞标争先行动、赛场选马行动、"三新"党建行动、高层次人才行动、数字赋能行动、镇街体制改革提升行动、时间银行行动），"4"指县部四大行动（红网行动、打造精品现场教学点行动、优编提效行动、英才赋能行动）。

2."四下基层"：宣传党的路线、方针、政策下基层，调查研究下基层，信访接待下基层，现场办公下基层。

3."百千万工程"：全称为"百县千镇万村高质量发展工程"。"百"指广东省行政区内的122个县（市、区）；"千"指1609个乡镇（街道）；"万"指2.65万个行政村（社区）。

4."扬帆计划"：全称为

"粤东、粤西、粤北地区人才发展帮扶计划"，是以区域人才协调发展促进区域经济协调发展而实施的一项重大人才工程。立足于支持粤东西北地区人才工作扬帆启航，通过扶持市县重点人才工程，引进创新创业团队和紧缺拔尖人才，培养高层次人才、高技能人才、博士后，建设"人才驿站"，组织"科技专家服务团"等项目，推动粤东西北地区人才发展。

5. "两新"：非公有制经济组织（非公有制企业）、社会组织。

6. "两个确立"：确立习近平同志党中央的核心、全党的核心地位，确立习近平新时代中国特色社会主义思想的指导地位。

7. "两个维护"：坚决维护习近平总书记党中央的核心、全党的核心地位，坚决维护党中央权威和集中统一领导。

8. 主题教育：全称为"学习贯彻习近平新时代中国特色社会主义思想主题教育"。

9. "三会一课"："三会"指党支部党员大会、党支部委员会会议、党小组会，"一课"指党课。

10. "1+2+N"课程体系：指以习近平新时代中国特色社会主义思想为基本课，以党性教育和理论教育为必修课，以"红色+、绿色+、审计+"等为特色课的课程体系。

11. "凡提四必"：干部提拔必须做到干部档案"凡提必审"，个人有关事项报告"凡提必核"，纪检监察机关意见"凡提必听"，反映违规违纪问题线索具体、有可查性的信访举报"凡提必查"。

12. 廉政"双签字"：党政领导干部选拔任用时，由考察对象所在单位党委（党组）主要领导和派驻（派出）机构主要负责人签署廉政意见，共同把关。

13. "最美公务员"：中央组织部和中央宣传部联合开展的学习宣传活动，以"牢记初心使命，践行'两个维护'，勇于担当作为，服务人民群众"为主题。

14. "凝心铸魂"：分层分类抓好市、县、镇、村基层党员和干部的教育培训，将习近平新时代中国特色社会主义思想作为各类培训班次的主课和必修课，推动学习培训常态化长效化，确保全员覆盖，有力有效。

15. 引育留用：引才、育才、留才、用才。

16. "一把手"：单位领导班子中居于首位的负责人。

17. "第一资源"：发展是第一要务，人才是第一资源，创新是第一动力。

18. "雁归源"：具有一定社会资源和专业专长的外出乡贤、应届毕业大学生、本地户籍人员等返回东源就业创业，为家乡发展出谋划策、贡献才智。

19. "归雁"：在外市工作，具有河源户籍的乡贤，现已回到东源县内工作。

20. "博士来了"：组团式医疗帮扶团队开展送医下乡活动的统称。

21. "粤菜师傅名村"：2020年东源县义合镇下屯村荣获"广东粤菜师傅名村"称号。

22. "富马班"：由河源富马硬质合金股份有限公司与河源技师学院联合举办培养企业人才的"冠名班"。

23. "铭镭班"：由铭镭激光智能装备（河源）有限公司与河源理工学校联合举办培养企业人才的"冠名班"。

24. "双百行动"：广东省百校联百县助力"百县千镇万村高质量发展工程"行动。

25. 干部"直联"：县四套领导班子和县直单位领导干部直接联系基层单位组织。

26. "融湾""融深"："融湾"指融合粤港澳大湾区，"融深"指融入深圳都市圈。

27. "交通大会战"：以"补短板、强骨架、拓空间"三大建设主线积极推进交通重点项目建设，切实解决群众"出行难"问题。

28. 三大"反向飞地"：河源东源（盐田）科技创新中心暨客家青年创业中心、河源东源（深圳）产业促进中心、河源东源（广工大）人才科创孵化飞地。

29."飞海"平台：河源东源（深圳盐田）海洋经济合作试验基地。

30."三个一"信访工作机制：一站式接待、一揽子调处、一体化解决。

31."两委"干部：村党支部委员会和村民委员会的干部，即村两委干部。

32."富镇强村公司"：各镇村为促进集体经济发展，盘活闲置资源，按照"产权清晰、权责明确、政企分开、管理运营科学"原则组建的企业的统称。

33."面对面"机制：党政主要负责同志"面对面"解决群众"急难愁盼"工作机制。

34."三新"党建提质行动：全面增强新经济组织、新社会组织、新就业群体党组织政治功能和组织功能。

35."五类企业"：全国民营企业500强、全省民营企业100强、上市公司、本地龙头企业、规模以上工业企业。

36."双报到"：机关企事业单位党组织到社区报到，在职党员到社区报到。

37."一老一小"："一老"指老年人；"一小"指少年和儿童。

38."五老"：老干部、老战士、老专家、老教师、老模范。

39."组工讲堂"：结合县委组织部各组室工作职能和业务特点，紧紧围绕自身建设、干部队伍建设、基层组织建设、公务员管理和人才发展等内容，科学制定工作计划，由各组室组长（主任）带头登台进行轮流授课。

县委组织部领导名录：

县委常委、组织部部长、党校校长、县直属机关工作委员会书记：刘红珍

副部长（正科级）、县委老干部局局长（兼）：

黄伟康（2021.09—2023.03）

副部长：

李　俊（2023.01—2023.04）

副部长（正科级）、县委老干部局局长（兼）：

李　俊（2023.04—）

副部长：

陈文镜（2021.09—2023.10）

副部长：

张臻玮（2023.05—）

部务委员：

刘增威（2021.09—2023.10）

何文健

（邱慧泽　廖海洲）

机构编制工作

【概况】　中共东源县委机构编制委员会办公室（简称县委编办）为县委机构编制委员会办事机构，承担县委机构编制委员会日常工作，列入县委办事机构序列，归口县委组织部管理。

【机构改革】　2023年，县委编办启动新一轮机构改革，成立工作专班，全覆盖调研各乡镇和县直单位，掌握金融、社会、农业、老龄、政务服务和数据管理等涉改领域相关情况，召开改革碰头会议10余次，为全面实施机构改革工作打下基础。推进新一轮乡镇机构改革，结合"百千万工程"城区镇、中心镇、专业镇、特色镇、普通镇五类镇分类情况，谋划设置各乡镇内设机构和事业单位。推动国防动员、疾病预防控制体系、党校"双轨制"管理体制改革。

【优化机构职能体系】　2023年，县委编办完善信访工作体系，1月17日印发《中共东源县委机构编制委员会关于印发〈东源县信访局机构编制及人员转隶方案的通知〉》（东机编〔2023〕3号），在机构限额内单独设置县信访局，加强信访工作力量。健全"百千万工程"工作机制，在县委办增设"百千万工程"工作组，设立"百千万工程"服务中心，负责协调推进全县"百千万工程"工作部署和组织实施，理顺"百千万工程"工作体系。

【编制周转池制度】　2023年，县委编办按照"单列管理、统筹谋划、精细管理、按需调配、周转使用、服务发展"基本思路，

4月6日印发《中共东源县委机构编制委员会关于印发〈东源县乡镇编制周转池建立使用方案〉的通知》（东机编〔2023〕7号），12月14日印发《中共东源县委机构编制委员会关于印发〈东源县编制周转池管理制度〉的通知》（东机编〔2023〕42号），建立县直行政、县直事业、教育、乡镇四个编制周转池，保障全县重大决策、重大任务、重点领域用编需求，其中乡镇周转池经验做法在全市推广。

【**规范县镇属地管理**】 2023年，县委编办印发《关于印发〈东源县规范县镇"属地管理"事项主体责任和配合责任清单实施方案〉的通知》（东机编〔2023〕36号），全面梳理县镇共同承担且层级间职责不清事项，编制县镇属地管理事项主体责任和配合责任清单，明晰生态环境、城乡建设、应急管理、自然资源、农业农村、水务、市场监管、林业、文化旅游、人力资源、交通共11类41项事项，构建"边界清晰、权责一致、联动顺畅"的县镇关系。

【**事业机构编制管理**】 2023年，县委编办优化事业单位布局，设立东源县百县千镇万村高质量发展工程服务中心、东源县应急救援大队、东源县精神专科医院、东源县越祥湾幼儿园、东源县御景豪园幼儿园、东源县九里湾学校、华南师范大学附属东源小学、东源县清平中学8个事业单位；将东源县光荣院由公益二类事业单位调整为正股级公益一类事业单位，统筹调整35个事业单位的编制。优化教育资源配置，将黄田中学、黄田中心小学整合为东源县黄田镇中心学校。撤销啸仙小学和禾溪、热水、陈村、上洞、冼川、太阳、嶂下、三河积粮等8个教学点。完成核编到校，统筹招聘专业化高素质教师105人，促进教育资源均衡发展。设立县精神专科医院，统筹100个编制用于省公开招聘医护人员，增强医疗卫生力量。

附：**2023年机构编制名录**

（一）党委部门

1.县纪委监委机关；2.县委办公室[挂县机要局（县密码管理局）、县国家保密局（县委保密委员会办公室）、县档案局、县委政策研究室牌子]；3.县委组织部（挂县老干部局、县委直属机关工作委员会、县公务员局、县委非公有制经济组织和社会组织工作委员会牌子）；4.县委宣传部[挂县文明精神建设委员会办公室、县新闻出版局（县版权局）、县互联网信息办公室牌子]；5.县委统一战线工作部[挂县委台港澳工作办公室（县台港澳事务局）、县民族宗教事务局、县侨务局牌子]；6.县委政法委员会；7.县委机构编制委员会办公室；8.县委巡察工作领导小组办公室。

（二）政府部门

1.县府办公室（挂县金融工作局、县外事局牌子）；2.县发展和改革局[挂县粮食和物资储备局、县国防动员办公室（县人民防空办公室）牌子]；3.县教育局；4.县工业商务和信息化局（挂县投资促进局、县科学技术局牌子）；5.县公安局；6.县民政局；7.县司法局；8.县财政局（挂县国有资产监督管理局牌子）；9.县人力资源和社会保障局；10.县自然资源局；11.县住房和城乡建设局；12.县交通运输局；13.县水务局；14.县农业农村局；15.县文化广电旅游体育局；16.县卫生健康局（挂县疾病预防控制局牌子）；17.县退役军人事务局；18.县应急管理局；19.县审计局；20.县市场监督管理局（挂县知识产权局牌子）；21.县统计局；22.县医疗保障局；23.县城市管理和综合执法局；24.县政务服务数据管理局；25.县乡村振兴局；26.县林业局；27.县信访局。

（三）县委、县政府派出机构

新丰江林业管理局（挂万绿湖管委会牌子）。

（四）县政府派出机构

县工业开发区管委会[挂深

圳盐田（东源）产业转移工业园管理委员会牌子〕。

（五）参公事业单位

1.县委党校；2.县水库移民工作局（挂新丰江库区移民工作局牌子）；3.县供销合作联社；4.县接待科；5.县机关事务管理局；6.县土地储备中心；7.县公路事务中心；8.县社会保障基金管理局；9.县卫生监督所；10.县房屋征收办公室。

（六）其他副科以上事业单位

1.县委党史研究室（挂县地方志办公室牌子）；2.县档案馆；3.县融媒体中心；4.县科技创新服务中心；5.县国有资产事务中心；6.县教师发展中心；7.广东省新丰江国有林场；8.新丰江管理局企业管理办公室；9.新丰江林管局林业工作总站；10.广东万绿湖国家湿地公园管理处；11.县党建和人才综合服务中心；12.县机构编制综合服务中心；13.县现代农业综合服务中心；14.县文化旅游服务中心；15.县疾病预防控制中心；16.县政务综合服务中心；17.县乡村振兴服务中心；18.县工业园企业服务中心；19.县气象服务中心（挂县突发事件预警信息发布中心牌子）；20.县应急服务中心；21.县市政事务中心；22.县不动产登记中心；23.县集贸市场管理局；24.县公共资源交易中心（挂县政府采购中心牌子）；25.县公路养护中心；26.县中医院；27.县人民医院；28.县妇幼保健院；29.县卫生职业技术学校；30.县职业技术学校；31.东江中学；32.东源中学。

（七）群团机关

1.县总工会；2.县妇女联合会；3.中国共产主义青年团东源县委员会；4.县残疾人联合会；5.县科学技术协会；6.县工商业联合会；7.县归国华侨联合会；8.县文学艺术界联合会；9.县红十字会。

（八）其他机关

1.人大机关；2.政协机关；3.人民法院；4.人民检察院。

注释：

周转池：指在编制总量内调剂一定数额编制，周转池编制由县委编委统筹，供单位周转使用，并实行"退一收一"。

县委编办领导名录：

主　任：

林伟明（2021.09—2023.1）

黄伟康（2023.03—）

副主任：

刘惠光（2019.05—2023.10）

胡小红

陈伟笑（2023.10—）

（叶小浩）

宣传工作

【概况】　中共东源县委宣传部（简称县委宣传部），是主管宣传、意识形态方面工作的综合职能部门，对外加挂东源县精神文明建设委员会办公室、东源县新闻出版局（东源县版权局）、东源县互联网信息化办公室、中共东源县委网络安全和信息化委员会办公室牌子，下设股级公益一类事业单位东源县网络舆情信息中心、东源县精神文明建设指导服务中心。

【理论工作】　2023年，县委宣传部加强领导干部理论学习，深入学习贯彻习近平新时代中国特色社会主义思想，加强学习宣传贯彻党的二十大精神，始终同以习近平同志为核心的党中央保持高度一致，领悟"两个确立"、增强"四个意识"、坚定"四个自信"、做到"两个维护"。推动全县各级党委（党组）理论学习中心组把习近平新时代中国特色社会主义思想作为第一议题和核心内容，全年组织召开县委理论学习中心组专题及扩大学习会13场次，印发理论学习中心组学习资料9期；邀请省、市专家学者到东源县作专题宣讲报告，组建县委宣讲团和百姓宣讲团，集中宣讲203场次，线上线下覆盖听众7.5万人次，推动新思想进学校、进机关、进社区、进乡村、进企业；开展"学习强国"学习平台推广使用，丰富学习形式，发挥东源县融媒体中心新闻

党政机关

单位媒体优势，加强媒体正面宣传报道，全年"学习强国"平台宣传东源稿件210余条。

【宣传工作】 2023年，县委宣传部围绕学习贯彻党的二十大精神主题主线，承担举旗帜、聚民心、育新人、兴文化、展形象使命任务，坚持守正创新，抓实重大主题宣传工作。开展主题教育，把握主题教育总要求和根本任务，开展新闻宣传推动主题教育走深走实。全年印发主题教育简报42期，排名全市各县区第一；报送主题教育工作稿件43篇，获市主题教育简报采用18次，排名全市综合第一。锚定高质量发展首要任务，开设"聚焦高质量发展""高质量发展·东源乡镇观察""聚焦东源高质量发展"等专栏，全面展现东源"拼经济抓发展，推动高质量发展"新路径、新举措、新成效，引导广大干部群众统一思想、振奋精神，推动经济社会发展信心决心。立足"两会""三个年""百千万工程""绿美广东生态建设""万绿湖创建国家5A级旅游景区""河源米粉品牌提升推广""道路交通安全""养老诈骗""征兵""民法典宣传月""防汛减灾"等重大主题，宣传该县落实重点工作的政策举措、进展情况及典型经验。借助2023年东源非遗年，组织谋划举办"漳溪畲族乡汶水塘捕鱼节""上莞镇新轮村追龙""船塘镇福坑村林屋开灯节""蓝大将军出巡节"等民俗盛宴，吸引央视新闻、人民网、新华网等10余家新闻媒体关注报道，其中，央视网直播点击量有100万人次。

【意识形态工作】 2023年，县委宣传部加强对意识形态工作的政治导向，贯彻落实党中央和上级党委意识形态工作的决策部署和指示精神，增强责任意识、阵地意识。协助县委常委会听取全县意识形态工作情况汇报，专题学习《党委（党组）意识形态工作责任制实施办法》和《广东省党委（党组）意识形态工作责任制实施细则》，加强意识形态工作检查督查和网络舆情信息监测处置工作。县委网信办持续每天对涉及东源的网络舆情进行实时监测，抓实重大活动、重大项目建设和敏感时间节点网络舆情应急管控，严格落实重点敏感时期7×24小时在岗值班和请示报告制度。为确保意识形态领域平稳可控，全年召开全县意识形态和网络安全分析研判联席会议4次，分析研判苗头性倾向，防范化解网信领域重大风险隐患，处置多起敏感舆情。

【精神文明建设】 2023年，县委宣传部（文明办）组织召开2023年东源县文明委第一次会议、2023年东源县创建全国文明城市工作推进会、2023年东源县创建全国文明城市工作业务培训会等系列部署工作会议，从乡镇、单位抽调7人，每月跟进各乡镇各单位活动，做精做细网上申报材料工作。创新实施县四套领导班子成员挂钩网格化管理制度，由县委、县政府主要领导总统筹、总指挥，在全县设网格27个，分别由相应县领导挂钩负责，推动创文网格管理；推进新时代文明实践中心建设，全年完成实践中心1个、实践点9个、实践所21个和实践站阵地标准化建设287个，示范所3个、示范站全面改造提升48个，打造东源县新时代文明实践公共服务平台8个，实现视频监控、应急小广播、在线学习三结合，成为全市乃至全省线上线下新时代文明实践公共服务平台。组建专兼结合宣讲和志愿者服务队伍，完善县级文明实践志愿服务队伍18支、镇（乡）级志愿服务中队21支、村级志愿服务小队288支。

【新闻出版（版权）】 2023年，县委宣传部召开全县"扫黄打非"工作会议，部署开展"护苗""净网""清源""秋风""固边"五大专项行动。推进农村电影公益放映工作，全年放映公益电影4 423场次。加强"扫黄打非"平台融合发展，将"扫黄打非"工作融入精神文明创建以及新时代文明实践中心建设工作，发挥农家书屋、护苗工作站、扫黄打非基层站点作用，加大扫黄打非宣传力度。组织开展"绿书签""全民阅读""4·26版权宣传周"等宣传活动；在节假日前、"两会"期间、开学前后，开展出版物市场及网络文化环境整治工作。

注释：

1."两个维护"：指坚决维护习近平总书记党中央的核心、全党的核心地位，坚决维护党中央权威和集中统一领导。

2."两个确立"：指确立习近平同志党中央的核心、全党的核心地位，确立习近平新时代中国特色社会主义思想的指导地位。

3."扫黄打非"："扫黄"指扫除有黄色内容的书刊、音像制品、电子出版物及网上淫秽色情信息等危害人们身心健康、污染社会文化环境的文化垃圾。"打非"指打击非法出版物，即打击违反《中华人民共和国宪法》规定的破坏社会安定、危害国家安全、煽动民族分裂的出版物，侵权盗版出版物以及其他非法出版物。

4.清源行动：打击网上网下有害出版物和有害信息，铲除制作传播有害出版物、有害信息的源头。

5.固边行动：打击煽动民族分裂、破坏民族团结的出版活动；打击煽动极端主义、恐怖主义思想的非法出版活动；打击宣扬邪教、迷信等方面的出版物。

6.净网行动：严厉打击网上制作传播淫秽色情信息，坚决查处违法违规的互联网企业、机构和个人，倡导文明上网、绿色上网。

7.秋风行动：打击假媒体、假记者站和假记者；清查各类非法报刊采编机构和非法互联网报刊；打击侵权盗版违法行为；严厉惩处利用非法学术性期刊或网站实施诈骗活动的行为。

8.护苗行动：严厉打击非法有害的少儿出版物，集中整治中小学校园周边文化市场，保护青少年身心健康，打造绿色、健康的社会文化环境。

县委宣传部领导名录：

县委常委、宣传部部长：张松新

副部长（正科级）、四级调研员：黄　振

副部长、县文明办主任：曾　科

副部长、县新闻出版局（县版权局）局长：简宏伟

（罗　涛）

党史、地方志工作

【概况】　2023年，中共东源县委党史研究室、东源县地方志办公室（简称县史志办）深化党史编研、宣教、资政等工作，开展革命遗址普查，建设河源市东源县党史方志驿站，参与《崇伊中学红史资料汇编》《红映上莞》《烽火漫卷》党史书籍编纂；开展挖掘东源红色资源和党史资源保护利用工作，协助布展叶潭镇中共河源县委员会成立旧址和上莞镇中共九连地委及粤赣边司令部旧址。

【革命遗址普查】　2023年，县史志办根据《关于开展广东省革命遗址大普查的通知》和《关于开展河源市革命遗址大普查的通知》文件要求，继续开展革命遗址普查。截至是年12月，东源县已确认的革命遗址共227处。其中，重要历史事件和重要机构遗址、旧址111处，重要历史事件发生地和人物活动纪念地87处，革命领导人故居及烈士旧居13处，纪念设施15处、其他设施1处，遍布全县21个乡镇。227处革命遗址中，有51处于2020年9月被纳入省级红色革命遗址名录，175处于2022年8月返回至各个乡镇予以公示，其余52处为2023年补增，于2023年12月返回至各乡镇公示。

【《河源年鉴2023》组稿】　2023年3月，县史志办根据市业务主管部门的要求，对东源县相应组稿单位提出高效、高质、准时的严格要求，通过搜集、整

理、核稿、反馈、再核稿等工作环节，完成东源县自然、政治、经济、社会、文化等方面内容近1.15万字的市年鉴组稿工作。

【《东源年鉴2022》编印】 2023年2月，县史志办遵照一年一鉴要求，向全县乡镇、县直有关单位发出《东源年鉴（2023）》及地方志资料年报的组稿通知，6月中旬收齐各单位及乡镇的年终总结、年鉴初稿及年报资料；7月，编辑部根据收集的材料，对条目、内容统一编排修改。对初稿稿件及荣誉表彰内容分别发送各供稿单位再次确认，并再次进行文字校对。9月统稿完成，12月交付出版社审核。

【史志编研】 2023年，县史志办协助《崇伊中学红史资料汇编》《红映上莞》《烽火漫卷》等党史书籍的资料收集、整理、编辑工作，其中《崇伊中学红史资料汇编》于2月出版，《红映上莞》于12月出版；审核《全粤村情》河源市东源县卷（一）、（二）。

【史志宣传教育】 2023年，县史志办协助展陈叶潭镇麦畚排和合屋的中共河源县委员会成立旧址。展陈内容以时间为纵线，以主要历史事件为切入点，分"潮起东江""中流砥柱""烽火岁月""河源解放""永远丰碑""领导和老同志题词"六个部分，重点展现河源县委在不同时期的烽火岁月中带领全县人民践行党的初心宗旨；协助上莞镇中共九连地委及粤赣边司令部旧址陈列馆布展，展陈内容分九连山上旌旗红、九连大地风雷动、九连地委扭战局、统一战线显实功、九连全区大解放和红色印迹映苍穹六个部分；协助黄村推红小组推动永新村申报省级红色村、红十月村和梅龙村创建"红色村"、打造"红色侨乡"文化品牌；协助康禾镇打造主干道墙绘红色文化长廊；推进河源市东源县党史方志驿站建设，建设党史方志驿站32个，覆盖东源县21个乡镇及学校、企业、部队，展示东源县红色文化及悠久的历史、独特的地情及乡村文化，搭建一个了解东源县经济、社会、文化发展的窗口。

【主题教育】 2023年，县史志办落实县委对主题教育的部署要求，围绕"学思想、强党性、重实践、建新功"，立足史志工作实际，把开展学习贯彻习近平新时代中国特色社会主义思想主题教育作为首要政治任务，建立领导带学、个人自学、集中学习、支部共学"四学联动"机制。开展理论学习中心组学习7次、支部学习7次，开展主题党日3次、支部书记讲授专题党课3次。

县党史办领导名录：

主　任：

刘志平（2005.10—2023.10）

王伟亮（2023.10—）

副主任：

陈志玲（2022.01—）

（朱昉悦）

党校工作

【概况】 中共东源县委党校（简称县委党校）是负责培训各级党政领导干部、公务员、事业单位领导人员、年轻干部、理论宣传骨干、党员，开展乡镇党校系统师资培训的学校，是实行"两块牌子一套人马"的组织架构（加挂"中共河源市委党校东源分校"牌子），参照公务员管理的事业单位。校址位于东源县城木京电站左侧，校园占地面积3.53万平方米。建有综合楼1幢，高五层，建筑面积3380平方米。设有标准课室4个，多功能厅1个（可容纳150人），均配备现代化教学设施，可同时容纳400人进行培训。

【干部培训和思想引领】 2023年，县委党校举办各类主体班、专题班9期，培训学员1 000多人次；承接各单位各类培训班8期，培训学员500多人次。创新教学方式，有针对性地设置专化能力提升课程，领导干部上讲台授课学时占总学时34%。建成"课程库""师资库"，开发案例教学1个，被评为全市乡镇党校精品课4门。选派骨干教师深入各乡镇各单位开展党的二十大精神、"百千万工程"等专题宣讲共51场次，对14个乡镇开展"送课下乡"活动。

【理论建设和决策咨政】 2023年，县委党校组织教师参加各类科研活动，申报并完成市委党校系统规划课题1项；公开发表文章《科普天地》2篇；报送市党校系统理论研讨会征文3篇，获一等奖1篇《东源"两山"理论实践探索》、三等奖1篇《习近平生态文明思想在河源的实践研究》、与广工大合作开展决策研究课题1个《东源工业经济"绿色崛起"》，决策报告初步完成。

【阵地建设】 2023年，县委党校加强乡镇党校规范化建设，推动义合镇党校获评"全省百所镇街党校示范点"、仙塘等4所乡镇党校获评全市"五强"镇街党校；协助建好管好用好阮啸仙故居、半江生态文明实践基地等2个省级现场教学点，支持、协助半江基地承接各类培训班32期、阮啸仙故居接待学员和党员干部1.5万多人次。打造市级现场教学点1个（康禾镇仙坑古村），评定县级现场教学点1个（仙塘镇万绿河源农旅文商综合性服务平台）。推出东源一天一夜或两天一夜的精品现场教学线路。

【干部队伍建设】 2023年，县委党校出台《中共东源县委党校关于优化教师管理体制的实施方案》，打造教师、组织员、后勤保障、行政管理等4支队伍，开展"我是党校人"能力提升行动。从县内单位选调1名全日制本科以上学历、35岁以下的公务员到党校任职，从党校交流1名公务员到县直单位任职。提高教师教学科研和管理能力，选派教师到中央、省、市等各级党校参加脱产培训6人次。

中共东源县委党校领导名录：

校　　长：刘红珍
副校长（正科级）：古秀宁
副校长：谢俊辉

（欧阳一鸣）

统战工作

【概况】 中共东源县委统战部（简称县委统战部），为县委主管统一战线的工作部门，是县委在统战工作方面的参谋和助手。县委统战部对外加挂东源县民族宗教事务局、东源县侨务局和东源县台港澳事务局牌子。

【党外知识分子和阶层人士】 2023年，县委统战部加强东源党外知识分子和新的社会阶层人士思想政治工作，开展读书沙龙、知识竞赛、现场研学等活动。联系服务民主党派，召开民建东源支部会员座谈会，推动民建东源支部支持民族地区教育事业发展。走访县知联会、县新阶联及会员企业30余次，集中召开座谈会10余次，举办2023东源县新阶联会员代表大会。是年，资助贫困学生13名，省民委会员企业投入20万元用于漳溪畲族乡上蓝村发展。

【党外代表人士】 2023年，县委统战部加强党外代表人士培养，加强党外后备干部队伍建设，建立全县优秀年轻党外干部信息库，登记在册党外干部54名。以沟通协商方式，加强与组织、人大、政协等部门的沟通，引导党外代表人士结合东源实际走访调研，通过政协提案形式为东源高质量发展建言献策。是年，增补政协东源县第九届委员会委员人选，推荐提名政协委员13名。

【台港澳事务】 2023年，县委统战部组织港澳乡亲、青少年回乡开展"饮水思源"等系列活动5批次1 100人次，增进港澳乡亲对家乡的认同感、归属感、自豪感。发动香港东源同乡会参加

"同饮一江水，共建绿美林"活动，支持港澳同乡社团建设，指导帮助香港东源同乡会、澳门东源同乡会发展会员。是年，筹集经费15万元，其中3万元用于支持10名优秀东源学子上大学。

【侨务工作】 2023年，县委统战部加强党建带侨建工作，在黄村镇建设"东源县侨文化展览室"，新建黄村、叶潭两镇侨胞之家，利用各类涉侨阵地常态化开展主题活动。是年，开展系列侨法宣传活动5次，走访慰问困难归侨60余人。推动"侨助百千万工程"开展，促成市侨商会与叶潭半埔畲族村签订韭菜产业基地扩建项目结对帮扶协议；联系省客联公益基金会到东源开展"百师公益、客联东源"公益活动，捐赠药品价值100万元。

【民营经济统战】 2023年，县委统战部加强异地商会建设，成立惠州市东源商会。紧密联系广州、深圳、东莞、珠海、惠州等5个异地商会，推动会员企业参与东源招商引资、万绿湖开渔节、茶产业推广、绿美东源生态建设等重点工作，助力该县招引项目2个、投资额2亿元。探索建立乡贤服务工作机制，凭借统战服务中心、同心圆工作站、统战工作服务室等基层统战工作平台，挖掘东源乡贤资源，建立县、镇、村三级乡贤信息库，登记在册乡贤2 400余人。构建亲清政商关系，协助民营企业解决发展难题3个。引导民营企业家弘扬光彩精神，发动热心企业捐赠善款11万元，帮助困难儿童183名；动员民营企业、东源异地商会等参与"6·30"活动，到账资金164.8万元。

【民族工作】 2023年，县委统战部多措并举推动加快民族地区高质量发展，统筹中央、省级资金885万元，其中中央财政乡村振兴补助资金381万元，统筹安排至漳溪畲族乡81万元，用于该乡中联村党建和下蓝村振兴农业示范基地文化宣传广告项目；安排叶潭半埔畲族村300万元，用于韭菜产业基地发展项目和韭菜产业基地文旅观光步道建设项目（各150万元，含一期、二期）；省级少数民族发展资金504万元，用于漳溪畲族乡玫瑰种植和加工厂建设项目。是年，邀请省城乡规划设计研究院团队到漳溪畲族乡考察2次，召开全县专题会议研究部署4次，深入调研37次，谋划项目87个，总投资额60亿元。坚持"农产旅"融合发展，支持漳溪畲族乡种植玫瑰、多年生水稻，叶潭镇半埔村发展韭菜基地、蔬果基地产业等特色农业；推动漳溪畲族乡辉科、金杰等建材企业稳产达效；支持漳溪畲族乡黄龙岩4A级景区创建。统筹文化保护和发展，举办漳溪畲族乡汶水塘捕鱼节、蓝大将军出巡节等活动，指导编排文艺作品《畲乡·蓝》获河源市第三届群众艺术花会一等奖和广东省群众艺术花会（音乐舞蹈）银奖。落实2023年少数民族生审核认定工作，审核少数民族大学生114人次，发放资助金114万元；认定少数民族考生24人次。落实外来少数民族"三交"工作，造册登记外来少数民族群众、学生1 700人，协助解决3名少数民族外来务工人员子女入学问题。

【宗教工作】 2023年，县委统战部推进宗教活动场所"四进"工作，开展"宗教政策法规学习月"活动，引导宗教与社会主义社会相适应。推进宗教管理规范化，指导县基督教协会和道教协会开展宗教活动场所财务年度审计，完成全县宗教场所全覆盖检查3次；加强宗教教职人员队伍建设，落实常态化巡查监管工作机制，开展宗教活动场所安全隐患大排查行动124次、协调解决问题6个。关注网络宗教舆情，及时妥善处置突发涉宗教事件。落实《宗教活动场所管理办法》《互联网宗教信息服务管理办法》学习宣传工作，推动3处宗教活动场所依法办理互联网宗教信息服务许可。

注释：

1. 县新阶联： 全称为东源县

新的社会阶层人士联合会，是由东源县委统战部牵头指导组建的社会组织，2021年3月注册成立，会员主要由民营企业和外商投资企业管理技术人员、中介组织和社会组织从业人员、自由职业人员、新媒体从业人员组成。

2．县知联会：全称为东源县党外知识分子联谊会，是由东源县委统战部牵头指导组建的社会组织，2021年5月成立，第一届会员共97人，涵盖了行政、教育、卫生医疗、企业等各个行业的具有高级职称人员、学术带头人、重要业务骨干，以及在国家机关、高等学校、企业担任中高层领导职务的党外知识分子。

3．"同饮一江水，共建绿美林"活动：该活动由河源市与香港河源社团总会及各县区分会联合举办，旨在推动在港河源乡亲投身绿美河源生态建设，通过现场或捐资等方式植树添绿，助推绿美河源生态建设取得新成效，再上新水平。

4．全省侨助"百千万工程"行动：依托广东侨资源、侨力量，聚焦侨助县域经济和产业发展、侨助乡镇为侨服务体系建设、侨助和美乡村建设、侨助绿美广东生态建设和侨助公益慈善事业发展五大方面，纵深推进侨助"百千万工程"行动，为广东高质量发展厚植"侨"的优势，作出"侨"的贡献。

5．"百师公益、客联东源"公益活动：该活动是由河源市侨联牵线，东源县委县政府、河源市侨联、广东省客属海外联谊会联合主办的公益活动。广东省客属海外联谊会百师公益服务团组织近40名医学、农业、法律、足球等专业人士赴河源市东源县开展免费法律宣讲、足球教学、农技培训、义诊等。

6．"6·30"活动：2010年6月4日，经国务院批准同意，确定自2010年起每年6月30日为"广东扶贫济困日"。

7．岭南民族特色高质量发展廊道：该廊道位于广东省北部生态发展区，西起肇庆市怀集县下帅壮族瑶族乡，东至河源市东源县漳溪畲族乡，串联起广东3个自治县和7个民族乡以及120个少数民族聚居村，涉及肇庆、清远、韶关、河源、惠州等市的15个县（市、区），总人口460多万人，总面积为3.2万平方公里，约占全省面积的17.8%。

8．多年生稻：该稻种植一次便可连续免耕收获3~4年，即自第二季起便无需买种、育秧、犁田和移栽等生产环节，仅需田间管理和收获两个生产环节。

9．"蓝大将军出巡节"：又称"驱邪节"，是双田畲族村蓝姓畲族独有的传统节日，至今已有500多年历史。每年的农历四月初九，畲族人民举行盛大的"蓝大将军"出巡活动对祖先进行祭祀，是畲族人民纪念崇拜先祖、追忆历史、驱邪接福、祈求平安、传播知识、活跃文化生活的一项隆重的节日活动。

10．漳溪畲族乡汶水塘捕鱼节：指每年正月初三东源县漳溪畲族乡中联村及周边村民在汶水塘进行捕鱼比赛以祈福"丰年有余"的民俗文化活动。

11．民族"三交"：指各民族交往、交流、交融。

12．宗教场所"四进"活动：指开展国旗、宪法和法律法规、社会主义核心价值观、中华优秀传统文化进宗教活动场所。

县委统战部领导名录：

县委常委、统战部部长：郑远程

县委统战部副部长（正科级）、台港澳事务局局长：张　凌

县委统战部副部长、侨务局局长：黄　蔚

县委统战部副部长、民族宗教事务局局长：李灯辉

（林　琪）

乡村振兴

【概况】　东源县乡村振兴局（简称县乡村振兴局）前身是东源县扶贫工作局，成立于2019年3月，是县政府工作部门，由县农业农村局统一领导和管理。

【防返贫工作】　2023年，全

县有劳力脱贫人口家庭人均可支配收入2.14万元，同比增长10.82%。建立健全防贫监测机制，优化防返贫动态监测"立体化排查核实、网格化监测管理、长效化帮扶救助、全程化评估退出"等方式。是年，监测对象71户288人，其中脱贫不稳定户40户153人，边缘易致贫户19户85人，突发严重困难户12户50人，稳定消除返贫致贫风险45户202人。统筹深圳市对口帮扶东源工作组力量，帮助6 690户建档立卡脱贫户（除特困人员外）和监测对象购买2023年河源"市民保"保险，增强该类群体抵御各类风险能力。

【乡村建设】 2023年，县乡村振兴局开展人居环境提升督查督导，拉网式巡察镇村存在问题，开展季度"金扫帚"活动评比、"党建引领齐参与·镇靓村洁庭院美"等行动，实施全县农村环境整治提升。是年，曝光问题572宗，问题按时整改完成率100%，推进存量破旧泥砖屋清理整治，全年拆除破旧泥砖屋140栋2.52万平方米。加强厕所革命、村内道路建设，全县农村问题户厕整改完成率89.92%，问题公厕整改完成率100%，村内道路硬化率100%。利用空闲土地种植蔬菜、瓜果、花草、树木等，因地制宜打造小菜园、小果园、小花园、小公园共377个，建成美丽宜居村30个、特色精品村4个。开展乡村振兴示范带建设，代表河源市参加广东省乡村振兴大擂台，获2023年第三届产业振兴类单项奖；"诗画田园"乡村振兴示范带成功入选2022年度"广东十大乡村振兴示范带"，并获奖励资金1亿元，在省"百千万工程"现场会作示范带建设经验发言。

【乡村治理工作】 2023年，县乡村振兴局开展"基层治理提升年"行动，推进乡村治理、法治乡村建设。义合镇下屯村入选全国乡村治理示范村；顺天镇金史村、康禾镇仙坑村等10个村被评定为省级民主法治示范村。全县域推广应用"清单制"，将基层管理服务事项、农民群众关心关注的事务细编制成清单，公开负责单位、操作流程和材料要求，建立群众监督反馈机制，打造制度化、规范化乡村治理模式。推广"积分制"，对群众日常生活行为和参与乡村重要事务评定积分。开展"绿美""富美""和美"家庭等创先评优活动，树立优秀典范，形成榜样效应；发挥"大榕树下阳光议事"优势，公开党务、村务、财务，发挥群众集体智慧，参与乡村建设和决策工作，构建共建共治共享社会治理新格局。

【驻镇帮镇扶村】 2023年，县乡村振兴局实施"党政机关＋企事业单位＋农村科技特派员＋金融助理"组团式结对帮扶，向21个镇派驻乡村振兴工作队（省直1个、深圳市9个、市直4个、县直7个），派出驻镇干部126名，同时，向50个重点村选派驻村第一书记。

【"6·30"助力乡村振兴活动】 2023年6月30日，东源县在县党政综合楼六楼会议室举行2023年"6·30"助力乡村振兴和绿美广东生态建设活动仪式，发动全县党员干部以及150家企业，共捐赠1 035.90万元。

【革命老区建设】 2023年，东源县共有革命老区村庄972个，是年，投入资金4.8万元资助烈士后裔学生24人。

县乡村振兴局领导名录：

党组书记、局长：叶海兵

党组成员、副局长：
赖小标　刘　蔚

党组成员、服务中心主任：
刘伟聪

（黄小媚）

东源县人大常委会

2023年东源县第九届人大常委会主任、副主任名录：

主　任：张　辉
副主任：陈文华　郭先建
　　　　邱如东　陈延军　邱易生

【概况】 2023年，东源县人大常委会落实省委"1310"具体部署、市委"七大行动"工作安排和县委"三个年"行动要求，聚焦"百千万工程"，召开县人大常委会会议13次，党组会议27次，主任会议17次，依法开展监督工作12项，作出决议决定19项，开展自主调研视察活动35次，参与省市人大开展调研活动32次，完成县九届人大三次会议确定的目标任务。

重要会议

【县九届人大三次会议】 2023年2月23—24日，东源县第九届人民代表大会第三次会议在东源县工人文化宫召开。出席代表229人，列席人员50人。会议议程：听取审议东源县人民政府工作报告；审查和批准东源县2022年国民经济和社会发展计划执行情况与2023年计划草案的报告及2023年国民经济和社会发展计划草案（书面）；审查东源县2022年预算执行情况和2023年预算草案的报告及2023年预算草案，批准东源县2022年预算执行情况和2023年预算草案的报告及2023年县级预算草案（书面）；听取审议东源县人民代表大会常务委员会工作报告；听取审议东源县人民法院工作报告；听取审议东源县人民检察院工作报告；表决2023年东源县民生实事项目；其他。

政府工作报告共分为三大部分，第一部分从八个方面（始终以安全发展为底线，社会大局持续稳定；始终以产业兴县为主线，综合实力持续增强；始终以绿色发展为引领，生态优势持续厚植；始终以乡村振兴为导向，"三农"基础持续夯实；始终以"融湾""融深"为动力，发展动能持续释放；始终以品质提升为抓手，城市面貌持续改善；始终以人民幸福为追求，民生福祉持续增进；始终以忠诚履职为宗旨，政府效能持续提升）总结2022年的工作成绩。第二部分以九个"坚持不懈"（坚持不懈抓好"制造业当家"，奋力增强更加有力的高质量发展后劲；坚持不懈全速"融湾""融深"，奋力激发更加充沛的高质量发展活力；坚持不懈抓好教育科技人才工作，奋力锻造更加强劲的高质量发展支撑；坚持不懈推动县域振兴，奋力打造更加协调的高质量发展格局；坚持不懈做实乡村振兴，奋力夯实更加坚实的高质量发展基础；坚持不懈筑牢生态屏障，奋力厚植更加鲜明的高质量发展底色；坚持不懈建设文化强县，奋力提升更加彰显的高质量发展魅力；坚持不懈增进民生福祉，奋力创造更加惠民的高质量发展成果；坚持不懈守牢安全底线，奋力营造更加和谐的高质量发展环境）作出2023年工作计划。第三部分用四个"坚决"（坚决做到一心向党永葆忠诚；坚决做到一心为民依法行政；坚决做到一心干事勇担使命；坚决做到一心奉公恪守清廉），全面加强政府自身建设。

会议顺利完成各项议程，依法作出各项决议。

【县九届人大常委会会议】 2023年，东源县第九届人大常委会共举行13次（编号12—24）会议，依法作出有关决议决定。

第12次会议　2023年1月16日召开，会议听取和审议并表决通过《关于东源县人民政府职业教育情况的报告》《关于河源市滨江新城区规划建设工作情况的报告》《关于2022年东源县环境状况和环境保护目标完成情况的报告》《关于东源县人民政府贯彻实施〈中华人民共和国农业技术推广法〉情况的报告》《关于县政府办理县九届人大二次会议代表建议意见情况的报告》。听取关于2022年规范性文件备案审查工作情况报告，听取审议关于县政府办理县九届人大二次会议代表建议意见情况的报告、县九届人民代表大会常务委员会代表资格审查委员会关于个别代表的代表资格的审查报告（草案）。

经审议表决，会议确定邓山、刘红珍、吴武凯、谢朋儒、苏培怡的东源县第九届人民代表大会代表资格有效。

第13次会议　2023年2月2日召开，会议审议《关于召开东源县第九届人民代表大会第三次会议的决定（草案）》《关于列席和邀请列席东源县第九届人民代表大会第三次会议人员的决定（草案）》，审议有关人事事项。

会议经审议表决，决定于2023年2月23日至24日召开东源县第九届人民代表大会第三次会议，会期一天半；通过关于列席和邀请列席东源县第九届人民代表大会第三次会议人员的决定（草案）；决定任命吴丽琴、卢帮燕为东源县人民政府副县长，任命朱海波为东源县人民检察院检察委员会委员。

第14次会议　2023年2月15日召开，会议审议《东源县九届人民代表大会常务委员会代表资格审查委员会关于个别代表的代表资格的审查报告（草案）》《东源县人大常委会工作报告（稿）》《东源县九届人大三次会议有关文件草案》，对县教育局、县财政局、县交通运输局、县农业农村局、县退役军人事务局等部门开展工作评议。

会议听取和审议并表决通过县九届人民代表大会常务委员会代表资格审查委员会关于个别代表的代表资格的审查报告，审议并表决通过县九届人大三次会议有关文件草案。

会议经现场测评并计票，县财政局、县农业农村局评议结果为"很满意"，县教育局、县交通运输局、县退役军人事务局评议结果为"满意"。

第15次会议　2023年3月28日召开，会议经审议表决，决定任命邹元涛为东源县人民政府副县长，免去刘云锋东源县人民政府副县长职务。

第16次会议　2023年4月28日召开，会议听取和审议并表决通过东源县人民政府关于《东源县国土空间总体规划（2021—2035年）》的议案。经审议表决，决定任命郭晓锋为东源县信访局局长，任命张聪、李菊桂为东源县人民检察院检察员，免去蓝平东源县人民法院行政审判庭副庭长职务。

第17次会议　2023年6月26日召开，会议听取和审议并表决通过《东源县人民政府关于2021年度县级预算执行和其他财政收支审计查出问题整改情况的报告》《关于东源县非物质文化遗产保护工作情况报告》《关于提请接受陈洁辞去县人大常委会委员职务请求的议案》。审议有关人事事项，决定接受陈洁辞去东源县第九届人民代表大会常务委员会委员职务请求的议案，任命蓝少强为县人大常委会城乡建设环境与资源保护工作委员会主任、欧坤基为县人大常委会监察和司法工作委员会主任、黎燕平为县人大常委会办公室副主任，免去叶新良县人大常委会城乡建设环境与资源保护工作委员会主任职务、张建华县人大常委会监察和司法工作委员会主任职务、欧坤基县人大常委会办公室副主任职务。

第18次会议　2023年8月3日召开，会议听取和审议并表决通过《东源县政府关于2022

年财政收支决算草案的报告》《东源县人民政府关于2022年度县级预算执行和其他财政收支的审计工作报告》《关于东源县2023年1—6月份国民经济和社会发展计划执行情况的报告和2023年1—6月份财政预算执行情况的报告》《关于接受个别市八届人大代表辞去职务的议案》。经审议表决，决定接受刘伟雄辞去河源市第八届人民代表大会代表职务的请求。

第19次会议 2023年8月9日召开，会议审议关于接受个别县九届人大代表辞去代表职务的议案，听取和审议县九届人大常委会代表资格审查委员会关于个别代表的代表资格的报告。经审议表决，决定接受叶永强辞去东源县第九届人民代表大会代表职务的请求。

第20次会议 2023年9月11日召开，会议听取和审议县政府关于贯彻实施《中华人民共和国城乡规划法》情况的报告，审议有关人事事项，补选个别市八届人大代表。经审议表决，任命黄丽静、孙善妙为东源县人民法院审判员；任命叶日康为东源县人民检察院检察员；经直接投票选举，依法选举李勇平为东源县出席河源市第八届人民代表大会代表。

第21次会议 2023年9月18日召开，会议审议关于接受个别市八届人大代表辞去代表职务的议案。经审议表决，决定接受林涛辞去河源市第八届人民代表大会代表职务的请求。

第22次会议 2023年11月9日召开，会议听取和审议并表决通过东源县人民政府关于提请审议2023年县级财政预算调整方案的议案；听取和审议并表决通过东源县人民政府关于东源县2022年度国有自然资源资产管理情况的报告；经审议表决，决定批准东源县人民法院第二批人民陪审员名额为72名。

第23次会议 2023年11月30日召开，会议听取和审议并表决通过《东源县人民政府关于东源县科技创新工作情况的报告》《东源县实施乡村振兴"一法一条例"工作情况的报告》《东源县人民法院关于2020年以来立案工作情况的报告》，听取和审议并表决通过东源县人民检察院关于检察建议工作情况的报告。经审议表决，接受邓春柳辞去东源县人民法院院长职务的请求，并报东源县第九届人民代表大会第四次会议备案；任命张东明为东源县人民法院审判员、审判委员会委员、副院长；任命封小虎为东源县人民政府副县长、张东明为东源县人民法院代理院长、黄罗红为东源县工业商务和信息化局局长、张伟才为东源县医疗保障局局长。

第24次会议 2023年12月29日召开，会议听取和审议《东源县国民经济和社会发展第十四个五年规划和二〇三五年远景目标纲要实施情况的中期评估报告及部分指标和重点项目调整方案议案》《东源县人民政府关于提请审议2023年县级财政预算第二次调整方案的议案》《东源县人民政府关于2023年"十件实事"落实情况的报告》，审议县人大常委会监察和司法工委关于2023年规范性文件备案审查工作情况的报告，对县发展和改革局、县应急管理局、县市场监督管理局、县医疗保障局、县乡村振兴局等部门进行工作评议；表决通过《东源县国民经济和社会发展第十四个五年规划和二〇三五年远景目标纲要实施情况的中期评估报告及部分指标和重点项目调整方案的议案》《关于2023年"十件实事"落实情况的报告》。经现场测评并计票，县发展和改革局、县乡村振兴局的评议结果为"很满意"；县应急管理局、县市场监督管理局、县医疗保障局的评议结果为"满意"。

重要工作和重要活动

【**重大事项决定**】 2023年，县人大常委会坚持党的全面领导，深刻领悟"两个确立"的决定性意义，增强"四个意识"、坚定"四个自信"、做到"两个维护"，始终在思想上政治上行动上同以习近平同志为核心的党中央保持高度一致。严格执行请示报告制度，是年，向县委请示报告人大工作和建设等方面的重大问题、重要事项共8次。

【县委决策落实】 2023年，县人大常委会按照县委"三个年"行动要求，聚焦"百千万工程"，推动高质量发展工作，开展直联镇村和重点企业重点项目、巡山护林等工作，落实"千塘万渠"清淤、"党建引领齐参与·镇靓村洁庭院美""一名党员一棵树·一个支部一片林"等行动，实现县委有决策、人大有行动的工作目标。

【人事任免】 2023年，县人大常委会贯彻县委意图，依法落实人事任免工作，是年，表决通过人事任免23人次。

【经济监督】 2023年，县人大常委会坚持以服务中心大局为主题，助推解决制约东源县经济社会发展的矛盾和问题，推动经济发展。听取审议国民经济和社会发展计划执行情况，定期分析、跟踪监督经济运行情况。听取审议国民经济和社会发展第十四个五年规划和二〇三五年远景目标纲要实施情况的中期评估报告，客观评估规划实施情况和成效，细化监督推进落实情况。听取审议国有自然资源资产管理情况报告，促进国有资产绩效和管理水平不断提升。听取审议2022年地方财政预算执行和其他财政收支审计工作情况报告，依法作出2022年地方财政决算决议，促进人大监督与审计监督有机结合。听取审议地方财政预算执行情况报告，审查批准2023年财政预算两次调整方案，督促政府牢固树立过"紧日子"思想。

【民生监督】 2023年，县人大常委会围绕全县经济社会发展中的重点难点问题和人民群众反映的热点问题，加大监督力度，增强监督工作针对性和实效性。全面实施民生实事项目人大代表票决制，让民生实事项目从征集、票决到实施、办结的过程更加接地气、汇民心、聚民智。由原先的"政府自己定自己办"转变为"群众点题、代表表决、政府办理、人大点评"，实现政府决策与群众需求的精准对接、高度融合，提高政府民生实事办理质量，年度"十件实事"满意率为100%。聚焦"茶产业提质增效年"行动，动员各级人大代表种植面积3.9万亩，代表联农带农种植面积1.2万亩，共同打造上莞仙湖茶、柳城柳上美人、康禾贡茶、涧头紫鹃茶等东源茶产业区域品牌，为助推乡村振兴提供有力支撑，凝聚人大代表力量，助力乡村振兴发展。聚焦"制造业当家"，解决企业困难，组织人大代表开展科技创新工作专题调研活动，听取审议政府关于科技创新工作情况的报告。常态化走访企业，认真摸排、掌握企业在生产经营、项目建设、行政审批、手续办理等遇到的困难和问题，关注企业用工、资金、土地、销售等方面的需求，全年走访企业59次，帮助企业解决问题15件。聚焦"园区建设提速年"行动，围绕闲置低效用地、园区扩容等方面问题，统筹开展专项监督，组织开展调研座谈会15次，收集建议意见26条，推动解决18条。

【环保监督】 2023年，县人大常委会围绕绿美东源生态建设，制定《关于围绕推进绿美东源生态建设开展"更好发挥人大代表作用"主题活动的工作方案》，向全县各级代表发出"绿美东源，代表行动"打造"代表林"倡议书，通过"二级人大联动、五级代表行动"，以人大代表联络站为载体，采取"线下+线上"形式，助推绿美东源生态建设"六大提升行动""一湖两江三路四园"改造的落实；围绕绿美保护地提升行动，开展义合镇绿美生态建设综合型示范点等视察活动，助力示范点建设。开展调研27次、视察18次，解决问题136件。听取审议县政府年度环境保护状况和环境保护目标完成情况报告，打好污染防治攻坚战，助力生态优势转化为发展优势。

【法律监督】 2023年，县人大常委会开展国家宪法日宣传活动，严格落实国家机关工作人员任前法律知识考试、任前表态发言和宪法宣誓制度。根据《中华人民共和国城乡规划法》《中华人民共和国乡村振兴促进法》《广东省乡村振兴促进条例》开展执法检查，推动法律法规贯彻实施。听取审议县法院立案工作情况报告，坚持司法为民、公正司法，为维护全县社会安定提供有力的司法保障。听取审议县检察院加强检察建议办理工作促进社会治理法治化工作情况报告，增强检察建议的精准性、针对性和可行性，保护国家利益和社会公共利益。

【规范性文件备案审查】 2023年，县人大常委会坚持"有件必备、有备必审、有错必纠"的原则，推进备案审查工作有序开展，听取规范性文件备案审查工作情况报告，共审查规范性文件14份，纠正1份。备案审查工作获广东省人大通报表扬，经验做法获广东省、河源市媒体刊发并推广。

【部门履职评议】 2023年，县人大常委会紧紧围绕省"百千万工程"典型县建设和人民群众关心关注的民生保障、乡村振兴、安全生产、卫生健康等热点难点问题，对县发改局、县应急管理局、县市场监督管理局、县医疗保障局、县乡村振兴局等5个单位实施工作评议。深入乡镇和县直单位，采取座谈、走访、问卷调查等方式，听取建议意见，共召开各类座谈会25场次，收集建议意见43条；经汇总分析研判，列出涉及履行职责、作风建设、服务大局等20条具体问题，提出整改措施20条，反馈被评议单位研究整改。

【信访工作】 2023年，县人大机关坚持以人为本做好信访工作。加强风险防范，加强敏感时期和特别防护期预警工作。全年接收群众来信来访8件，接待来访13人次。

【代表建议督办】 2023年，县人大常委会建立完善代表建议督办办法和代表重点建议、批评和意见处理办法等制度。县委、县人大、县政府主要领导亲自接件督办代表建议意见，13件列入2024年"回头看"。是年，县九届人大三次会议代表提出的52件建议意见，政府部门答复率100%，解决或基本解决42件，占80.1%；列入计划逐步解决7件，占14.2%；因客观条件限制或其他原因暂时难以解决并作出说明解释3件，占5.7%。

【代表活动】 2023年县人大常委会推进代表活动工作，践行全过程人民民主，尊重代表主体地位，支持和保障代表更好依法履职。扩大人民有序政治参与，拓宽社情民意表达渠道，全县共设立309个人大代表联络站，实现镇村人大代表联络站全覆盖。依托联络站组织开展代表接访活动1.54万次，接待选民群众4.6万人次，收集建议意见1.83万件，解决或列入计划解决9 532件。义合镇下屯村人大代表联络站入选河源市首批"全过程人民民主典型站"，顺天镇人大代表中心联络站"人大代表进站·百姓事情搞掂"工作经验代表河源市参加全省创新案例评选获得好评，驻东源全国人大代表乡村振兴联络站、河源市东源县工业园人大代表联络站等特色行业人大代表联络站建成使用。拓展县人大常委会组成人员联系代表、代表联系群众的"双联系"活动，密切代表与人民群众的联系，确保在决策、执行、监督落实各个环节都能听到来自人民的声音，让全过程人民民主在基层实践中可触可及。优化服务代表依法履职，常态化邀请县人大代表列席县人大常委会会议，拓宽联系代表渠道，保障代表知情知政权，代表提出建议意见15条，被采纳13条。制定《2023年东源县人大代表开展述职和评议工作方案》，开展人大代表向原选区选民述职和评议活动，加强选民对人大代表履职情况的监督，促进人大代表依法履职尽责，密切联系选民，增强代表自觉接受选民的监督意识和责任意识。是年，县乡两级人大代表向选民述职共333人次，其中县人大代表62人次，乡镇人大代表271人次。制定《东源县"人大代表话初心"采访报道活动工作方案》，全年开展讲好东源人大故事活动21次，学习强国活动报道1期，县电视台报道14期。

【自身建设】2023年，县人大常委会加强思想建设，坚持"第一议题"制度，通过组织召开党组会议、理论学习中心组学习会议等多种方式，常态化学习习近平新时代中国特色社会主义思想和习近平总书记关于坚持和完善人民代表大会制度的重要思想，确保党的创新理论入脑入心。严格贯彻落实中央八项规定及其实施细则精神，开展机关廉政教育，引导机关党员干部知敬畏、存戒惧、守底线，确保人大机关良好的政治生态。严明工作规章，执行请销假制度。抓实以案促改工作，凸显纪律规矩，以务实作风展示人大良好形象；引导、安排非领导职务职级公务员参与"百千万工程"、乡村振兴、绿美东源生态建设等中心工作。

注释：

1."两个确立"：确立习近平同志党中央的核心、全党的核心地位，确立习近平新时代中国特色社会主义思想的指导地位。

2."四个意识"：政治意识、大局意识、核心意识、看齐意识。

3."四个自信"：中国特色社会主义道路自信、理论自信、制度自信、文化自信。

4."两个维护"：坚决维护习近平总书记党中央的核心、全党的核心地位，坚决维护以习近平同志为核心的党中央权威和集中统一领导。

5.省委"1310"具体部署："1"指锚定"走在前列"一个总目标；"3"指激活改革、开放、创新"三大动力"；"10"指奋力实现"十大新突破"：纵深推进新阶段粤港澳大湾区建设，在牵引全面深化改革开放上取得新突破；始终坚持实体经济为本、制造业当家，在建设更具国际竞争力的现代化产业体系上取得新突破；一体推进教育强省、科技创新强省、人才强省建设，在实现高水平科技自立自强上取得新突破；深入实施"百县千镇万村高质量发展工程"，在城乡区域协调发展上取得新突破；全面推进海洋强省建设，在打造海上新广东上取得新突破；深入推进绿美广东生态建设，在打造人与自然和谐共生的现代化广东样板上取得新突破；扎实推进文化强省建设，在交出物质文明和精神文明两份好的答卷上取得新突破；用心用情抓好民生社会事业，在推动共同富裕上取得新突破；扎实推进法治广东平安广东建设，在构建新安全格局上取得新突破；坚定不移加强党的全面领导和党的建设，在营造良好政治生态上取得新突破。

6.七大行动："营商环境提升"行动、"制造业提质攻坚"行动、"茶产业提质增效"行动、"治水大会战"行动、"党建引领齐参与·镇靓村洁庭院美"行动、"添绿添美你我他·绿美东源靠大家"行动、"同心同向同发力·共建共享百千万"行动。

7.2023年"三个年"行动：园区建设提速年、茶产业提质增效年、基层治理提升年。

8."八大重点任务"：民生品质提升、工业倍增升级、"两山"转化增效、环境优化提升、乡村全面振兴、组团协调共进、科技创新赋能、社会和谐稳定。

9."四个机关"："四个机关"是习近平总书记对加强新时代人大自身建设的新定位、新要求。2021年10月13日，习近平总书记在中央人大工作会议上强调，各级人大及其常委会要成为自觉坚持中国共产党领导的政治机关、保证人民当家作主的国家权力机关、全面担负宪法法律赋予的各项职责的工作机关、始终同人民群众保持密切联系的代表机关。

10．"三化"建设：人大代表联络站标准化、规范化、常态化建设。

11．"双联系"制度：人大常委会组成人员联系人大代表、人大代表联系人民群众制度。

12．"六大提升行动"：森林质量精准提升行动、城乡一体绿美提升行动、绿美保护地提升行动、绿色通道品质提升行动、古树名木保护提升行动、全民爱绿植绿护绿行动。

13．"一湖两江三路四园"："一湖"指万绿湖；"两江"指新丰江流域、东江流域；"三路"指国省道、高速公路、铁路沿线；"四园"指广东康禾温泉国家森林公园、广东新丰江国家森林公园、广东万绿湖国家湿地公园、广东东江国家湿地公园。

14．"一园一廊四城"："一园"指深河共建东源产业园；"一廊"指东江生态画廊；"四城"指滨江中心城、南园文化城、东江健康城、啸仙红色生态城。

县人大代表建议选辑

关于在工程建设领域进一步落实工资支付保障机制，从根源上减少欠薪事件的建议

【案由】近年来，工程建设领域的欠薪问题在东源县时有发生，特别是2022年，由于房地产行业形势下行，开发商及建筑企业资金链出现问题，工程建设领域欠薪事件多发，本县的九里湾工程项目、万达工程项目、玖云台工程项目、中飞公司厂房建设工程、万仕德厂房建设工程等多个工程建设项目相继发生欠薪事件，被欠薪农民工到县、市群体性上访，欠薪事件影响了劳动者的基本生活，同时也影响了本县和谐稳定的社会环境，成为目前本县的社会热点问题和政府着力解决的难题。出现上述问题的原因：1.建设单位在资金没有保证的情况下开工建设，甚至要求施工单位垫资施工；2.未按规定落实工资保证金制度；3.施工总承包单位未按规定开设、使用农民工工资专用账户；4.未落实用工实名登记管理制度；5.未落实分包单位农民工工资委托施工总承包单位代发制度。

【建议】一、严把施工许可关，建设单位在没有满足施工所需要的资金安排的情况下，县住房城乡建设、交通运输、水利等相关行业工程建设主管部门按照《保障农民工工资支付条例》的规定，不予颁发施工许可证。政府投资项目，资金落实到位才能开工，禁止政府投资项目由施工单位垫资建设。

二、严格落实工资保证金制度。县人力资源和社会保障部门应强制施工总承包单位按规定存储工资保证金，企业缴存工资保证金有困难的，可采取银行保函或保险公司保单保函等方式替代现金缴存，确保工资保证金落实到位，工资保证金专项用于支付为所承包工程提供劳动的农民工被拖欠的工资。

三、要求施工总承包单位按规定开设、使用农民工工资专用账户，并且监督建设单位严格落实人工费用与其他工程款分账管理的要求。在拨付工程款时，建设单位应当按照一定的比例（建议不低于当次付款工程款的20%）将应付工程款中的人工费用按期拨付到施工总承包单位开设的农民工工资专用账户里面，确保施工总承包单位有足额资金发放工资。

四、对用工实名制全面监管，依托用工实名登记管理制度落实分包单位农民工工资委托施工总承包单位代发制度。县相关行业的工程建设主管部门对在本县施工的建设工程加强执法监督，确保施工工地全面落实用工实名登记，未进行用工实名登记的人员，不得进入项目现场施工。在工地施工人员数据明确的情况下，施工总承包单位根据分包单位编制的工资支付表，通过农民工工资专用账户直接将工资支付到农民工本人的银行账户，避免农民工工资被分包单位克扣

的现象发生。

五、部门之间加强查处衔接。

1.人力资源和社会保障行政部门和县相关行业的工程建设主管部门建立衔接机制，及时互通在本县范围内经批准施工许可的建设工程项目，各司其职，进行事前、事中、事后执法监督，确保以上制度的落实，防止欠薪发生。

2.进一步加强人力资源和社会保障行政部门与司法部门对涉嫌拒不支付劳动报酬犯罪案件查处衔接工作，严厉打击涉嫌欠薪的违法犯罪。

县人大机关各工委室领导名录：

县人大常委会办公室
 主　任：程建平
 副主任：
 欧坤基（2020.10—2023.06）
 陈燕娜
 黎燕平（2023.06—）

财政经济工作委员会
 主　任：陈　卫
 副主任：刘胜章

监察和司法工作委员会
 主　任：
 张建华（2021.10—2023.06）
 欧坤基（2023.06—）
 副主任：陈晓清

选举联络人事任免工作委员会
 主　任：张建文
 副主任：刘日锋

教科文卫侨工作委员会
 主　任：陈兴宁
 副主任：唐文炬

农村农业工作委员会
 主　任：刘晓辉
 副主任：缪培坚

城乡建设环境与资源保护工作委员会
 主　任：叶新良
 蓝少强（2023.06—）
 副主任：
 蓝树云（2017.01—）

（缪少强）

东源县人民政府

2023年东源县人民政府县长、副县长及县政府党组成员名录：

党组书记、县长：刘大荣

党组副书记、副县长：

刘云锋（2021.06—2023.03，任党组副书记；2020.06—2023.03，任副县长）

赖建军（2023.03—，任党组副书记；2021.09—，任副县长）

党组成员、副县长：

邹元涛（2023.04—，任党组成员；2023.03—，任副县长）

具锦标

封小虎（2023.12—，任党组成员；2023.11—，任副县长）

吴尚清　陈飞燕

卢帮燕（2023.02—）

副县长：侯桂鸿

吴丽琴（2023.02—）

重要会议

【县政府常务会议】 2023年，东源县政府共召开常务会议15次（九届23次—九届37次），讨论县政府各项工作。

九届23次会议　2023年1月14日，县委副书记、县长刘大荣在县党政综合楼四楼会议室主持召开九届23次县政府常务会议，审议《东江水乡画廊项目用地开发问题重大行政决策方案草案（审议稿）》等22个方案事项。

九届24次会议　2023年2月6日，县委副书记、县长刘大荣在县党政综合楼四楼会议室主持召开九届24次县政府常务会议，审议《东源县2023年财政预算（草案）（审议稿）》等13项议题事项。

九届25次会议　2023年2月11日，县委副书记、县长刘大荣在县党政综合楼四楼会议室主持召开九届25次县政府常务会议，审议《2023年度县政府工作报告（审议稿）》《2023年度县十件民生实事候选项目（审议稿）》《东源县2022年国民经济和社会发展计划执行情况及2023年计划草案的报告（审议稿）》等3个方案事项。

九届26次会议　2023年2月19日，县委副书记、县长刘大荣在县党政综合楼四楼会议室主持召开九届26次县政府常务会议，研究解决东源县新港镇碉楼社区二号治理区地质灾害治理工作所需费用等事项。

九届27次会议　2023年3月28日，县委副书记、县长刘大荣在县党政综合楼四楼会议室主持召开九届27次县政府常务会议，传达学习习近平总书记关于内蒙古阿拉善露天煤矿坍塌事故的重要指示精神及听取县应急管理局关于东源县近期安全生产工作的有关情况汇报。会议要求，各乡镇各部门要深入学习贯彻习近平总书记关于内蒙古阿拉善露天煤矿坍塌事故作出的重要指示精神，坚持统筹发展和安全，坚持人民至上、生命至上，坚决扛起安全生产责任，统筹好安全生产工作。审议《东源县行政许可事项清单（2022年版）（审议稿）》等23项议题。

九届28次会议　2023年4月23日，县委副书记、县长刘大荣在县党政综合楼四楼会议室主持召开九届28次县政府常务会议，传达学习习近平总书记视察广东重要讲话、重要指示精神，传达全市、全县传达学习贯彻省委书记黄坤明到河源调研时的指示精神，传达学习《广东省全面推进民族地区高质量发展行动方案》文件精神，审议《东源县人民政府关于废止部分规范性文件的决定（审议稿）》等24项议题。

九届29次会议　2023年5月11日，县委副书记、县长刘大荣在县党政综合楼四楼会议室主持召开九届29次县政府常务会议，学习《关于更加有效发挥统计监督职能作用的意见》文件精神，审议《东源县县属国资国企整合重组实施方案（审议稿）》等22个方案事项。

九届30次会议　2023年6月10日，县委副书记、县长刘大荣在县党政综合楼四楼会议室主持召开九届30次县政府常务会议，传达学习习近平总书记等中央领导和省领导关于北京长峰医院发生重大火灾事故作出的重要批示精神，传达学习国家主席习近平致中国与世界知识产权组织合作五十周年纪念暨宣传周主场活动贺信精神和李强总理讲话、丁薛祥副总理致辞精神，审议《东源县茶产业高质量发展实施意见（2023—2025年）（审议稿）》《东源县茶产业高质量发展专项资金使用方案（2023—2025年）（审议稿）》《2023年东源县"茶产业提质增效年"行动方案（审议稿）》等22个方案事项。

九届31次会议　2023年7月9日，县委副书记、县长刘大荣在县党政综合楼四楼会议室主持召开九届31次县政府常务会议，传达学习习近平总书记对宁夏银川市兴庆区富洋烧烤店燃气爆炸事故作出的重要指示精神，传达学习贯彻习近平总书记关于耕地保护系列指示批示精神，审议全县自然资源领域硬任务落实情况汇报等29项议题。

九届32次会议　2023年8月4日，县委副书记、县长刘大荣在县党政综合楼四楼会议室主持召开九届32次县政府常务会议，审议东源县"百县千镇万村高质量发展工程"重点任务推进情况汇报等23个方案事项。

九届33次会议　2023年9月3日，县委副书记、县长刘大荣在县党政综合楼四楼会议室主持召开九届33次县政府常务会议，传达学习国务院安委会"十五条硬措施"和省六十五条硬措施，审议《2023年省级基础教育高质量发展市县奖补资金分配方案（审议稿）》等15项议题。

九届34次会议　2023年9月26日，县委副书记、县长刘大荣在县党政综合楼四楼会议室主持召开九届34次县政府常务会议，传达学习党的二十大关于安全生产重要部署精神，传达学习《广东省气候资源保护和开发利用条例》《河源市暴雨灾害预警与响应条例》文件精神，审议《2023年县级财政预算调整方案（审议稿）》等24项议题。

九届35次会议　2023年11月4日，县委副书记、县长刘大荣在县党政综合楼四楼会议室主持召开九届35次县政府常务会议，传达学习习近平生态文明思想，传达学习《广东省安全生产条例》文件精神，审议《东源县城部分道路体系命名方案（审议稿）》等25项议题。

九届36次会议　2023年11月30日，县委副书记、县长刘大荣在县党政综合楼四楼会议室主持召开九届36次县政府常务会议，传达学习习近平总书记对山西吕梁市永聚煤矿一办公楼火灾事故作出的重要指示精神和省委常委会会议、省政府党组会议精神，传达学习中共中央办公厅、国务院办公厅印发的《关于全面加强新形势下森林草原防灭火工作的意见》和省实施意见文件精神，审议《东源县国民经济和社会发展第十四个五年规划和二〇三五年远景目标纲要实施情况的中期评估报告（审议稿）》等23个方案事项。

九届37次会议　2023年12月14日，县委副书记、县长刘大荣在县党政综合楼四楼会议室主持召开九届37次县政府常务会议，传达学习习近平总书记关于食品药品安全重要论述精神，审议《东源县矿产资源总体规划

（2021—2025年）（审议稿）》等23个方案事项。

主要政务

【县域经济】 2023年，东源县地区生产总值181.68亿元，同比（下同）增长5.4%；固定资产投资增长13.2%；农业总产值54.13亿元，增长10%；规上工业增加值50.33亿元，增长3.4%；社会消费品零售总额46.80亿元，增长7.6%；地方一般公共预算收入13.89亿元，增长9.5%；城乡居民人均可支配收入2.47万元，增长8.2%。

【城市建设】 2023年，东源县级国土空间总体规划获省政府批复，马岭坳片区、仙塘镇片区和义合镇片区控制性详细规划完成编制。新安南路、安居三路建成通行，新增公共停车位550个；新建天然气市政管网3千米、县城天然气普及率80%；新增及提标城市绿化0.95万平方米，人均公园绿地面积14.92平方米。县城街道洒水降尘率、主街道机扫率均100%，升级改造生活垃圾分类投放点77个，公共机构生活垃圾分类覆盖率90%，城市生活垃圾无害化处理率100%。

【镇域建设】 2023年，东源县分类打造特色专业镇，仙塘镇入选省百强镇。乡镇便民服务中心实现全覆盖，灯塔镇、上莞镇商贸中心主体基本完工，镇域"服务圈""生活圈""商业圈"进一步完善。投入4.68亿元，开展"县镇村大提升"行动，全长230千米的绿美环县路启动建设。顺天镇全域土地综合整治国家级试点累计投入资金1.2亿元，落户涉农优质项目10个；完成"一镇一改革"任务21项。

【乡村建设】 2023年，东源县巩固全国村庄清洁行动先进县成果，开展"党建引领齐参与·镇靓村洁庭院美"专项行动，村庄保洁覆盖面、农村生活垃圾无害化处理率100%；222个行政村完成"三线"规整，自然村生活污水治理完成119个，处理率60%；农村问题户厕整改完成率89.4%，问题公厕全部整改完成；改造升级农村电网353千米，农村自来水普及率95%。"诗画田园"成功入选2022年度"广东十大乡村振兴示范带"，获奖励资金1亿元，新增美丽宜居村34个、特色精品村5个、"四小园"377个。组建富镇强村公司35家，带动131个行政村集体经济收入超30万元，全县各行政村集体经济收入均20万元以上。全年农村居民人均可支配收入2.22万元，同比增长8%。

【农业发展】 2023年，东源县粮食安全保障有力，耕地保有量27.4万亩，新增耕地面积100公顷，建成高标准农田1 866.67公顷；粮食播种面积、总产量实现双增，分别完成2.55万公顷、15.43万吨。灯塔盆地灌区东源县片区首期工程全面完成，建成3个中型灌区骨干渠道116.59千米，新建田间渠道67.98千米、提水泵站4座，改造提升水库16宗、山塘73宗。蓝莓、丝苗米等省级现代农业产业园建设稳步推进，板栗、茶叶产业园通过省级验收；漳溪畲族乡建成多年生稻种植基地33.33公顷。东瑞船塘现代农业综合体项目（一期）正式投产，供港生猪20万头以上。县冷链物流产业园投入运营，建成供销冷库库容2万吨。获批"省级家庭农场示范县"，新增市级农业龙头企业8家。"茶产业提质增效年"行动成效显著，全县茶叶实现产值10.2亿元，增长超20%，仙湖茶生态茶园入榜2023年度"中国大美茶山"，"康禾茶"成功注册国家地理标志证明商标，仙湖茶获评"岭南生态气候优品"。霸王花米粉二期项目顺利封顶，"米粉+"新业态蓬勃发展。农业生产托管社会化服务1 600公顷，水稻耕种收综合机械化水平达71.75%。

【园区建设】 2023年，东源县

工业园成功纳入全市承接产业有序转移主平台。投入7.6亿元，县工业园三期（启动区）完成土地平整36.67公顷，园区二期新增工业用地30公顷，扩园67万平方米，仙银大道、创新路等4条园区道路完成升级改造；新建标准厂房12.4万平方米、厂房意向入驻率60%。新材料产业园完成投资4亿元。园区用地整治提升第二年度任务完成111.3%，盘活闲置、低效用地33.33公顷。

【新型工业发展】 2023年，东源实施县领导联系服务重点企业重点项目制度，帮助企业解决各类问题75个；新增规上企业19家、"专精特新"中小企业9家，推动29家企业完成技改投资7.6亿元；信大等16个项目动工建设，晟源永磁等20个项目竣工投产，工业投资完成55.5亿元，增长20.7%。万绿湖优质水利用项目入选省水经济十大试点之一，水饮料及食品产业实现总产值14.8亿元；先进材料、高端装备制造、电子信息等重点产业集群规模和业态能级稳步提升，产值分别为91亿元、14.8亿元、6.4亿元。出台"支持部分重点行业保生产稳就业的纾困方案""促进企业上规上限有关奖励措施"等政策5个，申报工业企业奖补资金4 378万元，助力企业融资贷款超2.9亿元。

【内生动力】 2023年，东源县持续扩大有效投资，总投资80亿元的岑田抽水蓄能电站获批建设，29个省市重点项目完成投资43.6亿元。成功承办"全省产业有序转移招商引资对接平台推广应用现场会"，在全市率先聘用招商大使，开展招商路演、农文旅招商等线上线下活动9场次，新引进亿元以上项目20个、投资额47.2亿元。成立中国（河源）东源跨境电商产业园，推动颂怡塑钢等项目加快建设；实际利用外资7 714万元、总量全市第一。举办"首届河源米粉厨王争霸赛"等促消费活动10场次，"东源非遗年"、万绿湖开渔等活动受到央视关注报道，促进城郊经济、假日经济等新业态新消费加快发展，新增限上商贸企业13家；成立县属国企绿源贸易公司，推动"东源手信"走进湾区市场；国家县域商业建设行动示范县通过验收；建成河源市首个县级寄递物流公共配送中心，设立镇级青年人才电商培训实践基地2个，全县网络零售额达4.66亿元，增长66.7%。

【交通环境】 2023年，东源县开展交通大会战，G205线柳城高速出口至蓝口段、G236线黄村至康禾段和S230线东源车头山至齐坑段、S341线半江镇百溪村至半江村段、仙塘徐洞至新港双田段等5个国省道及农村公路路面改造项目建成通车。公路灾毁、高铁损毁等道路修复项目及西环路（一期）、省道S230线黄田大桥段等重点项目顺利推进。建成"四好农村路"110千米，改造危桥23座，完成农村公路安全生命防护工程137千米。

【营商环境】 2023年，东源县推进"扩权强县"赋能改革，承接省级审批事项2项，下放基层行政处罚事项222项、公共服务事项30项、委托事项105项。归集22个行政主体"双公示"信息1.07万条，1 320项政务服务事项实现"一门办理"，824项依申请政务服务事项和412项公共服务事项实现"一网通办"。推出"一件事"主题服务50项，投放"粤智助"政府服务自助机302台，243项高频服务事项实现"自助办"。"1+5+N"国有企业顶层架构不断完善，国企运营能力进一步提升。

【科技创新】 2023年，东源县成功获批创建国家创新型县。新增国家高新技术企业10家、博士工作站1个、市级以上研发机构2家，在库科技型中小企业68家。推行农村科技特派员制度，打造科技创新示范基地2个，实施科技项目71项，转化科技成果16项。创新成立乡村振兴决策咨询专家委员会和助力赋能人才委员会，引进高学历、高职称等高层次人才202人。"双百行动"落地见效，携手广东工业大学、广东开放大学共谋发展，成功打造校地合作实践基地、县域创新基地。"河源东源（广工大）人才科创孵化飞地""河源东源（深圳）产业促进中心""河源东源（盐田）科技创新中心"等"反向飞地"在广州、深圳挂牌。

【绿美建设】 2023年，东源县开展绿美东源生态建设"六大行动"，建设高质量水源林5 040公顷、新造林抚育3 586.67公顷、森林抚育3 106.67公顷、改造桉树林3 493.33公顷、松材线虫病防治作业面积4 266.67公顷，森林蓄积量达2 198万立方米，增长2.68%。推进新丰江九里湖、义合下屯、康禾等3个绿美综合型示范点建设，新丰江九里湖森林公园获评"广东省林长绿美园"。建成森林乡村2个、绿美古树乡村1个，新港镇获评"省森林城镇"，开展植绿护绿活动，全县义务种植乡土树种18万余株。

【污染防治】 2023年，东源县开展秸秆禁烧、扬尘治理等大气污染防控，治理省重点涉挥发性有机物（VOCs）企业6家、淘汰VOCs低效治理设施企业7家，有6项污染物指标均达到国家二级标准，PM2.5均值为16微克/立方米，空气质量优良率99.7%。开展"千塘万渠"清淤行动，清理河道725千米，建成碧道7.2千米，整治问题入河排污口2个，新丰江水库、东江干流监测断面水质保持地表水Ⅰ、Ⅱ类标准，省、市考核断面水质达标率、优良率均100%，集中式饮用水源保护区水质达标率、重点建设用地安全利用率保持100%，受污染耕地安全利用率100%。义合镇南浩村黄沙坑废弃矿点整治生态修复工程以"优良级"通过复绿专项验收。第二轮省生态环境保护督察19宗交办案件全部办结。

【绿色低碳发展】 2023年，东源县生态旅游强势复苏，万绿湖入选"全国美丽河湖优秀案例"，万绿湖风景区"中国天然氧吧"通过复核；苏家围·东江画廊通过国家4A级旅游景区复核，啸仙故里、南园古村、仙湖茶园等景区获评国家3A级旅游景区；万绿客家驿站民宿入选省级休闲农业与乡村旅游示范点。碳达峰、碳中和，并网光伏发电装机容量增长33.5%。创成节水型载体37家。开展GEP核算试点工作；生态气象监测基地建成使用。

【社会保障】 2023年，东源县民生支出44.58亿元，占一般公共预算支出81.45%，"十件民生实事"基本完成。落实解决群众民生问题570宗。累计发放各项就业创业专项资金1 661.49万元，惠及人群超5 000人次；"三项工程"技能培训542人次，新增城镇就业3 577人，高校应届毕业生就业率93%。基本医疗保险特殊人群参保率100%，建筑业新开工项目工伤保障参保率100%。完成养老服务机构消防升级改造5家，建成社区综合养老服务中心及长者饭堂4家，完成适老化改造280户。

【教育发展】 2023年，东源县成功获批创建广东省基础教育高质量发展实验区。建成公办中小学校（幼儿园）4所，新增学位2 880个；新增认定普惠性民办幼儿园5所，学位1 680个。县卫生职业技术学校（北校区）首期建成开学，新增学位2 500个。新增中小学教育集团3个，集团化办学实现学段全覆盖。整改非学科类培训机构14所实现规范经营。

【健康服务】 2023年，县精神专科医院、县中医院中医专科楼、县妇幼保健院附属配套工程等项目建成使用，新增医院床位600张。县第二人民医院达到社区医院标准，4家乡镇卫生院达到国家级推荐标准。省级卫生村、市级卫生镇实现全覆盖。适龄儿童国家免疫规划疫苗接种率100%，适龄女生第一剂次HPV疫苗接种覆盖率97.29%。平稳渡过新冠、流感、手足口病、急性出血性结膜炎高发期。

【文化体育】 2023年，县图书馆获评"国家一级图书馆"；建成县图书馆共建服务点5个、"馆校共享图书"服务点11个。编撰完成《东源县文化普查丛书》。"仙湖茶传统制作技艺""河源客家盐焗鸡制作技艺"及"黄田米酒酿造技艺"入选第九批市级非遗代表性项目名录。《追龙》荣获2023广东省第六届客家新民歌"十佳歌曲"奖，《南园民谣》成为全省第一首村民集体创作村歌。推进全民健身，协办河源万绿湖马拉松赛，举办县乡镇男子篮球联赛及村BA等大型赛事活动，开展徒步、足球、气排球等特色体育活动。

【社会治理】 2023年，东源县推进法治建设，实现刑事案件审查起诉阶段律师辩护全覆盖，阮啸仙故居入选全国红色法治宣传教育基地名单，10个村获评省民主法治示范村。成功打造广东省县级标杆"信访超市"，办结中央信访工作联席办、国家信访局交办的29宗重复信访和10宗重点案件。网络安全事件同比下降46.45%。开展"1+6+N"矛盾纠纷多元共治试点工作，创新'阳光议事制""积分制""大树头议事"等治理模式，义合镇下屯村入选全国乡村治理示范村。推进"保交楼"工作，房屋交付率65.34%。建立源头防范和根治工程建设领域欠薪问题长效机制，为劳动者追回工资待遇超9200万元。开展无毒县创建工作，无毒镇（村）数量位居全市前列；常态化推进扫黑除恶斗争；严厉打击电信网络诈骗等违法犯罪，挽回群众损失585万元；开展"河安2023"专项行动，刑事治安警情实现连续两年下降。排查建筑施工、消防等领域安全生产重大事故隐患217项，整改率98.6%，安全生产形势稳定向好。强化道路交通安全管理，建成国道G205线柳城至仙塘段等道路生命安全防护工程68千米，亡人交通事故起数、亡人数实现双下降。完善防灾减灾救灾体系，成功防御"杜苏芮"等强台风。森林火灾发生率同比下降75%，受害率同比下降50%。

【十件民生实事落实】 2023年，东源县政府完成"十件民生实事"。

完善就业服务平台建设 全县城镇新增就业3500人，完成失业人员再就业800人，促进创业250人，完成创业带动就业800人，开展补贴性职业技能培训550人次。

推动基础教育高质量发展 创建5个城乡教育共同体，完善普惠性学校教育保障机制。优化城乡幼儿园布局和公共服务网络，增加公办幼儿园学位1900个以上。

提高底线民生保障水平 县城镇和农村低保标准分别从2022年的每人每月866元、606元提高到每人每月897元、637元，城镇和农村低保补差从2022年的每人每月654元、300元提高到每人每月676元、311元，同步提高城乡特困供养标准，确保城乡特困人员基本生活标准不低于当地最低生活保障标准的1.6倍。

提高孤儿和残疾人等困难群众救助补助标准 集中供养孤儿基本生活保障标准从2022年的每人每月1949元提高到每人每月2017元，分散供养孤儿、事实无人抚养儿童基本生活保障标准从2022年的每人每月1313元提高到每人每月1359元，困难残疾人生活补贴、重度残疾人护理补贴标准，分别从2022年的每人每月188元、252元提高到每人每月195元、261元。

提高城乡居民基本医疗保险保障水平 财政补助资金从2022年每人每年610元提高到每人每年640元，基本医疗保险参保率稳定在95%以上。

实施公共文化艺术体育普及活动 提高县图书馆、文化馆、博物馆、闻啸轩学堂免费开放服务水平，扩大公共文化服务覆盖面，完成东源公园（全民健身广场）儿童游乐设施项目建设。

启动绿美环县路建设　选取东源代表性的国省道和农村公路，规划一条约230千米能够串联起全县17个乡镇和大部分经济、产业、旅游等重要节点的县级示范环线。

推进特殊学校建设　建设一所县级标准化特殊学校，增加特殊教育学位约270个，保障残障儿童、少年享有公平而有质量的教育。

加快电动汽车充电设施建设　在全县范围内增设12座充电站。

启动长深高速东源出口连接线改造工程　提高东源高速公路出入口车辆通行效率。

县政府办公室工作

【概况】　东源县人民政府办公室（简称县府办）是县政府工作部门，为正科级。职能是协助县人民政府领导处理政务、协调事务和综合服务。2023年机构改革后，金融工作全部职能、外事侨务局中的外事职能划入县府办。

【文秘工作】　2023年，县府办共收到和办理上级来电、来文3 202件，严格登记后，及时送交有关县领导签阅，并按照县领导的批阅意见办理。是年，县政府、县府办印发文件719件，其中制定规范性文件12件，完成政府工作报告、讲话稿、工作汇报、致辞等综合性材料撰写560多篇。

【综合协调】　2023年，县府办加强对重点项目、重大活动、重要工作的综合协调，确保县政府各项决策落到实处、各项工作顺利推进，全年保障县政府各类公务会务172场次，其中县政府会议49场次、政府部门会议123场次，承办全省、全市有关现场会5场次，协调组织县政府主要领导到珠三角地区开展招商活动18次，承办项目签约竣工投产仪式、全省产业有序转移招商引资对接平台推广应用现场会、2023年河源春茶开采暨东源茶旅文化节招商推介系列活动、东源县2023年秋季经贸活动集中签约仪式、2023河源万绿湖马拉松赛（东源段）、东源县2023年茶产业博览会等重大活动。

【督查督办】　2023年，县府办推进政务督查工作落实，跟进落实市政府工作报告涉及东源事项4项、县政府工作报告确定的重点事项170项。完成县政府十件民生实事14个小项实行清单化管理。是年，督办县政府主要领导交办事项290件，发出督办通知10份、政务督查7件。开展百千万工程、赤膊房整治、万绿湖创建5A等专项督查，推动工作有序有效运行。受理"互联网+督查"线索67条，其中国务院"互联网+督查"27条，广东省"互联网+督查"40条。

【金融发展】　2023年，县府办出台《2023年东源金融支持经济高质量发展行动方案》，完善《银行机构支持地方经济发展贡献度考核机制》，构建"产融对接、专场对接、常态对接"的银企对接体系，促成3亿元的信贷政策支持再贷款授信、3亿元的茶叶产业园整园授信、2.5亿元的东源茶产业集体授信。开展"百千万工程"项目融资需求摸排，向金融机构推送项目13个、融资需求2.17亿元。推进知识产权质押、"贷款+外部直投"等金融工具和产品创新，推动银行机构为富马、霸王花等企业办理知识产权质押融资登记23笔，登记金额4.2亿元。制定东源县2023年金融宣传工作实施方案，组织县内各金融机构，开展"防范非法集资宣传月""防范金融领域电信诈骗""金融知识进校园""金融知识答题竞赛"等系列宣传活动，制作防范非法集资公益宣传片——《何罪之有》，引导广大群众特别是老年人等弱势群体树立正确的投资理财理念，增强风险防范意识。全年在县政府门户网站普及宣传金融知识3次，在"东源发布"微信公众号刊登金融知识宣传专版6次；制作悬挂宣传横幅120余条（含电子横幅）、发放宣传手册1万余册，宣传礼品5000余份，《何罪之有》公益广告播放量达数十万次。

【外事工作】 2023年，县府办加强涉外工作管理，印发《关于报送东源县2023年度因公出国意向的通知》，摸排全县2020年至2023年末在外国留学硕士、博士毕业生情况，充实高端外语翻译人才数据库；摸排全县在外不稳定地区的务工、留学人员，并登记造册。根据《河源市外事局关于调整外国人来华邀请核实单申办指南》文件要求，规范企业邀请外国人来华的申报材料核实工作，为4名来华外国人出具邀请核实单材料初审意见并上报，服务企业商务贸易。

【政府信息】 2023年，县府办加强对政府网站、政务公开平台和政务新媒体的日常管理，按要求完成政务网站适老化和无障碍改造，发布政府网站与政务新媒体信息公开检查通报4期，主动公开政府信息总数3874条。加强信息报送，全年共计向市政府报送信息70篇、约稿类信息31篇，其中参与撰写的《河源市加强基础软件领域重点支持有关情况及存在困难问题分析》获得国务院领导批示，在全市前三季度信息报送工作受通报表扬，荣获"2022年度政务信息工作先进单位"称号。协助市府办办理政府信息公开申请4件，受理向县政府申请信息公开38件，并全部按时答复完毕，没有因政府信息公开申请而引发的行政复议和行政诉讼败诉情况。办理市府办交办的网民给省长留言17件、网站集约化平台网民留言2件。

【建议提案办理】 2023年，县府办提升建议提案办理质效，做好代表答复函件造册登记工作，督促及时办理、答复代表建议和委员提案，推动省、市、县203件建议提案办理任务全部按时完成。加强与代表委员的沟通联系，向省十四届人大一次会议报送《关于补齐东源县镇村污水治理短板弱项的建议》《关于打造美丽乡村精品路线和高品质民宿的建议》等优质建议5件。发挥综合协调作用，保障县两会顺利召开，安排10余名干部职工全过程服务县两会期间人大、政协分组讨论，现场听取代表委员意见并做好记录，得到县人大、政协的充分认可。

注释：

1. 安全生产"六个一"：通常指企业在复工复产期间必须严格落实的六项措施，具体包括：企业主要负责人主持召开一次领导班子安全生产专题会议，制定一份周密的复工复产方案，召开一次全体员工大会，组织一次全员岗前安全培训教育，开展一次全方位的安全大排查，制定一套应急处置方案。

2. "诗画田园"乡村振兴示范带：该示范带位于东源县顺天镇，总长约20公里，是一条集产业融合、风貌提升、农旅观光、客韵风情、治理创新于一体的乡村振兴示范带，获评2022年度"广东十大乡村振兴示范带"。

3. "1+5+N"国有企业顶层架构：指以东源县国有资产经营有限公司作为集团母公司，打造城市开发与建设、城市服务与运营、乡村振兴、文化旅游、产业投资与运营五大业务板块及N个专业运作子公司。

4. 双百行动：广东省百校联百县助力"百县千镇万村高质量发展工程"行动。

5. 绿美东源生态建设"六大行动"：森林质量精准提升行动、城乡一体绿美提升行动、绿美保护地提升行动、绿色通道品质提升行动、古树名木保护提升行动、全民爱绿植绿护绿行动。

6. "千塘万渠"清淤行动：在2023年汛期前开展近1千个水塘和超过1万公里河道、渠道的"千塘万渠"清淤行动。

7. "三项工程"："粤菜师傅"工程、"广东技工"工程和

"南粤家政"工程。

8.学前教育"5080"：广东于2018年提出学前教育攻坚计划，即实现全省公办幼儿园在园学生比例达到50%，公办和普惠性民办幼儿园在园学生占比达到80%。

9."双减"：减轻义务教育阶段学生作业负担和校外培训负担。

10."1+6+N"矛盾纠纷多元共治试点工作："1"指综治中心，"6"指综合网格、基层法院、基层检察院、公安派出所、司法所及"粤平安"社会治理云平台，"N"指其他政法、综治和社会力量。

县府办领导及党组成员名录：

党组书记、主任：黄仲明
党组成员、副主任：廖惠健
党组成员：朱秀芳
　　　　　邱　斌（2023.08—）
　　　　　唐鉴芬
副主任：邹晓弋
　　　　张　锋（2023.04—）

（吴玉姝）

信访工作

【概况】 东源县信访局（简称县信访局）原属东源县人民政府办公室挂牌单位，因机构改革，2023年1月，单独设立东源县信访局，为县政府工作部门，正科级。主要职能是负责处理群众致县委、县政府的来信及上级有关部门转来信访件，接待群众来访，受理群众网上信访；承办县委、县政府领导交办的信访事项和协调处理跨区域、跨部门的重要信访问题；等等。2023年，内设综合股（督办股）、办信接访股（县人民来访接待室），行政编制7人。下设股级事业单位东源县网上信访服务中心（公益一类），事业编制6人。

【接访工作】 2023年，县信访局贯彻落实习近平总书记关于加强和改进人民信访工作的重要思想，坚持以人民为中心，维护群众的合法权益，为全县经济社会高质量发展及社会和谐稳定提供坚实的信访安全保障。全年接访群众711批2 114人次，转交办案件1 981件，化解1 760件。

【案件化解工作】 2023年，县信访局完成中央信访工作联席办、国家信访局交办东源县第三批重复访件29宗和重点案件10宗，化解率100%，无倒流案件。完成省交办类案化解2宗，排查化解疑难案件108宗，其中涉工亡等影响较大案件11宗，涉及补偿金额650万元，协调解决工人工资9 200多万元，涉及工人5 200多人。

【示范县创建工作】 2023年，东源县推进广东省县级标杆群众信访诉求综合服务中心创建工作，制定印发《关于印发〈东源县群众信访诉求综合服务中心（信访超市）标准化建设工作实施方案〉的通知》《关于规范我县群众信访诉求综合服务中心运作的通知》等文件，统筹"人民调解、行政调解、司法调解"三大调解资源，推动住建、人社、司法等多家单位常驻服务中心工作，构建"三个一"运作机制，打通"访—疏—调—裁—议"矛盾化解全过程链，实现"一扇门进出、全流程调处、全链条解决"。因地制宜建设"信访公园"，创新开展"大树头+"听民意解民忧活动，推动信访工作上新台阶。是年，东源县获"广东省县级标杆群众信访诉求综合服务中心（信访超市）"称号。开展"全国信访工作示范县"创建活动，制定《东源县开展全国信访工作示范县创建工作实施方案》等文件。指导各乡镇和县直各有关单位结合信访问题源头治理三年行动，完成各项创建工作指标，工作经验被《法治日报》等各级主流媒体多次宣传报道，被国家信访局评为"2023年度全国信访工作示范县"。

【信访法治化宣传】 2023年，县信访局联合各乡镇、县直各有关单位开展《信访工作条例》实施一周年宣传工作；发放《信访工作条例》宣传资料及小册子2.6万份、海报800张、手提袋2 000个，悬挂宣传横幅、标语89条。通过各种方式推动《信访工作条例》进村居、进学校、进企业、进单位，提高群众对《信访工作条例》内容的认识和了解，增强群众依法理性表达利益诉求的法治意识，推动信访工作法治化落地落实。

注释：

1. "类案"：5名及以上不同信访人反映相同的信访事项称为类案。

2. "三个一"运作机制：访前一站式接待、访中一揽子调处、访后一体化解决。

3. "信访超市"：广东省县级标杆群众信访诉求综合服务中心又称"信访超市"。

4. "信访公园"：利用"信访超市"旁的绿地建起"信访公园"，完善公园内的设施，为上访群众提供宽敞、明亮、舒适的候访场所，助推信访工作更好开展。

县信访局领导名录：

党组书记、局长：
郭晓锋（2023.03—）
党组成员、副局长：
曹广丽（2023.03—）

（熊锋剑）

政务服务

【概况】 东源数据管理局（简称县政数局），负责全县"数字政府"改革建设、政务服务和政务数据管理、政务信息化项目建设管理、12345政务服务热线运作管理和监督考核等工作。2023年，县政务服务中心共有进驻部门32个，进驻政务服务事项1 320项，办理各类政务服务事项45.83万件，办结率100%。

【公共服务】 2023年，县政数局优化提升营商环境，方便企业和群众办事，推进政务服务改革，提升政务服务效率。聚集服务资源，推动司法公证、法律援助、广电等部门和自来水公司的政务服务集中到县政务服务大厅统一办理。简化办事流程，发布"一件事"主题套餐服务事项50项，发布两批次免证办清单共788项。深化"互联网+政务服务"模式，将政务服务事项办事指南生成二维码，实现一扫即查、一点即看。督促和指导各乡镇做好下放政务服务事项135项承接工作，推进高龄补贴等高频事项延伸至村级便民服务站受办理，提高办理业务数据效率。提升"粤智助"推广使用率，全县302台"粤智助"为群众办理业务24.15万余件，服务群众4.51万人次。建立健全政务服务评价体系，在县政务服务中心设置"办不成事"二维码，受理企业和群众在办事过程中因办事材料不明确或不合理、工作人员服务态度、事项办理程序不合理等原因造成的"办不成事"问题反映。全年收到群众办事评价数3.81万条，好评率100%。组织相关业务骨干定期前往各乡镇实地指导乡镇大厅升级改造建设，优化乡镇便民服务中心功能区域分布、导向标识设置、设施设备更新、制度建设、窗口设置和建设以及业务培训等工作。

【数字政府】 2023年，县政数局统筹数字政府建设，加快推进数据要素市场化配置改革。推进投资广东平台建设应用，打造投资广东平台东源专版，创新建设工业、文旅业、农业三大特色板块。8月2日协助县政府举办全省产业有序转移招商引资对接平台推广应用现场会，12月7日成功上线投资广东平台海外版东源板块。在新港镇、仙塘镇、义合镇、顺天镇四个镇实施精简填表报数试点工作。是年，完成填报数据项梳理339项，实现手机端填表报数功能。推动东源县"一网统管"乡镇治理专题建设试点工作，在顺天镇率先试点建设"一网统管"乡镇治理专题建设（一期）项目，围绕五大振兴要求打造智慧乡镇平台，以防溺水应用、独居老人监测、应急指挥、森林防火监控等智慧应用功能，促进乡村基层治理和基层服务走向高效化、精细化、数字化，提升基层治理水平。推进"百千万工程"指挥部信息化建设工作，完成示范点信息、全县第一批基础数据、第二批专项数据的收集，指导各乡镇和县直有关单位进行信息综合平台的数据报送工作；全面摸底全县的存量视频点位资源，以每个县至少20路、每个镇至少5路、每个村至少2路的目标补点县内未覆盖的镇村，提高本县镇村优质视频点位的覆盖率；完成全县21个乡镇无人机部署及调测入网，完成省委领导对顺天镇无人机调度。提升网络安全保障能力，有效监测处置网络安全事件152起。加强信息化项目管理，完成县级政务信息化项目评审13个，项目预算核减率27.58%，节约财政资金2 000多万元。

【12345政务服务热线】 2023年，县政数局协助召开县委书记、县长"面对面"解决群众"急难愁盼"问题座谈会3场，征集"养老难""城市服务""旅游服务"问题724宗，整改落实570宗；解决市交办"出行难、养老难、关爱保护未成年人、城市服务、政务服务、旅游服务"等民生问题445宗。将12345政务服务热线工作纳入县目标管理责任制考核，完善对热线成员单位管理、督查和考核机制，促进热线单位高效、规范办理群众诉求工作。受理群众诉求2.23万件，办结率99.99%。

【日常管理】 2023年，县政数局加强大厅管理，塑造政务服务窗口新形象。加强制度建设，完善《政务服务大厅窗口工作行为规范》《内部管理制度》等制度。严格窗口工作人员请销假制度，每天坚持对大厅开展巡查，发现问题及时纠正。定期每月召开窗口工作例会，通报各进驻部门人员考勤、工作作风、服务态度等情况，提升窗口服务效能。

【政务公开】 2023年，县政数局坚持"公开为常态、不公开为例外"原则，丰富和拓展政务信息公开渠道，通过上网、上墙、上服务手册等方式公开服务事项名称、审批流程、资料清单、办理依据、承诺时限、办理结果和收费标准等，增加办事透明度。规范编制办事指南，核对事项的办理时限、设定依据、申请材料等要素，确保办事指南各环节要素中包含的信息内容准确明晰，为办事群众提供更加精准的办事指引。

【电子监察】 2023年，县政数局加强行政效能视频监控，实时监控政务服务大厅窗口工作人员出勤情况、工作作风、服务态度。加强行政审批电子监察，通过行政审批电子监察系统全程监控政务服务大厅行政审批事项的受理、承办、审核、批准、办结等环节，实现行政审批行为受控、环节受控、时限受控，细化岗位职责，落实相关责任，优化审批流程，让企业、群众办事更为方便快捷。注重电子监察成果运用，不定期通报监察结果，促进政务管理的规范化、监督的透明化、评价的公开化。

注释：

1."**一件事**"：指将企业和群众需要前往政务服务部门办理的多个"单一事项"经过环节整合、流程优化集成"一件事"，实行"一口申报、一次告知、问答引导、一表申请、一次提交"。线上只需一次登录，即可一网通办；线下只需进一扇门，最多跑一次，就可以将业务一次办成。

2.**免证办**：指群众、企业到政务服务大厅或者在政务服务网申办业务时，不需提供或上传纸质证照（证明）或者复印件，由政府单位的工作人员，通过依法履行依职能用证的权限，在业务系统中查验与群众或者企业业务相关联的电子证照，即可帮群众或企业办理指定业务，申办人即使没有带原件或者复印件，也能实现"免证办"清单中的业务办理。

3.**粤助智**：指政府服务自助

机，是一款专攻乡村场景的综合轻型化智能终端，集成了多种业务功能，以用户自助操作为主、现场工作人员协助为辅。

4."一网统管"：指通过网络技术和信息手段，将多个系统、平台或数据资源整合到统一的管理平台下，实现集中监控、协同运营和数据共享的管理模式。

5.五大振兴：产业振兴、人才振兴、文化振兴、生态振兴、组织振兴。

6.百县千镇万村高质量发展工程：简称"百千万工程"，是广东高质量发展的"头号工程"。

县政务服务数据管理局领导名录：

党组书记、局长：黄志勇

党组成员、副局长：

罗鹏辉　蒋玉清

（王凯发）

机关事务工作

【**概况**】　东源县机关事务管理局（简称县机关事务局）主要职责是为县委、县政府各项工作提供后勤保障，负责县政府大院的安保、卫生、公务用车、会务管理、设备维修及各种有关的服务工作。

【**机关事务管理**】　2023年，县机关事务局加强府机机关大院门岗管理，对进出机关大院的外来人员实行查问、登记。加强办公楼卫生管理，聘请有资质公司派专人对县机关大院各幢办公楼、机关饭堂、工人文化宫、电梯间、公共走道、卫生间等公共区域每周2次全方位消杀；严格公务车辆出车前后清洁消毒工作，严格驾驶员健康监测。根据会议服务工作要求，提前完成会场茶水瓷杯摆放、桌椅维修、横幅悬挂、电源、灯光、音响、开水保障等工作。是年，该局完成全县性各类会议服务2400多场次。

【**环保绿化**】　2023年，县机关事务局加强县政府机关大院办公楼内外卫生保洁和绿化、美化、净化工作，执行卫生保洁和绿化考核制度，不定时对卫生保洁工作进行检查并督促整改；适时更新、翻种绿化带花草树木。

【**机关饭堂管理**】　2023年，县机关事务局加强机关饭堂管理，严把食材进口关，定期开展农药残留检测和"三无过期"食材检查，从源头上保证食材的安全。严格机关饭堂消杀工作，加强饭堂环境卫生管控，保持空气流通，定期对就餐大厅、接待房、厨房等进行消毒。征求干部职工意见，适当更换菜品，改进饭菜口味，提升菜品质量。

【**资产管理**】　2023年，县机关事务局加强信息化建设，实行资产动态管理。依托广东省行政事业性国有资产管理系统基本实现资产管理四个"全覆盖"。是年，该局完成申请处置批复函46件。其中，固定资产报废处置批复24件，公务用车报废处置批复5件，特种车辆报废（含船只）处置2件，公务用车拍卖处置批复5件，固定资产调拨处置批复9件，重复录入固定资产下账处置批复1件。

【**基建工作**】　2023年，县机关事务局完成县政府大院、县工人文化宫双电源建设工程，保障用电正常；加强对配电房等重要设备设施的日常维护保养工作，加强对电梯等特种设备的日常维护，加强对消防、供排水、景观灯等设施的维护保养。

【**财务管理**】　2023年，县机关事务局完善《财务管理制度》，按照《财务管理制度》的要求报销各项费用。结合该局实际工作要求，合理编制年初预算，按照项目支出规范使用，结余资金在年底由财政统一收回。年初预算及年终决算在本县政府网站依法公开。

【**安全保卫**】　2023年，县机关事务局加强对监控设备设施的维护，做到全方位覆盖。对办公区域、主要通道、重要场所进行周密部署，加强对维修施工人员、快递人员等重点人员的管理。加强上访人员的疏导和管控，该局配合县信访局及相关单位在县政府大门前开展处理疏导各类信访事件24次。

【公务车辆管理】 2023年，县机关事务局利用广东省公务用车管理平台，加强对公务用车派车审批、运行轨迹、费用录入等情况的监督管理，确保公务用车规范使用。是年，该局完成出车任务3 280车次，行驶53万余公里。更新和配备公务用车和租赁社会化车辆保障公务时优先选用新能源车辆。是年，全县共购置汽车11辆，其中新能源汽车2辆。严格车辆安全例检制度，确保公务用车安全运行，全年未发生交通事故和车辆重大安全隐患。

注释：

四个"全覆盖"：资产卡片、使用、处置、产权登记、资产报表和查询分析等事项全覆盖；对大型资产信息，如土地、房屋、车辆、大型设备等资产实现重点监管全覆盖；行政事业单位固定资产提取折旧和查询分析等事项全覆盖；全县的行政事业单位基本纳入资产管理系统，实现全覆盖。

县机关事务管理局领导名录：

党组书记、局长：杨勇斌

党组成员、副局长：

邓日红　古勇华

（杨　喻）

接待工作

【概况】 东源县委、县人民接待科（简称县接待科）负责接待县四套班子领导各项公务接待事务和县委、县政府交办的其他接待事项。

【制度建设】 2023年，县接待科制定《东源县公务接待工作暂行规定（修订）》，完善《东源县接待物资储存室管理制度》《东源县接待科财务管理暂行办法》，编印《东源县接待科制度汇编》，严格执行各项制度，严格接待范围、接待交办权限及程序、接待标准、报账流程，提升管理水平。

【接待工作】 2023年，县接待科坚持"爱岗敬业、乐于奉献、积极进取、勇于创新"的接待工作精神。是年，圆满完成东源县全年重大活动接待保障工作，其中包括市委农村工作会议暨全面推进百县千镇万村高质量发展工程、促进城乡区域协调发展动员会、广东省委主要领导一行到河源开展调研考察活动、广东省政府办公厅开展"学习雷锋精神　共建绿美广东"义务植树主题团日活动（东源会场）、全省招商引资平台发布现场会、省政协主要领导到东源调研考察活动、东源县2023年茶产业博览会等高标准会议活动，接待省、部级及以上领导到东源政务活动22批220人次，招商考察团298批3 576人次，其他来宾（厅级及以下政务活动）577批6 924人次，总计897批次1.07万人次，安排用餐接待1 272餐，住宿接待374次，游船接待78次，茶歇区、茶水点接待服务10次（接待人数超300人次）。是年，接待经费同比上升18.4%。

【车辆管理】 2023年，县接待科遵照《东源县党政机关公务用车管理办法》等相关文件，完善配套制度及规范公务用车管控机制。严格执行公车定点停放、定点加油、定点维修的"三定"管理，健全完善专人负责、领导审批、统一派车、明确线路等制度，杜绝公车私用、私车公养等现象。是年，接待科出车229次，月均出车19次，行驶里程6 899公里、运行费用1.9万元。

县接待科领导名录：

科　长：

蓝法辉（2023.03—）

副科长：叶　素

（李伟华）

移民工作

【概况】 2023年，东源县共有水库移民1.92万户8.65万人。其中大中型水库移民8.49万人，分布在半江、锡场、顺天、灯塔、仙塘等16个乡镇140个行政村518个自然村；小型水库移民1641人，分布在县内9个乡镇。

【移民后期扶持】 2023年，东源县到位各类水库移民扶持基金共2.12亿元，用于安排141个移民后期扶持项目；其中计划安排直补到人资金8.05万人4 748.83万元，安排助力乡村振兴项目资金5 097.7万元，安排省级示范美丽家园项目资金3 812万元，安排道路建设、桥梁建设、自来水工程项目资金共3 043万元，安排农村合作医疗补助资金1 500万元，安排灌溉渠道、山塘项目资金共1 429.67万元，安排教育设施配套项目资金810万元，安排卫生清洁转运费209.69万元，安排技能培训费35万元，安排其他费用共270万元。结余资金424.38万元纳入下一年度计划。

【省级示范项目建设】 2023年，东源县上级安排省级示范美丽家园项目3个，分别为涧头镇乐源村美丽家园、义合镇中洞村美丽家园、双江镇高陂村美丽家园。是年，三个省级示范项目完成项目概算、预算评审、联审工作和招投标工作。

【双转移基地】 2023年，东源县移民局（简称县移民局）双转移示范基地服务中心投入95万元对园区水、电、道路及绿化等基础设施修缮和维护，对基地企业建设和生产拉网式安全排查48次。基地全年上缴税收134万元，物业收入95.4万元、厂房租金收入900万元，所得租金上缴县财政移民专户专项用以移民项目建设。

【移民培训】 2023年，县移民局为提高水库移民技能和就业能力，举办粤菜师傅及母婴生活照护专项职业能力培训，培训移民90人；举办移民业务培训班3期，培训干部职工、及移民村（居）业务骨干244人。

【移民信访】 2023年，县移民局加大信访排查力度，化解移民信访矛盾，全年受理移民来信来访案件1件，并按时答复信访人。全年未发生移民群体赴京和到省上访事件。

【移民参保】 2023年，县移民局为做好全县水库移民城乡居民基本医疗保险参保工作，解决7.23万移民医保保险，实现应保尽保。

县移民局领导名录：
党组书记：李小青
党组副书记、局长：李　勇
党组成员、副局长：
　　欧文艺　刁晓萍　曾捷金
（张　泳）

政协东源县委员会

2023年政协东源县第九届委员会主席、副主席名录：

主　席：黄镜明

党组副书记：郑远程

副主席：许小强　李添鸿　刘永辉　朱新良　张凌峰

秘书长：丘志强

重要会议

【政协第九届东源县委员会第三次会议】2023年2月22日至23日，政协第九届东源县委员会第三次会议在东源县城召开，出席会议委员有230人。县委书记秦卫民，县委副书记、县长刘大荣，县人大常委会主任张辉等领导应邀出席会议。

县政协主席黄镜明受政协第九届东源县委员会常务委员会的委托，向大会作工作报告。报告指出，2022年县政协常委会坚持以习近平新时代中国特色社会主义思想为指导，深入学习贯彻中共十九届七中全会精神和中共二十大精神、省第十三次党代表大会、省委十三届二次全会和市委八届二次全会精神，牢牢把握团结和民主两大主题，坚持增进团结和发扬民主相互贯通、建言资政和凝聚共识双向发力，在中共东源县委的坚强领导下，围绕县第八次党代表大会的决策部署，努力克服疫情影响，持续加强理论武装，积极履行政治协商、民主监督、参政议政三大职能，以新担当、新作为推动政协各项工作取得新进展，展现新一届领导集体的新干劲新气象，在新征程中奋力谱写东源政协事业新篇章，为东源县奋力当好建设幸福和谐美丽河源主力军作出了贡献。报告从五个方面回顾县政协过去一年的工作：坚持加强政治引领，党对政协工作的全面领导不断巩固；坚持聚焦协商主业，为精准服务东源又快又稳发展建言献策；坚持践行履职为民，为增进民生福祉尽力尽责；坚持双向发力，为汇聚团结奋进合力贡献力量；坚持加强组织建设，为提升政协工作效能提供保障。

报告指出，2023年是全面贯彻落实中共二十大精神的开局之年，也是实施"十四五"规划承上启下的关键一年。具体要抓好以下五方面工作：以学习贯彻中共二十大精神为引领，持续加强理论武装，把稳把牢政协工作方向；坚持服务大局，发挥专门协商机构作用，紧扣助力高质量发展议政建言；坚守履职为民，发挥党委政府联系群众的桥梁纽带作用，用心用情用力做好服务群众工作；紧扣团结主题，发挥爱国统一战线重要法宝作用，广泛汇聚团结奋斗的正能量；加强队伍建设，夯实组织基础，推动政协工作提质增效。

县政协副主席许小强代表政协第九届东源县委员会常务委员会，向大会报告九届一次会议、二次会议以来的提案工作情况。报告指出，县政协常委会坚持以习近平新时代中国特色社会主义思想为指导，深入学习贯彻中共二十大精神，组织县政协委员、县政协各参加单位和各专门委员会，围绕县委、县政府中心工作和人民群众关心的实际问题，运用提案履职尽责。县政协九届一次、二次会议共征集到委员提案100件。其中一次会议49件，二次会议51件。经审查，立案89件，委员来信11件，立案率

89%。县政协将收到提案，按有关程序和规定一并移交县政府，按照分级负责、归口办理的原则，及时移交有关单位承办。各承办单位在规定时间内办理完毕和答复委员，办复率100%，满意率100%。其中，所提问题已经解决或正在解决91件，占总数91%，列入计划解决9件，占总数9%。提案所反映的许多意见和建议被吸纳落实到东源县相关重大决策、发展规划或部门工作中，为推动东源县经济社会高质量发展和民生改善发挥作用。

会议审议通过政协第九届东源县委员会常务委员会工作报告及关于提案工作情况的报告；听取和讨论东源县人民政府工作报告及其他报告。会议补选李俊、张雪连、曾辉泉为政协第九届东源县委员会常务委员会委员。

县政协主席黄镜明在闭幕会上对全体委员提出四点要求：坚持政治引领，筑牢"同心同向"思想根基；坚持履职尽责，彰显"有为有位"政协力量；坚持人民至上，践行"用心用情"为民初心；坚持强基固本，锻造"想干能干"政协队伍。

【县政协常委会会议】 2023年，政协第九届东源县委员会召开常委会6次，讨论有关事项。

第4次会议 2023年1月12日，县政协召开九届四次常委会会议，会议议程有10项：学习贯彻党的二十大精神；学习贯彻省委十三届二次全会、市委常委会（扩大）会议精神；听取县政府提案办理工作情况通报；审议县政协常委会调研报告；审议《政协东源县委员会协商工作规则》；审议《东源县优秀政协委员评选办法》；审议县政协常委会工作报告、提案工作报告；通过委员请辞有关事项；通过2022年度优秀政协委员名单；其他事项。

第5次会议 2023年2月14日，县政协召开九届五次常委会会议，会议传达政协河源市八届二次会议精神。通过县政协委员请辞有关事项，通过增补县九届政协委员名单，通过政协东源县九届一次会议、二次会议优秀提案和表扬提案名单，通过政协常委会2023年主要工作安排和县政协九届三次会议有关事项。

第6次会议 2023年2月21日，县政协召开九届六次常委会会议，会议议程有6项：通过大会执行主席分工（草案）；协商通过补选县九届政协常务委员会委员候选人预备人选建议名单（草案）；审议选举办法（草案）；审议总监票员、监票员名单（草案）；审议县政协九届三次会议决议（草案）；传达会风会纪要求。

第7次会议 2023年2月23日，县政协召开九届七次常委会会议。会议听取各讨论组两次分组讨论的情况汇报；审议通过选举办法（草案）、补选县九届政协常务委员会委员正式候选人名单（草案）；审议通过总监票员、监票员名单（草案）；审议通过县政协九届三次会议决议（草案）和县政协九届三次会议提案审查情况报告（草案）。

第8次会议 2023年9月21日，县政协召开九届八次常委会会议。会议议程有7项：传达学习贯彻习近平总书记在中央政治局会议和党外人士座谈会上的重要讲话精神；传达学习贯彻习近平总书记在全国生态环境保护大会上的重要讲话精神；传达学习贯彻中央学习贯彻习近平新时代中国特色社会主义思想主题教育第一批总结暨第二批部署会议以及省有关会议精神；传达学习贯彻省委书记黄坤明在河源调研时的指示精神及市、县有关会议精神；根据市委和县委有关任免文件，协商通过潘国贵请辞县九届政协委员的决定和协商通过免去梁新鹏县政协提案法制委员会主任职务的决定；审议《县政协常委会关于深入推进绿美东源生态建设的调研报告（草案）》。

第9次会议 2023年12月28日，县政协召开九届九次常委会会议。会议议程有10项：传达学习贯彻习近平总书记在中共中央政治局专题民主生活会上的重要讲话精神；传达学习贯彻习近平总书记在中央经济工作会议上的重要讲话精神；传达学习贯彻习近平总书记在二十届中共中央政治局第十次集体学习时的重要讲话精神；听取县人民政府关于县政协九届三次会议以来提案办理情况的通报（草案）；协商县政协常委会工作报告（草案）；协商县政协九届三次会议以来提案工作情况的报告（草案）；协商2023年度县政协优秀委员有关事宜；协商2023年度县政协优秀提案及表扬提案有关事宜；听取县政协各专门委员会工作报告；协商有关人事事宜。

重要工作和活动

【民主监督】 2023年，县政协围绕党政工作重点、社会治理焦点、群众关注热点开展民主监督，组织政协常委、委员对电商建设、创文、污水处理、全民禁毒实施情况、高标准农田建设、县政府2023年十件民生实事等专题开展视察活动，发现工作中的问题和不足，与有关负责人交换意见，提出意见和建议，助推县委、县政府重要工作部署落实。开展委派民主监督员工作，选派58名委员参与县委书记、县长"面对面"解决群众"急难愁盼"座谈会、城乡规划、义务教育、"谁执法谁普法"考评、"全县交通大会战"专题视察，担任县法院义务陪审员、县武装部、县税务局等单位特邀廉政监督员，促进国家机关及其工作人员转变作风、改进工作、廉洁从政，推动东源县经济社会高质量发展。

【专题调研】 2023年，县政协围绕县委、县政府年度工作安排，召开专题议政性常委会会议，形成《关于深入推进绿美东源生态建设的调研报告》，为县委科学决策、政府推进落实提供参考。县政协各专委会重点围绕茶产业提质增效、基层治理提升、基层文艺发展、中医药事业发展、高铁经济发展、非遗的保护和活化利用等专题，开展调研，协商议政，提出意见建议，形成调研报告7份，供县委、县政府及相关部门决策参考。是年，召开专题议政性常委会4次、专题协商会4次、界别协商会2次。

【提案办理】 2023年，县政协做好重点提案办理跟踪落实，重点提案由县委、县政府、县政协主要领导领衔督办，全部提案由县政协各专委会到对口单位进行跟踪督办，"事事有答复""件件有着落"。九届三次会议期间共征集提案83件，经审查立案68件，委员来信15件，立案率82%，提案由各承办单位按时办理完毕，办复率100%，满意率100%。

【民生福祉】 2023年，县政协顺应人民群众对美好生活的新期盼，落实"人民政协为人民"理念。

社情民意 2023年，县政协针对绿美东源生态建设、"一老一小"民生短板、残疾人特殊需求、县城学位不足、精神医院建设等涉及群众生产生活的热点难点问题，报送有关部门处理反映的社情民意信息23条，部分建议被吸纳到部门工作措施中。

民生服务 2023年，县政协引导委员开展履职"服务为民"活动，协助党和政府做好协调关系、理顺情绪、化解矛盾、活血化瘀的工作。引导委员在扶贫济困、爱心助学等社会公益活动中捐款捐物500多万元，组织相关界别委员到蓝口镇开展文化卫生科技"三下乡"活动，提升群众幸福感、安全感。

挂镇联村 2023年，县政协开展领导班子成员挂镇联村、联系服务企业、联系人才服务、林长制等工作，督导镇村做好基层党建、经济发展、民生改善、乡村振兴、安全生产、森林防火、矛盾纠纷化解等工作，帮助企业解决生产和发展过程中遇到的问题；开展党建结对帮、"党建引领齐参与，镇靓村洁庭院美""千塘万渠"清淤行动等活动。

【联谊宣传】 2023年，县政协发挥人民政协爱国统一战线职能，凸现思想政治引领、广泛凝聚共识，把牢工作主轴，创新工作方式。

共识共建　2023年，县政协加强党派合作共事，密切与各民主党派、工商联和无党派人士的联系，并主动邀请参与政协各类视察调研活动16次，各类会议发言28人次。密切同党外知识分子、非公有制经济人士、新的社会阶层人士、少数民族人士、宗教界人士等联系，开展丰富多彩的界别活动，发挥政协委员在界别群众中的影响力、凝聚力、号召力。加强与港澳政协委员和社会各界人士的联谊交流，广泛凝聚爱国爱港爱澳爱乡力量，增进共识，发挥港澳政协委员"双重积极作用"，助力粤港澳大湾区建设和东源高质量发展。

调研交流　2023年，县政协协助省、市政协开展调研视察13次；接待广西柳城县、江西安远县、江西崇义县、江西南康区、云浮云城区等外地政协到该县学习考察9次。加强对外学习交流，组织委员前往福建、宁夏、甘肃、青海、广西等地，与当地县区政协开展专题学习交流，学习借鉴外地先进经验。走访珠三角等地东源商会、委员企业32家42人次，听取委员履职情况及对政协工作的意见建议，共促履职提质增效。发挥政协书画院对外文化交流窗口作用，在东源县文化馆、东源中学、东源高级中学举办"庆祝二十大　奋进新征程"书画作品展览，下到农村开展"义写春联"等活动。

载体创新　2023年，县政协加强委员与界别群众密切联系，制定《东源县政协委员联系服务群众实施办法》，探索委员联系群众的新方式、新载体；加强乡镇政协联工委工作，探索创新开展乡镇政协联工委工作的有效机制和形式，推进协商民主向基层延伸、为群众服务；推动委员工作室建设，将委员工作室打造成为学习交流的园地、联系群众的桥梁、社情民意的窗口、协商议政的平台、凝聚共识的载体。是年，创建"中国共产党""农业界""民建、无党派人士""文化艺术界""社会科学界"等5个界别委员工作室，把履职触角向各界群众中延伸，筑牢政协委员联系界别群众的工作链，打通委员联系群众、融入基层社会治理的"最后一米"。

注释：

1. "一老一小"："一老"指养老服务，"一小"指婴幼儿照护服务。

2. "三下乡"：指"文化、科技、卫生"下乡活动。

3. "多规合一"：指将国民经济和社会发展规划、城乡规划、土地利用规划、生态环境保护规划等多个规划融合到一个区域上，实现一个市县一本规划、一张蓝图，解决现有各类规划自成体系、内容冲突、缺乏衔接等问题。

4. "五保"老人：指我国农村集体经济组织或街道办事处经济组织供养的、实行"保吃、保穿、保住、保医、保葬"五保措施的老人。

5. "银发经济"：指以老年人为目标客户的产业。

6. "三个年"行动：2022年为"工业倍增升级攻坚年、乡村振兴提质增效年、干部能力提升建设年"；2023年为"园区建设提速年、基层治理提升年、茶产业提质增效年"。

7. "七项重点工作"：指制造业高质量发展、高铁经济破题、重大项目推进、现代农业提质发力、商贸文旅融合提升、绿美东源焕发新颜和国企改革提速。

8. 省委"1310"具体部署："1"指锚定"走在前列"一个总目标；"3"指激活改革、开放、创新"三大动力"；"10"指奋力实现"十大新突破"：纵深推进新阶段粤港澳大湾区建设，在牵引全面深化改革开放上取得新突破；始终坚持实体经济为本、制造业当家，在建设更具国际竞争力的现代化产业体系上取得新突破；一体推进教育强省、科技创新强省、人才强省建设，在实现高水平科技自立自强上取得新突破；深入实施"百县千镇万村高质量发展工程"，在城乡区域协调发展上取得新突破；全面推进海洋强省建设，在打造海上新广东上取得新突破；深入推进绿美广东生态建设，在打造人与自然和谐共生的现代化广东样板上取得新突破；扎实推进文化强省建设，在交出物质文明和精神文明两份好的答卷上取得新突破；用心用情抓好民生社会事业，在推动共同富裕上取得新突破；扎实推进法治广东平安广东建设，在构建新安全格局上取得新突破；坚定不移加强党的全面领导和党的建设，在营造良好政治生态上取得新突破。

9."千塘万渠"清淤行动：指在2024年汛期前开展近1千个水塘和超过1万公里河道、渠道的"千塘万渠"清淤行动。

10."百千万工程"：全称为广东"百县千镇万村高质量发展工程"，是省委十三届二次全会部署实施的推动城乡区域协调发展的一项系统性工程。

11.专委会"五个一"工作机制：即进行一次专题调研、一次协商会、一次视察活动，提出一件有质量的提案和一份有价值的会议发言材料。

附：政协东源县委员会第九届三次会议提案选辑

关于加快农村电商建设，促进实体经济高质量发展的提案

欧志平

实体经济直接创造物质财富，是社会生产力的集中体现，也是社会财富和综合国力的物质基础，是强国之本。电商经济是促进实体经济发展的有力抓手，作为振兴乡村经济的一个载体，正在发挥着积极的、重要的作用。东源县自然资源丰富，交通十分便利，加快农村电商建设，促进实体经济高质量发展具有得天独厚的优势。东源县于2021年成功获批创建国家级电子商务进农村综合示范县，鼓励产品经销企业、合作社、种养大户触网上线。2022年，新增入驻电商企业8家以上，实现农村电商网络零售额2.8亿元以上。

一、存在的问题

近年来，农村电商发展的基础设施建设逐步完善，农村电商市场正蓬勃兴起。但是，契合我县电商经济发展的电商平台却较为缺乏，电商发展也面临着发展不充分、不平衡，电商综合服务企业少、农村电商市场主体整体竞争力弱，全国驰名的农产品品牌较少，农村电商物流体系建设仍存在短板等问题。

（一）电商基础较为薄弱。我县农村电子商务发展仍处于起步阶段，电商基础设施建设较为薄弱，没有形成基于我县经济发展的特色产业规模，为电商服务的产业链条等配套支撑功能还有较大增长空间。本地农村电商人才需求缺口不断扩大，新媒体运营人才欠缺，跟不上农村电商发展速度，新业态、新模式的不断涌现推动了农村电商进入新一轮高速发展阶段，特别是当前农村电商已从以传统平台电商为主导的经营模式，逐步过渡到与抖音、快手等直播新媒体相结合的经营模式。随着新媒体电商井喷式发展，导致新媒体运营、视频美工、直播运营等方面的专业人才需求量急剧增长，而相应的人才培养体系尚未完全建立，人才供需面临结构性失衡，极大制约了农村电商的发展。

（二）应用程度较低。我县农村电商经营主体多是活跃在第三方电商平台上的"卖家"，电商企业数量少、规模小，缺乏规模较大的领军型电商企业，网络零售渗透率偏低，对社会消费品零售总额的贡献度偏低，对商品销售的拉动作用偏弱。

（三）产品上行培育不足。我县是农业大县，农产品主要还是依靠传统的种植模式，规模化种植程度不高。一方面是特色品牌开发不足，东源县拥有板栗、茶叶、蓝莓等品质优良的特色农产品，具有无可比拟的农特产品资源优势，但却始终未培育出与资源相匹配的"大牌"，也缺乏知名度高的龙头企业和叫得响的品牌。另一方面是产品同质化严重，"小而散""品种多""品牌少"的现象比较突出。以河源米粉为例，仅在淘宝上，河源米粉店铺就有154家，且价格

不一，产品竞争力不强，导致上行困难。

（四）物流体系短板明显。一是农村电商基础设施有待完善。虽然顺丰、申通、EMS等快递公司已相继落户我县，部分镇村除EMS依托邮政支局实现100%覆盖外，其他快递公司均只送到镇的快递点，且还存在代收费用问题，增加了村民电商消费的负担，"最后一公里"瓶颈依然是农村电商发展的难点。二是冷链运输价格高，企业物流成本大。依托灯塔盆地，东源拥有许多特色农产品，但农产品上行过程中要保证其口感和品质，需使用冷链运输，但是冷链运输价格过高成为制约企业发展的重要因素。

二、意见建议

电商经济具有投入成本高、产出周期长、利润空间有限等特点，发展实体电商经济必须通过财政优扶政策、金融支持政策、人才培养政策等手段，切实减轻电商企业负担，不断改善电商经济发展的环境。具体建议如下：

（一）把发展农村电商作为乡村振兴的重要支撑。完善"互联网+"农产品出村进城工程，在财政资金上对农村电商、物流园区给予支持，对大型农村电商、物流企业提供金融服务支持，鼓励民营资本扩大物流经营区域，增强我县物流行业活力。

（二）充分发挥政府主导作用。制定出台鼓励优惠政策，大力推进农村电商基础设施建设，扶持、规范和引导农产品电子商务发展，加大政策力度，对优质的电商及配套企业进行重点培育，鼓励做大做强，逐步建立并扩大电商产业规模，提升电商产业的整体运营水平。

（三）加大电商人才引进和培养。一是采取"请进来"的办法，重点引进有丰富经验，具有一定带动能力的优秀电商人才。鼓励大、中专毕业生、农村返乡青年、种养大户、产业带头人扎根我县经济发展，不断壮大电商骨干队伍。二是挖掘和培育本地人才。建设农村电商人才培育基地，通过采取地方职业院校和地方政府相融合的形式，进一步加大电商人才培育力度，设立当地特色的电商课程，定期举办培训活动，邀请电商专家授课，重点培育懂电商业务、能带头致富的农村电商人才，并借助"一村一品"等活动，吸引更多的农村青年投身农村电商事业。

（四）大力开展标准化和品牌化认证。引进和培育从事产品研发、生产加工、包装设计、网络销售的专业化公司，对我县优质特色的产品进行统一研发、统一生产、统一加工、统一销售，实现规模化生产、组织化运营、集中化发展，打造我县地域特色品牌，提高产品的知名度和市场竞争力，以品牌催化农产品供应链优化和结构调整。加强"农产品地理标志"特色农产品宣传，有关部门加大在官方媒体及其他主流媒体的公益广告投放力度，有针对性地宣传东源板栗、蓝莓、茶叶、丝苗米等特色农产品，积极引导市场主体"走出去"，形成"政府+企业"的特色农产品宣传格局。

（五）进一步完善流通体系。实现"县有物流配送中心、乡镇有物流中转节点、村级有物流服务网点"的目标，积极扶持有实力的企业投资建设电商物流产业园，为我县产品"走出去、销更远"创造流通条件。合理布局农村物流中心，按照协调性、适用性及适应性原则，合理规划科学布局配送中心，加快物流园区和配送中心建设，引导物流企业合作共建配送体系，降低农村电商企业配送成本。

关于促进东源县县域农产品流通体系建设的建议

陈健萍

近年来，我县立足产业强县，依托国家农业现代化示范区和省级现代农业产业园建设，打造G205国道（灯塔段）农业高质量产业带，培育客家预制菜产业优势，持续提升东源丝苗米、油茶、生猪、茶叶、板栗和蓝莓等六个特色产业发展，农业产业发展走上提质增效的"快车道"。

一、存在问题

在农业产业化的进程中，农产品的流通占据着举足轻重的作用。虽然我县农产品流通体系建设取得一些进展，但农产品"卖难买贵"问题依然没有得到根本解决，丰产却不丰收的风险也没有得到根本化解。我县农产品流通体系短板问题主要表现在：

（一）农产品流通市场功能不够健全。我县没有根据产业化的进程，同步配套大型流通市场，传统的批发市场基础设施仍停留在提供经营场地、出租摊位、自由成交和收取管理费的初级市场经营管理阶段，批发市场价格辐射功能还未形成，仍存在设施不完善，物流、信息服务功能不齐全，专业化程度不高等问题。

（二）农产品流通信息化水平程度较低。我县仍处在供求信息简单发布的初级阶段，统计信息不准、获取困难的问题成为发展瓶颈，还未能形成从生产到流通全过程的信息体系，不能很好地发挥对农业生产的指导作用，局部农产品"卖难买贵"和滞销现象时有发生。

（三）新型农产品流通业态发展还不快。新型农产品流通业态发展不快，电子商务、农超对接、农旅对接、连锁配送、直播电商等新型农产品销售方式较少，流通效率不高，跟不上现代高效农业的发展步伐。

（四）农产品物流配送体系不健全。当前，物流尤其是冷链物流依然是制约农产品跨区域流通的一大瓶颈。大多数农产品在物流作业过程中存在包装难、装卸难、运输难、仓储难、成本高等问题。

（五）农产品标准化品牌化程度低。我县农业发展因传统小农经济生产方式长期存在，出现了小规模、分散种植的格局缺陷。这种缺陷不仅容易产生农业小生产与现代大市场大流通之间的矛盾，还容易造成局部滞销、"买难卖难"问题，对农产品质量安全监管提出了更大的挑战。

二、意见建议

2021年中央一号文件提出，要加快完善县乡村三级农村物流体系，改造提升农村寄递物流基础设施，深入推进电子商务进农村和农产品进城镇，推动城乡之间的生产与消费有效地对接。为此，我们应当高度重视农产品流通体系建设，打通农产品流通"大动脉"，完善产销"最后一公里"，促进我县农业产业化、现代化发展。

（一）建立多方联动的高效管理体制。一是成立县级农产品流通工作领导小组，建立多部门联席会议制度。由县政府分管农业领导为组长，发改、农办、科技、财政、农林、商务、海洋渔业、供销、市场监管、国土等部门负责人为成员，进一步厘清相关部门在农产品流通中的职责，建立综合协调机制，统筹全县财政资源，形成合力，提高综合效益，确保实现政府的调控目标。二是建立信息共享机制。明确信息服务体系主管单位，加快现有资源整合，建设统一的信息服务平台，打造农产品生产流通全过程信息服务体系，以农产品生产、流通的先行指标为基础，加强信息预测预警，完善调控体系。三是明确供销社在农产品流通领域的工作职能，推动供销社由流通服务向全程农业社会化服务延伸，加快形成为农服务功能更完备、市场化运作更高效、服务农民生产生活的综合服务平台。通过建立农产品电子商务发展平台，积极打造网上交易、仓储物流、终端配送一体化经营，线上线下融合发展的电商体系；通过组建农产品经纪人协会、农副产品流通协会、农资流通协会等组织，规范行业自律、积极推动各类经营主体向生产标准化、营销市场化、品牌大众化发展；通过举办农博会，组织农展、农旅、农超、农企等产销对接活动，促进我县农产品流通高效化；通过创办农产品综合性市场、参办乡镇农贸市场、发展村级农副产品收购点，打造传统市场三级网络。

（二）制定多元化的农产品流通主体的扶持政策。继续加大对农产品流通主体的扶持力度,在市场准入、用地、用电、用水、项目审批、税费收取、信贷、物流、人才引进等方面给予政策倾斜和扶持,特别是对于农业龙头企业、专业合作社(联合社)、购销大户等新型农产品经营主体在购销贴息、金融贷款、税费减免等方面给予必要的重视,鼓励具有资金优势和技术优势的企业投资农产品市场建设。积极引进培育专业优秀人才,鼓励机关、企事业单位人员及高等院校毕业生从事农产品流通业。

(三)完善农产品市场体系建设规划。按照"统筹布局,因地制宜,彰显特色"的原则,围绕"传统流通市场三级网络"布局要求,发挥传统市场应有的功能作用。根据产业特点和农产品流通规律,防止重复建设和资源浪费,逐步构建与我县现代农业发展相适应、结构优化、功能齐备、制度完善的现代化农产品市场体系,形成地域特色鲜明、生产规模合理、品牌价值凸显的产业结构带。

(四)积极发展新型农产品流通业态。鼓励扶持电子商务、农超对接、农展对接、农旅对接、连锁配送等现代流通业态发展,加快实现农产品交易方式的多元化和现代化,努力做到"四个要":一要主动联合相关部门,以行业协会为主要监管力量,做好农产品质量检测,保证农产品质量安全;二要积极扶持地方优势产业优先发展,有效整合特色资源,帮助地方打造特色农业品牌;三要引导龙头企业、专业合作社、购销大户以网店直销、平台代销、供应分销等方式,促进地方涉农企业转型升级;四要积极争取合理的政策支持,及时引进和培养电商人才,大力支持电商基础较好的企业发展电子商务,努力探索健全成功的物流配送模式。

(五)完善农产品物流配送体系。一是鼓励农产品经营主体与物流公司、大型连锁超市以合作共建的形式。通过共享各经营主体的物流资源,形成健全的农产品物流配送体系。二是加快培育农产品第三方冷链物流。重点培育一批发展潜力大、经营效益好、辐射带动力强的农产品冷链物流企业,鼓励大型零售企业加快生鲜食品配送中心建设,在做好企业内部配送的基础上发展为社会提供服务的第三方冷链物流中心。

关于加强我县养老服务体系建设的提案

提案法制委员会

县委八届四次全会提出,要突出抓好"一老一小"保障工作,加快补齐养老、托育短板,让东源的民生答卷更有温度。因此,推动养老服务高质量发展,更好实现广大人民群众对老有所养、老有所依、老有所乐、老有所安的热切期待,不仅是社会建设层面的民生保障问题,也是体现我们党对初心使命的一贯坚守,事关社会公平正义、和谐稳定的重大政治问题。

一、我县养老服务体系建设面临的主要问题

(一)人口老龄化形势日趋严峻。一是老年人口增长快,60周岁以上老年人8.7万人,占总人口的14.7%;二是高龄化倾向凸显,80岁以上老人约占全县老年人口的17%;三是失能、半失能老人护理床位缺少。全县失能、半失能、空巢老人约占老年人总数的0.21%。

(二)养老保障投入不足,硬件建设有待加强。一是养老服务床位严重不足。现有的23家养老机构仅有养老床位818张,按照省规定,每千名老人需要达到床位33.16张,我县需要2 685张床位,仍缺1 867张,离省定目标还差距较大。二是适老化护理床位缺乏。全县特困老人(五保户中)不能自理老人255人,半自理老人362人,合计617人,现有护理型床位99张,仍缺254张。三是公办养老服务机构的基础设施设备不标准。

(三)养老服务制度体系建设不够健全。一是养老服务政策体系不健全。二是养老资金保障不足。每年对养老工作的经费投入仅105万元,不足部分主要由

集中供养老人护理费中扣除一定额度,由于经费的不足导致我县养老机构服务质量难以提升。三是医养结合服务能力不足。医保对医养结合的支持力度不大,影响医疗机构内设养老科室建设以及医养结合的深入推进。

(四)养老舆论宣传还不够,传统养老观念还未得到较大改变。对敬老、爱老、养老服务的宣传不足,全社会关心支持养老事业还不够。

(五)养老机构管理服务水平相对落后。现有敬老院、福利院、光荣院从业人员缺少经过专业培训的护理人员,未能提供个性化、专业化的护理保健、心理疏导、精神慰藉等高质量服务,难以满足老年人日益增长的多元化养老需求。

二、加强养老服务体系建设的建议

(一)紧扣顶层设计,着力完善养老服务体系规划。进一步重视养老服务体系工作的统筹完善,树立系统观念,科学谋划好养老事业发展思路,进一步发挥老龄工作委员会统筹协调作用和部门协同作用,高水平谋划"十四五"养老服务体系规划,科学编制新一轮养老设施布局专项规划,将社会养老服务设施建设用地纳入国土空间规划和年度用地计划,落实"多规合一",使养老、医疗、教育、文化、体育、残联、乡村振兴等专项规划资源共享、有机衔接、统筹谋划,系统性提升养老服务水平。

(二)紧扣改革发力,着力健全养老服务政策体系。厘清政府与市场关系,推进社会力量办养老政策供给,拓宽养老服务投融资渠道,落实各项税费减免扶持政策。充分发挥好养老服务体系建设领导小组和联席会议制度的统筹协调作用,促进民政、发改、财政、规划建设、国土资源、医保、卫健等部门协同配合,健全完善养老服务综合监管制度,严格执行老年人权益保障法律法规,加强法律政策执行检查,保障相关规定落地落实。进一步加大财政、乡村振兴资金用于养老服务力度,增加县福利院、乡镇敬老院、社区居家养老中心的财政预算,同时,激励社会资本参与发展养老事业。进一步明确民政、卫健(老龄办)、残联、医保等相关部门的职责划分,加强对养老服务设施建设项目的监管,防止以养老服务项目建设为名变相改变用地性质从事房地产开发。加强养老服务场所安全管理,及时查处各类侵害老人合法权益的违法行为,逐步形成权责明确的工作机制。

(三)紧贴民生需求,着力推动养老服务设施建设。一是夯实兜底性养老服务保障。完善各类养老服务机构的等级评定、养老服务标准设定和养老服务清单,推进城乡敬老院、社区居家养老(照料)中心提档升级,确保有意愿入住的"五保"老人全部实现集中供养基础上,优先保障低保低收入家庭老年人,经济困难家庭中的孤寡、失能、重度残疾、高龄老年人,计划生育特殊家庭老年人,空巢、独居、农村留守老年人,重点优抚对象中的老年人以及其他享受政策性优待老年人,中重度失能老年人等重点人群的基本养老服务需求,筑牢兜底性、普惠性养老服务供给。二是支持社会力量兴办养老机构。为社区提供养老、家政服务的机构,按规定在增值税、企业所得税、契税、房产税、城镇土地使用税、不动产登记费等方面享受税费优惠政策。实行养老服务机构服务场所用电、用水、用气享受居民价格政策。积极落实民办养老机构补贴政策,对民办养老机构建设及新增床位,每张床位给予一定的床位运营补贴。三是拓展社区居家养老服务。以仙塘镇社区养老服务综合服务中心建设为试点,向全县其他乡镇推广,争取每个乡镇设立1个以上社区居家养老中心,为乡镇有需要的老年人提供全托、日托、助餐配餐、医养康养、家政+养老等服务。

(四)紧抓医康养结合,着力推动养老事业产业协同发展。利用东源生态宜居环境优势、中医药大健康产业优势,着力招引、培育和发展康养旅居养老产业，建设康养小镇、颐养社区等，吸引珠三角地区养老人群来东源养老。大力发展"银发经济"，建立健全养老产业链，加快康养项目落地建设运营，大力培育发展老年疗养、老年用品、老年服务、养老地产、老年文化产业、老年护理业、智慧养老等养老系列产业，注重发展老年出行、老年餐饮等多方位养老新消费产业。着力推动医疗机构提供康复、护理床位供给，健全老年人就医、应急"绿色通道"，满足日益增长的康养需求。

（五）紧盯素质提升，着力促进养老服务提质增效。积极培育专业人才，加快专业教育步伐，规范培训体系，提高护理员队伍专业素养。提升护理型床位占比，提高养老机构对失能失智老年人的照护服务能力。督促养老机构积极改善养老护理员工作条件，努力提供优质的机构养老服务。不断倡导人文关怀精神，促进养老机构的人性化、个性化服务发展，切实提高养老服务工作水平。大力弘扬孝亲敬老传统孝文化，鼓励支持邻里互助、亲友相助等互助养老模式，做实家庭医生签约服务，巩固家庭养老功能。推动成立养老服务业协会，重视发挥社会组织作用，倡导"党建引领＋养老""志愿者服务＋养老""社工服务＋养老"等活动，鼓励专业化社会组织、物业服务企业等参与社会养老服务，不断形成全社会"敬老、孝老、养老、助老"的浓厚氛围。

县政协机关各工作委员会主任名录：

秘书长：丘志强

办公室主任：

丘志强（2019.08—2023.05）

梁新鹏（2023.05—）

副主任：张　琴

彭贵州（2023.03—）

提案法制委员会主任：

梁新鹏（2021.11—2023.05）

蓝超委（2023.12—）

副主任：魏丽华

经济委员会主任：陈　戈

农业和农村委员会主任：

许文卿

人口资源环境委员会主任：

邓小娟

副主任：唐庆芬

教科卫体委员会主任：

魏　峰

学习文史民族宗教委员会主任：廖　静

副主任：肖小丽

（梁新鹏　彭贵州　刁钰婷）

纪检　监察

【概况】中共东源县纪律检查委员会与东源县监察委员会合署办公（简称县纪委监委）。2023年，县纪委监委在全县设立派驻纪检监察组16个，分别为派驻第一至第十二纪检监察组，派驻万绿湖管委会、县公安局、县人民法院、县人民检察院纪检监察组。另外，在乡镇设立4个纪检监察组，在县直系统设立12个纪检监察组。县委巡察机构设一办五组，县委巡察办主任由县纪委常委兼任，五个巡察组各设正、副组长1名。

【重要会议】2023年2月2日，中国共产党东源县第八届纪律检查委员会第三次全体会议在东源县城召开，县委书记秦卫民出席会议并讲话，会议传达习近平总书记在二十届中央纪委二次全会上的重要讲话精神和二十届中央纪委二次全会、十三届省纪委二次全会、八届市纪委三次全会精神。全会审议通过县委常委、县纪委书记、县监委主任李海峰代表县纪委常委会所作的《坚定不移推进全面从严治党，为东源当好建设幸福和谐美丽河源的主力军提供坚强政治保障》的工作报告。

全会学习习近平总书记在二十届中央纪委二次全会上的重要讲话精神。全会认为，习近平总书记的重要讲话高屋建瓴、思想深邃、内涵丰富、论述精辟，充分彰显习近平总书记高瞻远瞩的战略眼光、无私无我的崇高境界、深切真挚的人民情怀、直面问题的使命担当，具有很强的政治性、指导性、针对性，是深入推进新时代党的建设新的伟大工程的根本遵循，为做好新时代新征程纪检监察工作提供根本指引。全会强调，全县纪检监察机关要深入学习贯彻习近平总书记在二十届中央纪委二次全会上的重要讲话精神，准确把握坚定不移全面从严治党的战略部署，牢记"三个务必"政治要求，聚焦全县更大力度、更深层次推进"八大重点任务"的贯彻落实情况开展监督检查，更好地发挥监督保障执行、促进完善发展作用。

全会部署 2023 年工作任务：加强政治监督根本职责，保障党的二十大决策部署落实见效；不断完善党的自我革命制度规范体系，坚定不移推进全面从严治党；深入一体推进"三不腐"，坚决打赢反腐败斗争攻坚战持久战；坚持以严的基调强化正风肃纪，推动纠治"四风"常态化长效化；加强党的纪律建设，增强党员干部遵规守纪意识；牢牢把握政治巡察定位，始终做到利剑高悬、震慑常在；牢记打铁必须自身硬，锻造堪当新时代新征程重任的纪检监察铁军。

【党风廉政建设】 2023 年，县纪委监委坚持"风腐"一体纠治。紧盯端午、中秋、国庆等关键时间节点开展监督检查 46 次，通报曝光违反中央八项规定精神典型案例 3 起，督促全县各级党组织开展警示教育 246 场次，节前提醒谈话 326 人次，发送廉洁提醒信息 1.8 万条。紧盯重点人重点事，持续抓好党员干部落实重大事项报备情况，组织处理未经审批私自出国（境）4 人，登记县管副科以上党员干部按规定报告婚丧喜庆事宜 41 人。开展作风问题明察暗访，推动县政务服务中心落实整改不动产登记窗口未实现"一窗通办"、办事窗口工作人员串岗聊天等问题 6 个。紧盯党员干部和公职人员酒驾醉驾及其背后不正之风问题，印发党风政风工作提示 2 期，有党员干部主动说明情况 23 人。坚持风腐问题同查同治，全年查处违反中央八项规定精神及"四风"问题 18 起，批评教育和处理 59 人，其中党纪政务处分 36 人。

开展全县副科级以上党组织党风廉政建设考核和"一把手"述责述廉，动态完善县管副科以上各单位领导班子成员廉政档案 685 份，开展全县各级党组织"一把手"党内提醒谈话 88 人次，警诫谈话 21 人次。严格党风廉政意见回复工作，规范回复党风廉政意见 1 258 人次，对 10 人提出暂缓或否定意见。坚持惩前毖后、治病救人方针，精准运用"四种形态"批评教育和帮助处理 374 人次，其中第一种形态 138 人次，占比 36.9%；第二种形态 194 人次，占比 51.9%；第三种形态 23 人次，占比 6.1%；第四种形态 19 人次，占比 5.1%。

【正风反腐】 2023 年，县纪委监委围绕党中央全面推进乡村振兴战略和省委全面实施"百千万工程"落实情况，派出 5 个专项督查组实地检查学校、养老福利机构、医疗卫生机构等 236 处，推动纠正和解决问题 96 个，严肃查处"百千万工程"领域不正之风和腐败问题 76 件 76 人。贯彻习近平总书记关于国家粮食安全重要论述精神和耕地保护的重要指示批示精神，派出督查组开展耕地保护、高标准农田建设管理中突出问题专项监督，推动纠正和解决问题 26 个，严肃查处在耕地保护及高标准农田建设工作中以权谋私、权钱交易等问题案件 6 件 6 人。贯彻落实习近平总书记对宁夏银川市兴庆区富洋烧烤店燃气爆炸事项作出的重要指示精神，派出督导组深入开展防汛救灾、校园安全、安全生产专项监督检查，推动纠正和解决问题 16 个。严肃党内政治生活，严肃查处政治纪律和政治规矩案件 2 件 2 人。坚持零容忍的态度严惩腐败。全年接收信访举报 307 件次，处置问题线索 378 件，立案审查调查 234 件，党纪政务处分 233 人，采取留置措施 2 人，移送司法机关 6 人，挽回经济损失2800多万元。坚持贯通纪法情理，全年向纪检监察机关主动投案31人，主动交代问题69人，全部依规依纪依法得到从轻或减轻处理。严守办案安全底线，全年达到"零事故""零事件"。加强纪律教育，组织全县副科以上党员干部观看《案鉴》，推动全县各级各部门开展各类警示教育活动135场次。做实警示教育，通报曝光本土典型案例6起，组织相关领导干部旁听职务犯罪庭审，针对案件查办过程中发现的制度机制问题印发纪检监察建议书29份。加强廉洁文化建设，在"东源发布"微信公众号展播廉洁宣传微视频《清廉相传 正心笃行》；深入挖掘、全面整合全县14处廉洁文化教育资源，制作发放"东江清风·廉洁文化"名片，建成VR全景参观网络阵地。全年查处群众身边不正之风和腐败问题案件41件41人。

【宣传教育】 2023年，县纪委监委在全县14处廉政教育基地，以微信小程序和VR全景参观功能，打造涵盖历史人文、革命传统、党风政德、家风家训等教育内容的廉洁文化教育网络平台。设计制作发放"东江清风·廉洁文化"名片。名片以东源地图框架为背景，以代表自然生态的青绿色为主色调，以"清廉持身、正心笃行"为标语，以手绘元素形式设计，同步推出卡片版和电子版。在"东源发布"微信公众号展播廉洁宣传微视频《清廉相传 正心笃行》，宣传弘扬清正廉洁价值理念。抓关键节点加强廉政提醒，在春节、端午等重要节点印制廉政主题宣传海报共计500余张。征订、发放教育学习资料，统筹推进全县"一报三刊"征订工作，完成2024年征订任务。加大对外宣传力度，撰写各类对外宣传信息简报39篇，获"南粤清风网、南方+"等省级媒体采用3篇，获河源日报、市电视台公众号、"万绿清风网"等市级媒体采用18篇，获"东源发布"等县级媒体采用14篇。

【纪检队伍建设】 2023年，县纪委监委坚持将学习教育贯穿习近平新时代中国特色社会主义思想主题教育和纪检监察干部教育整顿全过程，运用领导领学、总支督学、支部研学、党员自学、分享促学的"五学联动"法，推动学习教育取得实效。全年召干理论学习中心组学习会12次；专题学习研讨《习近平谈治国理政》（第四卷）《论党的自我革命》19次，谈心得体会61人次；县纪委常委会、各党支部、各派驻纪检监察组、各乡镇纪委落实"第一议题"制度传达学习习近平总书记重要讲话精神880场次。严格执行党内政治生活若干准则，完成党总支部及下属4个党支部的换届工作，规范"三会一课"落实，严格党员日常教育，增强党组织政治功能和组织功能。深化纪检监察干部廉洁教育，结合教育整顿开展"三个年"主题活动，组织到红色教育基地和平县小延安、河源阮啸仙廉政教育基地接受革命传统教育，召开全县纪检监察干部警示教育大会和全县廉政辅导教育报告暨专题党课活动，组织观看《追问初心》《猎欲》《利剑不容蒙尘》《脱轨人生》等7部警示教育片104场次1619人次。完善日常管理监督制度，制定印发《东源县纪检监察干部、巡察干部"八小时以外"监督管理办法实施细则》等制度7项，修订完善《中共东源县纪委常委会议事规则》等制度机制23项。增强斗争本领，深化全员培训和实战训练，开展应知应会测试4次，举办本领讲堂、读书分享会暨青年干部读书班、专题培训班14期，轮训851人次，抽调乡镇纪委干部到委机关跟班学习和以案代训27人次。

【巡视巡察】 2023年，县纪委监委巩固深化政治巡察，坚守政治巡察定位，全年完成常规巡察1轮、专项巡察2轮，巡察党组织124个，发现问题1231个、问题线索64条，清退违规违纪违法资金97.3万元。建立县领导抓好巡察整改"四个一"、乡镇党委推动对村（社区）巡察整改"五个一"和巡察整改"回访督导"机制，落实巡察整改工作提请函、提示函、督办函、提醒函"四个函"实施办法，加强对被巡察党组织集中整改进展情况的指导督促和审核把关，进一步压紧压实巡察整改主体责任。坚定践行以人民为中心的发展思想，全年巡察推动解决民生领域问题206个，提交专题报告5份，开展清理整治4次，建立完善各类规章制度123项。

【体制改革】2023年，县纪委监委贯彻落实纪检监察工作双重领导体制，制定完善县纪委监委派驻机构请示报告清单和乡镇纪委向县纪委监委请示报告重大事项清单，完善下级纪委监委重要情况请示报告制度。持续深化监察官法实施，稳妥有序推进监察官等级首次确定工作，加强对乡镇纪委监察官套转工作指导，完成全县125名监察官等级确定工作。发挥派驻监督探头作用，派驻机构全年列席所驻单位"三重一大"事项会议324场次和民主生活会55场次，参加所驻单位巡察动员会和巡察反馈会议33场次。

注释：

1."三个务必"：指习近平总书记在党的二十大报告中提出，"全党同志务必不忘初心、牢记使命，务必谦虚谨慎、艰苦奋斗，务必敢于斗争、善于斗争"。

2."三不腐"：不敢腐、不能腐、不想腐。

3."四风"：形式主义、官僚主义、享乐主义、奢靡之风。

4."四种形态"：让"红红脸、出出汗"成为常态；党纪轻处分、组织调整成为违纪处理的大多数；党纪重处分、重大职务调整的成为少数；严重违纪涉嫌犯罪追究刑事责任的成为极少数。

5."三会一课"：支部党员大会、支委会、党小组会；党课。

6."一报三刊"：《中国纪检监察报》、《中国纪检监察》杂志、《党风廉政建设》内刊、《党风与廉政》杂志。

7."走读式"谈话：指谈话对象是采取"两规""两指"措施以外的纪律审查和谈话措施的对象，包括调查谈话和廉政谈话（约谈）。

8."两个确立"：党确立习近平同志党中央的核心、全党的核心地位，确立习近平新时代中国特色社会主义思想的指导地位。

9."两个维护"：坚决维护习近平总书记党中央的核心、全党的核心地位，坚决维护党中央权威和集中统一领导。

10."三个区分开来"：即把干部在推进改革中因缺乏经验、先行先试出现的失误和错误，同明知故犯的违纪违法行为区分开来；把上级尚无明确限制的探索性试验中的失误和错误，同上级明令禁止后依然我行我素的违纪违法行为区分开来；把为推动发展的无意过失，同为谋取私利的违纪违法行为区分开来。

县纪委监委领导名录：

县委常委、纪委书记、监委主任：李海峰

纪委副书记、监委副主任：叶梓 潘玉萍

纪委常委、县委巡察办主任：刘伟雄

纪委常委、监委委员：陈志飘 叶伟

纪委常委：陈洁

监委委员：丘文锋 刘培坤

（陈 玲）

新丰江林业管理

【概况】 广东省新丰江林业管理局（简称新丰江林管局）、万绿湖管委会，其主要职能是负责万绿湖风景区（新丰江库区）规划、资源开发利用与管理、环境保护、旅游、林业、水产及县委、县政府授权的其他工作。

新丰江库区（万绿湖）内有半江镇、锡场镇、新回龙镇、新港镇、双江镇、涧头镇、新丰江林场等6镇1场，占地总面积约1600平方千米，其中林地面积约1100平方千米，水域面积约370平方千米，有360多个小岛，集雨面积5734平方千米，库容量约139亿立方米，丰水期（最高）水位116.70米（1983年6月20日），枯水期（最低）水位84.14米（1972年4月5日）。新丰江水库水质长期保持国家地表水Ⅰ类水质标准，长年水温16℃，PH值7.17，是华南地区的大型弱碱性水源。库内设有新港省级自然保护区、新丰江国家森林公园、万绿湖国家湿地公园、万绿湖国家4A级风景区。2023年，万绿湖入选第二批"全国美丽河湖优秀案例"，广东河源新港兽类及鸟类重要栖息地被列入第一批全国陆生野生动物重要栖息地名录，九里湖绿美广东生态建设示范点被授予"2023年广东省林长绿美园"称号，新丰江林管局被评为"全国绿化模范单位""2022年度广东省无烟单位"。

【绿美生态建设】 2023年，新丰江林管局推进绿美生态建设重点任务，打造新丰江九里湖绿美广东生态建设综合型示范点，提升库区绿化美化水平。是年，库区完成林分优化1400公顷、新造林抚育1186.67公顷、森林抚育1040公顷，完成年度任务的100.74%；成功创建省级森林城镇1个、森林乡村1个，完成乡村绿化美化任务3个，完成率100%；完成自然保护地规划1个、边界矢量化3个、自然保护地总体规划3个、综合科学考察2个，整改落实遥感图斑55个；开展野生动植物保护宣传5次，新建野生动植物宣传牌17个，为新丰江库区购买2023年野生动物致害政府救助责任保险；启用中华穿山甲红外野外监控70台；完成古树名木抢救复壮2株，完成率100%；为库区现有61株二级以上古树名木完成挂牌并购买保险，推进一级古树视频监控和保护工程建设；完成主题林建设1个、义务植树基地建设1个；开展义务植树2次，发动群众1500人次，种植各类苗木1.42万株，其中种植榕树7628株。打造新丰江九里湖绿美广东生态建设示范点，规划建设面积512公顷，建设期限为2023—2025年，筹集投入建设资金621.91万元。完成林分优化19.8公顷、森林抚育477.87公顷，种植各类苗木14万株，超前完成"三林"建设任务，被评为"2023年广东省林长绿美园"。是年，九里湖休闲观光的游客日均超1000人次。

【林地林木管理】 2023年，新丰江林管局全面推行林长制，库区各镇设立各级林长144名（镇级林长78名，村级林长66名），基层监管员66名，护林员228名，开展各级林长巡林3434次；完成核查整改历年积存图斑4个、市领导离任审计违法用地图斑110个、2023年森林督查下达任务图斑74个、新丰江库区"林转非"图斑6 365个；依法查处涉林违法行政案件8宗、行政罚款7.6万元。新丰江库区省级以上生态公益林面积9.56万公顷，全年生态公益林补偿资金总额7 550.83万元，该局向县财政局申请拨付7 542.5万元，县财政局支出7 297.42万元。

【森林防火】 2023年，新丰江林管局贯彻"预防为主、积极消灭、生命至上、安全第一"森林防灭火工作方针，落实森林防灭火责任制，加强防控力度和防火宣传教育，提升应急水平，实现库区全年"零山火"的目标。召开森林防灭火专题会议4次，到各镇、场督促指导森林防灭火工作60余次；组织开展"五清"行动、森林火灾隐患排查整治专项行动，启动临时检查站、乡镇半专业队和护林员全员上岗全天候携装巡护、专业消防队伍下沉一线驻防等措施，整改森林火灾风险隐患35处、重大风险隐患4处、违规用火案例3例；张贴宣传标语、印发《广东省森林防火条例》《森林防火安全责任书》等共7.9万余份，签订防火责任书、承诺书1.2万余份；组织专业扑火队伍集训和实战演练17次，组织库区各镇（场）护林员和半专业扑火队伍技能培训一个月。组织参加全市森林消防半专业队比武大赛，参赛队伍获半专业队团体三等奖、村居队团体第二名。

【森林病虫害防治】 2023年，新丰江林管局坚持"预防为主，综合防治"的方针，严格库区检疫性病虫害调查与监测，加强库区进出调运木材、种苗和花草的检疫。是年，完成松材线虫病秋季普查和防治任务2 184.67公顷。

【野生动植物保护】 2023年，万绿湖国家湿地公园总面积2.67万公顷，其中湿地面积为2.49万公顷，属人工湿地中的库塘湿地。共有维管植物184科589属915种，珍稀濒危植物7科9属9种；野生脊椎动物28目63科132属158种，其中国家重点保护动物27种（国家Ⅰ级重点保护动物3种；国家Ⅱ级重点保护动物24种）。新港省级自然保护区总面积7 513公顷，陆地森林覆盖率95%以上，共有维管植物168科572属954种，野生脊椎动物270种（其中国家Ⅰ级保护野生动物2种，国家Ⅱ级保护野生动物30种，广东省重点保护野生动物25种）。新港省级自然保护区通过红外相机监测到国家一级保护动物穿山甲、小灵猫，国家二级保护野生动物水鹿等珍稀野生动物，表明新港省级自然保护区的动物栖息环境和生物多样性得到有效保护。

【渔业资源保护和利用】 2023年，新丰江林管局加大执法巡查和宣传力度，严格执行禁（休）渔制度，开展增殖放流和开渔活动，促进万绿湖渔业资源增长和水生生物多样性。是年，在库区各镇村、码头张贴禁渔公告500余张，悬挂横幅42条，通过短信、微信等平台发布禁渔信息8 000余条；开展巡逻执法行动357次，出动执法人员3 042人次、执法船艇888艘次、执法车辆32车次，清理取缔违规网具978张，没收电池电灯130个、绞盘107个，查扣非法捕捞船只12艘，查获电鱼案件2宗，行政罚款3.1万元，开展渔业增殖放流活动2次，投入资金390万元，投放"四大家鱼"、鳡鱼等鱼苗共1 023.5万尾。7月1日开展首届开渔活动，活动项目有快闪、开渔仪式、头鱼拍卖、客家乡土集市、主题展演、厨师代表为万绿湖湖鲜代言、省级粤菜美食街宣传推广等，在头鱼拍卖中，3条"头鱼"共拍得善款96.69万元，用于万绿湖增殖放流、水生态环境保护相关工作。

【湖面清漂保洁】 2023年，新丰江林管局组织实施万绿湖水浮莲等漂浮物清理保洁及无害化定点处理一体化项目、水浮莲及漂浮物清理应急打捞等工作，全年打捞水浮莲等漂浮物4.91万吨；开展河湖"清四乱"行动，14个涉疑"河湖四乱"图斑，销号整治其中6个。

【国土安全监管】 2023年，新丰江林管局落实巡查制度，加强新丰江林场等国土安全监管，完成"河湖四乱"问题图斑整治6个、非耕地问题图斑整改5处，销号国土历史图斑2个，跟进地质灾害点临时堆场果场坑，落实子坑整改工作，完成果场坑复绿工作。

【旅游产业】 万绿湖是华南地区最大的人工湖，湖内开发有集自然观光、生态野趣、客家风情、娱乐参与于一体的6个景区景点，分别为龙凤岛、水月湾、桂山、镜花缘、客家风情馆、万绿谷，有新港镇省级粤菜美食街、万绿湖美思威尔顿酒店、九里湖森林公园等多个配套旅游服务项目。2023年万绿湖管委会多层次全方位加大万绿湖宣传力度，拓展旅游客源市场。先后组织开展穿越万绿湖大型徒步活动、万绿湖·星稻田音乐节、万绿湖首批新能源电动游船启航仪式、2023年万绿湖开渔节等主题活动，创5A宣传片亮相广东省广播电视台。在铁路站点、高速公路和高速出口交通要道设置大型广告牌，提升景区知名度、美誉度。是年，万绿湖风景区接待游客245.76万人次，收入1.11亿元，同比增长分别为108.33%、80.74%。同年，万绿湖管委会完成3艘30座新能源旅游船更新、生态展示馆、游客中心功能区优化、停车场功能调整、景区各游览区（度假区）定位调整、客家风情街提升改造和景区从业人员服务水平培训等94项整改提升任务，以963分（满分1000分，950分可达5A级景区标准）的成绩通过省文化和旅游厅的初审，成为广东省唯一一个符合验收条件的景区。同时，万绿湖风景区顺利通过国家4A级旅游景区、"中国天然氧吧"复核。

【林下经济】 2023年，新丰江林管局促进库区林业"一二三产业"融合发展，引进一批林下经济企业，依托万绿湖各旅游景区和万绿湖生态展示馆、半江生态文明实践基地、新丰江九里湖绿美广东生态建设示范点，发展森林旅游、森林康养、生态研学等新业态，打造万绿湖自然教育特色品牌。是年，发展种植铁皮石斛、金线莲、射干、吴茱萸等南药以及油茶、灵芝、香菇等土特产，建有油茶基地173.33公顷、南药基地53.33公顷、民宿（农家乐）107家，库区林业和旅业业总产值2.89亿元。其中锡场镇被评为"广东省林下经济示范基地"。

注释：

1. 林分优化：指通过科学规划、搭配森林构成树种，进一步优化提升森林外观和内部生态系统稳定性的过程。

2. 河湖四乱：乱占、乱采、乱建、乱堆。

3. 五清行动：森林防灭火隐患的"五清"行动通常指以下五个方面的清理工作：（1）清坟边：清理墓地周围的可燃物，以降低火灾发生的风险；（2）清林边：清理林区边缘的可燃物，防止火势蔓延；（3）清地边：清理农田、耕地等与森林接壤地区的可燃物；（4）清隔离带：清理防火隔离带内的可燃物，以形成有效的防火隔离；（5）清旅游景区内可燃物：清理旅游景区内的可燃物，降低火灾发生的可能性。这些措施旨在从源头上减少森林火灾的潜在威胁，降低火灾发生的概率，并有效防止火灾的蔓延。

4. 矢量：指既有大小又有方向的量。

5. 林转非：指林地转非林地。

新丰江林管局、万绿湖管委会领导名录：

县委常委、党委书记：邓小林

党委副书记局长、主任：刘伟忠

党委副书记：何文才

党委委员、副局长、副主任：张　浩　赖志东　肖　龙

党委委员：陈镜深

（黄国华　徐粤霞）

群团组织

县总工会

【建功立业】 主力军作用 2023年，全县现有工会组织451个，工会会员4.4万名。获全国工人先锋号1个，获广东省五一劳动奖章2人，被评为"河源市最美新时代工人"1人，被评为"河源工匠"3人。创建市劳模创新创业示范基地1家。印发《2023年东源县劳动竞赛实施方案》，举办"学习贯彻党的二十大精神、奋进新征程"2023年东源县配电运维暨自动化技能大比武活动。组织74名技术工人和先进职工开展疗休养活动，促进职工身心健康，增强职业自信。

职工思想引领 2023年，县总工会开展学习贯彻习近平新时代中国特色社会主义思想主题教育，深入学习习近平总书记关于工人阶级和工会工作的重要论述，学习《习近平著作选读》等重要书目，充分发挥工会"大学校"作用，邀请党的二十大代表、广东省劳动模范黄东云进园区、企业宣讲党的二十大精神，推动习近平新时代中国特色社会主义思想进企业、进车间、进班组。加强职工书屋建设，赠送思政图书1000册，县税务局职工书屋获2023年全国工会职工书屋示范点称号。开展"中国梦·劳动美"主题宣传教育，举办报告会、演讲比赛、文艺演出活动12场。举办瑜伽、减脂、健身操等公益文体培训班210场，烘焙、陶艺等主题沙龙活动80场，累计服务职工2.3万人次。举办"工运杯"职工乒乓球赛、羽毛球赛。

劳模精神 2023年，县总工会成立劳模精神宣讲志愿服务队，举办劳模进园区、进企业宣讲活动15场。制作劳模精神宣传片《逐梦》《东源建设，有你有我》，在县域重点显示屏播放，广泛宣传劳模先进事迹。为32名劳模进行健康体检，慰问困难劳模5名，发放专项补助金6.5万元，营造尊重劳模、关爱劳模的良好氛围。

【基层组织建设】 2023年，县总工会推进"三个一批"建设，以25人以上企业为重点，打通服务联系职工"最后一公里"，新建基层工会14家，发展会员2829名，其中新业态会员829名。推进会员实名制，在"粤工惠"平台完成组织登记604名，实名注册会员2.2万名。

【维权服务】 维权机制完善 2023年，县总工会健全职工信访工作机制，组织法律顾问深入企业，参与工资集体协商、调处劳资纠纷、提供法律咨询服务，提高职工依法维权的自觉性。举办"尊法守法·携手筑梦"法律宣传活动25场、法律知识讲座5场。

和谐关系创建 2023年，县总工会加强职工服务阵地建设，县级职工服务中心建成启用；新建户外劳动者爱心驿站16家，帮助户外劳动者解决就餐、饮水、休息等实际问题。开展"送温暖"慰问活动，帮扶困难职工300多名，发放帮扶金55万元。开展困难职工子女"六一"特别关爱活动，慰问困难职工家庭子女、新就业形态劳动者子女、农村留守儿童160名，给他们送去书籍、书包、文具等学习用品。举办职工心理健康专题讲座5场，参与活动职工2000多人，帮助职工预防和缓解心理压力。

职工权益维护　2023年，县总工会推进"安康杯"竞赛活动，参赛企业110家，参赛职工1.9万人，提升企业安全管理水平。推进劳资沟通协商和劳资纠纷预防调处工作，建立劳资沟通协商企业19家，涉及行业2个。妥善调处劳资纠纷11宗，为职工讨回被拖欠薪资500万元。

县总工会领导名录：
主席：陈文华（2021.10—）
党组书记、副主席：
胡斯诗（2020.10—）
副主席：
梁国威（2017.03—）
李文玲（2021.10—）

（潘永雄）

共青团东源县委员会

【概况】　2023年，东源县有各级团组织1018个，其中基层团（工）委37个、团总支20个、团支部961个。有专、兼职团干部1288人，共青团员1.36万人。

【组织建设】　2023年，团县委开展"学习二十大、永远跟党走、奋进新征程""走在前列建新功"等主题团日活动，开展"赋能高质量发展　争做新时代好青年"线上答题活动。出台《东源县团干部管理方法（试行）》《东源县团干部履行团建工作职责考核办法》等制度。严格把控各领域团员发展标准、发展程序、发展编号、入团年龄等关键要素，把好"入口关"，促进团员队伍先进性和规范化。联合县委组织部，印发《东源县准优入党工作实施方案》，执行28周岁以下青年入党必须是团员的规定，使"推优"成为党组织发展青年党员的主渠道。选拔广东高校毕业生志愿服务乡村振兴行动志愿者兼职乡镇、村（社区）团组织副书记，拓宽团的工作骨干来源渠道，选聘兼职乡镇、村（社区）团组织副书记28名，搭建青年成长锻炼实践平台。

【青少年思想引领】　2023年，团县委举办东源青年文艺晚会，来自乡镇、县直单位、学校等团组织为晚会献上节目11个。开展2022—2023年度"两红两优"评选工作，选树全国优秀团干部1名，省级先进个人1名、先进集体2个，市级先进个人5名、先进集体3个，县级先进个人75名、先进集体22个，并在团属微信公众号宣传报道。组建乡村振兴志愿者"红小荔"宣讲队，重点围绕学习宣传贯彻党的二十大精神、习近平总书记视察广东重要讲话、重要指示精神等理论，多维度、立体化、有节奏地开展宣讲，深度挖掘当地红色资源，讲述东源故事，拍摄制作3～5分钟的宣讲视频，开展正能量信息创作和传播。

【少先队阵地建设】　2023年，团县委持续开展"红领巾心向党""红领巾相约中国梦""争做新时代好队员"等主题活动150余场，覆盖少先队员1万余人次。举办青少年演讲比赛、征文比赛等形式多样、题材丰富的线下活动20余场，参与人数2000余人次，有效引导少先队员厚植爱党、爱国、爱人民、爱社会主义的情怀。是年，全县共有少先队员3.51万名，建设县级校外未成年实践基地7个，建设万绿湖风景区省级校外未成年人实践基地1个，指导校外少先队组织参与课余托管和实践教育，开展文化体育、科学普及等活动。依托丰富的红色资源，开展具有东源特色的红色文化教育以及清明祭英烈、党史学习教育、"红领巾解说员"等活动30余场，2000余人次参与。加强团教协作，健全县级团委和教育部门定期沟通、共同研究少先队工作机制。健全辅导员任职、履职、管理、发展、培训培养、考核激励机制，着力提升辅导员队伍政治素质，开展少先队辅导员集中专题培训4场。2023年，荣获2022—2023年度广东省"优秀学生会（研究生会）"1个、"广东省优秀学生骨干"1名，

2022—2023年度河源市优秀共青团员3名；推荐2名教师分别获得第九届"TCL希望工程烛光奖计划"引领奖、创新奖。

【服务青年】 2023年，团县委动员返乡大学生主动到村（社区）和青年之家就近报到，暑假期间，共招募在校学生57人参与实习。依托"展翅计划"为返乡大学生提供县直各单位及乡镇见习实习就业岗位251个，指标完成进度127%。推荐7个项目参加第十届"创青春"粤港澳大湾区青年创新创业大赛、"农行杯"河源市第十届青年创新创业大赛等竞赛。打造"点亮心灯"品牌，在县城挂牌成立"12355社区志愿服务工作站"，在蓝口镇建立"12355青少年服务平台"，开展各类关爱帮扶青少年活动57场次，服务青少年6 300余人。

【青年志愿者行动】 2023年，团县委在春运期间，组织志愿者在高铁站开展"暖冬行动"，为出行旅客提供便捷。开展"爱护环境·护河净滩""守护万绿湖·净滩在行动"、巡河护河志愿活动，超百名志愿者参与，清理垃圾超250千克，发放环保宣传手册300余份，提升生态环境保护。组织200名志愿者开展"为爱弯腰'益'起捡跑"活动，开展每月不少于2场禁毒普法安全活动；开展以"绿色无毒 健康人生"为主题的禁毒普法宣传活动和2023年东源县6·26国际禁毒日禁毒普法宣传志愿活动。联合多部门组织开展"3+N"专项行动——防溺水活动。组织华南农业大学外国语学院大学生志愿者在义合镇人才驿站开展防溺水宣传。组织返乡大学生并联合河源海事局成立防溺水"护苗"志愿服务队，开展巡河、巡湖行动。结合消防安全月，开展"消防安全"主题的志愿服务活动。开展广东青年大学生"百千万工程"突击队行动。深化广东省大中专学生志愿者暑期文化科技卫生"三下乡"社会实践活动，收集乡镇需求30个，涵盖特色农业、文化创意、休闲旅游等领域，促成24支高校团队与乡镇实现精准结对、长期结对，解决乡镇实际问题，助力县域经济，建设美丽乡镇；其中18支高校团队获评"省级重点团队"，5支高校团队获评"全国重点团队"。助力大型活动志愿服务，2023年万绿湖星稻田音乐节、骆湖村BA、第八届广东男子篮球联赛等赛事现场活动，招募党团、青年志愿者合计300多人协助参与交通维护、场内秩序、咨询指引、乘车疏散等志愿服务工作。

共青团东源县委员会领导名录：

书　记：

张嘉玲（2021.10—）

副书记：

叶　丹（2021.10—）

李　铸（2022.06—）

（苏庆华）

县妇女联合会

【概况】 东源县妇女联合会（简称县妇联）的主要职能是团结、动员广大妇女参与经济建设和社会发展，代表和维护妇女利益，促进男女平等。2023年，全县有妇女组织369个，其中乡镇妇联组织21个、村妇联组织258个、社区妇联组织29个、"三新"领域妇联组织6个、县直机关企业事业单位妇委会55个。是年，县妇联被推荐为第十四届全国家庭工作先进集体候选单位。

【妇联组织建设】 2023年，县妇联深化组织改革，加强自身建设，完成八届县委第二轮巡察暨农村基层治理专项巡察工作，制定整改措施41条，完成问题整改24个，建立完善各类规章制度5项。全年召开党建工作专题会议4次，推动党建与妇联工作共同发展。按照"哪里有妇女，哪里就有妇女组织和妇女工作"的要求，建立妇联组织建设体系，推动新成立"四新"领域妇联组织1个、妇女之家1个。为叶潭、义合、黄田等乡镇妇联争取阵地建设和提质升级统筹资金11万元。完成广东省第四期"妇女之家"示范点建设项目终期评估工作。举办东源县"强基层妇联·促乡村振兴"专题培训班，参加培训县镇村妇联女干部100名，学习网络舆情、家庭教育、心理咨询等领域知识，提高全县新时代妇联干部的综合素质和履职能力。组织妇联干部参加广东省县级妇联主席培训班、基层女干部高质量发展能力提升培训班、女干部政治能力提升专题培训班等各级各类培训，打造高素质专业化妇联干部队伍。

【妇女思想引领】 2023年，县妇联坚持提高政治站位、强化理论武装，凝聚团结奋进"巾帼能量"。组织开展党组理论学习中心组学习13次，党支部集中学习26次。开展《习近平关于妇女儿童和妇联工作论述摘编》《习近平走进百姓家》读书分享会、座谈交流会等活动610场次，引导全县广大妇女听党话、感党恩、跟党走。聚焦"跟党奋进新征程·巾帼建功新时代""巾帼心向党·奋斗新征程""强国复兴有我"等主题，开展巾帼宣讲活动820多场次，讲好东源故事，引领带动广大妇女群众积极投身经济社会各项事业发展。选树先进典型，培育集体和个人获得全国和省、市各项荣誉表彰53项，其中东源县司法局被授予全国维护妇女儿童权益先进集体、广东万绿湖旅游经营管理有限公司票务部获评全国巾帼文明岗称号。开展"三八"国际妇女节系列庆祝活动，评选表彰宣传三八红旗手、三八红旗集体、巾帼文明岗等巾帼楷模29个，在比学赶超中凝聚奋进力量。做强"网上妇联"，充分利用"东源发布""东源融媒""东源县妇联"微信公众号发布信息290多条，被市级及以上平台采用11条，其中在学习强国发布3条。

【妇女发展】 2023年，县妇联聚焦"百县千镇万村高质量发展工程"、绿美东源生态建设等中心任务，创建"美丽庭院"和"清洁家庭"，开展"美丽庭院"建设培训2期，打造省级"美丽庭院"9户、市级21户、县级126户，省级"美丽庭院"示范村1个、市级1个、县级2个，"清洁家庭"830户，以家庭"小美"聚合乡村"大美"，助力乡村振兴。开展"党建带妇建齐参与·镇靓村洁庭院美"专项行动、"巾帼担当添新绿·共建绿美东源林"植树活动等，推出"万绿姐姐喊你回家种棵树"宣传视频，引导广大妇女和家庭当好宜居宜业和美乡村的建设者。发挥"三有"（有作为、有进步、有快乐）老年妇女作用，组建"三有"老年妇女巾帼志愿服务队17支480人，挖掘宣传何秀红、阮霭宜等一批先进典型人物，传递榜样力量，激发队伍正能量，引导老年妇女在基层治理、乡村振兴等工作中发挥余热。船塘镇妈咪爱心互助服务中心获评广东省最佳巾帼志愿服务组织。继续实施小额担保贷款贴息政策，成功推动发放妇女创业贷款30万元。打造"妇"字号创业基地，深入开展走访调研、积极争取政策扶持，培育省级、市级巾帼创业基地各1个，省级女大学生创业就业基地1个。聚焦妇女就业创业需求，联合县人社局在县城广场、蓝口镇开展就业政策、信息宣传活动2场。坚持"以技能促就业"工作思路，开展妇女创业就业技能培训，联合县工商信局、农业农村局开展巾帼电商、农村女网红孵化、高素质女农民等培训26场次，受益创业就业妇女1200多人。组织妇女参加省、市妇联组织开展的各类创业就业技能培训60人次，为妇女创业就业"增技赋能"。聚力经济发展，组织女企业家协会成员企业召开"抓经济·拼发展"的主题座谈会，联合县税务局开展"助力巾帼·益企同行"税费服务需求面对面活动，凝聚更大、更多巾帼力量参与东源高质量发展。

【家庭家教家风建设】 2023年，县妇联开展家庭建设活动，先后举办"书香飘万家·阅启新征程"系列活动、"激扬家国情奋斗新征程"2023年东源县文明家庭暨最美家庭表彰活动，评选2023年东源县"最美家庭""书香家庭"32户，李惠花家庭被授予"全国最美家庭"称号。以中华传统节日为载体，先后开展"绿美东源·佳缘有约"交友联谊、"中秋月圆家美"分享、"传承好家风·节日话家圆"亲子DIY等家庭文明建设活动50余场次，将中华优秀传统美德融入家庭文明建设，以好家风支撑起好的社会风气。开展"党的光辉照我心"亲子诵读活动，以及绿植美化、家庭亲子林、汤圆、灯笼制作、"少年儿童心向党"亲子实践活动50多场次，组织非洲鼓、美术、绘画等公益培训班147场次。在义合镇下屯村东江湿地科普公园打造家教家风主题园，研发设计"传承弘扬好家教好家风"省级亲子研学线路，义合镇下屯村被评为"广东省家教家风实践基地"。推行"粤美·家园"公益行动，与广东技术师范大学签署校地共建协议，举办"家教伴成长·协同育新人"全国家庭教育宣传周活动，在全市率先成立家庭教育指导服务中心，致力打造"源头教育·亲子教养"家庭教育工作品牌；"亲子阅读·共同成长"品牌常态开展。线上东源县《亲子悦读》栏目常态发布到450期4 000多个，其中2023年展播亲子共读视频165期721个。线下开设"我是小小红色讲解员"小主持培训班，推动建设"乡村振兴广播站"，开展亲子阅读指导培训、亲子绘本阅读活动50场次，评选亲子阅读优秀指导员10名。"亲子阅读·共同成长"项目被推介为全国妇联2023年全民阅读家庭亲子共读论坛创新品牌案例。深入乡镇、村（社区）举办《中华人民共和国家庭教育促进法》宣讲活动50场次，引导家长履行监护责任。开展东源县"父母大讲堂"送课活动，在学校、乡镇、村（社区）家长学校，以及馆室、单位举办讲座82场次，县妇联公众号推送东源县家长学校云课堂60个课程。举行未成年人保护工作"一束光"心理服务社会实践活动，每逢周六上午在东源县校外未成年人心理健康辅导站，常态开展"告别焦虑·正待花开"个案咨询服务92场次，为56个儿童家庭免费提供指导。全年开展"源头教育·亲子教养"公益活动累计228场次。

【妇女儿童关爱维权】 2023年，县妇联开展法治宣传，增强妇女儿童法治意识，举办《中华人民共和国妇女儿童权益保障法》《中华人民共和国反家庭暴力法》《中华人民共和国未成年人保护法》等法律法规的宣传宣讲活动，开展"河·护苗"法治进校园、进乡村活动50余场次，受益学生及群众1.2万余人，派发各类法治宣传资料2万余份。全县村（社区）妇女儿童之家开展"不让毒品进我家"、禁毒防艾、"扫黄打非"、"打击治理电信网络诈骗"等宣传活动200余场次，受益妇女儿童人数2万人次，发放宣传资料6 000余份。抓实群众来电来访接待和调处工作，全年接待信访人员32人次，受理婚姻家庭纠纷18宗、信访案件32宗，省级舒心驿站（仙塘站）服务个案8宗，提供线上线下的心理咨询服务累计105人次，群众满意度100%。抓实未成年人保护工作，协同教育、民政、公安、检察等相关部门，严格落实"一对一""一对多"工作机制，开展"把爱带回家"关爱入户行动，建立一人一档台账，各级妇联干部结对帮扶重点未成年人和重点家庭317名，走访关爱服务8 864人次，联合县检察司法救助9人共计15万元。组建"防溺水宣传"巾帼志愿者队，全县286支队伍结合时节深入社区、家庭开展志愿宣传活动328场次，织密防溺水"防护网"。是年6月，全市平安建设"三大专项"行动现场推进会在东源县召开，县妇联在沙溪村妇女儿童之家现场作未成年人保护工作经验分享报告。关爱病患妇女，实施城乡适龄妇女"两癌"（宫颈癌、乳腺癌）免费筛查项目，组织"两癌"筛查专班到乡镇轮流筛查，提供全县"她健康""两癌"免费保险名额9 669个，省妇女儿童基金会救助单亲贫困母亲、贫困病患母亲10名、援建救助款12万元。开展"河爱童行·源自有你"关爱助学活动，联合市、县工商联为163名困境儿童筹集爱心善款近20万元，发动广东粤丰集团爱心资助91名孤贫儿童助学款13.58万元，凝聚社会力量为儿童茁壮成长保驾护航。学习2021—2030年中国妇女、儿童发展纲要内容和组织实施要求，部署并完成新一轮全市妇女儿童发展规划统计监测工作，助推东源县儿童公园建成使用，推动黄田、灯塔、漳溪、柳城等4个儿童友好乡镇、市儿童友好基地县第五小学、灯塔镇连塘村妇女儿童之家创建工作，为实现东源县妇女儿童新一轮发展目标提供有力保证。

县妇联领导名录：
党组书记、主席：
朱扶容（2023.11—）
党组成员、副主席：张梅芬
刘荷婷（2023.04—）

县工商联合会

【概况】 2023年，东源县工商业联合会（简称县工商联）企业会员130人，涵盖商贸、金融、文化、服务以及制造业领域。获得广东省、全国"五好"（领导班子好、会员发展好、商会建设好、作用发挥好、工作保障好）县级工商联荣誉。

【组织建设】 2023年，县工商联围绕"政治引领好、队伍建设好、商会发展好、作用发挥好、工作保障好"开展工作，成功取得2022—2023年度全国及广东省"五好"县级工商联的荣誉，扩大县工商联在民营经济中的影响力，凝聚民营企业家，推动民营经济高质量发展。县工商联七届二次执委会有成员130人。其中，非公经济人士占比97%，党外人士占比67%，45岁以下人士占比66%，市、县人大代表、政协委员36人，市人大代表7人、市政协委员2人、县人大代表5人、县政协委员22人。

【主题教育】 2023年，县工商联开展"创建学习型机关、争做学习型干部"活动，通过第一议题、"三会一课"、主题党日等基本制度抓好主题教育，利用"学习强国""干部培训网络学院""保密观""学法考试平台"等线上学习平台，重点学习党的二十大和二十届二中全会精神、习近平总书记视察广东重要讲话和重要指示精神、《习近平著作选读》《习近平新时代中国特色社会主义思想专题摘编》《中华人民共和国民法典》《中华人民共和国保守国家秘密法》《中华人民共和国网络安全法》《中华人民共和国档案法》等内容。通过教育引导机关支部党员干部牢固树立"四个意识"，旗帜鲜明讲政治，带头遵守政治纪律和政治规矩，坚决拥护"两个确立"，坚决做到"两个维护"，始终在政治立场、政治方向、政治原则、政治道路上自觉同党中央保持高度一致。组织干部职工集中学习20次，完成学习心得体会12篇。

【服务能力】 2023年，县工商联结合"我为群众办实事"实践活动，组织民营企业家到山东省学习先进管理经验，到哈尔滨工业大学举办2023年东源县民营经济高质量发展研修班。向县移民局争取漳溪民族乡鹊田村饮用水挡水坝工程70余万元项目入库，筹集8万元助力鹊田村坳坑山塘水库维修工程。

【社会公益】 2023年，县工商联开展"党建聚合力、万企促振兴"党建特色项目创建工作，组织民营企业家到义合镇参观义合精酿，交流企业参与打造乡村振兴品牌经验。结合东源民俗文化谋划打造东源高考文化，为4所学校的高考师生筹集慰问金13万元。联合县妇联、县检察院、县民政局印发《"河爱童行·源自有你"东源县同心守护困境儿童健康成长活动方案》，发动东源县企业家参与"河爱童行·源自有你"守护困境儿童行动，筹集善款11.1万元，助力东源县困境儿童183名。在"6·30"助力乡村振兴活动中，走访企业，发动民营企业11家认捐善款741万。

【党建服务】 2023年，县工商联和县非公党委制定《东源县非公有制经济委员会2023年工作要点》《县非公党委贯彻落实党建服务制造业工作方案》，走访调研民营企业20余次，全面了解企业及其党支部的基本情况、发展现状及存在的突出问题和企业经营过程中遇到的问题和困难。组织民营企业党组织前往党支部规范化建设行动市级示范单位（广东东瑞食品集团股份有限公司党总支部）参观学习，发挥党组织阵地建设作用，指导民营企业党支部规范化建设。撰写《东源县"两个覆盖"调研报告》，为县委、县政府提供决策参考，推动企业高质量发展。

【非公人士教育学习】 2023年，县工商联和县非公党委部署指导14个非公党支部学习贯彻习近平新时代中国特色社会主义思想主题教育。组织召开全县非公党务工作者培训会，对全县非公组织76名党务工作者实施培训，提升非公党务工作者的工作水平。联合县司法局、县法学会深入河源富马硬质合金股份有限公司开展送法进企业暨"法治体检"活动。开展送《中华人民共和国宪法》《中华人民共和国民法典》进企业法治教育活动5场。组织企业参与上级部门开展的线上法律培训10余次。

县工商业联合会领导名录：

主席、会长：
廖希中（2021.09—）
党组书记、常务副主席：
朱锦标（2016.11—）
党组成员、专职副主席：
许世强（2019.05—）
党组成员、秘书长：
许可为（2017.01—）
党组成员、非公党委专职副书记：叶常翠（2022.06—）

（陈　嵘）

县归国华侨联合会

【概况】 东源县是河源市重点侨乡，黄村、叶潭等镇是东源县旅外侨胞和港澳同胞人数较多的重点侨乡镇，华侨主要分布在印度尼西亚、马来西亚、新加坡、泰国等国家。全县有归侨61人，归侨眷属6 243人；华侨华人5 124人，华侨华人眷属2.18万人；有香港同胞约3.8万人，澳门同胞约4 000人。全县设有镇级侨联组织11个；在香港和澳门分别成立了香港东源同乡会和澳门东源同乡会，有1个县级侨胞之家，为东源县侨胞之家；2个镇级侨胞之家，分别为黄村镇侨胞之家、叶潭镇侨胞之家；2个村级侨胞之家，分别是黄村镇梅龙村侨胞之家、黄村镇下漆村侨胞之家；2个企业侨胞之家，分别是河源市侨青会义合镇小江湾红色实训基地侨胞之家、广东绿乡实业有限公司侨胞之家。2023年8月，东源县侨联获评"全国侨联系统先进组织"称号。2023年11月，东源县黄村崇伊中学被认定为第十一批"中国华侨国际文化交流基地"之一。

【友好往来】 2023年，县侨联积极坚持血缘、亲缘、业缘为基础，以亲情、乡情、友情为纽带，多渠道、多层次、多形式参与侨联联谊工作，全年县侨联共接待马来西亚河源同乡会会长一行、柬埔寨广东商会副会长和香港东源同乡会、澳门东源同乡会四批共100多人次，通过交流沟通让更多的海外华侨与港澳同胞了解东源，团结、服务更多海外华侨及归侨侨眷，关注和支持家乡的乡村振兴事业，为推动家乡高质量发展贡献力量。

【侨联工作】 2023年3月，县侨联协助河源高质量完成全市侨联系统服务乡村振兴建设，助推高质量发展工作现场会。全面落实省侨联工作会议、市委八届五次全会暨市委经济工作会议精神，广泛团结凝聚侨界力量，服务乡村振兴，助推河源市高质量发展。是年8月，协助举办全市归侨侨眷茶叶种植技能和经营管理培训班。邀请省农业科学院茶叶研究所专业讲师为全市近50名归侨侨眷授课，提升归侨侨眷的茶叶种植技能和管理水平，提高创业致富能力。同年11月以侨引商，组织省客联百师公益服务团前往东源县工业园考察，进一步加深省客联会员对东源投资环境的认识，为双方加强经济交流合作奠定基础。为进一步加强党对侨联工作的领导，发挥侨联组织作为党和政府联系广大归侨侨眷和海外侨胞的侨联和纽带作用，县侨联黄村镇梅龙村为"党建带侨建"示范点，扩大基层侨联组织覆盖面，推进东源县基层"党建带侨建"工作。为保障工作的顺利开展，筹集26万元资金，支持黄村镇建设侨批文化展览馆，推动东源县基层"党建带侨建"工作的落实。新建2个镇级侨胞之家，涉侨平台得到进一步加强，受到侨界群众的一致好评。

【扶贫济困】 2023年，县侨联开展为贫困归侨侨眷"送温暖、献爱心"活动，看望、慰问困难归侨侨眷20多人次，送上慰问金和慰问品。是年，主动联系省客联举办2023年"客联河源—东源"公益活动，促成省客联向东源捐赠价值100万元药品，并组织近40名医师义诊人数600人次，东源50多名学生得到足球教练的指导，20余家企业得到法律咨询服务，20多户农户得到农业专家的指导。同年，县侨联严格按照《广东省贫困归侨扶贫救助补助资金管理办法》要求，向30名贫困归侨发放贫困归侨扶贫救助补助资金6.7万元。

【走访调研】 2023年，县侨联班子成员赴黄村、叶潭、顺天、康禾等镇走访调研，征求基层侨联组织的意见和建议，推动侨联工作顺利开展。

【信访工作】 2023年，县侨联落实侨界信访工作，对信访问题积极调查核实，做好释疑解惑，疏导情绪、化解矛盾工作，有效维护侨界的和谐稳定。

县归国华侨联合会领导名录：

党组书记、主席：邹淑英

党组成员、副主席：顾淑华

（顾淑华）

县残疾人联合会

【概况】 2023年，东源县有持证残疾人1.27万人。其中，肢体残疾人5 516人，约占43.4%；视力残疾人937人，约占7.4%；听力残疾人611人，约占4.8%；言语残疾人425人，约占3.3%；智力残疾人1 571人，约占12.3%；精神残疾人3 186人，约占25%；多重残疾人475人，约占3.7%。东源县残疾人联合会（以下简称县残联）围绕"代表、服务、管理"职能，开展残疾人康复、教育、劳动就业、社会保障、文化、体育、福利、社会服务和残疾预防等工作，改善残疾人参与社会生活的环境和条件，扶助残疾人平等参与社会生活。2023年，县残联为328名残疾儿童提供抢救性康复服务，为60名残疾人提供居家康复服务，对142户残疾人家庭实施无障碍改造，为22名肢体残疾人适配假肢、矫形器；帮助新增残疾人就业1 209人，为161名残疾人提供就业技能培训，扶持残疾人自主创业、个体就业21户，发放就业扶持资金9.6万元。全县享受残疾人两项补贴达1.25万人次，其中享受重度护理补贴7 838人，享受困难生活补贴4 654人。

【残疾人康复工程】 2023年，县残联开展残疾人精准康复服务，帮助328名残疾儿童转介到市、县各定点康复机构进行康复训练，县残疾儿童康复机构（东源县残疾人康复服务中心、东源县瑞康儿童康复中心）共为145

名听障、智障、孤独症残疾儿童提供康复训练。开展假肢、矫形器适配活动，为22名肢体残疾人适配假肢16例、矫形器6例，全年免费发放辅助器具463件，惠及330人。东源县残联与健民医院、县妇幼保健院、蓝口镇卫生院签订服务协议，由以上三家医疗卫生机构为船塘镇、黄田镇、新回龙镇等10个乡镇60名残疾人提供居家康复服务。落实《国家残疾预防行动计划（2021—2025）》，利用残疾预防日、全国助残日、世界孤独症关注日等节日，开展残疾预防宣传教育；8月25日，在东源县霸王花·君临苑小区开展残疾预防宣传教育活动。是年，东源县精准康复系统录入完成率为99.87%。

【残疾人培训与就业】 2023年，县残联联合县委组织部、县委编办等有关部门编制出台《东源县关于贯彻落实按比例安排残疾人就业的实施办法》，推动机关、事业单位、国有企业带头安排残疾人就业，开展按比例安排残疾人就业年审工作，审核用人单位111家，安置残疾人就业188名，配合税务部门落实残疾人就业保障金征收工作。5月至6月，在顺天、灯塔、康禾、黄田、叶潭等5个乡镇的康园中心举办以中式面点制作、茶艺培训为内容的残疾人职业技能培训班，培训残疾人81人，并实现辅助性就业。8月末到9月初，在曾田、黄村、义合等3个镇开展农村残疾人实用技术培训（分别含肉鸡养殖培训、腐竹制作培训、玉米种植培训），培训残疾人80人，共完成6期161人的实名制培训任务。组织残疾人参加市级残联举办的技能培训29人次，其中包括农村种养实用技术培训班11名、国家通用手语培训3名、国家通用盲文培训5名、咖啡制作培训6名、盲人初级保健按摩4名，共5期培训班。落实残疾人就业创业扶持政策，扶持残疾人自主创业、个体就业21户，发放就业扶持资金9.6万元。根据省残联"走访拓岗"要求，制定《东源县残联关于开展"走访拓岗促就业"活动方案》，东源县残联到访东源县水库移民工作局、力升树灯等10家企事业单位，了解用人单位录用残疾人就业情况，拓展残疾人岗位20个。是年，共有17家社区康园中心规范正常运行，帮助258名残疾人实现辅助性就业。1月，组织残疾人参加"春风行动"暨就业援助月专场招聘活动。4月，联合力升树灯（河源）有限公司、河源新奇源纸品有限公司开展残疾人就业精准招聘活动，于助残日期间联合东源县人社局在黄田镇举办残疾人就业专场招聘活动，搭建用人企业与残疾人劳动者交流的平台。截至是年末，全县就业年龄段残疾人6636人，已就业残疾人3595名，就业率54.17%；新增残疾人就业1209人，其中新增城镇就业249人，新增农村就业960人，完成市残联200人的新增就业任务。

【残疾人教育助学】 2023年，县残联推进残疾人教育助学工作，协助做好适龄残疾儿童少年信息核查工作，掌握全县适龄残疾儿童少年入学情况，协助做好适龄残疾儿童少年入学安置工作。帮助3名考取大专以上院校的残疾学生申请省级"南粤助学"工程助学金。援助考取中专以上的困难残疾人家庭子女40名，发放助学金4万元。全年共有43名残疾儿童在普幼融合，为提升融合教育教学质量，该残联在县二幼建设资源教室并投入使用。通过省事业单位集中公开招聘2名教师，增强县残疾人康复服务中心师资力量。

【残疾人评残办证】 2023年，县残联，加强残疾人证核发管理，严格把关残疾评定、录入、审核、发放证件等各个环节。全年办理残疾证867本，购置第三代残疾人证（智能化）制卡设备及智能卡，是年12月份开始使用第三代（智能化）残疾人证。对行动不便、卧病在床、严重智障、精神失常等无法到医院评定的疑似重度残疾人，与评定机构联合，下乡为各乡镇大规模筛查的疑似残疾人集中或入户评残，全年下乡办证439本。截至是年12月，全县持证残疾人1.27万人。

【**残疾人社会保障**】 2023年，县残联推进残疾人社会保障工作，落实残疾人"两项补贴"政策，全年全县享受残疾人"两项补贴"1.25万人次（其中重度护理补贴7 838人，困难生活补贴4 654人）。加强易致贫返贫残疾人动态监测，对36名易致贫返残疾人对象实施动态监测，发放困难生活救助金1.80万元。加强困难残疾人救助，发放困难残疾人临时救助18.82万元，走访慰问残疾人家庭29户，发放慰问金、慰问物资共计2.3万元。落实残疾人机动轮椅车燃油补贴申领发放工作，全年发放残疾人机动轮椅车燃油补贴8 060元，惠及31人。加强与深圳市盐田区民政局（残联）的对接，开展结对帮扶工作，6月，深圳市盐田区民政局（残联）向骆湖镇、双江镇捐赠一批价值10万元的康复、文体器材；深圳市盐田区慈善会到骆湖镇、双江镇开展帮扶慰问活动，慰问困难残疾人老党员、残疾儿童50人。加强残保金征收工作，确保残保金专款专用，严格按照《残疾人就业保障金征收使用管理办法》使用，主要用于残疾人康复、培训、助学、救济等。抓实残疾人信访维权工作，及时反馈、及时处理残疾人来信来访来电问题，全年集体上访和越级上访事件为零。

【**残疾人基本服务状况调查**】 2023年，县残联开展持证残疾人基本状况调查工作，掌握东源县残疾人的基本生活状况与需求，建立完善残疾人基础信息数据库，21个乡镇社工通过入户调查、电话询问等方式全面了解乡镇残疾人在住房、教育、就业、无障碍、社会保障、基本医疗与康复等各个方面的服务状况以及实际需求，对持证残疾人基本服务状况和需求信息调查采集，为做好残疾人精准服务工作提供信息保障。

【**残疾人家庭无障碍改造**】 2023年，县残联推进残疾人家庭无障碍改造项目，开展无障碍改造需求调查，着眼于残疾人最基本、最迫切、最可行的改造问题，为残疾人制定量体裁衣式的改造方案，切实消除困难残疾人的居家障碍，改善残疾人居住环境，提高残疾人生活质量。无障碍改造项目包含厨房改灶，改门、改电、改水；卫生间加装坐便器、扶手、改坡、地面硬化；配置轮椅、热水器、加装安全护栏等。是年，共对142户残疾人家庭进行了无障碍改造。

【**残疾人文体宣传**】 2023年，县残联开展残疾人运动员选拔和集训工作，组织残疾人参加省市残疾人文体赛事。选送肢体残疾人刘美花参加广东省第九届残疾人运动会举重项目比赛，获得女子61公斤级第一名；组织五名肢体残疾人代表河源市参加第七届中国残疾人冰雪运动季残疾人旱地冰壶邀请赛并获得第三名、参加2023年广东省残疾人旱地冰壶邀请赛并获得肢体组团体赛第一名；组织东源县残疾人及残疾人工作者参加河源市残健同行羽毛球友谊赛，取得优异成绩；选送残疾人美术作品参加河源市残联举办的美术作品大赛，开展残疾人文化创意产业展品征集工作。"全国助残日"期间在黄田镇开展入户慰问、下乡评残、辅具上门、义诊宣传系列助残活动，并邀请县融媒体中心宣传报道，加强残疾人事业宣传。联合爱心家庭、爱心企业到残疾儿童家庭、残疾儿童康复机构开展关爱慰问活动，号召社会力量参与助残行动。宣传优秀残疾人运动员事迹，邀请县融媒体记者对是年第三季度"广东好人"、广东省第九届残疾人运动会举重项目女子61公斤级冠军刘美花作专题采访和报道，讲好东源县残疾人运动员的故事，弘扬残疾人自强不息、奋发向上的精神，传递传播社会正能量。

县残疾人联合会领导名录：
党组书记：李荣皓
理事长：朱永锋
党组成员、副理事长：
戴振辉（党组成员任职时间：2017.06—2023.04；副理事长任职时间：2012.04—2023.04）
古秀华
副理事长：
傅文桦（2023.04—）

（周颖颖）

县科学技术协会

【概况】 东源县科学技术协会（简称县科协）为东源县科学技术工作者的群众组织，设委员会和常务委员会，每届任期五年。下属事业单位有科技馆；业务指导单位有东源县高新区科学技术协会1个，农村专业技术协会8个，市级科普示范村（社区）4个，县级各学会10个，省市县科普示范基地、科普教育基地共48个。2023年2月，东源县科协获得东源县县级节约型机关单位荣誉称号；12月，获广东省2023年度基层科协组织建设及提升基层科协组织力"3+1"工作先进单位，获2023年度全省青少年科技教育事业优秀组织单位称号。

【科普公共服务】 2023年，县科协在县科技馆举办2023年新时代文明实践科学普及志愿服务系列活动之"走进VR感受科技魅力"科学普及活动。与河源市蓝天救援队在东源县科技馆会议室举行合作共建协议签约仪式，签约仪式后开展应急救援科普大讲堂，参加观众60余人。出台《东源县加强突发事件应急科普宣教工作机制》。探索建立各种应急科普的常态化平台，加强新媒体在应急科普中的运用，结合重大热点科技事件，组织传媒与专家共同解读相关领域科学知识，引导公众正确理解和科学认识社会热点事件。县内每所中小学均合理配备科技辅导员。50%以上的涉农乡镇建有农村专业技术协会，均在民政部门登记注册，且入驻智慧农技协平台。县科协到东源县茶叶协会、养鸡协会、水产学会、龟鳖协会、板栗协会开展调研指导，加强农村专业技术协会建设，扩大科协组织覆盖面。

【科普设施建设】 2023年，县科协创建黄龙岩畲族风景区省级科普教育基地1个。丰富科技馆服务内容，先后建成神秘宇宙、生态城市、绿色东源、元宇宙体验厅、消防科普体验厅、智能制造工业展厅、基础科学科普长廊、智慧生活、儿童科普室、馆外延伸临展长廊等展区。是年，县科技馆获评"广东省儿童友好基地""东源县三八红旗集体"、2023年度东源县"热心消防公益事业"先进集体。全县建成省级科普教育基地8个、市级科普示范镇1个、市级科普示范村（社区）4个、市级科普示范基地2个、市级科普教育基地18个、县级科普教育基地20个。邀请铭镭激光公司、富马集团、广工大研究院等在科技馆共同打造"智能制造科普展厅"，为服务制造业当家营造浓厚氛围。推动"省级科普教育基地""科技小院""博士工作站""科技专家工作站""海智计划工作站"等平台建设，为经济建设提供坚实的科技支撑和人才保障。推进东源中学、县五小、东江中学、黄村中学、黄田小学等学校科技馆建设。

【科普志愿服务】 2023年，县科协成立东源县科技志愿服务队（县级科技志愿服务队伍）并在中国科协科技志愿服务信息平台和广东省"i志愿"平台注册科技志愿者人数约1300人，开展科技志愿活动不少于50场。利用学校等企事业单位、公共场所、科技园区、示范基地等公共资源，面向公众开展科普活动，覆盖全县21个乡镇，年科普活动覆盖面达到全县（市、区）常住人口的80%以上。

【科普宣传】 2023年，县科协开展"科普剧大赛""小学生科普作品竞赛""小小科普讲解员大赛""青少年科技创新大赛""青少年机器人科技教育培训""进校园科普知识讲座"等创新科普活动约30场；开展"全国科技者工作日座谈会""全国科技活动周""科技文化卫生三下乡""全国科普日""送科普知识下乡文艺晚会""我们的节日""社会主义核心价值观"等主题系列科普活动32场，发放科普、疫情防控、食品安全、消防安全等宣传手册约5万册；开展"线上线下农业科普知识培训""科技志愿服务""科技辅导员活动""三下乡"等科技培训活动约16场，发放科普读本宣传手册2万多份；利用大众传媒、新媒体手段开展科技传播，在河源日报、东源发布、东源科普等官方媒体开设科普宣传栏目，每周刊、播1次以上。

县科协领导名录：

党组书记：

梁　勇（2021.10—）

党组副书记、主席：

赖春涛（2021.10—）

副主席：

李桂榕（2019.6—）

（罗文娟）

县文学艺术界联合会

【概况】 东源县文学艺术界联合会（简称县文联）是由全县性的文艺家协会和全县的产（行）业文学艺术联合会组成的专业性人民团体，是县委、县政府联系全县广大文艺工作者的桥梁和纽带，是繁荣发展社会主义文艺事业、建设社会主义先进文化的重要力量。

【党建工作】 2023年，县文联深化机关党支部建设，构建"党建＋文艺"工作格局，以党建引领为抓手，将党建工作与文艺事业发展深度融合，全年开展党组理论学习中心组专题学习会10次，主题党日专题学习3次。多次与县烟草专卖局党支部开展联建共建活动，签署《东源县文学艺术界联合会支部委员会与东源县烟草专卖局支部委员会联建共建协议》。

【文艺志愿服务】 2023年，县文联完善文艺志愿服务机制，推动文艺志愿服务工作常态化。春节期间，在乡镇和县城社区开展"我们的中国梦——文化进万家"义写春联活动5场次，送出福字和春联4 000余（张）副。组织舞蹈、文学、书法公益课堂等系列活动，邀请著名诗人、小说家流马，《当代小小说》杂志主编、小小说名家赵明宇，书法家谢汉仁开展名家讲堂活动，提高文艺工作者创作水平，满足广大群众多元化的文化需求。全年开展东源县送戏下乡展演活动19场，协助河源市曲艺家协会、深圳市文联举办送戏下乡展演活动3场次，覆盖受益群众逾万人次。在第28个"世界读书日"来临之际，通过东源发布刊发捐书倡议，收到捐赠书籍登记造册，在送文化下乡志愿服务活动中把书籍送到有需要的人群手中。

【东源文艺品牌打造】 2023年，县文联为了擦亮东源文艺品牌，提升东源知名度和美誉度，举办第二届"万绿湖杯"全国小小说大赛，推进东源文化事业的创作发展，提升东源文化软实力，加强东源县作家与全国各地小小说名家的学习交流，欲将"万绿湖杯"全国小小说征文大赛打造成全国性文化品牌，收到全国各地稿件1 063件，获奖作品37篇，其中河源本土作者获得等级奖和优秀奖11人。2023年东源县各文艺家协会会员人数有714人，其中国家级文艺家协会会员7人，省级文艺家协会会员62人，市级文艺家协会会员301人。是年，东源县各文艺家协会会员获省级以上奖项54项，入围入展国家级书画作品3项、省级作品10项。其中由县文联、县绿韵艺术团选送的客家竹板歌《美丽东源好地方》参加第五届广东省曲艺大赛，荣获非职业组节目奖三等奖，演员丘胜华参加第五届广东省曲艺大赛，荣获非职业组表演奖三等奖。

【文艺繁荣高质量发展】 2023年，县文联紧紧围绕学习宣传贯彻党的二十大精神的主题，举办"礼赞二十大，奋进新征程"书画作品展、2023年"我们的中国梦——文化进万家"演出、文艺晚会等活动。联合举办2023年"东源情·家乡美"声乐套曲发布会暨欢度元宵歌会、东源县2023年"世界读书日"全民阅读活动之经典诗文朗诵会、2023年"汇聚文艺力量·讲好锡场故事"东源县文艺工作者联合采风、2023年东源县第二届"我是科普小达人"大赛、"聚焦文明创建·走进叶潭山下"专题采风等。协助举办河源市健身舞大赛、东源县广场舞大赛等。组织县摄影协会会员下乡采风，记录和展示东源自然风光和人文风情，印制《绿美东源》画册450本。推动落实《东源文萃》出版工作。围绕东源的风土人情、红色文化、绿色文化、古色文化、客家文化、畲族文化、移民文化、乡村振兴、万绿湖创5A级景区等内容，多角度、全方位展示东源近年来取得的经济社会发展成果，启动《东源作家文丛》编撰组稿工作，丛书由小说、诗歌、散文等18辑内容组成。以文化软实力助推"百千万工程"提质增效，邀请广东书画院、深圳市文艺家、罗湖区文艺家深入到东源县的黄村、义合、康禾、锡场、新回龙、涧头等镇采风。

【文艺平台阵地搭建】 2023年，县文联搭建文艺平台阵地，拓宽文艺宣传渠道，推动创作基地挂牌创办，组织"绿美东源行"知名作家采风活动暨广东散文诗学会创作基地授牌仪式，推动东源县文学艺术创作采风基地在广东康禾温泉国家森林公园挂牌创办，选定缺牙山休闲民宿影视基地、云上仙湖民宿、柳上美人生态农业有限公司作为东源县文学艺术创作基地，为东源文艺工作者搭建良好的学习交流平台。协助推动省文联、省作协在河源市万绿湖挂创作基地牌子。联合河源市文联、市作协开展文学志愿服务进校园活动，协助举办河源市萧殷文学研讨会，组织东源文艺工作者参加深圳市文联宝安区两新文艺组织采风交流、广东省文学志愿服务"百名小小说作家进校园"、2023年广东书画院"深入生活、扎根人民"主题实践等活动。联合东源县融媒体中心推出媒体号"东源文艺"公益读书栏目，发布80期内容。

【业务交流】 2023年，县文联加强业务交流，组织文联人员到梅州市梅江区、深圳市宝安区、河源市和平县和龙川县等地开展专题学习交流活动，凭借探索东源与河源其他县、粤港澳大湾区文艺交流合作机制，学习各地文化事业方面的成功经验及成果，探讨文联未来发展思路，助力东源文化建设。

县文联领导名录：

党组书记：蓝　悦

主席：包丽芳

党组成员、副主席：叶德水
　　　　　　　　　（李菁菁）

县红十字会

【概况】 东源县红十字会（简称县红十字会）为群体机关，主要任务是负责宣传、贯彻、落实红十字会工作，开展防灾救灾，参与输血献血及干细胞移植、器官移植和遗体捐献；负责应急救护培训和宣传，开展人道主义服务和红十字青少年活动等工作。2023年县红十字会在4个乡镇、1个学校建立基层红十字会，基层组织体系建设取得新突破；有红十字志愿服务队1支。

【理论工作】 2023年，县红十字会开展理论武装工作，进一步夯实团结奋斗的共同思想基础。推进党组理论学习中心组的理论学习和主题教育学习，提高红十字会领导干部自学水平，提升党员领导干部的政治素质、理论素养、政策水平和领导能力。4月份，红十字会组织应急救护理论与技能培训首次走进党校课堂，为100多名科级领导干部、女干部学员普及生命教育课。

【献血义诊活动】 2023年，县红十字会开展无偿献血活动22场，组织应急救护师资到社区等地开展"防溺水自救互救及应急救护知识与技能培训"活动7场，受众1 000余人次。举办"博爱送万家"公益讲座4期，开展防灾减灾宣传活动1期。"红十字博爱周"期间，开展志愿服务活动5场。重阳节前开展爱心义诊、义剪活动各1场，开展公益义诊5场。在灯塔中学开展应急救护培训1场。是年，参与志愿者100多人次，服务群众2 000多人次。

【应急救护培训】 2023年，县红十字会实施应急救护推进年工作，推动实施"红十字救在身边"项目品牌，推动应急救护进机关、企业、社区、学校和农村，提高群众自救和互救知识与技能。全年举办应急救护师资复训班1期，开展普及培训讲座7次，发放急救知识宣传资料1 000多份，受益群众1 000多人次。举办救护员培训7期，共有338人取得红十字救护员证。

【人道救助】 2023年，县红十字会组织志愿服务队在春节、5·8世界红十字日、中秋、重阳等传统节日到社区、村（居）以及特殊群体开展慰问活动。全年发放慰问款物，价值3.8万元，受益困难群众800余人次。实施"大病救助""小天使基金""红十字救心"等人道救助项目，发放补助资金6.6万元；发放地氯雷他定片、复方对乙酰氨基酚片等药品，价值26.5万余元。开展"5·8人道公益日""99公益日"等线上公益筹资活动，全县参与捐赠活动爱心人士近2万名，捐赠金额19.2万元。发动爱心企业积极支持家乡建设和发展，全年县红十字会接受各界定向捐款162.75万元。

【三献活动】 2023年，县红十字推动无偿献血、造血干细胞、人体器官捐献"三献"宣传、推动和表彰工作，开展无偿献血活动21场，全县无偿献血2.10万毫升；开展造血干细胞捐献宣传活动1场，造血干细胞入库血样28份，宣传群众2 000多人次，发放宣传资料4 000余份。

县红十字会领导名录：

党组书记：欧辉东

党组成员、会长：邓小梅

党组成员、副会长：张建雄

（丘　丽）

地方军事

县人民武装部

【概况】 东源县人民武装部（简称县人武部），1996年6月改归军队建制，隶属中国人民解放军广东省河源军分区，编制由原来的副团级调整为正团级，2017年7月隶属于国防动员系统，下设军事科、政治工作科、保障科。

【政治工作】 2023年，县人武部坚决贯彻军委主席习近平"抓军队建设首先要从政治上看"的指示要求，始终把思想政治建设摆在首位，确保部队建设的正确方向。深入贯彻习近平强军思想，持续贯彻落实全国"两会"精神，采取领学、自学、辅导和交流等形式掀起学习热潮。结合政治教育、交班会、党团活动等时机，落实每月思想政治教育，组织党委中心组理论学习12次，专题党课辅导6次。开展党日活动，组织专武干部、民兵到阮啸仙故居、县革命烈士陵园开展政治教育活动，会同县委宣传部、县教育局联合开展"国防教育宣传周"活动，组织东江中学国防班和红军小学师生150余人到武警河源支队机动中队开展"学生进军营"活动，厚植青少年的爱国主义情怀。

【军事工作】 2023年，县人武部严格落实战备教育、战备值班各类规定，建立县委县政府值班室、县三防办值班室情报共享制度。坚持按纲施训、依法治训，落实干部文职军事职业教育，抓实每日一小时体能训练，练就军官、文职人员过硬基本功。结合节日战备，组织民兵应急分队拉动演练，针对性开展营门处突、应急维稳演练，提升应急防卫意识。分层分类抓好民兵基地化轮训、挂钩训练、民兵任务分队专攻精练和群众性练兵比武。

【征兵工作】 2023年，县人武部牢固树立服务部队的思想，聚焦关键发力，深入宣传发动，确保征集质量过硬。协调县委主要领导召开征兵工作推进会议，统筹部署征兵工作。印制派发征兵宣传折页资料1万余份、宣传海报200余张、宣传横幅350余条；协调县教育局收集大学生信息，组织干部文职、专武干部和民兵进学校、下村入户，广泛开展征兵宣传，加大对大学毕业生应征的宣传力度。加强与县公安局、县教育局沟通协调，综合运用公安大数据平台、教育网络信息平台对应征青年的身份信息、文化程度、现实表现进行筛查，同步完成体检合格人员的政治考核和学历审核。严格落实廉洁征兵制度规定，加强县域网络信息共享机制，会同县纪委监委、县委网信办和县公安局网监大队等动态监控网上廉洁征兵舆情，聘请人大代表、政协委员、热心群众担任廉洁征兵监督员，完成上级赋予的年度新兵征集任务。

【党建工作】 2023年，县人武部坚决贯彻上级党的建设会议精神，落实党委主体责任，全面贯彻落实党中央、中央军委和习近平主席关于新时期党管武装工作决策部署，将党管武装理论纳入县委理论学习中心组计划，开展县委理论学习中心组国防专题学习，组织召开县委议军会暨军事日活动、武装工作会议和人民武装工作例会，推动党管武装制度刚性落实。严格落实选拔任用，严把政治关、品行关、作风关、能力关、廉洁关，树牢能者上、优者奖、庸者下、劣者汰的用人导向。

【双拥工作】 2023年，县人武部严格落实《军人抚恤优待条例》和拥军优属政策规定，协调县退役军人事务局、县教育局、县人社局等部门抓实优抚优待，组织到军人家里悬挂光荣牌、为立功人员送喜报、走访慰问功臣和困难老兵。严格落实优抚对象抚恤和生活补助标准，发放全县优抚对象定量生活补助金和义务兵家庭优待金。深化全民国防教育，不断创新活动形式，组织红军小学、广州大学附属东江中学师生到武警河源支队机动中队、县人武部开展"军营开放日"活动，指导广州大学附属东江中学开展国防教育系列活动45（场）次，受众5万余人次，凝聚起全民关心国防、热爱国防、建设国防、保卫祖国的思想共识和行动自觉。坚持把部队所能、地方所需、群众所盼有机结合起来，发动广大民兵积极参与"百千万工程"、绿美东源生态建设活动，开展镇村人居环境村容村貌整治，充分发挥广大民兵在经济建设中的生力军作用。

（曾闯安）

法　治

政法工作

【社会维稳】 2023年，中共东源县委政法委员会（简称县委政法委）开展维护政治安全十个专项行动和社会矛盾问题八个专项治理，按照二十大维稳工作专班运作模式，排查各类突出矛盾纠纷1452宗，调处1409宗，结案率97%，为4956名劳动者追回被拖欠或克扣工资约8700万元，完成阶段性保交楼383套。抓实安保维稳机制，完成全年重大敏感节日节点安保工作，维护全县社会大局稳定。

【平安东源建设】 2023年，县委政法委抓实"防风险、护稳定、保安全"各项工作。开展常态化扫黑除恶工作，开展平安建设"三大专项"行动，开展全县基层矛盾纠纷排查化解专项行动，推动"1+6+N"基层社会治理工作体系建设，加强普法宣传，提升治理水平，预防和减少各类案事件的发生，维持社会大局安全稳定。

预防和治理未成年人案事件专项行动　2023年，县委政法委开展预防和治理未成年人案事件专项行动，打击在校园及校园周边针对未成年人实施的违法犯罪行为，打击侵害未成年人合法权益的违法犯罪行为；建立"零容忍"从严惩治侵害未成年人犯罪的工作机制，全县聘请法治副校长97人，开展法治副校长讲座260余次。县教育局、县检察院、县司法局等部门到学校开展法治教育、预防性侵等普法活动20余次，落实未成年人案件事件强制报告制度。强化家校社共育，推进家庭监护指导服务，成立全市首个家庭教育指导服务中心；强化"滚动式"摸查，落实"1+2+N"关爱小组帮教帮扶工作。全县排查未成年人重点群体253人，转化131人，转化率51.8%；县委政法委会同县公安局等相关单位对旅馆业等场所进行实名制登记，对未成年人按"五必须"要求和规定进行不定期督查。

打击治理电信网络诈骗犯罪专项行动　2023年，县委政法委按照河源市委、东源县委平安建设"三大专项"行动工作部署要求，有序"劝返"辖区滞留境外重点人员，劝返核减50人，核减率61.73%。探索预警止付"4+N"工作模式，组建反诈宣传队23支、劝阻工作队22支，发挥"村干部""网格员""楼栋长"等的桥梁作用。落实预警信息分级处置制度，建好无诈村居（社区）62个。全年共立电信诈骗刑事案件357起，抓获涉诈嫌疑人299人。

严重精神障碍患者服务管理专项行动　2023年，县委政法委开展严重精神障碍患者及疑似患者排查救治救助工作，全县登记在册严重精神障碍患者3309人，发放监护人和协助监护人补助资金614.11万元，患者送治经费21.35万元。

"1+6+N"基层社会治理工作体系建设　2023年，县委政法委开展"1+6+N"基层社会治理矛盾纠纷多元共治工作体系建设，制定出台"诉调对接""警调对接"等工作机制，建立政法各单位进驻乡镇综治中心工作机制，全面加强法院、检察、公安、司法等基层作战单元和综治中心前沿阵地的有机整合。推动综治中心工作，全县乡镇综治中心共排查受理各类矛盾纠纷1820宗，调处1760宗，调处率96.7%。强化网格建设，全县共上传综合网格事件2.96万件，同比增长约13%，解决群众一般诉求、代办事务等2800余件。强化源头治理。依托综合网格、法院、检察院、公安、司法以及"粤平安"等6个主力平台，汇集整理矛盾纠纷"弱信号"共1883个，成功调处1875个。强化治理根基，以服务群众为出发点，组建专业队伍，全县共建立乡镇、村（社区）两级调解委员会308个，配备调解员1797名，组建"党员先锋调解队"1支，配备司法骨干24名，设立"五老一顾问"调解队伍21支，配备人员98名。

乡镇综治中心效能 2023年，县委政法委抓实对乡镇综治中心工作的指导督促，全县各乡镇综治中心共排查受理各类矛盾纠纷1820宗，调处1760宗，调处率96.7%。

综治"中心+网格化+信息化"建设 2023年，县委政法委推进"中心+网格化+信息化"建设。全县网格数968个，上传网格事件共1.94万件，代办事务等2300余件，"网格+服务+调解"工作机制得到完善及提升。

综治视联网系统和"雪亮工程"建设 2023年，县委政法委推进综治视联网系统建设和"雪亮工程"工作，完成县、镇、村（居）三级综治视联网系统建设并投入使用。完成公共安全视频监控四期建设；投入5300多万元，建设覆盖全县主干道路及治安复杂场所高清视频探头4400个、治安卡口8个，新增公共视频点位300多个。

铁路护路联护 2023年，县委政法委加强护路联防工作，组织全县铁路沿线各乡镇开展专项宣传教育和安全隐患排查整治行动，开展"5·26我爱路"主题宣传教育活动，加强涉铁路矛盾纠纷排查化解和开展重点排查整治，制作悬挂爱路护路宣传标语90多条，出动流动宣传车50多车次，派发铁路安全知识宣传册、宣传品9000余份，宣传教育群众、学生共7000余人次。

【反邪教工作】 2023年，县委政法委反邪教工作以"打、防、管、转、宣"为工作重点，打击邪教，落实邪教人员教转和管控工作，组织谋划反邪教警示宣传教育系列活动。在灯塔镇举办的"反邪教宣传进乡村"活动得到"南方+""广东公安"等省、市、县多家媒体报道。全年组织开展反邪教宣传活动共计60场，覆盖人数6.4万人。

【扫黑除恶斗争】 2023年，县委政法委联合县扫黑除恶斗争领导小组办公室，推进扫黑除恶工作，县公安机关立涉黑恶刑事案件28宗，刑拘30人，打掉恶势力犯罪团伙1个；县检察机关受理审查起诉涉黑案件1件1人；县法院审结涉黑案件1件1人。全县共建立常态化扫黑除恶斗争监管80项。

【司法救助】 2023年，县委政法委全力推进司法救助工作。要求政法各部门为符合条件的当事人申请国家司法救助时，应告知并协助有需要的当事人提出救助申请作及时求助；对于资金发放一律采取银行转账一次性发放方式。是年，受理审批救助案件23件23人，发放救助资金共计40万元。

【政法队伍建设】 2023年，县委政法委坚持党管干部和党管人才原则，推进政法队伍全员干部交流轮岗，提拔年轻干部为股级正职3人。督促全县政法系统开展政治培训，全年开展政治轮训2次，覆盖干部职工110人次。开展对同级政法单位政治督察和纪律作风督查巡查，对县司法局开展政治督察和纪律作风督查巡查。

【乡村振兴】 2023年，县委政法委推进精准扶贫工作，实施乡村振兴战略。全年组织领导干部挂钩村走访慰问党员和困难群众30人次，壮大农村集体经济和发展村集体产业等工作拨付直联村3个、经费合计6万元。支持选调生到义合镇义合村开展帮扶和乡村振兴工作，抓实党组织阵地建设、人居环境整治、厕所革命、道路建设，创建无毒村，带动产业全面发展。

注释：

1. "雪亮工程"：指以县、乡（镇）、村三级综治中心为指挥平台，以公共安全视频监控联网应用为重点的"群众性治安防控工程"。

2. "1+2+N"：对排查出的未成年人重点群体，特别是留守、困境和单亲等重点女童，严格落实"1+2+N"关爱小组关爱帮教工作。关爱小组中的"1"指镇委副书记（政法委员）兼任关爱小组组长；"2"指教育部门（校长、班主任或教师）和民政部门（社工）工作人员，教育部门和民政部门的工作人员在关爱校内外未成年人（学生）工作中是互为主次、相互协助关系；"N"指公安民警、妇联、团委工作人员、医护人员、心理咨询（辅导）师、家属（监护人）、镇以及村（居）干部、党员邻居、未成年人亲属等。

3. "1+6+N"：在党委领导下，以乡镇为重点，以"1+6+N"（"1"指综治中心，"6"指综合网格、法院、检察院、公安、司法以及"粤平安"社会治理云平台，"N"指其他政法、综治和社会力量）工作体系为重要抓手，聚焦"镇村风险排查，就地矛盾化解，强化诉源治理，促进讲信修睦"，形成矛盾纠纷"发现—研判—流转—处置—反馈"工作闭环，做到"矛盾纠纷多源收集、综治中心一站统筹、专业队伍多元调处、工作流程闭环管理"，最大限度将各类矛盾风险防范在源头、化解在基层、消除在萌芽，努力打造新时代"枫桥经验"东源样板。

4. 平安建设"三大专项"行动：打击治理电信网络诈骗专项行动、预防和治理未成年人案事件专项行动和严重精神障碍患者服务管理专项行动。

5. 资金预警止付"4+N"模式：市、县反诈中心全天候监测并下发涉资金转账等敏感信息线索，乡镇劝阻队及时核查核办，会同相关工作人员上门提出警醒，以及被预警对象近亲属实时紧盯反馈动态。

县委政法委领导名录：

县委副书记、政法委书记：
邓　山（2022.11.08—）
县委政法委副书记：
黄和平（2023.09.18—）
张　平（2019.04.17—）
吴铿鹏（2021.10.14—）

（欧阳梅英）

公安工作

【打击刑事犯罪】 2023年，东源县公安机关严打各类违法犯罪，刑事治安警情同比下降15.85%，破刑事案件数、刑拘人数、起诉人数同比全面上升，实现警情下降、打击成效上升的预期目标。打击治理电信网络诈骗，立案同比下降10.57%，破案同比上升5.56%，抓获涉诈嫌疑人同比上升40.85%；快侦快破盗窃等民生小案破案率提升至54.5%，发案同比下降39.4%；开展扫黑除恶斗争，打掉涉恶团伙1个，连续三年涉恶团伙数为零；侦破贩卖毒品案、非法买卖外汇案等一批大案要案，其中侦破的全国首宗利用礼品卡变相买卖外汇案被公安部列为部级大要案。完成全县乡镇无毒村（居）创建工作，无毒村数量及规模位居全市前列。抓获在逃人员人数同比上升47.3%。

【社会治安管理】 2023年，东源县公安机关坚持隐患大排查大整治。开展社会面巡防巡控，严抓重点时段、重点部位、重点场所"见警察、见警灯、见警车"工作，防范潜在违法犯罪，实现刑事、治安警情连续两年保持双下降。开展校园安全专项整治，消除各类风险隐患，筑牢安全防线。建立警种部门轮值机制和机关支援派出所常态机制，建成实体化运作治安防控中心，推动社会治安防控由被动管理、事后处置向主动治理、事前防范转变，支撑派出所做实预防警务。

【道路交通安全管理】 2023年，东源县公安交警部门开展道路交通安全大排查大整治专项行动，查处各类交通违法行为同比上升25.9%，查处醉驾同比上升240%，死亡事故数、死亡人数分别同比下降8%、17.86%。推进隐患治理、宣传、防范工作，新建红绿灯18个，完成部级督办3处，治理隐患路段76处，约谈重点运输企业责任人50人次，开展交通安全宣传活动133次。全年未发生较大道路交通事故。

【执法规范化建设】 2023年，东源县公安机关加强执法规范化建设，打造公平正义的法治环境。聚焦建设法治公安目标，抓实执法统筹、教育培训、审核把关、监督管理等关键环节，提升全县公安民警依法履职能力，执法质量考评排名全市第一。维护市场公平秩序，依法严惩侵害企业权益的强揽工程、串通投标、合同诈骗、职务侵占等犯罪，保护企业正当权益，破职务侵占案2宗，为企业挽回损失42万元。依法妥善办理企业案件，对涉重大敏感违法犯罪行为的企业实行领办包案制，避免因机械执法、过度执法而影响企业正常生产经营。

【民生警务建设】 2023年，东源县公安机关加强和改进服务管理工作，开展预约办证、错峰办证服务，开通申领、换领居民身份证等系列便民服务，为群众家门口办理摩托车驾驶证1万余张。办理群众来信来访案件，解决群众急难愁盼问题5个，侦破案件2宗。加强和改进信访工作，受理各类信访案件44宗，办结42宗，办结率96%。打造便捷高效的服务环境，围绕东源重点产业、重点企业，组织开展"送安全进企业"活动。走访群众1150余人次，走访企业760余家，为企业、群众协调解决问题150余个。结合绿美东源建设，破非法采矿案2宗，起诉16人。组织开展乡村清洁活动、义务植树活动，加强森林防灭火工作，实现重要节点、节日"零山火"。

【治安户籍管理】 2023年，东源县公安机关按照《中华人民共和国户口登记管理条例》及河源市人民政府办公室《关于修订印发河源市推动非户籍人口在城镇落户实施方案的通知》要求，开展身份证专场便民活动。创新人口管理措施，推进基础信息采集，在实有人口服务管理中推行"粤居码"工作和户籍档案电子化管理应用工作，创新实有人口服务管理模式。全年出生登记入户4924人，市外迁入910人，迁往市外3723人，户口主项变更更正896人，国内跨省异地办理950张，首次跨省办理41张。受理居民身份证3.53万张，临时身份证3627张。

【公安队伍建设】 2023年，东源县公安局获部级表彰集体1个、省级表彰集体2个、省级表彰个人3人，另有全局集体三等功2个、集体嘉奖5个、个人三等功8人次、个人嘉奖10人次、三级嘉奖9人次、四级嘉奖8人次。

县公安局领导名录：
县公安局党委书记、局长：
吴尚清（2021.08—）
党委副书记、政委：
黄春响（2022.08—）
党委委员、副局长：
陈志雄（2012.12—）
欧阳培辉（2012.12—）
李　军（2021.01—）
邓华鑫（2023.08—）
（李适瑜　陈雪华）

消防工作

【消防队伍装备建设】 2023年，东源县消防救援大队（简称县消防救援大队）结合"百千万高质量发展工程",推动县政府购置泡沫消防车1辆、行政车2辆、消防摩托车2辆,配齐配强水域、地震、森林装备200余件(套),完成锡场、义合、双江、叶潭4个乡镇政府专职消防队建设任务,建成万绿湖(新港)水陆消防救援站并投入使用,挂牌成立河源消防水域训练基地,升级改造县级消防科普馆,配备器材装备1267件(套),完善队站硬件建设,队站营区面貌焕然一新。

【综合应急救援工作】 2023年,县消防救援大队立足"三化"建设,推行"五训"模式,建强"两支"专业队伍,建成"一个消防站",挂牌成立"一个训练基地",组织"高、底、大、化"灭火救援实战演练、"六熟悉"及"防消一体化"战训大讲堂,注重前沿课题攻关,发明革新6项装备且运用于实战,成功完成"3·26"顺天颗粒厂火灾、"6·17"长深高速多车追尾事故、"12·20"锡场镇涵洞人员被困等救援任务。

【重大风险防范化解】 2023年,县消防救援大队落实"双定期"制度,强化落实县消安委主任由主要领导担任、乡镇消安委主任"双主任"机制,推进消防安全专项整治工作,完成重大风险隐患大排查大整治10余个,推动市、县两级政府挂牌督办火灾隐患重点地区2个、重大火灾隐患单位4家,完成行业示范点达标创建4个;与县检察院在全市率先建立"公益诉讼+消防安全"模式,开展民宿消防安全公益诉讼检察听证活动。推动乡镇消安委和消防所实体化运转,与21个乡镇签订行政执法委托协议书。成立仙塘镇消防事务中心,与蝴蝶岭工业园消防救援站建立联勤联训协作机制。持续推进"3+N"宣传教育活动,挂牌成立南方报业小记者实践(研学)基地、东源县少先队校外实践教育基地,升级改造消防科普体验厅,推广全民消防安全学习云平台,发动注册人数位居河源市前列。年内共检查社会单位699家,其中督改隐患356处,查封关停10家,全年全县未发生亡人火灾和有较大影响的火灾。

【消防宣传】 2023年,县消防救援大队创新开展基层党组织"四模范"争创评比活动,经验做法在全市推广,推行党委"一线工作法""清单式工作法",深化"四下基层"制度,协调政府新增专职消防员编额7个,解决指战员家属就业2名、专职队员子女入学难题3名,培养出省、市先进个人40余人,荣记个人三等功3人,个人获评嘉奖12人,大队获评广东省"执勤训练先进大队""消防监督管理先进大队"和河源市"基层建设先进大队",新河大道消防救援站分别被县总队、县政府荣记集体三等功,获评全省"基层建设标兵消防救援站""执勤训练先进消防站""正规化建设示范消防救援站",获评河源市"优秀志愿服务组织""最美应急集体""河源市五四红旗团支部"称号。组织参加河源市业务技能比武会操竞赛,获得冠军1个、亚军3个,组织参加河源市宣传和火调比武,分别获得团体第一名、第二名,参加其他各类文体竞赛,获得冠军4个、亚军2个、季军2个。全年开展主题党日活动12次,开展志愿服务活动100余次,在各级微信公众号上发稿24篇。

注释:

1. **三化:**实战化岗位练兵、正规化专职队伍、专业化队伍。

2. **五训:**全员普训、岗位轮训、专业特训、装备专训、实地驻训。

3. **两支:**一支水域救援专业队和一支森林火灾扑救专业队。

4. **一个消防站:**万绿湖(新港)水陆消防救援站。

5. **一个训练基地:**河源消防水域训练基地。

6. **"双定期":**党委、政府定期研究消防工作和消防救援队伍定期报告工作情况。

7. **"3+N":**一次宣传教育、一次实操实训、一次疏散演练+火灾隐患现场查、消防知识线上学、消防志愿大招募、消防宣传车参观、消防广播大赛等。

8．四下基层：宣传党的路线、方针、政策下基层，调查研究下基层，信访接待下基层，现场办公下基层。

9．"四模范"：党员先锋模范铺、党员先锋模范车、党员先锋模范哨、党员先锋模范尖兵。

消防救援大队领导名录：

大队长：
江爱民（2020.11.29—）
教导员：
李继刚（2022.3.21—）
副大队长：
邱镇茂（2021.2.09—）

（吴　媛）

检察工作

【刑事检察】 2023年，东源县人民检察院（简称县检察院）依法惩治各类刑事犯罪，受理审查逮捕案件326件509人，批捕150件206人，受理审查起诉案件856件1 184人，起诉486件709人。开展扫黑除恶工作，追诉涉黑犯罪案件1件1人，发出检察建议1份。打击故意杀人、抢劫、强奸等严重暴力犯罪，批捕25件35人，起诉25件26人。依法打击电信网络诈骗、涉"两卡"犯罪，办理该类案件76件135人。参与集中整治拖欠农民工工资专项行动，依法办理该类案件5件5人，帮助追回损失27.24万元。依法办理职务犯罪案件，决定逮捕4人，起诉8人，严惩贪腐犯罪。推进侦查监督与协作配合实质化运行，开展清理"侦查挂案"专项监督活动，加强立案和侦查活动监督，监督立案36件，监督撤案21件，追捕追诉6件6人，发出侦查活动监督通知书200份、纠正违法通知书5份、检察建议书2份。强化审判活动监督，依法提出刑事抗诉案件5件，市检察院采纳率100%；发出纠正审理违法意见书3份。加强刑事执行监督，对执行活动违法情形发出监督意见书42份，监督纠正监外执行罪犯脱管漏管14人。

【民事行政检察】 2023年，县检察院办理民事诉讼监督案件14件，发出检察建议6份；办理行政检察监督案件18件，发出检察建议6份，回复采纳率100%。办理行政非诉执行监督案件7件，行政违法行为监督案件6件，发出类案检察建议3份。该经验做法获市检察院在全市检察机关推广。民事行政诉讼监督工作持续保持全市前列位置。

【公益诉讼检察】 2023年，县检察院立案公益诉讼案件53件，发出诉前检察建议34份，诉前回复整改率100%；办理刑事附带民事公益诉讼案件15件，向人民法院起诉5件。运用"现场检查+公开听证"方式，开展民宿消防安全公益诉讼检察专项监督活动，对全县民宿开展全面监督检查85家，制发检察建议19份，推进民宿消防安全整改治理工作，获人民日报新闻客户端宣传报道。办理生态环境损害赔偿磋商案件，追赔损害费用2 059万元，经验做法被检察日报正义网转发推广，市生态环境局向县检察院致信予以感谢。建立完善公益诉讼损害赔偿基金管理制度，与法院、财政等部门沟通协调，推动出台东源县公益诉讼专项资金使用管理办法，专项基金账户入账49.6万元；办理妇女权益保障领域公益诉讼案件的经验做法被南方+等媒体转发推广。

【未成年人保护检察】 2023年，县检察院推进未成年人综合保护工作，办理全市首宗未成年人刑事附带民事诉讼支持起诉案件。坚持从重从快打击侵害未成年人合法权益犯罪行为，批捕该类犯罪案件29件32人，起诉27件28人。推进涉罪未成年人"教育、感化、挽救"工作，向失职家长发出《督促监护令》7份，轻微的未成年人犯罪不捕15件17人、不诉11件23人，不捕率59.05%，不诉率18.69%。推进未成年人"四大检察"综合履职，综合履职率18.33%。推动检察司法保护工作。抓好"一号检察建议"的督促落实，参与平安校园创建，深入30所乡镇中小学开展送法进校园活动38场次，受益师生4万余人。落实东源县强制报告制度实施细则，对全县乡镇开展制度宣讲；对学校、宾馆、医疗机构等重点场所开展专项监督检查15个，发出检察建议7份；以有力的司法保护助力"六大保护"形成合力。

【服务保障绿美东源】 2023年，县检察院落实"河湖长、林长+检察长"协作机制，提升生态环境保护治理水平。践行"绿水青山就是金山银山"理念，通过"绿剑、绿盾、绿网"三大抓手，加大对万绿湖、东江流域生态环境保护，共发出检察建议13份，办理相关案件24件，办案数量和案件评价指标均居全市首位。推行"依法打击犯罪+促进生态修复"办案模式，起诉破坏生态环境违法犯罪行为6件16人，办理生态环境公益诉讼案件24件，督促复绿林地面积5.08公顷，追索生态损害赔偿金6399万元。在东江国家湿地公园设立全市首个"河湖长+检察长"生态修复实践示范点，经验做法得到省、市检察院转发推广，被央媒、省媒等多家媒体报道。其中新华社报道浏览量单日破百万次。

【诉源治理】 2023年，县检察院践行新时代"枫桥经验"，扎实开展"1+6+N"矛盾纠纷多元共治工作，建立完善检察官挂点联系镇基层社会治理工作机制，推进"千警进万家"活动，排查化解各类矛盾隐患45件次，面对面为群众商户提供法律服务600余人次，发放普法宣传资料4000余份。化解社会矛盾，实行群众信访"件件有回复"机制，受理涉法涉诉信访案件70件，院领导包案办理首次信访案件7件，答复率100%。加大检察听证力度，对案件实施公开听证122件，推动矛盾化解，接受群众监督。结合司法办案发现的社会管理漏洞，制发检察建议3份，其中2份建议被评为全市优秀检察法律文书。做实司法救助，助力乡村振兴，办理国家司法救助案件20件55人，案件数和人数同比增长2.4倍和4倍，发放救助金27.5万元。

注释：

1."两卡"犯罪案件：指非法出租、出售、买卖"两卡"的违法犯罪案件，"两卡"指手机卡和银行卡。

2."四大检察"：刑事检察、民事检察、行政检察、公益诉讼检察。

3."未成年人六大保护"：2021年6月1日起施行新修订的《中华人民共和国未成年人保护法》，明确提出了未成年人的六大保护，分别为家庭保护、学校保护、社会保护、网络保护、政府保护、司法保护。

4."枫桥经验"：指坚持和贯彻党的群众路线，在党的领导下，充分发动群众、组织群众、依靠群众解决群众自己的事情，做到"小事不出村、大事不出镇、矛盾不上交"。

5."1+6+N"基层社会治理体系：一种基层社会治理模式，其中"1"指综治中心，"6"指法院、检察院、公安机关、司法行政机关、综合网格、"粤平安"社会治理云平台等基层政法力量和信息化支撑平台，"N"指其他综治力量。这种体系旨在通过整合各种资源，实现基层社会治理的现代化和高效化。

县检察院领导名录：

党组书记、检察长：
谢雄青
（2021.10.28—2021.12.21）
副检察长：
黄志华
（2013.08.30—2021.04.09）
黄志放（2021.04.09—）
陈肇武（2022.09.27—）

（黄燕萍）

审判工作

【概况】 2023年，东源县人民法院（简称县法院）负责东源县、江东新区刑事案件以及东源县民商事案件、全市行政诉讼案件的一审审理和执行。共受理各类案件7 557件（新收6 241件、旧存1 316件），审结6 505件，同比分别增长8.22%和14.79%，员额法官20人，人均结案325件，同比增长14.84%，结收案比104.23%。

【刑事审判】 2023年，县人民法院新收刑事案件512件，审结524件。贯彻执行《中华人民共和国反有组织犯罪法》，推进扫黑除恶斗争，审结涉黑犯罪案件1件1人。开展禁毒斗争，依法审理毒品犯罪案件2件2人。打击电信网络诈骗及关联犯罪，审结电信诈骗及关联犯罪案件53件92人。惩治腐败犯罪，审结职务犯罪案件5件5人。严惩危害社会治安犯罪，审结过失致人死亡、故意伤害、强奸、侵犯公民个人信息等犯罪案件76件，审结涉枪支弹药、交通肇事、危险驾驶等危害公共安全犯罪案件174件。保障未成年人权益，审结涉未成年人校园欺凌重大敏感案件7件14人。落实宽严相济刑事政策，审结适用认罪认罚从宽制度刑事案件347件379人。保障被告人辩护权利，依法为595名刑事被告人指派援助律师，普通程序刑事案件辩护率100%。

【民商事审判】 2023年，县人民法院新收民商事案件3 443件，审结3 588件。贯彻民生司法保障，实施民法典及家庭教育促进法，依法审理婚姻家庭继承纠纷案件501件，发出人身安全保护令2份。推进案件繁简分流，受理速裁案件693件，结案693件，案件平均审理期限在30天内。强化前端治理，新收诉前调解案件1 975件，调解成功1 456件，调解成功率73.72%。新收民事案件同比下降6.04%。办结商品房预售销售合同纠纷61件、物业服务合同纠纷案件17件。开展暖企稳企护企专项行动，设立县工业园法官工作室，为企业提供"一对一"精准法律服务。审结涉各类市场主体的合同、公司、证券等纠纷案件2 297件。强化对非物质文化遗产创新主体权益保护，设立2个非物质文化遗产司法协同保护联络点。参与"1+6+N"基层社会治理工作，灯塔、蓝口法庭开展"枫桥式人民法庭"创建工作，化解基层矛盾纠纷。

【行政审判】 2023年，县人民法院发挥集中管辖优势，新收行政案件482件，审结475件。创建"庭前通知+庭后通报"工作模式，落实行政机关负责人出庭应诉工作，出庭应诉率100%。举办行政机关领导干部旁听庭审活动2场80余人次。推动成立县"行政争议诉前和解中心"，实现行政争议多元化解，调解行政赔偿争议1桩2 000万元。推动诉源治理，落实败诉追责，对一败再败的行政单位实行约谈提醒，将行政争议化解在源头。对以冒名顶替或弄虚作假方式重复办理婚姻登记的，向民政部门发出司法建议，督促纠错，维护当事人合法权益，共发出司法建议书11份。

【执行工作】 2023年，县人民法院兑现胜诉权益，新收执行案件1 804件，执结1 918件，执行到位金额3.82亿元，"四项核心指标"全部达标。开展"河源执行风暴2023"专项行动，打击逃避、阻碍、拒不配合执行等行为，共拘留12人，强制腾房2处，执行完毕案件134宗，执行金额3 104.3万元，促成案件达成执行和解195宗，涉及金额1.09亿元。联合县检察院开展"雷霆2023"专项行动，排查党的十八大至2023年末判决生效的职务犯罪案件，涉财执行案件51件，执行金额302万元，并全部结案。推进失信联合惩戒机制，纳入失信被执行人名库1 150人次，限制高消费2 047人次。推进执前督促程序和预处罚机制，公开发布"预处罚公告"两期共25人次，成功督促履行或和解案件20余件。

【司法改革】 2023年，县人民法院推进审判监督管理，制定"四类案件"监督管理细则，明确案件范围以及识别监督等具体要求，明确院庭长权责范围，坚持事中监督、全程留痕，规范审判权力运行。院庭长带头办案5 932件。推进知识产权审判集中管辖和"三合一"改革，审结假冒注册商标罪案件4件，审结知识产权权属、侵权纠纷299件；探索纠纷多元化解模式，案件调撤率为47.49%。健全环境资源"三合一"审判机制，审结各类涉环境资源案件163件；成立万绿湖旅游巡回法庭和环境资源巡回法庭、康禾省级自然保护区森林法官工作室，为东源绿色发展和万绿湖国家5A级旅游景区创建工作注入司法能量；出台新丰江万绿湖水资源司法保护意见，实施"禁止令"、补植复绿劳务代偿等多种环境资源裁判执行方式，筑牢生态环境资源保护防线。

注释：

1."四项核心"：指有财产可供执行案件法定审限内执结率、无财产可供执行案件终本合格率、执行信访办结率、执行案件执结率。

2."四类案件"：指涉及群体性纠纷，可能影响社会稳定的案件；疑难、复杂且在社会上有重大影响的案件；与本院或者上级法院的类案判决可能发生冲突的案件；有关单位或者个人反映法官有违法审判行为的案件。

3."四级同创"：指省级法治政府建设示范地区/项目、省级守法普法示范县（市、区）、省级综合行政执法规范化示范乡镇（街道）和省级"民主法治示范村（社区）"创建工作。

4."三合一"：指将知识产权民事、刑事、行政案件集中由一个庭或部门审理，以提高审判效率和保护力度。

县人民法院领导名录：

党组书记、院长：

邓春柳（2020.01—2023.11）

党组书记、院长：

张东明（2023.11—2024.02）

副院长：

叶运才（2012.05—）

李鸿基（2021.03—）

（魏秀燕）

司法行政

【依法治县】 2023年，东源县司法局（简称县司法局）印发《中共东源县委全面依法治县委员会办公室关于开展道路交通安全和运输执法领域突出问题专项整治工作的实施方案》，协助县委召开县委常委会暨县道路交通安全和运输执法领域突出问题专项整治工作动员部署会，落实专项整治月度工作信息报送制度，严实推动专项整治。

【法治政府建设】 2023年，县司法局执行《重大行政决策程序暂行条例》，对重大决策实行双重合法性（审查）机制，收集县政府重大行政决策事项报县政府常务会审议4项，经审议，同意将重大行政决策事项纳入《2023年度县政府重大行政决策事项目录》1项，并在县政府网站完成公布事宜。开展东源县行政执法人员业务能力培训班和水务、卫健专场培训班，提升执法能力；组织各乡镇、县直有关部门按照《河源市人民政府关于调整乡镇人民政府和街道办事处综合行政执法职权的公告》在广东省政务服务事项管理系统中取消或认领相应行政执法职权事项；组织召开全县行政执法工作暨综合行政执法职权调整工作推进会，联合职权部门推行执法"导师制"6个。行政执法监督协调，持续推进行政执法"三项制度"和"粤执法"应用，组织召开全县行政执法和行政复议应诉工作推进会，出台《东源县提升行政执法质量行动实施方案》，规范行政执法行为，落实政府法律顾问制度，审查规范性文件15件、清理废止3件。

【行政复议与应诉】 2023年，县司法局承办县人民政府被提起行政诉讼案件15件，检察监督案件7宗，向县人民政府提起国家赔偿1宗，办理行政复议案件70件，纠错审结行政复议案件20宗，行政复议纠错率37.7%，对相关行政部门发出行政复议意见书5份。解决行政纠纷主渠道，发挥行政复议监督依法行政的功能作用和实质性化解行政争议的制度优势。

【法治宣传】 2023年，县司法局实施"八五"普法规划，举办河源市民法典宣传月暨法治宣传教育嘉年华进校园活动，开展法治宣传教育活动210余场，普及人数约13万人次。推进村级公共法律服务和法治文化阵地建设"三个全覆盖"；完成全国法治宣传教育基地东源陈列馆主体建设，阮啸仙故居入选全国红色法治宣传教育基地。举办"法律明白人"专场培训6场，共培养"法律明白人"1 148人、"学法用法示范户"357户。开展法治建设"四级同创"省级守法普法示范县创建试点工作，推进全国、省级民主法治示范村（社区）创建及培育工作，全县获评省级民主法治示范村10个。

【人民调解】 2023年，县司法局发展新时代"枫桥经验"，加强人民调解员队伍建设，制定《东源县人民调解员等级评定工作实施方案》，在全市率先探索建立人民调解员等级评定制度机制，申报相应等级，评定后颁发等级证书，共评定等级调解员78名。全县开展基层矛盾纠纷大排查大化解专项行动，排查矛盾纠纷469次，受理案件631宗，调解成功631宗，成功率100%。

【社区矫正】 2023年，东源县有在册社区矫正对象215人，其中缓刑213人假释1人，暂予监外执行1人。县司法局组织参加由河源中立法律服务社举办的正念教育与青少年犯罪预防及法律心理培训2次，举办全县社区矫正业务培训班1次。是年，该局开展社区矫正巡回检察工作，提升社区矫正规范化水平。开展"智慧矫正中心"创建工作，按照社区矫正中心规范化建设要求，建成"三区十九室"。升级社区矫正中心和司法所的人脸抓拍视频监控设备。依托省社区矫正一体化平台，配置立式、台式自助矫正终端，实现社区矫正全流程电子化和电子印章办公，提高工作效率。依托远程教育个人学习网站和AR教育设备，提升教育矫正质量。

【安置帮教】 2023年，县司法局落实安置帮教对象必接必送机制，接回刑释人员493人，重点帮教人员52人，刑满释放人员衔接率、重点帮教对象接送率均达100%。

【公共法律服务】 2023年，县司法局提供全县村（社区）法律顾问，累计服务群众2.87万人次，提供法律服务5 529件次，上法治课1 196堂次，参与人民调解28件。制定《东源县司法协理员试点工作实施方案》，并于6月10日获县政府常务会审议通过，8月10日正式发文，11月举办首批人民调解员等级评定颁证仪式暨司法协理员岗前培训班，提高调解员维护基层社会和谐稳定工作能力；为司法协理员发放待遇，每人每年发放4.69万元。

【公证工作】 2023年6月，县司法局公证处搬迁至县政务服务中心二楼办公，办理公证事项275件，其中涉港公证5件，公证收费37万余元。

【法律援助】 2023年，县司法局法律援助处搬迁至县政务服务中心二楼办公；办理法律援助案件161宗；法律援助值班律师见证认罪认罚案件185宗；收到东源县人民检察院通知辩护的试点范围内案件728宗。

注释：

1."三项制度"：行政执法的公示制度、行政执法全过程的记录制度和重大执法决定的法制审核制度。

2."四级同创"：省级法治政府建设示范地区/项目、省级守法普法示范县(市、区)、省级综合行政执法规范化示范乡镇(街道)和省级"民主法治示范村(社区)"创建工作。

县司法局领导名录:

党组书记:

程春华(2019.03—)

局　长:

张凌峰(2019.03—)

副局长:

冯　敏(2019.03—)

叶新城(2021.10—)

党组成员、政治工作室主任:冯志萍(2021.09—)

(叶新城　叶苘芊)

农业农村　水利水电

农　业

【粮食、花生、果蔬生产】 2023年，东源县农业农村局（简称县农业农村局）落实粮食工作责任制，稳定粮食生产发展，保障粮食有效供给。落实种粮补贴政策，积极推广良种良法，加快粮食规模化、集约化和产业化发展。全县粮食作物播种面积2.55万公顷，产量15.43万吨。其中，水稻种植面积2.35万公顷，产量14.7万吨；花生种植面积0.65万公顷，产量2.25万吨；蔬菜种植面积0.71万公顷，产量13.08万吨。

【畜牧业生产】 2023年，全县生猪出栏量43.27万头，总产值7.15亿元；肉牛存栏量1.25万头，出栏量0.74万头，产肉量1366吨；家禽存栏量310.85万羽，出栏量1354.94万羽，产肉量9263吨。

【渔业生产】 2023年，全县渔业水产养殖面积1705公顷，渔业总产量1.36万吨，同比增长7.4%，总产值2.32亿元。全县共有国家级水产健康养殖示范场10家。

【特色效益农业】 2023年，县农业农村局推动板栗、茶叶、畜牧、水产等优势产业发展。板栗种植面积1.5万公顷，产量2.2万吨，产值约4亿元；茶叶种植面积0.4万公顷，产量约2550吨，产值10.2亿元。

【农产品质量监管】 2023年，县农业农村局配合省、市开展农产品监督抽查和风险监测，共抽取样品92批次，合格率100%；农检站完成蔬菜、水果等农产品风险监测245批次，合格率100%；采集生猪、肉牛、山羊尿液样品730份，未检测出"瘦肉精"等违禁药物，检测合格率100%。渔业抽取水产品监督检查40批次、风险监测20批次，合格率100%。开展日常巡查监管和加大农业综合执法力度，共出动人员2133人次，检查农牧渔生产经营单位570家次。查处案件3宗，全部结案。全县农产品生产经营主体被纳入国家农产品质量安全追溯管理平台的有319家，被纳入广东省农产品质量安全追溯管理平台的有494家。开具承诺达标合格证6.22万张，用证产品8.26万吨。

【新型农业经营主体】 2023年，全县有农业龙头企业157家，其中国家级企业4家、省级企业30家、市级企业94家、县级企业29家；有家庭农场330家，其中省级家庭农场24家、市级家庭农场6家、县级家庭农场15家、普通家庭农场285家；有县级以上农民专业合作社179家，其中国家级合作社14家、省级合作社57家、市级合作社83家、县级合作社25家。有县级行业协会2个，分别为茶叶产业协会、水果产业协会。是年，东源县获评2023年省级家庭农场示范县。

【动物疫病防控】 2023年，县农业农村局完成畜禽产品监督抽查30批次，风险监测300批次，合格率100%。采集生猪、肉牛、山羊尿液样品730份，分别进行盐酸克伦特罗、莱克多巴胺、沙丁胺醇等项目检测，均为阴性，未检测出"瘦肉精"等违禁药物，检测合格率100%。

【农业农机】 2023年，全县有农业机械总动力19.96万千瓦，拖拉机3 319台，联合收割机513台，插秧机35台。水稻耕、种、收综合机械化水平达71.75%。

【农业龙头企业选介】 广东霸王花食品有限公司 为广东霸王花集团旗下的核心企业之一。创立于1978年，原隶属于东源县粮食局的国有企业，2004年冬转制为民营企业，注册资金为1 680万元。该公司历经40余年发展，成为华南地区乃至全国历史最悠久、规模最大、技术力量最雄厚、品牌价值最高的专业米排粉生产企业之一；先后被认定为国家高新技术企业、农业产业化国家重点龙头企业、全国农产品加工业示范企业、广东省现代产业500强项目企业，连续三十年被评为广东省守合同重信用企业；注册商标"霸王花"被认定为中国驰名商标。"霸王花"牌河源米粉是广东省食品行业第一个受到国家地理标志保护的产品，并通过绿色食品认证；其独具特色的传统制作工艺被列为广东省食品文化遗产保护项目。该公司拥有省、市级工程技术研究开发中心各1个，多次承担国家星火计划项目和省科技厅重点科研攻关项目，是广东省河源米粉地方标准的唯一起草单位；有3项发明专利、22项实用新型专利，研发项目先后获河源市科学技术进步奖一等奖、广东省科学技术进步奖三等奖、广东省农业技术推广奖一等奖、中华农业科技一等奖。

东源县大地农林发展有限公司 成立于2005年。选用油茶新品种种植油茶666公顷，改造老茶林200公顷，有油茶种植基地4个。该公司依靠科研技术优势，发挥企业核心团队力量，聘有国内多位油茶专家顾问和一批专业技术人员，专门从事油茶类新优品种的培育、推广、新技术的研究和应用。2016年建成"广东万绿大地生态科技有限公司"茶油生产精炼加工厂，主要为该公司和周边农户加工榨油和高端茶油精炼产品，将加工的产品提升到国标高端食用成品茶油。经有关部门核准，该公司被评为国家高新技术企业、广东产业扶贫示范基地、广东省重点农业龙头企业、广东省扶贫农业龙头企业、广东省林业龙头企业、广东省农村创新创业星创天地、河源市农业科技创新中心、广东省"守合同重信用"企业、广东省休闲农业与乡村旅游示范点、企业信用评价3A级信用企业，并被列入省"菜篮子"基地及通过2020年"粤字号"农业品牌入库评审。

东源县仙湖山农业发展有限公司 位于河源市东源县上莞镇仙湖村，成立于2011年。主要经营模式为"公司+合作社+农户"，是一家致力于发展生态种植、加工生产、休闲观光、科普教育及示范带动力强的省级重点农业龙头企业。该公司秉承"科学种植、规范管护"的理念，十分重视茶叶品质的提升和品牌的建设，拥有一条绿茶自动化加工生产线和一套红茶加工设备。出品的仙湖茶产于海拔1 080米的东源县上莞镇仙湖山，优越的生态条件使仙湖茶成为广东省名优绿茶之一。该公司先后获得"广东省休闲农业与乡村旅游示范点""广东十大名茶""广东十大好春茶""'粤茶杯'茶叶质量推选活动绿茶金奖""广东高级生态茶园""广东省科普教育基地""全国首批生态低碳茶认证企业"等荣誉称号。

县农业农村局领导名录：
党组副书记、局长：
张冬华（2021.10—）
副局长、党组成员：
林国平（2019.07—）
张洪伟（2021.09—）

（吴斯思）

林 业

【生态工程建设】 2023年，东源县林业局（简称县林业局）持续开展绿美东源生态建设。全年完成林分优化提升3 643.67公顷（含低质低效林分改造1 150.33公顷、社会造林293.33公顷、封山育林466.67公顷、新造油茶1 733.32公顷）、新造林抚育和森林抚育4 622.27公顷；完成建设森林乡村1个（义合镇义合村）、古树公园1个（康禾镇曲龙村古树公园），录入广东省古树名木信息管理系统726株古树，养护复壮古树13株。

【绿化造林】 2023年，县林业局开展义务植树3次，种植榕树、枫香、铁冬青共3万余株，完成森林抚育216公顷，防治病虫害8.4公顷。种植乡土树种5 000株，打造下屯村研学教育基地，累计接待游客达31万人次，带动村集体增收52万元。

【桉树林整治】 2023年，县林业局开展东源县绿美生态建设专题培训、"绿美河源生态建设专题辅导"，全年完成桉树林改造3 333公顷。

【森林防火】 2023年，县林业局推行林长制，发布《关于全面实施绿美东源生态建设工作的令》（2023年第一号林长令），发动全民积极参与义务植树活动。县级林长巡林调研31次，发出林长巡林工作建议及问题清单63份。设置林长公示牌和林长宣传牌294块。建成并试运行东源县林长制智慧管理平台。发放森林防火宣传资料30万份、宣传标语1 000条、宣传手册1 000份。处理违规用火6宗，行政处罚6人，协助县公安局侦破较大森林火灾1宗。

【林政资源管理】 2023年，县林业局严格执行森林采伐限额管理制度，严格审核申请采伐材料，发放林木采伐许可证927张，发证面积4 457.79公顷，发证蓄积29.66万立方米。加强伐区检查及部门联动，建立常态化监督和执法机制，开展森林督察工作，查处图斑总数420个、查处违法案件15宗。

【林业产业发展】 2023年，县林业局发放省级以上生态公益林效益补偿款5 926.15万元。以林业技术推广业务为主，完成油茶新造种植1 733公顷，低产低效林改造533公顷，油茶林抚育400公顷。组织指导林产品质量检测，监督油茶籽、牛大力、五指毛桃、板栗产品检测35批次。

【林木林地管护】 2023年，县林业局成立林地审批联审小组，加大征占用林地申报、审批管理力度，依法保护现有林业用地，合法合理使用林地，杜绝林地无序流失。办理征占用林地上报审批63宗，合计169.45公顷，查处改变林地用途行政案件11宗，森林植被恢复罚款3 171.71万元。

【林业行政执法】 2023年，县林业局实施自然保护地网格化管理，强化自然保护地内森林资源管护，打击违法犯罪活动，制止破坏生态行为3次，处理垂钓事件12宗，处理盗采树木1宗；巡查自然保护地10处、人工繁育场所1处、农贸市场295间/次，检查宾馆饭店、花鸟市场和快递公司，累计出动执法人员195人次。联合县公安局开展林业植物检疫执法，检查木材加工企业和花卉苗圃，实施专项检查5次，出动森防检疫人员36人次。检查人工繁育场1处，落实野生动植物保护，按野生动物保护条例处理村民移交野生动物72只（条），放生野生动物13只（条），放生斑鸠2只，移交广东省野生动物救助中心59只（条）。

【国家级公园建设】 2023年，县林业局开展义合镇绿美示范点建设，完成生态修复1.44万平方米，湿地公园内种植本土树种130棵，科普园内种植榕树3棵、木棉树2棵，种植挺水植物500余枝，完成亲水步道建设1.2千米；升级改造科普宣教中心，改造面积122平方米，新添置动植物标本50多份；种植紫花风铃木 30 棵、柳树 40 棵、铁冬青 30 棵、桃树 60 余棵。种植榕树、满堂红、木荷、枫香、勒杜鹃等乡土树种 5 000 余株。

县林业局领导名录：

局长、广东东源康禾省级自然保护区管理处主任：

缪锦平（2016.04—）

副局长：

俞志山（2019.09—2023.11）

何文雄（2020.03—）

陈文镜（2023.11—）

（赖智宛）

气　象

【气象保障能力】 2023 年，东源县气象局（简称县气象局）推进气象防灾减灾工作，基本完成河源生态气象综合监测基地（一期）项目建设；完成建设北斗导航平漂探空系统和地基遥感垂直观测系统。加强气象监测补短板工程建设，建成区域自动气象系统 18 套、区域加密自动气象系统 14 套、新回龙镇村村通自动雨量（气象）观测站 4 套、新港镇 X 波段相控雷达 1 部。完成探空站搬迁和地面观测业务切换。进一步提升短时强对流天气预报预警服务能力，有力应对龙舟水、"海葵"台风等灾害性天气过程，实现"零死亡、少损失"。完成全省春耕现场会、"河源马拉松"东源县赛段、万绿湖音乐节、新港风筝节、万绿湖开渔活动 20 余场大型活动气象监测服务。协助完成省级特色农业气象服务中心和灯塔盆地国家气象服务基地建设。

【气象保障机制】 2023 年，县气象局制定《东源县临灾关停工作指引》，加强气象预报预警工作，严格值守制度，及时发布预警，有效应对龙舟水、"海葵"台风等灾害性天气。完善部门联动机制，与教育局联合发文，进一步做好学校雷电灾害防御工作；与住建局联合发文，切实做好住宅小区防雷电安全工作。

县气象局领导名录：

局　长：

李勇增（2020.10—）

副局长：

吴跃宏（2020.11—）

县气象台台长：

钟海彬（2022.02—）

（林　洁）

水利　水电　三防

【水利水电】 东源县有华南地区最大水库——新丰江水库，蓄水量 139 亿立方米。河流众多，东江及其支流新丰江贯穿全境，东江流经县境长 70 千米，集雨面积 4 070 平方千米，共有大小河流 211 条，总长 1 474.46 千米。其中有集雨面积 100 平方千米以上河流 13 条，总长度 556.35 千米；集雨面积 100 平方千米以下、50 平方千米以上河流 10 条，总长度 176.34 千米；50 平方千米以下河流 188 条，总长度 741.77 千米。全县有小（二）型以上蓄水工程 125 宗，总库容 1.39 亿立方米，其中中型水库 3 宗，小（一）型水库 36 宗，库容 7 146.42 万立方米，灌溉面积 4 000 公顷；小（二）型水库 88 宗，库容 2 729.11 万立方米。有山塘 216 座，兴建农村集中式供水工程 241 处，其中日供水量千吨以上工程 20 宗，日供水量百吨以上千吨以下工程 95 宗；有小型水电站 143 座，装机 242 台，总装机容量 19.5 万千瓦。

【河长制推行】 2023 年是实施河长制工作的第七年。东源县全面建立县、镇、村三级河长组织体系，设立三级河长 423 名，全年河长巡河共 2.78 万次（其中县级河长巡河 260 次，镇、村级河长巡河 2.75 万次），完成整改 25 宗，办结公众投诉案件 7 宗。完成水利部交办河湖"四乱"问题清理整治任务 134 宗。完成碧道建设 7.2 千米。联合开展专项执法行动 11 次，打击非法采砂 3 宗。

【农村集中供水建设】 2023 年，东源县农村集中供水补短板工程取得实效。完成水质监测系统建设，完成老旧管网改造、扩建水厂、一体化净水设备、智能水表以及输配水管道及入户管道等基础配套设施建设。完成供水管铺设1 584千米，水厂建设44个、水表安装2.439万套，完成率100%。

【灯塔盆地中型灌区建设】 灯塔盆地灌区建设项目稳步推进。改造提升赤竹径、白磜、大坑3个中型灌区渠道工程，提升信息化系统工程建设，实现渠系全线通水。灌区面积5 600公顷、灌溉保证率90%以上，有效解决灯塔、顺天、船塘3个乡镇45个行政村缺水问题，受益人口11万人。

【水资源管理】 2023年，东源县水务局（简称县水务局）严格执行取水许可审批制度，做好规范管理、定额管理及用途监管，办理取水许可审批17宗。全年完成2个农业节水示范工程，完成省水资源监督检查抽查工作，专项整治取水用水问题。

【水政执法】 2023年，县水务局巡查河湖365次，出动船艇执法5艘次、车辆执法93辆次，查处非法采砂案件2宗，处理罚款8万元。

【水旱灾害防御】 2023年，县水务局开展汛前安全隐患检查，排查河流211条、水库142座、水电站143座；实施汛期督促检查指导，落实水利防汛责任，完善应急预案，保障物资及山洪灾害监测预警系统科学高效使用，防御强降雨导致洪水灾害，确保社会安全及人民群众的生命财产安全。强化值班值守制度，准确报送信息，及时启动应急响应。加强监控山洪灾害监测预报预警平台236个，实时监测水库、河道水位及降水情况。

【水土流失治理】 2023年，县水务局落实水土保持方案编报制度，推进水土保持项目验收工作，加强对开发建设项目水土流失防治工作的监督检查，提升水土保持功能。加大水土保持法的宣传力度，提高建设单位水土保持的法律意识。开展日常监督检查80余次。

县水务局领导名录：

党组书记：

周伟胜（2019.03—）

党组副书记、局长：

刘茹坤（2021.09—）

党组成员、副局长：

叶炳根（2019.07—）

李凯伦（2020.04—）

郑文锋（2021.10—）

李欣科（2019.07—）

（陈东良）

工业·工业园区

经济贸易与科学技术

【工业经济】 2023年,东源县新增规模以上工业企业(简称规上工业企业)19家,总数达126家,实现规上工业总产值232.2亿元,同比增长2.7%;实现规上工业增加值50.3亿元,同比增长3.4%;实现工业固投55.5亿元,同比增长20.7%,占全年固定资产投资比例36.5%;实现工业技改投资7.6亿元,同比增长52.6%;完成社会消费品零售总额(简称社消零总额)46.8亿元,同比增长7.6%;实际利用外资7714万元,总量排名全市第一;完成外贸进出口总额35.6亿元。

【科学技术】 2023年,东源县新增高新技术企业10家,存量63家;新增博士工作站1个、市级以上研发机构2家,在库科技型中小企业68家,新增陆宇皇金等9家"专精特新"中小企业;成功入选国家级创新型县建设名录,河源东源(广工大)人才科创孵化飞地、河源东源(深圳)产业促进中心、河源东源(盐田)科技创新中心等3个"反向飞地"在广州、深圳挂牌并实现实体化运作。

【招商引资】 2023年,东源县聚焦主导产业,推进精准招商,拜访商协会、企业308家;聘任25名招商大使当"宣传员""牵线人",引荐考察企业20家;举行深圳前海跨年茶叙招商推介会、夏季工业投资项目集中签约仪式等招商活动8次,引进亿元以上项目20个,其中先进材料项目4个、电子信息项目4个、高端装备制造项目8个,拟投资47.2亿元,是年,动工项目9个。

【惠企服务】 2023年,东源县建立县领导联系服务重点企业重点项目工作专班机制,执行"首席服务员"制度,解决项目建设和企业发展问题75个。出台《支持部分重点行业保生产稳就业的纾困方案》《促进企业上规上限有关奖励措施》,支持传统产业增资扩产、转型升级,发展壮大先进材料、高端装备制造、电子信息等新兴产业,帮助申报工业企业奖补资金4378万元,成功推动惠集、科沃德、信大科技等28个项目动工建设,推动晟源永磁、铁甲、拓万等26个项目竣工投产;推动东南延伸产业链由建筑用钢向工业用钢转型,鼓励29家企业共投入7.62亿元实施技术改造;建立"小升规"重点企业培育库,指导威特晟、万利科技等19家企业成功上规;先进材料、高端装备制造、电子信息、水饮料与食品产业年产值分别实现91.12亿元、14.81亿元、6.42亿元、18.46亿元。

【市场贸易】 2023年,东源县实施"结对消费、主题消费、惠民消费、文旅消费、回归消费"五大举措,实现新增上限企业12家,社消零同比增长7.6%;全县网络零售额4.66亿元、同比增长66.7%。举办"源生态,发现美,我为家乡代言"短视频大赛,制作各种宣传东源农特产品、旅游、文化的短视频,视频观众突破10万人次,视频点赞量1.14万人、转发量1.3万人。开展东源县2023首届"东源新发展,电商来助力"直播大赛,通过直播带货方式实现观看人数累计15.8万人次，线上成交量超2万单，营业额突破100万元；全年节假日，万达广场人流量累计超19.2万人，交易量超560万元；开展"河源米粉dou美味——寻找河源米粉最佳口味"抖音短视频挑战赛，推出《早餐河源》系列短视频及相关话题视频，全网播放量超1000万人次。整合农产品，建成O2O线上线下体验馆，整合本地农特优产品展示展销宣传推广279个，建立微信小程序、京东农特产馆、淘宝、拼多多、抖音等农特产电商平台，实现线上线下分销。整合电商物流站点，充分发挥村级电商站点末端宣传、代买代卖、便民服务功能。构建农村电商公共服务体系和电商培训体系。建成县级电子商务公共服务中心1个，入驻企业34家。建成镇村级电商物流服务站点130个，服务行政村175个，实现县内镇级全覆盖，村级覆盖率68%。建成河源市首个县级寄递物流公共配送中心——东源县农村电商仓储物流配送中心，整合中通、圆通、韵达、极兔、邮政等快递企业，实现对所有进口出口快递集散分拣，日分拣量超5万票。

县工商信局领导名录：
局　长：
黄罗红（2023.11—）
副局长：
陈宜新（2021.04—）
李战艺（2021.10—）
纪检监察组组长：
蔡雪峰（2023.09—）
党组成员、总工程师：
吴惠鸿（2019.05—）

（古　慧）

工业园区

【概况】 东源县产业园区位于仙塘镇中部，距河源市中心城区13公里，紧邻205国道、京九铁路、河梅高速、东源大道、东环路贯穿于整个产业园，产业园交通区位优越。工业园区包括徐洞工业区、仙塘工业区、汇通工业园、蝴蝶岭工业城、盐东物流园、新材料产业园。总规划面积有40平方千米，其中建成区11平方千米，含园区一期和二期、新材料产业园、盐东物流园首期、汇通工业园、徐洞工业区；在建园区三期3.5平方千米；拟规划发展区25.5平方千米，含徐洞发展区、义合发展区等。是全市第一批获得省政府批准的省高新技术产业开发区。截至2023年末，有入园企业231家，其中规上企业67家、国家级高新技术企业45家、"专精特新"企业15家、上市企业1家，初步形成以电子信息、先进材料、装备制造为主导的产业集聚发展格局。

【园区产业】 2023年，园区完成规上工业总产值63.66亿元，同比增长4.8%；新上规企业15家；工业固定资产投资在库项目31个，全年完成固定资产投资25.94亿元，同比增长10.27%；基础设施投资在库项目2个，完成基础设施投资额7.1亿元。

【园区平台建设】 2023年，园区新材料产业园完成场地平整和征地拆迁，完成道路、排水、绿化、亮化等基础配套设施建设；落户项目14个，其中投产项目1个，在建项目10个，拟新开工项目3个。园区三期总规划面积3.5平方千米，总投资31亿元，其中取得林地使用证及启动面积1.26平方千米，总投资14.8亿元。园区二期30公顷商转工完成控规调整，完成用地收储15公顷（225亩）。

【基础设施建设】 2023年，园区完成仙银大道、创业路、东江大道等4条道路升级改造并交付使用。推进盐东物流园仙南路与工业一路贯通，完善该路段管网、路灯、绿化等工程建设。高标准完成事故应急池建设2个，完成维护、维修园区排污管道、泵站等，提升园区环保水平。

【盘活土地】 2023年，园区推进用地整治提升工作。截至是年

6月，完成整治提升任务33.34公顷（500.1亩），完成批而未供任务2.57公顷（38.59亩），第三年度任务完成率34.06%。推进仙塘镇工业园低效用地100公顷（1 500亩）盘活利用。

【园区管理】 2023年，园区优化、完善网格员制度，挂钩联系197家企业；举办安全生产工作会议暨安全生产工作业务培训4场次，培训企业人员约600名；与园区在建项目、投产企业签订《东源县工业开发区管理委员会安全生产和消防工作责任书》；开展安全生产大排查大整治专项行动，对建筑施工、消防、特种设备、危险化学品、有限空间等重点行业领域开展地毯式隐患排查，建立台账，实行销号管理。推进禁毒宣传工作，落实新阶段疫情防控措施。

【企业服务】 2023年，园区围绕企业发展需求，拓宽服务渠道，为在建项目企业代办四证（用地证、国土证、工规证、施工证）共计149本，实现项目审批在县级管理范围内的事项全部代理办结；对园区内企业详细摸底，建立台账，推广全链代办、全程帮办，实施重大项目"定制化"审批，精准服务企业，保障高质量高效率推进项目建设。协调县四套领导班子挂钩重点企业重点项目121个，带领服务工作团队走访调研369次；收集已投产企业问题86个，解决已投产企业问题50个；收集在建项目问题47个，解决在建项目问题24个；与已投产企业签订帮扶承诺书66份，与在建项目签订帮扶承诺书21份。加强惠企政策宣传工作，召开政策宣讲会3次，印发惠企政策汇编资料200多套，宣讲对象190家企业；走访、调研、指导与帮助企业80余次，指导园区14家符合申报条件企业申请有关惠企政策资金共684.69万元。协助县人力资源和社会保障局有序开展线上线下招聘活动，为企业解决用工3 500人。

县工业开发区管理委员会领导名录：

主　任：陈桂辉

副主任：杨庆忠　李剑锋　魏慧铭

（蓝翠萍）

电力工业

【概况】 2023年，广东电网有限责任公司河源东源供电局辖区内有35千伏及以上变电站22座，其中500千伏1座、220千伏2座、110千伏14座、35千伏5座；10千伏线路190回，线路总长度4 419.38千米，其中公用线路139回，线路长度4 050.3千米；专线线路51回，线路长度369.08千米。配电变压器（简称配变）4 435台，容量173.58万千伏安，其中公变2 554台，容量62.68万千伏安；专变1 893台，容量110.9万千伏安。辖区内有供电户数20.93万户。

【安全生产】 2023年，东源电网持续安全稳定运行，电力有序供应，实现安全生产连续运行4 349天，未发生五级及以上电力安全事故事件。全口径中压线路故障率3.07次/百公里·年，同比下降28.6%。客户平均停电时间3.86小时/户，同比下降14.6%。完成"两会"（县人民代表大会、县政治协商会议）、高考考场、万绿湖·星稻田音乐节等45场次安全保供电任务。

【供电服务】 2023年，东源县全社会用电量18.91亿千瓦时，同比增长3.91%。全年受理光伏接入9.96万千瓦，光伏购电量同比上升24.05%；消纳清洁电源9.10亿千瓦时，占比48.12%。完成可量化电能替代电量1 402万千瓦时。

【电网建设】 2023年，东源县完成电网建设投资1.86亿元。其中完成主网投资1.09亿元，完成东源县综合资源利用中心项目接入系统工程、220千伏上寨至万绿湖线路东源段线路建设，有序推进220千伏上寨至和平线路工程建设；完成配网投资0.77亿元，新建10千伏线路14条，新建和改造低压台区100个。骆湖镇上欧村#2台区工程获广东电网公司金质样板工程荣誉，仙塘镇龙尾村充电站工程获河源供电局样板工程荣誉。

县供电局领导名录：

党委书记、副总经理：黄东平

党委委员、纪委书记：吴海波

党委委员、副总经理、工会主席：冯茂山

党委委员、副总经理：薛治亚　陈志勇

副总经理（挂职）：刘云根

（游雪莹）

2023年东源县工业园区重点企业清单

序号	企业名称	负责人	从事行业	工人（人）
园区一期				
1	河源宏松源有限公司	宁　松	注塑、工模	70
2	东源县成宇达科技有限公司	邱竹全	塑胶模具	70
3	河源魅思新材料有限公司	陈学新	化妆品指甲胶	550
4	河源市鸿丰安实业有限公司	崔海涛	五金制品	100
5	河源华造新材料有限公司	陈华威	塑料制品	150
6	鸿晋实业（河源）有限公司	朱惟勤	工艺品	400
7	河源惠德五金塑胶有限公司	戴国成	工艺品	200
8	东源县豪光电子有限公司	李军平	LED电子	40
9	河源市怡兰服饰科技有限公司	廖　辉	服装	80
10	广东霸王花食品有限公司	朱日杨	食品	210
11	陆宇皇金建材（河源）有限公司	周国富	防火材料	30
12	广东德丰家居用品有限公司	胡德财	家具	37
13	广东润德家居用品有限公司	候本康	家具	8
14	广东金霸建材有限公司东源分公司	戚建权	金属天花	260
15	金霸（河源）复合材料有限公司	戚建权	金属天花	150
16	广东韩科实业有限公司	沈杰衡	电视机及电器机械器材	300
17	广东畅想智慧科技有限公司	张　星	电脑一体机	30
18	广东达孚电子有限公司	骆风连	电子	230
19	晶源光学（河源）实业有限公司	王良标	光学镜片	150
20	广东源友特种玻璃有限公司	陈辉明	特种玻璃	70
21	广东首熙智能装备有限公司	邓旭君	设备装备	100
22	力郡科技（河源）有限公司	丰冬初	USB接头	120
23	广东森博工艺品有限公司	张　斌	工艺品	30

续表

序号	企业名称	负责人	从事行业	工人（人）
园区二期				
24	广东鸿利昌机械制造有限公司	潘桂敏	设备装备	60
25	刻锐智能科技（河源）有限公司	刘建平	电子设备	210
26	河源六脉食品有限公司	缪利珍	食品	9
27	广东齐达科技有限公司	王希楠	防伪码	30
28	河源安尼泰科技技术发展有限公司	朱朝萍	汽车配件	60
29	络斯科技股份有限公司	王莉萍	空压机、压缩机	38
30	河源市集品科技有限公司	郁鹤松	智能小家电	140
31	华谊科技（广东）有限公司	刘虎	汽车密封胶配件	450
32	河源市俊凯科技有限公司	胡俊	塑胶制品	50
33	广东光米光电科技有限公司	杨磊	音像投影设备	20
34	河源市东晋电子有限公司	徐春平	音响	40
35	广东昊胜智能设备有限公司	胡齐龙	模具	70
36	铭镭激光智能装备（河源）有限公司	王余生	智能装备	230
37	金丰利刃具（广东）有限公司	李逸圣	刃具、五金配件	70
38	金合刀具（广东）有限公司	王英海	五金加工	70
39	广东乐维智能装备有限公司	李德浩	设备装备	70
40	华比亚（河源）婴童用品有限公司	温晋兴	婴童用品	200
41	广州皇星婴童用品有限公司	王玉红	婴童用品	350
42	河源市兴业卓辉实业有限公司	冯劲松	医用防护	200
43	广东卓新高分子新材料有限公司	谢俊辉	汽车皮具加工	33
44	东源县源丰莱智能日用品有限公司	欧小道	塑胶制品	60
45	河源市盛达圣诞礼品有限公司	章并叙	圣诞树	70
46	广东合利刀具科技有限公司	王洋	金属工具	16
移民基地				
47	河源茵弗拉运动器材有限公司	崔明	冲浪板	38
48	河源希旺婴童用品有限公司	伍秀蓉	金属工艺日用塑料	35
49	河源思诺韦尔电气技术有限公司	万同山	变频器	56
50	广东益安康科技有限公司	李建斌	理疗仪	15
汇通片区				
51	河源双胞胎饲料有限公司	朱道喜	饲料	38
52	广东鑫达新材料科技有限公司	林华雄	原料	130
53	河源市泰和玻璃有限公司	张毅军	玻璃	41

续表

序号	企业名称	负责人	从事行业	工人（人）
54	广东弘朝科技有限公司	蔡洪	水泥助磨剂	38
55	河源市瑞昌饲料有限公司	蒋荣彪	饲料	65
56	东源新奥燃气有限公司	吴晓菁	天然气	10
57	河源帝诺新材料有限公司	叶祖付	特种陶瓷	22
58	广东锐天科技有限公司	金卫东	烤炉	350
59	广东丰华服饰科技有限公司	陈惠敏	服装	100
徐洞片区				
60	河源华翔服装有限公司	肖燕程	服装	480
61	河源瑞坚塑胶制品有限公司	钟华	塑胶制品	60
物流园片区				
62	威特晟科技（河源）有限公司	邓锦锋	装备制造（电焊机）	80
63	河源市德同兴电子有限公司	雷国刚	新电子（线束）	500
64	河源市万利科技有限公司	邓长浓	电子信息（手机背板）	35
65	广东中拓天达环境技术有限公司	查长虹	环保装备制造	30
66	广东中飞汽车空调有限公司	曾勇	汽车配件（空调）	30
67	广东省高峰科技有限公司	黄峰	电子设备	305
68	凯祥源科技（河源）有限公司	高亮	电脑硬盘	65
69	广东铁甲科技有限公司	谭军	路由器	100
70	广东拓万科技有限公司	邹春霞	汽车配件	60
71	河源市惠德隆实业有限公司	梁伟发	五金配件	25
72	河源汇泰电器有限公司	邹军	发热制品	35
73	河源日经实业有限公司	新谷辛浩	电子线圈	120
74	晋洋包装制品厂	古先旅	纸品加工	15
75	河源大精部件有限公司	笠原晃二	熔断器	26
76	河源特肤康药业有限公司	杨键宁	药业	15
77	广东纤佰俪医药生物化妆品有限公司	赵百良	化妆品生产、销售	30
78	广东金辛医药生物科技有限公司	陈元乾	保健食品	30
79	东源三信实业有限公司	谢志勇	皮具加工	60
80	河源吉米家居有限公司	谢必武	家具	15
81	河源市鑫格实业有限公司	肖晓康	家具加工	10
82	河源市万凯实业有限公司	戴万贯	铝合金门窗	35
新材料园片区				
83	广东晟源永磁材料有限责任公司	卢其云	新材料	70

交通·邮政·通信

交通

【交通基础建设】 2023年，东源县交通运输局（简称县交通运输局）完成项目建设总投资10亿元。投资2.07亿元用于修复道路路面26千米、公路灾毁点200处，危旧桥改造25座，提升国道安防55千米、村道安全防护工程137千米；建设国省道骨干道路项目5个，完成投资4.94亿元（55.8千米）；推进"交通+"道路建设365千米，完成投资2.99亿元；完成工业物流园及抽水蓄能电站道路建设23.7千米、农村公路建设107千米、环县公路提升建设110千米。推进高速公路建设，完成投资1.84亿元，拓宽高速公路（东源段）项目建设；累计完成投资2.11亿元（是年完成投资3 000万元），推进国道G205线热水至埔前段（东源段）改线工程建设。完成投资795万元，推进国道G205线柳城至骆湖段升级改造工程建设（该工程总长6.5千米，总投资795万元）；完成投资3 600万，推进国道G205线公路安全提升工程建设（该工程总长68千米，总投资4 019万元）；完成投资2 619万元，推进国道G236线黄村至康禾段改造工程建设（该工程总长20.5千米，总投资2 619万元）；完成投资6 100万元，推进省道S230线黄田大桥段改造工程建设（该工程总长2.66千米，总投资1.14亿元）；完成投资3 374万元，推进省道S341线半江段改造工程建设（该工程总长20.5千米，总投资3 374万元）；推进农村公路补短板工程建设（该工程总投资9 181.6万元，完成投资7 900万元）；推进赣深高铁施工损毁道路路面修复工程（该工程总长28.27千米，总投资2 930万元，完成投资2 300万）。

【交通综合执法】 2023年，县交通运输局严格执行安全生产管理工作条例，检查企业538家次、检查施工现场66处次，出动检查人员2 375人次。督促企业与施工单位完成隐患整改。依法注销货运车道路运输许可证448份，道路运输经营企业许可证189份。联合公安、海事等部门检查各类车辆1.9万辆次、船舶4 341艘次，查处各类违法、违规案件520宗。同时，推进行业治理体系和治理能力现代化，依托热水、柳城、灯塔、义合4个治超非现场执法监测点，查处超限、超载案件162宗。

【交通运输管理】 2023年，县交通运输局强化县城至万绿湖风景区公交线路管理，开通东源万达广场至新材料产业园公交线路，有效解决园区务工人员、景区游客"出行难"问题。全年累计客运量16.64万人次，其中公路运输总客运量8.89万人次，水路运输总客运量8.02万人次。国道G205线仙塘段日平均车流量2.42万辆，全年累计车流量97.04万辆，国道G205线骆湖段日平均车流量0.18万辆，累计车流量7.49万辆。

2023年东源县客货运输情况统计表

项 目（年份）	客运量（万人次）	旅客周转量（万人千米）	货运量（万吨）	货物周转量（万吨千米）
2023	16.4	32 862	376	39 320

【安全生产管理】 2023年，县交通运输局加强行业安全管理。检查运输企业、源头企业、施工企业、维修企业、驾培企业和货运站604家次，共出动检查人员2 375人次；督促企业及时解决安全隐患问题，掌握企业安全生产动态，定期通报企业违规违法行为；督促施工企业加强施工管理，确保交通在建项目安全工作。统筹部署汛期防御工作，出动检查人员2 572人次，检查各类车辆9 000辆次，检查船舶1 980艘次，检查企业352家次，完成整改269项。加强交通安全宣传，开展主题宣传活动6次、企业座谈100家次，派发安全宣传册4 000余册，悬挂宣传横幅50条，组织干部职工签订文明交通出行承诺书，与企业第一责任人签订承诺书100多份，与从业人员签订安全生产承诺书300多份，派发《交通运输行业重大事故隐患判定标准汇编》200余册。全年交通运输行业、水路运输业未发生较大以上事故。

县交通运输局领导名录：
局　　长：
　黄文波（2021.04—）
副局长：
　陈小栋（2019.07—）
　冯　波（2019.09—）
　谢鸿生（2019.09—）

（吴辉城）

公路事务

【公路养护】 2023年，东源县公路事务中心（简称县公路事务中心）管养公路3 823.73千米，其中国道117.53千米、省道446.36千米、县道499千米、乡道965.94千米、村道1 794.9千米。完成桥梁检测工作468座。是年，该中心获河源市普通国省干线公路日常养护工作和养护专项工程考核第一名。

【工程建设】 2023年，县公路事务中心完成路面建设里程77.09千米，完成国道G205线K2723+45—K2730+000段路面维修工程、国道G236线K1156+350—K1178+461段公路安全提升工程、国道G236线叶潭镇欧屋至高楼段路面养护及功能性修复养护工程、国道G236线及省道S230线平安公路安全提升工程、省道S230线蓝口镇车头山至齐坑段路面养护及功能修复工程、村道安全生命防护工程、仙塘镇徐洞至新港双田段路面提升工程。

【农村公路】 2023年，县公路事务中心完成农村公路生命安全防护工程，修复村道175条，共138千米，含完善波形梁钢护栏、示警桩、标志牌、室外广角镜、黄闪灯等；完成18座农村公路危旧桥梁改造。

【公路安全生产】 2023年，县公路事务中心处理各级督办道路隐患治理任务13项，其中，部级督办3项、县级督办10项。开展公路领域大排查大整治行动18次，派出排查人员550人次，排查出公路、桥梁一般安全隐患41处，100%完成整改；排查出重大事故隐患16处，100%完成整改。

【路政管理】 2023年，县公路事务中心受理公路赔（补）偿案件15宗，结案15宗，结案率100%；制止违章建筑1处、面积230平方米；拆除违章设置广告牌27块，合计面积179平方米；清除路障18处，合计容积265立方米；劝离路边经营摊点16个。

县公路事务中心领导名录：

党组书记、主任：

蓝淦湖（2021.06—）

副主任：

俞李强（2021.06—）

张小明（2021.06—）

刘云通（2023.04—）

（朱红云）

邮政·通信

邮 政

【概况】 中国邮政集团有限公司广东省东源县分公司（简称中国邮政东源分公司）是中国邮政集团公司下属分支机构，主要负责全县党政军机关、企事业等单位和全县民众的邮政通信任务。2023年，内设综合办公室、市场营销部、金融业务中心、集邮与文化传媒中心及全县23处邮政营业网点。下辖邮政储蓄营业所13处，自办传统业务网点1个，委托代办所9处。有干部职工121人。该公司投递路线单程总长2 836千米，乡村通邮率100%。

【业务效益】 2023年，中国邮政东源分公司完成业务收入4 766万元，同比增长7.63%。代理金融业务收入3 717万元；寄递业务收入374万元；邮务业务收入638万元，同比增长27.8%。全年邮政储蓄存款1.1亿元。获客（开卡）1.46万户，新增信用卡826张。全县资产管理规模达21.7亿元，同比增长5.0%。"融资E"项目新增1 235万元，完成率176%；新增业务收入522万元，与东源县宣传部门、教育局联合主办"书香东源悦邮生活"系列书展活动。完成全县职工之家（小家）标识牌的更换工作。

【企业管理】 2023年，中国邮政东源分公司加强干部队伍建设，坚持把关键岗位人员选拔任用同促进企业有效益规模发展等中心工作的实际结合起来，把政治上靠得住、想干事、能干事，职工群众信得过的人员选拔任用到关键岗位上；坚持按章办事，严格程序。全年发放会员福利8.3万元。

中国邮政东源分公司领导名录：

总经理：

吴恩平（2022.07—）

副总经理：

杨春如（2021.12—）

邓江涛（2022.10—）

（朱雯雅）

电 信

【概况】 2023年，中国电信股份有限公司东源分公司（简称中国电信东源分公司）内设综合部、销售部、客响维护部、政企客户部，下辖乡镇营销服务中心24个。是年，该公司业务收入同比增长2.47%，收入完成率在全市电信系统排名第一。

【网络建设及安全】 2023年，中国电信东源分公司累计建设光端口1 408个，建设室外站点49个。改善移动网络信号覆盖，公司累计建设4G室外站70个、4G室分站13个、5G室外站134个、5G室分站19个。是年，该公司坚持"安全第一、预防为主、综合治理"的方针，坚守安全红线，履行企业安全生产主体责任，加强安全生产组织管理。落实任务，明确责任，检查人员密集场所、危化品和高危风险源、通信机房、施工安全、交通安全及物业安全。全年未发生重大安全生产事故以及群体性、不稳定事件和泄密事件。

【客户服务】 2023年，中国电信东源分公司推进完成光衰达标率、提升客户满意率等工作，提升装维服务意识、服务质量，提高投诉满意率、实体渠道测评、装维渠道测评等服务工作指标。开展"蓝军"体验活动，开展基层帮扶工作，提升基层服务质量。

中国电信东源分公司领导名录：

总经理：

赵日峰（2020.02—）

副总经理：
边鸿鑫（2023.05—）
刘海辉（2023.10—）
孙泉泉（2023.04—）
高　飞（2023.09—）

（李嘉颖）

移　动

【概况】　中国移动通信集团广东有限公司东源分公司（简称中国移动东源分公司），2023年内设综合部、市场部、网络部和政企客户中心四个部门，下辖东源东部、东源南部、东源北部和灯塔盆地农高区四个分局。是年，该公司按照县委、县政府工作部署，围绕"创世界一流企业，做网络强国、数字中国、智慧社会主力军"的奋斗目标，发挥中央企业建设现代化产业体系、构建新发展格局中的科技创新、产业控制、安全支撑等作用，全力推进新基建，融合新要素，激发新动能，强力驱动牵引制造业与实体经济提质升级，助力打造东源县高质量发展新的增长点。

【服务网络】　2023年，中国移动东源分公司网络质量持续提升。新建5G无线基站158个，4G基站69个。累计开通5G基站611个、4G基站1 449个，实现自然村覆盖率100%。加强传送网建设，完成传输机房选址9个，投产8个。累计建设汇聚机房58个，铺设管道776千米、光缆7 424千米。进一步延伸有线业务建设，全年新建5G站点166个，交维完成率100%，安装开通及时率99%，攻克无线黑点3个。

【服务网点】　2023年，中国移动东源分公司持续推进客户便捷服务提升工作，强化委托加盟、带点加盟、实体渠道和电子渠道建设，按照一镇一店要求，部署增加服务渠道，实现乡镇以上区域服务厅全面覆盖。深入推进"提速降费"服务体验，安装高速率网络家庭宽带6万多户。是年，全县设移动服务网点117个（其中委托加盟4个，带店加盟店27个），为乡镇社区、工业区和农村市场提供更加方便高效的服务。

【服务质量】　2023年，中国移动东源分公司有客户数23.2万户。该公司持续打造"内顺外和"的企业文化，履行企业社会责任，践行"心级服务，让爱连接"服务理念，发挥信息化赋能作用。推进家庭宽带"提速降费"，赋能产业转型升级，深入推进乡村信息化、政府信息化、企业信息化、智慧园区信息化的建设和服务。着力提升客户满意度，强化服务闭环管理，保证客户投诉100%回复、首次回复客户投诉不超过48小时。优化网络覆盖，提升网络感知能力，为客户提供舒心、省心、贴心服务。

中国移动东源分公司领导名录：

总经理：
张建新（2022.04—2023.01）
赖　波（2023.02—）
副总经理：
崔国辉（2018.02—）

（李　敏）

联　通

【概况】　中国联合网络通信有限公司河源市东源县分公司（简称中国联通东源分公司）主要经营移动通信业务，国内、国际固定电话网络与设施（含本地无线环路），语音、数据、图像及多媒体通信与信息服务，电信增值业务，IP电话业务和国家批准的其他业务，以及与通信及信息业务相关的系统集成等业务。2023年，该公司落实中国联通集团总公司党组和河源市公司党委重大决策部署，坚持以数字信息运营服务、数字技术融合创新为抓手，推动联网通信、算网数智两类主营业务协调发展。

【网络建设】　2023年，中国联通东源分公司携手电信共建共享5G/4G基站，实现乡镇及以上区域5G网络全面覆盖。打造千兆速率网络，以高速网络提升客户感知，及时满足客户需求。全面提升交付和支撑能力，售前支撑满意率100%。通过制定一户一案、精细化管理，实现重要节日和重大活动网络安全稳定运行零故障、零投诉。

【数字化转型】 2023年，中国联通东源分公司助力数字政府建设，通过"百千万""粤经济"等底座运营平台的搭建，助力政府对实体经济的监测分析和精准施策，实现数字化治理；推进参与政务数据安全体系建设，探索构建公共数据运营新模式；助推智慧城市规划建设数字化、精细化、智慧化。推进服务"制造业当家"工作，对区域内重点制造业企业数字化转型开展调研，践行国家"双碳"政策（碳达峰、碳中和），助力能耗企业搭建能耗管理平台。

【客户服务】 2023年，中国联通东源分公司坚持"客户为本，服务为上"的核心价值观，通过"三必赔"（慢必赔、卡必赔、错必赔）对外服务承诺，开展"高品质服务雷霆行动"，解决客户急难愁盼问题，打造高品质服务，提升核心竞争能力。

中国联通东源分公司领导名录：

总经理：

卢灵盛（2019.04—）

副总经理：

李镇平（2022.07—）

（谢运青）

城乡建设·环境保护

住房和城乡建设

【住房保障】 2023年，东源县住房和城乡建设局（简称县住建局）落实保障房申请审核、分配和住房货币补贴发放工作，解决保障性租赁住房6套，解决城镇居民住房困难20人；发放住房保障租赁补贴7户、金额6 426元；发放在职及退休人员住房补贴1 766万元。

【代建项目】 2023年，县住建局完成9个代建项目，分别是县中医院中医专科综合楼、县第二幼儿园教学楼、县公安武警基地项目（三所一中队）勘察设计施工总承包工程、灯塔镇黄土岭村片区截污管网、县五馆一宫环境提升工程、半江生态文明和移民文化展示馆（1#-3#楼）、县医共体（灯塔）健康产业园（东源县精神专科医院、东源卫生职业技术学校北校区首期）、县革命斗争史陈列馆陈列布展工程（一期）、柳城小学挡土墙修缮工程；完成县融媒体中心演播厅、县滨江新城污水处理厂配套管网（EPC）工程、县医共体总医院3项工程建设。

【房地产市场管理】 2023年，县住建局严格落实施工许可证及房屋市政工程竣工验收备案工作，完善建筑市场信用管理，规范招投标市场秩序，协调劳资纠纷。优化建筑市场环境，引进五腾、鸿冠、耀嘉、国大、铭嘉、东竣、和为、源隆、合创、宏昱等10家优质企业。全年完成房地产投资35.59亿元，同比增长31.96%；完成销售新建商品房面积89.63万平方米，同比下降13.16%。

【招标监督管理】 2023年，县住建局完成建筑业总产值40.11亿元，同比增长12.86%；完成开标21宗，项目总造价10.02亿元，中标金额9.95亿元，节省资金676万元。完成结建防空地下室设计要点审批1宗，应建人防面积1 645.78平方米；人防易地建设13宗，收取易地建设费231.91万元；完成人防工程竣工验收备案业务10宗，验收面积7.88平方米。完善建筑市场信用管理，发出整改通知书183份、不良行为认定书20份，认定诚信扣分企业21家。

【排水排污】 2023年，县住建局严格执行《城镇污水排入排水管网许可管理办法》，办理城镇污水排入排水管网许可审批50宗。强化城镇污水处理设施运维管理21座（21个乡镇），实现镇级污水处理设施全覆盖。推进县城生活污水处理厂二期、县滨江新城污水处理厂及配套管网一期、灯塔镇黄土岭村片区截污管网、县城生活污水处理厂厂外压力管和国家级新型城镇化示范县城市管网工程等重点项目建设。

【村镇生活垃圾治理】 2023年，县住建局完成村镇生活垃圾转运站建设，确保提升各村镇生活垃圾处理能力；推进生活垃圾焚烧发电工程建设，协调河源市中心城区生活垃圾应急转运处置。全年填埋生活垃圾70.39万吨。

【安全生产】 2023年，县住建

局坚持"安全第一、质量为本"的方针,加强住建领域安全生产监管,发出整改通知书323份、停工通知书12份、不良行为认定书15份;处理企业诚信扣分5家,行政处罚4起;排查自建房10.59万栋,其中经营性自建房7 699栋,其他自建房9.82万栋,查出安全隐患250栋,鉴定隐患房屋56栋,完成整治销号32栋。落实"一户一册"措施,制定整治方案,确保隐患对账销号、闭环管理、整改到位。完成帮扶项目4个,帮扶资金79.59万元;帮扶灯塔镇梨园村籍园至新店段公路改造工程(公益帮扶16.69万元)、灯塔镇梨园村籍园原文化广场项目(公益帮扶51万元)、银光村道路640平方米(公益帮扶10.1万元)和顺天镇顺天中学球场硬底化工程(微利帮扶1.8万元)。

【农村危房改造】 2023年,县住建局完成危房改造40户。

【房地产企业】

东源县房地产企业名录

名称	成立时间	法人代表	注册资金(万元)	主要开发项目
东源县旺源房地产有限公司	2009年11月9日	朱日杨	1 300	霸王花·东城国际
河源市铜人铜业发展有限公司	2006年6月20日	麦泽年	6 417	河源美的城花园
河源市越时顺诚房地产开发有限公司	2018年11月29日	陈燕如	10 000	御景豪园
河源市友帮投资开发有限公司	2012年6月6日	卢维福	1 000	新河中央北区
广东清平地产发展有限公司	2002年9月3日	黄汉强	2 000	清平汇悦城
河源市雅成房地产开发有限公司	2020年12月14日	赵海明	1 960.78	雅居乐源著花园
河源市华丰世纪投资集团有限公司	2019年3月28日	欧阳泉	10 000	华丰国贸花园,华丰国际贸易中心
河源万达地产发展有限公司	2020年3月16日	刘光敏	5 000	河源万达住宅项目

【房地产项目】

东源县房地产项目名录

项目名称	项目地址	总建筑面积(万平方米)	完成建筑面积(万平方米)	项目总投资(亿元)	完成总投资(亿元)
霸王花·东城国际	东源县县城规划区东江社区R-1、A-1、A2地块	51.29	32.3	29.8	13.54
河源美的城花园	东源县城规划区一江两岸控制区E03-8	69.6	67.01	31.7	28.4
御景豪园	东源县县城规划区徐洞区	86.27	31.07	24	16.87
新河中央北区	河源市东源县新城工业开发区	18.94	18.94	3.66	3.1
清平汇悦城一期	东源县县城中心区	15.14	4.72	7	2.17
雅居乐源著花园	东源县城中心及生活配套区ZX-D01-04地块	19.81	19.81	12	8.53

续表

项目名称	项目地址	总建筑面积（万平方米）	完成建筑面积（万平方米）	项目总投资（亿元）	完成总投资（亿元）
华丰国贸花园	东源县城中心区及生活配套区ZX-D02-06地块	12.11	12.11	7.94	5.06
河源万达住宅项目	东源县城中心区及生活配套区（深业路县三小旁）	63.8	58.7	43.75	38.8

县住房和城乡建设局领导名录：

局长、党组副书记：

杨志华（2021.10—）

党组书记：

谭建中（2019.04—）

副局长：

郑　岸（2021.10—）

叶　慧（2022.12—）

叶海青（2019.07—）

（李建生）

城市管理和综合执法

【城市管理】 2023年，东源县城市管理和综合执法局（简称县城管综合执法局），为做好河源市创建全国文明城市工作，制定"门前三包"（包卫生、包绿化、包秩序）牌3 000块，印刷倡议书4 000份，督促商铺做好"门前三包"工作。全年累计整治户外经营、占道经营、流动摊点、超门面经营2 000余次；联合相关职能部门开展泥头车运输检查8次，查处泥头车运输违规行为6架次；制止各类随意焚烧行为75宗，制止露天宵夜摊档油烟扰民80宗。

【县城管控】 2023年，县城管综合执法局累计查处违法建设204宗、面积2.71万平方米，拆除违章建筑26宗、面积5 040平方米。

【环卫绿化管理】 2023年，县城管综合执法局加大环卫网格和作业监管力度。清扫县城保洁总面积369.2万平方米；实行县城中心区每天12小时保洁制度，确保主干街道路面和公园广场等重点公共场所整洁干净；对主次干道、背街小巷实行精细化管理，每个路段安排专人负责；对生活垃圾进行上门收集，做到日产日清，清运率100%。是年，完成县城绿化面积71.1万平方米（包括东源公园、滨江一期景观堤岸公园、滨江公园、电视塔公园、农林街绿地公园等5个公园及县城4条主干道、8条次主干道和支路的路网结构绿化带），新增种植时花1 000余平方米。

【市政管理】 2023年，县城管综合执法局完成清理东源大道、新河大道等道路下水管井疏通工程，清理集水井144口，疏通排水管道11处，更换污水管30米；增设窨井防坠装置32个。维修人行道710平方米，维修路面1.1万平方米，路面清障1个，维修更换道路消防栓9个，维护修复东源大道木京河桥收缩缝、东源桥下东江路木京河收缩缝。完成龙湾街路灯老化改造，更换路灯10盏、灯具286套、电缆线590米，排除路灯线路故障22处、路灯电箱故障12处。拆除违规广告牌269个。翻新完善道路标识线4 584.9平方米，斑马线570平方米，道路双实线82.5平方米；新增设汽车停车位297个、摩托停车位253个；增设广场东路（县第一幼儿园）路段中间护栏200米，更换修复县城其他道路中间护栏100米；清除标识线237平方米；安装爆闪灯5套；设置反光防撞沙桶14个、防撞柱1个。推进市政工程建设，完成安居三路、新安南路市政道路工程。县城主次干道升级改造二分类垃圾箱40组，建设投放垃圾分类亭37个。是年，对全县燃气企业、储气库、供应站开展安全检查38次，出动工作人员192人次。查处安全隐患33处，重大安全隐患4处，完成整改37处。更换燃气金属波纹管7100条，完成率100%。组织相关部门联合执法行动2次，扣留私运黑车一辆、黑气瓶一批。

县城管综合执法局领导名录：

党组书记、局长：

赖可谦（2021.10—）

党组成员、副局长：

魏小宇（2019.07—）

李志清（2019.07—）

（谢雪花）

房屋征收管理

【征收工作】 2023年，东源县房屋征收办公室（简称县房屋征收办）推进广东岑田抽水蓄能电站项目建设，征收房屋143户，涉及建筑面积约4万平方米。推进学府大桥工程建设（该项目总用地面积21.58公顷，涉及征收建筑物99栋，各类结构建筑面积2.8万平方米），完成项目测绘、入户丈量约95%，完成制定实施方案及风险评估等前期工作，并移交项目至仙塘镇政府实施具体征收补偿工作。推进深圳盐田（东源）产业转移工业园三期基础设施项目建设，督促仙塘镇政府落实房屋征收，总用地面积1.26万平方千米，涉及征收房屋129户、各类结构建筑物建筑面积2.6万平方米，完成该项目测绘、入户丈量等工作。完成国道G205线河源市热水至埔前段项目前期工作，项目涉及（东源段）征收房屋183栋、占地面积3.4万平方米、建筑面积4.2万平方米。推进广技师河源校区回迁安置点、东江花园回迁安置点回迁安置工作，解决历史遗留问题，切实维护群众利益，防范化解社会不稳定风险。修缮部分老旧回迁安置点，完成修缮徐洞站北回迁安置点市政排水工程、莲塘回迁安置点路灯亮化工程。拟定房屋征收相关标准及措施。规范东源县征收土地青苗和地上附着物补偿标准。

【信访维稳】 2023年，县房屋征收办维护被征地农村集体经济组织、农民及其他权益人的合法权益，协助县自然资源局召开《东源县征收土地青苗和地上附着物补偿标准（征求意见稿）》听证会、社会稳定风险评估会。开展"我为群众办实事"实践活动，依法依规协助被征收户办理建设用地规划许可证和不动产权证163户。全年书面回复省网上信访系统4次，处理12345政务服务热线6件，接待和处理群众来电来访百余人次；实行领导包案督办制，专人负责处理信访事件，切实做到件件有落实、事事有回音；全年未发生重大群体性事件。

县房屋征收办公室领导名录：

主　任：丘庆雄（2020.05—）

副主任：

刘永强（2010.08—）

朱军涛（2020.12—）

（叶怡君）

住房公积金管理

【公积金管理】 2023年，河源市住房公积金管理中心东源管理部按照《住房公积金管理条例》规定，加强规章制度建设，完善住房公积金管理，规范公积金提取、贷款等业务办理程序。全县新增缴存单位111个，新增缴存人数2864人。新增归集公积金缴存额3.61亿元，完成年度任务的100%；全年发放公积金贷款315笔、金额0.99亿元，完成年度任务的90%；全年完成住房公积金提取2.78亿元，完成年度任务的121%。

县住房公积金管理中心领导名录：

部长：陈维雄（2021.03—）

（潘刚荣）

土地储备

【概况】 2023年，东源县土地储备中心（简称县土地储备中心）完成蝴蝶岭工业园YTY-C09-01地块（7.57万平方米）、新河西片区XH-D05-03地块（9 971平方米）土地储备项目的报批手续。收储蝴蝶岭工业园区红光陶瓷工业用地，面积为2.38万平方米；收回位于蝴蝶岭工业园一期城乡投资建设有限公司名下的商住用地YTY-C09-01地块（7.87万平方米）。

【土地经营】 2023年，县土地储备中心投入重点地块围蔽及管护资金30万元，规范管护在库储备土地。通过信息平台及邀请第三方服务，对全县辖区的储备土地实行资产登记，建立平台，系统管理实际信息，实现对收储土地、存量土地、未供土地和已供土地信息的系统化管理，建立土地储备数据库、资金库、供应库及土地管护库，实现对储备土地实行计划、储备、供应、管护全方位的管理。

县土地储备中心领导名录：
主　任：
蓝汉卿（2019.04—）
副主任：
钟建航（2020.11—）
邓诗营（2021.09—）

（肖小梅）

生态环境保护

【概况】 2023年，河源市生态环境局东源分局（简称市生态环境局东源分局）持续深入打好污染防治攻坚战，推进中央生态环境保护督察整改工作。东源县生态环境保持良好，新丰江水库、东江干流水质保持地表水Ⅰ、Ⅱ类标准，10个市考核断面水质达标率100%、达优率100%，集中式饮用水水源保护区水质达标率100%。全年空气质量AQI优良率99.7%，相比2022年提升0.9%，优于市下达的97.5%的目标值。六项污染物指标全面达标。其中PM2.5均值为16微克/立方米，优于市下达的23.2微克/立方米的目标值，高优于世界卫生组织第二阶段标准的25微克/立方米。重点建设用地安全利用率100%。全县未发生重大、特大环境安全事件。是年，新丰江水库（万绿湖）入选生态环境部公布的第二批全国美丽河湖优秀案例。

【绿色发展】 2023年，市生态环境局东源分局全力推动创建生态文明建设示范县工作，梳理出东源县6大类40项50个分指标。经调查评估，40个分指标达标。推进碳普惠试点建设，制定《东源县碳普惠制建设工作方案》，推动分布式光伏发电碳普惠开发，协助河源南玻旗滨4MW分布式光伏发电项目（2019—2022年）完成碳普惠核证减排量申报工作，在库区6镇15村和康禾镇若坝村开展林业碳普惠试点工作。

【污染防治】 2023年，市生态环境局东源分局深入推进三大污染防治攻坚战，进一步加大水生态环境保护力度，健全完善保护工作体制机制，印发实施《东源县2023年水污染防治工作方案》，拟订完善《东源县新丰江水库水生态环境保护总体实施方案》，为"三水"（饮用水、生活污水、工业污水）统筹发展夯实制度保障；完成集中式饮用水源保护区2023年信息上报调度；深入推进国家农业面源污染治理与监督指导试点工作；持续开展入河排污口排查整治，完成1个2021年问题排污口整治，开展重点流域2023年排污口排查行动，现场排查400余次。完成1个2023年农村黑臭水体整治任务。联合组织开展燃放烟花爆竹整治专项行动2轮次，共出动执法人员70余人次，共劝阻违规燃放烟花行为60余起；开展污染天气应对工作，检查涉VOCS企业56家次，更换活性炭12家次；完成大气污染重点任务。6家钢铁和水泥企业完成超低排放改造计划制定，1家玻璃企业完成深度治理计划制定；6家VOCS排放量3吨以上企业完成分级划定，其中2家企业达到B级标准；超额完成7家企业VOCS低效治理设施淘汰；抽查4台非道路移动机械油品，21台非道路移动机械尾气，检测结果均达标。督促2家土壤污染重点监管单位按照管理要求自行做好监测及隐患排查"回头看"工作。推进农用地污染防治工作，制定实施《东源县2023年度受污染耕地安全利用工作方案》，密切监督重点建设用地安全利用，开展土壤污染状况调查工作，推动9宗地块完成相关工作并备案，重点建设用地安全利用率100%。

【环保督察】 2023年，市生态环境局东源分局推进中央和省生态环境保护督察整改工作。第一轮中央生态环境保护督察反馈问题涉及东源县共23项，全部完成整改；第一轮省生态环境保护督察反馈问题涉及东源县共21项，完成整改20项；第二轮中央督察交办案件47宗均办结，其中4宗案件为阶段性办结；第二轮中央生态环境保护督察反馈意见涉及东源县共15项问题，完成整改9项。

【基础设施建设】 2023年，市生态环境局东源分局协助县住建局开展2023年农村生活污水治理任务攻坚，同时落实农村生活污水日常运维的监管；结合东源县实际出台制定《东源县农村生活污水治理设施运行维护管理办法（试行）》《河源市东源县农村生活污水治理专项规划（2021—2025年）》。是年，全县农村生活污水治理率约为60.02%。

【执法与信访】 2023年，市生态环境局东源分局出动执法人员650余人次，指导帮扶排污企业210余家次，现场责令整改10家，限期整改12家，不予处罚2家，行政处罚5家，罚款24.5万元，移送公安部门违法案件1宗。利用12345政务服务热线、12369环保热线、来信来访等多种方式接收群众环境诉求，深入基层排查、化解社会矛盾，全年共受理各类污染纠纷和投诉事件180起，未发生群体性越级上访事件，信访件办结处理率100%。开展新丰江水库集雨区畜禽养殖业整治"回头看"工作，出动执法人员150余人次，检查养殖场45家，发现问题养殖场7家，完成整改6家，发出责改通知1家，立案处罚1家，完成清栏3家，督促完成设施升级改造3家，清理整治废弃氧化塘7个。

【环境监测】 2023年，市生态环境局东源分局严格落实环境监测质量管理各项制度和规定，建立健全适应生态环境监测网络和覆盖监测全过程的质量管理体系；加强环境质量监测预报预警，强化污染源监督性监测。加强空气自动站与水质自动站监管维护，确保自动站正常运作，单月监测37条河流水质，监测断面65个；每月对新丰江水库11个监测断面监测水质1次，获得监测数据约1.3万个；完成县城环境空气质量监测工作，日均获得2940个监测数据；做实数据分析统计及大气污染预警预报工作，及时通报监测结果。完成国控重点污染源1家、市控重点污染源11家、县控重点污染源11家监督性监测和执法监测工作，出具监测报告127份，获得监测数据约1300个。

河源市生态环境局东源分局领导名录：

局　长：

张建安（2020.12—）

副局长：

廖伟军（2020.12—）

黄永南（2020.12—）

吴惠娜（2020.12—）

（刘经韬）

商业·贸易

供销合作

【概况】 东源县供销合作联社（简称县供销社）是全县供销合作社系统的联合组织，也是广东省供销社的成员社之一，负责对全县供销合作社的指导、协调、监督、管理、服务、教育培训。2023年，县供销社直属公司3个，分别是县供销企业集团公司、县供销贸易总公司、县供销贸易配送中心；下属7个公司，分别是生产、土产、副食、日杂、蔬菜、贸易、实业等公司，有19个乡镇基层社。是年，完成农业生产资料销售额2.82亿元，全系统实现销售总额9.9亿元，利润总额134.6万元，资产总额2.46亿元。

【改革转制】 2023年，县供销社进一步推进供销合作社改革，加强公务员队伍培训，调整充实基层社负责人，明确工作责任，为机关工作高效运转打下坚实的基础。深化基层社的管理体制改革，继续实施基层社与县社人财物"三统一"（县级供销社和镇级供销社实行"人员、资产、财务"三统一）的管理，不断完善7个中心社建设，完善实体性经济组织，建立完善全县乡镇供销系统经营服务网络，辐射周边县区乡镇，延伸销售业务，扩大服务范围。加大与社会资源资本的联合合作，拓宽供销经营业务范围，构建经济联合体，共同发展农业生产与服务。是年，农业产业化联合体达16家，取得较好的经济和社会效益。加大联农带农公共型农业社会化服务体系建设，在船塘镇建设集生产、供销、信用于一体的农业综合服务站。增强农业社会化服务能力，全年完成水稻全程统防统治592.82公顷，水稻营养方案474公顷，单一施肥（不带肥）飞防业务10.23公顷，托管项目1 023.31公顷。推进冷链物流骨干网建设运营，在灯塔镇建成广东新供销天业东源冷链物流产业园。该园区总投资2.9亿元，占地面积7公顷，园区建设有农产品集散加工中心4栋、多温区综合冷库2栋，其中冷库总容量约5万吨。

【主导业务】 农业社会化服务体系建设 2023年，县供销社聚焦"为农服务"主责主业，落实供销系统"三张网"（供销冷链物流骨干网、农产品配送服务网、农业生产托管服务网）建设，建设运营广东新供销天业东源冷链物流产业园、河源市东源供销今时达农产品配送有限公司和河源市东源供销东禾农业服务有限公司，健全农村冷链骨干网设施，补齐城乡直供配送短板，不断推进农业社会化服务。

农业生产资料经营 2023年，全县供销社系统组织供应化肥、农药等农资，销售额达2.8亿元。

农副产品采购 2023年，东源县供销合作社疏通渠道，落实农产品购销工作。全系统茶叶销售额达9 600万元，粮食、植物油等农副产品销售额达9 000万元。

日用消费品经营 2023年，县供销社改造建设经营服务网点，完善连锁配送经营网络，完善商场、超市设施，改善经营环境，扩大营业销售规模。在乡镇和行政村建成集农资、农产品和日用消费品于一体的连锁店30家，主要经营的日用消费品有家电、百货、纸巾、洗发水、沐浴露等。全年实现日用消费品销售总额3.5亿元。

【流通网络建设】 2023年，县供销社获批准发证的有日用消费品配送中心、农副产品配送公司各1家。县供销社规划建设的有船塘、灯塔、上莞、柳城、义合、黄田、叶潭等综合服务社7家。

【农民专业合作社建设】 2023年，县供销社贯彻落实《中华人民共和国农民专业合作社法》，落实农民专业合作社建设工作，主要涉及种植业、养殖业、农副产品加工业等和茶叶、水果、药材、菌类、畜牧水产养殖。

县供销社领导名录：

党组书记、主任：周新波

党组成员、副主任：

刘仕科　黄健明

（赖晴晴）

烟草专卖

【概况】 东源县烟草专卖局（分公司）简称县烟草专卖局，成立于1994年5月，2023年内设党建监察部、综合管理部、专卖监督管理办公室（内管派驻组、专卖稽查大队）、营销管理部等4个部室，下设2个稽查中队。主要职能是清理整顿市场，规范烟草经营。

【卷烟营销】 2023年，县烟草专卖局坚持稳中求进工作总基调，完成全年销售任务。

【烟草执法】 2023年，县烟草专卖局查获国标二级网络案件1宗、省标网络案件1宗。查办"上头电子烟"案6宗，一般程序案件93宗，简易程序案件1宗，涉案假烟123.08万支，私烟0.64万支，总案值231.3万元。全年共查办案件94宗，涉案卷烟合计297.94万支；移送市场监督管理部门行政案件19宗、移送公安机关刑事案件2宗；协助司法机关依法刑事拘留7人，逮捕7人、判刑13人。

【宣传工作】 2023年，县烟草专卖局开展卷烟打假宣传工作，宣传烟草专卖法律法规，提高卷烟零售户和广大群众的法律意识。利用3·15国际消费者权益日、6·29烟草专卖法颁布纪念日、12·4国家宪法日开展形式多样的法治宣传活动。

【服务与管理】 2023年，县烟草专卖局共新办零售许可证175户，注销151户，歇业54户，延续768户，取消经营资格3户，停业整顿8户，辖区许可证布局更趋合理。联系市监部门开展"双随机监管"工作，共抽查零售户数344户，双随机完成率达100%，查处移送市场监管部门案件31宗。开展"我为群众办实事"实践活动，为零售户送证上门，指导客户规范经营。

县烟草专卖局（分公司）领导名录：

局长、经理：陈　亮

副局长：曾振宁

（丘钰琦）

财政·税务

财 政

【财政收入】 2023年，河源市东源县财政局（简称县财政局）实现一般公共预算总收入79.93亿元，增收9.54亿元，同比增长13.56%，主要增额为一般公共预算收入增加1.21亿元、上级补助收入增加3.16亿元、区域间转移性收入增加1.74亿元。地方一般公共预算收入完成13.89亿元，同比增长9.55%，完成预算调整13.51亿元的102.84%，超预算调整数3.84万元；上级补助收入42.61亿元；2022年结转收入9.89亿元；调入资金3.9亿元；债务转贷收入3.82亿元；动用预算稳定调节基金3.36亿元；区域间转移性收入2.46亿元。

政府性基金预算总收入22.67亿元，完成调整预算数的111.05%，同比增长1.46%，主要增额为上级补助收入增加2.4亿元。其中，本级政府性基金预算收入1.66亿元，完成调整预算数的97.42%，同比下降79.43%；2022年结转收入1.08亿元；上级补助收入3.19亿元；债务转贷收入15.63亿元。

国有资本经营预算总收入719万元，同比下降33.43%。其中，本级国有资本经营预算收入709万元，同比下降33.86%；上级补助收入2万元；2022年结转收入8万元。

社会保险基金预算总收入3.07亿元，其中机关事业单位基本养老保险费收入2.75亿元，财政补贴收入1525万元。

【财政支出】 2023年，东源县一般公共预算总支出61.79亿元，同比增长2.15%。其中一般公共预算支出54.73亿元，同比下降1.51%；上解支出3.49亿元；债务还本支出2.08亿元；安排预算稳定调节基金1.5亿元。

政府性基金预算总支出20.45亿元，完成调整预算数的100.21%，同比下降3.80%，主要是国有土地使用权出让收入安排的支出减少。其中本级政府性基金预算支出17.02亿元，同比下降14.56%；债务还本支出2.73亿元，同比增长135.93%。

国有资本经营预算总支出512万元，同比下降52.24%。其中解决历史遗留问题及改革成本248万元；调出至一般公共预算统筹使用264万元。

社会保险基金预算总支出3.25亿元，其中机关事业单位基本养老保险基金待遇支出3.06亿元。是年，收支结余-1800万元。年末累计结余4729万元。

【民生保障】 2023年，民生支出44.58亿元，占一般公共预算支出的80%多，顺利保障十件民生实事和各项民生工程落实。全年落实直达资金支出10.46亿元，主要用于教育、医疗卫生、社会保险和就业等重点民生领域，直接惠及企业3052万户次，惠及群众108万人次，确保民生政策有效落实。

【财政监管】 2023年，县财政局健全资金分配审批制度，牵头制定《东源县财政专项资金分配审批和支出管理暂行规定的通知》，明确县财政部门、县业务主管部门、项目实施单位职责，规范资金分配方式、审批程序和支出管理；创新财会监管模式。构建"上半月拨款+下半月监管"和"线上发现+线下核实"的财会监督新模式,强化预算约束作用,及时纠正和避免不合规支出,严守底线,防范债务风险。建立地方政府隐性债务风险防范长效机制,常态化开展地方政府债务违法违规问题专项检查工作,巩固隐性债务"清零"成果。

2023年东源县一般公共预算收入情况表

单位:万元

预算科目	决算数
一、税收收入	58 211
1. 增值税	22 148
2. 企业所得税	4 839
3. 个人所得税	1 591
4. 资源税	346
5. 城市维护建设税	4 275
6. 房产税	4 749
7. 印花税	1 736
8. 城镇土地使用税	3 383
9. 土地增值税	4 686
10. 车船税	697
11. 耕地占用税	1 850
12. 契税	7 543
13. 环境保护税	368
二、非税收入	80 726
1. 专项收入	4 581
2. 行政事业性收费收入	3 315
3. 罚没收入	6 831
4. 国有资源(资产)有偿使用收入	65 788
5. 政府住房基金收入	50
6. 其他收入	161
本年收入合计	138 937

2023年东源县一般公共预算支出情况表

单位：万元

预算科目	决算数
1. 一般公共服务支出	66 598
2. 国防支出	30
3. 公共安全支出	19 549
4. 教育支出	98 307
5. 科学技术支出	2 643
6. 文化旅游、体育与传媒支出	3 474
7. 社会保障和就业支出	108 687
8. 卫生健康支出	58 667
9. 节能环保支出	5 077
10. 城乡社区支出	22 201
11. 农林水支出	96 287
12. 交通运输支出	19 591
13. 资源勘探工业信息等支出	2 484
14. 商业服务业等支出	11 640
15. 金融支出	0
16. 自然资源海洋气象等支出	3 647
17. 住房保障支出	14 419
18. 粮油物资储备支出	1 139
19. 灾害防治及应急管理支出	8 200
20. 债务付息支出	4 647
其中：地方政府一般债券付息支出	4 647
21. 债务发行费用支出	1
本年支出合计	547 288

（李伟昊）

国有资产事务

【概况】 东源县国有资产事务中心（简称县国资事务中心），为县政府直属公益一类事业单位，归口县财政局管理。主要职责：依照《中华人民共和国公司法》《中华人民共和国企业国有资产法》和《企业国有资产监督管理暂行条例》等法律、法规以及县政府有关规定，协助主管部门开展县属国有企业队伍建设管理工作；协助主管部门监管县属国有企业的国有资产，维护国有资产出资人的权益。

【国资国企改革】 2023年，县

国资事务中心按照《东源县人民政府办公室关于印发〈东源县县属国资国企整合重组实施方案〉的通知》（东委办发电〔2023〕22号）的总体部署和路线图，根据组团协调发展新格局，采取有效整合政府各类资金、资本的方式，围绕城市开发与建设、城市服务与运营、乡村振兴、文化旅游、产业投资与运营等五大产业，以东源县城乡建设投资有限公司、东源县公用事业投资有限公司、广东万绿湖农业投资有限公司、广东万绿湖文化旅游投资有限公司、东源县融湾工业投资有限公司等五家二级公司为主，以培育新兴产业、债务重组等方式，有效盘活县域内存量资产、资源，带动更多社会要素参与经济社会发展。

【国资监管】 2023年，县府办印发《东源县属企业国有资产监督管理暂行办法》，明确县政府、国资监管机构、集团公司的监管范围，建立监管权力清单、责任清单，理顺决策程序与审批流程，进一步打通国有企业投融资渠道，落实国有企业审批流程，使国有企业运营与监管科学化市场化，以加快构建以"管资本"为主的国有资产监管体系，确保国有资产实现集中统一监管。

【国企经营】 2023年，县属企业累计实现营业收入6 771.55万元，同比增长100.99%；利润−3 187.45万元，同比下降31.23%；上交税费47.1万元，同比增长35.5%。资产总额84.23亿元，同比增长21.27%；负债总额55.95亿元，同比增长71.8%；净资产28.28亿元，同比下降23.35%；资产负债率66.43%，同比增长19.54%。

县国资事务中心领导名录：

主　任：（无）

副主任：

吴育良、刘志坚、朱志强

国有企业领导名录：

东源县国有资产投资集团有限公司董事长、总经理：朱小华

东源县国有资产投资集团有限公司董事，东源县公用事业投资有限公司董事长、总经理：罗德锋

东源县国有资产投资集团有限公司董事，东源县城乡建设投资有限公司董事长、总经理：张新雨

东源县国有资产投资集团有限公司副总经理，东源县融湾工业投资有限公司董事长、总经理：张　亮

东源县国有资产投资集团有限公司副总经理、广东万绿湖文化旅游投资有限公司董事长：周维国

东源县公用事业投资有限公司副总经理：戴　勇　王　鹏

东源县城乡建设投资有限公司副总经理：石志勇

广东万绿湖农业投资有限公司副总经理：陈考科

广东万绿湖文化旅游投资有限公司总经理：周　勇

东源县融湾工业投资有限公司副总经理：丘云峰

（丘小玲）

税　务

【税费工作】 2023年，东源县税费收入32.79亿元，增收2.9亿元，同比增长9.8%。其中，税收收入16.52亿元，增收4.07亿元，同比增长32.7%，增速在河源市五县二区中排名第二。

【征管措施】 2023年，县税务局制定《关于进一步深化税收征管改革　构建税费征管新体系的实施方案》，推进服务、执法、监管等各项改革任务。推进税费事项集约管理工作，按照"一口进、一口出"的原则，实施集约管理、内部流转、统一出件，提高处理效率。按照《税费征管事项前移指引》要求，完成前移管理事项岗位职能和系统权限配置等工作43项。完成县第二税务分局职能调整工作，全面转型为复杂性事项的专业管理机构。全面取消税收管理员固定管户关系，7个税源管理分局配合上级部门完成税费任务管理平台上线

和三个系列组别、人员和权限配置工作，按照"清单管事、任务驱动、随机分配"的方式开展税费管理服务。推进城乡居民保险征缴工作，落实居民"两险"（医疗保险和养老保险）的续费通知。与电信、移动、联通三大运营商沟通，采用手机短信、微信方式告知缴费人，及时缴交城乡居民保险。联合县社保局开展宣传，印制折页5万余份，宣传横幅近600条，在各乡镇系统开展征缴居民养老保险的宣传。落实延续实施残保金优惠政策，落实核查整改疑点数据工作。沟通协调财政、自然资源部门，掌握费源情况，落实国有土地使用权出让收入欠缴费款督促缴费工作，降低风险。加强非税收入风险排查，排查各类申报风险数据，提高非税收入管理水平。

【纳税服务】2023年，县税务局聚焦东源县制造业高质量发展、"三个年"（园区建设提速年、基层治理提升年、茶产业提质增效年）行动部署，采取"请进来，走出去"的方式，当好产业发展"服务员"。在东源茶旅文化节、农耕节等关键时间节点"走出去"，组织开展服务需求"大走访"、万绿湖徒步税宣等活动。发力重点产业、重点企业，将其"请进来"，组织开展"税悦连心·阿政阿纤与您有约"活动28场，举办制造业大企业个性化纳税服务协议签约仪式，实现简单事项"现场响应，当场解决"，复杂事项"事后磋商，及时反馈"，为全县690家制造业企业纾困解难。成立县级集约处理团队，集约后台审批事项361项，线上平均受理时长由集约前的29.78小时压缩至0.46小时，压减率98.5%。联合县政数局在辖区内21个乡镇便民服务中心投放25台"V-Tax远程可视化办税平台"设备，实现"办税不出镇"。把握年度纳税信用总体情况、各级别纳税人分布情况、分析指标扣分情况，确保信用等级调整符合评级规定、调整说明完整、佐证材料充分。全年完成6 756户企业纳税信用等级评定、13户企业纳税信用补复评任务。依法依规开展纳税信用奖惩工作，推进"银税互动"，落实守信激励和失信惩戒奖惩制度，助力231家诚信企业获得信用贷款1.1亿元。

县税务局领导名录：
党委书记、局长：
黄海栋（2023.09—）
党委委员、副局长（挂职锻炼）：李伟勇　何劲涛
　　冯茂新　刁莉娜
李豪杰（2023.11—）
党委委员、纪检组长：
李振标

（张伟健）

金融业

银行业

中国农业银行东源支行

【业务经营】 2023年,中国农业银行股份有限公司东源县支行(简称农行东源支行)营业收入2.12亿元,拨备前利润2.04亿元,拨备后利润1.73亿元。人民币和外币各项存款余额44.56亿元,新增8.5亿元,日均增量6.06亿元,五行一社市场份额为23.54%,同比增长4.41%;其中对公存款新增3.3亿元,日均增量1.79亿元(机构存款新增2亿元,日均增量2.6亿元;公司存款新增1.26亿元,日均增量-0.84亿元),五行一社市场份额为46.43%,同比增长13.82%。个人存款新增5.21亿元,日均增量4.26亿元,五行一社市场份额为16.38%,比年初增长2.34%。全行本外币各项贷款余额为58.42亿元,新增0.5亿元,个人贷款新增2.7亿元,增量在农行内部系统占比超50%。

【金融工作】 2023年,农行东源县支行新增对公结算账户509户、网均新增开户数量127户;以"抵押e贷"线上农户贷款为主推进普惠专项营销,普惠贷款实现投放6.34亿元,同比净增1.44亿元,其中农户贷款投放2.84亿元;与"梦启糖巢"乡村创客创业开展金融合作,在系统发放首笔镇强村公司(村经济集体联合模式)贷款,支持产业发展。

农行东源支行领导名录:
党委书记、行长:
曾林华(2020.03—)
纪委书记:
廖爱忠(2022.10—)
副行长:
赖敏玲(2022.05—)
徐俊庭(2021.05—)
丘小波(2023.01—2023.10)

(杨鑫梅)

中国工商银行河源东源支行

【总体经营】 2023年,中国工商银行股份有限公司河源东源支行(简称工行东源支行)各项存款余额合计11.78亿元,其中储蓄存款余额6.16亿元、对公存款余额5.62亿元;各项贷款余额合计27.13亿元,其中个人贷款余额19.93亿元,对公贷款余额7.2亿元。

【资产业务】 2023年,工行东源支行全部贷款余额27.13亿元,净增7.78亿元,增幅40%。个贷余额19.93亿元,净增4.35亿元;公司贷款时点余额7.19亿元(含制造业贷款2.1亿元),同比新增3.43亿,贷款余额及增量创历史新高。普惠贷款时点余额3.34亿元、户数254户,净增实绩7930万元、拓户实绩81户。

【客户服务】 2023年,工行东源支行每周不低于2次下厂区为厂区员工进行借记卡激活、个人养老金开户、信用卡、电子银行产品以及个人理财产品营销等服务;每周不低于1次深入街道、小区宣传反洗钱、防电信诈骗等金融知识,防范金融风险;不定时为不方便的客户主动上门核实情况、办理业务。

工行东源支行领导名录:
行　长:
廖剑伟(2021.07—)
副行长:

曾飞婷（2022.06—）

（缪静梅）

中国建设银行河源东源支行

【概况】 2023年，中国建设银行股份有限公司河源东源支行（简称建行东源支行）是中国建设银行在东源县设立的分支机构，主要办理存取款、资金融通、货币结算、金融理财，以及各种代理业务。一般性存款余额总计5.98亿元，其中个人存款余额3.31亿元，对公存款余额2.67元；各项贷款余额18.38亿元，同比新增4.65亿元。

建行东源支行领导名录：

行　长：

熊　亮（2021.08—）

副行长：

钟丽华（2022.02—）

（钟丽华）

东源农商银行

【概况】 广东东源农村商业银行股份有限公司（简称东源农商银行）前身是河源市郊区农村信用合作联社，1993年更名为东源县信用合作联社，2014年1月改为现名。下辖营业网点34个，其中一级支行8个，二级支行26个。总行机关设有13个部门。2023年，东源农商银行荣获2023年度河源市反电诈工作先进单位，东源农商银行新港支行荣获2023年度河源市反电诈工作先进网点，东源农商银行李婷婷荣获2023年度河源市反电诈工作先进个人。

【业务发展】 2023年，东源农商银行资产总额114.69亿元，负债总额103.09亿元，所有者权益11.59亿元。各项存款余额94.32亿元，各项贷款余额80.91亿元，实现财务总收入4.87亿元、经营利润1.79亿元。

2023年，东源农商银行户户通"985"指标超额完成既定目标。信息建档、授信覆盖率达100%。签约用款客户数2.30万户，合同签约金额75.22亿元，覆盖率31.76%。

【支农支小】 2023年，东源农商银行普惠贷款余额60.66亿元，比年初增加4.62亿元，占一般性贷款余额的85.56%。普惠型小微企业贷款余额22.28亿元，比年初增加2.03亿元。普惠型涉农贷款余额18.05亿元，比年初增加1.31亿元。各项贷款余额80.91亿元，其中一般性贷款余额70.90亿元，比2022年末增加2.35亿元。各项存款余额94.32亿元，其中储蓄存款86.24亿元，比2022年末增加0.35亿元。开展"6·30"助力乡村振兴募捐活动，向河源市乡村振兴局捐赠3万元，发动员工捐款8 355元。配合河源市红十字会开展"大爱河源·救在身边""大爱河源·人道伴行"网络公益活动，分别筹得捐款数额6 122.37元、3 622.69元。

东源农商银行领导名录：

党委书记、董事长：罗锦文

党委副书记、行长：许晓葵

党委委员、纪委书记、监事长：李俊权

党委委员、副行长：

殷国优　张国辉

（陈　丹）

中国邮政储蓄银行东源支行

【概况】 2023年，中国邮政储蓄银行股份有限公司东源县支行（简称邮政储蓄银行东源支行）个贷结余24.03亿元，累计发放9.78亿元；其中小额放款5.99亿元，净增0.23亿元；非房放款1.63亿元，净增1 883万元；住房放款2.16亿元，净增2 798万元；公司时点余额2.39亿元，年日均余额1.87亿元；小企业贷款结余2.53亿元，全年净增5 117万元；储蓄存款时点余额5.17亿元，年净增3 265.01万元。

邮政储蓄银行东源支行领导名录：

行　长：

周小敏（2020.12.28—）

副行长：

黄子莲（2021.01.11—）

（何思民）

东源泰业村镇银行

【概况】 东源泰业村镇银行（简称东源泰业银行）是由东莞银行发起控股的国有地方性商业银行，成立于2011年5月，是河源市第一家村镇银行。2012年8月10日，首家支行在市区建设大道凯旋国际正式开业。2022年，该行设有综合管理部、财会部、风险管理部、业务管理部4个工作部门，设有凯旋国际总行营业部、建设大道支行等2个营业网点。

【业务发展】 2023年，东源泰业银行资产总额4.23亿元，各项存款余额2.80亿元，各项贷款余额2.06亿元，实现净利润244.39万元。全年存款余额2.80亿元，较年初减少541.58万元。按客户类型分，对公存款1.11亿元，比年初减少42.10万元；储蓄存款1.68亿元，比年初减少499.48万元。按存款品种分，活期存款1.21亿元，较年初减少1 055.44万元；定期存款1.589亿元，较年初增加513.86万元。全年贷款余额2.06亿元，较年初减少8 993.95万元。其中，个人贷款余额1.56亿元，较年初减少6 878.82万元；企业贷款余额5 055.37万元，较年初减少2 115.13万元。

【社会服务】 2023年，东源泰业银行发放创业担保贷款806笔，发放金额1.94亿元，贷款余额3 957.29万元，形成资金扶持创业、培训促进就业服务模式，缓解小微经济主体融资困难。

【业务结构】 2023年，东源泰业银行有对公结算账户307户，个人结算账户1.20万户，比年初新增2 523户。居民储蓄存款占全部存款总额的59.93%，进一步优化业务结构。

【监控管理】 2023年，东源泰业银行实行"一户一策"，加强与律师的沟通，通过密集跟踪催收、约见、诉讼等措施，加大不良贷款处置力度。全年处置不良贷款1 418.25万元，其中结清13笔，共计760.85万元。通过其他催收方式回收现金549.11万元，核销9笔，共计108.29万元。

东源泰业村镇银行领导名录：

董事长：
庄敏学（2023.07—）
行　长：
葛　斌（2023.07—）

（刘文景）

东源县友鑫小额贷款有限公司

【概况】 东源县友鑫小额贷款有限公司（简称友鑫小额贷款公司）是广东省金融服务办公室批准设立的首批小额贷款公司，于2009年3月26日注册成立，注册资本为1.02亿元。2023年，设有业务部、风险控制部、财务部、综合部等4个工作部门。

【业务经营】 2023年，友鑫小额贷款公司累计发放贷款1 041万元，收回贷款1 222.25万元，贷款余额为9 642.62万元。资产总额为1.08亿元，总负债99.88万元；利息总收入101.5万元，净利润－180.87万元，缴交税收16.85万元。全年新增贷款业务9笔，贷款金额1 041万元，其中小型企业4笔，贷款金额681万元，自然人5笔，贷款金额360万元。累计投放农业贷款860万元，工业贷款81万元，服务业贷款100万元。

【企业管理】 2023年，友鑫小额贷款公司严格执行《广东省小额贷款公司管理办法（试行）》文件精神，专注小额贷款业务，以打造最具成长价值的小贷公司为目标，始终坚持"自主经营、自负盈亏、自我约束、自担风险"的经营宗旨，秉承"诚信、专业、合作"的经营理念。以服务"三农"和中小微企业发展为己任，为东源县经济发展增添力量。

【企业文化】 2023年，友鑫小额贷款公司全年开展业务知识、行业经验分享、风险把控等月度主题培训活动7次。开展户外骑行、游览红色根据地等员工主题活动4次。

东源县友鑫小额贷款有限公司领导名录：

董事长：李文东

总经理：欧阳克宋

副总经理：刘国荣

（张小梅）

河源万绿湖万泰小额贷款有限公司

【业务经营】 2023年，河源万绿湖万泰小额贷款有限公司发放贷款18笔、金额3883万元，累计收回3845万元，年底贷款余额为9954.25万元，全年利息收入378.23万元，纳税额为25.85万元。

河源万绿湖万泰小额贷款有限公司领导名录：

董事长：

赖启灵（2011.12—）

（刘科明）

保险业

中国人寿保险股份有限公司东源支公司

【寿险业务】 2023年，中国人寿保险股份有限公司东源县支公司（简称县人寿保险公司）标保达成154万元，进度57.6%，同比增长21.5%；首年期交达成517.4万元，进度67.5%，同比增长27.8%；十年期交达成244.5万元，进度59.3%，同比增长29.7%；短险达成236.5万元，进度78.8%，同比增长9.9%。全年人寿险业务保费收入4377.66万元，年度理赔人数513人，总赔付412.6万元。

【队伍管理】 2023年，县人寿保险公司个人保险销售渠道86人，月均主举进度达成62.5%，有效人力进度达成55.81%，星级人力进度达成87.5%。

【客户服务】 2023年，县人寿保险公司设置客户回访岗，对每笔保费和赔款支出均全方位回访，解答客户疑难问题。全年回访客户4000人次。组建保全组，为东源县孤儿提供保单续期交费服务，提高公司社会形象。

县人寿保险公司领导名录：

总经理：

曾瀚锐（2023.1—）

（欧阳莹）

中国人民财产保险股份有限公司东源支公司

【概况】 中国人民财产保险股份有限公司东源县支公司（简称人保财险东源支公司），前身是1993年4月成立的中国人民保险公司河源市郊区支公司。2023年，公司设有经理室、综合部、业务部等3个工作部门，下辖金沟湾、灯塔、仙塘、船塘等4个营销服务部。

【业务经营】 2023年，人保财险东源支公司业务种类有机动车辆保险、财产损失保险、责任保险、信用保险、意外伤害保险、短期健康保险、保证保险等100种人民币或外币保险业务。全年全险种保费1.26亿元，同比增长28.00%。其中车险完成3849.57万元，同比增长7.00%；农险完成7003.71万元，同比增长41.00%；商团保险完成1003.30万元，当年增速30.00%；个非险733.65万元，增速54.00%。

【理赔服务】 2023年，人保财险东源支公司践行"承保+减损+赋能+理赔"保险新逻辑，统筹做好"保防救赔"工作，开展防灾减损，实施风险减量管理，投入防灾减损费用物资。重大灾害提供理赔服务保障，全年赔付8506.06万元（含城乡居民大病、城镇职工大病、城镇职工补充）。

【实体经济】 2023年，人保财险东源支公司支持东源实体经济发展。承保东源区域内产业园区、重大工程、基础设施等项目，赋能实体经济发展。全年为实体企业提供 73.03 亿元风险保障，支付赔款 611.04 万元。

【中小企业】 2023 年，人保财险东源支公司针对众多中小工程建设企业无法向银行机构申请工程资金担保的情况，推广工程项目担保保险，向企业提供低门槛、低收费、高保障的产品方案。全年为中小工程建设企业提供 1.51 亿元风险保障。

【招商引资】 2023 年，人保财险东源支公司为东源区域内产业园区的企业提供企财险、人员意外险、建设项目工程险等产品，为企业运营生产安全提供风险保障 36 亿元。

【乡村振兴】 2023 年，人保财险东源支公司实施金融支持乡村振兴，落实支农惠农政策，加强对农业产业链、供应链全过程的风险保障，全年为东源县区域农业产业提供风险保障 2 796.87 亿元，累计支付赔款 5 359.85 万元。

【大众健康】 2023 年，人保财险东源支公司推动基本医保、大病保险、补充医疗保险、商业健康保险各项制度有效衔接。主要承保城乡居民大病保险，独家承保城镇职工大病及补充保险。

人保财险东源支公司领导名录：

支部书记、经理：肖会君

支部委员、副经理：

刘永胜　林伟志

（周影霞）

经济管理

宏观经济管理

【概况】 2023年，东源县发展和改革局（简称县发改局）起草《中共东源县委关于贯彻〈中共广东省委关于实施"百县千镇万村高质量发展工程"促进城乡区域协调发展的决定〉的实施意见》，制定并印发专项规划6个。全年固定资产投资比2022年增长13.2%。落实粮食和应急救灾物资等储备工作，加强能源管理和价格管理等工作。

【年度计划编制】 2023年，县发改局起草《中共东源县委关于贯彻〈中共广东省委关于实施"百县千镇万村高质量发展工程"促进城乡区域协调发展的决定〉的实施意见》，落实"百县千镇万村高质量发展工程"的思路打算和意见建议，制定并印发《东源县2023年国民经济和社会发展计划》《东源县公共服务"十四五"规划》《东源县2023年促进经济高质量发展若干措施》《东源县县城新型城镇化建设方案》《东源县贯彻落实〈关于推动北部生态发展区高质量发展的意见〉的实施方案》《东源县承接产业有序转移推动产业高质量发展的若干措施》。

【项目审批服务】 2023年，县发改局办结项目488个，总投资159.72亿元。常态化开展"双公示"工作，强化信用信息公示，服务全县在市公共信用信息平台归集乡镇人民政府、县直部门等25个行政主体，发送"双公示"信息1.47万条，总体合规率为100.00%，及时率为99.02%，全县"双公示"及时率持续保持在96%以上。

【固定资产投资与重点项目建设】 2023年，全县固定资产投资完成152.29亿元，同比增长13.2%。省、市重点项目完成投资43.2亿元，完成年度计划投资的100.3%，13个新开工项目开工建设，其中竣工投产项目4个。

【项目资金申报】 2023年，河源市下达东源县债券资金12.9亿元，涉及单位10个，项目14个。是年，县发改局完成下拨12.9亿元到项目单位，实际支出12.46亿元。

【能源管理】 2023年，县发改局推进能源项目建设，岑田抽水蓄能项目取得核准批复，前期工作实现重大突破，可研阶段勘探工程区钻探全部完成。推进全县屋顶分布式光伏试点开发建设，全县光伏发电项目总装机容量约为90兆瓦。完成挂网招标"县县通工程"河源—东源项目。推进公共电动汽车充电基础设施工作，完成建设并投入运营充电站32座，充电桩153个。

【价格管理及价格认定】 2023年，县发改局完成乡镇自来水调价工作6个，开展价格听证会6场，完成民办幼儿园价格备案5宗。9月，与县住建局共同拟定《东源县物业服务收费政府指导价调整方案（征求意见稿）》，并在县政府网站向社会公开征求意见，征集期间，县政府网站收到社会各界意见建议1 794条。其中，不同意调整价格967条，占比53.69%；反映物业违规收费620条，占比34.43%。完成价格认定案件 567 宗，涉案金额 1 469.65 万元，其中涉及江东新区 81 宗，涉案金额 215.68 万元。

【粮食储备】 2023 年，县发改局抓实政策性储备粮轮换指导，截至是年 9 月中旬，完成年度地方储备粮轮换任务 7 938 吨。完成入库粮食质量验收和在库粮质量监测检查工作。严抓受污染耕地超标粮食处置工作，组织有关单位将骆湖杨坑村 10 吨超标稻谷封存并定向销售处置，确保超标粮食未流向口粮市场，确保粮食质量安全。抓实直属库迁建项目建设，开展验收工作，使之全面投入使用。

县发展和改革局领导名录：

党组书记、局长：吴志燕

党组成员、副局长：

蓝广生　黎健健

副局长：王林夏

党组成员、总经济师：

张小伟

（谢　甜）

统计

【概况】 2023 年，东源县统计局（简称县统计局）聚焦高质量发展，强化经济形势研判预警，做实对经济社会发展情况的统计调查和统计分析。完成农业、建筑业、固定资产投资、房地产开发投资、工业、服务业、批发零售业、住宿和餐饮业统计调查，加强规下企业抽样调查、人口变动与劳动力抽样调查等各项抽样调查工作；发布《2022 年东源县国民经济和社会发展统计公报》，编印出版《东源统计年鉴2022》；完成地区生产总值统一核算工作；开展第五次全国经济普查单位清查工作。

【统计法治建设】 2023 年，县统计局组织开展各乡镇及部门"自查"、入退库专项检查、统计执法检查、基本单位名录库更新维护、法治宣传教育活动等工作。全县行政单位权力干预、数据寻租、执法不严、企业统计违法案件为零。是年 9 月，开展第十四届"中国统计开放日"活动，向市民群众普及统计法律法规知识。11 月 20 日至 22 日，在中共东源县委党校举办 2023 年东源县统计干部综合能力提升专题培训班，县直有关单位统计业务负责人、各乡镇统计业务负责人共 40 人参加培训，县委党校、县统计局分管领导及业务骨干等授课师资现场授课，向参训人员开展统计法培训。

【统计队伍建设】 2023 年，县统计局组织参加上级部门举办的统计业务培训 40 人次，组织培训企业统计员 500 人次、乡镇统计员 200 人次。开展"三会一课"17 次。组织民主生活会和组织生活会、民主评议党员会各 1 次，开展主题党日活动 12 次。

【统计调查】 2023 年，县统计局执行统计报表制度，按时完成统计月报、季报和年报工作。按照时间节点，专业负责人实施业务指导和催报（网报）工作；核准企业上报数据，及时查询异常数据，跟踪核实上级反馈异常数据；建立数据综合联审制度，与发改、经信、住建、农业、林业、金融等经济部门对全县经济数据进行分析研判，加强数据分析评估，严格把关，确保数据质量。

【统计服务】 2023 年，县统计局加强经济运行监测预警，紧盯生产总值核算 41 项基础指标，加强对职能部门的协调指导，规范部门统计，落实部门责任，为全县生产总值核算提供有力支撑；全年撰写经济运行汇报 11 篇；收集整理编印《东源统计监测月报》并在县政府网公开，及时公布全县经济发展相关数据指标情况；发布《2022 年东源县国民经济和社会发展统计公报》，编印出版《东源统计年鉴2022》；发布统计月报 11 份、统计公报 1 份。

县统计局领导名录：

党组书记、局长：赖伟科

副局长：

黄　越　曾群英　魏启

（李晓玲）

统计调查工作

【统计调查】 2023年，国家统计局东源调查队（简称东源调查队）完成城乡一体化住户调查、分市县住户调查、农民工监测调查、国家和省级农产量抽样调查、农作物播种面积调查、主要畜禽监测调查、月度劳动力调查、农产品生产者价格调查、主要农产品中间消耗调查等常规调查工作任务，强化统计调查和分析研究，开展农业转移人口市民化进程、少子化背景下幼儿园"关停潮"情况、中小学校劳动课独立开设情况调研18项，通过呈阅件、东源国家调查报送信息分析9篇。

【统计法治】 2023年，东源调查队召开统计法治学习教育活动7场，累计参训人数144人次。学习统计法律法规和规章文件，组织干部职工集中学习《关于深化统计管理体制改革提高统计数据真实性的意见》《统计违纪违法责任人处分处理建议办法》《贯彻执行统计违纪违法责任人处分处理建议办法的有关规定》和《企业统计信用管理办法》等规章文件，学习《统计法》《统计处分条例》等法律法规，开展法治培训5次。指导基层统计机构（人员）规范统计调查全流程，提升统计数据质量。推动县政府召开常务会议2次，对《关于更加有效发挥统计监督职能作用的意见》开展专题学习，要求各部门、乡镇严把统计数据质量关，严防统计造假、弄虚作假，遏制"数字上的腐败"。

【统计活动】 2023年，东源调查队联合河源市统计局、河源调查队、源城区统计局、东源县统计局开展主题宣传活动，派发宣传手册、宣传礼品，现场解读宣传统计法规、调查数据，开展住户调查、主要畜禽监测调查等业务宣传活动，全年发放宣传资料800余份。召开"双随机"统计执法检查工作会议3次，6月28、29日，联合河源队对3家企业实施统计执法检查，未发现违反统计法律法规的行为。

国家统计局东源调查队领导名录：

队　　长：
王　帅（2022.10—）
副队长：
欧权民（2018.10—）

（何彩玲）

审计监督

【概况】 东源县审计局（简称县审计局）成立于1988年，属于县政府职能部门，实行双重领导体制。2017年实行省统管。

【审计工作】 2023年，县审计局完成审计项目17个，其中经济责任审计项目12个、民生审计项目1个、政策落实跟踪审计项目1个、财政预算执行审计项目1个、公共投资审计项目1个、科技和文化审计项目1个，查出管理不规范金额9.10亿元，促进增收节支7 245.17万元，向纪委监委移送问题线索2条，出具审计报告和专项调查报告27篇，向社会公告审计结果2篇，向被审计单位或有关单位提出审计建议43条。抽查县教育局、县公安局、县财政局、县市场监督管理局、县卫生健康局、县城市管理和综合执法局和县保安服务有限公司等部门单位。开展2022年困难群众基本生活保障政策落实情况审计，重点关注救助政策落实、集中供养和救助机构资金管理使用和救助职责履行等情况，着重揭露挤占、挪用、截留、滞留公款或未按规定实行社会化发放救助资金、未按要求及时发放救助资金等问题。开展东源县仙塘镇幼儿园建设资金管理使用情况审计，重点关注政府投资项目立项审批和计划下达、工程建设招投标、用地用能、环境评价、资金使用及项目管理情况。对东源县红色村组织振兴建设倍增计划创建示范点建设资金管理使用情况进行审计调查，重点关注上莞镇对红色村组织振兴建设倍增计划创建示范点建设资金的管理、监督情况。

【干部队伍建设】 2023年，县审计局制定《东源县审计局以提升审计干部队伍能力建设推动东源审计事业高质量发展的培训实施方案》，实行股室轮讲制，组织审计干部8名讲授审计业务课8堂，培训审计人员270余人次。选派审计干部4人次参与上级审计机关组织开展的有关审计项目。

县审计局领导名录：

局　长：

李常青（2022.05—）

副局长：

黄军平（2021.12—）

叶　琦（2021.12—）

赖卓带（2021.12—）

总审计师：

廖斐斐（2021.12—）

（曾　慧）

市场监督管理

【"放管服"改革】 2023年，县市场监管局引导个体工商户转型为企业，摸排建立"个转企"数据库，简化"个转企"登记注册手续，优化转型升级企业行政许可审批服务，开展计量、认证、知识产权等帮扶指导，完成"个转企"14家。深化"证照分离""一照通行"改革，实施"照后减证"和简化审批，推广应用"开办企业一网通办"平台，企业开办设立环节，市场监管部门在0.5个工作日予以核准。截至2023年末，全县存续市场主体2.91万户，全县新增市场主体3711户，其中企业新增1069户；全县市场主体设立网办量3369笔，网办率90.78%。依托全县11个市场监管所建立11个个体私营企业党建工作指导站，实现"一所一站"全覆盖。

【知识产权运用】 2023年，"康禾茶"国家地理标志证明商标成功获批准，"双江西瓜"地理标志证明商标进入国家商标局受理阶段。依托市知识产权协会设立东源县商标品牌培育指导站小程序，全天候为全县企业商标注册进行辅导、维权援助、自主品牌培育等。全年有效注册商标6750件。协助广东万绿湖农业投资有限公司收集全县312户茶农的基本信息，向国家商标局申请"一湖好茶"集体商标。组织企业参加各类知识产权赛事，东源县参赛项目获1金、1银、2优秀奖。在首届地理标志产品广货手信节，霸王花公司生产的"河源米粉"获广货好手信称号。全年完成知识产权质押融资登记21笔，登记金额4.2亿元，同比增长300%，进一步为企业拓宽融资渠道。

【企业信用监管】 2023年，县市场监管局完善"双随机、一公开"工作机制，开展企业年报工作，公示率99.58%。完成抽查市场主体309户。执行异常名录管理制度及严重违法失信企业名单管理制度，实施信用联合惩戒。立案吊销"僵尸户"企业216户。

【食品安全】 2023年，县市场监管局核实包保主体3868家，确定包保干部898人，实现督导完成率100%。开展校园及校园周边食品、特殊食品、餐饮食品浪费、农村假冒伪劣食品、网络订餐等专项行动，围绕粮油米面蛋奶等，重点全面排查安全隐患。完成人大政协"两会"、中高考、音乐节、河源马拉松等15余次重大食品餐饮安全保障工作，保障就餐人数3万余人次，发生食品安全事故为零。完成食用农产品快检5.68万批次、食品抽检1325批次。完成省、市2023年十件民生实事2项。

【药品安全】 2023年，县市场监管局加强药品应急管理，结合日常监管工作深入开展医疗器械质量、网络违法违规销售药品等专项检查，集中开展药品安全专项整治行动。是年，监测上报药械化不良反应报告表760份，完成药品、化妆品、医疗器械抽检70批次，合格率100%。在

2022年度全市药品安全考核中为A级，全市排名第一。

【特种设备安全】 2023年，县市场监管局开展燃气安全专项、安全生产攻坚、隐患排查整治、危险化学品等专项工作，对电梯、大型游乐设施、锅炉、液化石油气充装单位等特种设备实施专项整治排查。联合应急、城管及各乡镇开展专项整治行动，发现安全隐患791个，发出整改通知书300余份。

【工业产品安全】 2023年，县市场监管局按照重点产品目录实施重点产品分类监管的要求，对重点工业产品生产许可获证企业和3C认证企业加强监督检查。开展电动自行车、电线电缆、儿童玩具和用品质量专项整治，加大对水泥、化肥、瓷质砖、电线电缆等产品质量抽查力度，全年检查产品68批次，合格率90.7%。开展燃气器具及配件产品质量专项排查整治行动，检查县内80家燃气器具产销单位和1546家餐饮企业，查处涉嫌违规经营户5家，立案5宗。

【执法打假】 2023年，县市场监管局开展3·15、农资、建材、民生领域"铁拳"行动，开展食品药品、短斤缺两等专项执法，强化重点时段、敏感时段的民生价格监管，维护市场公平秩序。全年办理案件444宗，罚没入库款额180万余元。

【价格监管】 2023年，县市场监管局推进各部门完善内部公平竞争审查机制，实施增量政策的审查和存量政策措施的清理，持续清理和废除妨碍统一市场、公平竞争的各种规定和做法，抽查规范性文件9份，发出整改通知书3份。加大价格监管力度，强化重大节假日等重点时段和敏感时段的民生价费监管，开展客运、教育、旅游、医疗、停车场等领域涉企和民生价格收费专项检查，确保人民群众的防疫物资和生活必需品等物品价格稳定。

【计量工作】 2023年，县市场监管局督促检测机构开展集贸市场、医疗卫生机构计量器具的免费检定工作，落实定量包装商品检查、加油机计量监督检查、能源计量及机动车安全检测机构计量检查等工作。检查集贸市场、商场超市等单位200家，检查电子计价秤221台，查处不合格电子计价秤2台。开展短斤缺两专项行动，累计出动1617人次，检查家数1099家次，检查经营户数1336户，开展法规宣传684次，查处短斤缺两案件2宗。

【消费维权】 2023年，县市场监管局开展农贸市场放心消费创建活动，发展农贸市场"放心消费承诺单位"6家，参与"放心消费承诺"市场内经营主体198家。全年受理投诉举报案件3125宗，处置率100%，受理咨询4690人次，挽回经济损失56万元。12315平台投诉按时办结率和按时核查率均为100%。落实"放心消费粤行动"民生实事工作，发展"放心消费承诺单位"18家、线下无理由退货承诺店6家。

【盐业】 2023年，东源县盐业销售每个月50吨。主要销往东源县城、东源乡镇等区域。主要客户有商场、农贸市场、小店客户、学校饭堂。全年出动执法人员222人次，检查食盐经营单位122家次，发出监督意见书17份。

2023年东源县各行业分布情况表

行业	户数
电力、热力、燃气及水生产和供应部门	212
农、林、牧、渔业	3 882
制造业	2 002
批发和零售业	12 552
住宿和餐饮业	2 766
金融业	90
租赁和商务服务业	862
水利、环境和公共设施管理业	85
教育	93
文化、体育和娱乐业	229
采矿业	90
建筑业	1 089
交通运输、仓储和邮政业	1 410
信息传输、软件和信息技术服务业	265
房地产业	343
科学研究和技术服务业	766
居民服务、修理和其他服务业	1 879
卫生和社会工作	49

2023年东源县个私协会成员名单

姓名	职务	所属企业
吴周	会长	东源辉科建材发展有限公司
邱中武	常务副会长	东源县丽枫大酒店
陈建标	常务副会长	东源县嶂面山矿业有限公司
朱日书	常务副会长	广东旺源建设工程有限公司
杨学注	常务副会长	东源县恒昌五金制品厂
张俊辉	常务副会长	东源辉煌陶瓷原料有限公司
赵百良	常务副会长	香霖商贸（河源）有限公司
朱荣业	常务副会长	广东霸王花食品有限公司
廖政	常务副会长	广东东路集团有限公司
吴科峰	常务副会长	东源辉科建材发展有限公司
陈赵东	常务副会长	河源市鸿运源油站有限公司
邱伟民	常务副会长	东源县伟宝玩具厂

续表

姓名	职务	企业名称
何华兴	常务副会长	东源县京华建筑安装工程有限公司
杨远迁	常务副会长	河源鑫远建筑工程有限公司
许强彬	常务副会长	河源合成米面制品有限公司
徐瑞业	常务副会长	河源滨江金利大酒店
廖辉中	常务副会长	河源中升电梯工程有限公司
邱国强	常务副会长	东源县恒跃土石方有限公司
陈宝青	常务副会长	东源华泰建筑工程有限公司
张卫平	常务副会长	东源县晶源矿业有限公司
赖日华	常务副会长	东源县骏盛实业有限公司
陈剑龙	常务副会长	东源县盛业实业有限公司
陈禹	常务副会长	东源县东南实业有限公司
谭振辉	常务副会长	康惠（河源市）眼科医院
黄小琴	常务副会长	河源市郎竣建筑工程有限公司
钟啸	副会长	广东中创建设有限公司
朱玮玮	副会长	河源市立方建筑工程有限公司
谢志勇	副会长	东源县三信实业有限公司
朱建兴	副会长	河源市润谷食品有限公司
涂俊林	副会长	东源县灯塔爱富兰家私城
杨建初	副会长	东源县仙塘镇建初货运服务站
张建添	副会长	东源县瑞鸿实业有限公司
杜振业	副会长	河源市裕泰土石方工程有限公司
张国耀	副会长	东源辉煌陶瓷原料有限公司
涂涧中	副会长	东源县涧头涧中大酒店
杨万	副会长	东源县辉煌沙业有限公司

2023年东源县达标药店名录

序号	药店店名	年营业额（万元）
1	河源大参林药店有限公司东源市场分店	162
2	河源大参林有限公司东源灯塔分店	195
3	河源高济邦健药店有限公司东源中心市场分店	151.2
4	河源高济邦健药店有限公司东源黄村分店	108
5	河源市民生好心人药品有限公司康富分公司	35

自然资源管理

【矿产资源】 2023年，全县有已发现矿产23种，累计发现矿产地（矿点）94处，其中能源矿产1种，矿产地（矿点）13处；金属矿产10种，矿产地（矿点）33处；非金属矿产11种，矿产地47处；水气矿产1种，矿产地1处。查明温泉矿产地（矿点）13处，主要分布在黄田、黄村、康禾、仙塘等镇，温度在63～91℃之间，允许开采量约6484立方米/日。金属矿产主要为铁矿、稀土矿。其中铁矿产地6处，主要分布在半江、涧头、仙塘等镇，已探明的保有资源量约3977万吨；稀土矿产地（矿点）11处，主要分布在黄田、仙塘、康禾等镇，其中古云矿区保有稀土氧化物约180万吨。非金属矿产主要有玻璃用硅质原料、水泥用石灰岩、建筑用石料，其次为高岭土、萤石等，分布范围广，资源量丰富。其中玻璃用硅质原料属优势矿产资源，矿产地共9处，主要分布在蓝口镇、柳城镇，保有资源量约3138万吨，潜在矿产资源量超3亿吨，估计潜在可采资源量约2亿吨；水泥用灰岩矿产地2处，主要分布在漳溪至上莞一带，已探明的保有资源量约1.5亿吨，潜在矿产资源量超4亿吨，估计潜在可采资源量约2.5亿吨；建筑用花岗岩矿产地2处，主要分布在灯塔镇、仙塘镇，已探明的保有资源量约153万立方米，潜在矿产资源量超3亿吨，估计潜在可采资源量约2亿吨。

【土地资源】 2023年，东源县行政区域总面积4009.12平方千米，其中耕地面积1.94万公顷，园地面积1.08万公顷，林地面积30.48万公顷，牧草地面积0.47万公顷，水域及水利设施用地3.92万公顷。

【耕地保护】 2023年，东源县自然资源局（简称县自然资源局）对县内21个乡镇实施耕地保护考核。完成拆旧复垦验收面积9.38公顷，完成交易面积30.1公顷，缴入县财政2.03亿元。完成田长制工作的网格划分，通过网格优化，再经过脱密处理。批准建设占用耕地项目10宗，需落实的耕地数量指标5.46公顷、产能指标10.82万公斤和水田指标3.16公顷，执行耕地"占一补一、占优补优、占水田补水田、占水浇地补水浇地"的原则，完成耕地占补平衡。

【土地开发】 2023年，县自然资源局完成垦造水田项目报备形成指标3个，新增水田面积39.6公顷；对验收垦造水田项目落实种植水稻，进行外业拍照项目13个，面积256公顷，粮食产量153.6万公斤；指导万绿湖农业投资有限公司开展2021年度以前垦造水田项目，通过县级初验项目5个，新增水田面积146.16公顷，通过市级验收项目3个，拟新增水田面积约46.3公顷；2022年度市下达东源县垦造水田任务53.33公顷，项目4个，涉及建设规模65.71公顷，拟新增水田面积60.78公顷。加强耕地保护，规范耕地占补平衡，落实占补平衡面积18.67公顷，收缴耕地储备指标有偿使用费3807.80万元；协助市自然资源局在黄田、义合镇开展垦造水田项目4个。是年9月，顺天全域土地综合整治项目实施方案（2021年）获省自然资源厅备案。

【用地管理】 2023年，全县出让土地23宗，面积37.45公顷，出让金收入8170.16万元。办理个人划拨补办出让审批109宗，面积1.03公顷，收取土地出让金32.02万元；设施农用地系统备案27宗，面积48.19公顷；完成办理临时用地5宗，面积21.53公顷；处理闲置土地50宗，面积10.39公顷，收取土地闲置费933.74万元。完成处置国务院闲置土地大督察、增存挂钩问题3宗，面积7.34公顷；完成处置全省闲置土地专项审计问题9宗，面积64.9公顷，司法查封13宗，面积23.95公顷，完成率为45.3%。处置批而未供（2009—2018年）土地39.02公顷，处置率22.17%；处置批而未供（2019—2022年）土地142.1公顷。发布东源县2022年城镇国有建设用地基准地价和东源县2022年度城镇标定地价。

【地籍管理】 2023年，县自然资源局登记发放不动产权证书4.85万份，其中土地登记486份，房屋登记4.8万份（房地一体发证2.7万份）；不动产权证明1.21万份，其中预告登记4166份，预抵押登记4282份。全年录入不动产权权籍坐标1337宗。收到土地权属纠纷案件2宗。

【执法监察】 2023年，县自然资源局完成土地卫片图斑798个和矿产卫片图斑24个；无"扫黑除恶"各类转办案件；完成农村乱占耕地建房摸排。

【矿产管理】 2023年，全县缴纳矿山环境恢复治理与土地复垦金6273.74万元，完成复垦复绿220公顷；有4宗矿业权完成绿色矿山建设；出让的5宗矿业权，获市、县审批通过，水泥用石灰岩完成前期勘查工作；完成2022年历史遗留矿山生态修复任务39.17公顷，2024—2025年历史遗留矿山生态修复任务共92.51公顷，已完成立项并成功列入广东省历史遗留矿山专项基金库。

【地质灾害防治】 2023年，县自然资源局完成施工治理并通过初验5个，通过终验9个，完成主体工程8个，有在治2个，列入搬迁计划1处，境内未发生地质灾害事故。

【测绘和地理信息管理】 2023年，县自然资源局完成用地红线界址点、地形图测绘、地籍测绘、放样测绘、规划竣工复线、房产测绘、房产权籍等测绘项目2.7万件。截至11月底，财务收缴约410万元；完成新编《河源市中心城区北部图》，更新《东源县地图》。

【规划管理】 2023年，县自然资源局办理《建设项目用地预审与选址意见书》5宗，面积合计2.34公顷；报市自然资源局用地预审与选址意见书初审2宗，面积合计110.64公顷；办理《建设用地规划许可证》161宗，其中县城118宗，其他乡镇43宗；备案《乡村建设规划许可证》80宗。

县自然资源局领导名录：
党组书记、局长：
李远来（2019.09—）
副局长：
张　健（2019.09—）
张　辉（2020.07—）
邱淑贵（2020.07—）
总工程师：
刘　谦（2021.10—）

（朱颖铿）

安全生产监督管理

【安全生产】 2023年，东源县应急管理局（简称县应急局）开展重大事故隐患专项排查整治行动，检查企业2000余家次，发现各类安全生产隐患3000余处，其中重大隐患100余处。聚焦较大风险点，加强重点行业安全监管，延伸开展燃气安全、消防安全、建筑施工领域生产安全隐患排查专项整治工作，会同安委会成员单位开展督导检查，发现隐患1000余处。

【三防工作】 2023年，县应急局加强地质灾害隐患点安全整治，加大对削坡建房危险点、道路沿线地质灾害的风险管控。全年巡查各类灾害隐患550处、排查地质灾害点53处，开展防汛调度50次；强降雨期间实行每日一调度，召开应急联合会商会议36次；发布应急联合会商专报（汛期）33期，防指、防办联合三大运营商针对强降雨、台风发送应急防强降雨短信8轮，总计发送短信120多万条；全县未累计转移群众1 394户4 354人。开展东源县三防责任人业务培训1次,完成指导县本级和21个乡镇防汛应急演练。全年启动响应14次、防御台风6个。全县未出现较大险情灾情。

【抗震救灾】 2023年,东源县制发《东源县地震应急预案》《抗震救灾专项指挥部应急响应机制》等文件共11份。在新回龙镇实地举办地震应急演练1次,配合河源市地震局在新港镇举办2023年度地震应急综合演练,检验地震应急预案的可行性和可操作性。完善东源县学校、医院等人员密集场所以及6个乡镇的地震易发区加固工程建设。开展"5·12"全国防灾减灾日各项宣传工作,派发宣传手册1 000余份,联合融媒体中心、东源发布等新闻媒体发布地震知识10余次。启动地震应急预案四级响应1次,人员伤亡和财产损失为零。

【森林防灭火】 2023年,东源县制发《2023年森林防灭火指挥部工作要点》《东源县2023年森林火灾隐患排查整治和查处违规用火行为专项行动工作方案》等文件55份。开展森林火灾隐患大排查行动和"五清"专项行动,全年向全县手机用户发送森林防灭火短信10万余条,联合林业、林管局下发横幅、告知书、禁火令等共计20万余份,签订《森林防火承诺书》10万余份,东源县全年未发生较大以上森林火灾和人员伤亡事故。

【应急救援】 2023年,县应急局完成东源县乡镇综治视联网应急指挥中心视频调度系统项目建设,实现应急指挥网络县、镇、村三级全贯通;健全物资保障体系,购置防汛抗旱、森林消防、水上救援、抗震救灾装备物资2.5万件,采购县级救灾物资2 800件。是年,东源县按照专兼职相结合、"一专多能"的原则和"1+2+N"(即1名队长+2名副队长+若干名队员)的建队模式,组建乡镇综合性专职应急救援队伍21支187人、乡镇综合性兼职应急救援队伍21支765人、村级应急救援志愿队伍287支2 652人。设立东源县应急救援大队,为县应急管理局所属正股级公益一类事业单位,加挂"东源县森林消防大队"牌子,下设中队6个,战斗班12个,通信指挥班1个和后勤保障班1个。同年,县应急救援大队灭火救援16次(其中3次为跨县救援)、水域救援4次、做好人好事3次、其他事项26次。

县应急管理局领导名录:

局　　长:潘瑞武

副局长:叶云青　张仪标

张福涛(2023—)

徐承志(2023—)

(莫夏璇)

集贸市场管理

【市场管理】 2023年,东源县集贸市场管理局(简称县集贸市场管理局)在灯塔、蓝口、上莞、黄村四个市场开展诚信计量承诺活动,各站所干部职工与各农贸市场经营户签订"诚信计量"承诺书;在灯塔、蓝口农贸市场开展集贸市场电子计价秤专项检查,重点检查电子秤是否存在未经检定、检定不合格、超期未检定等现象和检查是否存在利用非法手段加装作弊装置导致"缺斤少两"的计量违法行为,共检查电子计价秤50台,没收准确度被破坏的电子计价秤3台,并对相关经营户现场作出督促整改;在县城综合市场、灯塔农贸市场、上莞农贸市场、蓝口农贸市场、黄村农贸市场等13个市场开展农贸市场"明码标价"活动;通过向800多名经营户发放明码标价牌,要求填写销售商品名称与详细价格,达到明码标价规范,经营者自律、消费者满意,营造明明白白的消费环境。

【安全建设】 2023年,县集贸市场管理局在"春节""端午节""国庆""中秋节"、汛期等时间段进行风险管控和隐患排查整治,确保节庆期间或特殊时期全县国有农贸市场安全运行,保证人民群众的生命财产安全。先后开展农贸市场燃气专项整治、排水设施、电(线)路专项排查和消防演练等活动,落实工作机制,消除安全隐患。全县各站所以月为单位,强化安全隐患排查治理,排查隐患 12 处;与各乡镇市场监督管理工作人员对各农贸市场经营户的冻品、肉类、加工肉类进行食品安全专项检查 12 次;指导相关市场承办方做好招商引资以及卫生保洁等事宜;对相关农贸市场开展杂物清理以及指导群众做好车辆停放工作,加强与各镇政府衔接,商讨市场后期发展、改造等事宜;对各农贸市场开展电线电路整改、"脏乱差"整治等行动,配合当地镇政府做好各项工作。

县集贸市场管理局领导名录:

局　　长:罗志明

副局长:诸百周

（何振荣）

教 育

教育行政

【概况】 2023年，东源县有学校122所（公办120所、民办2所），其中公办学校包含职业学校2所、完全中学2所、高级中学1所、初级中学17所、九年一贯制学校9所、完全小学55所、教学点33所、特殊学校1所；有幼儿园70所。有中小学、幼儿园学生7.25万人，其中高中生1.07万人、初中生1.61万人、小学生3.01万人、在园幼儿1.3万人、中职学生2 579人。有在编教职员工4 434人，其中中职学校、公办幼儿园、特殊学校教职工183人、中小学教职工4 251人；在职教职工4 472人，其中中小学专任教师4 199人、幼儿园专任教师57人、职业院校专任教师108人，有青少年宫职工14人、发展中心职工45人、特殊学校职工49人。全县初中教师本科以上学历占76.7%，小学教师大专以上学历占96.5%，中等职业学校"双师型"（同时具备理论教学和实践教学能力）专业教师占专业教师总数的9.2%。是年，东源县教育局（简称县教育局）立项"广东省基础教育高质量发展实验区"，制定《东源县建设"广东省基础教育高质量发展实验区"行动方案（2023—2025）》，推进"广东省基础教育高质量发展实验区"创建工作。新建省级"三名"（"名教师""名班主任""名校长"）工作室1个、市级"三名"工作室13个，获广东省中小学"百千万人才培养工程"荣誉称号3人、河源市高层次人才荣誉称号4人、正高级教师职称4人。落实学前教育、义务教育、普通高中教育、中职教育国家资助政策，资助3.07万人次，资助金额2 318.63万元。组织开展"大爱东源·救在身边"网络公益活动，被授予"5·8人道公益日""大爱河源·救在身边"网络公益活动先进集体荣誉称号；举办第四届青少年机器人大赛，被评为"优秀组织单位"，举办河源市首届青少年人工智能大赛，获"优秀组织奖"。

【党建工作】 2023年，县教育局开展党委理论学习中心组学习12次，召开政治安全工作会议4次，组织意识形态专题培训会1次。开展教育系统优秀共产党员、优秀党务工作者和先进基层党组织评选表彰活动，表彰优秀共产党员80名、优秀党务工作者20名、先进基层党组织10个。创建市级党支部规范化建设点2个，创建县级党支部规范化建设点6个。组织全县教育系统党组织开展学习贯彻习近平新时代中国特色社会主义思想主题教育，高质量开好专题民主生活会与组织生活会。指导黄田镇中心学校党支部等10个支部按期换届，发展党员17名。合并党支部1个，成立校外培训机构联合党支部1个，成立新开办学校党支部2个，理顺3所公办幼儿园党员隶属关系。完善民办学校和社会组织的党的建设，派出党建指导员15名，组织开展"两新组织"党组织绩效评估考核2次。

【设施建设】 2023年，县教育局推进义务教育城乡一体化，投入765万元改善义务教育薄弱环节与提升能力，投入经费477万元用于建立中小学校安全保障长效机制，完成全县中小学校基建项目45个。推进中小学教室照明设备改造，完成改造教室818间。建成开办华南师范大学附属东源小学，新增公办小学学位1 620个。推动公办幼儿园仙塘幼儿园、越祥湾幼儿园、御景豪园幼儿园建成开办，新增公办学前学位1 260个；推进小区配套幼儿园，桃园国际、东城豪庭、雍和园、花语城幼儿园开办，新增民办普惠学前学位1 680个。推动东源县卫生职业技术学校北校区首期于2023年10月建成开办，提供中职学位2 500个。

【德育工作】 2023年，东源县各级各类学校党支部书记、校长思政课授课和法治副校长聘请实现全覆盖。成立东源县中小学心理健康教育指导中心，召开全县中小学心理健康教育专题会议3次，组织学校开展中小学生心理危机全面排查2次，开展学生心理健康状况普查2次，开展心理教师各类培训和活动8次，组织教师参加市级中小学青年教师教学大赛（心理健康教育组），获初中组特等奖、小学组二等奖。

【素质教育】 2023年，东源中学代表队参加河源市首届高中阶段学校男子篮球联赛，获第三名；东源县第一小学（小学男子组）、高级中学（U16男子组、U17-18男子组）参加河源市"市长杯"校园足球联赛，获冠军，东源中学（初中男子组）、东江中学（U17-18女子组）获季军；东江中学初中部《月光光照地堂》参加河源市第三届客家童谣大赛，获铜奖；县教育局获2023年"画说河源"中小学生现场绘画比赛优秀组织奖，县一小、县三小、县五小的三名参赛选手获小学高段组一等奖。东源县申报"河源市中小学劳动教育特色学校"2所、市级中小学生研学实践教育基地7个、县级中小学生研学实践教育基地10个。推进作业优化设计，设置以"作业辅导＋拓展实践"为特色的课后服务课程；开展校外培训机构联合执法检查7次，出动检查人员160人次，整改培训机构14所，责令2家机构退还违规收费5 620元。

【高考成绩】 2023年，全县高考最高分624分（物理类），600分以上3人，普通类高优人数107人，入围率4.16%。本科入围人数787人，入围率30.56%。

【教学研究】 2023年，县教育局立项县级课题22项、市级课题6项、省级课题2项。参加广东省小学语文学习任务群展示活动，获特等奖1人；参加2023年河源市高中青年教师教学能力大赛决赛，获特等奖3人、一等奖11人、二等奖2人；参加河源市特殊教育、学前教育与义务教育心理健康教育教学能力大赛决赛，获特等奖1人、一等奖1人、二等奖2人；参加河源市义务教育阶段青年教师课堂大赛，获特等奖3人、一等奖8人、二等奖6人。

【师资建设】 2023年，县教育局组织全县教育系统人员观看教育警示片2次，组织各级各类教师培训36场次，参加培训9 300人次。招录106名教师，其中硕士研究生11人。选派县城及周边学校教师到乡镇学校进行对口支教28名，组织教研员、骨干教师到曾田镇等乡镇开展名师送教帮扶活动60余节；协调深圳盐田区15名教师到县城学校开展支教工作，选派30名教师到深圳盐田区开展跟岗学习。全县有正高级教师职称3人，获得"2023年河源市教育高层次人才"称号教师4人，申报省名教师工作室主持人1人、市"三名"工作室主持人12人。

【校园安全】 2023年，县教育局开展各类安全宣教3 829场，开展防震、防火、防暴恐等应急演练400场。开展2023年度更高水平安全文明校园（平安校园）考评，督导各相关学校落实整改人防、物防、技防、消防等方面隐患292处，协调全县各乡镇排查整治溺水风险点共515

处。联合公安部门开展实验室安全检查，强化学校开展检查易致毒易致爆化学品，开展实验室过期危险化学药品及实验废弃物储存量情况摸排，并作统一回收处理。

2023年东源县中小学校统计表

学校数（所）					
122					
公办学校（所）			民办学校（所）		
120			2		
小学数（所）	初中数（所）	高中阶段学校数（所）	小学数（所）	九年一贯制学校数（所）	十二年一贯制学校数（所）
88（含33所教学点）	27（含9所九年一贯制学校、1所特殊学校）	5（含3所普通高中，2所中职学校）	1	1	0

2023年东源县学生情况统计表

学生数（人）					
59 477					
小学学生数（人）		初中学生数（人）		高中学生数（人）	
30 122		16 081		13 274（含中职在校生2 579人）	
公办学校学生数（人）			民办学校学生数（人）		
58 086			1 391		
小学学生数（人）	初中学生数（人）	高中学生数（人）	小学学生数（人）	初中学生数（人）	高中学生数（人）
29 443	15 369	13 274（含中职在校生2 579人）	679	712	0

2023年师资队伍情况统计表

教师数（人）							
5 653							
幼儿园教师数（人）		小学教师数（人）		初中教师数（人）		高中教师数（人）	
1 378		2 281		1 223		771	
公办学校教师数（人）				民办学校教师数（人）			
4 256				1 397			
幼儿园教师数（人）	小学教师数（人）	初中教师数（人）	高中教师数（人）	幼儿园教师数（人）	小学教师数（人）	初中教师数（人）	高中教师数（人）
57	2 236	1 192	771	1 321	45	31	0

县教育局领导名录：

党委书记、局长：曾宪奕

党委委员、副局长：

李运强 诸榕标 张志谦

党委委员、纪检组组长：

陈恳敏

党委委员、督学主任：

邓晶晶

党委委员、县教师发展中心主任：陈红星

（黄相侣）

县城学校

【东源县职业技术学校】 概况 东源县职业技术学校始建于1983年9月，原名为河源县农业技术学校，校址在灯塔镇农科所，1984年春搬至新丰江三路，1989年1月更名为河源市郊区农业技术学校，1992年6月更名为河源市郊区成人中等专业技术学校，1994年3月更名为东源县成人中等专业技术学校（其间：学校曾以一校多牌、一套班子的形式办河源市技工学校郊区分校、东源县职业高级中学、东源县技工学校），为正科级事业单位。2004年春搬迁到东源县徐洞校址，更名为东源县灵通职业技术学校，2014年2月经河源市编制委员会批准，更名为东源县职业技术学校，2015年停止招生，县政府将该校校舍改办为崇文学校，2021年该校临时在原东源县教师进修学校办公。2023年搬迁至灯塔镇兰溪塘新校区，并恢复招生。该校区占地面积20万平方米，建筑面积12万平方米，能同时容纳6 000人就读。

招生情况 2023年，该校录取175人，其中，农村电气技术专业43人、农业生产技术专业21人、电子技术应用专业110人，实际注册缴费52人。

教师队伍 2023年，该校有领导班子4人，为1正3副配置，专任教师15人。

教学设施 2023年，该校建有教学楼、饭堂、教工宿舍、学生宿舍，拥有电工实训室、电子实训室、土化实训室、微生物实训室、体育器材室、教研活动室、党员活动室、图书室、计算机室、田径场、足球场、篮球场、羽毛球场、乒乓球台等功能场室。课室均安装希沃教学平台。

教学与就业 2023年，该校与威特晟科技（河源）有限公司、铭镭激光智能装备（河源）有限公司、深圳市金谷园实业发展有限公司、深圳市金冠食品有限公司、东源县农业科学研究所等企业签订校企共建实训实践基地意向书，建立校企合作关系。

校长、副校长名录：

校 长：邹绍兴

副校长：

朱新滨 廖水宾 朱捷明

（李伟年）

教 育

【东源县卫生职业技术学校】

概况 东源县卫生职业技术学校创建于1959年10月，原名为河源县卫生学校，建校之初借上城街道江家祠的场地办学。1996年更名为广东省东源卫生职业技术学校，2012年以前为东源县卫生局的下属单位，2012年划归东源县教育局管理。2023年10月，新校区（一期工程）建设完成并投入使用，学校的南堤路校本部、蝴蝶岭校区和灯塔校区全部迁进新校区（一期工程）办学。新校区（一期工程）位于河源市东源县灯塔镇柯木村341省道旁，占地面积20.2万平方米，建筑面积约11.9万平方米，可提供3 000个学位，校园内基础设施基本完善。2023年，该校设有护理、药剂、康复技术、婴幼儿托育、口腔修复工艺五个专业。有教学班42个，学生2 495人。

师资队伍 2023年，该校有领导班子4人，为1正3副配置，专任教师15人。

教学设施 2023年，该校有实训楼、食堂、宿舍、200米环形跑道、足球场、篮球场、羽毛球场、心理咨询室、录播室、图书室、电脑室、计算机室等功能场室。有基础护理、外科与急救、中药调剂、牙齿形态训练等23个专业课实训室。

教学与就业 2023年，该校获第四届河源市中职青年教师教学能力大赛二等奖、市第二十届中职学校学生护理技能比赛三等奖。开展2023级新生国防教育暨军事训练活动，举办"学习二十大 永远跟党走"五四文艺晚会，参加县5·12护士节、6·30禁毒文艺晚会。通过思政课堂以及体育、美育等课程多渠道引导学生树立职业意识和职业道德，获市、县社会主义核心价值观优秀案例二等奖、三等奖各1人。通过护士资格证考试100人，同比增加19人。春季高考报考217人，同比增加12人，通过专科录取线人数153人，同比增加19人。

校长、副校长名录：

校　长：赖万和

副校长：廖　雷

（蓝　清）

【**东江中学**】　概况　全称为广州大学附属东江中学，创办于2009年，是按国家级示范性普通高中标准创办的一所现代化寄宿制高级中学。为河源市普高工程的重点项目，是东源县直属高级中学。位于河源市东环路东江教育园区内。校园占地面积25万平方米，建筑面积11万平方米，规划办学规模6 000人。2023年，有学生5 627人、教学班109个、在编教职工400人。

教学设施　2023年，该校有教学楼3栋，课室120间，各课室装备多媒体教学平台；有学生宿舍、学生食堂、标准400米环形跑道运动场、篮球场、排球场、足球场、国防教育展览室、图书馆、阅览室、多功能学术报告厅、教师成长中心、科技馆、钢琴室、舞蹈室、实验室、电脑室、语音室、录播室等功能场室；装有校园网络、高考人机对话系统、视频监控系统、网上阅卷系统、校园信息化平台、校园智能卡、班班通等现代信息技术装备。

德育教育　2023年，该校实行党委书记、校长负总责的多层次德育管理模式。制定《家长委员会章程》《家长委员会工作制度》和《家长委员会职责》。组织班主任开展家访工作，加强与家长的沟通，与后进生、一生一案建档生、重点关爱学生群体的父母，开展团课11次；开展全校师生参加的国旗下主题教育活动28次，组织学雷锋活动5次，开展志愿活动13次（1 000人参加）、爱心捐赠活动3次、其他大型德育活动13次。

科研兴教　2023年，该校实施"一年高考三年备考"和两个"三一"工程（每月一次大科组活动、三次备课组活动），开展双新示范校创建工作。申报立项省级课题1项、市级课题1项和县级课题5项，并完成中期检查工作；市级课题结题2项、县级课题结题9项。

素质教育　2023年，该校开展"四节"（读书节、科技节、体育节、校园文化艺术节）、社团、国标测试、各类竞赛等活动；参加球类比赛总计2 000人次；第十二届学校田径运动会有学生在跳高项目中以183厘米的成绩破东源县纪录；举办第十三届校园科技节，涉及7大学科39个项目，有3 600多名师生参加，获奖学生1 100人；28个社团正常开展活动，模拟联合国社在2023年第九届"广东省中学生模拟联合国"总决赛中获奖。

师资建设　2023年，该校组织教师参加东源县高中学科教师能力提升培训班和新学期全体教师培训班；组织学科组长及语文、数学等10多个备课组的教师到深圳、广州、佛山、中山、惠州等教育发达地区学习交流；先后选派含班主任在内的德育骨干前往惠州、广州、深圳、佛山等地参加德育工作培训；组织班主任参加县教育局主办的全体班主任素质提升班；组织骨干班主任成立名班主任工作室，发挥优秀班主任的示范引领作用；该校教师代表东源县参加河源市班主任能力大赛，获三等奖；成立校级名班主任工作室5个，申报市级名班主任工作室1个，申报市级语文名师工作室1个。

办学成绩　2023年，该校高考特控线以上97人，本科上线601人，其中5人被军警院校录取。获评"广东省更高水平"安全文明校园，获得广东省学生军事训练营高中组团体三等奖、东源县经典诵读一等奖。

校长、副校长名录：

校　长：陈红星

副校长：许燕群　王　斌
　　　　姚志飞　欧阳班启

（陈善茂）

【东源中学】　概况　东源中学创办于1998年秋，是东源县第一所实行全寄宿、全封闭管理的公立学校。学校占地面积9.01万平方米，建筑面积6.24万平方米。2023年，有在校学生3 950人，设有76个教学班；教职工336人，其中专任教师300人。

教学设施　2023年，该校建有教学楼、实验楼、综合楼、饭堂2栋、学生宿舍楼、物理实验室、化学实验室、生物实验室、美术室、音乐室、科技馆、书吧、体育器材室、教研活动室、党员活动室、图书室、计算机室、语音室、心理辅导室等功能场室。课室均安装希沃教学平台。运动区建有足球场、篮球场、排球场、羽毛球场、乒乓球台及标准400米环形跑道田径场。

德育教育　2023年，该校构建"班级—年级—学校"三级家委会组织，实施"千师访万家"行动计划，要求班主任、科任教师每学年对班内重点关注学生至少开展家访活动1次。每班每2周安排心理健康课程1次，定期开展"心理游园会"、心理健康活动月活动。开展全员心理普查，对重点学生实施"一生一档"管理，完善学校心理辅导室建设和加强心理咨询辅导服务。

科研兴教　2023年，该校推进科研兴教，举行阅读心得评比大赛、开发大单元课例、教学设计比赛、专题汇报课、大单元论文评比大赛、大单元教学活动专辑等活动。

素质教育　2023年，该校推进实施每天课外活动一小时；加强体育兴趣小组训练工作，建立田径、篮球、足球等运动队。

师资建设　2023年，该校有广东省"百千万人才培养工程"名师培养对象及广州大学硕士生导师1人、河源市首席教师2人。采用"线上学习＋线下跟岗培训"的方式，组织教师参加线上培训与学习。

该校教师获县级以上荣誉奖项共计409人，其中获省级以上奖项9人，市级奖项33人。

高考成绩　2023年，该校高考本科上线129人，特长生本科上线29人；春季高考三科总平均分270.6分，位居全县春考班第一；专科上线863人，专科上线率为99.65%。

校长、副校长名录：

校　长：赖兆平

副校长：卢燕青　朱志文
　　　　叶水金

（李明刚）

【东源高级中学】　概况　东源高级中学创办于2007年秋，是东源县一所以艺体特色办学为主的县立完全中学，河源市一级学校。学校占地面积6.66万平方米，建筑面积4.2万平方米。2023年，有教职工215人，其中艺体教师55人；学生3 098人，有教学班51个，其中初中部16个班、高中部35个班。

教学设施　2023年，该校有教室48间、电脑室、实验室、语音数控室、精品录播室、理化生仪器室、准备室、图书室、阅览室、多功能报告厅、阶梯教室、校医室、心理咨询室、多媒体设备、琴房、音乐课室、舞蹈室、画室、书法室、藏书票室、乒乓球室、美术创作室、美术展厅、体育器材室、美术器材室、400米塑胶跑道足球场、5人制足球场、篮球场、艺术楼1栋和其他功能场室7间。

科研兴教　2023年，该校承办广东省基础教育东源县教研基地暨东源县高中课堂教学改革现场会，推出12节"共美课堂"改革实践示范课，同时通过各学科微型讲座、东源高级中学课改路径，向全县同行介绍该校的课堂改革之路。被广东省教育系统关心下一代工作委员会授予"传承经典·筑梦未来"广东省青少年书画活动"优秀组织单位";被广东省教育厅、广东省公安厅评为"广东省更高水平安全文明校园";被东源县教育局授予"2023年东源县中小学生书画比赛"活动优秀组织奖。

素质教育 2023年,该校组织各年级开展"体艺2+1"及大课间活动,保证学生在校每天至少锻炼1小时。组织参加河源市青少年田径锦标赛,获单项第一名7人、第二名5人、第三名2人,合计14枚奖牌;参加广东省体育舞蹈锦标赛,获单人第四名、第七名;参加"传承经典·筑梦未来"广东省青少年书画活动,获金奖2人、银奖1人、铜奖8人;参加东源县2023年中小学生现场书画比赛,获奖33人;参加河源市2023年"墨韵校园"中小学学生现场书法比赛,获高中软笔组一等奖1人、二等奖2人、三等奖4人,初中软笔组三等奖1人;参加东源县中学生现场作文比赛县级复赛,初中部获一等奖4人、二等奖10人、特等奖1人,高中部获一等奖5人、二等奖7人、三等奖2人、特等奖1人;参加河源市"市长杯"足球比赛,该校足球队获双冠军,并代表河源市参加2023年广东省青少年校园足球联赛(高中、中职组)总决赛暨第二届中国青少年足球联赛高中年龄段U16-18组(广东赛区)比赛,高中男子足球队进全省16强,获比赛二等奖。

教师成果 2023年,该校组织教师参加省、市、县级专业技能竞赛,艺体教师专业作品入选国家级展览3人、省级展览2人;获青少年钢琴大赛教师组三等奖1人、市级"优秀教练员"1人、省青少年书画比赛优秀组织老师1人;获县各类比赛优秀指导老师称号30人;参加市级读书征文活动,获二等奖2人;参加县级读书征文活动,获一等奖5人、二等奖12人;参加市级教学比赛,获一等奖2人;参加县级教学比赛,获一等奖4人、二等奖5人、三等奖5人;参加河源市初高中青年教师教学能力大赛,获二等奖4人、三等奖1人;参加县级精品课评比,获一等奖4人、二等奖10人、三等奖15人。

高考成绩 2023年,该校本科上线58人,本科录取31人、专科录取(含春季高考)341人。

校长、副校长名录:

校　长:梁永光

副校长:程　飞　蓝伟光

　　　　赖坤翔　宁　琳

（黄伟坚）

【**东源县实验中学**】**概况** 东源县实验中学创办于2004年3月,校园占地面积3.18万平方米,建筑面积2.05万平方米,是一所县城公办初级中学。2023年,有教学班55个,学生3 376人,教职员工239人。

教学设施 2023年,该校有教学楼3栋、学生宿舍3栋、学生食堂1个、实验楼1栋,教室全部安装多媒体教学设备,理生化仪器室、图书室、阅览室、录播室等功能室齐全。学校藏书4万多册。

科研兴教 2023年,该校有省级立项课题3项、市级立项课题4项、县级立项课题10项。开展市、县、校级公开课100节、示范课50节、精品课50节,与教育发达地区或市、县开展教学研讨活动20场,开展送教下乡活动3次。

素质教育 2023年,该校举办第三届教职工运动会和第十一届学生田径运动会;中考体育平均分69分,学生体质健康测试及格率100%,优良率2.54%。参加2023年广东省中学生篮球锦标赛,获初中女子组二等奖。

教师成果 2023年,该校教师获国家级奖2项、省级奖项17项、市级奖项53项、县级奖项126项;指导学生参加"第27届全国中小学生绘画书法作品大赛",获一等奖2人、二等奖2人、三等奖2人;指导学生参加第一届"南方传媒杯"粤港澳大湾区中考语文"下水作文"大赛,获二等奖1人、三等奖1人;参加"河源市社会主义核心价值观优秀案例评选活动"，获三等奖3人；参加"东源县中小学班主任专业能力大赛"，获二等奖1人、"优秀指导老师"称号2人、"河源市2023年先进教育工作者"称号1人、"东源县先进教育工作者"称号1人、"东源县优秀教师"称号7人、"东源县优秀班主任"称号3人。

校长、副校长名录：

校　　长：刘志华

副校长：李冬莲　朱乃敏

　　　　黄伟超　吴雪辉

（朱利银）

【**东源县清平中学**】　概况　东源县清平中学创办于2023年9月，是借址办学，位于东源县第四小学内，属公办中学。2023年，有教师29人、学生348人，共有8个教学班。

师资建设　2023年，该校开展第一周"推门听课"活动，结合"东源县中小学课堂观察评价表"进行听评课；举办以"新课程标准背景下的高效课堂"为主题的第一届教师课堂教学大赛；与集团成员校开展"同课异构"活动；立项市级课题《基于项目化学习的初中物理实验教学实践研究》《"双减"背景下，微视频在初中历史课堂教学中的应用策略研究》。

德育教育　2023年，该校推进德育工作，开展传统文化教育、青春期教育、防欺凌防性侵教育、身心健康和卫生教育、安全教育、禁毒教育，开设国旗下讲话系列课程，组织家访348次，召开家长会2次，举办家长教育指导讲座1次。

教师成果　2023年，该校教师获东源县义务教育阶段历史学科项目式学习优秀案例评选1人，广东省基础教育初中语文教研基地（河源）项目建设"优秀先进个人"1人，河源市中小学语文阅读教学质量提升项目第一批种子教师培训"优秀学员"1人、河源市中小学语文阅读教学质量提升项目优秀教学设计2人。参加河源市中学语文教师"下水作文"评选活动，获特等奖1人、一等奖1人、二等奖2人；参加河源市初中语文优质课例评选，获二等奖1人；参加河源市义务教育阶段教师道德与法治课堂教学大赛，获一等奖1人；参加东源县义务教育阶段教师课堂教学大赛，获一等奖4人、二等奖3人；参加东源县"基础教育精品课"遴选活动3人；参加河源市义务教育阶段历史学科项目式学习优秀案例评选，获二等奖1人；参加东源县中小学"联通杯"网络学习空间数字资源评选，获"教学设计"一等奖1人、二等奖1人、三等奖3人；参加东源县中小学教师信息技术应用能力提升工程2.0教学创新精品课例评选，获三等奖2人；参加东源县第五届青少年科技创新大赛，获三等奖1人；指导学生参加东源中小学现场作文比赛，获"优秀指导教师"2人。

教学教研　2023年，该校制定作业检查制度，优化集体备课机制，定期召开备课组长会议，除文化科以外，开设第二课堂（篮球、足球、物理奇妙实验、海报设计＆艺术创作、音乐之声、主持与演讲、电脑绘画、古建筑3D木质拼图课、经典诗文朗诵、折纸刺绣、数学思维课堂、跳进地理书的旅行等12门课程）和"清平少年养成教育"校本课程。

素质教育　2023年，该校改进课堂教学模式，使用启发式、探究式的教学方法，鼓励学生主动思考，培养其自主学习和解决问题的能力。开设第二课堂，如物理奇妙实验、海报设计、音乐之声、主持与演讲、电脑绘画、古建筑3D木质拼图课、经典诗文朗诵、折纸刺绣、数学思维课堂、英语趣味配音等。开展心理健康教育校本培训和心理危机干预业务培训；对全校学生进行心理健康筛查和对二、三级预警学生进行专业核实，建立"一生一策"心理成长档案，为学生提供专业心理危机干预和心理咨询。

校　　长：游立新

（梁素娥）

【东源县崇文学校】 概况 东源县崇文学校位于东源县崇文南路，创办于2017年9月，是九年一贯制公办学校。该校分主校区和新源校区，主校区占地4.4万平方米，建筑面积2.82万平方米；新源校区占地面积3 300平方米，建筑面积4 017平方米。2023年，有教学班95个、学生5 265人、教职工339人（含临聘教师），教师学历达标率100%。

教学设施 2023年，该校有教学楼、综合楼、行政楼、实验楼、教师宿舍楼、学生宿舍楼、学生食堂共14幢；设有多功能讲学厅、语音室、音乐室、美术室、精品录播室、物理实验室、化学实验室、生物实验室、心理辅导室、体育器材室、文印室、广播室、团队室、博爱校医室、家长志愿者驿站、图书阅览室（藏书5万册）、烹饪作坊、居室收纳实训室、应急救护实训室等功能场室；建有300平方米采撷园（劳动实践基地）、田径运动场、篮球场、羽毛球场。体育器材按广东省标准配置，校园实现信息化网络全面覆盖，教室全部配备多媒体电教设备。

科研兴教 2023年，该校被选定为英语、数学学科县教研基地，生物学科省教研基地；教师参加省级培训15人次，参加市级培训500多人次，参加县级培训300多人次；教研课题结题3项，开展省级课题1项、县级课题7项。

素质教育 2023年，该校举办第三届运动会；在原有的"烹饪""居室收纳""蔬菜种植"校本课程的基础上开发"应急救护"校本课程；参加河源市第三届青少年机器人大赛"智能轨迹赛"，获"智能创意赛"二等奖。

教师成果 2023年，该校教师在各级各类教育教学评比中，获市、县级各类荣誉称号60人；参加河源市教学大赛，获特等奖2人；被评为"河源市优秀班主任"1人，被评为"河源市优秀志愿者"1人，评为"河源好人"1人，被评为"河源市诚信之星"1人，被评为"东源县优秀教师"1人，被评为"东源县最美教师"1人，被评为东源县"优秀少先队工作者"5人。

校长、副校长名录：

校　长：刘传业

副校长：陈星东　叶卫东　张素娟　赖毓生

（杨运宜）

【东源县特殊学校】 概况 东源县特殊学校创办于2001年，是全县唯一一所招收适龄智障、脑瘫、孤独症学生的九年一贯制义务教育学校。校园占地面积约3 000平方米，建筑面积约2 200平方米。2023年，有教学班5个、在册学籍学生86人、在校学生67人、送教上门学生19人；有在编教师23人、临聘教师4人，其中本科学历2人、专科学历2人，特殊教育专业教师9人（占比39.1%），教师学历达标率100%。

教学设施 2023年，该校配备行政办公室、会议室、党员活动室、学生宿舍、师生食堂；设有多感官室、唱游律动室、图形操作室、语言训练室、心理咨询室、个训室、感官统合室、体育康复室等功能室。

科研兴教 2023年，该校省级课题顺利通过中期检查，申报县级课题1项，市级课题《培智学校语文课堂生活化教学实践与研究》已结题。从"协同式教学""体康特奥适宜发展""家政特色课程""艺术康复融合教学""个别化教育""数学课堂生活化教学"等六个方面开展融合教育研究，与河源市博爱学校、连平仁爱学校、和平和爱学校、源城阳光学校、紫金启智学校、龙川特校开展系列"同课异构"活动，组织特教专业教师参加校本培训讲座6次。

素质教育 2023年，该校开展多种活动，引导学生心理健康成长：男（女）生青春期生理卫生健康教育讲座、与爱同行活动、点亮内"星"关爱孤独症心理团辅活动、庆六一"红领巾相约中国梦·争当好队员"主题活动、庆"六一"生活技能展示暨家校共育实践活动、"喜迎中秋,欢度国庆"生活化教学主题活动、关爱留守儿童和困境儿童系列活动、"做一个文明好少年"思政课活动、暑假志愿者关爱特殊儿童活动、暑假"千师访万家、携手共成长"家访专题活动、"校园防欺凌"法制讲座等。

教师成果　2023年,该校教师被评为东源县优秀中共党员、东源县优秀党务工作者、东源县先进教育工作者、东源县优秀班主任各1人;参加河源市特殊教育青年教师教学能力大赛,获一等奖1人、优秀指导教师奖4人;参加中小学精品课大赛,获市级二等奖2人、县级一等奖2人、县级二等奖3人、县级三等奖3人。

校长、副校长名录:

校　　长:朱钦强

副校长:杨剑锋　欧兵勇

（朱莉雅）

【东源县东华学校】　概况　东源县东华学校是由东莞四海教育与北京师范大学中小学远程教育合作创办的东源县直属民办学校。创办于2012年9月,占地面积3万平方米。2023年,有学生1 307人,其中小学学生594人、初中学生713人,住宿生1 032人;有教职工118人,专任教师63人、中级职称教师5人、初级职称教师6人,教师学历达标率100%。

教学设施　2023年,该校有理化生实验室、计算机室、多媒体电教室、地理室、科学室、音乐室、舞蹈室、美术室、书法室、校医室、心理辅导室、网络广播站、环形塑胶跑道、灯光篮球场、排球场、乒乓球室等功能场室。所有教室配备多媒体教学平台。

素质教育　2023年,该校打造"1+X梦想课程"。"1"指学生必修的国家课程,如语文、数学、英语等,强调回归基础,其内容与形式相对稳定;"X"指实现个性发展的特色化课程,"X"是在"1"的基础上进行的补充、延伸与创新的课程。

教师成果　2023年,该校教师参加东源县教师教学课堂大赛,获一等奖8人、二等奖21人、三等奖29人;有9篇论文在市级以上刊物发表。

校　　长:伍学平

（伍学平）

【东源县第一小学】　东源县第一小学位于东源县县城农林街1号,创办于2003年,属县直属公办完全小学,校园占地面积2.45万平方米,建筑面积1.14万平方米。2023年,有教学班69个、学生3 702人、在编教师211人;有200米环形跑道、标准7人制足球场、5人制足球训练场、篮球场、羽毛球场、录播室、少先队室、心理咨询室、藏书室、电脑室、文明实践站等功能场室。是年,该校开展"集体备课",实行"三定"（定时间、定地点、定人员）、"三有"（有计划、有记录、有效果）;组织教师参加线上线下培训,与深圳市盐田区田心小学结为"全口径全方位融入式结对帮扶"学校。打造"5+1"（"5"指课堂的五大基本环节:激发探究欲望—开展探究学习—交流探究收获—检测探究成效—小结探究成果;"1"指布置一项探究性课外作业）探究型课堂,开设朗诵、合唱、绘画、剪纸、葫芦丝、书法、田径、足球、乒乓球、篮球等12个项目课程。同年,该校获东源县中小学"贯彻二十大,永远跟党走"经典诵读比赛一等奖、东源县"学习二十大,争做好队员"少先队员演讲比赛优秀组织奖,在河源市2023年"和教育－口语易杯"中小学生英语听说素养展评活动（小学组）中荣获优秀组织奖,获2022—2023年度东源县少先队红旗大队、东源县少先队红旗中队称号,获东源县第二届"我是科普小达人"大赛优秀组织奖。学校足球队参加"2023年河源市'市长杯'校园足球联赛"（总决赛）,获小学男子组冠军;参加东源县2023年中小学合唱交流活动,获二等奖。学校志愿服务队在2023年度东源县学雷锋志愿服务先进典型宣传推选活动中被选为优秀志愿服务组织。参加东源县2023年中小学生现场绘画比赛暨"墨韵校园"河源市中小学生书法大赛选拔赛，获"优秀组织奖"；参加东源县2023年小学生第五届英语情景剧比赛，获二等奖；参加东源县第三届客家童谣表演赛，获铜奖。该校学生获国家级奖项21人、省级奖项13人、市级奖项92人、县级奖项232人，教师获国家级奖项1人、省级奖项5人、市级奖项98人、县级奖项169人。

校　　长：蓝育棠

（蓝柳赵）

【东源县第二小学】 东源县第二小学位于仙塘镇徐洞村，开办于2013年9月，是县直属公办完全小学。校园占地面积3.3万平方米，建筑面积1.32万平方米。2023年，有教学班28个、学生1 338人、教职工94人。设有电脑室、图书室、科学实验室、音乐室、舞蹈室、美术室、书法室、阅览室、电子阅览室、录播室、精品教室、文礼书苑；每个课室配备多媒体教学平台；有环形跑道、篮球场、羽毛球场、乒乓球场。该校创建"六礼教育"（即餐饮之礼、待人之礼、行走之礼、课堂之礼、言谈之礼、仪表之礼）德育管理模式和星级班级管理考核模式（即按"五育并举"设立"三星学生"，其中班级之星30个、年级之星5个、校级之星3个，班级之星每月一评，年级之星半学期一评，校级之星每学期一评），以"一日常规三字歌"规范学生行为、学习、生活习惯。推进"自主探究、合作交流"课题教学模式和《教学目标管理考核实施办法》考核模式，实施《"文礼"教师规划成长方案》和《教师专业技能帮扶方案》，开展"5+2"课后服务（学校每周5天都要开展课后服务，每天至少2小时），参加学生1 083人，转化率达73%；开展"青蓝工程"（即"师徒结对"）"校际联动共研共享"教研教学活动，组织开展学科内、学校间"同课异构"教研活动77节次。组织教师参加各级各类竞赛，获国家级奖项2人、省级奖项1人、市级奖项8人、县级奖项124人，学生获国家奖项8人、省级奖项18人、市级奖项1人、县级奖项144人。

校　　长：张少佼

（陈雪波）

【东源县第三小学】 东源县第三小学位于东源县城深业路北侧，开办于2018年9月，是东源县公立完全小学；占地面积3万平方米，建筑面积2.42万平方米。2023年，有教职工182人、在校学生3 428人、教学班60个。有综合楼、风雨操场、学术报告厅、生活服务中心各1栋，教学楼3栋，地下停车场1个，设有多功能电脑室、语音室、音乐室、体育器材室、图书阅览室等功能室，建有田径运动场、篮球场、羽毛球场等，教学办公信息化网络全面覆盖，教室全部配备多媒体设备。校级领导每月上一节思政课，每周一开展德育教育——国旗下讲话；实行"生活化＋活动化"的德育教育模式，学校每周三组织学生开展第二课堂活动。是年，坚持推进素质教育，举办体育节、端午美食节、六一游园、诗词展演、国庆手抄报等活动；成立家长委员会，举行线上家长会，组织家长志愿者护送学生上下学；开展线上学习教育活动。举办第四届"和乐"读书节、第四届"和乐"英语节、第三届"和乐"数学节，开展"亲子悦读，和乐共长"家校联合阅读主题活动、"诗词乐园"活动，成立诗词吟诵艺术团，构建学校、家庭、社会三合一教育网络体系。开展师徒结对、公开课、示范课等活动，推进"精备课、示范课、作业设计、综合测评、总结反馈"常规管理；建设互联网教学改革试验校，推进信息化教学，开设"和雅礼仪"校本课程。是年，被东源县委、东源县人民政府评为法治宣传教育先进集体；被东源县教育局评为"三优"评比活动优秀组织；被广东省教育厅评为广东省网络安全示范校；被东源县教育局评为东源县教育系统先进基层党组织。

校　　长：李万全

（丘新华）

【东源县第四小学】 东源县第四小学位于河源市东源县新河西片区安民路南，创办于2022年，属公办完全小学。校园占地面积2.01万平方米，建筑面积1.14万平方米。2023年，有教学班24个、学生1 181人、教职工52人。有综合楼、教学楼、图书馆、舞蹈室、电脑室、心语空间室、劳动室等功能场室；配有校园网络、视频监控系统、校园信息化平台等现代信息技术装备。该校推进德育教育，实施"四史"系列教育、四小礼及社会主义核心价值观教育，推行每天一首红歌、每日一专题晨会、每周一主题班会、国旗下讲话制度，开设四小"星雁家长课堂"，构建家校共教共育体系。规范教学管理，实施集体备课制度，每周组织教研活动不少于3次；组织行政人员、教研组长深入课堂听课，校级领导听课不少于20节，教师听课不少于15节。打造特色第二课堂，共设有兴趣社团35个。举办数独、诗词飞花令、思维导图等学科竞赛。是年，组织语文节、数学节、英语节、体育节及读书节等活动。是年，获广东省汉字书写大赛最佳组织奖，被评为河源市首批优质学校、广东省义务教育标准化学校；教师获省级荣誉3人、市级荣誉20人、县级荣誉60人，学生获市级奖项20人、县级奖项100人，多名学生的作品发表在河源晚报、教育周刊。

校　　长：邓远金

（廖秀婷）

【东源县第五小学】 东源县第五小学创办于2021年9月，由东源县人民政府与河源市新河实验学校签约合作共同办学。学校占地面积2万平方米，建筑面积1.62万平方米。2023年，有教学班42个、学生2 375人、教师125人。有教学楼4栋，实验室、微机室、语音室、音乐室、舞蹈室、阅览室、书法室、乒乓球室、风雨球馆、标准塑胶田径运动场等功能场室齐全。该校开展纪律作风强化训练月、班级班貌评比、"最美课桌"评比、仪容仪表专项检查、"21天好习惯养成计划"、校园六节（4月"成长节"、5月"劳动节"、6月"艺术节"、10月"科技节"、11月"读书节"、12月"体育节"）"三礼"（新生入学礼、十岁成长礼、毕业礼）活动；构建教导处—教研室—备课组三级一体、协作互动的教科研网络，教师团队与新河实验学校小学部优秀教师组成教研共同体，推进"生本课堂"实践与研究；构建"五福"课程（德福课程、阅福课程、智福课程、康福课程、艺福课程）；建设校园科技馆、劳动科普实践基地等；采用"请进来、走出去"教研理念，与新河实验学校的名师、学科带头人组成"教研共同体"。是年，该校教师获河源市青年教师课堂大赛活动特等奖1人、一等奖2人，学校被评为广东省更高水平安全文明校园和河源市中小学劳动教育特色学校。

校　　长：吕丽燕

（黄添花）

【华南师范大学附属东源小学（东源县第六小学）】 华南师范大学附属东源小学开办于2023年9月，属县直公办完全小学，校园占地面积2.75万平方米，建筑面积1.8万平方米。有教学班7个、学生304人、在职在编教师26人。建有教学楼、环形跑道、足球场、室外篮球场、室内篮球场、羽毛球场、排球场、乒乓球台、室内运动馆、录播室、电脑室、陶艺室、音体美室。该校德育教育实施"文礼班"评比，推行学生值日生评价和值日领导评价相结合模式，实施校领导及中层干部每周国旗下讲话1次，每周五组织学生开展社团活动。推行集体备课，实行"三定"（定时间、定地点、定人员）"三有"（有计划、有记录、有效果);开展语文、数学、英语学科活动周活动,开展"培优辅差"工作。推行素质教育,开设跳绳、卡通画、书法、英语律动、乒乓球、口风琴、足球、篮球等12门选修校本课程。是年,该校教师获市级优秀课例奖1人、市级优秀论文奖1人;参加河源市义务教育阶段教师课堂教学大赛,获二等奖1人;参加河源市"基础教育精品课"大赛,获一等奖1人;参加东源县义务教育阶段教师课堂教学大赛,获特等奖1人、一等奖4人、二等奖2人;参加东源县"基础教育精品课"大赛,获一等奖1人、二等奖5人、三等奖3人;参加东源县2023年暑假中小学师生读书征文活动,获一等奖1人、二等奖2人、三等奖1人。开展学生寒假读书、师生共读一本书活动,创编校园韵律操和"幸福教育"口号操。

校　长:梁颂青

(尹倩玉)

【观塘小学】 东源县观塘小学始建于1963年。位于东源县仙塘镇观塘村,校园占地面积1.75万平方米,建筑面积1.03万平方米。2023年,有教学班10个、学生350人、教职工28人。

学校配有多媒体阶梯教室、计算机室、少先队部室、音乐室、舞蹈室、科学实验室、美术室、图书阅览室、教学仪器室、体育器材室、卫生保健室、书法室、资料档案室、心理咨询室、篮球场(室内1个、室外1个)、乒乓球场、130米环形塑胶跑道。该校注重教育教学教研,开展校本教研工作、师徒结对活动、课题研究;完成县实验课题《提高小学生英语阅读能力》,立项市级教学课题《基于国家义务教育质量监测结果的小学古诗文诵读能力提升策略的实践研究》(课题编号:hy23010)。注重推行素质教育,该校举行六一节、经典诗文班级咏唱比赛、国庆节、东源县戏曲进校园展演活动;组织全校各班开展读书活动,要求每名学生每月读一本书;每学期评出"书香班级""书香少年""书香家庭";落实"体艺2+1",要求体育科组每两周开展一次以年级为单位的体育比赛,每天早上和下午正常开展广播体操、跑操、阳光大课间体育活动,保证学生每天有足够1个小时的锻炼时间。是年,该校教师获市级二等奖1人、县级一等奖3人、县级二等奖4人、县级三等奖4人;学生获县级荣誉12人。

校　长:欧伟明

(杜少容)

【美的城小学】 东源县美的城小学位于东源县东环路美的城,2020年9月正式开办,是一所县直属高标准现代化公立学校。校园占地面积约2.4万平方米,预设教学班30个,可容纳1 350人就读。2023年,有教学班22个、在校学生1 071人、教师57人,教师学历达标率100%。设有智慧教室、国学教室、云计算机室、电子阅览室、语音室、美术室、音乐室、舞蹈室、书法室、科学实验室、综合实践活动室、体育活动室,配有200米环形跑道、足球场、篮球场、羽毛球场、单双杠等体育设施设备。建立班主任、家庭、社会"三维"德育工作体系。定期召开师德师风专题教育会议,组织教师学习《中小学教师职业道德规范》,通过家访、电访及每周五在家长微信群推送周末温馨提示等方式,及时向家长传达学校中心工作、各项主要活动,指导家教工作;开展"主题月"教育活动和"美德少年""文明班级"评比活动;注重教师培训和教学研究,组织教师参加省、市、县、校培训53次,累计674人次参加;开展公开课及研讨课,其中语文18节次、数学11节次、英语10节次、音乐13节次、体育1节次、美术2节次;开展课标专题学习活动8场次;两个县级课题完成中期检查,分别是数学科组《"双减"背景下山区小学中高年级数学作业设计的实践与研究》和音乐科组《小学中华三原调排箫教学激趣策略实践与研究》;结束两个课题，分别是语文科组《小学语文高年段整本书阅读教学课型的实践与研究》和英语科组《基于单元主题下的小学英语高年段拓展阅读教学设计研究》，并被评为东源县优秀课题。推进素质教育，开设五子棋、象棋、绘画、小游戏、古诗吟唱、软笔书法、排箫、阅读、舞蹈、手工、跆拳道、毽球、轮滑、合唱、美术、剪纸、趣味计算、心理团体辅导、少儿编程、田径、足球、篮球等22门选修校本课程。组织教师参加广东省小学语文三赛评比活动，获市级二等奖2人、三等奖2人，获县级一等奖5人；参加河源市班会课案例设计，获二等奖1人；参加县级教学技能大赛，获二等奖4人、三等奖3人；参加精品课比赛，获县级一等奖4人、二等奖7人、三等奖1人；参加东源县班主任能力大赛，获三等奖1人；参加东源县论文比赛，获一等奖8人、二等奖8人、三等奖8人；获广东省书画作品优秀指导老师奖6人、东源县小学英语情景剧比赛优秀指导老师奖3人、东源县小学生经典诵读比赛优秀指导老师奖2人、英语口语易杯竞赛市级优秀指导老师奖1人、县级优秀指导老师奖7人、东源县征文比赛优秀指导老师奖9人；学校少先队1个中队被评为广东省少先队红旗中队，1人被评为河源市优秀班主任，1人被评为东源县优秀教育工作者，1人被评为东源县优秀辅导员，1人被评为东源县优秀班主任，1人被评为东源县优秀教师。

校　　长：周东泉

（邱瑞娜）

【东源县第一幼儿园】 东源县第一幼儿园位于东源县人民政府前广场左侧，创办于2004年春。总占地面积4 331平方米，建筑占地面积1 780平方米，总建筑面积5 550平方米。2023年，有教学班14个、教职工68人、在读幼儿541人。园内活动室配备齐全，设有多功能报告厅、音体室、综合游戏室、美术室、科学发现室、阅览室等；户外设有主题乐园、安吉游戏区、攀爬墙、声乐区、戏水区、玩沙区、拓展区、沙水区、野炊区、太平古街等；运动设施有篮球场、足球场、30米跑道。该园先后组织教师到浙江、广州、东莞等地交流学习80人；组织开展教育教学研讨活动26次，大型展示活动8次；课题《STEM教育理念下幼儿园主题性区域活动的实践研究》结题，有在研县级课题《融合教育背景下特殊幼儿个性化教学实践研究》。通过举行"龙兴龘龘启新程　一幼萌娃乐成长"开学典礼、"书香润一幼　萌娃乐成长"阅读月系列活动、"躬耕教坛　强国有我"庆祝第39个教师节活动、"月满中秋　同庆国圆"迎中秋庆国庆系列活动、"趣味早操　乐享童年"和乐动感宝贝早操比赛等，推进幼儿各方面素质的提升。该园教师被评为"市优秀教师"1人、东源县"优秀园长"1人；被授予全国足球特色幼儿园、广东省岭南幼儿园自主游戏试点园、东源县亲子阅读基地、学前融合教育基地、东源县教研基地学校。

园　　长：黄小珍

（李立欢）

【东源县第二幼儿园】 东源县第二幼儿园创办于2004年8月，是一所全日制公办幼儿园，河源市一级幼儿园；位于东源县仙塘镇徐洞村205国道旁，占地面积5 877平方米，建筑面积6 500平方米，户外活动面积4 447平方米。2023年，有教学班7个、在园幼儿179人、教职工38人；设有亲子书吧、国学室、科学室、美工室、音体室、生活体验馆、多功能报告厅以及园长室、党建室、行政办公室、教师会议室、资料室、保健室、保安室；户外场地宽敞，环境优美，设有种植园、篮球场、足球场、沙水区、大型玩具区、30米跑道等；幼儿活动室配有一体机、电钢琴、空调、区域柜、水杯消毒柜、六人推拉床、实木桌椅等。该幼儿园开展省级教育科研重点课题《幼儿劳动教育游戏化的实践研究》；组织教师参加东源县2023年中小学教师信息技术应用能力提升工程2.0教学创新精品课例遴选活动，获一、二、三等奖各1人；参加东源县教师发展中心组织的第二届幼儿园自主游戏活动案例和幼小衔接活动方案评选活动，自主游戏案例获一等奖5人、二等奖9人、三等奖3人、优秀奖3人；参加2023年教育评价改革主题征文评选活动，课题《幼儿园开展新时代劳动教育的探索》被评为优秀课题。

园　　长：卢敏玲

（黄金花）

【东源县越祥湾幼儿园】 东源县越祥湾幼儿园是东源县第一幼儿园教育集团分园，占地面积5 582平方米，建筑面积5 281平方米。于2023年9月开园，有教学班8个、在读幼儿203人、教职工36人。园内设有音体室、阅览室、儿童天地等；户外设有主题乐园、攀爬墙、声乐器区、戏水区、玩沙区、拓展区、科学光影探索区等配套设施。该园推进素质教育，通过举行"开启新征程　砥砺谱新篇"幼儿园揭牌仪式暨开学典礼，开展"一路谱芳华·一生念师恩"教师节主题活动、"月圆中秋·礼赞国庆"亲子游园活动、"温情暖暖·爱洒重阳"重阳节主题教育活动、"畅读童年·阅享生活"阅读月活动、"稻田拾趣·乐享自然"社会实践活动、"玩转科学·创意无限"科技节活动等系列活动，促进幼儿德智体美劳全面发展。是年，该园为提高教师业务能力，组织教师到长春、深圳、潮州、清远等地学习；该园被授予东源县亲子阅读体验基地。在东源县妇联公众号发布9份亲子作品。

园　　长：黄小珍

（黄苏萍）

【御景豪园幼儿园】 东源县御景豪园幼儿园位于东源县仙塘镇205国道御景豪园小区旁，占地面积4 367平方米，建筑面积3 959平方米。2023年，有教学班3个、在园幼儿57人，其中小班12人、中班15人、大班30人；教职工18人。户外建有种植区、沙水区、涂鸦区、建构区、滑索区、足球场、篮球场、游乐场、30米跑道。幼儿活动室配有一体机、电子琴、空调、书包柜、水杯柜、鞋柜、床柜。有科学室、阅读室、美术室、音体室等。园内功能室配置齐全。图书总量3 000册。园长室、行政办公室、保健室、保安室、教师会议室等辅助用房设置完善。该园推进素质教育，规范教育教学管理，推进教研工作。举办"我们的节日"中秋节、国庆节、重阳节系列活动，开展防溺水、消防、交通、法治、禁毒、防欺凌等教育宣传活动，成立家委会、家长护卫队，开展亲子绘本共读等活动。组织教师外出学习9次，邀请专业教师、专家领导入园指导10余次，组织全体教师开展教育教学研讨活动10余次、大型开放活动3次。开展"从'新'相遇　'幼'见美好"开学典礼活动、"生活自理　快乐自立"幼儿生活自理能力比赛。该园园长参加2023年东源县学前教育青年教师教学大赛，获"优秀评委"称号；该园教师参加2023年东源县学前教育青年教师教学大赛，获二等奖1人。

园　　长：蓝红芳

（李燕惠）

【东源县仙塘幼儿园】 东源县仙塘幼儿园位于仙塘中心小学旁，创办于2023年，占地面积3 400平方米，建筑面积约3 300平方米。2023年，有教职工22人、教学班4个、在读幼儿104人。园内多功能场室配备齐全，设有美工室、音舞室、阅览室等，户外设有野战区、沙水区、攀爬墙、建构区、涂鸦区、30米跑道。该园推进素质教育，规范教育教学管理，举行"梦想启航，童心飞扬"开学典礼、"生活小能手，自理我最棒"自理能力大赛、"以爱为本，师德为先"师德师风培训和"防拐千万计，宝贝别中计"防拐骗安全演练活动；开展户外自主游戏、户外自然探究和班级区域活动、分科教育等主题教育教学活动。是年，有3位教师获中小学教师心理健康教育初级（C证）证书。

园　　长：蓝巧

（朱婷婷）

乡镇中学、中心小学

【仙塘中学】仙塘中学位于东源县城东北面原仙塘镇政府旁东江河畔，创办于1970年1月。校园占地面积6.5万平方米，绿化面积2.2万平方米，建筑面积2.12万平方米。2023年，有教学班25个、在校学生1266人、在编教师98人。有标准教学实验楼2栋、学生宿舍3栋、教师公寓2栋、标准塑胶400米田径场、篮球场4个，校园配有光纤网络、智能广播系统、校园监控系统，教室均安装多媒体教学一体机设备。

校　　长：朱卓辉

【顺天中学】顺天中学创办于1970年。位于顺天镇枫木塘水库旁，校园占地面积5.68万平方米，建筑面积1.32万平方米，绿化面积约1.96万平方米，有标准教学实验楼、学生宿舍、教师公寓；有标准400米6跑道塑胶田径场、篮球场5个；配有光纤网络、智能广播系统、校园监控系统，教室均安装多媒体教学一体机设备；藏书总量2.51万册。2023年，有在编教职工27人，其中本科学历22人、专科学历5人、高级教师7人、中级教师18人、初级教师2人、县骨干教师18人；教学班6个，在校学生341人。学校实施全寄宿全封闭管理。获"全市优秀最小应急单元""河源市更高水平平安校园"荣誉称号。

校　　长：赖子东

【船塘中学】船塘中学创办于1941年。校园占地面积11万平方米，建筑面积3万平方米，绿化率75%；建有教学楼、宿舍楼、大会堂、400米环形跑道多功能运动场、篮球场；设有物理、化学、生物、地理等实验室及舞蹈室、音乐室、语音室、电脑室、图书室、体育室、录播室、多功能讲学厅等功能室；每个教室均安装多媒体教学一体机设备，教师全员配备电脑。2023年，有教学班12个、学生695人、教职工51人，教师学历达标率100%。是年，被河源市教育局、河源市公安局评为"河源市更高水平安全文明校园"，被河源市公安局评为"全市优秀最小应急单元"。

校　　长：欧学风

【柳城中学】柳城中学创建于1965年。校园占地面积约7万平方米，建筑面积9878平方米。为全寄宿制学校，2023年，有学生267人、教学班6个、在职在编教师18人，其中高级教师4人、中级教师9人、二级教师4人、员级教师1人。校园分为教学区、功能区、生活区和运动区，新建5人制足球场一个，功能场室齐全，教室均安装多媒体教学一体机设备。

校　　长：彭万兴

【黄村中学】黄村中学创办于1950年，前身是三联中学（又名河源县第四中学）。校园占地面积4.54万平方米，校舍总建筑面积35830平方米。建有标准田径场、排球场、篮球场、器械场、乒乓球场、羽毛球场等。设有阶梯教室、语音室、阅览室、音乐室、美术室、资料室、电脑室、会议室，建有主干千兆校园网络，教学设施完善。2023年，有学生500多人、教学班12个；教职工53人，其中中学高级教师14人、中学一级教师33人，本科学历49人，专科学历4人，教师学历达标率100%。

校　　长：张龙辉

【灯塔中学】灯塔中学位于东源县灯塔镇北路43号，创建于1957年，是省级义务教育规范化学校。校园占地面积5.04万平方米，建筑面积1.04万平方米。建有教师宿舍楼、学生宿舍楼、行政办公综合大楼、标准师生食堂、多媒体教室、物理实验室、化学实验室、生物实验室、计算机室、语音室、体育器材室、美术室、音乐室、舞蹈室、图书室、阅览室、档案室、会议室、接待室、心理健康咨询室等功能场室；建有400米环形跑道田径运动场、标准足球场、篮球场、羽毛球场、排球场等运动场所。2023年，有教学班18个、学生954人、教职工74人；教师本科学历占80%，学历达标率达100%。是年，获东源县"感恩教育"活动优秀组织奖、中小学师生规范汉字书写比赛优秀组织奖、中小学教师中华经典诗文朗诵比赛优秀组织奖，被广东省教育厅评为"广东省绿色学校"，在灯塔镇2023年度工作综合考评中获评为"优秀单位"。

校　　长：黄　汉

【叶潭中学】　叶潭中学创办于1968年。校园占地面积4万多平方米，建筑面积1.05万平方米。建有教学楼、功能楼、学生宿舍、教职工宿舍、灯光篮球场、250米环形跑道田径运动场（内含1个足球场、1个露天舞台）及各种功能场室。2023年，有学生368人、教学班7个、在编教师29人。是年，被县、镇评为先进单位。

校　　长：李日荣

【上莞中学】　上莞中学位于东源县东北部，创建于1958年。校园占地面积2.53万平方米，建筑面积4 427平方米。设有教学楼、综合楼、办公楼、食堂、宿舍楼、教师家属楼、篮球场、体育运动场、学生劳动实践基地、录播室、少先队室，各功能室齐全。2023年，有教学班8个、在校学生307人、在职在编教职工29人。

校　　长：李少勇

【义合中学】　义合中学创办于1956年，属公办初级中学。校园占地面积4万平方米，建筑面积5 364平方米。该校建有教学楼、学生宿舍楼、师生食堂、综合楼、焕南教学楼、焕南图书馆、教职工宿舍楼；运动场设有200米塑胶跑道、篮球场、足球场、羽毛球场。2023年，有教学班5个、学生175人、在职在编教师22人、临聘人员2人；教师学历达标率85%，本科学历15人、大专学历7人。

校　　长：谢小辉

【蓝口中学】　蓝口中学创办于1946年，曾用名蓝口初级中学、河源县第三中学、东江临时中学。位于东源县蓝口镇新街东路，校园占地面积4.25万平方米。2023年，有在编教师37人、学生380人、教学班9个。该校将篮球运动和舞狮运动作为学校的特色运动项目。

校　　长：黄仕平

【康禾中学】　康禾中学创办于1958年，是一所具有中等规模的公立初级中学。建有语音室、讲学厅、图书馆、阅览室、心理咨询室等功能室。2023年，有教学班6个、学生332人、教师27人，其中高级教师10人、一级教师14人、二级教师3人，教师学历达标率100%。

校　　长：叶巽华

【涧头中学】　涧头中学创建于1968年。位于涧头镇涧头村田心小组，校园占地面积2.25万平方米。有科学实验室、舞蹈室、电脑语音室、生化实验室、体育室、美术室、心理咨询室、图书阅览室、多媒体教室、广播室、团队活动室等功能室，建有200米环形塑胶跑道1个、标准篮球场2个、羽毛球场2个。2023年，有七、八、九年级教学班各1个，在校学生122人、教职工20人。

校　　长：赖利华

【骆湖中学】　骆湖中学位于东源县骆湖镇中学路16号，创办于1959年。建有教学楼、综合楼、实验楼、办公室（校友楼）、学生宿舍、教工宿舍、师生饭堂；拥有标准200米环形塑胶跑道、篮球场、羽毛球场、排球场、标准7人制足球场。教学设施设备完善，功能场室齐全，设有图书室、阅览室、仪器室、实验室、电脑室，各种功能场室配备齐全。是东源县一级学校、省级毒品预防教育示范学校、河源市文明校园、河源市更高水平安全校园。2023年，校园占地面积3.15万平方米，总建筑面积8 673平方米，绿化率39.6%；有教学班6个、在校学生270多人、教师24人。

校　　长：黄　强

【曾田中学】 曾田中学创办于1969年秋。位于曾田镇正东边205国道边的一个小山岗上，校园占地面积约2万平方米。有多媒体教学课室7间和计算机语音室、音乐舞蹈室、美术室、图书室、阅览室、多功能电教室、物理实验室、化学实验室、生物实验室、团队活动室、体育运动场地等功能场室。2023年，有教学班3个、学生154人、教职工24人。该校教师获中考优秀学科（历史）教师、中考优秀学科（化学）教师、初中美术组三等奖各1人，获东源县社会主义核心价值观优秀德育案例三等奖1人，获东源县社会主义核心价值观优秀班会课案例三等奖、东源县社会主义核心价值观优秀学校活动案例二等奖各1人，获2023年东源县经典朗诵比赛初中组优秀指导老师2人、东源县课堂教学大赛历史科复赛二等奖1人，获东源县课堂教学大赛思品科复赛三等奖1人、东源县基础教育精品课一等奖1人、二等奖2人、三等奖3人，获2023年现场作文比赛县级复赛优秀指导老师1人，获东源县"先进教育工作者"荣誉称号1人。该校学生参加东源县中小学"贯彻二十大 永远跟党走"经典诵读比赛，获三等奖5人、"三好学生"2人；2022—2023年度被东源县评为"优秀班干部"1人；在2023年现场作文比赛县级复赛中，获一等奖1人、二等奖2人。

校　　长：邱治添

【民族中学】 民族中学位于东源县漳溪畲族乡圩镇。创办于1968年，前身是东源县漳溪中学，2005年10月由河源市教育局、河源市民族宗教事务局批准成立并更名为"东源县民族中学"，是河源市唯一一所民族中学，同时也是河源市少数民族传统体育项目训练学校。校园占地面积1.88万平方米，建筑面积3 970平方米，绿化面积4 800平方米。2023年，有教学班4个、学生148人、教职工27人，教师学历达标率100%。该校有高四层的教学楼及综合大楼各1栋，高四层的学生宿舍2栋；配置远程教育网络、监控系统、全数字化校园网；有篮球场、排球场、羽毛球场、标准化足球场、陀螺场、射弩场等体育设施。被广东省非物质文化遗产保护中心、广东省学生体育艺术联合会评为"优秀乡村传承学校"。

校　　长：吴建立

【柳城镇中心小学】 柳城镇中心小学创办于1957年，位于东江河畔柳城圩镇。下辖上坝小学、下坝教学点。校本部占地面积2.76万平方米，建筑面积5 200平方米，有田径运动场8 000平方米。2023年，有教学班13个、学生479人、教职工45人。

校　　长：张铁文

【仙塘镇中心小学】 仙塘镇中心小学创办于1938年，原名为仙塘小学。校园占地面积2.3万平方米，建筑面积1.14万平方米。2023年，有在校学生1 199人、教学班26个、教职工88人，其中专任教师73人。学校配备科学实验室、美术室、音乐室、舞蹈室等功能室共23间，建有校园网、班班通、乡村学校少年宫。下辖1所完全小学，为仙塘镇龙云小学。

校　　长：洪远明

【黄村镇中心小学】 黄村镇中心小学位于黄村街镇中心，创办于1954年。下辖完全小学6所、教学点4个、公立幼儿园2所。2023年，有在编教职工130

人，其中研究生学历1人、本科学历79人、专科学历39人，高级职称3人、中级职称75人；在读学生1 359人、班级70个；公立幼儿园有在读幼儿346人。附设有混龄班，在读学生共170人。中心小学校本部校园占地面积1.95万平方米，建筑面积7 700多平方米。有教学楼3栋、综合楼1栋；建有200米环形跑道田径运动场、篮球场、羽毛球、标准5人制足球场、排球场、乒乓球台、多功能阶梯课室、录播室、图书阅览室、美术室、书法室、电脑室、音乐舞蹈室、民乐室、棋艺室、心理咨询室、少先队部室、广播室、行政会议室、教研组会议室、智慧教室、科技室、多媒体教室。是年，该校被授予"河源市更高水平安全文明校园""广东省更高水平安全文明校园""东源县更高水平平安校园"等称号，获"广东省第十届少儿书写大赛最佳组织奖"、东源县中小学"一校一案"落实《中小学德育工作指南》典型案例二等奖、东源县小学生第五届英语情景剧比赛一等奖、东源县中小学"贯彻二十大　永远跟党走"经典诵读比赛三等奖。该校教师获市级、县级荣誉称号7人，获教学技能奖58人。

校　　长：李如华

【船塘镇中心小学】　船塘镇中心小学创办于1930年，位于船塘镇中兴路东一巷1号。先后称昌民高级小学、北一小学、河源第六区小学，1964年始称船塘镇中心小学。校园占地面积1.25万平方米，建筑面积4 300平方米；设有多媒体教室、电脑室、语音室、自然科学实验室、图书室、美术室、舞蹈室、音乐室、多功能会议室。以"星光文化"为办学特色，获东源县教育教学综合考评良好单位荣誉称号。下辖有船塘镇第一小学、船塘镇李田小学、船塘镇老围小学、船塘镇铁坑小学、主固教学点、流石教学点和龙江教学点。2023年，全镇有教师111人、学生9 520人、教学班53个。

校　　长：李红彬

【漳溪畲族乡中心小学】　漳溪畲族乡中心小学位于漳溪畲族乡街镇，2023年共有教学班20个、学生379人、教职工60人，专任教师达标率100%。学校占地面积1.2万平方米，建筑面积2 832平方米，各种功能场室及设施设备配套完善；有环形跑道、篮球场、乒乓球台及田径场，有电脑室、科学实验室、文印资料室、心理咨询室、图书阅览室、少先队部室、体育器材室、舞蹈室、美术室、录播室、智慧课室等。校园网覆盖率达100%。2023年，该校获东源县质量监测达标奖；被东源县教育局评为"更高水平文明平安校园"；县级课题《小学班级管理有效性的实践研究》结题。

校　　长：蓝果平

【顺天镇中心小学】　顺天镇中心小学创办于1952年，位于顺天镇街镇柏油路。校园占地面积1.84万平方米，建筑面积1.2万平方米。该校设有资料室、多媒体教学室、电脑室、语音室、图书室、仪器室、美术室、音乐室、舞蹈室、少先队部室和广播室等功能教室，建有环形塑胶跑道、篮球场、羽毛球场等运动场地。2023年，有学生692人、教学班20个、教师53人；其中中学高级教师2人、小学副高级教师6人，教师学历达标率100%。

校　　长：王汉习

【叶潭镇中心小学】　叶潭镇中心小学下辖6所完全小学和2个教学点，分别是叶潭中心小学、双头小学、儒步小学、文径小学、山下小学、半埔小学、车田教学点和吉布教学点。校本部位于叶潭圩镇，创办于1935年，校园占地面积1.42万平方米，建筑面积5958.99平方米。建有教学楼、综合楼、食堂、学生宿舍楼、环形跑道、标准5人制足球场、篮球场、阶梯教室、录播室、少先队活动室、心理咨询室、音体美室、图书室、电脑室。2023年，该校推进"阳光教育"特色教育，研发校本教材《七彩课程》《青色民族音乐》《粉色艺术教育》《红色爱国》《橙色阳光体育》《紫色经典诵读》《绿色环保》《蓝色科技》。是年，有教学班46个、学生676人，教师学历达标率100%。

校　　长：程学军

【康禾镇中心小学】康禾镇中心小学位于康禾镇街圩，创建于1943年。是一所全日制半寄宿公办小学。校园占地面积1.6万平方米，建筑面积8 220平方米。该校下辖五个教学点，分别是彰教教学点、田心教学点、雅陶教学点、大禾教学点、仙坑教学点。2023年，有教师65人、学生657人、教学班30个。

校　　长：缪穆恩

【上莞镇中心小学】上莞镇中心小学位于东源县上莞镇新民村，创办于1964年8月。下辖新南小学、新轮教学点、江田教学点、下寨教学点、李白教学点、常美教学点。2023年，全镇共有教职工94人、学生481人、教学班37个。校本部校园占地面积1.64万平方米，有教学楼、教室、综合楼、学生宿舍、学生食堂、教师食堂、教师宿舍；设有阶梯教室、录播室、少先队活动室、心理咨询室、图书室、电脑室、科学实验室、仪器室、卫生室、阅览室、音乐室、舞蹈室、书画室、200米环形塑胶跑道、篮球场、羽毛球场。

校　　长：蓝国成

【曾田镇中心小学】曾田镇中心小学位于曾田圩镇横矿路，创办于1958年，2006年迁入现址，下辖玉湖教学点。校园占地面积2.8万平方米，建筑面积3 240平方米。有教学楼2栋、综合楼1栋、宿舍楼1栋、200米环形跑道运动场1个、篮球场2个、羽毛球场2个；建有教室22间，录播室、少先队室、心理咨询室、电脑室、舞蹈室、音乐室、图书阅览室、美术室、语音室、科学实验室、多功能电教室等11间专用教室以及1间多媒体课室。2023年，有教学班15个、在校学生252人、在编教师40人。

校　　长：郭　忠

【骆湖镇中心小学】骆湖镇中心小学创办于1950年。位于205国道与省道骆米线交会处，校园占地面积2.1万平方米，建有教学楼2栋、学生宿舍楼、师生食堂、综合楼、教职工宿舍楼各1栋，有配备电脑及大屏幕投影仪的多媒体教室、电脑室、图书阅览室、科学实验室等17个功能室，运动场设有200米环形塑胶跑道。建筑总面积5 580平方米，下辖教学点江坑小学和完全小学下欧小学。2023年，有教学班21个、在校学生504人、教师56人。

校　　长：刘芬芳

【义合镇中心小学】义合镇中心小学也称"中国工农红军广东东源阮啸仙红军小学"，校园占地面积3万平方米。2023年，有在校学生396人、教学班12个、在编教师39人，教师学历达标率100%。该校配有电脑室、图书室、科学实验室、音乐室、舞蹈室、美术室、书画室、国学教室、录播室、展览室，每个教室配备多媒体教学平台，建有环形跑道、篮球场、足球场。是年，该校参加第五届"致敬英雄"全国青少年文化艺术创作主题教育竞赛"描绘我心中的英雄"书法绘画大赛，获省级优秀奖；参加第五届青少年科技创新大赛，获市级一等奖；参加东源县义务教育阶段教师课堂教学大赛，获县级一、二等奖各1人；参加河源市社会主义核心价值观优秀案例征集评选活动，获一、二等奖各1人；参加东源县基础教育精品课大赛，获一等奖6人、二等奖5人、三等奖6人。

校　　长：叶广文

【涧头镇中心小学】东源县涧头镇中心小学位于涧头镇圩街，下辖乐平小学。2023年，有在职在编教师39人、学生316人、教学班13个。

校　　长：赖启通

【灯塔镇中心小学】　灯塔镇中心小学创办于1957年秋，位于灯塔圩镇镇东路。校园占地面积4.8万平方米，建筑面积1.03万平方米。有教学楼、教师宿舍、综合楼，有计算机室、图书阅览室、录播室、标准200米环形跑道、青少年足球场和篮球场等17个功能场室。2023年，有教学班18个、在校学生743人、教师55人。

校　　长：朱国标

【蓝口镇中心小学】　蓝口镇中心小学位于蓝口镇新街南路，创办于1901年。校园占地面积1.86万平方米，建筑面积9 269平方米。配有计算机室、多功能电教室、音乐室、舞蹈室、美术室、书法室、图书藏书及阅览室、卫生保健室、心理咨询室、少先队室、科学实验室等，新建学生才艺展示小舞台；田径场设有200米环形塑胶跑道、篮球场、羽毛球场、5人制足球场。下辖中心小学、实验小学、秀水小学。2023年，全镇有在编教师90人、学生963人、教学班34个；有公办普惠性幼儿园2所，有教职工41人、在园幼儿391人。

校　　长：陈成波

乡镇中心学校

【船塘镇三河中心校】　船塘镇三河中心校位于原三河中学校址处，于2011年由原三河中心小学和原三河中学合并而成。服务范围包括福坑、三河、竹楼、积良、石岗等村，近2万户籍人口。校园占地面积3万多平方米，建筑面积6 522平方米。有教学楼1栋，各教室配备有多媒体教学平台；综合楼1栋，设有电脑室、音乐室、舞蹈室、美术室、心理咨询室、科学室、图书室等；有教工宿舍、学生宿舍各1栋；体育运动场有200米环形塑胶跑道、5人制足球场1个、篮球场2个、羽毛球场2个。下辖一所完全小学（石岗小学）。2023年，有教职工35人、学生198人。中心校、石岗小学分别设置6个教学年级，每个年级分别有教学班1个，共有教学班12个。

校　　长：叶远威

【新回龙中心学校】　新回龙中心学校位于新回龙圩镇，校园占地面积7 100平方米，建筑面积3 699平方米。2023年，有教学班6个、在校学生63人、在编教职工16人。其中，高级教师1人、中级教师13人、初级教师2人、临聘教师1人，教师学历达标率100%。该校设有图书室、书法室、录播室，每个教学课室配备多媒体教学平台；体育运动设施有环形跑道、篮球场。

校　　长：许小林

【新港镇南湖中心校】　新港镇南湖中心校位于新丰江水库区新港镇双田畲族村，创办于1987年9月，是一所县立九年一贯制学校。校园占地面积5 400平方米，建筑面积3 700平方米，运动场地面积1 700平方米。有教学楼、综合楼、功能楼、宿舍楼；配有多媒体教室、校园监控系统、电脑室、物理实验室、生化实验室、科学实验室、音乐室、美术室、文印广播档案室、体育器材室、团队室、图书阅览室、会议室、环形跑道田径场、篮球场、羽毛球场、图书室等功能场室，配备校园网络系统。曾获"广东省绿色校园"、新港镇人民政府"表扬单位"、东源县更高水平安全校园等荣誉称号。2023年，有教学班10个、在校生153人，其中初中生47人、小学生81人、混龄班25人；有在职教师33人，其中专科学历11人、本科学历22人；专任教师学历达标率100%。

校　　长：蔡立峰

【双江中心学校】　双江中心学校创办于1969年，2015年由双江中学和双江中心小学合并为九年一贯制学校。校园占地面积2.19万平方米，建筑面积5 268

平方米。建有教学楼、办公楼、实验楼、图书馆、学生宿舍、教师宿舍，共6栋。设有化学实验室、物理实验室、电脑室、广播室、卫生保健室、档案室、心理咨询室、打印室、阅览室、禁毒教育展览室、会议室等功能室；有多媒体教学课室9个、录播室1个、多媒体阶梯课室1个，体育运动场有200米环形塑胶跑道1条、篮球场2个、羽毛球场3个、乒乓球场1个、标准5人制足球场1个。2023年，有在校学生220人、教职工39人、教学班9个。

校　　长：李志伟

【锡场镇中心学校】 锡场镇中心学校位于锡场圩镇，校园占地面积1.36万平方米，建筑面积4 615平方米。建有教学楼、宿舍楼、综合楼。校舍分教学、实验和生活三区。设有多媒体教室、图书室、电脑室、科学室。2023年，有学生10人，其中住校生5人；在编教师15人，教师学历达标率100%。

校　　长：古润秀

【黄沙中心学校】 黄沙中心学校是一所九年一贯制学校，位于船塘镇黄沙街，校园占地面积1.9万平方米，建筑面积6 000平方米。学校前身是东源县黄沙中学，创办于1981年，2011年将黄沙中心小学与黄沙中学合并为黄沙中心学校，服务范围为黄沙片区6个行政村近1万群众。2023年，有教职工33人、学生235人、教学班9个。该校有教学楼、学生宿舍楼、教师宿舍楼、综合办公楼、学生饭堂、艺术楼各1栋，有250米环形塑胶跑道1条、标准7人制塑胶足球场1个、篮球场2个、羽毛球场2个，设有化学实验室、物理实验室、生物实验室、科学实验室、图书室、阅览室、美术室、音乐室等功能场室。

校　　长：廖俊健

【久社中心学校】 久社中心学校是2005年由久社中学与久社中心学校合并而成的九年一贯制学校。校园占地面积1.5万平方米，建筑面积3 887平方米，绿化面积4 150平方米，绿化覆盖率32%；教学设施完备，有多媒体教室、实验室、仪器室、图书室、阅览室、计算机室等。2023年，有教学班10个、学生310人、教职工53人（其中高级职称教师6人，中级职称教师29人），专任教师学历达标率100%。

校　　长：李克富

【新港中心学校】 新港镇中心学校位于万绿湖湖畔，是九年一贯制学校，2012年春季由原新丰江中学和新港镇中心小学合并而成。校本部占地面积1.06万平方米，建筑面积6 989平方米；建有环形塑胶跑道及塑胶运动场，设有科学实验室、舞蹈室、电脑语音室、生化实验室、体育室、美术室、心语室、图书阅览室、多媒体教室、广播室、团队活动室等功能场室。下辖一所完全小学——安源小学，两所幼儿园——新港中心幼儿园、童心幼儿园。2023年，有教学班15个、在校中小学生229人、在编中小学教师54人；有在园幼儿265人，幼儿园教职员工30人。是年，该校被河源市森林防灭火指挥部、市林业局评为"森林防火宣传教育共建示范校"。

校长：高　斌

【黄田镇中心学校】 黄田镇中心学校创办于1964年，2022年9月东源县黄田中学与东源县黄田中心小学合并为黄田镇中心学校。校园占地面积2.22万平方米，建筑面积1.02万平方米。设有物理、化学、生物实验室和仪器室，多媒体教室、音乐室、美术室、电脑室、心理咨询室、教师办公室、行政会议室、接待室。2023年，有在校学生476人、教学班13个、教师42人。

校　　长：林景富

【崇伊中学】 崇伊中学位于黄村镇下七村，创办于1927年，是广东省较早创办的侨校之一，为九年一贯制学校。校园占地面积1.9万平方米，建筑面积8 086平方米。该校建有教学楼、学生宿舍、政教楼、教师宿舍、学生食堂、篮球场、足球场，拥有电脑室、阶梯教室、物理实验室、化学实验室、图书室、音乐室、美术室、舞蹈室、阅览室、监控室，各班级教室配有多媒体教学设备。2023年，有教职工38人、教学班13个、学生409人。

校　长：程宗平

乡镇民办学校

【东源县春泽醒群实验学校】 东源县春泽醒群实验学校位于东源县黄田镇醒群村，创办于2021年2月，属县级直属民办完全小学。校园占地面积1万平方米，建筑面积3 000平方米。2023年，有学生85人，其中住宿生63人；有教职工26人，其中专任教师12人，教师学历达标率100%。有教学楼1栋、宿舍楼4栋、饭堂1栋、环形跑道、5人制足球训练场、篮球场、羽毛球场、乒乓球场、广播室、少先队活动室、保健室、书画室、手工实践室、心理咨询室、图书室、电脑室、会议室等功能场室，学校教室均配备希沃教学平台，公共区域网络和视频监控全覆盖。该校推进德育教育，开展"文明礼仪、安全、爱国、感恩、禁毒、法治、心理健康"等主题教育系列活动；以赞美日记、厨艺制作分享、感恩幸福会、经典诵读为载体，开展孝悌感恩教育，评选"孝道之星""文明礼仪之星"；设立红领巾值日岗、广播站，开展生活闯关、农耕体验、"阳光争章"（指文明礼仪，养成良好的生活习惯，如及时完成作业，不浪费粮食，做好人好事，尊敬长辈，文明用语等。表现良好，老师给予盖章鼓励，每月可兑换礼品）等活动；邀请原《德育报》总编张国宏教授开展教师培训8场和家庭教育讲座2场。开展素质教育，开设经典诵读、棋类、手工、书画、阅读、足球、篮球、农耕等课后服务课程，开展幼小衔接、2023年六一文艺汇演活动，参加市文联在黄田镇举办的"奋进新时代——学习宣传贯彻党的二十大精神"文艺晚会、久社文化广场喜迎中秋国庆社区文化活动，开展思政课、2023年暑期"万名教师大家访"、"校园防欺凌"法治讲座等活动。开展大课间广播体操、跑操活动，提升学生体育、美育、技能等多项素质。组织教师参加广东省小学语文"三赛"（教学论文、教学设计、录像课例）评比活动，获市级一等奖1人、县级一等奖3人；参加东源县2023年义务教育阶段课堂教学大赛，获二等奖2人、三等奖4人；参加东源县2023年中小学生书法大赛暨"墨韵校园"河源市中小学生书法大赛，获优秀指导老师奖1人；参加东源县中小学"贯彻二十大，永远跟党走"经典诵读比赛，获优秀指导老师奖2人；被评为东源县优秀教师1人。

校　长：李秀芳

（薛艳芳）

教师发展中心

【教育教学研训】 2023年，东源县教师发展中心（简称县教师发展中心）发出通知、计划、方案等指导性文件450项份（研训385份，信息资源65份），编制简报115期。开展教研活动（不含视导及听评课）97场，参与人数1.47万人次；组织骨干教师到曾田、黄田等7个乡镇送课60余节；立项课题30项（县级22项、市级6项、省级2项），课题中期检查37项、结题43项；组织培训项目55个，参加各级各类培训人员1.2万人次；组织各级各类比赛，获省、市、县级荣誉教师2 000人次。

【教育质量监测】 2023年，县教师发展中心组织教研员和命题组教师166人命制试题570份；

组织各级各类考试17场；召开县级层面质量分析会5场。

【信息技术建设】 2023年，县教师发展中心举办信息技术及教师数字素养提升相关活动7场；组织教师参加东源县教师数字素养能力提升培训活动，参加人数3 968人。参加广东省教育"双融双创"教师信息素养提升实践活动，获省级奖项3人、市级奖项19人。

【后勤保障】 2023年，县教师发展中心完善中心"数字财政"系统信息一体化建设；协助县教育局完成教师发展中心大楼建设工作。

县教师发展中心领导名录：
主　任：
陈红星（2020.05—）
副主任：
游立新（2020.05—）
朱文东（2020.05—）
刘青松（2020.05—）

（李志坚）

文化·广电·旅游·体育·融媒

文化·广电·旅游·体育

【文化设施建设】 2023年，东源县文化广电旅游体育局（简称县文广旅体局）推进文化设施建设，成功创建国家一级图书馆，完成县首个机关分馆东源县图书馆税务局分馆的建设并投入使用。完成仙塘中学、县人才驿站等5处东源县图书馆共建服务点挂牌，完成全县11所学校"馆校共享图书"服务点建设任务；完成基层综合性文化服务中心达标建设，达标率65%。建成东源公园（全民健身广场）儿童游乐设施。

【非物质文化遗产保护】 2023年，县文广旅体局核定公布新增市级非遗项目3个、县级非遗项目14个、县级非遗传承人8名。全县有县级以上非物质文化遗产项目6大类别40个项目，其中省级5项（康禾贡茶制作技艺、客家糯米酒传统酿造技艺、畲族蓝大将军出巡节、汶水塘捕鱼节、上莞镇新轮村追龙）、市级15项（东源客家盐焗鸡制作技艺、仙湖茶传统制作技艺等）、县级20项（叶潭腐竹制作技艺、畲族医药之外治水火伤等）；申报认定省级传承人3人、市级传承人12人；省级生产性保护示范基地1所、市级非物质文化遗产传承基地3所。新港手工鱼丸制作技艺、东源县蜜茶制作技艺等14项被列入东源县第四批非物质文化遗产项目代表性项目名录。开展2023"东源非遗年"系列活动，原创客家音乐作品《追龙》获省第六届客家新民歌"十佳歌曲"奖。

【文物保护与利用】 2023年，县文广旅体局投入资金26万元开展阮啸仙故居外墙保养维护项目，投入资金7万元开展河源市革命文物保护范围和建设控制地带测绘项目。完成对上莞镇"中共九连地委及粤赣边支队司令部旧址修缮布展项目"、叶潭镇"中共河源县委成立旧址修缮布展项目"的指导监督工作。开展市级文物保护单位文物本体平面图、立面图、剖面图的测绘工作，完善市级文保单位"四有"（文物有保护范围、标志说明、记录档案和专门的管理机构）工作。是年，东源县文物保护单位登云书院遗址活化利用项目入选"2022年度广东省文物古迹活化利用典型案例"。

【省级文物保护单位】 阮啸仙故居 位于东源县义合镇下屯村。建于清代，坐南向北，三堂四横一后杠屋布局，占地面积3558平方米，属客家围屋式民居，阮啸仙在该屋出生并度过童年和青少年时期。该故居于2002年7月被定为省级重点文物保护单位，2010年被定为省爱国主义教育基地。阮啸仙（1898—1935年），原名熙朝，字建备，号瑞宗，别号晁曦，1921年加入中国共产党，是中国共产党成立初期50多位党员之一、广东青年运动先驱、早期农民运动卓越领导人之一、中共审计工作奠基人。1935年3月6日，在江西信丰县北部马岭、牛岭突围战斗中壮烈牺牲，时年37岁。2009年，阮啸仙被评为100位为中华人民共和国成立作出突出贡献的英雄模范人物。

仙坑村八角楼 位于东源县康禾镇仙坑村，为叶氏家族聚居的客家方形围屋。清乾隆四十年（1775年）兴建，砖木结构，平面布局为三堂四横加后枕，四角筑有角楼，屋前面为前院。道光年间（1821—1850年）又在其余三面环砌10米高的花岗岩围墙，四角再加筑角楼。围墙顶走道宽2米并与主体相通。墙体设28个炮眼和80多个枪眼。内外两圈共八个角楼，故称八角楼。围屋内有4个厅堂、70个房间、18个天井。建筑占地面积3 389.17平方米，屋前半月形池塘占地面积600多平方米。梁架、屏门、柱础雕刻花卉、瑞兽等吉祥图案。仙坑八角楼是广东省保存完好、防御体系严密的大型客家古民居之一，2012年10月被公布为广东省文物保护单位。

荣封第 又称仙坑村四角楼，位于东源县康禾镇仙坑村。建于清嘉庆年间（1796—1820年），坐东北向西南。由四堂四杠横屋加碉楼和屋前半月形池塘组成，建筑平面布局呈方形。深四进，总面阔77.8米，总进深61.2米，建筑占地面积4 809平方米。硬山顶，屋面板瓦，墙楣棱形牙砖涩叠出檐。灰塑镬耳封火山墙，外墙夯土墙。横屋内墙夯土墙基，泥砖墙身；中路夯土墙基，青砖墙身。花岗岩门框、门枕、柱础、柱、槛板、台阶及窗框。厢房设二层木阁楼。外墙四周墙身镶嵌有花岗岩射击孔。中路厅堂和斗门墙楣及墙壁有白描花卉卷草纹介画装饰。轩廊梁架装饰精美，梁枋、月梁底、吕头、封檐板、雀替及屏门横梁有精美贴金花卉鸟兽人物等浮雕及镂雕，梁枋出头有木雕狮子驼墩承托檩条。左侧外斗门正门门额上悬挂有阳刻行书繁体"荣封第"木匾。中路一进头门，门额上悬挂有行书繁体阳刻"星聚一门"木匾，三进中堂前两侧廊有五架梁。中堂堂厅面宽三间，深二进，有十三梁架；木屏门横梁上悬挂有阴刻贴金行书繁体"笃庆堂"木匾，木匾上款"嘉庆庚辰桂月"，下款"榕斋题"。两侧外横屋前方两端分布有4座碉楼，碉楼面宽一间高三层夯土墙身，墙身四周分布有方形射击孔。四角楼规模宏大，木刻工艺精美，建筑牢固防御性强，其建筑规模是东源现存最大的四角围屋，是研究东源古建筑和当地人文历史的宝贵资料。2019年4月被公布为广东省文物保护单位。

山下村八角楼 位于东源县叶潭镇山下村，为客家八角围屋，建于清代。坐南向北偏东15度，屋前及左右两侧池塘围绕，总占地面积6 308平方米。主体建筑为三进四横加一枕头杠布局，面宽60米，进深53.7米。斗门朝东，门外有一座七孔石梁桥通过池塘。角门朝西，门口亦有一座四孔石梁桥通过池塘。土木结构，悬山顶，棱角牙砖叠涩出墙。外墙青砖砌筑，内墙泥砖砌筑。墙体搁檩承重，方砖铺地。大门凹肚式，穿斗挑梁，圆形青石檐柱，鼓形柱础，青石门框。前院和四角都建有碉楼，前院东侧有一口圆形石砌水井。2022年7月被公布为广东省文物保护单位。

乐村石楼 位于东源县蓝口镇乐村村。始建于清乾隆年间，竣工于清嘉庆年间，为清嘉庆年间张焕腾所建。坐南向北，为客家方形围屋，由四堂四杠横屋、前院、院前半月形池塘、屋后半圆形花胎组成。总面阔71.5米，总进深110米，占地面积7 860平方米。为土木结构。悬山顶，屋面板瓦，墙楣菱形牙砖叠涩出檐。外侧建筑为花岗岩石条墙基，青砖墙身，内墙三合土夯筑墙裙，泥砖墙身。花岗岩石门框、门枕、柱础、柱、台阶和槛板。房屋均设二层木阁楼，是河源地区客家方形围楼的典型实例。石楼内木雕、灰塑、壁画等建筑装饰工艺精美，富有地方特色。梁枋、月梁下、出头、雀替、封檐板有精美贴金花卉瑞兽浮雕及镂雕，梁枋出头有木雕狮子及鳌鱼驼墩承托檩条。屋后半圆形花胎地面镶嵌鹅卵石风水图案。乐村石楼整体规模较大，形制完整，基本保留原有历史环境，在研究客家民居建筑形式、人文景观等方面有较高的价值。

2022年7月被公布为广东省文物保护单位。

咸水塘谈判旧址 位于东源县蓝口镇长江头村张氏宗祠（包括主体大屋和楼阁）。主体大屋建于清末，坐西北向东南，属客家围屋，由二堂二横屋和半月形池塘组成，面阔35米，进深33.8米；楼阁为客家院落式民居，五间两进，面阔16米，进深13.6米。总占地面积1471平方米。"咸水塘谈判"是解放战争时期广东地区的重大历史事件，是一场影响华南地区解放的秘密谈判。"咸水塘谈判"是由香港分局（华南分局）指示，粤赣湘边区党委部署，粤赣湘边纵队按照要求策动国民党广东军政官员起义的秘密谈判。1949年5月7日晚，由中国人民解放军粤赣湘边纵队参谋长严尚民领衔并率东江第二支队司令郑群等代表与国民党广东保安第十三团团长曾天节等代表在东源县（原河源县）蓝口镇咸水塘村举行的秘密谈判（史称"咸水塘谈判"），达成协议，接着成功策动国民党广东军政官员和民主人士吴奇伟、李洁之、曾天节、肖文、魏鉴贤、蓝举初、魏汉新、张苏奎于1949年5月14日在东江老隆联名发出反蒋起义、投靠人民的通电《我们的宣言》，正式宣告与蒋介石反动集团决裂，并在发出宣言的前后，率领各自的部队机关在东江、韩江、闽西等地区相继起义（史称"粤东起义"）。1949年5月18日，《华商报》发表社评，称"这次起义使华南解放区空前的扩大和巩固，使粤赣湘边与闽粤赣边在广阔地区上完全连成一片（在此之前只有走廊相通）"，为华南解放作出重要贡献。1949年6月22日，中共中央、中央军委领导人毛泽东、朱德对联合起义的将领复电嘉勉，当时《人民日报》《粤赣报》、香港的《华商报》《文汇报》和《大公报》等众多媒体都头版刊登由谈判促成的起义消息并发表社评，影响巨大。该旧址于2022年7月被公布为广东省文物保护单位。

【旅游发展】 2023年，全县共登记民宿128家。完成上莞镇仙湖村、漳溪畲族乡日光村、灯塔镇梨园村3个东源首批房车示范营地建设；指导顺天镇嘟嘟·党演产业庄园和仙塘镇龙利村"贝拉小镇"建设；开展东源县2023年十大"最佳人气民宿"评选活动；完善广东省文化和旅游特色村——义合镇下屯村和广东省乡村旅游精品线路——"休闲乡村特色游"的导览图、指示牌、户外广告牌等硬件设施。1月，在新回龙镇举办"2023年首届广东省乡村旅游民宿发展研讨会"。5月，在叶园温泉开展东源县2023年"5·19"中国旅游日·黄田文旅系列活动暨第三届"叶园温泉杯"钓鱼比赛活动；5月27—28日，在万绿湖开展万绿湖·星稻田音乐节。6月，参加第十九届中国（深圳）国际文化产业博览交易会。7月，在万绿湖举办"2023年万绿湖首届开渔活动"。9月，在黄龙岩畲族风情旅游区举办"2023年河源黄龙岩第十五届畲族板栗美食节"；9月15日，参加"2023广东文化和旅游产业投融资对接会"；9月26日，参加"活力广东·时尚湾区"2023广东文化和旅游秋季推介会；9月28日，在东源万达广场举办"东源县2023年十大最佳人气民宿"评选活动启动仪式。10月，参加"活力广东·万绿河源·滨海汕尾"温泉康养旅游主题推介会。12月，南园古村景区、啸仙故里文化旅游区和仙湖茶园旅游区成功创建国家3A级旅游景区。

【全民健身】 2023年，县文广旅体局推进全民健身活动。2月，县太极拳协会开展东源县全民健身系列活动暨同享太极盛会。3月，县新城篮球协会开展东源县全民健身系列活动暨"3·8妇女节"篮球友谊赛；组队参加2023年河源市男子篮球联赛，喜获亚军。4月，开展2023年东源县"活力足球·阳光生活"体育品牌系列活动之"翼晨杯"三人制足球联赛；在东源县南湖中心校开展传统体育项目（蓝家拳）进校园活动。5月，蓝口镇开展 2023 "五一"男子篮球赛、康禾镇"茶旅杯"男子篮球联赛；县乒乓球协会开展 2023 年东源县全民健身系列活动暨中老年人乒乓球比赛，东源县第八届"工运杯"职工乒乓球、羽毛球赛。7月，骆湖镇开展第七届村居篮球联赛。8月，灯塔镇开展"灯塔之光·和美乡村"篮球联赛，蓝口镇开展 2023 年和美乡村篮球联赛（村BA）。9月，双江镇开展第一届"果乡杯"村（居）篮球联赛，涧头镇开展 2023 年和美乡村男子篮球联赛，义合镇开展啸仙故里·红色义合第三届"村BA"男子篮球赛。10月，县太极拳协会开展"九九重阳·太极同行"全民健身活动；双江镇开展东源县粤赣古驿道 40 公里大型徒步活动；组队参加 2023 年河源市青少年锦标赛，团体获得金牌 34 枚，总分排前三名，各项目共计 16 枚金牌纳入市运动会金牌榜，其中，足球、散打、赛艇项目获全市金牌及团体总分第一名。11月，举办 2023 东源县乡镇男子篮球联赛。是年，县文广旅体局开展社会体育指导员服务站评估工作，灯塔镇被省体育局评为 2023 年 2A 级服务站。开展东源县全民健身场地设施梳理统计工作，完成健身设施有关数据填报。启用全国社会体育指导员信息管理系统，举办社会体育指导员（航模裁判）培训班。新成立 5 个协会：东源县漳溪畲族乡文化体育协会、东源县健身广场舞协会、东源县舞龙舞狮协会、东源县柳城篮球协会、东源县上莞镇篮球协会。推动老年人体育协会发展，开展排球、门球、健身气功、太极拳等活动。

【文旅中心】 2023 年，东源县文化旅游服务中心推进厕所革命，全县有旅游景区厕所 11 座获得中央、省、市财政资金奖；推进厕所整改工作，对景区、景点厕所进行质量评定工作 34 座，其中 9 座达到 70 分或以上（万绿湖 5 座、叶园温泉 3 座、苏家围 1 座），达到 II 类厕所标准。抓实体彩管理工作，全县新增体彩网点 9 个，全年总销售额为 1 809 万元，所得公益金 60.38 万元，销售额同比增长 47.36%。

【博物馆服务】 东源县博物馆（简称县博物馆）新馆位于东源县东江路县文化科技中心内。2014 年动工，2019 年 2 月建成并免费对外开放。建筑面积 4 208 平方米，展厅面积近 2 000 平方米，投资总额 3 000 多万元。内设办公室、馆藏研究部、陈列展览部、宣传教育部、后勤保卫部等 5 个部门。馆内有常设展厅、标准文物库房、监控室、文物修复室、临时展厅、宣教活动室及其他功能室等。常设"东源自然历史"和"东源历史文化"两大展厅，展览由"万化之源"序厅、"沧海桑田遗珍"、"东缘镜花"序厅、"东江文明摇篮"、"水源客家足迹"、"东江客家商埠"、"东源非遗"、"东源近代风云"八部分组成，展示东源在中生代、新生代的古生物化石时期以及新石器晚期、先秦时期、唐、宋、元、明、清和近现代的文化遗产珍品。通过文物陈列、图文展示、大型场景再现，借助环幕投影、多媒体互动等，结合声、光、电等现代数字化多媒体陈展技术，多维度地展示地方独特的历史文化，讲述东源故事。2023 年，县博物馆有馆藏文物 3 186 件、1 208 套。以文物类和化石类为主，其中二级文物 5 件、三级文物 79 件。全年累计接待观众 14.3 万余人次，提供公益讲解 130 余场次。该馆在春节、5·18 国际博物馆日、端午节、中秋节、国庆节等分别开展"欢喜闹元宵巧手做灯笼""器物承新东博造艺"主题陶艺体验活动、"博物馆里过端午"主题活动、"迎中秋，庆国庆——童'绘'远古海洋生物"手工活动等宣教活动。举办"走进神秘大自然——科学知识普及"立体图片展、"广东省第一次全国可移动文物普查成果"图片展、"曙光·伟业——五四运动与中国共产党的创建"图片展、"中共广东省委粤北省委历史（1938—1942）"图片展、"风雨同行——鲁迅与中国共产党人"图片展、"小昆虫大世界"——精美昆虫图片展、"海底奇葩——珊瑚花"图片展、"偶遇——粤港与闽台木偶艺术联展"实物展等流动展览。

【文化馆服务】 2023年，东源县文化馆（简称县文化馆）开展公益培训班，组织各方社会力量和优秀教师参与开展公益课程共40节次，开展项目有成人茶艺、瑜伽、形体舞、古典舞、拉丁舞、爵士舞、吉他、少儿围棋、素描、民族舞、拉丁舞、葫芦丝、老年人健身气功、太极拳等10多个，培训学员2 600余名。开展各类公益活动合计58场次，线下覆盖人数45万余人次，线上覆盖人数910万余人次。其中开展"元旦、清明、端午、中秋、七夕、重阳、国庆"等主题活动共达11场次。1月6—9日，举行东源县第四届"我们的中国梦"文化进万家义写春联活动3场；2月3日，举办"奋进新时代·唱响新东源"——2023"东源情·家乡美"声乐套曲发布会暨欢度元宵歌会（现场观众1 000余人，线上观众22万余人）；3月5日，举行东源县"巾帼缤纷迎三八"服饰搭配技巧讲座；3月30日，举行东源县"我们的节日——清明节"缅怀革命先烈·传承红色基因活动；5月4日，开展"纨扇如团月·感恩母亲情"亲子手工沙龙活动；6月16日，举办领航新征程·古韵颂风华2023年东源县"我们的节日——端午节"古诗词音乐会；9月24日，开展东源县庆国庆·迎中秋"我们的节日"主题游园活动；10月22日，开展东源县"我们的节日·精神的家园"重阳节文化惠民活动；12月18日，开展东源县"我们的节日——冬至"送温暖下基层活动；等等。是年，该馆开展以践行培育社会主义核心价值观和文化文艺服务为主题的系列活动9场、以"强国复兴有我"为主题的系列活动3场；举办非物质文化遗产传承活动18场，其中"东源非遗年"活动8场、"非遗"活动3场、"文化和自然遗产日"活动2场，"非遗进景区"活动3场、"非遗进课堂"活动2场；开展下基层指导与辅导业务骨干系列培训活动12场；举行讲座1场，组织文艺活动12场。开展综合类活动16场，其中有4月29日—5月1日南园古村文化艺术节；5月4日，东源县"赋能高质量发展·争做新时代好青年"文艺晚会；6月24日，红光村·南园古村大舞台落成典礼暨"有艺你就来"文艺汇演；7月1日，协助开展万绿湖开渔节活动，线上和线下总覆盖人数达657万余人次；7月30—31日，举办"锚定百千万·舞动新征程"——东源县第二届广场舞表演赛，线上和线下覆盖人数达13万余人次；8月18日，"勇担健康使命·铸就时代新功"——东源县庆祝2023年"中国医师节"文艺汇演，现场观众1 000余人，照片以云直播方式展出，线上浏览量达2万余次；10月5日，船塘镇老围村举行外嫁女"转外家"民俗文化活动，线上覆盖人数达182万余人、线下覆盖人数达3万余人。同年，组织参加市级举办的各类文艺赛事共7场，获得市级金奖3人、银奖3人、铜奖3人、二等奖3人、三等奖5人、优秀奖5人。

【图书馆服务】 2023年，东源县图书馆配合河源市图书馆完成全县11所学校"馆校共享图书"服务点建设任务；建成全县首个机关分馆——东源县图书馆税务局分馆；被文化和旅游部评定为国家一级图书馆。是年，该馆有馆藏图书约17.4万册、报纸60余种、期刊120种、电子图书30万册；对外开放功能室设有一楼总服务大厅、儿童活动中心（儿童阅览室）、公共电子阅览室（报刊室）、视障阅览室、沉浸式体验区、多功能报告厅，二楼设有中文阅览室1、展览区1、典藏室、会议室，三楼设有中文阅览室2、展览区2等场室。全年进馆人流量24.53万人次，办证8 195人次，外借书 5 075 人次，外借量 18.67 万册；全年举办阅读推广活动 76 场次，其中展览 12 场次、培训讲座 9 场次；举办全民阅读活动 57 场次，受益人群 3.21 万人。4 月 23 日，该馆组织发动县内 11 个共读点，近千人参加 2023 年粤港澳"共读半小时"活动。该馆举办 2023 年"品味书香·阅读之悦"暨第 28 个"世界读书日"阅读系列活动、2023 年"我最喜爱的童书"阅读推广评选活动，开展"悦讲故事·悦享童心"故事汇公益活动、2023 南国书香节阅读活动等；配合河源市图书馆开展 2023 年"悦读阅河源"系列之"童心筑梦"阅读推广活动，在顺天镇中心小学开展流动图书车进校园、绘本故事、"中华传统文化百部经典"主题巡展活动。

【闻啸轩学堂服务】 闻啸轩学堂（原啸仙书院）位于义合镇下屯村。坐西北向东南。由二堂二杠横屋组成，三进院落式民居，总面阔 15.3 米，总进深 37 米，占地面积 566 平方米。硬山顶，屋面板瓦，墙楣棱形，牙砖叠涩出檐。夯土墙身，砖木结构。花岗岩门框、门枕、柱础、台阶。木构件装饰简洁，外墙四周镶嵌有花岗岩窗框。该学堂以史实还原、氛围渲染的表达方式，结合现代技术分别对阮啸仙烈士生平事迹、红色审计、反腐倡廉三个方面专题布展；设有新时代红色文化讲堂以及入党誓词宣誓场所。先后被授予"全国审计干部教育基地、广东省爱国主义教育基地、广东省中共党史教育基地、广东省青少年党史团情教育基地"等荣誉称号。共经历 3 次修缮，分别是 2004 年、2018 年和 2020 年。2020 年第三次修缮完成后正式对外开放，2023 年共接待旅游参观人数 35.4 万人次，政务接待讲解 360 余次，接待对象包括国家级、省级、市县级等相关部门领导。另外接待中小学生研学团体约 6 万人次。

【旅游景区简介】 **万绿湖风景区** 位于京九铁路线上，距河源市区 6 千米。湖区总面积 1 600 平方千米，其中森林覆盖面积 1 100 平方千米，绿化率 98.8%；水域面积 370 平方千米（是杭州西湖的 58 倍），总蓄水量 139.8 亿立方米。万绿湖是华南地区最大的人工湖，因处处是绿，四季皆绿而得名。与浙江新安江千岛湖是一对"姐妹湖"。1995 年开发旅游业，1998 年被列为"广东省环境教育基地"；2002 年被评为国家 4A 级旅游区；风景区票务中心 2001 年被评为"全国青年文明号"，2003 年被评为省级"文明窗口单位"；2004 年"万绿湖"商标被广东省工商行政管理局评为"广东省著名商标"；该风景区 2006 年获"中国自然风光景区顾客满意最具影响力品牌"和"中国最具吸引力的地方"称号；2007 年获广东选美大型票选活动之"我最心动的景区"及"广东自驾游十佳线路"称号；2008 年被广东省旅游局评为"广东省林业龙头企业"；2009 年被广东省林业局、广东省旅游局评为"广东省森林生态旅游示范基地"；2010 年获"中国休闲悠优奖""广东人最喜爱目的地"等荣誉称号；2019 年被广东省市场监督管理局评为"绿色生态旅游服务业标准化试点"；2020 年被中国气象台评为"中国天然氧吧"；2022 年，继 2001 年被共青团中央、国家旅游局评为"全国青年文明号"之后，又被共青团中央评为"全国青年文明号"。2023 年，该风景区票务部继 2021 年获得广东省妇女联合会"巾帼文明岗"荣誉。之后，进一步获得中华全国妇女联合会"巾帼文明岗"荣誉。

万绿湖·水月湾游览区 是万绿湖风景区的景点之一，占地面积 18.67 公顷，是万绿湖的自然教育研学基地，是"水中大熊猫——桃花水母"的栖息地。内有万绿湖国家湿地公园唯一的水上宣教基地，寓教于乐，集研学、科普、教育、观光、娱乐于一体，同时也是河源市消防救援水域训练基地，被誉为万绿湖的"游学乐园"和"生态百科博物馆"。至 2023 年，建有博浪亭、读夕

阳、一湖春色、大京九市长林、水月广场、亲水长廊、水月驿站、得月轩、湿地宣教基地等景点。

万绿湖·镜花缘游览区 距离河源市区6千米，有着得天独厚的地理位置，美景如画的自然风光，交通便利，是一个集观光娱乐、休闲度假、登山健身、团队拓展于一体的国家4A级旅游区。背靠有"华南第一湖"之称的万绿湖，面朝万绿湖最宽阔的湖面，视线可达12千米水域。三面环水，整个景区处于原始次生森林之中。

万绿湖客家风情馆 位于美丽的万绿湖畔。是由民营企业投资建设、由漫画泰斗华君武亲笔题名的河源市最大最全面展示客家文化的展览（收藏）馆。建筑面积2 000多平方米，馆藏品4万多件，展出品5 000余件。该馆以客家喜庆文化为主线，利用实物、图片、文字、雕塑、多媒体、场景、现场表演等多种展示手法，生动再现客家"八喜"（即添丁之喜、金榜之喜、乔迁之喜、花烛之喜、立灶之喜、寿诞之喜、节庆之喜、丰收之喜）场景画面，翔实展示河源客家人的历史渊源、文化艺术、风土人情、礼仪习俗、民间工艺、生产生活等，填补了河源市传统文化展览的空白，提升了万绿湖风景区的文化内涵，发挥社会传统教育功能。该馆先后获得"全国人文社会科学普及基地""广东省科普教育基地""广东省人文社会科学普及基地""广东省十大民间收藏馆提名奖""河源市爱国主义教育基地"等荣誉称号，被广大市民誉为"万绿湖畔的文化明珠"。

桂山风景区 属山岳型自然风景区，位于东源县万绿湖畔。是国家4A级旅游景区，国家森林公园。总面积8平方千米，有瀑布20多个，桂山主峰好汉顶海拔1 056.2米。景区内石峡清溪，古树参天，花果争艳，奇石怪树各展异彩，因有良好生态，负离子最高含量每立方厘米约10万个，空气质量成倍高于都市，素有"植物王国、动物乐园、旅游天堂"之称。景区主要景观有桂山寺、十八里花溪、锦绣长廊、青龙瀑、把根留住、生死恋、石树同体、烟斗树、绝处逢生、大象戏水、夫妻石、铁扇关门锁金牛，主要游玩项目有激情大峡谷漂流、空中玻璃漂流、网红摇摆桥、滑道、桂山玻璃吊桥等，是野营、教育、拓展、旅游观光、休闲度假的理想胜地。

万绿湖·万绿谷度假区 位于新回龙镇东星村。是万绿湖风景区内仅有的旅游度假综合体。该度假区集自然风貌、客家文化与渔乡风情于一身，被誉为粤北的"世外桃源"。以山为骨，以水为魂，将客家围屋、渔家小院、湖鲜美食、户外露营等多元体验融为一体，能为游客提供一处远离尘嚣、亲近自然的度假胜地。

万绿谷·百子围酒店 将客家方形围屋与渔家小院相结合，既展现客家文化的深厚底蕴，又能满足不同游客的住宿需求。"打饳肆湖鲜馆"以万绿湖的丰富水产和山谷的原生态食材为原料，烹饪出一道道地道美味的渔家佳肴。万绿谷·昱以露营、咖啡、茶饮等为载体，为游客提供全新的户外度假体验。度假区的原生态游览区更是冒险家和自然爱好者的乐园，有美丽的溪谷、惊险的空中漂流、原始的体验项目等，可让游客在大自然中尽情释放自我，寻找刺激与乐趣。

苏家围·东江画廊旅游景区 位于义合镇，其中苏家围客家乡村旅游区是苏东坡后裔居地，老屋、江风、竹影构成一个南中国画里乡村。该景区依托苏家围优美的自然环境和深厚的文化底蕴，开发出东江画廊观光游览、苏氏祠堂、标语文化展、全国首创"客家乡村性别文化展"等项目。苏家围客家古村落有近八百年历史，有东山学堂遗址、11所书房和18座古民居（明朝5座，清朝13座）等著名景点。2005年被评为"广东省最美乡村"，2013年被评为国家4A级旅游景区。

叶园温泉旅游区 位于黄田镇良田村。是一个集温泉养生、商务会议、餐饮住宿、健身娱乐、休闲度假为一体的综合型国家4A级旅游景区，以"客家·生态"文化为主题的精品温泉度假区。该旅游区的酒店拥有主楼豪华客房、独栋别墅、高端温泉养生木屋等各式客房286间;装修典雅,温馨舒适,鸟瞰景区自然美景,让人感受温泉沐浴带来的完美体验。温泉区拥有68个功能各异的温泉泡池和1个大型水上乐园。客家围屋、神山溶洞、欢乐水寨、高空滑梯、水疗按摩、养生药浴等设施应有尽有。客家建筑风格宴会中心拥有600余个餐位,可给顾客提供享受客家美食的同时,还能提供年会、喜宴、商务会议、团建等,让顾客充分享受在叶园的一站式服务。景区还配套有KTV、棋牌室、多媒体会议厅、篮球场、足球场、呐喊喷泉、生态农庄网红打卡点等活动场所,给顾客提供健身和娱乐。该景区先后被评为国家4A级旅游景区、广东省休闲农业与乡村旅游示范点、文明旅游风景区,多次在河源市税务部门纳税信用等级评定中获得"A级纳税人"称号;同时还获得"广东省最佳生态园林温泉""广东温泉水温水质认证""广东人最喜爱温泉"等荣誉称号。

黄龙岩畲族风情旅游区 位于河源市东源县漳溪畲族乡上蓝村,距离河源市区49千米。2003年开业,是集畲族风情体验、溶洞观光、高山生态休闲娱乐于一体的多功能旅游区,也是以溶洞观光为主要旅游产品,更是传播畲族文化的重要窗口。2016年被评为国家3A级旅游景区及全国民族团结教育基地等。

东江野战俱乐部 位于东源县仙塘镇东方红村,为国家3A级旅游景区,是广东省规模最大、设备最完善、基础设施最齐全的军事主题基地之一。距市区7千米,基地占地面积16万平方米。地理位置优越。依傍在东江河畔,交通便利,基地内设有综合服务部、CS野战三大战区、团队户外拓展培训区、河源国防教育基地、野外露营区、烧烤场、多媒体会议室、营房区、军营篝火晚会区以及军营餐厅。该俱乐部以军事培训教育为基础,开设野战系列和拓展培训两个主打产品。产品系列有国防教育、彩弹野战、户外拓展培训、亲子活动、趣味活动、徒步团建、青少年素质拓展、军事训练、学生夏(冬)令营、企业内训、年会策划、定向越野、野外露营、烧烤野炊等。2022年增加了马术俱乐部和儿童乐园项目。

仙坑古村景区 位于康禾镇仙坑村。呈金锅形分布于康禾河两岸,总面积23.6平方千米。仙坑古村落建于明朝,已有400多年历史。景区有以八角楼、四角楼为代表的客家古建筑群。明清时期,仙坑村是沿海地区盐商们通往广东梅州、江西赣州等地区贩运古道上的重要站点。同时,仙坑叶姓家族在经商、从政出现许多事业有成之人,这些人在村里建造了大量客家方形围屋。在现存的27多座中,占地约5 000平方米的四角楼,和另一座更独具特色的城堡式客家围屋八角楼,成为仙坑古民居的代表性建筑。仙坑古村落建筑体现出主人继承和发扬客家人崇商、崇文的传统和开拓进取的精神。仙坑古村除了有典型的古建筑外,还有"仙坑八景":仙峰云雾、鹤峰夕照、石门樵歌、登云书声、观音晨钟、石山晴岚、五仙幽岩和狮山雄姿。

南园古村景区 坐落于风光旖旎的东江河畔,距离市区12千米。南园古村由该地望族潘氏后裔建于明末,是河源现存规模较大、历史悠久、文化底蕴深厚、保存较完好的客家古村落。该景区由老衙门、新衙门、古炮楼遗址、大夫第、柳溪书院等21幢明清时期客家方形围屋和村内客家文化广场组成,其保存下来的古建筑遗产和历史文化,很有观赏和研究价值。在南园古村,可领略蕴藏500年历史的客家古村落,领会明清时期潘氏显赫家族的尊崇孝道、崇文重教、良好家风的优良传统。南园古村修建了一条长1.5千米的环村旅游线路和一个古炮楼遗址公园;致力乡村环境提升,培育特色文化村,发展乡村旅游业,先后获广东名村、中国第五批传统村落、国家3A级旅游景区等殊荣。

仙湖茶园旅游区 位于上莞

镇仙湖村境内。是"茶叶省级现代农业产业园"的核心区、国家3A级旅游景区。景区四季景色各异，素有"冬赏雾凇夏赏茶，春赏云雾秋赏花"之说法。主要有仙湖牌坊、"太平洋"总部红色革命遗址、观景台、仙湖茶文化长廊、云上仙湖民宿、茶文化馆、登山栈道、望月亭等八大景点，打造茶园观光、茶事体验、红色教育、科普教育、特色客家美食、节庆活动等旅游项目。旅游区内仙湖茶叶基地被评为"广东省名优茶示范基地""广东省健康农业科技示范基地"；仙湖村所产"东源仙湖茶"被评为"中国有机产品""中国著名品牌""广东名牌产品""国家优质名产品""广东省十大好春茶"，成功注册"国家地理标志证明商标"；仙湖山荣获"中国最美茶山""全国茶乡旅游精品路线""全国首批生态低碳茶认证"等荣誉称号。

啸仙故里文化旅游区　位于义合镇下屯村。是国家3A级旅游景区，主要包括阮啸仙故居、闻啸轩学堂、啸仙审计广场、粤菜师傅培训基地、下屯村文化广场、全国法治宣教基地东源陈列馆、新时代文明实践站、下屯村史馆、清莲池、下屯花海等十大景点。旅游区下屯村获"中国传统村落""中国最美乡村""广东省名镇名村""广东粤菜师傅名村""广东省文化和旅游特色村""广东省乡村研学旅行特色村""河源市中小学生研学实践教育基地"等荣誉称号。

广东康泉十八国际生态健康旅游城　位于康禾镇中心区。旅游城东边是省级自然保护区，西边是国家级温泉森林公园。区域内有高山、盆地、平川、谷壑多类地形，原生态森林茂密，生态环境优美，气候温和，年平均气温保持在20℃左右。四周群山环抱，天然动植物品种丰富，空气纯净清新，负氧离子浓度极高。东江支流康禾河由中部蜿蜒穿过，整个区域地下是稀有的高品质地热温泉带，天然温泉水富含偏硅酸，具有较高的医用价值。区域内原有十八眼天然温泉，浑然天成，平均水温83℃。康泉十八以"生命全周期健康照护体系"为发展核心，开发度假别墅、公寓产品，以及高端酒店、养老中心、温泉公园、生态农业园等。云溪度假村为广东康泉十八国际生态健康旅游城一期建成开放的体验性项目，包含四个部分：云溪客栈、云峰居木屋别墅、润峰高尔夫培训中心、露营房车营地。度假村配备娱乐棋牌室、健身房和会议室等设施，为不同的客人提供个性化的服务。房车营地、高尔夫练习区、露营区、运动区、篝火区、野炊区、停车区规划合理，实现人与自然的完美结合。区内青草芬芳，满眼绿色，让人神清气爽。度假村还为户外体验者配以优质品牌帐篷、防潮垫等露营设备和全天候保安服务；有光纤网络及Wi-Fi覆盖，增添更多舒适享受和精彩体验。

【旅行社简介】　河源市翔丰国际旅行社　简称翔丰国旅，成立于2007年1月14日。经营范围包括国内旅游业务、入境旅游业务、出境旅游业务、代订国内国际机票和高铁票、代订国内国际酒店、代订国内门票、代订车辆、境外考察服务、境外研学旅行服务、户外拓展、活动策划、展览展示服务、代理保险、会务服务、体育赛事策划等旅游服务项目。该旅行社践行"客户至上、五星享受"的宗旨，开创优质旅游服务的先河；在旅游市场率先提出"翔丰旅游·五星享受"的全新服务理念，让"翔丰旅游，您身边的旅游管家"口号誓言真正付诸每一次旅游服务之中。

新丰江旅行社　成立于1995年。是经国家旅游行政管理部门批准，工商、税务部门注册登记，具有独立法人资格的旅游企业。原隶属东源县林管局，2003年转入金利酒店集团，成为河源市开发旅游业比较早的旅行社之一，也是河源市规模最大、实力最雄厚、信誉最好的旅行社之一。

广东东行国际旅行社有限公司　简称广东东行国旅，是经省市旅游局审批，经工商局登记注册的一家品牌旅游企业。公司经营范围包括旅游招徕咨询服务、会议及展览服务、商务代理代办服务、体验式拓展活动及策划、休闲观光活动、票务代理服务等全方位的旅游服务项目。该旅行社秉承"品质第一，服务至上，用心服务好每一位游客"经营宗旨，探索和发展品质与高端享受相结合的旅游事业，立志在满足游客需求的基础上不断追求卓越。

初心国际旅行社　成立于2023年2月。是一家充满活力与创意的旅行社，提供全方位旅游出行、商务考察、休闲度假、会务会展、商务代理代办、票务代理、团建拓展、活动策划、研学旅行等服务。致力于为客户提供全面的旅游服务，始终坚信"客户至上、诚信经营、用心做事、真诚待人"的经营理念，努力提升游客满意度以及体验感，提供优质的旅游产品和服务。

【旅游酒店简介】美思威尔顿酒店　是东莞黄河集团投资兴建的河源市首家铂金五星级会议度假酒店。坐落于风景秀丽的国家4A级旅游景区——万绿湖风景区内，依山傍水而建，自然资源十分优越，地理位置得天独厚。占地面积18.53公顷，主体建筑面积17万平方米，有客房399间。全新装修的商住两用客房，格调高雅华贵，均设有景观阳台，旅客可以尽情饱览秀美的湖光山色；提供24小时客房全方位服务及票务服务，每间客房设有国际互联网服务（宽带），保障资讯畅通。翠苑中餐厅有新派港式粤菜、川菜、上海菜、客家风味等各地特色风味的菜肴和各式美点；可容纳800人同时进餐。主楼二楼享誉全国的京都日本餐厅和阿森纳酒吧，是旅客休息娱乐和畅享美食的好地方。会议中心二楼东方国际宴会厅，配备先进的音响设备，能容纳1 000人，适宜举办各类大型宴会、酒会、表演和国际会议，有多个大小不等的会议厅可供中小型会议、讲座、会见等使用。位于三楼大堂的商务中心，可提供电传、传真、快递、秘书、翻译、电脑、打印等商务服务。尊龙娱乐会所及尊龙水疗会所，拥有齐全的康乐项目以及美容美体、休闲养生的娱乐项目。该酒店能迅捷融入"珠三角两小时度假生活圈"，是粤北、粤东地区规格最高、规模最大、功能最全的奢华度假酒店；注重中国少有的现代客家风情，正面采用对称形式，而侧面则成为高低错落的不对称形状，屋宇参差、院落重叠，多角度呈现出古朴、庄重、壮观的艺术风格。整个建筑群布局规整、条理井然、主次分明、和谐统一，将客家建筑的特色充分融入。

金利大酒店　成立于1994年，于2000年改制为河源金利大酒店有限公司。位于河源市最繁华的河源大道之闹市中心，地理位置优越，交通十分便利。装修豪华、设计独特、功能齐全。建筑面积1万多平方米。设有豪华客房、金歌会俱乐部、中餐厅、商场等服务设施。集食宿娱乐、商务会议等功能于一体，是国家旅游局评定的三星级酒店。以餐饮业为龙头，由名厨精心制作的客家名菜"金利水晶鸡"及"来一腿金利水晶鸡髀"，风味独特、吃而不腻，深受广大顾客喜爱。多年来被上级有关主管部门评为"优秀星级饭店""文明单位""先进私营企业""市旅游行业先进单位""全省再就业先进企业""和谐企业"等。

县文广旅体局领导名录：
党组书记、局长：
李友恒（2021.10—）
副局长：
张敬锋（2019.05—）
李　灵（2021.10—）
叶　颢（2023.04—）
黄晓芬

（黄丽鸣）

融　媒

【概况】东源县融媒体中心（简称县融媒体中心），整合县域内广播、电视、政府网站、官方微信公众号、官方微博、客户端等所有公共媒体资源，于2019年11月8日挂牌成立。

2023年，内设办公室、总编室、计划财务股、采集部、编辑部、专题部、技术部、广播部、服务部等9个正股级股室。负责有关广播、电视、新媒体（微博、微信、客户端、网站）等节目的采编、制作、审核、分发、传输、发射和转播等工作。主要宣传平台有东源融媒体中心综合广播、东源融媒体中心综合频道、"万绿东源"App客户端、东源融媒微信公众号、东源融媒视频号、东源融媒抖音号、学习强国。

【宣传工作】 2023年，东源县融媒体中心广播、电视共播出新闻2 058条，其中广播1 027条、电视1 031条，上送市台播出198条；"万绿东源"客户端上传图文视频7 189条，总阅读量31.7万+（其中阅读量过万的1条、过千的43条）；《东源县乡镇党委书记抓党建促乡村振兴"擂台比武"，等你来打call！》阅读量最高，为10万+次。东源融媒微信公众号发布推文1 554条，总阅读量50.4万+（其中阅读量过万的1条、过千的26条）；《东源县乡镇党委书记抓党建促乡村振兴"擂台比武"，等你来打call！》阅读量最高，为4.16万次。东源融媒视频号发布短视频459条，播放量超846.9万，总点赞量12.93万（其中播放量超1万的75条）。国家跳水队冠军全红婵等游万绿湖活动的2条短视频，在视频号及抖音平台共获得688万播放量，点赞量7.6万，为公众号增粉7 600多人，以明星话题流量带动、扩大万绿湖的全网知名度。网络中国节累计发布图文121条，视频2个；给"学习强国"平台供稿165条，成功签发93条，被省平台选用31条，总平台选用4条。广播频道播出《法治在线》123期，播出引进节目《博闻天下》260期、《大牌主打歌》260期、《丽人榜样》365期、《寻味》260期、《我们读书吧》195期、《国生开讲》260期、《国家宝藏》43期、《健康派》365期、《探险家》319期、《一起去旅行》260期、《家风故事会》195期、《百度24小时》260期、《天天喜羊羊》108期、《东源文艺》52期、《开浩御书房》87期、《历史奥秘》152期、《一百个科学家的故事》65期、《我志愿入党申请书的故事》65期。万绿东源App发布视频朗读101期。县融媒体中心广播部制作播出公益宣传、公益广告条共16次/天。电视频道播出电视剧120部2 920集，其中晚间剧场25部730集、日间剧场95部2190集；播出专题片《平安365》365集；播出动画片每天两集共730集；播出公益广告60条，公益宣传20条/30次/天。每天循环播出创文公益广告15条/次。

【新媒体拓展业务】 2023年，东源县融媒体中心策划推出"2023年东源县市场监督管理局'随机查餐厅'线上直播执法检查——制止餐饮浪费，东源在行动""源城区市场监督管理局直播统一'查餐厅'活动""高新区市场监督管理局直播统一'查餐厅'活动"等3场直播活动。是年，配合县委组织举办东源县发展壮大村集体经济"书记有话说"系列研讨专场活动2场次，配合县住房和城乡建设局举办"2023年'宜居滨江城·七夕汇东源'东源县房地产展销会活动"，开展东源县乡镇党委书记抓党建促乡村振兴"擂台比武"活动大型线上投票、线下宣讲等活动。

【安全播出】 2023年，县融媒体中心完成广播频道安全播出5 657.5小时、电视频道安全播出5 110小时。在2023年全国两会以及重大节日期间执行领导带班制和24小时值班制度，确保重要防护期群众收听收看正常，全年无安全播出责任事故发生。

县融媒体中心领导名录：
县融媒体中心主任：
朱永东（2020.06—）
副主任：
曹　晖（2020.06—）
郑国扬（2020.06—）
刘艳英（2020.06—）

（李丽青）

社会民生

卫生健康

【概况】 2023年，东源县卫生健康局（简称县卫健局）下辖公立医院3家（县人民医院、县中医院、县妇幼保健院），乡镇卫生院21间，公共卫生机构3所（县卫监所、县疾控中心、县精神卫生中心），精神专科医院1家，村卫生站303个。完成县中医院中医专科楼、县妇幼保健院新院和县精神专科医院建设并形成服务能力；组织创建国家级卫生镇1个、省级卫生镇5个、省级卫生村91个、市级卫生镇9个。全年基层诊疗量在全县诊疗量中占比68.53%，超过国家标准3.53个百分点（国标为≥65%）；东源县县域内住院率70.3%，同比增长18.9%，增幅全省第一。东源县人民医院胸痛中心、卒中中心、创伤中心三大中心正式启用。

【疫情防控】 2023年，县卫健局疫情防控从"动态清零"建立重点人群名册。按照规定将65岁以上老年人分为三种人群并建立健康管理台账，有重点人群（红标）4 786人、次重点人群（黄标）7 324人、一般人群2.64万人。组建新冠病毒感染医疗救治工作专班，下设协调组、专家组、转运组。全县设置发热门诊（诊室）332个，开放病床1 339张；配备呼吸机26台、普通救护车31辆、负压救护车7辆；公立医疗机构每个单位血氧仪配备不少于20台，制氧机不少于1台和足量的氧气瓶；每个村卫生站配备血氧仪不少于3台；科学精细测算治疗药品和检测试剂需求，充足储备各类医疗物资。发放重点人群健康爱心包4 893份，超额完成省下达的任务（4 685份），完成率104.44%。是年1月住院重症101人，其中合并新冠阳性95人。实行"乙类乙管"，对全县医疗设备、药品、住院患者和重症患者救治情况合理调度，统筹调配新冠感染患者应急药品、血氧仪、制氧机、呼吸机，共调配血氧仪963台、制氧机21台、呼吸机5台。加大疫情监测力度，县级新冠病毒网络实验室对福利机构、托幼机构等重点场所开展监测，共采集样本24份，均未检测出阳性样品；全县发热门诊就诊数609人次，发现新冠阳性11例，阳性率1.8%。持续推进重点人群健康调查，分类分级服务重点人群；落实重点机构防控措施、抓实农村居民健康服务、强化疫情监测与应对。

【基本公共卫生服务】 2023年，县卫健局印发《关于调整东源县基本公共卫生服务项目领导小组和项目管理办公室成员及职责的通知》《东源县国家基本公共卫生服务项目实施方案》；印发《东源县家庭医生签约服务工作实施方案的通知》，推进家庭医生签约服务，为群众提供综合、连续、协同的基本医疗卫生服务。印发《东源县开展"优质服务基层行"活动实施方案》，是年，义合、蓝口镇卫生院达到国家推荐标准；漳溪、顺天镇卫生院达到国家基本标准。推进县村级医疗卫生服务，排查村卫生站村医进驻、村卫生站设施设备使用情况，摸清村医底数；印发《关于进一步加强村级卫生站管理的通知》，对村卫生实行分类管理；定期组织村医参加省基层医生能力提升培训班，夯实家医签约履约、急救知识、慢病管理等知识，提高乡村医生服务能力。开展医防融合工作，建立以全科医生为核心，中医师、康复医师等共同参与的家庭医生团队81个，优先覆盖残疾人、孕产妇、儿童、老年人、慢性病患者等重点人群。

【综合监督执法】 2023年，县卫健局对全县学校卫生、公共场所、生活饮用水、医疗与消毒卫生开展监督检查，加强医疗机构医疗废物处置监管。依法严厉打击非法行医、非法医疗美容、"两非"等社会关注度高和严重危害人民健康的各类违法违规执业行为，共计立案30宗，其中简易程序20宗、一般程序10宗，作出行政处罚决定30宗，累计罚款12.8万元，没收药品器械15箱，结案29宗。

【医药卫生体制改革】 2023年，县卫健局成立工作专班，完善"六大中心"配置，建立健全行政、财务、质量、药械和信息化制度。设立医共体，总院独立账户，印发统一用药目录与医用耗材目录，利用统一药械采购试点、远程医疗接入医共体医学影像中心、构建组团式帮扶等方式，推进紧密型医共体建设。严格按照健康中国战略的重大决策部署，开展健康东源行动推进工作。

【卫生设施建设】 2023年，县第三人民医院总投资约6.3亿；县精神专科医院依托县第三人民医院一并建设，总投资约2.5亿，完成建设并形成服务能力；县妇幼保健院新院总投资8 241万元，县中医院中医专科综合楼总投资1.4亿元。县120急救指挥中心总投资1 607.1万元。

【干部队伍建设】 2023年，县卫健局加强教育培训，树立干部队伍新形象。完成原县慢病站26名工作人员转隶至东源县精神卫生中心工作，招聘、吸收132名医疗卫生人才充实到基层医疗卫生人才队伍中。

注释：

1."两非"：非医学需要的胎儿性别鉴定、非医学需要的人工终止妊娠行为。

2."六大中心"：行政服务中心、人力资源管理中心、财务管理中心、医疗质量管理中心、药械管理中心、医疗信息管理中心。

县卫生健康局领导名录：

党委书记、局长：

周小东（2023.06.01—）

党委委员、副局长：

刘国东（2019.06.06—）

副局长：

游流生（2020.11.12—）

徐英剑（2022.05.17—）

（吴智祥）

中心卫生院

【灯塔中心卫生院】 创建于1959年，位于东源县灯塔镇人民街。占地面积1.02万平方米，其中建筑面积9 380平方米。是集医疗、预防、妇幼保健、康复于一体的一级甲等医院，为灯塔镇及邻近乡镇十万多人口提供医疗、妇幼保健、计划生育等服务工作；同时也是粤赣高速救治创伤性危重患者的中心医院。2023年，该院有预防保健科、外科、内科、儿科、急诊科、妇产科、中医科、康复理疗科、检验科、B超科、放射科、预防接种科、公卫科、口腔科等科室。是年，总诊疗人数5.74万人次，住院病人868人次，业务总收入2 954.8万元。

【蓝口镇中心卫生院】 创建于1958年，是东源县集医疗、教学、预防、保健、急救为一体的一级甲等医院；是职工医保、城乡医保定点医疗机构，服务蓝口、柳城、曾田、黄村、康禾和叶潭等6个乡镇16万人。2023年，总诊疗人数3.01万，其中门急诊2.9万人次，住院557人次，业务总收入431万元。是年，达到"优质服务基层行"国家推荐标准。

【义合镇中心卫生院】 创立于1952年,是一间集医疗、预防、妇幼保健于一体的综合性卫生院,以基本公共卫生服务和基本诊疗服务为主,为群众提供预防、保健、医疗、康复、健康教育、中医、养老等服务。设有内科、儿科、全科医疗科、外科、妇产科、妇女保健科、精神科、中医科、医学检验科、B超心电图室、医学影像科、公共卫生科、预防接种门诊、发热诊室、中心药房、行政等17个科室和住院部。2023年,全院有医疗医务人员69人;门诊总诊疗人数1.5万人次,其中急诊532人次;住院诊疗404人次,出院400人次;业务总收入1 226.4万元。是年,达到"优质服务基层行"国家推荐标准。

卫生监督

【概况】 东源县卫生监督所(简称县卫监所)是副科级事业单位,隶属县卫生健康局。该所负责卫生许可证的核发,承办公共场所、供水单位的卫生行政许可。承担医疗机构卫生、传染病防治、职业病防治、公共场所卫生、职业卫生、放射卫生、学校卫生、生活饮用水卫生、消毒卫生监督执法,指导国家基本公共卫生服务项目(卫生监督协管)工作。

【公共场所卫生】 2023年,县卫监所检查旅游景区(点)30个、娱乐场所、住宿场所及43个"四小"(小美容美发店、小歌舞厅、小旅店、小浴室)的持证情况、环境卫生通风情况、卫生管理制度上墙、禁烟标识张贴、顾客用品清洗消毒记录;检查游泳池的持证情况、水质更换记录及检测情况、场所布局设置、警示标志设置等;立案7宗,共罚没款2 000元。

【学校卫生】 2023年,县卫监所对50所学校的生活环境卫生、传染病、常见病防控、二次供水、直饮用水机卫生清洗消毒记录、水质监测实施检查。

【医疗市场监督】 2023年,县卫监所开展打击非法行医活动,清理无证行医、零售药店坐堂行医、聘用非卫生技术人员、超范围执业等行为。立案1宗,罚没款10万元,没收药品器械15箱。

【放射卫生】 2023年,县卫监所检查放射诊疗许可证持证诊疗机构19家。发现违法违规2家,予以立案,共罚没款2 000元。

【饮用水卫生】 2023年,县卫监所检查镇级水厂23家,发现持卫生许可证11家,均有专职人员管理且持健康合格证上岗,相关管理制度齐全且上墙。

【传染病卫生】 2023年,县卫监所检查医疗机构传染病报告、医疗废物处置、消毒隔离措施落实等情况,立案15宗,共罚没款4 500元。

【职业卫生】 2023年,县卫监所开展职业卫生分类监督执法工作,确定甲类单位26家,乙类单位41家,丙类用人单位23家。检查用人单位53家、职业健康检查机构1家,延伸检查职业卫生技术服务机构1家,立案查处4宗,共罚没款2万元。

【卫生许可】 2023年,县卫监所办理行政许可298件、公共场所许可275件、供水单位许可4件、放射诊疗许可20件。

【双随机、一公开】 2023年,县卫监所完成国家卫生监督中心下达双随机监督抽查任务,抽查192家,完结率100%。监督监测结果在东源县人民政府网站公开,结果公示率100%。

县卫生监督所领导名录:
所　长:
李军良(2021.09—)
副所长:
欧丽妍(2022.01—)

(黄　敬)

疾病预防控制

【概况】 东源县疾病预防控制中心（简称县疾控中心，加挂东源县卫生检验中心牌子），为东源县卫生健康局直属公益一类副科级事业单位。2023年，内设机构有办公室、质量管理科、公共卫生应急与传染病预防控制科、免疫规划科、公共卫生科、慢性非传染性疾病管理科、卫生监测科、检验科等8个科室。是年，东源县传染病类卫生应急领导小组和应急队伍有30人，开展拓展训练2期，培训及演练共32学时。结合"百千万工程"完成仪器设备采购；完成改造升级五楼理化实验室建设项目进度的65%。

【传染病控制】 疫情监测 2023年，全县有25个医疗卫生机构单位建立传染病信息监测、报告和预警系统，共处理传染病预警257起，报告法定传染病23种，累计9 455例，发病率为2.76%。甲类传染病报告为零，乙类传染病报告3 350例，丙类传染病报告6 105例。传染病报告发病率同比增长131.97%。发病数据前五位分别为流感（4 590例）、新冠病毒感染（1 601例）、手足口病（1 013例）、乙肝（842例）、梅毒（389例）。报告死亡4例，其中艾滋病2例，新冠、乙肝各1例。

传染病防控管理 2023年，县疾控中心共报告流感样病例4 590例；无登革热病例；报告手足口病1 013例，无重症病例、死亡病例；报告肝炎956例，其中甲肝3例、乙肝842例、丙肝109例、戊肝1例、未分型1例，所有病例均为散发及临床诊断和确诊病例。

艾滋病防控 2023年，全县艾滋病保持低发状态。

丙肝病例 2023年，全县对报告丙肝病例实施全流程管理，确定县人民医院为定点治疗医院。是年，完成抗病毒治疗疗程病例6例，临床治愈病例6例，临床治愈率100%。

外环境监测 2023年，县疾控中心1—5月在东源中心市场采集活禽市场外环境标本20份，检测结果均为阴性。完成投放老鼠笼520个，完成率101.2%；完成布放蚊（不含伊蚊监测）生境监测6.44万个；完成布放蝇生境监测29个，完成率107.4%；应完成布放蟑螂生境监测260个。

登革热监测 2023年3—11月，县疾控中心组织各乡镇卫生院开展登革热媒介伊蚊监测980次，符合布雷图（BI）指数防控要求点数774个，存在低密度传播风险点数13个，存在高密度传播风险点1个，无中密度传播风险点。符合诱蚊诱卵器（MOB）指数防控要求点数194个，存在低密度传播风险点3个，存在中密度传播风险点1个，无高密度传播风险点。

消毒效果监测 2023年，县疾控中心完成36家托幼机构、60家医疗单位的消毒效果监测和卫生学评价，共抽检样品1 547份，合格1 446份、不合格101份，合格率为93%。

卫生应急处置 2023年，县疾控中心处置突发公共卫生事件18起，其中流感聚集性疫情2起，累计病例85人；新冠病毒感染重症、死亡个案调查16起。

【免疫预防】 疫苗冷链管理 2023年，县疾控中心执行《中华人民共和国疫苗管理法》，疫苗通过省级交易平台采购，实行专人负责。账物相符，冷库冷链设施运转正常，温度记录完整。所有疫苗均由县疾控中心冷藏车每月配送至各接种门诊，疫苗冷链全程无缝对接；全年共接收新冠疫苗6 800支，下发8 530支；接收免疫规划疫苗3.73万支，下发3.89万支；接收地方免疫规划疫苗5 037支，下发5 039支；接收非免疫规划疫苗5.4万支，下发5.23万支；累计回收报废免疫规划疫苗1 703支、非免疫规划类疫苗363支，并统一销毁。

异常反应监测 2023年，

县疾控中心每月收集汇总AEFI接种数据，监测异常反应发生率的变化。全年完成监测任务疑似预防接种异常反应监测16例，各监测指标完成率100%。

相关疾病和免疫水平监测 2023年，县疾控中心开展相关疾病和免疫水平监测工作。监测急性弛缓性麻痹（AFP）病例2例，各监测指标达标；麻疹监测21例（含麻疹、风疹疑似病例），各监测指标达标；疫苗可预防细菌性疾病和乙脑病例2例，监测任务完成率100%；监测乙肝446例，监测任务完成率64.27%。

免疫规划疫苗接种率评估 2023年，县疾控中心开展规划疫苗接种率抽样评估，全县共抽查0周岁组儿童559名、1周岁组儿童582名、3周岁组儿童607名和7周岁组儿童600名。4个年龄组儿童各疫苗接种率或及时接种率均达到90%以上。

疫苗查漏补种 2023年4—5月，县疾控中心在全县范围内开展适龄儿童免疫规划疫苗查漏补种工作，补种率、接种率均达到90%以上。

疫苗接种 截至2023年末，全县新冠疫苗接种77.47万剂次，其中2023年接种4 376剂次，覆盖28.93万人，接种覆盖率85.85%，完成全程接种覆盖率85.72%，加强针接种覆盖率57.62%；对具有东源县学籍、新进入初中一年级14周岁以下的女生，按照免费接种和知情自愿原则，实施人乳头瘤病毒（HPV）疫苗免费接种第一剂次2 443人，接种率97.29%。

【公共卫生】 碘缺乏病防治 2023年，县疾控中心开展碘缺乏病监测工作。是年5月，对蓝口、仙塘、灯塔、上莞、船塘5个乡镇200名8—10岁儿童和100名孕妇采集尿样300份、盐样300份，通过实验室检测，检测出儿童尿碘处于适宜水平，儿童甲状腺肿大率为0%；孕妇尿碘低于适宜量，需加强补碘：碘盐覆盖率100%，合格碘盐食用率97.67%。送市疾控复核尿样30份，合格11份，合格率37%。

水氟监测 2023年，县疾控中心开展地氟病区监测工作。结果显示黄村镇红十月村和居委会、康禾镇若坝村等地氟病水氟含量均低于1.0 mg/L，符合国家标准；抽取常住8—12岁儿童97人，检出氟斑牙为零。

职业病防治 2023年，县疾控中心联合县卫监所开展职业卫生联合检查工作，对4家企业重点人群实施职业健康素养监测，共收集有效电子调查问卷201人份；开展企业职业危害项目申报工作，全县存在职业危害项目申报企业302家，共申报192家，申报率63.5%；企业更新申报审核通过共57家；新发（疑似）职业病报告数1例、报告职业病1例（诊断为噪声聋），电话方式随访管理尘肺患者11人；联合市职防院共同完成对辖区内重点职业危害企业的工作场所职业病危害因素项目监测22家。

学校卫生管理 2023年，县疾控中心开展学生常见病和健康影响因素监测与干预工作。是年10月，对8所学校学生常见病统计，视力不良率、近视率及龋齿率偏高；开展学校卫生技术指导工作，派出3名专业技术人员到东江中学、县实验中学、仙塘中学、县第一小学、县第三小学、县第一幼儿园、县第二幼儿园7所学校开展学生常见病与健康影响因素干预进校园活动；派出2名专业技术人员到县第一小学开展科学补碘健康促进宣传活动。

疟疾血检 2023年，全县疟疾血检任务数450个，完成血检人数470人，结果均达标。

国家双随机卫生监测 2023年6月，县疾控中心派出专业技术人员5人对辖区内10所学校的教室采光和照明、教室人均面积、教室和宿舍通风设施、教学楼厕所和洗手设施设置及学校内二次供水等情况开展监测工作。县疾控中心全年监测旅业312项，合格率99.75%；监测理发店和养生馆等公共场所用品共71项，合格率100%；监测公共沐浴和娱乐22项，合格率100%；监测游泳池3个，合格率33.33%。

生活饮用水卫生监测　2023年，县疾控中心对全县25家集中式供水单位开展每季一次的水质卫生监测，监测任务样品388份，实际监测采样396份（水源水样100份），其中城乡水样296份，合格样275份，合格率92.20%；开展水龙头水质监测，样品份数124份，合格样116份，合格率93.54%；监测农村集中式供水样品250份，合格率92%；监测城市水样46份，合格率97.82%。

食源性疾病监测　2023年，全县网报病例信息67例。

国家人体生物监测　2023年，县疾控中心将船塘、上莞、柳城3个乡镇列入国家人体生物监测项目区域对象。

慢性非传染性疾病　2023年，全县管理高血压患者1.26万人，完成省级任务93.21%、市级任务77.77%，其中规范管理1万人，规范管理率79.50%，血压控制率70.10%；管理2型糖尿病患者6 495人，完成省级下达任务的117.30%、市级下达任务的99.30%，其中规范管理5 092人，规范管理率78.40%，血糖控制率58.89%；开展死因常规监测工作，共报告户籍死亡病例3 550例，同比增长3.2%。

开展死因漏报调查工作，启动2022年东源县户籍居民死因漏报调查工作，漏报调查覆盖3个街镇11.48万人口，占全县总人口19.56%，共收集死亡个案818例，死因常规监测漏报率为6.72%。开展肿瘤随访登记监测工作，是年，共报告肿瘤登记个案数271例，累计肿瘤新发病例数8 847例，肿瘤患者死亡数4 239例。

【检验检测能力建设】　2023年，县疾控中心完成样品检测930份。其中，禽流感外环境市场监测样本25份、HIV血清共413人份、农村饮用水和水龙头水共449份、医疗机构监测样品细菌总数检测826份、托幼机构消毒监测样品细菌总数检测739份、突发公共卫生事件检测74份。是年，县疾控中心完成实验室间比对和能力验证的考核工作任务。开展质控考核12次，检测样品24个，所有样品质控考核合格，中心检验检测结果质量达标率100%；完成仪器设备检定及校准51台（省级计量科学院28台、市级质量计量监督检测所13台、县级质量计量监督检测所10台），全部合格。

【基层督导】　2023年，县疾控中心通过线上、线下方式完成对各乡镇卫生院及县直医疗单位业务督导指导工作12次，开展法定传染病及突发公共卫生事件报告管理、艾滋病及丙肝防控、登革热蚊媒监测等业务工作督导5次。是年4月、6月、10月，组织该中心骨干人员对各接种单位开展预防接种管理工作调查评估、适龄儿童免疫规划疫苗接种情况、预防接种信息化管理工作调查评估；2月、3月、7月组织专业技术人员对全县21个乡镇卫生院和1个社区卫生服务中心开展慢病工作的调研评估，规范健康档案的填写、人口死亡医学证明和信息登记管理调研工作。

【健康宣教】　素质培训　2023年，县疾控中心选派参加上级业务部门培训班78人次；就预防接种规范管理、疫苗使用管理、冷链系统管理、新冠病毒疫苗介绍及接种方案、人乳头瘤病毒（HPV）疫苗免疫接种、犬伤规范化处置、传染病报告管理、高血压及2型糖尿病患者健康管理、突发公共卫生事件处置、病媒生物监测、艾滋病、丙肝防控及报告管理等内容，举办培训班6期，累计培训450余人次。是年，该中心开展"4·25全国儿童预防接种宣传日""5·20中国学生营养宣传日"和"7·28世界肝炎宣传日""4·26宣传日""5·15碘缺乏病宣传日""12·1世界艾滋病日""全民健康生活方式宣传月""全国肿瘤防治宣传周"等健康宣传活动，共悬挂横幅40余条，张贴宣传海报234张，发放宣传资料3.44万份、小礼品2 680份、宣传笔1 500支、笔记本1 500本，毛巾、纸巾、雨伞、水杯共3 000份，安全套1 000只，其他小礼品7 780余份，现场接受群众咨询1.78万人。

县疾控中心领导名录：

主　任：

叶文基（2020.06—）

副主任：

廖　强（2008.11—）

朱伟中（2012.12—）

何小宇（2020.12—）

（陈欣雄　潘　健）

慢性病防治

【概况】　东源县慢性病防治站（简称县慢病站）主要职责是承担辖区内皮肤病、性病、结核病、麻风病和精神病的预防、控制、诊疗、监测、督导、科研及教学等任务。2023年，该站设有皮肤性病科、结核病科、精神病科、妇科、辅助检查科、行政办公室等科室6个，全年业务总收入514万元，总支出610万元；固定资产总存量341万元。

【麻风病防治】　2023年，县慢性病有现症麻风病人1例，患病率为0.001‰，患病率达到基本消灭麻风病标准（患病率0.01‰以下）。

【结核病防治】　2023年，县慢性病防治站对244例可疑结核病症状者免费检查，初诊查痰225人，确诊活动性肺结核病人71例，病原学阳性患者50例；进行痰培养总数225例，痰涂阴培阳20例。生物分子学检查140例，其中生物分子学阳性18例。肺结核患者病原学阳性率70%，初复治涂阳肺结核病2人，服药3个月后痰菌阳性转阴性率为100%，治疗满疗程初治涂阳肺结核病人治愈率为83%，新涂阳患者耐药筛查率100%，耐多药结核病高危人群耐药筛查率100%。

【精神病防治】　2023年，全县在册严重精神障碍患者3 309人，报告患病率9.42‰，规律服药率86.49%，服药率92.99%；规范管理率98.13%，管理率98.52%；年面访率97.98%；精神分裂症服药率93.98%，精神分裂症规律服药率87.73%，体检率90.72%，精神分裂症患者使用第二代长效针剂治疗比例10.68%。

【皮肤、性病防治】　2023年，县慢性病防治站收治皮肤、性病患者2.55万例；新发现并确诊性病618例，其中男性312例，占50.5%，女性306例，占49.5%。全部病人都得到有效治疗。

县慢性病防治站领导名录：

主　任：

李伟贤（2023.18—）

（俞柳青）

妇幼保健

【概况】　东源县妇幼保健院成立于1995年3月，隶属县卫生健康局。主要负责全县妇女、儿童的医疗保健及系统管理、妇幼信息的收集、建档和妇幼卫生报表的统计上报；对全县各乡镇妇幼工作人员的业务指导和技能培训；开展基本公共卫生项目及临床妇女儿童治疗、预防、保健等服务。院内设有妇科、产科、生殖健康科、儿科、新生儿科、乳腺专科、保健科、计划生育科、检验科、B超室、药房、消毒供应室、收费室、行政办公室等科室。2023年，有工作人员196人，医疗人员高级职称21人，中级职称28人；全年门诊量8.67万人次，收治住院1 828人次，住院分娩568例（顺产370例、剖腹产198例），全年总收入3 364万元。

【保健设施】　2023年，东源县有产科工作用房面积8491平方米，其中县级6 875平方米，乡镇级1 416平方米，民营医院200平方米；有病床148张，其中县级65张，乡镇级45张，民营医院38张；产床25张，其中县级10张，乡镇级16张，民营医院3张；新生儿抢救台11张，其中县级6张，乡镇级2张，民营医院3张。

【妇女保健】 2023年，东源县产妇总数1 826人，活产1 839人、住院分娩活产1 839人，住院分娩率100%，产前检查1 808人、产检率99.01%；产妇系统管理1 688人，产妇系统管理率91.79%；全县叶酸补服2 139人，孕产妇早孕建册1 694人、早孕建册率92.77%；全县助产机构首次产检孕妇1 051人，住院分娩产妇数864人，活产数864人。孕期HIV抗体检测976人，孕期HIV检测率92.8%，HIV感染孕妇0例，其中住院分娩产妇中孕期HIV检测864人、HIV检测率100%，未发现HIV阳性孕产妇。孕期梅毒检测976人，检测率92.8%，发现孕期梅毒感染孕妇4例。住院分娩产妇梅毒检测864人，检测率100%，发现梅毒感染产妇4人，所生婴儿4人，均给予规范诊疗并随访。孕期乙肝表面抗原检测976人，检测率92.8%，发现孕期乙肝表面抗原阳性孕妇59人、占比6%。住院分娩产妇中孕期乙肝表面抗原检测864人，检测率100%；乙肝表面抗原阳性产妇所生活产

新生儿78人，其中注射肝免疫球蛋白78人，乙肝免疫球蛋白注射率100%。

【两癌筛查】 2023年，东源县城乡妇女"两癌"（宫颈癌、乳腺癌）筛查5 502人，查出HPV阳性568人，其中TCT检查524人，TCT阳性166人，均行阴道镜检查；宫颈活检268人，发现宫颈癌6人。乳腺彩超3级686人，全部转诊到市妇幼保健院行乳腺钼靶检查；乳腺活检60人，发现乳腺癌患者8人，给予治疗、建档和评价。

【孕产妇死亡调查】 2023年，县妇幼保健院对孕产妇开展死亡漏报调查，全年发生孕产妇死亡病例为零。

【儿童保健】 2023年，东源县有7岁以下儿童数1.95万人，接受健康管理人数1.9万人，健康管理率97.12%；3岁以下儿童数6 226人，3岁以下儿童接受系统管理人数5 569人，系统管理率89.45%；5岁以下儿童死亡人数6人，5岁以下儿童死亡率3.26‰；新生儿访视1 775人，访视率96.52%。全县有6所医疗机构开展新生儿疾病筛查工作，其中县级医疗机构3家，乡镇医疗机构3家。辖区助产机构分娩活产864人，新生儿接受疾病筛查859例，新生儿筛查率

99.42%；新生儿疾病筛查阳性173例，接受听力筛查861例，听力筛查率99.96%；新生儿听力初筛阳性66例，复筛阳性8例；全部转诊至上级医院确诊。

县妇幼保健院领导名录：

院　　长：

张锦锋（2017.01—）

副院长：

刘彩丰（2006.01—）

高红梅（2007.12—）

张国军（2015.01—）

陈仕栋（2021.01—）

（林少辉）

东源县人民医院

【概况】 东源县人民医院（简称县人民医院）成立于2000年，是一所集医疗、预防、保健于一体的二级综合医院，2020年6月东源县紧密型县域医共体（简称东源县医共体总医院）正式挂牌启用。县人民医院新院位于河源滨江新城广师大河源校区东侧，按照二级甲等综合医院标准，并结合县医共体总医院功能实施建设，占地面积6万平方米，建筑面积4.6万平方米；有急诊楼、门诊楼、住院楼、传染病防治楼和后勤保障楼，其中县120急救指挥中心位于急诊楼五楼。新院内设置肝病门诊、泌尿外科、普外科、骨科、内科、妇产科、儿科、五官科、重症医学

科、疼痛康复科、感染科、麻醉科、手术室、血液透析科、内镜中心等23个临床科室，共有535张住院床位。

【医疗设备】 2023年，县人民医院配套有磁共振成像系统、64排128层螺旋CT、口腔CT、载移动CT、载移动DR、DR、脑血管数字减影成像系统（DSA）、腹腔镜、进口科医人钬激光、四维彩超、全自动核酸提取仪、全自动血气分析仪等一批高端医疗设备。

【基本公共服务】 2023年，县人民医院肝病消化内科、普通外科、疼痛康复科成功申报河源市级临床重点专科建设项目。其中"1+4"是该院主抓的特色发展学科（"1+4"指肝病消化科和疼痛康复科、泌尿外科、骨科、血透科），与中山大学附属第三医院消化内科（为"广东省肝病重点实验室"的重要组成部分）、暨南大学附属第一医院、广东省中医院、南方医科大学珠江医院、南方医科大学南方医院共建学科。开展腹腔镜肝叶切除、腹腔镜胃癌、经皮肾镜钬激光碎石取石等各类微创腔镜手术，开展人工肝、泌尿显微手术等新技术30余种。

【业务收入】 2023年，县人民医院接待门诊病人10.16万人次，同比增长24%；全院住院病人6 995人次，同比增长43%；各类手术总数2 731人次，同比增长32.8%；全院医疗总收入9 197万元，同比增加244万元，同比增长3%；全院医疗总支出9 146万元；收支结余51万元；全院固定资产总值8 038万元，同比增长0.15%。

县人民医院领导名录：
党支部书记、院长：
杨建辉（2020.05—）
副院长：
刘远昌（2016.11—）
倪　祥（2021.01—）
林　生（2021.01—）
钟志任（2021.01—）

（黄金霞）

东源县中医院

【概况】 东源县中医院（简称县中医院）位于东源县新县城205国道与仙塘大道交会处，为县级集医疗、预防、保健于一体的二级甲等中医综合医院（编号：ZYEY419027）。是可同时办理本地和异地医疗保险的定点医疗机构，是广东省中医院协作医院，佛山市中医院技术协作单位，深圳市中医院对口扶贫单位，广东省中医药适宜技术推广东源基地，佛山市中医院医联体常任理事单位，河源市人民医院、河源市中医院医联体成员单位，同时也是多家商业保险公司的事故、工伤、体检的定点单位。该院占地面积1.13万平方米，建筑面积3.11万平方米，业务用房面积1.5万平方米，编制床位300张，实际开放病床300张。院内开设门诊、急诊、内科、外科、妇科、儿科、眼科、口腔科、康复科、骨伤科、手足显微外科、血液透析科、消化内科窥镜诊疗中心、治未病中心、消毒供应室、放射科、医学超声诊断室、心电图医学检验室、皮肤科、肺功能室、核酸实验室等26个功能科室，设有河源市消化道早癌筛查中心1个。有员工307人（医生101人，护理121人，医技49人，工勤和其他技术人员36人），其中在编101人，合同制206人（返聘2人）；硕士研究生学历3人，本科学历64人，大专学历165人；卫生技术人员273人；正高职称4人，副高职称13人，中级职称47人，初级职称172人；全国基层名老中医1人，特聘广东省中医院名中医1人，深圳市中医院名中医1人；特聘广东省中医院脾胃病科、肾内科、胃肠外科、放射科主任医师各1人。

【医疗设备】 2023年，东源县中医院有MR、螺旋CT、DR、彩超、核酸实验室（PCR）、全自动生化分析仪、电子内窥镜、关节镜、高清电子输尿管镜、钬激光系统、数字化胃肠机、C型臂X光机、中医经络检测仪、骨质疏松检测和治疗仪、膝关节磁疗仪、美式整脊床、中频治疗仪、低频治疗仪、中药熏蒸床、中药煎药设备等万元以上设备165多台（件）。其中中医诊疗设备99件。

【经济指标】 2023年，东源县中医院门急诊诊疗人数17.7万人次，2022年门急诊诊疗12.65万人次，同比增长39.9%；全年出院病人1.05万人次，2022年出院病人6 911人次，同比增长52.5%。

【义诊活动】 2023年，县中医院组织党员志愿者队伍到乡镇、小区巡回开展义诊13次。

【二甲复审工作】 2023年，县中医院"二级甲等中医医院"获复审通过，使医院评审成功的成果进一步转化为对患者实实在在的服务。

【学科建设】 2023年，县中医院微创中心（普外科、泌尿外科）正式开科运行。脾胃病科获广东省"十三五"特色专科验收通过。

【人才队伍建设】 2023年，东源县中医院根据业务发展需要，加强人才引进，全年共入职17人，其中医护医技岗位15人，其他岗位2人；共选派26位医护人员到省、市级医院进修学习；取得职称晋升共计29人，其中正高职称2人，副高职称2人，中级职称9人，初级职称16人。医院各职能科室执行力、中层干部管理水平、医护人员技能水平与业务素质不断提高。

【履职担当】 2023年，县中医院完成中小学生体检1.85万人次，干部职工体检3 637人次。开展帮扶工作，全年接受乡镇卫生院医务人员进修3名；免收进修费用，接收实习生27名。

县中医院领导名录：
院长：吴思巧（2022.12—）
副院长：
张干华（2009.06—）
古伟军（2021.01—）
邹振强（2021.01—）
彭志华（2021.01—）
叶 勇（2021.01—）

（游远科）

东源县第二人民医院

【概况】 东源县第二人民医院（简称县第二人民医院）是一所集医疗、急救、康复、预防保健、公共卫生服务于一体的二级综合型医院。其前身为船塘中心卫生院。2017年9月按二级甲等标准医院正式动工建设，2019年12月27日正式开业。2021年通过"优质服务基层行"国家推荐标准。该医院占地面积3万平方米，总建筑面积3.23万平方米，设置床位330张，有外科、内科、儿科、妇产科、中医科、康复科、医养结合科、口腔科、血透科、检验科、消化内镜中心、B超室、放射科、公卫科等科室。服务半径辐射东源县上莞、漳溪、骆湖、曾田及和平县礼士、公白等乡镇10多万人口。配有CT、DR、彩超、电子胃镜、肠镜、腹腔镜、全自动生化分析仪、化学发光测定仪、血球分析仪、尿液分析仪、动态心电图机、心电监护仪、呼吸机、血透机、除颤仪、熏蒸治疗仪、偏振光治疗仪、麻醉机等诊疗设备。

【人才建设】 2023年，县第二人民医院有在岗员工150人。其中在编员工109人，临聘人员41人；卫生专业类132人，高级职称13人，中级职称22人；执业医师（含助理医师）42人，注册护士56人。

【医疗管理】 2023年，县第二人民医院开展普外科、肛肠科、骨科、创伤外科、内儿科、妇产科、中医科及口腔科等科目常见病、多见病的诊治，让百姓在家门口享受到三甲医院专家名医的医疗服务。开展学术授课、教学查房、专科坐诊、手术带教等相关工作，严格医疗管理，提升医疗水平。

【医防融合】 2023年，第二人民医院开展公共卫生服务和家庭医生签约服务，制定医防融合实施工作方案，成立家庭医生工作团队；实施居民健康管理，将公卫体检车开到各村居，为群众提供免费送医上门服务，定期随访高血压、糖尿病等慢性病患者，及时向群众反馈体检结果。全年开展免费体检4 065人次，其中管理随访高血压患者1 518人、糖尿病患者658人，新发现高血压患者68人、糖尿病患者30人，并纳入家医长期管理。是年，老年人、高血压、糖尿病等重点人群家庭医生签约率分别为65.7%、96.7%、96.7%；高血压患者规范管理率80.23%，Ⅱ型糖尿病患者规范管理率为71.12%，适龄儿童国家免疫规划疫苗接种率95%。

【医药管理】 2023年，县第二人民医院根据有关规定，严把药品采购、存储、报废、临床安全用药关。严格麻醉药品管理，执行有关文件规定，保障医疗需求，防止药品流入非法渠道。按照上级有关规定，制订相应的工作制度及监督机制，严格管理医疗器械的采购、验收、养护。

【医疗保险】 2023年，县第二人民医院根据医保局及有关部门要求，严格执行医疗保险审批、准入等相关规定；规范医疗行为，合理用药，杜绝小病大治、无病检查等违规行为；在醒目位置张贴医疗保险办理流程图及相关知识解答，帮助患者了解最新的医疗保险知识。

【医疗业务】 2023年，县第二人民医院总诊疗数57万人次，住院病人2 751人次，总收入4 019万元，同比增长13%，其中业务收入1 416万元。

县第二人民医院领导名录：
院　　长：
黄伟贤（2017.07—）
副院长：
李弼红（2020.09—）
陈祖锋（2020.09—）
李利平（2020.09—）

（刘浩斌）

人力资源和社会保障

【人才队伍建设】 2023年，东源县人力资源和社会保障局（简称县人社局）全面推进人才队伍建设，审核高层次人才认定11人，在职学历提升补助申报39人，累计发放各类人才补贴66万元，完成年度职称评审299人，新增博士工作站1个，成功搭建广工大"人才飞地"和广河师"人才共建基地"。组织开展事业单位招聘活动4场，聘用193人；安置退役士兵到事业单位工作6名。全县共招募"三支一扶"（支教、支扶、支医、帮扶乡村）高校毕业生服务乡村53名；接收高校毕业生档案4 815份。全县有14个乡镇建成乡村振兴人才驿站。发挥人才驿站"四个平台"功能，结合"百千万工程"组织开展乡村工匠人才培训班5期，累计培训216人；开展各类人才专题活动9场，参加活动300余人次。

【人事管理工作】 2023年，县人社局推进实施县以下事业单位职员等级晋升，完善事业单位以及公立医院薪酬制度，全面完成教育和卫生系统岗位聘用工作。完成公路系统机构改革人员转隶45人，慢性病防治站机构改革人员转隶26人，其他单位人员转隶20人。

【工资福利与退休管理】 2023年，县人社局审核事业单位在职人员正常职务、薪级工资晋升6 516人；受理调动人员工资转移手续111人；核定事业单位新进人员工资103人；审批事业退休人员193人，为事业单位99名死亡人员办理丧葬费、抚恤金、遗属补助审批手续。

【专业技术职称评审】 2023

年，县人社局协助县教育局完成教师初级、中级职称评定工作73名，其中中级29人，初级44人；协助指导县工信局、县住建局跨系列联合评审，落实建筑、水利、环保和机电类初级职称评定工作共46人；协助县农业农村局完成农林系列专技人员初级职称评定工作10人；与县农业农村局共同完成乡村工匠专业人才初、中级职称评审的指导和审批工作，并按照相关类别申报39人；协助指导县文广旅体局落实图文博物、档案、编辑等初级职称评定申报工作，并与市人社局专技科沟通，委托市图文博艺评审委员会对东源县图文博物、档案等专业人才实施职称评定。

【就业创业】 2023年，县人社局开发见习单位15个，开发公益性岗位60个、乡村公益性岗位20个。完成城镇新增就业3 577人，完成失业人员再就业936人，完成帮扶就业困难人员就业521人，促进创业256人，完成创业带动就业823人；为离校未就业高校毕业生提供就业服务1180人，实现就业1 107人，就业率93%。推动纾困政策落实，发挥就业专项资金帮扶作用，全县累计发放各项就业创业专项资金1 661.37万元，惠及人群5 045人次。研究制定《东源县人社局联系服务企业工作方案》，成立工作组，深入企业开展"点对点"服务；开展线上线下招聘会22场，其中开展跨省对接招聘会2场次，累计入场企业392家次，提供就业岗位3.1万个，达成就业意向人数4 500余人；完成东源县就业各项工作任务。

【职业技能培训】 2023年，县人社局发挥"粤菜师傅""广东技工""南粤家政"三项工程在促进就业创业方面的作用，开展"粤菜师傅"培训110人次、"南粤家政"培训432人次，带动就业创业214人次。新增取得资格证书、职业技能等级证书489人次，开展补贴性职业技能培训1 842人次。开展"区块链+家政""和嘉阿嫂"综合管理服务网络平台对接工作，发动符合条件的家政企业入驻服务网络平台，引导和鼓励农村劳动力到家政服务领域就业。

【劳动关系仲裁调处】 2023年，县人社局、县工商联、县工会成立东源县劳动争议三方联合调解中心，开展劳动争议调解工作。创新调解仲裁制度机制，加强仲裁办案指导规范化，全年依法公正处理各项劳动人事争议纠纷案件342宗，涉案人员403人，涉案金额1 000万元，结案率99%以上。审批16家各特殊行业企业依法申报特殊工时。是年，县仙塘镇的劳动人事争议调解中心被省人社厅评为全省工作突出基层劳动人事争议调解组织。

【劳动者权益维权】 2023年，县人社局推进根治欠薪各项工作，开展建设领域"制度提升年"行动，举办建设领域保障农民工工资支付工作培训班1场次，参训150多人次，完成县城在建工程项目劳动用工专项检查50个，并将检查发现在劳动合同签订、工资支付、用工实名制管理、工资保证金存储、工资专户等6个方面存在的突出问题反馈行业主管部门，督促其加强监管。处理各类劳资纠纷投诉举报案件3 507宗，为5 200名劳动者追回被拖欠工资待遇等约9 200万元。是年，成立了东源县根治拖欠农民工工资工作领导小组，制定《东源县源头防范和根治工程建设领域欠薪问题长效机制》，牵头组织召开保障农民工工资支付专题工作会议，执行农民工工资保证金制度和解决农民工欠薪应急周转金制度，累计共有94个工程项目申请工人工资支付保证保险保函，金额共计9 362.49万元。同年，开展信访处理工作，共受理广东省一体化信访信息来件57宗。

【社会保险管理】 2023年，县社保局实施全民参保计划，全县养老、工伤、失业三个险种总参保38.83万人次。全县城乡居民养老保险参保22.38万人次，享受待遇7.81万人次；企业职工养老保险参保5.23万人次，享受待遇1.6万人次；机关事业单位养老保险参保9846人次，享受待遇4479人次；失业保险参保3.93万人次，领取失业金8828人次；工伤保险参保6.3万人次，享受待遇431人次。其中城乡居民养老保险参保缴费（含特殊人群）9.34万人，完成市下达任务的103.64%。各项社保基金总收入17.26亿元，总支出17.61亿元，收支结余-0.35亿元，累计结余4.69亿元。推进被征地农民养老保障、农民养老保险留存资金分配工作。全县完成征地社保审批工作44个批次，涉及40个单位，计提征地社保费4689.12万元，并全部预存至社保专用账户。是年，企业职工退休人员人均养老金提高至2000.98元/月，同比提高63.07元/月；机关事业单位养老保险退休人员人均养老金提高至5826.97元/月，同比提高135.99元/月；城乡居民养老保险基础养老金从2023年7月起由190元/月调整为200元/月；工伤定期待遇伤残津贴最低为4511元/月，供养亲属抚恤金每人加发80元/月。推行110项"市内通办"，开展"社保服务快办行动""暖心贴心社保服务窗口"活动，进驻东源县政务服务中心服务窗口26个，办结社保经办业务约3.7万宗。实施"城乡居保镇村通"工程，深化"社银合作"，县、镇级和2个试点村实现城乡居保经办业务柜台办和自助办。开展工伤保险工作，县内3家医疗协议机构实现联网结算。开展失业保险工作，发放失业保险技能提升补贴47人次6.65万元。推进社保历史档案影像化工作，完成历史档案影像化数量62.5万页。同年，成立社会保险基金监督工作小组，对社保经办业务开展常态化监督检查。

【智慧人社信息化建设】 2023年，县人社局推进人社业务一链通办、一网通办、打包快办、跨省通办，推动县人社公共服务信息化和标准化。全县有社保公共服务事项上线"粤省事"56项、业务上线网办平台"网上办"71项，实现全流程办理业务68项，落地"一件事"打包办套餐服务10项，业务13类证明材料实行告知承诺制"简便办"业务11项。全县3家工伤保险协议机构100%实现省内异地联网结算。全县21个乡镇、284个村居一级社保网点基本实现城乡居保业务"就近办"。推进社保卡居民服务一卡通建设，会同合作银行有序推进第三代社保卡换发工作，推进社会保障卡居民服务"一卡通"应用工作，大力宣传社保卡一卡通业务以及电子社保卡服务，持卡人可持社保卡办理社保查询、就业失业登记、人事考试等各项业务。

县人社局领导名录：
党组书记、局长：
刘伟青（2021.12—）
党组副书记、社保局局长：
殷俊涛（2021.09—）
党组成员、副局长：
梁秀权（2019.05—）
郭宇燕（2019.07—）
邓勇军（2020.11—）

（叶　新）

医疗保障

【概况】 东源县医疗保障局（简称县医保局）于2019年3月24日挂牌成立。负责贯彻落实医疗保障工作的方针政策和决策部署。根据工作职能，整合了县人力资源和社会保障局的城镇职工和城乡居民基本医疗保险、生育保险，县发展和改革局的药品和医疗服务价格管理，县民政局的医疗救助等职责，设办公室、规划财务和法规股、待遇保障和医药服务价格管理股、基金监管股4个内设机构，下设1个事业单位——东源县医疗保障事业管理中心。

【基本医疗保险】 2023年，东源县参保人数共46.21万人，参保率95%；其中参加职工基本医疗保险人数6.29万人，参加城乡居民基本医疗保险人数39.93万人。

【基本医疗保险待遇】 2023年，东源县选定一级及以下定点医疗机构，支付比例为60%；因病情需要按规定转诊到二级定点医疗机构支付比例为55%；转诊到三级定点医疗机构支付比例为50%。年度最高支付限额为350元/人年。参保职工在市内定点医疗机构发生的政策范围内医疗费用，选定一级及以下定点医疗机构，支付比例为70%；选定二级定点医疗机构，支付比例为60%；选定三级定点医疗机构，支付比例为55%。年度最高支付限额为每人1800元/年。

住院医疗待遇 参保居民因病住院发生符合规定的医疗费用，居民医保基金支付比例为：市内一级及以下医疗机构92%，二级医疗机构75%，三级医疗机构65%。参保职工因病住院发生符合规定的医疗费用，职工医保基金支付比例为：市内一级及以下医疗机构92%，二级医疗机构85%，三级医疗机构80%。

【生育保险】 2023年，东源县生育保险参保人数5.92万人，享受生育待遇4012人次。

【大病保险】 2023年，东源县大病保险起付标准为1.23万元，年度最高支付限额为18.26万元。

【医疗救助】 2023年，东源县全额资助符合政策的特殊人群参加2023年度城乡居民基本医疗保险，受资助对象2.67万人，资助金额934.92万元。落实医疗救助零星报销359人次，救助金额721.30万元。

【重大疫情医疗保障】 2023年，县医疗保障局落实"乙类乙管"后优化新型冠状病毒感染患者治疗费用医疗保障相关政策，保障新型冠状病毒感染患者住院治疗、门急诊费用，基本医疗保险基金共计支付新冠住院患者8人次、新冠门急诊患者11人次，支出金额3.94万元。

【异地就医】 2023年6月1日起，临时外出就医人员和异地生育人员实行免备案，并享受直接结算服务。

【两定机构】 2023年，东源县共有定点医疗机构32家，定点零售药店123家，其中新增定点医疗机构1家，定点零售药店18家。

【医保基金监管】 2023年4月，县医保局开展以"安全规范用基金 守好人民'看病钱'"为主题的集中宣传月活动，累计发放宣传海报500余张、宣传折页3万余份。开展打击"三假"专项整治行动，将检查检验、康复理疗、精神类疾病诊疗项目基金监管工作列入重点检查内容，全年共检查定点医疗机构73家次，约谈6家，追回医保基金17.38万元，罚款10.27万元；检查定点零售药店121家，追回医保基金9072元，罚款2000元。

【医保经办】 2023年，县医保局全面建成县、镇、村三级医保经办全覆盖体系，医保经办服务延伸至全县287个村（居），形成医保经办"十五分钟服务圈"。推进高频医保经办事项"全流程网办"，配合做好医保政务服务事项对接国家医保App、粤省事、粤医保、粤智助，实现39项政务服务事项全流程网上办理。全面推进首批18项高频医保政务服务事项"市内通办"，实现医保业务线下就近办理。

县医保局领导名录：
党组书记、局长：
张伟才（2023.11—）
副局长：
杨伟杰（2019.05—）
谢智明（2019.09—）

（张志军）

民政工作

【概况】 2023年,东源县民政局(简称县民政局)内设办公室、社会救助股(社会福利和社会工作股)、基层政权和社区建设股、社会事务股等4个股室,下辖县婚姻登记服务中心、县慈善会、县救助申请家庭经济状况核对中心、县福利院、县殡仪馆、县殡葬管理所(执法队)、县未成年人救助保护中心等7个下属单位。

【社会福利事业】 2023年,县民政局提升供养机构消防安全设施标准,投入资金258.4万元,完善县福利院,涧头、双江、上莞、骆湖等镇养老机构的消防安全设施。全县有特殊困难家庭适老化改造指标数280户,第一期完成225户,第二期完成110户,全年共投入133.9万元。完成仙塘镇、灯塔镇、康禾镇、顺天镇社区综合养老服务中心及社区长者饭堂项目,投入专项经费285万元。完成残疾人"两项补贴"发放工作,每人每月生活补贴195元、护理补贴261元,累计发放护理补贴2 420万元、生活补贴1 159万元。发放分散供养孤儿(事实无人抚养儿童)最低养育标准每人每月1 359元,全年共发放基本生活保障资金48.1万元(散居孤儿27人、集中供养孤儿0人)。全县有登记在册事实无人抚养儿童383人,全年累计发放基本生活保障金618.2万元。

【基层政权和社区建设】 2023年,县民政局开展仙塘镇建设路社区居委会"一站式"城乡社区综合服务示范点创建工作,开展柳城镇石侧村村级议事协商试点工作。村(社区)委员会班子成员依法开展缺额补选工作,补选村(社区)班子成员37人,补选村(居)务监督委员会成员8人。完成22名正常离任村干部的信息采集工作(第三轮),全县有符合采集要求录入系统总人数4 985人,符合领取正常离任村干部生活补贴2 879人。全面完成地名普查成果转化工作。继续加强地名信息化建设,配合上级及时更新相关数据,完善国家级地名数据库的建设工作;加强对街、路、巷命名的监督与管理,进一步指导和开展街、路、巷命名审核工作。

【社会救助】 2023年,全县城镇、农村低保人员每人每月分别补差676元、311元;特困人员供养补贴每人每月1 436元、1 020元,全年发放低保金1.05亿元、特困供养金3 077.03万元。联合公安部门对1名流浪乞讨人员实施DNA信息采集,并按规定给予户口办理;帮助35名流浪乞讨人员成功寻亲,接受帮助流浪乞讨人员153人次;开展街面巡查528人次,对1名流浪乞讨人员按有关规定评残,纳入特困人员救助供养。全年累计发放流浪救助金约350万元。

【社会事务】 2023年,全县新成立28家社会组织,总数共有217家,其中民办非企业单位102家(含民办学校2家),社会团体115家(含行业协会10家、一般性社团105家)。注销3家社会组织。实施婚姻登记"跨省通办""全城通办"工作。全年办理7193宗婚姻登记业务(结婚登记2 734对、离婚登记1 415对、离婚登记申请2 306对、补领结婚证608宗、补领离婚证121宗、婚姻登记记录证明9份)。推进未成年救助保护整治工作,开展预防和治理未成年人案事件专项行动,以九个"强化"推动未成年人保护工作,织牢织密未成年人保护网。共摸查重点人员253人,转化247人。其中,有在校学生167人,非在校学生86人,均建立"1+2+N"关爱帮扶小组。继续推进殡葬火化工作,全年免除殡葬基本服务费用对象3 282人,共计639.99万元。

【老龄工作】 2023年,全县有80周岁以上高龄老人1.48万人,其中80~89周岁1.25万人、百岁老人45人，共发放高龄补贴资金1024.297万元。

注释：

"1+2+N"：对排查出的未成年人重点群体，特别是留守、困境和单亲等重点女童，严格落实"1+2+N"关爱小组关爱帮教工作。关爱小组中的"1"专指镇委副书记（政法委员）兼任关爱小组组长；"2"指教育部门（校长、班主任或教师）和民政部门（社工）工作人员在关爱校内外未成年人（学生）工作中是互为主次、相互协助关系；"N"是指公安民警、妇联、团委工作人员、医护人员、心理咨询（辅导）师、家属（监护人）、镇村（居）干部、党员邻居、未成年人亲属等。

县民政局领导名录：

党组书记、局长：

李伟强（2020.11—）

党组成员、副局长：

张敏中（2019.05—）

黄政岩（2019.05—）

（李　鑫）

退役军人事务

【优抚优待】 2023年，东源县退役军人事务局（简称县退役军人事务局）落实优抚政策，解决退役军人"三难"等实际困难。全年发放优抚对象定期定量生活补助金5 480.35万元、企业军转干部解困补助168万元，给全县80%以上优抚对象的优待证账户发放补助。落实入伍优待政策，发放义务兵家庭优待金共978.18万元，发放大学毕业生参军一次性学历奖励金25.8万元。保障优抚对象医疗待遇，为患重大疾病的退役军人和现役军人家属14名申请省退役军人应急救助资金27.26万元，为困难退役军人554人次发放"解三难"资金90.18万元，为重点优抚对象购买城乡居民医疗保险，医疗二次报销128.77万元。开展"关爱老兵"送医送药活动，送出医药箱580个。开展常态化联系退役军人工作，加大退役军人关爱帮扶政策宣传，发放宣传资料，提高退役军人对政策的知晓率。

【双拥共建】 2023年，县退役军人事务局开展拥军优属工作，为立功现役军人家属送喜报177份（其中二等功1名，三等功8名）。春节、"八一"期间开展走访慰问活动，协同县领导走访慰问市、县驻地部队；赠送慰问品78万元，全覆盖发放对联、年画1万余份；走访慰问退役军人及其他优抚对象，送去慰问金（品）50.8万元。拓宽双拥宣传载体，更新双拥工作专栏，在县城主干道设置双拥宣传标牌（语）。支持东江中学设立国防教育办公室，完善双拥共建、国防宣传教育设施。深化双拥共建，联合县人武部等驻地部队开展最美退役军人事迹报告会、先进军人代表报告会、国防教育进校园、学生进军营、拥政爱民献爱心等系列活动。组织县内旅游景点企业签订退役军人优待项目商家合作协议8个，营造拥军崇军氛围。

【褒扬纪念】 2023年，县退役军人事务局推进烈士纪念设施建设，组织实施县级以下烈士纪念设施修缮工程，推进东源县革命斗争史展陈馆布展（一期）工程。落实英烈褒扬工作，开展"2023·崇尚·清明祭英烈"活动，在清明前夕组织全县干部职工祭扫革命烈士纪念碑。开展异地祭扫活动，组织烈士亲属祭扫团共54人到广西靖西市、那坡县、凭祥市等烈士陵园祭扫东源籍烈士；组织举行全县烈士纪念日公祭烈士活动，传承弘扬英烈事迹和精神。

【移交安置和就业创业】 2023年，县退役军人事务局推进退役军人接收安置工作，符合政府安排工作条件退役士兵和退出消防员安置政策，安置符合条件的退役士兵和退出消防员到县直机关下属公益一类事业单位。开展"一站式"报到服务，为退役士兵办理退役报到、社会保险登记、基本医疗保险关系接续、党团关系接续等手续，发放2022

年自主就业退役士兵地方经济补助金567万元。开展就业创业培训工作,举办自主就业退役士兵职业规划指导培训班,开设驾驶技能培训班和电工技能培训班,完成退役士兵职业技能培训;推进退役军人学历提升教育政策宣传,协助退役士兵办理学费减免、免笔试等政策待遇程序。助力退役军人就业创业,引导退役军人充分稳定就业,举办退役军人专场招聘活动1场,向退役士兵推送招聘信息90余条,发布岗位700余个。落实退役军人就业创业帮扶政策,协助42家企业聘用退役军人,企业享受税收减免100多万元;指导5名自主创业的退役军人享受一次性创业资助补贴、创业租金补贴,共计5万元。

县退役军人事务局领导名录:

党组书记、局长:

袁国标(2022.10—)

党组成员、副局长:

谢石坤(2019.05—)

赖振武(2019.09—)

(范仲斌)

乡镇概况

仙塘镇

【概况】 仙塘镇是东源县城所在地，位于东源县南部。东与义合镇相邻，南连紫金县临江镇、源城区源南镇，西接新港镇，北与灯塔镇下围村接壤。辖区总面积164.1平方千米，其中山林面积101.56平方千米。境内属半丘陵、半平原地区，地势东北高西南低。东江从东北至西南贯穿境内，河道长12千米。矿产资源主要有萤矿、稀土、高岭土、铅锌矿等，其中高岭土储量3 000万吨以上，吉村萤矿属大型矿床。2023年，该镇下辖热水、禾溪、仙塘、红光、徐洞、木京、龙利、坭坑、东方红、新洋潭、观塘、古云、龙尾等13个行政村及街镇、建设路、崇文区、深业路、新河路5个社区。全镇户籍总户数9 620户，户籍总人口3.9万人，常住人口12.37万人，外来人口8.71万人。

【经济】 农业 2023年，仙塘镇耕地面积546.01公顷，其中水田面积423.03公顷。全镇粮食作物播种面积1 220.72公顷（两季度），总产量3 625.71吨。其中水稻播种面积601.26公顷，产量3 625.71吨，薯类种植面积320公顷，产量350.7吨，水果种植面积97.53公顷，产量629.6吨，花生种植面积201.93公顷，产量696.6吨。畜牧业以家禽为主，2023年家禽出售和自宰量13.6万羽，年末存栏10.7万羽。全年实现农业总产值9 029万元，农民人均可支配收入2.31万元。

主要农业企业 禾溪村仙人塘生态园产业总规模133.33公顷，种植品种有龙脑樟、葡萄、蓝莓、板栗等果木农作物，是集观光、采摘、休闲于一体的现代生态农业项目。2023年，推出"塘心翠堤"特色农业品牌。

工业 2023年，仙塘镇工业以传统制造、新型材料、环保建材、高端陶瓷等产业为主导，有工业企业41家，其中规模以上企业26家。全年实现工业总产值72.27亿元，完成固定资产投资17.95亿元。规模以上企业主要有力升树灯（河源）有限公司、利冠工艺制品（河源）有限公司、华康塑胶制品（东源）有限公司、河源富马硬质合金股份有限公司和河源然生新材料有限公司等。

财税金融 2023年，仙塘镇内金融机构有中国邮政储蓄银行、东源农商银行、中国银行、中国农业银行等分支机构。是年，该镇税收收入7.39亿元。

【基础设施建设】 仙塘镇区交通状况良好，境内有京九铁路和广梅汕铁路，还有205国道、河义公路、东环路，河龙、粤赣高速公路，赣深高铁经过，设有仙塘火车货运站。水路运输，上达龙川，下至惠州、广州。至河源市区设有公共汽车上落站，有专线车、公共汽车通达。设有供电所、邮政支局、电信支局、移动公司、联通公司等机构。建有仙塘镇自来水厂及徐洞自来水厂，其中仙塘镇自来水厂日供水量2.2万立方米，徐洞自来水厂日供水量6 000立方米。2023年，仙塘镇实施农村集中供水补短板工程，投入300万元，解决禾溪村、热水村、徐洞村部分村民因供水少、水压小造成的生活不便问题；持续推进基础设施建设，投入394.86万元，完成东源县仙塘镇街镇中心区域道路提升工程；投入490万元，完成东源县仙塘镇崇文综合市场片区道路及人行道升级改造工程。

【仙塘圩镇】 仙塘圩镇位于205国道与东源大道交会处。2023年，仙塘圩镇有建成区3平方千米，常住人口8.5万人，逢农历三、六、九为圩期。设有中心市场1个，有大众购物广场，有金大福珠宝、361度等商贸服务企业入驻。全镇有个体工商户4 024户，从业人员8 030人，全年社会商品零售总额3.012亿元。

【文教卫体】 文化 2023年，仙塘镇有文化站两处，一处为仙塘镇综合文化站，位于圩镇新丰路，占地面积160平方米，总建筑面积480平方米，内设棋牌室、图书阅览室、电子阅览室、文体娱乐室、辅导培训室、老人活动室、少儿活动室、运动健身室共8个功能场室；另一处为仙塘文化活动中心，位于仙塘牛角龙，占地面积738平方米，建筑面积2 060平方米，内设农家书屋、书画创作室、陈列展览室、多功能室、辅导培训室、娱乐室、电子阅览室、排练演出厅、老人活动室、少儿活动室共10个功能场室。是年，镇内共开展大型文体活动50场，参与活动人员约4 863人次。仙塘镇综合文化站被认定为省级"户外劳动者工会爱心驿站"。

教育 2023年，仙塘镇有初级中学1所，完全小学2所，幼儿园5所。是年，有在校中小学生2 475人，在园幼儿952人，教职工285人。仙塘镇中心小学于1938年创办，校园占地面积2.3万平方米，曾获全国优秀家长学校、广东省绿色学校、广东省语言文字示范校、广东省书香校园、河源市文明学校、河源市德育示范校、东源县教书育人先进单位、东源县教学质量优秀单位等荣誉称号。仙塘中学于1970年创办，校园占地面积6.5万平方米，是市一级学校。

医疗卫生 2023年，仙塘镇有村级卫生站23个、医生23人。有仙塘镇卫生院，创建于1957年，为一级甲等医院，建筑面积4 148平方米。该院另建新院占地面积350平方米，建筑面积1 500平方米。2023年，全院有在职工作人员92人，其中医务技术人员79人，副高职称2人，中级职称10人，初级职称52人。全年诊疗5.8万人次，业务总收入527.85万元。

计生工作 2023年，仙塘镇全面推进三孩政策、计划生育家庭奖励扶助制度、独生子女父母奖励制度、计划生育家庭特别扶助制度。全镇出生人口331人，其中一孩出生150人，二孩出生118人，三孩出生50人，四孩及以上出生13人；出生率7.19‰，死亡率4.61‰，自然增长率2.59‰。

【社会民生】 2023年，仙塘镇新增就业岗位217个，就业困难人员认证登记失业率控制在2.6%以内；协助和推动企业举办用工现场招聘会2场，平均每场参加企业28家，共提供就业岗位200多个，签订就业意向100多人次，帮扶失业人员再就业26人，办理灵活就业个人社保补贴50余人。是年，仙塘镇完成城乡医保缴费2.6万人、城乡养老保险缴费7 000人，办理城乡居民基本养老保险待遇申领157人次，办理新增参保43人次，采集养老待遇资格认证3 762人。

【基层组织建设】 2023年，仙塘镇共有党组织74个，其中党委2个、党总支13个、党支部97个。中共党员总数1 360名，其中男性党员1 027名，女性党员333名，35周岁以下党员294名，预备党员23名。为党员、干部上党课31场次，镇委党校开展党员集中轮训、"两委"干部能力提升培训等19场次，共培训学员2 200余人次。仙塘镇委党校获评为2023年河源市"五强"(队伍强、设施强、产业强、素质强、作风强)镇街党校。

团委 2023年,共青团仙塘镇委员会下辖基层团委1个,团支部43个,其中村(社区)团支部32个,"两新"(新经济组织、新社会组织)团支部7个,共有团员1 143名。组建仙塘镇青年志愿服务队,共有实名注册志愿者222名。是年,在i志愿发布志愿服务活动60场次,人均志愿服务时长31.2小时。镇团委获评为河源市"五四"红旗团委。

妇联 2023年,镇妇联开展"两癌"(乳腺癌、宫颈癌)筛查工作,为适龄妇女申请购买第三期玫瑰公益"两癌"免费保险98人;向17名妇女儿童发放慰问金8 500元;为3名儿童申请"爱心父母牵手孤贫儿童"项目资助4 200元。

【综合治理】 2023年,仙塘镇综治中心共收到上级交办信访案件79宗,群众到镇反映矛盾纠纷42宗,所有案件均完成办结;妥善化解涉群体性矛盾纠纷6起。是年,仙塘镇辖区内共受理电诈警情169起(2022年192起),同比下降11.97%;涉案被骗金额约860万元(2022年1 127万元),同比下降23.7%;未发生100万元以上的重特大电信网络诈骗案件;滞留境外涉诈重点人员1人已成功劝返,劝返率达100%,整治工作取得初步成效。

【乡村振兴】 2023年,仙塘镇持续巩固农村人居环境整治成果,共清理垃圾约260吨,整治黑臭水体150处,清理房前屋后、村道巷道乱堆乱放1 313处。因地制宜复绿和建设"四小园"(农村小菜园、小果园、小花园、小公园),有效利用拆后空地开展洁化、美化、绿化、亮化工作,全面推进农村面貌提升。截至2023年末,完成"四小园"建设614个,绿化、美化面积达4.65万平方米。实现全镇13个行政村标准垃圾屋(收集点)全覆盖建设,94个自然村实现上门收集生活垃圾;垃圾无害化处理场一期一、二、三区均完工并投入使用。全面推进农村厕所革命,实现无害化卫生户厕普及率100%,落实全镇24个公厕专人管理、工作管理制度上墙。持续开展农村生活污水治理,有54个自然村实现雨污分流、污水排放管道收集或暗渠化,全镇农村生活污水收集治理率达57.5%。是年,共完成管网建设约2千米,明沟暗渠化约3.5千米,建设污水处理池3个。

【旅游与特产】 仙塘镇有南园古村国家3A级旅游景区、"东江画廊"、乡村振兴示范带(仙塘段)等景点;土特产主要有阳光玫瑰、蜂蜜、河鲜等。

2023年仙塘镇基本情况统计表

项　　目	数　据
户籍总户数(户)	9 620
户籍总人口(人)	38 960
农业人口(人)	1 592
辖区总面积(平方千米)	164.1
山地面积(平方千米)	101.56
耕地面积(公顷)	546.01
水田面积(公顷)	423.03
粮食总产量(吨)	3 625.71

续表

项　目	数　据
水产品产量（吨）	1 771
生猪出栏量（头）	4 085
三鸟出栏量（羽）	136 000
农业总产值（万元）	9 029
工业总产值（万元）	722 700
农民人均可支配收入（元）	23 081
税收收入总额（万元）	73 900
本级财政收入（万元）	14 775

仙塘镇党政领导名录：
党委书记：
朱嘉宝（2021.09—2023.02）
刘仲源（2023.03—）
党委副书记、镇长：
徐志立（2021.09—2023.12）
人大主席：赖曜学
党委副书记：
朱振通　王贵平　邱龙华
党委委员、副镇长：诸少涛
党委委员、纪委书记：
段　鑫
组织委员：刘伟萍
宣传委员、统战委员：
肖　园
党委委员：陈文响
副镇长：
黄　敏（2021.09—2023.12）
肖　康（2021.09—2023.04）
邱　惟（2021.09—2023.06）
潘　玮　袁波
人大副主席：潘建东

（欧敏捷）

灯塔镇

【概况】　灯塔镇地处东源县中部、灯塔盆地腹地。东邻骆湖镇、曾田镇，南与义合镇、仙塘镇交界，西连双江镇、涧头镇，北接顺天镇。205国道、省道S253线和粤赣高速公路贯穿全境，辖区总面积198.35平方千米，镇域多为丘陵地带，地势东南高西北低。丘陵山地面积1.67万公顷，其中大部分坡度在25度以下。镇南部牛皮（峙）山为最高峰，主峰海拔827米。主要河流灯塔河，为东江三级支流，镇内河道长28千米，流入新丰江。有中型水库（白礤水库）1座、小型水库6座。矿产资源主要有稀土、瓷土、铁矿。2023年，下辖白礤、黄埔地、高车、柯木、新光、灯塔、结游草、安平、连塘、梨园、玉井、黄土岭、下围等13个行政村和1个社区；户籍总户数1.04万户，户籍总人口4.06万人，常住人口3.7万人。

【经济】　农业　2023年，灯塔镇常用耕地面积1 636.08公顷，其中水田面积1 230.26公顷。两季度粮食种植面积合计3 497.15公顷，水稻播种面积1 964.4公顷、总产量1.38万吨。农林牧渔总产值4.23亿元，其中农业1.25亿元、林业6 264.57万元、牧业1.91亿元、渔业3 338.6万元、农林牧渔服务业1 126万元。农民人均可支配收入2.05万元。

主要农业企业　2023年，灯塔镇有东源县源兴生态种养中心、东瑞食品集团股份有限公司、广东宝友现代农业有限公司、华祥（广东）生态农业发展有限公司、河源绿乡生鲜供应链有限公司、东源县宏源农业科技有限公司、河源市林农科技服务有限公司等主要农业企业，分别建成白礤鹰嘴蜜桃种植园、连塘优质番薯种植园、科朗种鸡繁殖基地、玉井种猪养殖基地、梨园绿色蔬菜基地、下围绿色蔬菜基地、广行葡萄园、梨园葡萄园。

工业　2023年，灯塔镇以钢铁、陶瓷、木业、矿产、气体加工为主。全镇有工业企业55家，其中规模以上企业13家。全年工业总产值32.54亿元，完成固定资产投资8.2071亿元。规模以上企业有广东腾发林业发展有限公司、广东汇兴空气液化有限公司、嘉汉木业（河源）有限公司、广东盛业钢铁有限公司、东源县富源实业有限公司、河源市罗曼缔克实业有限公司、河源美克顿微金属有限公司、广东绿森新型材料科技有限公司、河源汇联气体有限公司、东源县志灵木业有限公司。

财税金融　2023年，灯塔镇税收收入7482.67万元。金融机构有中国农业银行、中国农村信用合作社、中国邮政储蓄银行、中国人寿保险办事处等分支机构。全镇居民储蓄存款余额11.7亿元，贷款总金额4.59亿元。

【灯塔圩镇】　灯塔圩镇位于205国道与省道官汕线交会处，是粤东北区域交通枢纽。2023年，灯塔圩镇建成区5平方千米，常住人口1.5366万人，有中心市场2个，逢农历二、五、八为圩期，是周围双江、涧头、顺天、骆湖、漳溪等乡镇15万人口的商贸中心和农产品集散地。灯塔客运汽车站每日运营120班次；设有邮政支局、电信支局、移动公司、联通公司等机构；建有2座变电站，分别是220千伏黄埔地奎阁变电站和110千伏灯塔变电站；建有镇自来水厂，年供水量255.5万立方米。全镇有世纪联华百货、千百购物中心、爱富兰家私城等较大型商贸服务企业；设有三鸟市场，建筑面积840平方米；有成衣市场，建筑面积1050平方米；有宾馆娱乐场所22家；有家电、时装、手机、家具商场及汽车维修服务点等。

【基础设施建设】　2023年，灯塔镇完善乡村基础设施，累计完成79个自然村主干道路面硬化建设，新建设道路路面硬化15.94千米，新建设自来水厂1座，实现集中供水全覆盖；境内交通便利，高速出口至和平路口国道段工程、粤赣高速灯塔出口至灯塔中心城镇公路新改建工程（二期）基本完工，其余路段道路建设、景观提升为在建工程；行政村村道全域实现硬底化。有在建工程——东源县医共体。

【文教卫体】　文化　2023年，灯塔镇有综合文化站1个，站内设有图书室、电子阅览室、文体娱乐室、棋牌室、体育健身房等功能室。有广电网络站1个、广电网络用户2000户，电信、移动电视用户4351户。有文化广场1处，镇级文化娱乐室3个，村级文化活动中心13处，社区文化活动中心1处，各类图书室14个、共藏书5万册。有学校体育场4个，各行政村健身场安装有健身器材。是年，镇内多次举行演讲比赛、篮球赛、广场舞等文化体育活动，参加活动人数5.56万人次。

教育　2023年，灯塔镇有初级中学1所、完全小学4所、教学点1个、幼儿园5所，在编教师144人，幼儿园教职人员93人，在校中学生990人、在校小学生2104人、在园幼儿867人。灯塔镇中心小学创办于1957年。1994年迁至现校址，校园占地面积4.8万平方米，是广东省语言文字示范学校、河源市德育示范学校、河源市安全文明校园、全国足球推广学校、广东省足球示范校、广东省校园篮球推广学校。灯塔中学创办于1957年。校园占地面积9.56万平方米，建筑面积1.04万平方米，有多媒体教室20个，有化学、生物、语音、计算机等功能室18个，建有标准400米环形田径运动场、标准足球场、篮球场、羽毛球场、乒乓球等运动场所。2011年，灯塔镇中学撤并至灯塔中学。2023年，灯塔中学有教学班18个、学生926人、教职工74人。

医疗卫生　灯塔镇有村级甲级医疗站16间、乡村医生16名。灯塔中心卫生院创建于1959年，为一级甲等医院，建筑面积9380平方米。2023年，中心卫生院有开放病床100张，医务人员127人，全年业务总收入2954.8万元。该院开展医护人员进村义诊、健康宣教、家庭医生签约等活动，为群众提供医疗健康服务。

环境卫生　2023年，灯塔镇继续由县PPP办将原有标准化垃圾填埋场改造升级为东源县中部标准化垃圾填埋场，镇政府聘请深圳斯普特实业发展有限公司负责管理圩镇卫生，并将村级卫生纳入管理范围。全镇有环卫工人59人，有垃圾压缩车5辆、道路洒水车1辆、垃圾清扫车1辆、配备三轮车11辆，全年环卫经费支出284万元。

【基层组织建设】　2023年，灯塔镇党委下辖党组织53个，其中村（社区）党总支部7个，村党支部39个，机关党支部2个，"两新"党支部5个。有中共党员1320名，其中女性党员274名，农民党员1047名。设有15个党员远程教育接收点，方便党员干部学习。全年严格落实"第一议题""三会一课"（党支部党员大会、党支部委员会会议、党小组会和党课）等制度，传达学习党的二十大精神，组织党员培训活动19场次、培训2000人。

群团工作　2023年，灯塔镇建成3个"两新"团组织（即中国共产主义青年团河源市东源县灯塔镇喜洋洋幼儿园支部委员会、中国共产主义青年团河源市东源县灯塔镇镇直机关支部委员会），并系统推进团建工作；梨园村、连塘村是河源市"强基层妇联·促乡村振兴"农村基层妇联工作示范点、妇女儿童之家，开展丰富的文娱活动和公益课堂，重点开展对困难儿童的一对一帮扶工作，实行一个月2次关爱走访。

【综治管理】　2023年，灯塔镇综治中心及各村（居）共受理各类纠纷152起，调处152起，调处率100%；调处成功132起，调处成功率94%。公安派出机构共侦破刑事案件45宗，查处行政案件10宗，其中刑事拘留7人，行政拘留10人，行政罚款8人，摸排涉黑恶线索4条。

【社会民生】　2023年，灯塔镇完成城镇新增就业人数366人，就业困难人员实现再就业58人，精准扶贫就业3人，参加劳动技能培训130人。强化兜底保障工作，全镇有2.72万人参加城镇居民医疗保险，其中特殊人群参保1462人，完成报销253人次，报销总额60.77万元，大病保险报销率100%。加强社会弱势群体救助，享受最低生活保障救助383户、合计947人，救助金额共539.28万元；有五保人员147人，其中福利院集中供养13人，镇分散供养134人，救助金额共166.53万元；事实无人抚养人员37人，其中孤儿4人，救助金额共4.97万元；持证残疾人772人，残疾人两项补贴救助8892人次，救助金额共419.7万元；获残疾人生活补贴2964人，救助金额共59.87万元；获残疾人护理补贴5928人，救助金额共13.34万元；获临时救助98人次，救助金额共23.11万元；获医疗救助15人，救助金额共30.05万元。落实防止返贫监测和帮扶工作，原建档立卡脱贫人口共623户1972人，其中纳入最低生活保障466人，纳入特困供养88人，纳入孤儿与事实无人抚养儿童19人，获临时救助22人次，发放临时救助资金3.94万元；全镇共有监测对象6户27人，其中脱贫不稳定户2户11人、边缘易致贫户1户4人、突发严重困难户3户12人，纳入最低生活保障16人，纳入低保边缘1人。

【新农村建设】　2023年，灯塔镇完成圩镇主干道沥青铺设5.45千米，完成农村村内道路硬化共

15.94千米,村内道路沥青铺设12.09千米,其中安平村3.74千米,梨园村4千米,高车村3.5千米,柯木村0.85千米。开展"三清理"(清理村巷道及生产工具、建筑材料乱堆乱放,清理房前屋后和村巷道杂草杂物、积存垃圾,清理沟渠池塘溪河淤泥、漂浮物和障碍物)工作,共清理705处,清理面积97 585平方米,清理垃圾456.78吨;开展"三拆除"(拆除危旧弃房屋及露天厕所,拆除乱搭乱建及违章建筑,拆除违法商业广告及招牌)工作,共拆除269间,拆除面积8 315平方米;开展"三整治"(整治农村垃圾、污水及水体污染)工作,整治388处,整治生活垃圾和水体污染4 391.4吨。建有公厕11个、户厕5 577个,推进农村厕所问题摸排整改"回头看"工作,实现灯塔镇农村户厕和公厕整改"回头看"全覆盖。清拆危旧泥砖房67栋(共约8 870.2平方米),100%完成年度任务。

【文化习俗】 2023年,灯塔镇结合牛峙山风景区建设、城郊旅游、房车营地、蔬菜瓜果采摘、古村古树文化、研学体验等拓展乡村休闲旅游,积极培育龙头民宿及"网红点、打卡地",打造一批"一晚两天""两晚三天"乡村旅游精品线路。利用正月十三"肉塔灯盏",正月十三舞火龙、结游草,十月初三民俗庆典等传统民俗活动,积极谋划创办更多客家美食节、文化节、旅游节、体育节等文旅活动,推动更多人气在灯塔镇集聚。

【革命史迹】 灯塔镇是革命老区。抗日战争时期,成立中共党小组。1948年5月成立中共灯塔区第一个党支部。1949年5至7月,先后成立中共灯塔中心总支部、中共灯塔区委。同年8月,成立灯塔区人民政府。

2023年灯塔镇基本情况统计表

项　　目	数　　量
户籍总户数(户)	10 380
户籍总人口(人)	40 615
农业人口(人)	35 047
水田面积(公顷)	1 230.26
工业总产值(亿元)	32.54
农林牧渔总产值(亿元)	4.23
粮食总产量(吨)	13 824.11
水果总产量(吨)	1 326.2
生猪出栏量(头)	103 690
三鸟饲养量(羽)	207 883
水产品产量(吨)	1 541
农民人均可支配收入(元)	20 531
固定资产投资总额(万元)	127 721
税收收入总额(万元)	7 482.67
本级财政收入(万元)	1 923.5

灯塔镇党政领导名录：

党委书记：陈伟辉

党委副书记、镇长：吴海韵

人大主席：黄锦城

党委副书记：

方明川　李　毅

黄伟平　朱海岸

组织委员：林　健

宣统委员：张利燕

党委委员：朱乔华

人大副主席：陈云光

副镇长：程学忠　谭学斌

　　　　廖　杰　黄志虎　欧阳粮毅

　　　　（陈仕杰　李慕华）

双江镇

【概况】 双江镇地处东源县西北部，属新丰江库区镇。东靠灯塔镇，南与新港镇相连，西临新丰江水库、连接锡场镇，北与涧头镇接壤。辖区总面积121.29平方千米，其中山林面积1.2万公顷。镇域地势西北高东部低，属山地丘陵区、新丰江水库水网区。双江河由南而北流入新丰江水库，境内河道长9千米。矿产资源主要有石灰石、稀土等。2023年，下辖黄陂、兰溪、高陂、双江、新田、桥头、寨子、寨下、桥联、下林、增坑等11个行政村和1个社区。全镇户籍总户数4 192户，户籍总人口1.6万人，城镇化率7.5%，流动人口485人。

【经济】 农业 2023年，双江镇耕地面积796.3公顷，其中水田面积661.4公顷，稻谷播种面积977.46公顷，总产量6 184.21吨。薯类种植面积26.26公顷，总产量436.78吨；大豆种植面积7.86公顷，总产量25.97吨；花生种植面积77.33公顷，总产量267.14吨；蔬菜种植面积35.02公顷，总产量476.29吨。水果收获面积376.13公顷，总产量7 561.6吨。生产木材3 000立方米。生猪出栏950头，猪肉产量109.25吨；出售和自宰家禽72.22万羽，产量295.1吨。水产品产量1 533.2吨，其中优质鱼1 056.9吨。全年农业总产值1.35亿元，农民人均可支配收入1.9万元。

财税金融 2023年，双江镇税收收入101万元，镇级财政收入2 090.55万元，居民储蓄存款5 778.45万元。

【绿色产业建设】 2023年，双江镇西瓜种植面积173公顷（主要品种为黑美人，散户种植为主），总产值2 278万元；葡萄种植面积28.46公顷，总产值3 027万元，其中以东源县万绿松种养合作社、万绿村葡萄园、双江湾葡萄园等为主要产地，品种有巨峰、夏黑、温克、金手指、阳光玫瑰等7个；蓝莓种植面积98公顷，主要集中在寨子村业隆生态农场基地；柑桔种植面积37.4公顷；兰溪村绿天地蜜柚公园种植蜜柚80公顷，挂果72公顷，产量100万斤，产值1200万元，品种有"泰国西施"柚、皇贵妃柚。枇杷、火龙果、水晶梨、黄金果等特色名优水果都有规模种植。

【双江圩镇】 双江圩镇始建于1957年，以农历一、四、七为圩期。1986年改建钢混结构集贸市场，占地面积368平方米。2020年新修，圩镇建成区面积0.7平方千米，建有直街道1条，总长350米。2023年，有户籍人口515人，常住人口1 000多人。街道宽阔、整洁，供排水、路灯及公厕配套完善，社区绿化面积3 500平方米。设有供电所、邮政局代办所、电信支局、移动公司代办点及社区服务中心等机构；有高压输电线从灯塔镇接入该镇。有日供水800立方米的镇自来水厂1座，排水管道长1.6千米，居民自来水普及率100%；设有公共卫生保洁员6人。

【文教卫体】 文化体育 2023年，双江镇有文化健身广场1个；有综合文化站1栋，占地面积135平方米，建筑面积420平方米；村级健身广场10个、农家书屋11个、村级文化活动中心11处。

教育 双江镇是广东省教

育强镇。2023年，全镇有九年一贯制学校1所，下辖幼儿园1所；有在校中小学生197人（含送教对象8人），中小学教师37人；在园幼儿29人，幼儿园教师4人。初中适龄人口入学率、小升初升学率、九年义务教育覆盖率均100%。

医疗卫生　双江镇卫生院创办于1952年。占地面积2 500平方米，建筑面积1 751平方米，开放床位30张。2023年，有医疗卫生人员12人，其中执业医师2人，助理医师4人，有住院患者3名。全镇有卫生站7个，全年门诊量2 571人次。全镇12个村（居）有1.1万人参加城乡医疗保险，参保率92%，全年报销医保医药费10.79万元。

计划生育　2023年，双江镇出生人口116人，死亡人口58人，人口自然增长率3.63‰。

【基层组织建设】2023年，双江镇党委下设党总支4个（镇直机关党总支、寨子村党总支、高陂村党总支、增坑村党总支），党支部31个。有中共党员659名、预备党员8名，其中35岁以下党员98名、女性党员149名、少数民族党员2名。镇内设有13个党员远程教育接收点，方便党员干部学习。

【综治管理】2023年，双江镇公安、司法部门受理群众来信来访共22件，调处办结22件，调处办结率100%。

【乡村振兴】2023年，双江镇推动特色水果种植，扩种至533.33公顷。加强与省农科院沟通交流，主攻和解决"状元瓜"三年两种技术难关。关注原贫困户脱贫情况和扶贫产业发展情况，持续巩固脱贫攻坚成果。常态化开展"人居环境提升"，开展"三线"（电力线、通信线、电视线）整治，完成村（居）"三线"整治收尾工作。全镇12个行政村（居）92个自然村3 000余户基本实现雨污分流、污水排放管道收集或暗渠化。严格按照上级开展农村改厕"提质年"工作要求，结合该镇实际开展自查自纠，排查改厕1 049户，"回头看"完成率100%。

【社会民生】2023年，双江镇发放低保边缘和特困户救助资金35.4万元，城乡医疗救助资金59.3万元，低保金149.6万元，五保金133.6万元，残疾人两项补贴87万元，事实无人抚养保障金19.4万元，重点优抚对象金62.5万元，高龄补贴29万元；统筹抓好养老保险和就业保障机制，落实养老保险3 518人，开展农民技能培训2期56人次，按时完成城乡居民医疗保险和养老保险征缴工作。举办奖学教育活动，为32名考取本科以上的双江学子发放奖学金3.8万元。落实人口计生优惠政策，发放奖扶资金6.8万元。开展退役军人建档立卡信息采集，优抚对象核查年审等，发放优待证186张。

【文物与特产】双江镇名胜古迹有增坑村中三叠世晚期菊花石化石群，桥头村赵佗故城，桥联村崇德高级小学旧址，双江村雄镇楼、马腰磜瀑布，高陂村市级保护文物客家古屋、战斗英雄黄招强陈列馆，下林村白鹭长廊，寨子村半月湖。

古驿道（双江段）　是东源县保存最完整的一段驿道，毗邻河源市区，地处万绿湖畔。据二九二地质大队勘测，双江镇古驿道总长49.98千米，主道长约15.5千米，支道长度累计34.48千米。双江镇寨子村至新港镇樟下段、双江镇内梨花屋舍至赵佗故城段已完成修复，并对外开放。

赵佗故城　于公元前214年至公元前206年为龙川县令赵佗所建，现仅存城墙城墓、神位和两条花岗岩石桅杆。遗址城墙为青砖砌成，青砖规格颇多，最大规格的长33厘米、宽15厘米、厚6厘米，最小规格的长27厘米、宽13厘米、厚6厘米。神位于清道光二十五年立，两侧有花岗岩对联和石桅杆，石桅杆长3.65米，直径0.23米。据考证，遗址原有三道防线。第一道防线设在距山5公里左右平原处的莲塘寨、槛坝坑、疴屎岭三处，原有小寨，均挖有壕沟设防，并形成犄角之势。第二道防线设在牛颈筋半山腰的险要处，其中牛牯勃、铜锤打硬颈、牛麻勃三处亦挖有壕沟，形成犄角，小平台可施放擂木石。第三道防线即城墙，城外西向50米处有一大坪，可容三五百人驻足，近百米处有清澈山泉，为城区最近之驻兵地及水源，进兵可速达一、二防线，退兵则可固守城池。"文革"期间因兴建双江粮仓，城墙上的大量青砖被拆除。2011年被公布为河源市文物保护单位。

菊石化石 菊石化石群遗址位于双江镇增坑村。菊石化石所在的丘陵山包材质为海相沉积叶岩，存在大量的菊石化石及其他海相古生物化石，已出土的菊石化石藏于河源市博物馆，数量和个体是全国之最。该遗址于2001年被河源市政府列为地质自然保护区、河源恐龙化石省级自然保护区（菊石化石），划定了保护区范围，总面积约400公顷，已建设"河源恐龙化石省级自然保护区（菊石化石）保护站"等基本基础设施。

桥头圩 位于东源县双江镇桥联村，原为上达连平、忠信、江西，下通南湖、河源、惠州的粤赣古驿道中的一个重要驿站。清同治甲戌年（1874年）《河源县志》《惠州府志》"蔡庄约图"中标明有桥头圩，实际桥头圩设于何时无从考查。民间传设于秦末汉初，当地民间有谚语流传："先有桥头圩，后有河源城。"该圩自东北往西南走向，上下两行有店铺、诊所、客栈等20多间。每逢农历一、四、七为圩期。1957年，桥头大乡办公地址设在桥头圩。圩的东北边300米处有一条石砌一孔的桥头圩桥。2019年对桥头圩进行了修缮。

双江西瓜 又名"状元瓜"，品种为黑美人，全镇种植面积168公顷，以个体农户种植为主，年产量3800吨，总产值2200万元。

下林米酒 双江镇的特色酒。清澈、浓烈、纯香，有近百年的酿酒历史。用粗粝的本土粳米酿造，质为白酒，近60度，被誉为"河源茅台"。其酿造技艺于2023年被列入东源县县级非物质文化遗产名录。

2023年双江镇基本情况统计表

项　目	数　据
户籍总户数（户）	4 192
户籍总人口（人）	15 960
辖区总面积（平方千米）	121.29
耕地面积（公顷）	796.3
生猪出栏量（头）	950
农业总产值（万元）	13 519.8
固定资产投入总额（万元）	9 202
实际到位外来投资（万元）	460
税收收入总额（万元）	101
本级财政收入（万元）	2 090.55
农民人均可支配收入（元）	18 959
居民储蓄存款（万元）	5 778.45

双江镇党政领导名录：

党委书记：吴武凯

党委副书记、镇长：李　晨

人大主席：陈甘伟

党委副书记：

吴广钦（挂职）

袁佰明　冯伟良

廖俊朝（2023.04—）

党委委员、副镇长：王　平

党委委员、纪委书记：

欧德明

党委委员：叶耀露

组织委员：赖敏捷

宣统委员：

谢新龙（2023.07—）

人大副主席：卢阳城

副镇长：

邓伟平（2023.11—）

黄淑卿（2023.11—）

（黄霈斐）

涧头镇

【概况】涧头镇位于东源县西北部，属新丰江库区镇。东连灯塔镇、顺天镇，南邻双江镇，西连半江镇，北接连平县。辖区总面积174.11平方千米。山地面积1.41万公顷，其中生态公益林面积1.12万公顷，森林覆盖率80.77%；境域内地势东南低西北高。东部为低山丘陵和新丰江水库，西北部层峦叠嶂，最高峰为将军府山，主峰海拔908米，与连平县交界。镇境内河流属东江一级支流新丰江流域，主要河流船塘河，在镇内河道长30千米。森林资源、水资源丰富，矿产资源有铁矿、金矿，铁矿资源储量巨大。2023年，涧头镇下辖涧头、涧新、礤娥、大往、新中、长新、新田、乐平、乐源、新坝、东坝、洋潭等12个行政村和1个街镇社区。户籍总户数4 309户，户籍总人口1.82万，移民人口1.4万。

【乡村振兴】2023年，涧头镇实施"百千万工程"，推进绿美涧头生态建设，聚焦保安全、保民生、保稳定，全力以赴聚人气、促振兴、谋发展，"鱼跃涧头"乡村振兴示范带促成乐平至大往10千米风貌带，美丽圩镇示范镇通过市级验收，"全国文明村"大往村成功入选省"百千万工程"首批典型村之一；投入85万元，完成综治中心标准化建设和司法所规范化建设，改善派出所办公条件和生活条件；投入97万元，完成镇敬老院大院改造提升；投入12万元，建立"鱼跃涧头"标志，规范自来水厂运行管理，完成乐平小学加固提升、涧头村坪埔小组学生路建设1.2千米、坪埔小村排水工程、圩镇风貌提升；投入253.62万元，完成大往村、涧新村高标准农田建设；投入4 000万元，完成大顶油站至涧头镇道路路面提升。加快完成农村集中供水补短板工程等12件民生实事；打造干净整洁有序镇街，在全市101个镇街中位列第7名。在2023年度第二季度推进乡村振兴工作亮灯管理工作中，该镇亮"绿灯"，位列全市第13名。在2023年度第三季度推进乡村振兴工作亮灯管理工作中，该镇亮"绿灯"，位列全市第6名。

【经济】种植业　2023年，涧头镇耕地面积670.45公顷，其中水田面积422.36公顷。晚造复种图斑37个，种植面积124.12公顷；储备补充耕地完成种植面积143.93公顷，全年实际粮食种植面积836.19公顷。是年，石坪茶扩种11.93公顷、改造1.33公顷，茶叶总种植面积304.33公顷，年产量220.39吨。

林业　2023年，涧头镇林地面积1.41万公顷，其中生态公益林面积1.12万公顷，经济林面积3467公顷，森林覆盖率80.77%。

畜牧　2023年，涧头镇出售和自宰家禽3.85万羽，且以鸡、鸭、鹅为主。

水利　2023年，涧头镇有中小型水库3座，分别是大往水库、新中水库、盲塘水库；有新中坝后水电站、新中水电站、礤下岗水电站、新中三级（礤娥）水电站、大往水电站、樟树坪水电站、石下水电站等7座，装机总容量6 455千瓦。

工业　该镇有水、茶、食品等企业3家。河源正能量更古潭山泉饮料有限公司占地面积3 000多平方米，建筑面积1 500余平方米，生产用工52人，年销售额913.8万元。河源绿纯食品有限公司占地面积33.33公顷，主营客家酒生产、农产品种植及加工、传统美食研发等，生产用工25人，年销售额483.2万元。河源市石坪顶茶业发展有限公司于2003年注册成立，2020年7月获"中国著名商标"称号，年销售量112吨，销售额1.1亿元。

财税　2023年，涧头镇完成税收收入521.96万元，完成率119.7%；完成固定资产投资9 934万元，完成率118.16%。

【基础设施建设】　2023年，涧头镇完成大顶公路路面升级改造并铺设沥青15.1千米，完善道路安防设施和交通标识，沿线建设绿化带，种植黄花风铃木等景观植物，路容路貌大幅提升；59个自然村实现行政村通往100人以上自然村公路硬底化；全镇62个自然村实现集中供水。

【涧头圩镇】　涧头镇街镇有街道1条，长1千米，全道铺设沥青。沿街有镇政府、小学、卫生院、供电所、电信支局、邮政支局等机构和酒店，经商门店39家，饮食店5家。1990年始设框架结构综合市场，建筑面积150多平方米，1993年建成框架结构综合集贸市场，建筑面积1 050平方米。2023年，圩镇常住人口1 073人；实行上门收垃圾制度，按照标准距离放置分类垃圾桶，由环卫工人每天清运到垃圾处理厂；实现网络、自来水供应全覆盖。

【文教卫生】　文教　2023年，涧头镇有初级中学1所、在校学生124人、教职工28人；小学2所、在校学生316人、教职工51人；幼儿园1所、在园幼儿90人、教职工10人。

卫生　2023年，全镇有卫生院1所，村级卫生站12个，涧头镇卫生院有床位12张、医疗卫生人员26名。

【基层组织建设】　2023年，涧头镇共有基层党组织49个，其中党委1个、党总支5个、党支部43个，村（社区）党（总）支部33个、"两新"党组织3个、机关企事业单位党支部2个。有中共党员776名，其中正式党员766名、预备党员10名，男性党员635名、女性党员141名，本科及以上学历党员65名，35周岁以下党员120名。主题教育开展理论培训1 600人次，组织党员开展主题教育志愿服务720人次，举办理论学习中心组学习23期，宣讲会2场，党员培训9期，外出研学2期，开发乡土教材"口袋书"，印发《涧头镇党员教育读本》，录制镇党委书记《强化党建引领　推动高质量发展》视频课。大往村丘泽锋获"广东省百名南粤党员教育优秀讲师"称号。

共青团　妇联　残联　武装工作　共青团有团支部16个，团干部28名，团员285名，其中新发展团员4名；完成中学毕业生团籍转接4名，转接率100%；组建志愿者队伍60余人巡河护河、交通劝导、人居环境综合整治等志愿活动100余次。开展"两癌"（宫颈癌、乳腺癌）免费检查、"农村母亲关爱""玫瑰公益"等活动，宣传普及妇幼卫生健康知识，为1名患病妇女争取到人寿保险1万元理赔。完善康养中心基础设施，开展残疾人技术培训2场，促进残疾人就业创业15人，助力残疾人家庭孩子上学3人，向上级申请轮椅3台、假肢1个，家庭无障碍户厕改造8户，临时病困救助30人。春节、"八一"期间慰问参战军人14人次、残疾军人3人次、病退军人3人次、困难退役军人11人次，帮助困难军人申请解三难临时救助46人次、资金3.99万元，成功为1名患鼻咽癌恶性肿瘤退役军人申请省应急救助资金2.18万元。

【综治管理】 2023年，涧头镇排查燃气安全重点场所29家，发现安全隐患14处，完成整改14处。加强大顶公路道路安全管控，常态化开展"一日两检"，全面排查并整治水上交通安全隐患，实现"零事故""零死亡"。筑牢防溺水安全网，23个溺水风险点均完善"5个一"救援物资配备。劝返滞留境外涉诈高危人员3人，实现核减清零。开展扫黑除恶工作，创建无毒镇、村（居）。受理信访案件19宗，办结上级交办信访案件8宗，办结率100%；调处群众矛盾纠纷36宗。

【社会民生】 2023年，涧头镇城乡居民基本医疗保险缴费1.39万人，城乡居民基本养老保险续保3 262人。有特困人员75人，年度新纳入特困人员9人，发放特困救济金86.98万元；有城乡低保203户564人，全年纳入城乡低保对象30户83人，发放低保金290.63万元；临时救助82人，发放临时救助资金20.54万元；医疗救助15人，发放医疗救助资金35.85万元。有80岁以上老年人386人，其中，80~89岁老年人322人，人均全年发放高龄补贴600元，共计19.32万元；90~99岁老年人63人，人均全年发放高龄补贴1 200元，共计7.56万元；100岁以上老年人1人，人均全年发放高龄补贴3 600元，共计3 600元。涧头镇政府设置公益性岗位，安置就业困难人员3人。

【旅游与特产】 涧头镇有文化遗迹"将军府"胜地、兴建于清道光二十年（1840年）的"永定桥"等；旅游景点有举溪网红打卡点；特产有石坪茶、客家娘酒、大往眉豆、大往火豆、蜂蜜、鱼干、鸭稻米等。

2023年涧头镇基本情况统计表

项　　目	数　　据
户籍总户数（户）	4 386
户籍总人口（人）	18 196
辖区总面积（平方千米）	174.1
山地面积（公顷）	14 100
耕地面积（公顷）	670.45
水田面积（公顷）	422.36
粮食总产量（吨）	3 178.07
水产品产量（吨）	370
生猪出栏量（头）	353
三鸟出栏量（羽）	38 450
农业总产值（万元）	15 222.49
农民人均可支配收入（元）	24 091
税收收入总额（万元）	521.96

涧头镇党政领导名录：

党委书记：
陈伟辉（—2023.12）
徐志立（2023.12—）
党委副书记、镇长：刘璐
党委副书记（挂职）、驻镇帮镇扶村工作队队长：周旭
人大主席：洪彬伟
党委副书记：
林伟彬　肖正辉
党委委员、副镇长：李文旭
党委委员、纪委书记：
李健
党委宣传委员、统战委员：
朱文伟
党委组织委员：黄子文
党委委员、武装部长：
罗尊
副镇长：蔡敏敏　谢伟科
缪宇静　刘碧波
詹雪锋（2023.08—）
徐嘉欣（2023.11—）
（挂职）

（刘伟潮）

顺天镇

【概况】　顺天镇位于东源县北部，东与船塘镇、骆湖镇毗邻，南接灯塔镇，西连涧头镇，北与连平县忠信镇接壤。辖区总面积114.28平方千米，地形为半丘陵，属于新丰江流域，忠信河与船塘河在顺天镇交汇注入新丰江。境内官（渡）汕（头）公路及粤赣高速公路穿境而过。2023年，顺天镇下辖枫木、横塘、白沙、牛生塘、党演、大坪、沙溪、牛潭、金史、二龙岗、滑滩等11个行政村和1个社区。该镇户籍总户数5 899户，户籍总人口2.45万。是年，该镇先后获广东省第六届人民满意的公务员集体、广东省儿童友好示范镇、河源市五强党校、东源县抓党建促乡村振兴"擂台比武"活动第一名等荣誉。

【经济】　农畜渔业　2023年，顺天镇耕地面积1 450公顷，粮食种植面积1 420.13公顷，总产量9 159.67吨。其中谷物种植面积1 301.2公顷（两季），总产量7 818.27吨；豆类种植面积24公顷，总产量67.2吨；薯类种植面积94.93公顷，总产量1 274.2吨。水果收获面积521.2公顷，总产量3 265.9吨。板栗产量885吨，木材采伐量1.01万立方米。生猪出栏量1.28万头，猪肉产量958.4吨；牛出栏量201头，牛肉产量27.14吨；羊出栏量592只，羊肉产量8.9吨；出售和自宰家禽肉产量2 939.55吨，禽蛋产量2 376.98吨。水产品总产量1 347吨，其中青鱼产量180吨，草鱼产量338吨，鲢鱼产量270吨，鳙鱼产量128吨，鲤鱼产量141吨。2023年农业生产总值4.54亿元，农民人均可支配收入2.39万元。

工业　2023年，顺天镇有工业企业9家，工业总产值1.81亿元。

财税金融　2023年，顺天镇税收收入4 300万元；固定资产投资6.28亿元。

【基础设施建设】　2023年，顺天镇投入424万元，完成枫木村、二龙岗村两个党群服务中心建设并投入使用；投入5.3万元，完成长者饭堂升级改造、综合养老服务中心建设；投入7万元，完成新建牛潭村新锻自然村、坪岗路污水资源化利用；完善坪镇商业配套、新建党演村3A级景区村庄；实现村（社区）微型消防站全覆盖。

【顺天圩镇】　顺天圩镇逢农历一、四、七为圩期。1957年始设砖木结构市场，占地面积515平方米。1987年圩镇占地面积0.7平方千米，建有街道2条，总长度350米。1991年，顺天镇政府从老街迁至官汕公路边后，圩镇扩建，形成新老商业街二纵三横的格局。2008年，在新市场开发区建设综合市场，框架结构一层，占地面积688平方米。此后，圩镇沿顺天至涧头公路扩展。2014年投入20万元，新建简易市场1个。2023年投入30.87万元，升级改造原有市场。圩镇建成区占地面积3.2平方千米，圩镇人口1 440人。至是年

末，有商场2家，个体工商户171户。设有农商行支行、电信支局、邮政代理点、供电所等机构；有3.5万千伏输变电站1座，自来水厂1座，日供水量9 000立方米。有日经顺天圩镇至东源县城、河源市区等地的客运汽车100班次。

【文教卫体】 文化体育 2023年，顺天镇举办"砥砺奋进，献礼七一"男子篮球赛活动

教育 2023年，顺天镇有初级中学1所，小学1所，幼儿园2所。顺天中学，占地面积5.68万平方米，有在校生348人、教职工36人。顺天中心小学，占地面积1.84万平方米，有在校生684人、教职工53人。是年，共有105名顺天学子考取大学，其中博士研究生2人、硕士研究生11人、本科生92人。

医疗卫生 顺天镇卫生院创建于1961年，是一级乙等卫生院。占地面积3 100平方米，建筑面积3 561平方米；有病床38张。有卫生站11个。2023年，全镇有医生、职工47人，诊疗人数2.11万人次，医疗总收入194.57万元。

卫计工作 2023年，顺天镇出生人数36人，其中一孩出生14人（含1对双胞胎），二孩出生17人，多孩出生5人，出生率2.13‰，死亡人数126人，死亡率7.45‰，自然增长率-5.32‰。配合市、县有关单位开展"送医送药"下乡活动2次。

环境卫生 2023年，顺天镇常态化持续开展"党建引领齐参与，镇靓村洁庭院美""我为家乡种棵树"爱国卫生运动等活动。开展"三美（绿美、富美、和美）家庭""三美（和美、富美、绿美）商铺"等评选活动，累计评选各类模范96户。聘请第三方公司运营顺天污水处理厂，沙溪村、大坪马安小村、滑滩坑尾、金史村等5座污水处理设施得到正常管理运行。推进土壤污染防治攻坚，协助完成重点行业重金属排放总量省下达的年度削减目标任务。推动桉树整治工作，完成桉树退改310.67公顷，绿化造林40公顷，完成松材线虫病防治108.29公顷。

【基层组织建设】 2023年，顺天镇有14个党（总）支部，党员959名。开展主题教育，全年累计各类学习170余次，完成实事清单60余项。聚焦党建赋能"百千万工程"和绿美生态建设，持续完善镇村逐级负责和镇直部门高效协同的纵向横向联动机制，创新实施党员干部"责任一条街""周五清洁日"等机制，带动2 000余人次参与，种植树木1 200余棵。是年，顺天镇先后荣获东源县抓党建促乡村振兴"擂台比武"活动第一名、河源市五强党校、广东省人民满意的公务员集体等荣誉。推进全面从严治党，开展廉政教育10次，观看《镜鉴》等警示教育专题片8次，在重大节日期间开展监督检查5次。

【综治管理】 2023年，顺天镇开展社会矛盾问题专项治理和基层矛盾纠纷排查化解专项行动，累计处理并回复12345政务服务热线368宗，调处矛盾纠纷48宗。常态化开展扫黑除恶斗争、打击电信网络诈骗、夏季治安打击整治"百日行动"等系列专项行动。

【乡村振兴】 2023年，顺天镇全面深化农村综合改革，推进农村土地承包经营权流转，累计完成土地流转3 500公顷。充分利用国家全域土地综合整治试点政策红利，优先编制村庄规划，对碎片化农用地、建设用地高效整合，累计完成垦造水田73.14公顷。持续实施诗画田园乡村振兴示范带建设，辐射带动乡村全域美丽。推动"致富林场"生态振兴示范片建设，滑滩、枫木村基础短板再次补齐夯实。

【特色产业】 2023年，顺天镇深入实施"首席服务员"制度，主动服务对接广东美林农业投资发展有限公司、河源市固基混凝土有限公司等重点企业21家。是年，招商引资引进广东省嘟嘟

房车集团有限公司、深圳市太空微藻生物科技有限公司等一批优质企业。持续完善美林油茶加工产业园、富丽士食品生产项目等一批项目建设。全镇民宿及餐饮服务业经营主体72家，经营性收入达900万元以上，带动当地农户就业400余名。

【社会民生】 2023年，顺天镇完成城乡养老保险征缴3914人，征缴率94.31%；城乡医疗保险征缴1.73万人，征缴率92.31%。发放农村及城镇低保335.03万元，孤儿及事实无人抚养生活补助21.2万元，高龄老人补贴43.38万元，五保户补贴107.39万元，优抚补助86 1万元，解三难救助5.8万元，残疾人补助100万元，临时救助14.07万元，医疗救助23.55万元。"龙舟水"期间，安全转移群众1户2人。开展自建房安全隐患排查整治，完成排查7 942栋，拆除隐患房屋1栋，整治农村削坡建房风险点12户。加快智慧乡镇建设，建成应急数字指挥平台、"一户一档"数据库、特殊群体应急响应系统，完成建档户数5 730户，安装防溺水智能监控39个、独居老人应急按钮42个，推动乡村治理走向智能化、信息化。

2023年顺天镇基本情况统计表

项　目	数　据
辖区总面积（平方千米）	114.28
耕地面积（公顷）	1 450
户籍总人口（万人）	2.45
农业总产值（万元）	45 400
工业总产值（万元）	18 100
粮食总产量（吨）	9 159.67
税收收入总额（万元）	4 300
农民人均可支配收入（元）	23 914
居民储蓄存款（万元）	19 900

顺天镇党政领导名录：
党委书记：蔡建辉
党委副书记、镇长：
张　涛（2023.03—）
驻镇帮镇扶村工作队队长：
丘秀祺
人大主席：朱乃健
党委副书记：
赖浩文　梁新科
党委委员、副镇长：谢光华
纪委书记：吴　宇
宣统委员：朱振科
党委委员、执法队队长：
陈保安
组织委员：刘衍文
副镇长：何志高　许思婷
　　　　黄　斌
　　　　古　捷（2023.04—）
　　　　孔　瑞（2023.08—）
　　　　杨文辉（2023.11—）
　　　　（挂职）
人大副主席：曾小琼
（陈家源）

漳溪畲族乡

【概况】 漳溪畲族乡位于东源县北部。东邻上莞镇，南接曾田镇，西连骆湖镇，北靠船塘镇。辖区总面积68.42平方千米，山地面积4 800公顷。地势东南高西北低，平均海拔约230米，主要山峰有东桃嶂、高嶂、鹿嶂、大鹏顶等，属半丘陵半山地石灰岩地带。属新丰江水系，主要河流漳溪河流入船塘河。矿产资源主要有石灰石、黏土等，已探明石灰石蕴藏量1亿吨以上，黏土蕴藏量0.8亿吨。地下水资源主要有中联村汶水塘，恒温18℃，终年不干，面积约5 538平方米。主要特产有油茶、板栗、早熟枇杷、水晶梨、蓝莓等。昆汕高速公路出入口位于该乡日光村与船塘镇交界处，距离圩镇3.5千米。全乡有山塘水库65座，其中小一型水库1座（狮型地水库），小二型水库6座（鹊田大塘、桃径坑、斋尾水库、井口大坑、嶂下钉塘、群星油坑）。2023年，该乡下辖上蓝、下蓝、群星、中联、井贝、东华、井口、日光、嶂下、鹊田村等10个行政村和1个社区。全乡户籍总户数5 498户，户籍总人口2.06万人，常住人口8 488人。

【经济】 农业 漳溪畲族乡耕地面积1 390.7公顷，其中水田面积1 005.67公顷。2023年，全乡经济作物播种面积848.07公顷，总产量8 981.93吨，其中水稻播种面积566.73公顷，总产量7 082.7吨；豆类种植面积24.07公顷，总产量71.55吨；薯类种植面积57.53公顷，总产量836.88吨；花生种植面积199.73公顷，总产量990.8吨。板栗种植面积138.67公顷，年产量31.3吨。生猪出栏量3.62万头，猪肉产量2 983.5吨；家禽出栏量30.51万羽，家禽肉产量510.87吨。有规模化农业产业板栗园、油茶基地、蓝莓基地、玫瑰种植基地等。板栗是该乡群众传统种植品种，全乡群众种植板栗133.33公顷。是年，全乡实现农业总产值1.93亿元，农民人均可支配收入约2.24万元。

工业 漳溪畲族乡以建材企业为主，有东源县辉科建材有限公司和金杰环保建材有限公司。有水泥企业2家，属规上企业。2023年，实现工业总产值6.33亿元。

财税金融 2023年，漳溪畲族乡完成税收收入2427万元，镇级财政收入5 596.5万元。有金融机构1个，2023年度居民储蓄存款1.34亿元。

【基础设施建设】 2023年，漳溪畲族乡投入415万元，完成圩镇道路路面提升、群星村至井口村道路扩宽、汶水塘至群星村道路扩宽和古田桥、石岗坝桥危桥改造等工程，基本完成寨门至上蓝村省道两边风貌提升工程。

【漳溪圩镇】 漳溪圩逢农历三、六、九为圩期。1957年始设砖木结构市场，占地面积380平方米。1961年，漳溪公社迁驻圩镇后进行扩建。1986年新建框架结构食品市场1个，建筑面积210平方米。2002年省道骆（湖）米（福）线拓宽后，圩镇逐步发展。2010年建成框架结构综合市场，建筑面积280平方米。2023年，漳溪畲族乡圩镇建成区占地面积0.1平方千米，有大小店铺20多间，圩镇内东西、南北走向街道各一条。全年社会商品零售总额约1.45亿元。船塘镇至河源市区班车经过漳溪圩镇，日经约30班次；设有邮政支局、电信支局、移动公司、联通公司等通信机构。

【文教卫体】 文化体育 漳溪畲族乡有文化站、广播电视站各1处，各类图书室共11个，共藏书2万册；有村级文化广场10个，乡级体育馆1个。有传统少数民族体育类项目蹴球、陀螺、射弩。六月六显烈公巡游节被列入市级非物质文化遗产名录。有县级文物保护单位下蓝村明代古墓葬1处。成功申报东源畲族茶花鸡制作技艺、蜜香稻草肉制作技艺、畲族医药之外治水火伤和鹊田村正月初九迎花灯等4项县级非物质文化遗产。

教育 漳溪畲族乡有民族中学1所，小学4所，教学点5个，幼儿园2所。2023年，有在校中小学生473人，在园幼儿160人；中小学教师75人，幼儿教师19人。

医疗卫生 漳溪畲族乡卫生院始建于1958年。占地面积2 980平方米，建筑面积3 180

平方米。有病床30张，医务人员35人。有村卫生站11间和街道门诊1间。2023年，门诊接待人数1.06万人次，住院人数148人次。是年，该镇出生人口111人，死亡人口95人，人口自然增长率0.77‰。

【基层组织建设】 2023年，漳溪畲族乡党委下设党总支部7个、党支部8个，有中共党员866名，其中有农村党员668名，35岁以下党员139名，新发展党员10名；举办积极分子培训班、党组织书记培训班、党员轮训班等4期，培训约500人次；在重大节日走访慰问困难党员和老党员56人次，发放慰问金2.66万元；完成党费收缴13万元。是年，共青团组织共有团员340名。镇妇联积极发动妇女"两癌"（宫颈癌、乳腺癌）筛查，成立下蓝村强基层妇联·促乡村振兴试点，开展清洁家庭评选、寻找最美家庭、巾帼心向党、非物质文化传承系列活动——文化衍生品制作培训等活动。

【综治管理】 2023年，漳溪畲族乡落实社会治安综合治理齐抓共管工作，共受理信访案件5宗，办结5宗；接访群众363余人次；开展法治教育讲座2次，受教育人数218人次。开展未成年人保护、反有组织犯罪、反电信诈骗等宣传26次，累计宣传覆盖群众5 367人次。为确保辖区社会治安平稳，组织在街面、村居加强警力巡逻防控，入村入户宣传反诈、交通道路安全等知识。辖区全年未发生影响恶劣的违法犯罪案件，社会治安平稳。

【社会民生】 2023年，漳溪畲族乡有低保户644人，发放低保补助439.9万元；五保户56户，发放五保救济金68.54万元；事实无人抚养儿童29人，发放生活补助金43.62万元；发放80～99周岁老人保健金575人共约38.82万元、百岁老人补贴4人共1.5万元。全乡享受抚恤和生活补助的优抚对象127人、城乡居民医疗保险参保1.27万人。

【乡村振兴】 2023年，漳溪畲族乡围绕"百千万工程"镇村重点任务，全面支持玫瑰和多年生稻产业加快发展，建成研学中心、加工厂等玫瑰产业配套设施，顺利耕种33.33公顷多年生稻，成功收割两季稻谷，亩产分别为500公斤和400公斤，在日光村连片田成为一河两岸"稻香花香"的休闲观光农业。是年，举办广东省非遗大年初三"汶水塘捕鱼节"和四月初九"畲族蓝大将军出巡节"、村BA篮球比赛、"高质量发展"主题演讲比赛、六月六显烈公巡游节、"漳溪·米宴"多年生稻收割节、黄龙岩第十五届畲族板栗美食节等活动；成立富镇强村公司"东源县畲乡产业发展有限公司"并投入运营；投入598万元，完成圩镇外立面改造工程。持续开展"三清""三拆""三整治"行动，全年完成"三清"1 530处、2 568吨，完成"三整治"357处、1 160吨，拆除废弃危旧房12间、1 995平方米。推进"三线"（电力线、通信线、电视线）整治工作，基本完成所有工程，实现圩镇内三线下地2.5千米，10个村主干路线路规整、废旧电杆拆除，确保信号线与供电线分离。建立健全村庄公共环境保洁制度，持续购买第三方服务统一收集及运输垃圾；完善卫生基础硬件，及时处理省道S229线沿线有关建筑垃圾和大件垃圾，确保村庄干净整洁，成功创建"河源市卫生镇"。

【旅游与民俗活动】 旅游业 漳溪乡旅游资源丰富，有黄龙岩畲族风情旅游区（国家3A级景区），以深、险、幽、奇的溶洞和畲族风情景观吸引广大游客。2020年12月，下蓝村成功入选首批"广东省少数民族特色村寨"，逐渐形成以黄龙岩畲族风情旅游区为龙头，辐射上蓝村、下蓝村的南部少数民族特色旅游产业区，与以中联村汶水塘农业休闲综合区和东华村滑翔伞基地为主的中部休闲娱乐区，以日光村玫瑰基地为主的北部花卉种植观赏区，形成南、中、北旅游观光产业带。

民俗活动 农历四月初九的"蓝大将军出巡节"，是漳溪畲族乡蓝姓畲族独有的传统节日，2018年被列入广东省非物质文化遗产名录。2023年5月27日，在下蓝村举办"蓝大将军出巡节"，吸引外出畲族群众、外出乡贤等1000多人参加。

汶水塘捕鱼节 漳溪乡中联村汶水塘，也称为喷泉湖，常年泉涌不断，储水量1.30亿万立方米，面积5538平方米，水深2米。塘水清澈见底，水温稳定，每年正月初三举办捕鱼节。该节日于2008年被列入市级非物质文化遗产名录。

显烈公巡游节 农历六月初六中联村村民敲锣打鼓，举着各色彩旗，抬着象征"显烈将军"的大红轿巡游村寨，家家户户燃放鞭炮，恭迎"显烈将军"，祈求年丰人寿。该节日于2015年被列入河源市非物质文化遗产名录。

2023年漳溪畲族乡基本情况统计表

项　　目	数　　据
辖区总面积（平方千米）	68.42
耕地面积（公顷）	1 390.7
旱地面积（公顷）	385.03
水田面积（公顷）	1 005.67
户籍总户数（户）	5 498
户籍总人口（人）	20 628
粮食总产量（吨）	7 082.7
农业总产值（万元）	19 300
工业总产值（万元）	63 301
税收收入总额（万元）	2 427
农民人均可支配收入（元）	22 377
居民储蓄存款（万元）	13 360

漳溪畲族乡党政领导名录：
党委书记：何远航
党委副书记、乡长：
蓝伟先（2023.09—）
人大主席：刘伟明
党委副书记：
曾伟艺（2023.10—）
朱坤源（2023.10—）
党委副书记、深圳市驻镇帮镇扶村工作队队长：
杨洋（2023.10—）
党委委员、副乡长：
张利全（2023.09—）
党委委员：杨伟才
党委委员、纪委书记：
朱海坤
组织委员：
吴志华（2023.01—）
统战委员、宣传委员：
周潜辉（2023.10—）
人大副主席：何旅新
副乡长：
张毅群（2023.09—）
胡剑宏（2023.09—）

（蓝　强）

骆湖镇

【概况】 骆湖镇位于东源县北部，是灯塔盆地的中心地带。东邻漳溪畲族乡、曾田镇，南接灯塔镇，西连顺天镇，北邻船塘镇。镇内有205国道和229省道穿境而过。辖区总面积97.5平方千米，其中山地面积6 686.67公顷。地势东南高西北低，属丘陵地区。镇内主要河流石马河为东江三级支流，归入新丰江水系，全长20千米。2023年，下辖峰木、杨坑、骆湖、江坑、红花、上欧、小水、下欧、致富等9个行政村和1个街镇社区；户籍总户数5 552户，户籍总人口2.23万人，常住人口9 978人。

【经济】 农林业 2023年，骆湖镇耕地总面积1 315.89公顷，其中旱地面积390.29公顷，水田面积925.6公顷，基本农田面积747.11公顷；以种植水稻为主，粮食总产量7 800吨；林地面积6 686.67公顷，主要种植树木有松树、杉树、竹和速生丰产林。2023年实现农业总产值4.58亿元、人均可支配收入1.94万元。镇内较大型的农业企业有广东汇先丰农牧有限公司、广东东瑞食品集团有限公司（致富猪场养殖基地）、河源伊势农业有限公司等龙头企业。农业企业用工人数约400人。建有蓝莓、蔬菜等多个农副产品基地，风行集团、牧原集团等现代农业龙头企业落户骆湖镇。

水电 2023年，骆湖镇共有水库8座（南坑、草花蛇、致富、九十夫、四六塘、大塘、山塘、石井），总容量698.6万立方米；固定机电排灌站4座，总装机127千瓦。其中小一型水库3座，南坑、草花蛇两座水库以供水、灌溉为主，致富水库以养殖、灌溉为主；小二型5座（九十夫、四六塘、大塘、山塘、石井），以养殖、灌溉为主。

工业 2023年，骆湖镇镇内以新型建材工业为主，主要有东源鹰牌陶瓷有限公司、广东广美新型建材科技有限公司、石马辉科水泥有限公司、东南实业有限公司、恒昌五金制品厂、河源天一峰泉水业有限公司等工业企业。2023年，实现工业总产值26.1亿元，社会固定资产投资2.24亿元。

财税金融 2023年，骆湖镇有金融机构1个（东源农村商业银行骆湖支行），全年税收收入2 356万元。

【基础设施建设】 2023年，骆湖镇实现村内道路硬化98.56千米，100人以上自然村村内干路全部实现村道硬化；建成镇级污水处理设施1座、村级4座，建成生活垃圾收集点173处。建有政务服务大厅，设立民政、残联、养老、就业、医疗、计生、广播电视、综合等窗口，进驻公共服务办和综合服务中心。

【骆湖圩镇】 骆湖圩镇，每逢农历三、六、九为圩期。1956年始设砖木结构市场，占地面积78平方米。1987年圩镇占地面积0.3平方千米，建成街道1条，长300米。1992年建成框架结构成衣市场，占地面积750平方米，建筑面积914平方米。2003年，省道米骆公路硬底化改造完成、205国道扩宽改造竣工后，骆湖圩镇杨坑与老街镇相连，圩镇面积扩展至2.9平方千米，扩展圩镇附近人口1 300多人。设有供电所、邮政支局、电信支局、环卫所等机构。圩镇改造一期工程完成升级后拥有集贸市场1个，商铺136间。该圩镇有上莞、船塘、曾田等镇的客运班车经过，日经东源县城、河源市区约50班次；生活垃圾实现日产日清。

【文教卫体】 文化体育 2023年，骆湖镇建有镇综合文化站1个、分站1个，建筑面积分别为380平方米和460平方米。2015年起，开设群众娱乐室、多功能活动室、图书阅览室、创作展览室、电子阅览室、综合培训室等功能室。有村级文化室10间，村文化广场11个，农家书屋10间、共藏书2万多册。是年，开展送戏下乡7场次，组织各类新时代文明实践活动20多场次，志愿者活动130多场次，累计参与人数3 800人次。

教育 2023年，骆湖镇有初级中学1所，小学3所，幼儿园2所；在校中小学生727人，其中中学生270人、小学生457人、在园幼儿279人；学校教职工90人，其中中学教师26人、小学教师40人、幼儿园教职工24人。

医疗卫生 骆湖镇卫生院创建于1956年。占地面积1 768平方米，建筑面积2 388平方米。有病床30张，执业（助理）医师12人。2023年，就诊人数9 278人次，住院治疗人数49人次，业务总收入780.80万元。全镇各村级卫生站建设完成并投入使用，有乡村医生12人。

计生 2023年，骆湖镇出生人口192人，死亡人口137人，自然增长率2.44‰；开展"5·29"计生协会会员日活动，完成妇女"两癌"（宫颈癌、乳腺癌）筛查工作。

【基层组织建设】 2023年，骆湖镇党委下设党总支7个，党支部25个，有中共党员837名。全年开展党委理论学习中心组集体学习研讨12次，党课宣讲等5场次，推动全镇讲专题党课35次，开展宣讲活动22次、主题党日64场次，覆盖党员群众2万多人次。发放《习近平著作选读》等理论学习书籍共1 400多本，推进支部规范化建设并打造县级示范点2个，发展党员12名（其中规上企业党员3名）；完成单建村民小组党支部50个和社区网格党支部2个，3个村党支部升格为党总支。累计举办各类讲座、培训班14场次，培训干部职工700多人次；组织镇村干部赴源城、龙川县和兄弟乡镇学习基层党建、"百千万工程"、富镇强村等经验做法240人次。

群团工作 2023年，骆湖镇共有团员420名，团支部21个，其中村（社区）团支部16个、中学团总支部1个、"两新"团支部3个。新组建团支部2个，团组织教育实践活动开展率为100%。

妇联继续推进全镇农村妇女"两癌"（宫颈癌、乳腺癌）筛查；组织各村（居）妇联摸排村（居）内重点儿童65人、重点妇女36人、重点家庭39户，对重点人群实施结对帮扶机制，组织走访每月2次，并组建巾帼老年志愿服务团队，适时提供上门服务。

该镇共有残疾人557人，发放残疾人两项补贴162万元；开展"爱心送光明"活动，为40岁以上人群实施白内障免费检查。镇武装部推进民兵工作，向群众开展国防教育宣传活动25次；完成征兵工作；组织参加应急排和民兵拉练18次，组织参加县武装部组织的冲锋舟、森林防火等应急演练1次。

【乡村振兴】 2023年，骆湖镇持续推进乡村振兴工作，所有村集体经济收入均达到25万元以上，其中经营性收入全部在17万元以上，超额完成2023年度目标任务；成立骆湖镇和美农业发展有限公司（富镇强村公司）并与之签订项目协议4个，合同金额约450万元，利润达14.77万元，并于年底为各村（社区）分红1万元；完成撂荒地块复耕复种189.53公顷、粮食生产面积1 266.67公顷，坚守耕地红线；监测脱贫不稳定户对象3户10人，坚守不发生规模性返贫底线。是年，全镇9个村共摸排户厕2 620户、公厕10处，摸排出问题户厕1 874户，截至年底，全部完成整改。开展"党建引领齐参与，镇靓村洁庭院美""千塘万渠"等专项行动，动员引导群众参加房前屋后清理。全年累计出动约5 800人次，清理河道1.6千米，清理水域垃圾112处，拆除破旧附属设施、广告牌等64处，完成督查整改问题设施258处。

【综治管理】 2023年来，骆湖镇办结群众来信来访和上级交办案件48宗、12345政务服务热线案件178宗，调解镇村各类纠纷142宗；常态化开展扫黑除恶政策宣传，严厉打击跨境赌博、走私等犯罪行为；开展禁毒宣传活动300场次，发放宣传资料4800份，教育群众3500多人次，设立永久性禁毒宣传牌25块，大力提升全民识毒防毒拒毒意识；加强法治宣传教育，集中组织开展大型法治宣传活动12场次，建立健全基层司法调解等纠纷调处机制，实现村级法律顾问全覆盖。

【社会民生】 2023年，骆湖镇有低保户325户822人，发放低保金537.47万元；五保户79户79人，发放五保金97.2万元；事实无人抚养儿童12人，发放补贴22.15万元；高龄补贴608人42.16万元；临时救助28户74人5.91万元。发动1569人参加城乡基本医疗保险、2940人参加养老保险续保。

2023年骆湖镇基本情况统计表

项　目	数　据
户籍总户数（户）	5 552
户籍总人口（人）	22 288
常住人口（人）	9 978
耕地总面积（公顷）	1 315.89
农业总产值（万元）	45 832
工业总产值（万元）	261 000
粮食总产量（吨）	7 800
水果总产量（吨）	850
生猪出栏量（头）	119 195
三鸟饲养量（羽）	690 243
水产品产量（吨）	723
农民人均可支配收入（元）	19 356
固定资产投资总额（万元）	22 400
税收收入总额（万元）	2 356
本级财政收入（万元）	1 429

骆湖镇党政领导名录：
党委书记：刘祺路
党委副书记、镇长：李　军
人大主席：周映俊
党委副书记：
　尹鹏凌　李鸿捷
常务副镇长：游克明
党委宣传委员、统战委员：
　黄美萍
党委组织委员：潘惠勇
党委委员：周学军
副镇长：刘志强　陈晓琳
　吴理通（2023.9—）
　张剑锋（2023.9—）
人大副主席：严　丹
综合执法队队长：廖　威

（古兆景）

船塘镇

【概况】 船塘镇位于东源县北部，东邻和平县礼士镇，南接上莞镇、漳溪乡，西连顺天镇、连平县三角镇，北与和平县公白镇、连平县绣缎镇交界。辖区总面积192.29平方千米，山地面积1.17公顷。境内最高峰为马鞍山，海拔678米。主要河流有船塘河、礼士河、公白河，三河交汇于镇内三河村，流经顺天镇汇入新丰江，境内河道长32千米。矿产资源主要有铁矿、瓷土等。有汕昆高速船塘东、船塘西两个高速出口。2023年，船塘镇下辖船塘、凹头、铁坑、许村、新寨、老围、流石、李田、龙江、岭头、三河、主固、福坑、竹楼、石岗、积良、黄沙、小水、青丰、群丰、车头等21个行政村和船塘、黄沙、三河3个圩镇社区，户籍总户数2万户，户籍总人口6.91万人，其中圩镇人口7 000人，农村人口6.21万人，流动人口4 500人。

【经济】 农业 2023年，船塘镇耕地面积2 923.8公顷，其中水田面积2 452.33公顷。粮食作物播种面积4 459.6公顷，总产量2.96万吨，其中水稻种植面积4 185.8公顷，玉米种植面积115.2公顷，豆类种植面积114.4公顷，薯类种植面积44.2公顷。全年农业总产值11.7亿元，农民人均可支配收入1.89万元。

板栗农业产业园 2023年，该产业园农业企业分别是东源县板栗发展有限公司、广东绿健农产发展有限公司、东和食品（河源）有限公司、惠州立华家禽有限公司东源分公司。该产业园占地总面积14.67公顷。

工业 船塘镇工业以林产品加工、建筑材料等为主，镇内有针织厂4间，板栗加工企业2间，供水厂1间，米面加工厂1间，2023年工业总产值1.33亿元。

商贸财税 商贸主要集中在3个镇街，即船塘街、三河圩、黄沙圩。2023年，全镇税收收入2 185万元。

【乡村振兴】 2023年，船塘镇投入扶贫遗留共管资金91万元，完成原省定贫困村小水村与立华家禽有限公司合作养鸡项目，为小水村集体增收20万元；投入乡村振兴驻镇帮镇扶村资金100万元，完成老围村鲈鱼养殖基地建成投产。组织志愿队伍2 600人次，开展环境卫生大扫除活动5次，清理垃圾2 660吨，清理房前屋后垃圾6 760户，新种植树木920棵，完成庭院绿化提升71户，落实"门前三包"（包卫生、包绿化、包秩序）1.4万余户，人居环境展现新貌。

【基础设施建设】 2023年，船塘镇投入5.2万元修缮改造敬老院，完善敬老院线路、消防设施。投入119.14万元完善县第二人民医院医疗设施，增设精神科、医养结合科，为群众提供更全面的医疗服务。投入4.3万元增设三河警务室，设立办事接待大厅、矛盾调解中心、民辅警办公室，提高社会治安治理能力。投入368.8万元完成县Y268线船塘东高速出口至板栗产业园路面改造工程。

【船塘圩镇】 船塘镇为该县东北部重镇，街镇逢农历二、五、八为圩期，商业贸易辐射东源及周边和平、连平三个县18镇。规划面积15平方千米，2017年，建成区占地面积3平方千米，建成商业街道3条、集贸市场2个。2023年，城镇常住人口2万多人，有大型商场2个、大型家电商场7个、商业网点450多个。船塘牛肚朕和船塘猪肠血等美食，扬名河源市。2023年商品贸易额3亿多元。建有110千伏变电站；设有邮政支局、电信支局、移动公司等机构；建有船塘镇自来水厂，年供水量36万立方米。

【文教卫体】 学校 船塘镇是教育强镇。2023年，该镇有初级中学1所，在校中学生641人，教职工51人；有中心小学1所、中心学校2所、完全小学7所，在校小学生2 247人，教职工259人。有中心幼儿园1所，达标幼儿园6所，在园幼儿912人，幼儿园教师48人。船塘中学创办于1941年，曾称河源县第二中学；2023年，校园占地面积13.5万平方米，建筑面积4万多平方米；2010年前为完全中学，2011 年起调整为初级中学。船塘中心小学创办于 1930 年，2023 年校园占地面积 1.6 万平方米，建筑面积 6 800 平方米。

文体团队　2023 年，船塘镇有广场舞蹈队、客家山歌队、妈咪队、醒狮队、"河西艺术团"等民间文体团队，开展文体健身娱乐活动。

医院　船塘镇设有二级甲等医院标准的东源县第二人民医院，占地面积 3 万平方米，建筑面积 3.2 万平方米，设置床位 330 张，配备 CT、DR、彩超、腹腔镜、血液透析机等一批先进诊疗设备及信息化系统，2023 年有在岗职工 147 人，其中在编 110 人，临聘 36 人。全年诊疗病人 5.71 万人次，住院 2 883 人次，诊疗总收入 1 416.66 万元。

【综治管理】　2023 年，船塘镇信访接访 60 次，解决信访积案 1 件，成功调处矛盾纠纷 28 宗；受理 12345 政务服务热线诉求 434 件，办结 430 件，办结率 99.3%。

【社会民生】　2023 年，船塘镇有低保户 1278 人，特困人员 289 人，残疾人 1 400 人，孤儿 2 人，事实无人抚养儿童 46 人，80 岁以上高龄人员 1842 人。新增低保户 56 户，累计发放救助金 559.76 万元；新增特困人员 20 人，发放特困救助金 353.7 万元；为孤儿发放救助金 3.3 万元，为事实无人抚养儿童发放救助金 75 万元，为 80 岁以上高龄老人发放高龄补助金 127.62 万元。

【基层组织建设】　2023 年，船塘镇党委下辖党（总）支部 30 个，有中共党员 2 337 名，其中 35 岁以下党员 379 名，女性党员 440 名，少数民族党员 1 名，新发展党员 23 名。镇内设有 25 个党员远程教育接收点，方便党员干部学习。利用镇委党校举行"千名农村党员大轮训"16 期，村级举办党课 45 场次，轮训 5 474 人次。打造老围村"强基层妇联·促乡村振兴——农村基层妇联示范村"，建设"妇女儿童阵地"和"家风家教文化长廊"；组织开展"我们的节日"活动 8 场，"邻里守望"志愿服务活动 5 场，开展村镇"道德讲堂"系列活动 3 场，让群众随地学习"家门口"的红色历史故事；通过广东省女企业家定点三年帮扶项目——"大爱同行"，对船塘镇 65 名中小学生发放助学金 9 万元。

【革命史迹】　船塘镇是东源县重点革命老区之一。1939 年建立中共地下党组织，1947 年 7 月建立人民政权，成立河源县第一区。1948 年 5 月成立河西区行政委员会。为纪念在抗日战争、解放战争及社会主义建设时期牺牲的 62 位革命烈士，继 1959 年兴建革命烈士陵园后，于 2002 年重修，并取名为河西革命烈士纪念园。2009 年新建河西革命历史纪念馆，成为爱国主义教育基地。东源县政府于 2012 年重建萝溪书院，以纪念辛亥革命先驱欧阳俊和解放战争时期在大湖狮子脑歼灭战中取得重大胜利的粤赣边支队（作战）指挥部，于 2023 年重修，成为河源市红色革命教育基地。

2023 年船塘镇基本情况统计表

项　目	数　据
户籍总户数（户）	19 957
户籍总人口（人）	69 125
农村人口（人）	62 100
耕地面积（公顷）	2 923.8
水田面积（公顷）	2 452.33

续表

项 目	数 据
工业总产值（万元）	13 300
农业总产值（万元）	117 000
粮食总产量（吨）	29 600
水果总产量（吨）	5 363
生猪出栏量（头）	66 713
三鸟饲养量（羽）	5 561 649
水产品产量（吨）	1350
固定资产投入总额（万元）	86 254
实际到位外来投资（万元）	86 254
税收收入总额（万元）	2 185
本级财政收入（万元）	2 189.8
农民人均可支配收入（元）	18 900

船塘镇党政领导名录：

党委书记：何剑斌

党委副书记、镇长：李建新

人大主席：钟蓝锦

乡村振兴驻镇工作队队长：陈冠佑

党委副书记：

程定军　朱细田

党委委员、副镇长：刘战军

纪委书记：赵春燕

党委委员：曾德彬

组织委员：廖　健

宣传委员、统战委员：

邓　璐

副镇长：廖伟城　吴金鸿

肖丽红　叶媛媛

人大副主席：游智斌

综合行政执法队队长：

朱　丁

（杜钰莹）

上莞镇

【概况】 上莞镇位于东源县东北部，东与柳城镇、龙川县义都镇接壤，南和曾田镇相连，西与漳溪畲族乡交界，北和船塘镇毗邻。辖区总面积97.49平方千米，其中山地面积6 866.67公顷。有林地面积6 871.8公顷，生态公益林面积5 669.33公顷。镇域地势东南高西北低，属于丘陵盆地。丘陵一般在海拔200米以上。主要山峰有仙湖山、五指山、宝山、狮头山、五仙山等，其中最高峰为五指山，海拔1 100米。主要河流有2条，其中下寨河长12.5千米，流域面积86平方千米；罗川河长7.2千米，流域面积13平方千米；两河汇合流入船塘河。石灰石资源丰富，储藏量超过1.5亿吨。工业产品主要有水泥、石米等。农产品主要有仙湖茶、油茶、茨菇、柑桔、火龙果、薯类等。2023年，上莞镇下辖太阳、新南、江田、冼川、新轮、下寨、常美、新民、李白、仙湖、百坝、苏杨、两礤等13个行政村和1个社区。全镇户籍总户数1.02万户，户籍总人口3.65万人，其中圩镇人口1 827人，农村人口3.46万人，流动人口1.9万人。

【经济】 上莞镇耕地面积1 819.9公顷，其中水田面积1 763.1公顷，旱地面积30公顷。2023年，水稻播种面积1 349.13公顷、总产量8 418.91

吨，玉米种植面积28.53公顷、产量132.57吨，薯类种植面积55.67公顷、产量990.26吨，花生种植面积498.67公顷、产量1 721.37吨。蔬菜及食用菌种植面积448.27公顷、产量8 084.36吨，甘蔗种植面积30.4公顷、产量2 283.65吨。水果收获面积181公顷，总产量2 075.74吨，其中柑橘类产量635吨、火龙果产量457.54吨，其他水果产量共计199.1吨。农产品茶叶产量1 384吨。是年，该镇坚持现代农业发展，开展撂荒耕地复耕复种。复耕复种面积139.43公顷，土地流转面积506.03公顷（涉及8个行政村）。全镇各村集体经济实现收入共计525.96万元，同比增长88.9%。发展特色农业，因地制宜种植油茶、茨菇、蓝莓等主打农产品，盘活镇村资源，吸引青年回乡创业，推动特色农产品多点连片式发展。是年9月，成立东源县上莞富民经济发展有限公司，由全镇14个村（居）经济联合社入股投资，每个联合社投资1万元。

茶业　2023年，该镇茶叶种植面积1 833.33公顷，其中核心区仙湖村种植面积1120公顷，年总产量1 207吨，年产值达3.4亿元，占全镇农业总产值的70%。全镇从事茶叶种植和加工的省级农业龙头企业有5家、市级龙头企业有7家、专业合作社有171家，创建茶产业企业品牌30个。

仙湖茶园成功创建国家3A级风景区，获得中国大美茶山、全国茶乡旅游精品路线等荣誉。

油茶业　2023年，该镇油茶种植面积46.67公顷，油茶籽年产量362吨。

畜牧渔业　2023年，该镇肉猪出栏量1200头，总产量150吨，年末存栏量500头；出售和自宰家禽13.4万羽，家禽肉产量211吨，年末存栏量2万羽；水产品产量216吨。

上莞镇全年农业总产值4.65亿元，占镇内生产总值的27.9%。全镇农民人均可支配收入2.05万元，同比增长11%。

工业　2023年，上莞镇工业以建材、水电等行业为主，其中以石灰石开采利用和水泥生产为主导产业。有工业企业22家，其中规模以上企业1家，从业人员210多人。镇内有水泥厂1间（河源和兴水泥有限公司），建材厂2间，石场4间，石米厂7间。是年，该镇固定资产投资1.36亿元，完成目标任务的108.4%。工业固定投资项目（河源和兴水泥有限公司熟料生产线技术升级改造项目、年产200万吨新型干法水泥粉磨站技术改造项目）总投资2.4亿元。全镇工业总产值1.23亿元。

财税金融　2023年，上莞镇税收收入771万元，镇级财政收入826.5万元。该镇设有东源农商行及中国邮政储蓄银行的分支机构各1个，年末居民存款余额3亿元，其中东源农商行居民存款余款2.25亿元，中国邮政储蓄银行上莞支行居民存款余额8 408万元。

【新农村建设】　2023年，上莞镇投入50万元，完成乡村振兴公厕项目（新南、两礤）；投入200万元，完成东源县上莞镇"三线"整治项目；投入25万元，完成乡村振兴公厕项目（新轮）；投入208.25万元，完成东源县茶叶省级现代农业产业园核心区应急建设工程；投入284.74万元，完成上莞镇仙湖茶叶基地应急避险场所工程；投入207.44万元，完成东源县上莞镇仙湖村创建国家3A级旅游景区服务项目；投入945.3万元，完成道路单改双公路扩建工程项目；投入275.16万元，用于东源县上莞镇新轮村至李白村道路路面改造工程（追龙道路）；县道X178线东源县上莞镇K11+042—K16+026段路面提升工程进场施工。为保障用水需求和饮水安全，投入250万元，从仙湖村下径水库引用水源到镇自来水厂；投入约600万元，完成3个山塘水库修缮、6千米灌溉水渠建设、27处农田水利设施维护工作。

【上莞圩镇】　上莞镇逢农历一、四、七为圩期。镇内设有邮政支局1个、业务网点1处。有电信公司、移动公司、联通公司分支机构各1个,有固定电话用户1460户,移动电话用户1661户,互联网用户730户,全年电信业务收入176万元。1956年始设砖木结构市场,占地面积86平方米。1961年成立上莞公社后,对圩镇进行扩建。1987年圩镇占地面积0.5平方千米,建有街道2条,总长350米。1998年建成框架结构的中心市场和成衣市场,建筑面积分别为997、212平方米。至2004年,建成南直街、北直街、农贸街、新建街4条街道。街道铺设水泥硬底化路面,街道两旁建起两层以上商户楼,商户发展到200多户。2017年,县政府将原粮所旧址约7 000平方米土地划拨给上莞镇政府筹建农副产品交易市场。2023年,上莞圩镇建成区占地面积0.8平方千米,有圩镇人口1 923人。有集贸市场1个,经营面积600多平方米,注册个体工商户538户,餐饮单位24家,有从业人员500多人,全年商品零售总额1.39亿元。同年,投入650万元,将旧农贸市场改造为红色纪念广场,配套建设"绿美小公园"及运动器材、亮化工程等。

【文教卫体】 文化体育 2023年,上莞镇设有文化站、广播站各1处,镇级文化娱乐室13个,镇级藏书1万多册;村级文化广场13个,农家书屋13个、藏书6万余册;有线电视用户920户。建有圩镇文化广场、镇政府灯光篮球场各1个。

教育 2023年,上莞镇有初级中学1所、在校生302人、教职工37人。上莞镇中心小学下辖1所完全小学和5个教学点,共有教职工94人、学生481人。有幼儿园1所、在园幼儿182人、教职工19人。是年,财政预算内教育经费364.16万元。

医疗卫生 2023年,上莞镇有卫生院1所,设置床位50张;有卫生站18间、乡村医生18人。卫生院有执业(助理)医师13人。全年住院及门诊诊疗3.25万人次,医疗收入170.4万元。城乡医保及职工医保(包括门诊、住院)合计收入139.8万元。

计生 2023年,上莞镇出生人口236人,出生率5.89‰,死亡人口152人,死亡率3.79‰;政策生育率96.61%,自然增长率2.09‰,免费为64名孕妇进行产前健康检查。

【基层组织建设】 2023年,上莞镇党委成立主题教育领导小组和领导小组办公室,下设14个联络组,召开3次推进会,制定镇党委理论学习中心组学习计划及"第一议题"、专题党课学习计划,镇领导班子成员承担为民办实事项目累计达16项,动员部署全镇35个基层党组织扎实开展主题教育,先后开展学习"第一议题"35次,镇党委书记、机关党(总)支部书记开展专题党课20次,发放主题教育宣传册300余份,各村(社区)主要入口悬挂主题教育标语共15条,入户宣传80余户,实现1 107名党员主题教育全覆盖。深化爱国主义、社会主义教育,组织41名干部到江西省赣州市、瑞金市、全南县、于都县等地开展实地研学活动,在上莞镇委党校、中共九连地委及粤赣边支队司令部旧址等地组织45名干部参加2023年上莞镇红色故事演讲比赛。组织全镇基层党组织和党员干部群众撰写《基层党组织公开承诺书》和《党员公开承诺书》,作出承诺的基层党组织有35个,累计承诺事项287件,作出承诺的党员有1 137名,累计承诺事项3 378项,并统一张贴至各村公告栏处向群众公布。

【综治管理】 2023年,上莞镇综治中心、司法所、派出所等职能部门及各村(居)委会调解部门共有镇级人民调解员9人、村级调解员78人。全年受理信访案件15宗,其中上级交办8宗,答复8宗;综治中心受理7宗,答复7宗。受理12345政务服务热线179宗,答复171宗。是年,发生刑事案件18宗,破案5宗,抓获犯罪嫌疑人5人,刑事拘留4人,逮捕2人;查处治安案件8宗，调解4宗，行政拘留0人，查处吸毒人员1人。

【社会民生】 防返贫监测 2023年，全镇监测户6户26人（其中脱贫不稳定户0户0人，边缘易致贫户6户26人）。根据监测对象的风险类别和发展要求，以及"缺什么、补什么"原则，对6户监测户进行分类帮扶，其中有劳动力的5人均务工就业（公益性岗位0人，自由就业5人），对6户边缘易致贫户按照每户家庭具体情况，申领镇防返贫专项资金补助1 000～3 000元，实施针对性倾斜政策进行帮扶。

社会保障 2023年，全镇有低保户416户903人、五保户209户。发放低保金655.38万元、五保金239.59万元、80岁以上老人补助金64.03万元、事实无人抚养儿童35人抚养金57.08万元、孤儿2人生活补助金3.26万元，发放残疾人"丙项"补贴178.78万元（其中重度护理105.54万元，生活津贴73.24万元）。镇敬老院入住老人9名。全镇城乡养老保险参保约1.4万人，新增参保160人，参保率99%；享受养老保险待遇人员7 700人。城乡医疗保险参保2.6万人，因病住院560人次，零星报销医疗费约300万元。

【文物史迹与特产】 文物史迹 上莞镇属革命老区，有市级文物保护单位——粤赣边支队司令部旧址，县级文物保护单位——河源县人民政府旧址、革命烈士陵园、中共河西县委旧址、坐背保卫战遗址和中共九连工委扩大会议旧址等；建成中共河西县委旧址展馆，申报新圩村为河源市"红色村"党建示范工程，完成中共九连地委及粤赣边支队司令部旧址修缮及展示项目的规划设计等工作；申报该镇4个革命文化遗址为县委党校第二批现场教学基地；在新民村拍摄红色故事纪录片《红色火种薪火相传》。非遗项目新轮村"追龙"民俗活动被列入河源市级非物质文化遗产名录，并获批为广东省第八批省级非物质文化遗产代表性项目。是年，新轮村举办"龙重登场，百千万福"追龙民俗活动，首日现场参与活动超3万人次，3天活动总参与人数超6万人次，广东乡村振兴官方号现场直播，最高在线人数突破2万人，同时登录央视CCTV2，获得人民网及广东发布等官媒的宣传播报。

百坝茨菇 上莞镇百坝村茨菇香甜粉糯，客家菜中常配红焖肉烹煮，味道香甜味美，在河源小有名气。2023年，上莞镇"锚定百千万 绿美百坝 茨菇飘香"第二届百坝茨菇美食季暨开挖仪式，参加人数达500多人。

2023年上莞镇基本情况统计表

项　目	数　据
户籍总户数（户）	10 200
户籍总人口（人）	36 470
农业人口（人）	34 644
耕地面积（公顷）	1 819.9
水田面积（公顷）	1 763.1
农业总产值（万元）	46 500
工业总产值（万元）	12 285.3
粮食总产量（吨）	8 418.91

续表

项目	数据
蔬菜及食用菌产量（吨）	8 084.36
水果总产量（吨）	2 075.74
生猪出栏量（头）	1 200
三鸟饲养量（羽）	134 000
水产品产量（吨）	216
农民人均可支配收入（元）	20 532
本级财政收入（万元）	826.5
税收收入总额（万元）	771

上莞镇党政领导名录：

党委书记：邓欣荣

党委副书记、镇长：黄宇宁

人大主席：周耀华

党委副书记：

吴建润　陈立新

党委委员、副镇长：叶国兴

副镇长：陈文浩　朱瑾璟

朱锦聪　欧海波

党委委员、纪委书记：

刘　科

党委委员：张可亮

党委委员、宣统委员：

冯伟香

组织委员：李　辑

人大副主席：古丽媚

（叶文燕）

曾田镇

【概况】 曾田镇位于东源县东北部，东接蓝口镇，南连黄田镇，西与骆湖镇、灯塔镇交界，北与上莞镇、漳溪畲族乡接壤。辖区总面积139.74平方千米，其中有林地面积1.18万公顷。属山区，地势东南低西北高。四周群山起伏，最高山峰缺牙山蝉子顶，主峰海拔1 125米。水域属东江水系。主要河流曾田河为东江一级支流，境内河长21千米。矿产资源主要有锡矿、钨矿、瓷土、石英砂。2023年，曾田镇下辖玉湖、新东、曾田、池田、梅花、石湖、银坑、横坑、蒲田等9个行政村和1个圩镇社区；户籍总户数5 689户，户籍总人口2.34万人，其中男性1.22万人、女性1.11万人。

【经济】 农林畜牧业　2023年，曾田镇耕地面积956.87公顷，其中水田面积884.13公顷。粮食作物播种面积755.92公顷，总产量4 925.29吨。水果种植面积194公顷，总产量1424.8吨。畜牧业以家禽为主，家禽养殖出栏总量11.8万羽，生猪年出栏量1 399头，自宰肉用牛288头、羊227只。全年农业总产值9 458.65万元，农民人均可支配收入1.62万元。

工业　2023年，曾田镇以瓷土、石英砂加工为主。全镇有工业企业3家，员工75人。全年工业生产总值9 630万元。曾田镇蝉子顶风力发电场，由国电电力广东新能源开发有限公司投资开发，总投资20多亿元，装机33台，全年发电量1.05亿千瓦时。

财政税收　2023年，曾田镇税收收入503.56万元。

【基础设施建设】 2023年，曾田镇推进集中供水工程建设。玉湖村三小组重新建设集中供水站，完成曾田村、梅花村、石湖村集中供水（补短板）工程，让群众用上稳定水、喝上放心水。投入资金365万元，建成镇级文化广场。投入资金约700万元，升级改造镇政府至梅花Y464线及支线道路、横矿公路，全线道路均铺设沥青，增设照明设施以及交通标志、标线、护栏等安防设施。完成曾田村二组、四组、五组污水管网（补短板）工程建设，投入资金约335万元，全面提升城镇生活污水收集处理能力。投入资金约150万元，结合美丽圩镇建设开展三线整治工作，完成大部分村和圩镇的线路规整绑扎以及管涵铺设。

【曾田圩镇】 曾田圩镇位于205国道曾田圩镇路段两边，以农历一、四、七为圩期。1956年始设砖木结构市场，占地面积460平方米。1987年建有街道2条，共长度250米。2005年河梅高速开通及瓷土开采后，圩镇加快发展，2017年圩镇建成区占地面积10万平方米，有圩镇户籍人口1 000多人。2023年，圩镇有集贸市场2个，经营面积1 900余平方米，年成交额930万元。有较大型商场2家，餐饮店10多家。全镇有商业网点190余家，员工357人；全年社会商品零售总额1 468万元。镇区交通，有306路公交车运行，日开行至东源县城、河源市区班车6班次。设有邮政支局、电信支局、移动营业厅等机构，全镇电话交换机总容量5 000门，固定电话用户570户，移动电话用户3 200余户，互联网用户730户。设有供电所1间；有日供水规模达1 000吨以上标准化自来水厂1间，覆盖梅花、曾田、新东和石湖等6个行政村自来水输送管道。

【文教卫体】 文化 2023年，曾田镇有镇文化站1处、广播电视站1处，有村级文化活动中心10处、新时代文明实践站（所）11处、图书室11个、共藏书1.3万余册。有市级文物保护单位清代建筑文笔塔1座。

教育 2023年，曾田镇有初级中学1所，在校生159人、专任教师24人；有中心小学1所，在校生211人、专任教师31人；有小学教学点1所，在校学生44人、专任教师9人；有幼儿园1所，在园幼儿90人、专任幼师4人。

医疗 2023年，曾田镇有卫生院1所，卫生站11间。卫生院有医疗卫生人员22人，其中执业医师4人、执业助理医师1人。卫生站医疗卫生人员11人，其中乡村全科执业助理医师2人，乡村执业医师9人。全镇户籍人口出生162人、死亡91人，人口自然增长率3.0‰。

环境卫生 2023年，曾田镇有标准垃圾收运压缩车2台，在镇内主要地段标准化垃圾收集点放置垃圾收集桶1 000多个。全年投入资金120多万元用于环境卫生整治。

【基层组织建设】 2023年，曾田镇党委下辖党组织23个，其中，党总支部5个、党支部18个。其中镇直机关党总支部1个、党支部2个、"两新"组织党支部1个，供销社党支部1个，村（社区）党总支部4个、党支部14个。有中共党员696名，其中女性党员163名，发展预备党员10名。镇内设11个党员远程教育接收点，方便党员干部学习。将每周二定为党员领导干部驻点直接联系群众日，镇、村干部组成10个驻点团队，进村入户走访及定点接待联系群众，全年，镇、村（社区）干部走访群众共1 480户，进户访问群众4 500余人次。镇党委理论学习中心组学习12次，召开党委会议研究党建工作12次，组织全镇党员干部分批次学习30余次，到10个村（社区）专题推进党建工作18次。加强后备干部培养管理工作，储备后备干部49名。

群团工作 2023年，曾田镇共青团组织全年发展团员9名，其中学生团员8名，社会领域团员1名；建立镇级团员管理群，成功联系团员214名。镇妇联开展"家越美·粤幸福"活动，做好寻找"最美家庭"、培育"书香家庭"、评选"最美执委"、推行《亲子阅读》等工作，全镇有2户家庭获得县级"最美家庭"称号，1名村级妇联主席获得县级"最美执委"

称号；对全镇重点儿童、重点妇女、重点家庭进行登记造册；组织妇女儿童进行普法、暑期安全教育、节假日庆祝、亲子阅读等活动；对妇女实施"两癌"（宫颈癌、乳腺癌）免费检查。镇武装部高标准完成春、秋季征兵工作；完成了基层武装部规范化建设，对办公室、资料室、活动室、装备器材库"三室一库"配备办公电脑、保密柜等办公设备和多种民兵应急装备器材。

【综治管理】 2023年，曾田镇建立调委会11个，其中镇级调委会1个、村（社区）级调委会10个，配有专职、兼职人民调解员36名。全年受理来访、信访纠纷48宗，化解44宗，纠纷受理率100%，调处率92%。信访系统接收上级交办信访事项13宗，办结12宗，接待来访群众70余批200余人次；派出所共接处警件329宗（110转来309宗），其中受理刑事案件8宗（破案5宗），抓获吸毒人员1人，受理行政案件55宗（治安处罚8人，调解44宗），调处其余各类民间矛盾纠纷38起，对辖区中小学、幼儿园进行安全检查61次，对特种行业清查56次；镇社区戒毒（康复）工作站投入使用，禁毒工作保障水平不断提高。开展交通安全专项整治工作，出动警力及专班人员720余人次，检查车辆2 500多辆次，查处违法违章行为400余宗，教育劝导放行驾驶人员3 200余人次，悬挂宣传横幅26条，转发宣传推文90余条，开展讲座4次；组织开展扫黑除恶宣传活动60余次（平均每个月5次），制作标语（LED/横幅）30余条，派发宣传单页3 800余份，转发各类扫黑除恶知识、短视频70余条，宣传覆盖人数5 000余人。设立镇公共法律服务工作站1个、村（社区）公共法律服务工作站10个，实现一村（社区）一法律顾问全覆盖。提供法律援助、法律咨询、法治宣传、人民调解等全功能法律服务，镇级开展法治宣传33场次，开展法治讲座42场次，提供咨询服务108次。

【社会民生】 2023年，曾田镇有特困（五保）人员133人，均为分散供养人员；有城乡低保258户623人，孤儿、事实无人抚养儿童7人，残疾办证509人，抚恤金对象124人。全年发放特困、优抚、城乡低保、孤儿、事实无人抚养儿童、残疾人、困难群众医疗救助等总额671.5万元；城乡居民参加合作医疗保险1.15万人。

【乡村振兴】 2023年，曾田镇脱贫户共有273户730人，其中按属性分，低保户99户331人、五保户81户88人、一般脱贫户93户311人；按劳动力分，无劳动能力146户232人、有劳动能力127户498人。有监测户2户11人。该镇创新服务模式，监测好贫困人员生产生活情况，加强贫困户后续管理工作，切实做好脱贫攻坚与乡村振兴有效衔接。是年，推进农村人居环境综合整治，在全市乡村振兴工作亮灯管理考核中均为绿灯；建立激励制度，草拟制定《曾田镇促进乡村振兴发展激励制度实施方案》系列文件，对全镇10个村（社区）进行现场考核评估，推进乡村振兴。规划乡村振兴方案，围绕"全域旅游特色小镇"发展定位和"一心五线"（以街镇社区为中心，构建燕归来、枫树林、缺牙山、以"东江和谈"为脉络的红色旅游带、"横坑—银坑—蒲田"绿色生态村五条旅游路线）旅游空间布局。

【史迹和特产】 史迹 曾田镇是革命老区。1940年，抗日先锋队在横坑、蒲田开始组织活动。同年，横坑中共党支部成立。1947年，曾田建立天马游击队。

特色产业 曾田镇银坑村、横坑村、蒲田村以种植香菇、木耳、毛竹和茶叶以及养殖蜜蜂为主，带动全镇特色产业发展。土特产主要有香菇、木耳、柑桔、茶叶、蜂蜜、柿、横坑茶等。

2023年曾田镇基本情况统计表

项 目	数 据
户籍总户数（户）	5 689
户籍总人口（人）	23 363
农业总产值（万元）	9 458.65
工业总产值（万元）	9 630
耕地面积（公顷）	956.87
水田面积（公顷）	884.13
粮食总产量（吨）	4 925.29
水果总产量（吨）	14 24.8
生猪出栏量（头）	1 399
三鸟出栏量（羽）	118 404
税收收入总额（万元）	503.56
本级财政收入（万元）	503.56
农民可支配收入（元）	16 247

曾田镇党政领导名录：

党委书记：廖圣飞

党委副书记、镇长：廖　帆

人大主席：刘锦强

党委副书记：

林苑生　李志省

党委委员、副镇长：吕建标

党委委员、纪委书记：

杨　标

组织委员：邹燕婷

宣统委员：叶素培

党委委员：游志军

副镇长：黄云杰　刘鹏辉

副镇长、派出所所长：

朱伟明

人大副主席：叶思杨

（缪楚莹）

柳城镇

【概况】 柳城镇地处东江中上游、东源县境东北部，东与龙川县佗城镇毗邻，南连蓝口镇，西与曾田镇交界，北靠上莞镇，距东源县城65千米。辖区总面积98.58平方千米，林地面积6 846.13公顷，其中生态公益林面积3 934.93公顷。镇域地势西北高东南低，属河谷平原与低山丘陵地区，最高峰为上洞六帽山，海拔1 174米。属东江水系，水资源丰富，东江从镇区穿过，其中柳城东江干流段河流长10.1千米。东江二级支流有柳城河、石侧河、柳星河。柳城镇有"鱼米之乡"之称。京九铁路、广梅汕铁路、205国道、河龙高速穿越境内。矿产资源主要为石英石，储量1.5亿吨。2023年，该镇下辖上坝、下坝、围星、柳城、柳星、赤江、上洞、黄洞、石侧等9个行政村和1个圩镇社区。全镇户籍总户数5 818户，户籍总人口2.16万人，常住人口6 412人，其中外来人口约500人。

【经济】 农业　柳城镇耕地面积1 083.65公顷，基本农田面积750.47公顷。2023年，全镇谷物播种面积836.13公顷，总产5 322.82吨；豆类种植面积13.87公顷，总产量189.52吨；花生种植面积29.86公顷，总产量133.93吨。鼓励发展油茶、绿茶等特色农业，油茶种植面积666.67公顷，茶油年产量250吨；茶叶种植面积200公顷，绿茶年产量12吨（干茶），红茶年产量7.5吨（干茶）。

畜牧渔业 以养殖猪、家禽、鱼为主。2023年肉猪出栏量2 058头，猪肉产量163.2吨；出售和自宰家禽3.8万羽，家禽肉产量150.4吨；水产品产量1 768吨。全年实现农业总产值2.16亿元，农民人均可支配收入2.23万元。

工业 柳城镇工业以石英矿开采、加工及石英板材加工和水电企业为主。2023年，全镇有各类厂矿企业68家，其中规模以上企业6家；水电企业，柳城富源电站装机容量2.55万千瓦，坪山水电站装机容量1 777千瓦。全年实现工业总产值1.3亿元。

【商贸财税金融】 2023年，柳城镇税收收入2 145万元。镇内有农村商业银行和邮政储蓄银行分支机构2家，年末居民存款余额3.13亿元。

【柳城圩镇】 柳城圩镇以农历二、五、八为圩期。1957年始设砖木结构市场，占地面积570平方米。至1987年，建成街道1条，长400米。1993年，建成框架结构柳城综合市场，建筑面积440平方米。2023年，圩镇工商个体户112户，从业人员近1 000人；圩镇面积1.2平方千米，主要街道有柳城大街、沿江路；较大型商贸服务业有腾天超市、惠宜商场、千惠商场；圩镇人口1 747多人；全年实现商品零售额约1 650万元。

柳城镇交通便利，辖区内有龙河高速出口，至东源县城及市区约45分钟车程；靠近龙川县域，路网发达，镇内设有便民车，往返于镇村之间，每天若干班次。圩镇设有邮政支局、电信支局等机构，全镇电话交换机总容量2 900门，固定电话用户1 700户，移动电话用户6 000多户。设有柳城供电所，管理110千伏变电站，共有10 kV线路7条，满足全镇的用电需求；有圩镇自来水厂1座，日供水量5 000立方米，供应全镇使用。

【基础设施建设】 2023年，柳城镇推进Y455线、Y451线公路扩建工程，投资1 858.08万元，扩建原路基，完善路基路面排水、防护、交通标志标线及安全设施等工程；完成205国道至白石嶂道路硬底化建设项目。实施圩镇外立面提升项目，改造房屋130栋，外立面提升约1.2万平方米、屋檐提升约2 000米、窗檐提升约500米。完成柳城镇沿江路美化亮化工程（安装40盏路灯），柳城镇围星村、柳城村沥青道路提升工程（铺设了2 030米沥青道路），X832县道扩建工程（下坝村至丝苗米烘干厂段，硬底化道路长约800米，路宽6米），省道S243线柳城镇下坝村至文笔山路段安全隐患整改项目，柳城中学挡土墙、教师公寓修缮项目，柳城中心小学挡土墙修缮工程，柳城中心小学运动场升级改造工程等民生项目的建设。

【乡村振兴】 2023年，柳城镇有返贫监测对象共12户51人，消除10户44人；采取入股东源县新伟茶叶种植专业合作社、大丰畜牧有限公司、东源县建宏混凝土有限公司等的方式，累计发放分红74万元到脱贫户账户。开展农村人居环境综合整治行动，全面消除因年久失修、强降雨等因素所带来的农村人居环境安全隐患，累计完成积存垃圾清理等问题1005处362.54吨，清理沟渠池塘溪河淤泥、漂浮物和障碍物121处58.39吨，整治房前屋后乱堆乱放、污水乱排乱倒43处。开展"党建引领齐参与·镇靓村洁庭院美"专项活动，累计入户宣传576户，开展活动11场次，发动党员、群众、志愿者参与680人次，发动乡贤参与15人次，划分人居环境网格化整治区57个。实行耕地网格化管理，全年完成复耕71.56公顷。示范基地完成土地流转280公顷，建成广东最大的水稻无人农场，成为东源县丝苗米省级现代农业产业园主要产区之一，实现全程机械化、部分无人化耕种，年产水稻超2 000吨、制种500吨、可供应育秧533.33公顷，日烘干稻谷150吨；是年，该镇在上坝、下坝、围星、赤江等村完成冬种200公顷。推广农业生产托管服务，为全县多个乡镇55户农户提供生产托管服务，面积933.33公顷。推动特色"两茶"（红茶、绿茶）产业发展，完成红茶生产线建设，新增茶园面积20公顷。村级集体经济发展壮大，各村年集体经济收入均超25万元，有4个村突破30万元，分别为黄洞村、柳城村、上洞村、上坝村。

【文教卫体】 文化体育 2023年，柳城镇有文化站1所，图书室1间，广播电视站1个。围星村、柳城村、柳星村及圩镇500多户连接东源县广播局信号，其余村（居）均安装户户通电视收看设备，实现村村通电视。圩镇有灯光球场2个，各村建有篮球场15个；是年，镇文化站、赤江村等村举办文艺晚会、篮球赛等活动；文化遗产有明代奎阁塔、清代古建筑民主堂。是年，完成革命遗址普查工作，新增柳城区委遗址、飞虎队成立旧址、中和堂屋——飞虎队活动旧址3处。

教育 2023年，柳城镇有初级中学1所、小学3所、幼儿园2所。柳城中学有教职工26人、在校学生266人，柳城中心小学（包括上坝、下坝教学点）有教职工61人，在校学生561人，柳城中心幼儿园（包括南坝幼儿园）有教职工13人、在园幼儿150人。是年，建成柳城中心小学宿舍楼，完成柳城中学运动操场改造。

医疗卫生 柳城镇卫生院成立于1958年。建有住院大楼1栋、综合大楼2栋、业务用房3栋，建筑面积2 512平方米。2023年，有医生职工36人，其中主治医师3人，执业助理医师3人。有村（居）医疗卫生站9个、乡村医生9人。全年诊疗2.26万人次。全镇村级卫生站完成公建并投入使用。

计划生育 2023年，柳城镇人口出生141人，死亡116人，自然增长率0.80‰。加强居民健康档案建设工作，普及免费孕前优生健康检查和"两癌"（宫颈癌、乳腺癌）筛选检查。

【基层组织建设】 2023年，柳城镇有党组织70个，其中党委1个，党总支7个，党支部62个；有中共党员823人，其中新发展党员11名，35岁以下党员8名，女性党员7名，大专以上党员7名。设有11个党员远程教育接收点，方便党员干部学习。全年理论学习中心组学习23次；开展党组织书记、党务工作人员培训3次，94人次参加；组织党员干部、后备干部、入党积极分子轮训4场，300多人次参加。深化非公企业"双同步"（党建工作摸排和组织建设两项工作同步推进）工作，派出党建指导员4名。

【社会民生】 2023年，柳城镇城乡居民合作医疗参保1.37万人，新型农村养老保险续保2 882人。城镇新增就业33人，就业困难人员实现就业8人。全镇纳入低保744人，全年发放低保金478.66万元，医疗救助29.84万元，临时救助和自然灾害救援18.14万元，孤儿和事实无人抚养儿童救助53.68万元。全镇有五保人员125人，镇办有敬老院1所（2023年停办整改），床位18张；全年支出五保经费193.69万元。

【综治管理】 2023年，柳城镇9个行政村1个社区均配备法律顾问，并签订法律顾问服务协议，法律顾问每月定期到各村开展法律培训；镇党委、镇政府聘请一名资深律师为常年法律顾问。全年普法对象达1.2万人次，镇村两级开展宣讲法治56场次，解答群众法律咨询230人次，发放传单1.1万余份、知识小册1万余册，张贴标语230条。全年共受理调处各类案件

201 宗，办结 201 宗。其中群众到中心来访办结 12 宗，上级部门（网信平台）转来办结 14 宗，河源市 12345 政务服务热线转来办结 175 宗，办结率 100%。

【革命史迹】 柳城镇上坝村围龙屋是东江纵队二支队革命旧址，创建于 1946 年冬。为发展革命队伍，壮大革命力量，东江纵队江防大队长邹建、中队长张丁等奉命在柳城镇上坝围龙屋以教师身份秘密开展地下活动，并以杨氏祠堂为队部，成立了东江上游较早的革命党小组，广泛发动群众发展游击队员。杨才章、杨友安、彭罗干、杨德麟、杨石妹、张谷英等热血青年踊跃报名加入革命队伍，积极投身革命活动。筹集资金购买枪支弹药送给东江纵队。从 1947 年 1 月起，杨氏祠堂成为郑群、邹建、刘瑞庭等地下领导人的活动所在地。

2023年柳城镇基本情况统计表

项　　目	数　据
户籍总户数（户）	5 818
户籍总人口（人）	21 575
耕地面积（公顷）	1 083.65
农业总产值（万元）	21 633.83
工业总产值（万元）	13 000.4
粮食总产量（吨）	5 322.82
水果总产量（吨）	1 918.5
生猪出栏量（头）	2 058
三鸟饲养量（羽）	38 000
水产品产量（吨）	1 768
农民人均可支配收入（元）	22 307
固定资产投资总额（万元）	14 203
税收收入总额（万元）	2 145
本级财政收入（万元）	4 969.5

柳城镇党政领导名录：
党委书记：邹汉平
党委副书记、镇长：叶　旭
人大主席：陈建新
党委副书记：
包东兴　曾　敏
党委委员、纪委书记：
梁　超
党委委员、宣统委员：
陈海波
党委委员、组织委员：
刘淑媚（2023.04—）
党委委员：陈云辉
人大副主席：李贵兰
副镇长：赖卓南　何国良
张　戈　阳聪勇　吴远新
张泽宇（2023.10—）

（陈文浩）

蓝口镇

【概况】 蓝口镇地处东源县东部，东邻叶潭镇，南连康禾镇、黄田镇，西接曾田镇，北与柳城镇毗邻。辖区总面积 196.97 平方千米，其中山地面积 1.47 万公顷。镇域地形属河谷平原和低山丘陵。东江自东向西南方向穿过，镇内共有天然河流64条，渠道2条。205国道、广梅汕铁路、河龙高速公路、赣深高铁经过境内。主要矿产有稀土、石英石、瓷土、锡、钨等。有已探明的石英石矿储量4 671.1万吨，稀土矿储量约500万吨。2023年，蓝口镇下辖乐村、秀水、车头山、铁场埔、土陂、齐坑、蓝口围、角塘、塘心、花径畲族、鹊坝、大围、派头、老埔场、长江头、榄子围、培群、礤下、地运、牛背脊、杨柳、礤头等22个行政村和街镇、新圩2个社区。全镇户籍总户数1.23万户，户籍总人口4.39万人，其中，城镇常住人口3 923人、农村常住人口1.58万人，有流动人口389人。

【经济】 农业 2023年，蓝口镇耕地面积1 473.33公顷，其中水田面积1 273.3公顷，全年水稻总种植面积（包含早稻和晚稻）2 666.67公顷，年产量1.69万吨；茶叶种植面积346.67公顷，年产量65吨；花生种植面积110.73公顷，年产量382.66吨。畜牧渔业以养殖猪、家禽、四大家鱼、罗非鱼为主。2023年，生猪出栏量2.84万头，猪肉总产量3 692.91吨；仔猪出栏量0.17万头，年末存栏量4.06万头。家禽出栏量38.77万羽，年末存栏量21.82万羽，年产量149.97吨。四大家鱼养殖面积130.7公顷，年产量707吨。全镇林业面积1.31万公顷，森林覆盖率64.96%，活立木蓄积量6.46万立方米。农林牧渔总产值2.31亿元，占全镇生产总值的11.09%。全年农业总产值1.22亿元，农民人均可支配收入2.45万元。

工业 蓝口镇以石英石矿开采及加工、钢铁生产、水电为主。2023年，有工业企业60家，其中规模以上企业6家，从业人员1 683人。是年，硅基新材料工业园征地面积150.67公顷，有河源旗滨集团及特诺（晶雅）玻璃项目共4家企业入驻。全年工业总产值31.16亿元，占全镇生产总值的88.12%。

财政金融 2023年，蓝口镇财税总收入1.00亿元，其中镇级财政收入4 376.72万元。镇内金融机构有邮政银行、农商银行分支机构，年末居民存款余额5.36亿元。

【基础设施建设】 2023年，蓝口镇投入614.49万元，完成17千米镇村道路的养护性修复和Y570线地运村至牛背脊村道路的提升工程；有关部门完成4.49千米铁场埔村、花径畲族村高铁施工损毁道路路面修复工程；投入274.48万元，完成圩镇农贸市场升级改造、蓝口圩镇文化（科普）广场建设、圩镇绿化亮化工程；投入344.85万元，铺设柏油路约4千米。是年，蓝口镇推动X155线全面贯通通车，一期工程引线路段完成绿化、美化。全镇建成生活垃圾收集亭、垃圾屋共229个，配备生活垃圾转运车27辆、垃圾桶3 073个；设有垃圾中转站1个，由专业服务公司管理和运营。全镇154个自然村基本实现道路硬底化。

【蓝口圩镇】 蓝口圩店铺始设于明洪武年间（1368—1398年），清嘉庆十三年（1808年）蓝口圩正式开圩。逢农历三、六、九为圩期，为河源县东部商品集散中心。2023年，圩镇建成区占地面积3平方千米，街镇常住人口0.39万人；有集贸市场1个，建筑面积2 340平方米，年成交额5 560万元；有个体工商户1 109户，其中流通个体户150户，餐饮商户66户、小作坊15户。是年，全镇邮储收入400万元，邮政业务量30万元；有县电信、移动、联通通信企业分支机构各1个；有固定电话用户500户，固定电话普及率25%。

【乡村振兴】 2023年，蓝口镇坚持巩固拓展脱贫攻坚成果同乡村振兴有效衔接，完成对全镇原建档立卡贫困户3 974人的摸排工作，确定2户4人为返贫监测对象，落实返贫监测对象兜底，消除返贫风险；有劳动能力贫困户人均可支配收入达2.04万元，实现稳定增收脱贫。

是年，该镇制定蓝口"2园

"1线1带"规划、2023年蓝口镇乡村振兴项目计划表,实施"一镇一策",确定5类27项具体项目,引进蓝湖康养度假庄园项目、和信缘精深加工项目、蓝口镇智慧农业养殖基地等重点项目。推动蓝口产业园和礤头茶省级现代农业产业园建设,完成产业园二期征地共93.33公顷,初步建成茶园现代化厂房2 214平方米。探索村级集体经济公司化改革新模式,成立镇级富镇强村公司河源市蓝溪经济发展有限公司。推进粮食安全工作,巩固撂荒耕地复耕复种面积486.33公顷;完成推广种植高品质红薯苗株"西瓜红"20公顷;完成冬种任务33.33公顷,完成率100%。开展人居环境实地视察工作并形成常态化监督机制;出台《蓝口镇开展农村人居环境整治工作常态化考核工作方案(试行)》,开展"三清、三拆、三整治"(清理村巷道及生产工具、建筑材料乱堆乱放,清理房前屋后和村巷道杂草杂物、积存垃圾,清理沟渠池塘溪河淤泥、漂浮物和障碍物;拆除农村的危旧废弃房屋、露天厕所,拆除乱搭乱建房屋,拆除违规商业广告、招牌;整治农村垃圾、污水及水体污染)百日攻坚行动,全镇完成"三拆除"约5万平方米,完成"三清理、三整治"4.1万吨;100%完成卫生户厕改造;完成问题厕所整改7个;开展村庄及庭院绿化美化、拆旧复绿工作,8个自然村因地制宜打造"四小园"(小菜园、小果园、小花园、小公园)15个。

【文教卫体】 2023年,蓝口镇举办"5·8世界红十字日"爱心捐赠活动、"金秋助学·筑梦未来"奖教奖学活动以及"坚基集团·蓝口镇2023年和美乡村篮球大赛(村BA)系列活动"。设有宣传文化旅游服务中心,有镇级文化广场1个、镇级文化娱乐室1个;有村级文化活动中心24处、图书室25个,共藏书3.2万册。有中学1所,在校生418人、教职工39人;有小学3所,在校生933人、专职教师89人;小学适龄儿童入学率、九年制义务教育覆盖率均100%;有幼儿园2所(蓝口镇中心幼儿园和齐坑希望幼儿园),在园幼儿358人、教职工46人。有卫生院1所、床位90张;有乡村卫生站22个、村医22人。全年医疗机构(门诊部以上)完成诊疗2.88万人次。是年,全镇出生人数355人,出生率8‰;死亡人数352人,死亡率7.9‰;自然增长率0.1‰。

【基层组织建设】 党组织建设 2023年,蓝口镇有党组织35个,其中"两新"党组织5个;有中共党员1 511人,其中女性党员337人,35岁及以下党员294人,36~59岁党员615人,60岁及以上党员602人;全镇党员平均年龄53.6岁;大专及以上学历党员388人,高中及以下学历党员1 123人。22个行政村下设159个村民小组,3名及以上党员的村民小组单建党支部83个,村民小组联建党总支部2个,升格党总支8个。镇内设有25个党员远程教育接收点,方便党员干部学习。

群团工作 2023年,蓝口镇共有团支部37个827名团员,依托镇"青年之家"阵地,组织各级团组织开展理论学习152场次、社会实践36场次,动员团员青年参学"青年大学习"主题团课3 695人次。

妇联工作 妇联建立妇女之家,覆盖24个村(社区)。2023年,蓝口镇引导和组织妇女参与经济发展,全年开展家庭教育大讲堂、好家风好家训、亲子实践等活动3次。

武装工作 2023年,蓝口镇武装部完成职能的工作任务,向部队输送合格兵员;配强配优基干民兵(应急排)、服务役退伍军人、普通民兵,全年集中组织民兵学习和训练4次。

【综治管理】 2023年,蓝口镇综治中心受理案件24宗,办结19宗;受理网信案件35宗,核实处理12345政务服务热线386宗。镇派出所开展"河安2023""夏季治安打击整治"专项行动,立刑事案件22宗、破案8宗、逮捕11人、捣毁赌博窝点1个;查处治安行政案件47宗,查处吸毒人员1人。

【社会民生】 2023年,蓝口镇新增城乡居民基本养老保险参保60人,新增发放待遇372人,办理大龄就业困难人员灵活就业社保补贴121人。实缴城乡居民基本医疗保险2.79万人。发放重点优抚对象各类抚恤补助金101人131万元,发放60周岁以上退役军人生活补助金148人48.6万元,开展军属座谈、入户走访、困难帮扶、发放材料等584人次。有残疾人1 078人,享受低保生活津贴446人、重度护理津贴644人,在册五保残疾人69人。累计救助农村低保1.35万人次、发放金额685.8万元;累计救助城镇低保952人次、累计发放低保金72.6万元;低保总人数1.44万人次,累计发放总金额758.4万元。全镇新增五保对象11人。其中,城镇五保7人,每月发放五保金1.01万元;农村五保157人,每月发放五保金16.01万元。办理各类临时救助,发放临时救助金57.7万元。

【文物史迹】 蓝口镇有省级文物保护单位(2022年公布)乐村石楼、长江头村咸水塘谈判旧址共2处,市级文物保护单位(2023年公布)车头山村双庆堂1处,(2011年公布)塘心村清代古建筑"陈氏壹修堂"1处。

咸水塘谈判是解放战争时期广东地区的重大历史事件,是一场影响华南地区解放的秘密谈判。谈判旧址位于东源县蓝口镇长江头村咸水塘屋,是一座建于清末的客家围屋,总占地面积1 471平方米。

2023年蓝口镇基本情况统计表

项　　目	数　　据
户籍总户数(户)	12 300
户籍总人口(人)	43 900
农村常住人口(人)	15 763
辖区总面积(平方千米)	196.97
山地面积(公顷)	14 700
耕地面积(公顷)	1 473.33
水田面积(公顷)	1 273.3
粮食总产量(吨)	16 900
水产品产量(吨)	707
生猪出栏量(头)	28 407
三鸟出栏量(羽)	387 700
农业总产值(万元)	12 193.03
工业总产值(万元)	311 600
农民人均可支配收入(元)	24 537
税收收入总额(万元)	10 043.28
本级财政收入(万元)	4 376.72
居民储蓄存款(万元)	53 600

蓝口镇党政领导名录：

党委书记：朱其标

党委副书记、镇长：吴炳霖

人大主席：邱伟明

党委副书记：

王生淋（挂职）

陈维兴　何庆国

常务副镇长：顾焕明

党委委员、纪委书记：

张金泉

党委宣传委员：张德彬

党委组织委员：张　励

党委委员：刘心海

副镇长：邹剑锋　欧海平

何敏龙　黄　熠

潘诗峰（2023.10—）

副镇长、派出所所长：

黄鹏辉（2023.10—）

人大副主席：

林小娴（2023.10—）

综合行政执法队队长：

张云山

（刘晓苏　黄雨沁）

叶潭镇

【概况】叶潭镇地处东源县东部。东邻龙川县紫市镇，南连黄村镇，西接康禾镇，北与蓝口镇、龙川县交界。叶潭镇辖区总面积164.83平方千米，其中山地面积1.27万公顷。矿产资源主要有瓷土、石英石等。农副产品主要有茶叶、柚、腐竹。2023年，叶潭镇下辖红坑、双头、双坪、双下、儒崒、儒步、文径、吉布、叶潭、车田、半埔、琏石、山下等13个行政村和1个街镇社区。全镇有户籍总户数9 256户，户籍总人口3.66万人，其中城镇人口6 021人、农村人口3.05万人。

【经济】农业　2023年，叶潭镇耕地面积960.75公顷。全镇稻谷播种面积1 293.33公顷，总产量6 938.38吨；薯类种植面积47.47公顷，总产量814.55吨；豆类种植面积57.57公顷，总产量179.53吨；花生种植面积578.4公顷，总产量1 073.79吨。水果种植面积113.73公顷，总产量2 075吨，其中山下村、半埔村、叶潭村共有7个柚子种植基地，柚子年产量1 633吨。有茶叶种植基地1个，种植面积43公顷，总产量2.5吨。生猪出栏量1.01万头，猪肉产量2015.8吨；出售和自宰肉用牛232头，牛肉产量46.4吨；出售和自宰家禽110.01万羽，家禽肉产量1 043.7吨。水产品产量282吨。全年实现农业总产值2.63亿元，农民人均可支配收入1.62万元。

工业　2023年，叶潭镇有半埔中冠水电站、尧嶂水电站、红坑石布水电站、儒步谷石水电站、山下粮头角水电站等6座。全年实现工业总产值3 600万元。

财税金融　2023年，叶潭镇财政收入3 977.81万元，税收收入220.39万元；年末两家金融机构存款余额共2.77亿元，各项贷款余额共895万元。

【叶潭圩镇】叶潭圩镇于1956年始设砖木结构市场1个，占地面积72平方米，以农历一、四、七为圩期。截至1987年，圩镇占地面积2 000平方米，建有街道2条，总长500米。1989年，建成框架结构叶潭农贸市场，经营面积240平方米，建筑面积800平方米。2000年后，叶潭镇瓷土等资源开发带动圩镇发展，2004年形成新老街、沿河路、环潭路、桥南路一河两岸框架的小城镇。2023年，圩镇建成区占地面积1.8平方千米，圩镇人口6 021人。全镇有个体工商户67家，从业人员762人，年商品交易额323万元。镇区交通拥有客运汽车4台，日发河源客运汽车4班次。设有邮政支局、电信支局、供电所等机构。有固定电话用户800户，移动电话用户2 100户，互联网用户1 800户。

【乡村振兴】2023年，叶潭镇开展乡村振兴自查自评工作4次，迎接市亮灯考核4次，开展乡村振兴金扫帚活动4次。基本完成村庄垃圾收集点和保洁员配置，实现垃圾日产日清；全面完成农村问题厕所摸排工作，共摸排农村户厕3 765户，发现问题厕所98户，户厕整改完成率

99.41%，问题公厕整改完成率、农村无害化卫生户厕普及率均达100%。组建公厕管护队伍，对全镇20所公厕形成长效管护机制。

是年，投入7258.7万元，完成吉双公路路灯亮化工程、老街环境提升、半埔畲族村韭菜产业基地观光步道、山下村和琏石村道路路面升级改造、红坑村道路拓宽扩建等民生项目建设；实施集中供水补短板工程，持续推进圩镇路面提升等项目建设。

持续抓防致贫返贫监测帮扶工作，形成及时检测、动态管理、精准帮扶、动态清零的管理机制。全镇有脱贫户共574户1874人，其中低保脱贫户245户，五保脱贫户107户，一般脱贫户222户。有2户11人纳入"三类人员"监测对象。

【文教卫体】 文化体育 2023年，叶潭镇有镇文化站、广播电视站、网络管理站各1处；有镇文化广场1个，占地面积2360平方米，内设舞台和篮球场。全镇有学校运动场11个、村级文化活动中心10处；有农家书屋14个，共藏书4.8万余册。

教育 2023年，叶潭镇有幼儿园3所、在园幼儿169人、专任教师14人、保育员14人；有小学8所、在校学生696人、专任教师125人；有初级中学1所、在校学生360人、专任教师32人。全镇适龄人口入学率、小升初升学率、九年义务教育覆盖率均100%。

卫生 2023年，叶潭镇卫生院占地面积2405平方米，建筑面积4683平方米。有病床60张，医务人员50人，其中在编38人、购买服务人员12人，有副高职称3人、中级职称5人、初级职称27人；设有预检分诊、发热诊室、门诊部、住院部、计免门诊、中心药房、公卫科、辅助科室。下辖村卫生站22间，有乡村医生22人。全年诊疗病人1.4万人次，诊疗收入192.04万元。

人口计生 2023年全镇总出生人口287人，出生率7.85‰，死亡人口214人，自然增长率2.01‰。

【基层组织建设】 2023年，叶潭镇有党支部17个，中共党员800名，其中35岁以下党员163名，女性党员199名，少数民族党员20名，高标准发展党员11名。全年组织理论学习宣讲会、党员集中轮训6次，党员轮训710人次，上门送学活动28次，发放《习近平著作选读》《习近平新时代中国特色社会主义思想专题摘编》等各类学习书籍、学习手册580份。开展走访慰问活动，为生活困难党员、老党员、老干部等群体送温暖慰问78人。领导干部到村指导工作158次。

群团工作 2023年，镇团委发展团员5名，其中学生团员4名，社会领域团员1名。组织发动行政村、社区等24个团支部将青年团员相关信息录入及报到"智慧团建"系统移动端，有621人（含团干部、团员）入驻"智慧团建"系统移动端。

镇妇联于2023年月7日召开第十四次代表大会，选举产生主席1名、专职副主席1名、兼职副主席3名、妇联执委25名，完成妇联组织换届工作的目标任务。对接县妇联，开展巾帼电商培训、《中华人民共和国妇女权益保障法》普法教育讲座、《中华人民共和国家庭教育促进法》讲座、"父母大讲堂"送课下乡等培训活动。

镇人民武装部对全镇基干民兵进行合理调整，完善补充花名册各分队人员基本信息，为全年兵员征集工作打下基础，完成全年征兵工作任务。

【社会保障】 2023年，叶潭镇有城镇最低保障户10户21人，发放保障金20.35万元；有农村最低保障户401户1194人，发放保障金693万元；有城镇五保户3户3人，农村五保户137户137人，发放保障金共159.97万元。有80岁以上老人972人，全年发放补贴46.5万元；有百岁老人5人，全年发放补贴1.8万元。城乡居民养老保险参保总人数1.44万人，领取参保待遇共

6 704人，新增参保101人，完成续缴4 286人，完成目标任务的94.20%。城乡居民医疗保险参保人数2.15万人，完成续缴任务的91.41%。全年报销医药费1 833人次118.71万元。镇内有社区服务设施2个，其中社区服务中心、社区服务站各1个。

【综治管理】 2023年，叶潭镇综合治理办接待群众来访40次250余人次，其中直接答复解决20件；各村工作站受理纠纷案件26宗，调解26宗，调解成功率100%。受理河源12345政务服务热线转来问题案件254宗，办结254宗，办结率100%。开展吸毒排查行动2次，禁毒知识宣传活动19次，其中进校园宣传2次。查处吸毒人员2人，社区戒毒2人，社区康复1人，执行率与尿检率均达100%。完成毛发检测13人（含申请驾驶证吸毒人员），其中落地专项人员完成采集毛发和尿液检测共计11人。

【革命史迹与文物】 叶潭镇是抗日战争和解放战争时期的革命老区，是原中共河源县委旧址所在地。有市级文物保护单位文径村古建筑光裕堂1处，县级文物保护单位山下村清代古建筑八角楼、儒步村中共河源县委员会旧址、儒步村中和堂、叶潭村河源县委员成立旧址等4处。

【特色产业】 2023年，全镇有腐竹加工企业1家、腐竹加工户90多户，腐竹年产量198吨。叶潭茶叶优质鲜嫩，手工制作，市县闻名。茶叶种植面积约40公顷，年产量2.5吨。叶潭柚是东源县丰源农业发展有限公司的经营品牌，主要种植基地位于半埔村、山下村、叶潭村，种植面积82.4公顷，柚子年产量1 633吨。该公司于2007年被东源县人民政府评为"东源县重点农业龙头企业"，2008年被河源市人民政府评为"河源市重点农业龙头企业"，同年该公司种植的沙田柚被农业部认定为"绿色食品"，2022年该镇被评为广东省"一村一品、一镇一业"专业镇。

2023年叶潭镇基本情况统计表

项　　目	数　据
户籍总户数（户）	9 256
户籍总人口（人）	36 553
辖区总面积（平方千米）	164.83
山地面积（公顷）	12 700
耕地面积（公顷）	960.75
水田面积（公顷）	890.02
农业总产值（万元）	26 333.83
工业总产值（万元）	3 600
粮食总产量（吨）	6 938.38
水产品产量（吨）	282
生猪出栏量（头）	10 079
三鸟出栏量（羽）	1 100 100
税收收入总额（万元）	220.39
本级财政收入（万元）	3 977.81

续表

项 目	数 据
居民储蓄存款（万元）	27 684
农民人均可支配收入（元）	16 200

叶潭镇党政领导名录：

党委书记：叶 倩

党委副书记、镇长：张国华

人大主席：张建国

党委副书记：

欧晓庆　张健行

副镇长：刘林燕　张军华

杨爱平　杨正辉

邹惠华（2023.08—）

常务副镇长：吕远艺

纪委书记：

张惠源（—2023.07）

党委委员：程秀珍

组织委员：

王文豪（—2023.06）

郑　弘（2023.07—）

宣传委员、统战委员：

欧阳淑琼

人大副主席：

欧阳一鸣（—2023.04）

张惠源（2023.07—）

（朱旖晨）

黄村镇

【概况】 黄村镇位于东源县东南部，东接五华县长布镇，南与紫金县中坝镇相邻，西连康禾镇，北与叶潭镇、龙川县紫市镇交界。镇域属山区，辖区总面积234.85平方千米，其中山地面积2.13公顷，森林覆盖率81.6%。海拔1 000米以上的山峰有10座，东北部与龙川县、五华县交界的七目嶂为全县最高峰，主峰海拔1 318米。主要河流黄村河为东江一级支流，辖区内河道长21.9千米。矿产主要有锌、铝、钨、金、锡、硫铁矿、萤石、钾、稀土、瓷土等。温泉资源丰富，水温最高达92℃，日自流量8 600立方米。土特产主要有山楂、生姜、南华李、腐竹、米酒、苦斋、灵粉、咸菜等。2023年，黄村镇辖三洞、正昌、欧屋、黄坳、黄村、红十月、梅龙、万和、铁岗、祝岗、上漆、下漆、邬洞、宁山、永新、板仓等16个行政村和1个街镇社区。总户数1.15万户，户籍总人口5.42万人；常住户数8 441户，常住人口2.23万人。有海外华侨和港、澳、台同胞1万多人，是东源县重点侨乡。因黄村镇人外出经营小百货较出名，他们所开的商场主要分布在东莞、中山、深圳等珠三角地区，有"中国百货第一镇"之称。

【经济】 农业 黄村镇是广东省"用材林基地"和"杉树基地"之一。2023年，全镇耕地面积1 055.24公顷，其中水田面积696.4公顷；全年农作物总播种面积1 449.28公顷，其中水稻播种面积696.39公顷、总产量4 179.9吨；玉米种植面积88.32公顷、总产量430.31吨；薯类种植面积94.33公顷、总产量1 139.97吨；花生种植面积270.23公顷、总产量873.67吨；木薯种植面积142.91公顷、总产量1 086.63吨；蔬菜种植面积721.07公顷、总产量1.22万吨。水果收获面积207.6公顷、总产量1 106.78吨。肉猪出栏量4 264头；家禽出售和自宰量112 661羽。全年实现农业总产值7 332.84万元，农民人均可支配收入2.18万元。

水利水电 2023年，黄村镇有水电站13座，总装机容量5 970千瓦，年发电量1 350万千瓦时。

商贸财税 2023年，黄村镇有个体工商户817户，居民储蓄存款3.29亿元，单位存款1 008.53万元，固定资产总值5 600万元，税收总收入493.23万元。

【基础设施建设】 2023年，黄

村镇规范化管理温泉资源，安装有10个智能化水表计算径流量，全镇用水企业登记并依法纳税有6户；全面完成总投资1 400万元的黄村35千伏输变电工程项目建设；全面完成总投资1 019万元的G236国道黄村高速出口到康禾段提升工程、东源县黄村镇Y679线铁岗桥至共肚公路改建工程；投入306.5万元，完成黄村中学至三洞村段道路拓宽工程建设；完成县道X173线梅龙至祝岗段项目入库。

【黄村圩镇】 黄村圩形成于清乾隆末年，逢农历二、五、八为圩期。2023年，黄村圩镇占地面积2平方千米，圩镇常住人口3 246人；有街道3条（老街、新街、河唇街）、农贸市场1个（占地面积2 500平方米）。有邮政支局1个，邮政业务收入298万元；有农村信用社1间，业务收入11.57万元；有电信支局1个，辖全镇固定电话用户3 231户，电话普及率100%，互联网用户2 621户，全年电信业务收入264.6万元。有客运班车，日发16班次。

【文教卫体】 文化体育 黄村镇客家古建筑主要有石楼、红十月客家围龙屋、下漆村慎修堂、文阁塔等。

2023年，黄村镇有综合文化站、广播站、文化广场各1个。有线电视用户2 600户。有行政村图书室17个，合计纸质藏书9 000册，电子藏书2 000册。有村文化广场17个。全镇16个行政村（社区）均配备体育健身设施。

教育 2023年，黄村镇有幼儿园2所、教学班13个、在园幼儿324人、教职工27人；有中心小学1所，下辖完全小学6所（黄村坳小学、梅龙小学、万和小学、铁岗小学、祝岗小学、上漆小学）、教学点5个（正昌教学点、欧屋教学点、红十月教学点、板仓教学点、邬洞教学点），有教师156人、学生1 360人、教学班64个。

黄村中学创办于1950年，占地面积6.6万平方米，2023年有初中教学班12个、在校生532人、教职工54人。崇伊学校创办于1927年，是省内较早创办的侨校之一；占地面积2.8万平方米。2023年，有教学班13个、在校生409人、教职工34人。

医疗卫生 2023年，黄村镇有卫生院1所、乡村医疗站33间。卫生院开放床位60张，有医务人员67人，其中执业医师9人、执业助理医师11人、注册护士24人；全年住院治疗255人次，业务总收入243.9万元。乡村医疗站有医疗卫生人员33人。该镇全年诊疗3万人次。

计生 黄村镇出生人数283人，出生率5.22‰。

【乡村振兴】 2023年，黄村镇落实防止返贫致贫动态监测和帮扶机制，摸排落实动态监测户4户18人，安排公益性岗位25人（其中村级保洁员9人、村级护林员6人）；推荐农户参与本地产业上岗35人。开展人居环境整治工作，拆除危旧泥砖房、废弃猪牛栏及露天厕所茅房832栋、12.9万平方米；有垃圾中转站1个，各村居设垃圾点73个，配备转运工具及垃圾转运车20辆；全镇每月处理生活垃圾约300吨，村庄保洁覆盖面达到95%。

【综治管理】 2023年，黄村镇综治办、司法所组织调解受理矛盾纠纷211宗（其中综治办、司法所受理40宗，化解33宗；网上信访平台受理19宗，答复化解18宗；12345政务服务热线平台受理152宗，答复化解144宗），答复化解195宗，化解率92.4%。公安派出所立刑事案件27宗，行政案件39宗，刑事拘留8人，移送起诉19人，行政查处违法人员12人，行政拘留12人。

【社会民生】 2023年，黄村镇有低保户346户1 345人，全年发放保障金67.25万元；五保特困人员111人，全年发放五保金和护理费共11.32万元；发放高龄补贴1346人48万元；有持证残疾人1334人，享受惠残政策797人，发放残疾人补贴20.96万元；有事实无人抚养儿童53人，发放抚养金50余万元；完成城乡居民医疗保险参保缴费3.61万人，城乡居民养老保险参保缴费7650人；开展免费优生优育检查和"两癌"（乳腺癌、宫颈癌）免费筛查共178人。

【革命史迹】 黄村镇是革命老区，1939年，中共黄村支部建立。1940—1941年，中共河源县委机关、中共后东特委机关曾转移到黄村办公。1947年5月，中共河东分工委在黄村成立。1948年8月，黄村地区的革命武装编入粤赣边支队，后整编为粤赣湘边纵队东江第二支队第四团。文秀塘是中共后东特委机关所在地之一，特委领导梁威林、钟俊贤、郑群、黄中强常驻此地领导革命斗争。革命遗址及纪念设施主要有永新村文秀塘中共后东特委机关旧址、革命烈士纪念馆等。

2023年黄村镇基本情况统计表

项　　目	数　　据
户籍总户数（户）	11 475
户籍总人口（人）	54 183
耕地面积（公顷）	1 055.24
水田面积（公顷）	696.4
农业总产值（万元）	7 332.84
粮食总产量（吨）	4 179.9
水果总产量（吨）	1 106.78
肉猪出栏量（头）	4 264
出售和自宰家禽（羽）	112 661
居民储蓄存款（万元）	32 894.44
税收收入总额（万元）	493.23
农民人均可支配收入（元）	21 817.3

黄村镇党政领导名录：
党委书记：黄邦文
党委副书记、镇长：张小辉
人大主席：诸建平
党委副书记：邬钰哲
　刘　涛（2023.12—）
党委委员、纪委书记：
李志峰
党委委员、武装部长：
罗远祥
党委宣传委员、统战委员：
缪科亦
党委组织委员：
蔡子贤（2023.11—）
副镇长：曾庆强　古敬锋
　　　　刘　珂　刘飞平
人大副主席：陈战辉

（郭佳慧）

康禾镇

【概况】 康禾镇位于东源县东南部。东邻叶潭镇、黄村镇，南与紫金县黄塘镇、紫城镇交界，西连黄田镇，北与蓝口镇接壤。辖区总面积230.71平方千米，林地面积2.05万公顷，辖区内有康禾温泉国家森林公园、省级自然保护区，以阔叶林为主，森林覆盖率86.77%。地势东南高西北低，主要河流康禾河为东江一级支流，由陈坑村至南山村自南向北流入东江，河道长28.5千米。山林资源、水力及热水资源丰富。该镇是"广东省一村一品、一镇一业茶叶专业镇""广东森林小镇""省级休闲农业与乡村旅游示范镇"。2023年，该镇下辖陈坑、彰教、田心、雅陶、星社、若坝、曲龙、大禾、黎顺、仙坑、南山等11个行政村及1个社区。全镇户籍总户数6672户，户籍总人口2.55万人。

【经济】 农业 康禾镇有耕地面积980.13公顷（第二次全国土地调查）。2023年，粮食播种面积1186.67公顷，总产量7371.94吨，农业总产值2.2亿元，农民人均可支配收入1.55万元。农业产业有康禾茶（客家红、康禾御茶、康禾贡茶）、脐橙（东源县振翔农林种植有限公司）、南薯（东源县伟增种养专业合作社）、水稻（河源市运保粮油贸易有限公司）、砂糖橘（东源县顶云种养专业合作社）、柚子（东源县穗众种养专业合作社）等。

工业 2023年，康禾镇拥有丰富的水利资源，有15座水电站，总装机容量1.54万千瓦，年工业总产值2469万元。

财税 2023年，全镇实现税收收入156.51万元。

【康禾圩镇】 2023年，康禾镇创建美丽圩镇省级示范样板，圩镇内道路黑底化率达100%，完善路基排水、交通标线安全设施等。有圩镇公共停车场1个、公共充电车位2个，有综合性商业超市2家、快递物流点6个。建设综合养老服务中心，长者饭堂正式投入使用。

【乡村振兴】 2023年，康禾镇成功举办"康禾贡茶非遗传承"招商推介会，成功注册"康禾茶"国家地理标志证明商标；持续推动茶米加工厂建设，河源市运宝粮油生产线项目成功奠基；被评为创建美丽圩镇省级示范样板，成功申报曲龙村中组部红色建设试点村；仙坑村、曲龙村分别入选省级"百千万工程"典型村和市级"百千万工程"典型村。开展"书记有话说"、"茶旅杯"村BA篮球赛、绿美家园齐创建等活动。是年，组织参加河源市、东源县举办的"百千万工程"大擂台活动，分别获市级第三名、县级第一名。推进基础设施建设，完成新派出所大楼建设、南山桥危桥改造、仙坑村登云书院至天田坝段道路升级改造、自来水补短板等项目，并投入使用；投入300多万元，完成1.5千米农村公路补短板工程。开展绿美康禾生态建设，谋划"绿美家园齐创建"行动主题，先行开展"绿美庭院"创建评比活动，推动6个试点村利用废弃闲置物品美化农户庭院30个。

【综治管理】 2023年，康禾镇开展安全生产及消防安全检查32次，出动检查人员398人次，完成隐患整改77处。全年使用粤执法录入案件38宗，其中2宗行政处罚案件，完成率100%。对镇内国、省、县道等重点路段开展道路交通安全隐患摸底排查，消除道路安全隐患点1处；常态化开展"一日两检"（一天上午、下午两次管制），镇政府联合派出所开展专项整治行动105余次，出动3130余人，查处违法交通行为313宗。开展汛期巡查及人员转移工作，累计转移55人次。抓实抓细信访维稳工作，共受理上级交、转、督办案件13宗，办理答复12宗。受理12345政务服务热线72条，办结68条。

【文教卫体】 文化体育　2023年，康禾镇有新时代文明实践所1个、行政新时代文明实践站11个、村级文化广场16处、篮球场25处，有农家书屋12处、藏书6.1万余册。有镇文化站1处，村级综合性文化服务中心12处（其中5处达标），东源县图书馆、文化馆康禾镇分馆各1处，东源县文化馆、图书馆村（居）服务点3处。

教育　2023年，康禾镇有初级中学1所（康禾中学），教学班6个、在校学生336人、在职教师27人，教师学历达标率100%。康禾镇中心小学（下辖5个教学点）是一所全日制半寄宿公办小学，是年，有教学班15个、在校学生525人（其中住宿生406人）、教职工61人（其中在编教师46人），教师学历达标率100%。有幼儿园2所，康禾中心幼儿园在园幼儿159人，教职工15人，仙坑幼儿园在园幼儿25人、教职工5人。

医疗卫生　康禾镇卫生院是一所集医疗、预防、保健、公共卫生于一体的一级乙等公立医院，占地总面积6 633平方米，建筑面积1 866平方米，业务用房1 438平方米。该院提供基本的医疗保障设备，配有DR设备，卫生院可通过医共体远程医疗平台，让群众在家门口享受省级专家的诊疗服务，解决全镇及周边约3.5万人口的"看病难、看病贵"问题，实现"小病不出镇"。2023年，全镇有医生职工47人，村卫生所11个。

【社会民生】 2023年，康禾镇组织农村劳动力参加职业技能培训，城镇新增就业25人，城镇失业人员再就业12人；就业困难人员实现就业11人，发放灵活就业补贴84人次、金额27.27万元。全镇城乡居民医疗保险参保1.13万人，城乡居民养老保险续缴3 871人。是年，发放低保、五保金652.94万元，高龄老人津贴49.03万元，事实无人抚养儿童生活费用22.29万元，临时救助费用4.34万元。

【文旅产业】 康禾茶　康禾茶是华南地区著名的绿茶之一，口感甘香醇滑，在清朝康熙（1662—1722年）至嘉庆（1796—1820年）年间曾为朝廷贡品，"康禾贡茶制作技艺"成功被列入"广东省第四批省级非物质文化遗产名录"。康禾贡茶、康禾御茶、仙坑客家红是康禾茶三大茶叶品牌。成功注册国家地理标志产品证明商标。是年，康禾镇推出"康禾贡茶非遗传承"招商推介会，吸引200多名乡贤、千余名宾客到场参加，包括香港商报在内的10多家媒体争相报道，活动现场完成6个项目签约，投资金额超6亿元。

森林小镇　该镇有林地面积2.2万公顷，其中，有4 666.67公顷是康禾温泉国家森林公园，有6 666.67公顷为省级自然保护区，森林覆盖率高达86.9%，有穿山甲、长尾雉等多类珍稀濒危动植物，是省林业厅认定的河源市首个"森林小镇"。全镇有43间民宿、48家农家乐，业态火爆，全年游客量超40万人次。

红色遗址　康禾镇有市级认定的"红四师宿营地""古大存疗养地""雅陶埔坎阻击战遗址"等红色革命遗址26处。有"原河源县第一个农民组织曲龙农民协会""原河源县第一个中共基层党组织曲龙党支部"。2023年，成功申报曲龙中组部红色建设试点村，曲龙村入选为河源市"百千万工程"典型村。

【客家古村居】 康禾镇仙坑村是有着400多年历史的客家古村落，保存完整的古民居有20多幢，其中最具代表性的有八角楼、四角楼、登云书院等。仙坑村获评国家3A级旅游景区，入选省首批"百千万工程"典型村。

2023年康禾镇基本情况统计表

项　目	数　据
户籍总户数（户）	6 672
户籍总人口（人）	25 509
辖区总面积（平方千米）	230.71
耕地面积（公顷）	980.13
农业总产值（万元）	21 954.65
工业总产值（万元）	2 469
粮食总产量（吨）	7 371.94
税收收入总额（万元）	156.51
农民人均可支配收入（元）	15 534
固定资产投资总额（万元）	22 246
粮食总产量（吨）	7 371.94
水果总产量（吨）	8 684.65
生猪出栏量（吨）	438.77
本级财政收入（万元）	5 741.31

康禾镇党政领导名录：
党委书记：袁明鑫
党委副书记、镇长：
张涛（—2023.04）
罗威（2023.04—）
人大主席：李震中
党委副书记：李建锋
张臻玮（—2023.06）
林锋（2023.06—）
党委委员、副镇长：
林锋（—2023.06）
魏作效（2023.12—）
组织委员：
陈君（—2023.10）
党委委员、纪委书记：
黄春景
宣传委员、统战委员：
张惠婷
党委委员：缪必武
副镇长：缪富春　张建媚
刘伟宁
吴剑勇（—2023.12）
人大副主席：廖惠明

（张舒萍）

黄田镇

【概况】　黄田镇位于东源县东南部。东连康禾镇，南与紫金县黄塘镇相邻，西连义合镇，北与蓝口镇、曾田镇交界。辖区总面积245.24平方千米，东江流经镇境长20千米，河源至龙川高速公路、京九铁路、广梅汕铁路经过境内，赣深高铁在该镇境内设河源北站。该镇有林地面积2.17万公顷，森林覆盖率70%，森林活立木蓄积量10万多立方米；有铁、钨、萤石和瓷土等矿产资源及潜力巨大的矿泉水资源；有质量优等的土特产，其中黄田米酒、蜂蜜、油茶和陈村茶知名度较高。2023年，该镇下辖白溪、陈村、方围、鹤塘、黄坑、黄田、久社、礼洞、良村、良田、清溪、水头、乌坭、新联、醒群、桂花、坑口等17个行政村和黄田、久社2个街镇社区。全镇户籍总户数6 306户，户籍总人口2.63万人，常住人口0.9万人。

【经济】 农业 2023年，黄田镇耕地面积1 095公顷。早造作物种植总面积586.26公顷，总产量3 433.7吨，其中谷物种植面积565.93公顷，产量3 375吨；豆类种植面积20.33公顷，产量58.7吨。晚造作物种植面积619.67公顷，总产量4 488.1吨，其中谷物种植面积575.33公顷，产量3 498吨；薯类种植面积26.27公顷，产量963吨；豆类种植面积18.07公顷，产量27.1吨。花生种植面积116.87公顷，产量404吨；水果种植面积167.33公顷，产量3 050吨；茶叶种植面积21.4公顷，产量2吨。畜牧业以家禽为主，全年生猪出栏量3.69万头，家禽出栏量22.89万羽，存栏量10.04万只。有3块连片农耕体验区（四季丰庄园、陈村茶场、久社片区），占地面积共133.33公顷；有礼洞嘉宝果、陈村松嶂茶、白溪夏威夷果以及久社米等4块特色种植基地；镇内有酒厂40家，年产酒量5 500吨。全年农业总产值1.45亿元，农民人均可支配收入1.43万元。

工业 2023年，该镇规上企业广东金宇环境科技股份有限公司完成工业总产值5.38亿元、固定资产投资1.03亿元。

财税金融 2023年，该镇完成税收收入1 126万元，财政收入3 241万元；有金融机构2家，居民年储蓄存款量2.81亿元。

【基础设施建设】 2023年，黄田镇投资270万元，建成黄田湾全民休闲健身广场。

【黄田圩镇】 2023年，黄田圩镇建成区占地面积1.8平方千米，城镇常住人口1 400多人，有集贸市场2个、注册个体工商户702家、较大型购物商场2家、餐饮店铺49家，从业人员854人；有邮政支局1个，邮政业务量7.6万元、网点收入97.01万元；有电信支局1个、电信业务收入98.8万元，全镇固话986户，移动电话815户，互联网用户988户；有移动公司分支机构1个。建有镇自来水厂，年供水量150万立方米。街镇日发客运汽车2班次。

【文教卫体】 文化 2023年，黄田镇有文化站、镇级文化广场、体育公园各1个，有村级文化小广场26个。全年举办大型文化活动3场次。有4座建筑为县级文物保护单位，分别为黄田村铁门省斋公祠、礼洞村匹角楼、醒群村李氏祥合公祠、鹤塘村东江游击队战斗遗址。

教育 2023年，该镇有九年一贯制学校2所、小学1所、幼儿园2所，有在校中小学生1 075人、教职工171人。久社幼儿园（学前教育）创办于2012年9月，校园占地面积2 800平方米，有教学班3个，在园幼儿90人，教职工12人。黄田中心幼儿园（学前教育）创办于2010年2月，校园占地面积3 800平方米，有教学班5个，在园幼儿125人、教职工15人。久社中心学校（九年一贯制）创办于2005年，校园占地面积1.5万平方米，有教学班10个，在校生310人、教职工53人。春泽醒群实验学校（小学）创办于2021年2月，校园占地面积1万平方米，有教学班6个，在校生88人、教职工26人。黄田中心学校（九年一贯制）创办于2023年，校园占地面积15 076.3平方米，有教学班13个，在校生462人、教职工57人。

卫生 2023年，该镇有卫生院1间，床位30张，医务人员34人；有公建村卫生站17间，乡村医务工作者16人。有动物卫生监督分所1个，在职职工1人。全年住院、特殊门诊共169人次；医疗保险参保1.67万人、金额74.36万元，累计零星报销36.59万元。

【基层组织建设】 2023年，黄田镇有党（总）支部45个，中共党员1 029名，其中35岁以下党员161名、女性党员205名，新发展党员15名，其中35岁以下11名、女性2名、高中文化以上12名。镇内设有20个党员远程教育接收点，方便党员干部学习。全年举办培训班21期，培训党员、干部2 825人次。每星期二定期为领导干部驻点直接联系群众活动日。

【综治管理】 2023年，黄田镇坚持开展扫黑除恶专项斗争工作，重点部署打击偷采河砂、非法采矿等行为。全年发放宣传资料6 000余份，在全镇主要道路和各行政村显著位置悬挂横幅45条、广告牌19个。全年受理信访案件52宗，其中网信案件37宗，办结率100%。无重大矛盾纠纷，社会治安持续稳定。

【社会民生】 2023年，黄田镇新增低保户41人，共有低保对象756人，发放低保金494.72万元；实施临时救助共33批33人，发放临时救助金8.12万元。有特困人员127人，发放特困人员供养费124.69万元、特困供养人员日常照料护理费72.13万元、特困供养人员住院照料护理费6.75万元；最低生活保障户数357户794人，共计发放最低生活保障资金412.21万元；80周岁以上老人701人，发放高龄津贴补助39.46万元；发放重度残疾人护理补助和生活补助共140.65万元；发放医疗救助补贴20人，金额48.36万元；发放临时救助29人，金额7.09万元；发放小额临时救助10人，金额4 400元。为2名孤儿和15名事实无人抚养儿童发放补助20.25万元，发放高考录取本科院校奖学金67人、4.3万元。

【旅游与特产】 叶园温泉旅游区 位于黄田镇良田村，由河源市大田洋投资有限公司投资3亿元兴建而成，是一家集温泉养生、休闲度假、观光旅游、商务会议于一体的综合型4A级旅游景区。占地总面积45万平方米，温泉池区占地面积逾5万平方米，有温泉池68个，出水口温度68℃左右，因碱的含量高而被称为"苏打泉"。2014年被评为国家4A级旅游景区。2023年接待游客27.1万人次，营业收入884.71万元，同比增长14%。

黄田米酒 该米酒有悠久的历史，为客家传统特产酒。黄田牌米酒采用古井水及当地优质糯米为主要原料，秉承客家传统工艺，结合现代酿酒技术，陶埕炽煮，经三年陈酿窖藏酿造。酒体呈琥珀色，入口甘甜，后口鲜久，余味绵长，2023年年产量5 500吨。

杉木、黄竹 黄田镇是东源县"用材林"和广东省"杉树林"基地之一。东江两岸有绿竹长廊15千米，种植面积3 666.67公顷，单竹、苗竹年产量1万多吨。农副产品香菇、木耳年产量100多吨。

陈村茶 又称"久社松山嶂茶"，有200多年的生产历史，是东源县四大名茶之一。

2023年黄田镇基本情况统计表

项　目	数　据
户籍总户数（户）	6 306
户籍总人口（人）	26 324
耕地面积（公顷）	1 095
水田面积（公顷）	620
工业总产值（万元）	53 754.6
农业总产值（万元）	14 500

续表

项　目	数　据
粮食总产量（吨）	6 873
水果总产量（吨）	3 050
生猪出栏量（头）	36 901
三鸟饲养量（羽）	100 420
税收收入总额（万元）	1 126
本级财政收入（万元）	3 241
农民人均可支配收入（元）	14 300

黄田镇党政领导名录：

党委书记：赖伟军

党委副书记、镇长：黄小育

人大主席：叶作鹏

党委副书记：

程爱华　杨利辉　黄　敏

党委委员、副镇长：刘传举

纪委书记：梁军武

党委委员、武装部长：

张海平

组织委员：潘锦涛

宣传委员、统战委员：

杨勇生

副镇长：陈小波　余秀香

黄林生　张艺蕾　向　静

张国良

人大副主席：蓝德平

（缪子晴）

义合镇

【概况】　义合镇位于东源县东南部，东江中上游。东邻黄田镇，南与紫金县柏埔镇交界，西连仙塘镇，北接灯塔镇。辖区总面积179.13平方千米，其中山地面积1.43万公顷，水域面积760公顷。境内地势北高南低，山岭谷地相间，地面高程一般在海拔200～300米，属东江主流河谷区。镇内水域属东江水系，东江穿境而过，河道长18千米。主要河流久社河为东江一级支流，河道长13千米。辖区内有河梅高速公路、京九铁路、广梅汕铁路经过。县道河（源）义（合）公路与205国道相连，距河源市区20千米。森林资源丰富，有林地面积1.13万公顷，森林覆盖率81%。矿产资源主要有铀矿、稀土矿、锡矿、萤矿等；可供开发的水力资源3 300千瓦。2023年，义合镇下辖超阳、中洞、高楼、南浩、曲滩、义合、上屯、香溪、下屯等9个行政村和1个社区。全镇户籍总户数5 729户，户籍总人口2.08万人，其中男性1.07万人，女性1.01万人，常住户数5 729户，常住人口8 030人。

【经济】　农业　2023年，义合镇耕地面积722.06公顷，其中水田面积698.6公顷，全年粮食种植总面积1 431.2公顷，总产量8 491.73吨：水稻种植面积1 089.6公顷，产量6 726.57吨；花生种植面积254.27公顷，产量878.15吨；红薯种植面积7.07公顷，产量134.71吨；水果种植面积80.27公顷，产量752.3吨。实施市级垦造水田项目43.42公顷，完成耕地保有量和永久基本农田范围内非耕地图斑整改面积6.91公顷。合计投资2 200余万元建立兰花、山苏花种植基地，建设完成下屯村、中洞村水稻烘干厂及上屯水稻育秧基地，全镇特色农产品种植规模47.7公顷，同比增长37.60%，基本实现水稻生产全程机械化。全年农业总产值15亿元，农民人均可支配收入2.23万元。

畜牧业　2023年，义合镇加强畜牧防疫工作，注射禽流感疫苗4.3万羽、鸡新城疫苗4.9万羽、猪瘟疫苗1.5万头、畜口蹄疫苗2.3万头。全年生猪出栏量1.02万头，出售和自宰家禽5.24万羽，淡水养殖水产品486吨，水产品总产量502吨。

工业　2023年，义合镇有规模以上工业企业（简称规上工业企业）1家，从业人员32人，全年规上工业企业生产总值5 348.35万元。

财税　2023年，义合镇税收入3 900万元，本级财政收入6 219.23万元。

【基础设施建设】　2023年，义合镇完成农村集中供水全覆盖建设项目，进一步提升伯公坳自来水厂的供水能力，更换增设投药设备及池顶树脂瓦屋面。推进下屯村、上屯村、义合村、中洞村、党校扩网工程，累计新建配水管道34千米，全面提升水质；推进镇村"亮化工程"，完成县道X835线（义合段）交通项目建设，安装路灯1 000盏，改造道路近15千米。

【文教卫体】　文化体育　义合镇相继推出文旅小程序"义合印象"及红色丛书"阮啸仙的故事"1万册。配合拍摄河源市首部红色电影《阮啸仙》及首部全国院线电影《乡见未晚》，接受各级报纸、媒体等主流媒体到该镇宣传报道"百千万工程"等中心亮点工作30余次；邀请河源市曲艺家协会、东源县绿韵剧团等艺术团体到该镇开展惠民演出，惠及群众4万余人次。接受县送电影下乡活动110场，"开心广场，百姓舞台"县送戏曲下乡活动3次，有文体团队4个（广场舞队、篮球队、醒狮队、啸仙故里志愿服务队），举办大型活动3次（第三届村居篮球赛活动、下屯村外嫁女回娘家活动、2023年春节"义写春联"志愿活动）。

教育　2023年，义合镇有运动场6个，功能场室54间；图书室2间，共藏书4.2万册。有初级中学1所，小学4所，幼儿园1所。在校中小学生742人，在职教师68人；在园幼儿120人，幼师14人。小学适龄儿童入学率、初中适龄人口入学率、小升初升学率、九年义务教育覆盖率均100%。义合中学创办于1956年，占地面积4万平方米，建筑面积6 826平方米，2023年有在校生344人、5个班、教师24人。义合中心小学创办于1985年，占地面积2.5万平方米，建筑面积5 320平方米，有在校生398人、11个班、教师44人。

医疗卫生　2023年，义合镇卫生院有医疗卫生人员50人，全年诊疗病人1.58万人次，其中门诊1.53万人次，住院404人次。有村卫生站11个、乡村医生11人。深化与深河医院的党建共建交流关系，相继开展医疗专家"送医送药，下乡问诊"活动、"6·30"现场免费筛查肿瘤活动，惠及群众600余名。建立"导师帮带机制"，选派10余名镇医护人员到深河医院学习，提升镇医疗水平。

计划生育　2023年，全镇出生人口191人，死亡人口155人，人口自然增长率1.6%。

【基层组织建设】　2023年，义合镇党委下辖党总支部6个、党支部21个，有中共党员754名，其中35岁以下党员134名，女性党员151名。全年新发展党员13名，其中女性党员2名；全日制研究生党员1名，本科党员1名；35岁以下党员12名，占新发展党员人数的92%。全镇各级党组织开展"第一议题"学习324次，理论学习中心组学习6次，三会一课学习384次。

【综治管理】　2023年，义合镇加强综治信访维稳工作，化解信访积案3宗，受理信访案件共61宗，办结61宗，其中群众来访35宗、上级交办26宗。排查矛盾纠纷28宗，化解28宗，信访态势平稳运行。成立巡察组，加强巡察，打击制毒行为。

【社会民生】 2023年，义合镇有五保户126人，全年发放五保金142.57万元；纳入最低生活保障297户723人，全年共发放低保金483.78万元。全年发放临时救助金11.34万元、医疗救助金28.29万元、高龄津贴35.99万元、残疾人两项补贴金129.14万元。

【乡村振兴】 2023年，义合镇建立"农户自主申报＋镇村干部排查＋行业部门筛查预警"防返贫动态监测机制，每月定期组织开展防止返贫排查工作，全年共完成防返贫入户走访排查300余户。对镇内低保户、脱贫户、防返贫监测对象、事实无人抚养儿童等困难群体实施帮扶，通过就业帮扶、产业帮扶、教育帮扶等多种手段，将脱贫户人均可支配收入从1.64万元提高至1.8万元左右。开展人居环境整治行动20余次，发动群众3 000余人次，种植黄花风铃、铁冬青等绿植6 000余株。推动义合"红色生态文旅城"活动，筹集资金3 000多万元，推动啸仙故里审计博物馆、啸仙故里党群教育中心项目落地建设。实施"百千万工程"，成功创建下屯村成为全国乡村治理示范村、省"百千万工程"典型村及绿美广东生态建设示范点；实现各村集体经济均达到30万元，总量合计达到381.49万元，同比增长52%。提升农村风貌，建立农村建房"先规划、后建设，先审批、后用地"机制，完成农房风貌提升64栋，打造市级以上"美丽庭院"12户。推动绿美建设，推动南浩黄沙坑废弃稀土矿区生态修复工程达到验收评审"优良"级别，持续开展"我为啸仙故里造片林"等绿美活动，种植各类树苗6 000余株，打造"组工林""公安林""帮扶林"等各类主题林4.67公顷。

【旅游与特产】 2023年，啸仙故里文化旅游区成功创建3A级景区，总面积26.86平方千米，景点主要包括阮啸仙故居、闻啸轩学堂、啸仙审计广场、粤菜师傅培训基地、下屯村文化广场、全国法治宣教基地东源陈列馆、新时代文明实践站、清莲池、下屯花海等，共接待游客22万人，实现整体营收36万元。

文物古迹　该镇有省级文物保护单位阮啸仙故居；有苏家围、下屯村的明清时期古建筑群、客家古民居等。

著名人物　阮啸仙，著名共产主义战士、广东青年运动先驱和早期农民运动领袖。

土特产　该镇有土特产义合鸭、义合河鲜、竹笋、赤灵芝等。

2023年义合镇基本情况统计表

项　目	数　据
户籍总户数（户）	5 729
户籍总人口（人）	20 792
辖区总面积（平方千米）	173.13
山地面积（公顷）	14 300
耕地面积（公顷）	772.06
水田面积（公顷）	698.6
粮食总产量（吨）	8 491.73
水产品产量（吨）	502
生猪出栏量（头）	10 200

续表

项　目	数　据
三鸟出栏量（羽）	52 400
农业总产值（万元）	14 995.99
工业总产值（万元）	5 348.354
农民人均可支配收入（元）	22 307
税收收入总额（万元）	3 900
本级财政收入（万元）	6 219.23
居民储蓄存款（万元）	18 876

义合镇党政领导名录：

党委书记：

张伟才（—2023.11）

曾天禧（2023.11—）

党委副书记、镇长：

曾天禧（—2023.11）

陈文业（2023.11—）

人大主席：张贵明

党委副书记：

陈文业（—2023.11）

胡　勇

包科龙（2023.12—）

党委委员、纪委书记：

叶柳辉

党委委员：梁惠胜

党委委员、常务副镇长：

朱国正

党委委员、组织委员：

谢毽键

党委委员、宣传委员、统战委员：陈思婷

副镇长：缪海平　程巧伟　李斯炜

李永生（2023.10—）

人大副主席：叶浩军

（林诗欣）

新回龙镇

【概况】　新回龙镇位于东源县西南部，新丰江库区西南边陲，属新丰江库区镇。东与新港镇毗邻，南与源城区埔前镇、博罗县公庄镇交界，西连龙门县蓝田瑶族乡、平陵镇，北接锡场镇。辖区总面积389.87平方千米，山地面积2.67万公顷，森林面积2.36万公顷，森林覆盖率87.3%。境内最高山峰位于新回龙镇与博罗县交界处的南山，海拔954米。矿产资源主要有钨、锡、铅、锌和稀土等。2023年，该镇下辖洞源、十洞、立溪、径尾、下洞、留洞、小径、甘背塘、南山下、东星等10个行政村。全镇户籍总户数2 436户，户籍总人口9746人，常住人口约3 000人。

【新回龙圩镇】　1958—1960年建设新丰江水库，回龙镇圩镇全部被淹没。1962年撤销水库公社，新回龙在洞源村一洞自然村水库边新建圩镇。1985年新回龙迁往小径村水库边新建圩镇。因库区人口分散，未设圩期，圩镇占地面积1平方千米。通镇公路有桂锡线Y880线和县道Y191线，距县城约100千米，街镇日发客运汽车2班次。圩镇有便民服务中心1个、邮政邮电所1个、供电所1个、新回龙卫生院1家、新回龙中心学校（6年制）1所、供水设施2条（水池容量600立方米）、污水处理厂1个（水池容量40立方米）、滤水池2个（水池总容量合计120立方米）。

【经济】　农业　2023年，新回龙镇耕地面积281公顷，早造种植面积283公顷（含房前屋后未统计的耕地面积2公顷），总产量1 813.3吨，其中稻谷种植面积254公顷，亩产量330公斤，总产量1 375.1吨；花生种植面积6.6公顷，亩产量300公斤，总产量29.7吨；玉米种植面积3.33公顷，亩产量270公斤，总产量13.5吨；豆类种植面积4.33公顷，亩产量200公斤，总产量13吨；薯类（鲜薯）种植面积12.73公顷，亩产量2 000公斤，总产量382吨。全镇晚造种植面积267公顷，总产量1 674.15吨，其中稻谷种植面积235.07公顷，亩产量305公斤，总产量1 075.4吨；花生种植面积6.07公顷，亩产量300公斤，总产量27.3吨；玉米种植面积3.33公顷，亩产量285公斤，总产量14.25吨；豆类种植面积4.4公顷，亩产量200公斤，总产量13.2吨；薯类（鲜薯）种植面积18.13公顷，亩产量2 000公斤，总产量544吨。该镇阳光玫瑰葡萄主要分布在东星村，种植面积3.33公顷，年产量60吨；沃柑主要分布在南山下村，种植面积5.33公顷，年产量60吨；鹰嘴桃种植面积2公顷，年产量45吨。南山下村六角小组在万绿湖岛上建设茶园，茶叶种植面积20公顷，茶叶年产量7.5吨。

林业　2023年，新回龙镇林地管理面积2.23万公顷，其中生态林面积2万公顷、新造林面积134公顷，松材线虫病防治面积48.4公顷。

水利　2023年，新回龙镇有深水电站、龙泉溪电站、苦竹坪电站、高水电站、下洞电站、石盘电站、径尾电站、雙晟（横坑）电站、洞源电站等9家小水电企业，从业人员46人，总装机容量3 210千瓦。有供水设施2条（水池容量合计600立方米）、污水处理厂1个（水池容量40立方米）、滤水池2个（水池容量合计120立方米）。

财税金融　2023年，新回龙镇完成地方一般公共预算1 322.65万元，完成固定资产投资6 095万元，同比增长85%。实现旅游及相关产业收入2 150万元，旅游人数超30万人次，同比增长42.9%。农业总产值4 860.66万元，同比增长6%。其中畜牧业总产值300万元，同比增长30.4%；农林牧渔服务业总产值154.97万元，同比增长50%。全镇人均可支配收入2.13万元。

【旅游产业】　2023年，新回龙镇实施全域旅游战略，鼓励"旅游+""农业+""文化+"多业态融合发展。优化区域布局，全镇10个行政村划分为四大旅游片区，其中东星、南山下为高端生态定制旅游区；圩镇（小径、甘背塘、留洞、下洞）为休闲农业亲水湖滨旅游区；十洞、洞源为时光穿越原始森林旅游区；立溪、径尾为仙境云端旅游区；有序发展精品特色民宿和集休闲农业、田园生活于一体的综合性民宿，完善"吃住行游购娱"全链条要素，成为文化旅游特色镇。该镇有民宿43家，其中在文广旅体局登记10家。是年，该镇成立河源市首个镇级民宿协会，推动民宿产业健康有序发展，协助推动水色民宿（二期）、心乐清谷、言屿房车露营营地等3家特色民宿试运营，建成柒月、拾三、水色、悦鸣居、回龙印象、湖边小苑等多家网红打卡民宿，在广东首届"向往的民宿"大赛69家获奖民宿中占据4家，分别是悦鸣居度假民宿被评为"向往的山居民宿"，回龙印象民宿被评为"向往的体验民宿"，柒月民宿、拾三民宿被评为"向往的情侣民宿"。

【基础设施建设】　2023年，新回龙镇以"补短板、促发展"为目标，集中力量完成新回龙镇自来水补充水源及管网改造工程，有序推进新回龙镇外立面、新回龙镇Y884线公路（立溪—洞源）扩建工程、东源县新回龙镇小径村Y910线公路扩建工程、东源县新回龙镇圩镇道路改造提升工程施工建设。完善旅游公共服务配套设施建设，设立新能源车充电桩2个。持续推进建设和加大投入一批人居环境整洁、村道路硬底化等重要民生基础设施工程，全年累计入库移民项目42个、完成移民项目建设7个，累计投入移民项目资金805万元；入库乡村振兴项目5个，完成乡村振兴项目2个，推进建设中 3 个，累计投入乡村振兴专项资金 600 万元。

【文教卫生】 文化教育 2023年，新回龙镇推动留洞村"盘古大王""盘古圣王"兄弟华诞庆典成功申请东源县非物质文化遗产代表性项目。镇综合文化站配置一套KTV高级音响设备，有室内健身场所1个，并配备跑步机、健身器材、台球、乒乓球和羽毛球，同时免费对群众开放。有文化广场6个、篮球场10个、村级文化室及图书阅览室10间、藏书2万余册。该镇有六年制学校（2020年取消初中部后成为完全小学）1所，学生60人（其中幼儿6人），教职工20人。

医疗卫生 2023年，该镇有卫生院1所，设病床10张；有专业卫生人员10人，其中执业医生1人，执业助理医师3人，注册护士5人，检验师1人。办理生育登记47人，申请生育情况说明46人。其中符合发放农村部分计划生育家庭奖的对象37人，发放奖励资金共计5.06万元；符合发放纯女户节育奖的对象23人，发放奖励金共计1.38万元；符合发放计划生育家庭特别扶助金的对象1人，发放扶助金0.96万元；符合发放城镇独生子女父母计划生育奖的对象4人，发放扶助金共计0.32万元。

【基层组织建设】 2023年，新回龙镇有党（总）支部14个、党员452名，其中流动党员63名，新发展党员11名。主题教育期间，全镇14个党（总）支部累计发放学习材料1 206册，召开"三会一课"120次，参加学习党员1 357人次，开展专题党课30次，开展主题党日活动23次，检视分析找问题42条。加强村民小组党的建设，升格留洞村、下洞村党支部为党总支，单独成立村民小组党支部9个，成立村民小组联合党支部2个。

【综治管理】 2023年，新回龙镇常态化开展扫黑除恶斗争、全民禁毒工程、社会矛盾排查化解等工作。全年开展平安建设宣传活动4次，法治宣讲会4次，发放宣传材料3 000余份，成功化解纠纷12起，处置办结信访案件5宗。开展交通安全专项整治行动200余次，查处交通违法行为121宗。

【社会民生】 2023年，新回龙镇设有集养老服务、医疗报销、计生服务、文教体旅、移民就业等于一体的一站式政务服务大厅。是年，该镇城乡居民医疗报销办理56人次，医保报销金额10.74万元；办理一次性待遇核定、注销登记、恢复待遇等养老业务224件，享受城乡居民养老待遇金1 315人次。城乡居民养老险参保1 709人，城乡居民医疗保险参保6 672人。有低保户100户268人、发放低保金161.1万元；特困供养人员71人，其中分散供养人员58人，集中供养人员13人，发放特困供养金68.9万元；有低保边缘家庭28户84人，残疾人163人。全年累计发放残疾人两项补贴共计1 758人，金额40.9万元，发放辅具11个，完成居家无障碍改造5户。全年申请发放临时救助金额5.4万元，惠及困难家庭25户。开发公益性岗位安置建档立卡贫困户2户。灵活就业社会保险补贴12人、补贴资金7.92万元。是年，通过推进"互联网+政务服务"，10个行政村全部实现"粤自助"机投入使用，累计办理民生实事6 150件。

【乡村振兴】 2023年，新回龙镇持续推动巩固拓展脱贫攻坚成果同乡村振兴有效衔接。全镇有建档立卡脱贫户106户251人，从农户属性分类，一般脱贫户24户94人，低保户42户112人，五保户40户45人；从有无劳力分类，有劳动力70人，无劳动力181人。脱贫户家庭年人均可支配收入在1.04万元以上。推进人居环境整治，全镇89个自然村中有美丽宜居村66个，干净整洁村23个；有小菜园169个、小果园60个、小花园32个、小公园8个。全镇实现人畜分离全覆盖；自然村集中供水全覆盖，截至2023年底，各自然村道路硬化总里程146.43千米，其中，村内干路总长度118.97千米实现全面硬底化。

【生态环境】 2023年，新回龙镇污水处理率100%，雨污分流全覆盖。有镇级污水处理厂1家、村级生活污水处理设施9个，分别位于下洞村（2个）、东星村、南山下村、小径村、立溪村、甘背塘村、留洞村、径尾村。农民自用船实现规范化管理，有110艘农民自用船备案登记，被纳入农民自用船规范化管理。

2023年新回龙镇基本情况统计表

项　　目	数　　据
户籍总户数（户）	2 436
户籍总人口（人）	9 746
耕地面积（公顷）	281
水田面积（公顷）	260.18
农业总产值（万元）	4 860.66
粮食总产量（吨）	2 450.5
水果总产量（吨）	2 585.3
生猪出栏量（头）	250
三鸟饲养量（羽）	9761
本级财政收入（万元）	3 823.26
农民人均可支配收入（元）	21 288.5

新回龙镇党政领导名录：
党委书记：张传发
党委副书记、镇长：蒙建国
人大主席：吴镜光
党委副书记：何劲睿
　　　　　黄国光　曾　颖
党委委员、武装部部长：
赖伟亮
党委委员、副镇长：古丽琴
组织委员、团委书记：
潘　望
宣传委员、统战委员：
叶文伟
党委委员、纪委书记：
王继冰

人大副主席：何润林
副镇长：梁海明
　　　　赖家斌（2023.06—）
　　　　古志军（2023.12—）

（顾安琪）

锡场镇

【概况】 锡场镇位于东源县西部，属新丰江库区镇。东邻双江镇、新港镇，南接新回龙镇，西连龙门县蓝田瑶族乡，北与半江镇、新丰县码头镇接壤。辖区总面积402.36平方千米，其中陆地面积占80%，水域面积占20%。镇域地势西北高东南低，属丘陵地区，地面高程在海拔100～400米，最高峰大嶂顶海拔近900米。境内水域属新丰江水系，主要河流为林石河，流经半江镇左拔村、渔潭村，汇入新丰江。矿产资源主要有稀土矿、锡矿、煤矿和石英矿等。有可供开发水资源上亿立方米。2023年，该镇辖林石村、禾石坑村、林禾村、杨梅村、厚洞村、新三洞村、长江村、水库村、河洞村、治溪村、鸟桂村、圩镇社区、新岛林场等13个村（居、场）。全镇户籍总户数3089户，户籍总人口1.12万人。同年，该镇在林石村举行绿美生态建设暨林下经济推介会，获得"河职院产学研基地""广东省科学院南繁种业研究所农博士工作站""广东省科学院河源研究院企业工作站"和"仲恺农业工程学院专家工作站"等称号。

【经济】 农业 锡场镇耕地面积409.35公顷，其中水田面积264.84公顷，旱地面积144.51公顷。2023年，全镇粮食播种面积497.7公顷，总产量3018.6吨；豆类种植面积30.4公顷，总产量310.2吨；中草药材种植面积58公顷，总产量142吨；花生种植面积118.28公顷，总产量309.8吨；蔬菜种植面积13.2公顷，总产量244.07吨；水果收获面积307.7公顷，总产量3178.3吨。全年生猪出栏量267头，猪肉产量34.5吨；出售和自宰家禽1.2万羽，家禽肉产量15.11吨。蜂蜜产量37.08吨、水产品产量208吨。全年农业总产值2372.18万元，农民人均可支配收入2.1万元。全镇农业产业园主要有厚洞村柑桔基地217.3公顷，年产值500万元；林禾村柑桔产业园38公顷，年产值120万元；高山油茶产业园180公顷，年产值50万元；禾石坑村灵芝产业园1公顷，年产值25万元；林石村南药种植基地58公顷，年产值450万元。

工业 锡场镇以小水电为主。2023年，全镇有小水电站12座，从业人员60人。装机容量合计1.01万千瓦，其中石合水电站装机容量3000千瓦。

商贸财税 2023年，锡场镇财政收入3143.43万元，税收收入94.44万元。

【锡场圩镇】 2023年，锡场圩镇建成区占地面积1.5平方千米，人口982人，社区服务中心1个，集贸市场1个、建筑面积400多平方米；有商业网点26家，餐饮业20家，商品零售额532万元。有镇自来水厂1间，年供水能力1万立方米；镇级污水处理厂1间，日处理生活污水能力200吨，污水管网长4.05千米。有来自锡场镇35K变电站电力供应输电线路供电。

【基础设施建设】 锡场镇为新丰江中游交通枢纽，水路与新丰江水库相通，上航直达半江镇、涧头镇、顺天镇，下航直达新回龙镇、新港镇。陆路省道S259线北接105国道，通新丰县、连平县等地，距新丰县城50千米，桂锡（环库）公路南通河源市区，距东源县城110千米。水运航班每天2班次，主要运输线路为锡场至新港，单程距离30千米。全镇主要行政村道有长江村道11千米与桂锡公路接通，三洞村道13千米与桂锡公路接通，厚洞村道7.5千米与桂锡公路接通，杨梅村道8千米与桂锡公路接通，锡治公路16千米与桂锡公路接通，鸟桂村道12千米与双江镇珠坑村接通，新岛村道16千米与新港镇青溪村接通，禾石坑村道3.8千米与锡石公路接通。2023年，投资76.41万元，完成圩镇和水库、村道路旁加装路灯190盏。

2023年，镇内有邮政代办点1处，邮政业务总量3.7万件；有电信代办企业1家、电话交换机总容量1000门、固定电话用户63户、移动电话用户约7000户、互联网用户151户。

【文教卫体】 文化 2023年，锡场镇有文化站1间，各行政村（居）有村级文化活动中心，全镇有各类图书室13个，藏书共10万余册。东源县广播电视网有线电视联通至水库村与居委会，有线电视用户221户。镇内体育设施以篮球场、乒乓球场、羽毛球场为主。有市级文物保护单位（颜检墓）1处。是年，该镇参加县第二届广场舞比赛，获铜奖。

教育 2023年，锡场镇有九年一贯制中心学校1所，校园占地面积1.6万平方米；有在校学生10人、专任教师15人；有幼儿园1所、在园幼儿5人、兼职教师1人。

医疗卫生　2023年，锡场镇卫生院建筑面积1 100平方米，有病床15张、医务人员12人、后勤4人，其中执业医师4人；全年业务收入13万元。有村级卫生站11个、乡村医生7人。全镇合作医疗保险参保8 106人，城乡医疗报销50人次，报销金额11.76万元。

计生　2023年，全镇出生人口87人、出生率7.87‰，死亡人口83人，自然增长率0.36‰。

【基层组织建设】　2023年，锡场镇党委下辖20个基层党支部，有中共党员449名，其中35岁以下党员86名、女性党员81名、新发展党员10名。镇内设有13个党员远程教育接收点，全年举办培训班21期，培训党员干部1 621人次。是年，镇团委开展新时代文明实践志愿服务活动、"三月学雷锋月"活动、"五四"青年节活动。镇妇联主动作为，多渠道争取资金，共资助困难妇女、儿童23人，款额共1.15万元。武装部完善民兵整组及兵役登记。残联组织残疾人员参加劳动技能就业培训3人次，帮助解决就业2人；帮助升级改造厨房7户，发放轮椅6台。

【社会民生】　2023年，锡场镇有农村低保对象322人，发放款额220.44万元；城镇低保对象45人，发放款额41.71万元；特困供养人员87人，发放款额106.87万元；医疗救助12人次，发放救助款额16.31万元；临时救助175人，发放款额12.14万元；住院陪护9人，拨款总额2.76万元；80岁以上高龄老人补贴280人，发放款额19.48万元；残疾人两项补贴总额77.62万元，其中生活补贴114人，发放款额26.68万元，重度护理补贴163人50.95万元。镇办有敬老院1所，集中供养老人10人。全镇城乡居民养老保险参保1740人，领取农村养老保险待遇2531人。

【综治管理】　2023年，锡场镇建立健全社会治安防控体系和矛盾纠纷排查调处工作机制，全年发生刑事案件0宗、治安案件5宗，派出所调处治安案件4宗。

【乡村振兴】　2023年，锡场镇开展"乡村振兴提质增效年"活动和"消除人居环境安全隐患，深化'三清、三拆、三整治'百日攻坚行动"，全年完成三拆除1间150平方米。完善垃圾收集转运工作机制，农村生活垃圾处理率、村庄保洁覆盖率均达100%。是年，投资478.14万元，完成锡场镇厚洞村河流东侧绿道建设项目；投资500万元，开展东源县锡场镇X168线（K38+632—K39+322段）道路改造工程，按照二公路标准升级改造道路0.69km；投入生态环保资金850万元，实施万绿湖（圩镇段）生态修复工程建设；投资744.45万元，实施长江村（Y754线）、三洞村（Y753线）道路单改双工程，升级改造原有行政村道。

【旅游与特产】　旅游　三里长峡，位于镇政府驻地附近，是万绿湖主要景区之一，1998年立项，1999年建成营业。全镇共有35家民宿（农家乐），其中圩镇9家，水库区6家，厚洞村6家，林石村3家，治溪村3家，三洞村3家，河洞村2家，林禾村1家，长江村1家，鸟桂村1家，客房总数427间。圩镇老街有万绿庄园，可接待游客100人，林禾村有智裕山庄，可接待游客120人，万绿民宿可接待游客50人，厚洞村渔家乐农庄可接待游客20人，九成湾山庄可接待游客20人，三洞村高山湖山庄可接待游客20人，三里长峡丽湖民宿可接待游客80人。2023年，共接待游客5.1万人次，民宿、农家乐综合旅游收入约850万元。

文物　颜检墓，建于道光十二年（1832年），位于锡场镇河洞村芳洞坪山腰。2011年公布为河源市文物保护单位。颜检是连平县人，历任太子少保、兵部尚书、直隶总督（正一品）。

墓前有大石板碑1块，刻有墓主人事迹，为岭南最大古墓葬之一。

特产 锡场镇盛产桂花鱼、灵芝、香菇、木耳、蜂蜜、鱼干等。灵芝培植由禾石坑村民江氏发起，2003年后全镇发展灵芝产业，规模逐渐扩大，成为特色产业。2023年，灵芝种植以禾石坑村为主，分布在禾石坑、林石、林禾、杨梅、水库、鸟桂等村。

2023年锡场镇基本情况统计表

项　　目	数　　据
户籍总户数（户）	3 089
户籍总人口（人）	11 217
农业人口（人）	10 247
农业总产值（万元）	2 372.18
粮食总产量（吨）	3 018.6
生猪出栏量（头）/猪肉产量（吨）	267/34.5
水果总产量（吨）	3 178.3
水产品产量（吨）	208
农民人均可支配收入（元）	21 020
固定资产投资任务总额（万元）	6 188
固定资产投资实际完成总额（万元）	6 387
税收收入总额（万元）	94.44

锡场镇党政领导名录：
党委书记：黄培怡
党委副书记、镇长：
　李　军（—2023.09）
　钟军辉（2023.10—）
党委副书记（挂职）、驻镇帮镇扶村工作队队长：
　人大主席：肖映东
党委副书记：邹智敏
　曾瑞泉　杨　斌（挂职）
党委委员、副镇长：陈　书
党委委员、纪委书记：
　黄洪坚
党委宣传委员、统战委员：
　黎勇武

党委组织委员：黄美平
党委委员：
　刘宇昊（—2023.12）
副镇长：曾　俊　冯翠蓝
　蝉　利（兼）
人大副主席：丘景山

（陈雁霞）

半江镇

【概况】 半江镇位于东源县西北部，新丰江水库上游。东与涧头镇、双江镇相邻，南与锡场镇相连，西与新丰县马头镇交界，北与连平县田源镇接壤。因旧时从新丰县顺着新丰江水路到河源城，船到半江正好是一半的水程，半江由此得名。半江镇陆路距东源县城85千米、水路距新港镇78千米。辖区总面积253.22平方千米，其中水域面积39.15平方千米。境内属山地、丘陵地貌，地势东北高西南低，东部、西部、北部高山环抱，峰峦起伏，溪涧纵横，森林资源和水资源丰富，被誉为北回归线上"第一绿洲"。镇域属新丰江流域，境内小水系全部流入新丰江水库，新丰江从西北向东南贯穿境内,河道长15.13千米。全镇森林面积2.3万公顷,生态公益林面积1.93万公顷,矿产资源主要有铁、锡、钨、稀土等。2023年,半江镇下辖半江村、珠坑村、横崋村、樟溪村、积洞村、西溪村、鱼潭村、左拨村、竹园村等9个行政村。全镇户籍总户数2 435户,户籍总人口9 920人,常住人口1 464人。

【经济】 农渔业 半江镇耕地面积170.53公顷,其中水田面积99.26公顷。2023年,粮食作物播种面积112.08公顷,总产量504.36吨,其中水稻播种面积70.53公顷,产量317吨;豆类种植面积11.73公顷,产量52.8吨;薯类种植面积10.67公顷,产量49.3吨;花生种植面积6.8公顷,产量30.6吨。茶叶种植面积3.7公顷,年桔、春甜桔、沙糖橘种植面积约7.3公顷;养殖蜜蜂约1 800箱;年家禽出售和自宰量约6 000羽,年末存栏量约3 100羽;有大小渔船487艘,渔民约700人;有农业合作社21家;有水库鱼、鱼干、茶、蜂蜜、桔、香菇、木耳、灵芝等农产品。全镇农业总产值3 670.35万元,其中农业产值552万元、林业产值2 113.2万元、牧业产值39.5万元、渔业产值458万元、农林牧渔服务业产值504.9万元。

工业 2023年,半江镇有企业23家,重点工业企业有东源县鸿发矿业有限公司、东源县和利石业有限公司、东源县广华大中山矿业有限公司等,无规上工业企业。有小水电站9座,分别为茅岭水电站(三级)、百交水电站、清珠水电站、冷水坑水电站、樟溪水电站、积洞水电站、鱼潭水电站、下礤水电站、竹园水电站,装机总容量7 000千瓦。

商贸财税金融 2023年,半江镇有商业网点8个,个体工商户21户,从业人员50余人。全镇社会商品零售总额约200万元;税收收入117万元,本级财政收入2 750.8万元。

【半江圩镇】 半江镇交通有水、陆两类。辖区内新丰江库区可通航千吨级船舶。2023年,镇内设有客运班车至河源市区,日发出至河源市客运汽车往返各1班次,日客运量约60人次。现有新港码头至鱼潭村往返班期船,隔天发一班。圩镇无设定圩期,有商业店铺4间,旅业店铺3间,餐饮店铺2间,圩镇商业年营业额约58万元。有邮政网点1处,全年邮政业务总量约12万元;电信企业1家,移动电话用户约610户,互联网用户约600户。有半江镇供电所,设有110千伏高压输电线路。圩镇建有镇自来水厂1个,日供水量230立方米,铺设干线水管3.5千米。建有村级自来水厂9座,年供水总量20万立方米,给排水管总长30多千米。设有镇污水处理站1个,日处理污水量200立方米;有村级污水处理站6个,日处理污水量20立方米。

【文教卫体】 文化 2023年,半江镇有大小文化广场10个,其中9个行政村各1个,圩镇1个。有镇文化站1个。建有各类图书室10个,共藏书1 000余册。有篮球场10个。

卫生 2023年,半江镇有一等乙级卫生院1所、村卫生站8所;有病床12张;有医疗卫生人员11人,其中在岗在编9人、临聘2人,"三支一扶"人员1人,大专学历5人、中专学历7人,主治医师2人、执业助理医师1人、主管护师1人、护士2人、药剂师1人,医士只有毕业证无资格证3人。卫生院设有院务办、财务办、医务办、西医组、护理组、疾控组、公共卫生科、中医馆、后勤组。是年,收治病人670例,其中住院0人次,门诊670人次。

【基层组织建设】 2023年,半江镇有党支部12个,有中共党员418名,其中35岁以下党员66名,女性党员21名,少数民族党员4名,新发展党员9名。镇内设有11个党员远程教育接收点,方便党员干部学习。全年举办党员培训班12期,培训党员、干部1 020人次。

【社会民生】 2023年，半江镇组织农村劳动力参加职业技能培训38人次，城镇新增就业8人，城镇失业人员再就业7人；就业困难人员实现就业7人，发放就业困难人员灵活就业社保补贴28人次，共7.33万元。城乡居民医疗保险参保共6 601人，城乡居民养老保险续缴1 570人，完成城乡居民养老保险生存认证1 550人次。发放低保、五保金共134.6万元，高龄老人津贴16万元，无人抚养儿童生活费用12.6万元，临时救助2.96万元。

【综治管理】 2023年，半江镇受理调处社会矛盾纠纷17宗，成功化解率达100%；上报网格事件324宗，处理12345政务服务热线事项35件。查处吸毒1人、刑事破案1宗、逮捕1人、治安调处5宗。到各村开展禁毒宣传，发放宣传资料60余份。书写张贴扫黑除恶宣传标语20余条，召开各级各类治安安全会议4次，张贴宣传海报30余份，发放"扫黑除恶专项斗争致全镇人民群众的一封信"60余封。

【乡村振兴】 2023年，半江镇积极探索库区乡镇差异化绿色发展路子。镇村两级全年申报移民资金项目入库9个，总投资额达677万元；申报乡村振兴资金项目10个，总投资额达1 300万元。

2023年半江镇基本情况统计表

项　目	数　据
户籍总户数（户）	2 435
户籍总人口（人）	9 920
农业人口（人）	9 496
水田面积（公顷）	99.26
农业总产值（万元）	3 670.35
粮食总产量（吨）	504.36
水果总产量（吨）	90.5
三鸟饲养量（羽）	6 000
水产品产量（吨）	102.6
固定资产投入总额（万元）	7 247
税收收入总额（万元）	117
本级财政收入（万元）	2 750.80
农民人均可支配收入（元）	19 600

半江镇党政领导名录：
党委书记：黄华兴
党委副书记、镇长：赖达东
人大主席：周伟平
党委副书记：张永贵　谭国锋　邓　斌（挂职）
党委统战委员、宣传委员：卢思平
党委委员、纪委书记：李雪琼
党委委员、副镇长：苏　越
党委委员：潘　仕
党委组织委员：林朝晖
人大副主席：张少辉
副镇长：顾骏雄　李智泉

（肖　邦）

新港镇

【概况】 新港镇位于东源县西南部，东与仙塘镇交界，南连河源市源城区，西接新回龙镇、锡场镇，北与双江镇相邻。辖区总面积166.16平方千米，其中山地面积1.09万公顷。镇域地势北高南低，中间为新丰江水库（万绿湖），两边为山地，七分山三分水，大多数河流直倾水库，山林为新丰江水库水源林。境内新丰江水库由东北往西南纵贯长32千米，地表水质达国家Ⅰ类标准。主要资源有优质水资源和水产；矿产资源有石灰石、瓷土、稀土矿等。2023年，该镇下辖双田、龙镇、泮坑、斗背、晓洞、青溪、樟下、李田、杨梅9个行政村和碉楼、安源、新源3个社区。全镇户籍人口3653户，总人口1.86万人，其中农村人口7618人，流动人口483人。该镇是"国家4A级风景区万绿湖风景区""国家森林公园"所在地，有"国家级生态乡镇""中华蜜蜂之乡""广东省卫生镇""广东省文明镇""广东省旅游风情小镇""省级文明卫生镇""省级科技专业镇""省级生态示范镇""省级太阳能推广和应用示范镇""省级森林城镇"和"省级教育强镇"的称号。

【经济】 农业 新港镇耕地面积207.36公顷，其中水田面积169.53公顷。2023年农作物播种面积202.45公顷，其中水稻播种面积152.67公顷，总产量815吨；薯类种植面积10.95公顷，总产量36吨；花生种植面积38.83公顷，总产量109.2吨；水果种植面积26.2公顷，总产量165.5吨。全年生猪出栏量4616头，猪肉产量288吨；出售和自宰肉牛91头，牛肉产量13.6吨；出售和自宰家禽2.7万羽，家禽肉产量74吨。杨梅村是广东省蜜蜂研究和生产基地。全镇蜂蜜产量96.9吨，淡水产品产量695吨。全年实现农业总产值5721.65万元，农民人均可支配收入1.41万元。

工业 2023年，新港镇工业企业有横畲村、双田村、斗背村、李田村水电站，工业生产总值为300万元。

财税金融 2023年，新港镇完成税收收入1071万元，固定资产投资1.85亿元。金融机构有农商行分支机构和万泰小额贷款公司，金融机构各类存款余额1.35亿元。本级财政收入3627.2万元。

【基础设施建设】 2023年，新港镇固定资产投资1.85亿元。投资533万元，完成新港镇村居环境改造工程项目；投资3493万元，完成万绿湖边生态修复工程（一期）项目，投资额占年度计划总投资额的40%；投资2553万元，完成新港镇镇区污水处理管网提升工程。

【新港圩镇】 新港圩镇起于1961年新丰江水库建成后。1987年新港镇建立，1994年万绿湖旅游兴起及不断发展。2010年，新港圩镇港中路建设客家风情小镇一条街，长500米，统一改造楼房126栋。2012年，扩宽改造为6车道的万绿大道，直通河源市区，全长9千米，促进旅游业发展；截至2020年底，圩镇建成区占地面积1.5平方千米，居民约3000人，主要街道有港中路、新村路。圩镇有污水处理厂，日污水处理量500吨。全镇有自来水厂1个，供水站11个，全镇实现食用清洁卫生自来水全覆盖，全年供水量50万立方米。县委、县政府派出新丰江林管局（万绿湖管委会）驻圩镇，街镇有派出所、司法所、市场监督管理所、供电所、电信支局、邮政支局、移动公司分支机构、河源市农村商业银行等机构。

【旅游餐饮与特产】 旅游业 新港镇是旅游重镇，辖区内有万绿湖旅游风景区，景点有万绿湖旅游码头、客家风情街、镜花缘、龙凤岛、水月湾、镜花岭等。万绿湖风景区为国家4A级旅游景区，风景区总面积1600平方千米，其中水域面积370平方千米，蓄水总量139亿立方米，内有360多个绿岛。2023年，有旅游从业人员400多人，接待国内外游客245.76万人次，旅游总收入1.11亿元。

餐饮业　2023年，新港镇有餐饮业94家，五星级酒店1家（万绿湖东方国际酒店），有特色菜酿豆腐、盐焗鸡、白灼河虾、蒸河鱼等，年接待游客量70万人次；有土特产店和商店122家，土特产有板栗、竹笋、山楂、蜂蜜、茶叶、香菇、木耳、五指毛桃、鱼干等。

【基层组织建设】　党建　2023年，新港镇党委下辖基层党（总）支部34个，有中共党员733名，其中预备党员23名，女性党员167名，少数民族党员87名。镇内设有党员远程教育接收点13个，每月召集学习1次以上。组织专题学习会30次，班子成员下基层上党课45次。"七一"、春节期间慰问困难党员82人次，合计发放慰问金2.72万元。

群团工作　2023年，新港镇发展中共团员4名，投入6.5万元用于奖励考取大学（本科、硕士研究生）学生65名。

【综治管理】　2023年，新港镇加强维稳工作，综治中心全年受理各类案件10宗，办结10宗，办结率100%；扫黑除恶线索0条，结案0条；司法化解调处各类纠纷4宗，成功调解4宗；镇派出所受理刑事案件5宗，侦破0宗；受理行政治安案件17宗。有在册吸毒人员153人，抓获吸毒人员2人，行政拘留2人。

【文教卫体】　文化　2023年，新港镇有文化站、广播电视站各1处，村级文化广场9个。有村级农家书屋12个，共藏书5万余册。全镇有线电视覆盖率和网络覆盖率均100%。文化遗产有县级文物保护单位双田村清代古建筑敬慎堂1处。全年组织开展红色主题文艺汇演2场。

教育　新港镇有幼儿园2所，分别为新港镇中心幼儿园和童心幼儿园，在园幼儿265人、专任教师16人。有完全小学1所（安源小学），在校学生84人、专任教师15人，小学适龄儿童入学率100%。有九年一贯制学校2所，分别为新港镇中心学校和南湖中心学校，有在校生465人、教师106人，初中适龄人口入学率、小升初升学率、九年义务教育覆盖率均100%。

医疗卫生　新港镇卫生院创办于1964年，2023年占地面积395平方米，建筑面积1 050平方米，病床5张。有医疗卫生人员21名，包括会计1名、清洁工1名、医疗卫生人员19名。其中主治医师3人、执业医师5人、助理医师1人、妇幼医士1人、护师3人、护士2人、药士1人、检验士1人、检验师1人、普工1人。有村（社区）卫生站8所、乡村医生8人。全镇城乡医疗保险参保1.19万人，城乡居民养老保险参保3 606人。

环境卫生　2023年，新港镇建立"村收集、镇转运"垃圾处理体系，落实专项经费保障，配足保洁人员，农村生活垃圾常态化处理和长效保洁机制正常运作。

【社会保障】　2023年，新港镇有在册城镇最低生活保障49户141人，年发放低保金106.4万元；有农村纳入最低生活保障151户415人，年发放低保金212.8万元；有五保户66户，年发放五保补助资金82.1万元；有80周岁以上高龄老人341人，其中百岁老人1人，年发放高龄老人补助金23.38万元；有登记在册一级、二级残疾人191名，三级、四级残疾人171名，年发放残疾人两项补贴共91.6万元。

【新农村建设】　2023年，新港镇坚持把农村人居环境整治作为乡村振兴首要工作任务，领导干部下村蹲点，组织发动党员干部、群众6 000多人次，先后在龙镇村、泮坑村召开现场会2次。制定实施"交叉检查"制度，保证全镇环境卫生干净整洁。巩固脱贫成果，全镇建档立卡贫困户182户492人全部达到脱贫标准。

2023年新港镇基本情况统计表

项　　目	数　　据
户籍总户数（户）	3 653
农业人口（人）	7 618
耕地面积（公顷）	207.36
水田面积（公顷）	169.53
工业总产值（万元）	300
农业总产值（万元）	5 721.649 9
粮食总产量（吨）	815
水果总产量（吨）	165.5
生猪出栏量（头）	4 616
三鸟饲养量（羽）	27 000
本级财政收入（万元）	3 627.2
农民人均可支配收入（元）	14 086

新港镇党政领导名录：
党委书记：丘家锋
党委副书记、镇长：欧阳雪
人大主席：潘仁生
党委副书记：
　邓骅峰　曾文聪
党委委员、纪委书记：
　白桂花
党委委员：李正康
党委委员、宣统委员：
　蓝素慧
党委委员、组织委员：
　黄宇科
党委委员、副镇长：吴明华
人大副主席：欧美红
副镇长：胡　勋　张郭拥
　杨荣昌　张建莹

（张文敏）

社会经济统计资料

2023年东源县国民经济和社会发展主要指标

项目	单位	数量
一、年末总人口（户籍）	万人	58.4698
非农业人口	万人	9.575
二、年末社会从业人员	万人	—
三、地区生产总值（当年价）	亿元	181.6785
人均地区生产总值	元	51 482
四、农业总产值（当年价）	亿元	54.3065
工业总产值（当年价）	亿元	—
五、财政一般预算收入	亿元	13.8937
财政一般预算支出	亿元	547 276
六、城乡居民储蓄存款	亿元	147.1171
七、全社会固定资产投资	亿元	—
八、货物周转量	亿吨公里	—
旅客周转量	亿人公里	—
九、社会消费品零售总额	亿元	46.8031
十、进出口总额	亿元	35.6
实际利用外资	万元	7 714
十一、居民消费价格总指数	2022年为100	—
十二、在岗职工年平均工资	元	—
农民人均可支配收入	元	22 307
十三、旅游接待总人数	万人次	—
十四、高中在校学生数	人	10 695
初中在校学生数	人	16 081
小学在校学生数	人	30 122
十五、医院、卫生院床位数	张	2 481
卫生技术人员数	人	2 688

注：以上部分数据为快报数据。

2023年东源县主要农作物生产情况

项　目	面　积（亩）	产　量（吨）
一、粮食作物		
1. 谷物	362 161	149 910
2. 薯类	11 341	12 624
3. 豆类	9 466	1 841
二、经济作物		
1. 甘蔗	5 196	26 061
2. 油料作物	98 977	22 691
①花生	97 979	22 548
②其他	998	143
3. 中草药材	540	600
4. 蔬菜及食用菌	108 801	134 255
5. 瓜果类	2 708	3 923
6. 其他农作物	17 636	—
①木薯	11 628	5 895
②绿肥	5 748	—

2023年东源县畜牧业、渔业生产情况

	项　目	单　位	产　量
畜牧业	牛年末存栏量	头	13 454
	山羊年末存栏量	头	7 962
	肉猪出栏量	头	406 353
	生猪年末存栏量	头	382 944
	出售和自宰家禽	羽	11 785 060
	其中：鸡	羽	7 377 102
	鸭	羽	3 463 048
	鹅	羽	944 910
渔业	淡水产品总产量	吨	13 685
	鱼类	吨	13 539
	其中：养殖鱼	吨	11 664
	捕捞鱼	吨	1 875
	虾蟹类	吨	316
	其他	吨	21

2023年东源县工业情况

项　目	企业单位数（个）	工业总产值（万元）	工业增加值（万元）
总计	903	2 415 389	—
一、规模以上工业合计	126	2 321 573	515 731
1. 按经济类型分	—	—	—
①国有经济	0	0	0
②集体经济	0	0	0
③股份合作制经济	0	0	0
④股份制经济	36	648 459	283 390
⑤外商及港澳台商投资经济	18	646 387	217 848
⑥私营经济	72	1 026 727	13 893
⑦其他经济	0	0	0
在合计中：国有及国有控股工业	2	4 590	1 122
2. 按轻重工业分	—	—	—
①轻工业	36	939 162	245 256
②重工业	90	1 382 411	270 475
3. 按企业规模分	—	—	—
①大型企业	2	466 947	203 848
②中型企业	15	498 683	132 064
③小型企业	109	1 355 943	179 819
二、规模以下工业合计	777	93 816	—

注：1. 规模以上企业：指年主营业务收入2 000万元及以上的工业企业。
　　2. 规模以下企业：指年主营业务收入2 000万元以下的工业企业和个体经营单位（本表不含个体工业）。
　　3. 工业总产值和工业增加值按当年价格计算。

2023年东源县建筑业情况

项　目	单　位	数　量
施工企业（或单位）个数	个	41
建筑企业平均人数	人	13 048
年末自有固定资产原价	万元	—
年末自有机械设备台数	台	56
年末自有机械设备净值	万元	1 893
年末自有机械设备总功率	千瓦	337
建筑业总产值	万元	401 147

续上表

项　目	单　位	数　量
本年提取折旧	万元	1 554
施工面积	平方米	2 362 518
竣工面积	平方米	525 222
利润总额	万元	8 797

注：以上部分数据为快报数据。

2023年东源县民用船舶拥有量

项　目	单　位	数　量
机动船（含客渡船）		
旅游船舶	艘	25
客位数	个	2 162
客班船	艘	5
客位数	个	400
客运快艇	艘	8
客位数	个	80

2023年东源县社会消费品零售额

单位：万元

项　目	社会消费品零售额
批发业	187 548
零售业	312 634
住宿业	12 373
餐饮业	56 432
合计	568 987

2023年东源县旅游业情况

项　目	单　位	数　量
旅游区（点）	个	16
4A级景区	个	3
3A级景区	个	6
旅行社	家	3
星级酒店	家	1

2023年东源县财政、金融情况

单位：万元

项 目	数 据
县级财政收入	138 937
财政一般预算支出	547 276
金融机构各项存款余额	1 903 536
金融机构各项贷款总额	2 375 726
住户存款总额	1 471 171

2023年东源县教育、卫生事业情况

项 目	单 位	数 量
一、各级各类学校数	所	157
小学	所	55
初中	所	26
高中	所	3
二、在校学生数	人	68 409
小学	人	30 122
初中	人	16 081
高中	人	10 695
三、医院数	个	381
卫生机构床位数	张	2 481
卫生技术人员数	人	2 688

人 物

2023年东源县新任县处级领导简介

林俊超 男，汉族，1981年4月出生，广东省吴川人，研究生学历，2002年7月参加工作，2004年6月加入中国共产党。2002年7月至2009年8月任广东省信息产业厅职工（其间：2001年9月至2005年4月在湖南大学网络学院会计学专业本科学习）；2008年8月至2009年8月任广东省四会市食品药品监督管理局试用期干部；2009年8月至2009年11月任广东省四会市食品药品监督管理局科员；2009年11月至2010年4月任广东省科学技术厅人事处科员；2010年4月至2013年12月任广东省科学技术厅人事处（与机关党委办公室合署）副主任科员（其间：2007年9月至2011年6月在华南师范大学经济与管理学院政治经济学专业研究生学习）；2013年12月至2019年1月任广东省科学技术厅人事处（与机关党委办公室合署）主任科员（其间：2014年2月至2015年8月任广东对口支援新疆工作前方指挥部干部；2015年8月至2017年1月任广东对口支援新疆工作前方指挥部干部、喀什地区科技局局长助理）；2019年1月至2019年6月任广东省科学技术厅人事处主任科员；2019年6月至2019年12月任广东省科学技术厅人事处二级主任科员；2019年12月至2021年3月任广东省科学技术厅人事处一级主任科员（其间：2020年3月至2020年9月在广东省委办公厅文电法规处跟班学习）；2021年3月至2021年6月任广东省科学技术厅农业农村科技处一级主任科员；2021年6月至2023年11月任广东省科学技术厅农业农村科技处副处长（其间：2019年11月至今任共青团广东科学技术厅委员会书记）；2023年11月起任中共东源县党委副书记（挂职），广东省科学技术厅农业农村科技处副处长。

邹元涛 男，汉族，1973年1月出生，广东省东源人，本科学历，1990年1月参加工作，1996年4月加入中国共产党。1990年1月至1993年4月任河源市源城区源城镇卫星居委会民兵营长、团支部书记（1992年12月起聘用为乡镇干部）；1993年4月至1994年9月任河源市源城区源城镇经济技术发展总公司业务员；1994年9月至1996年5月任河源市源城区源城镇人民武装部武装干事；1996年5月至1998年8月任河源市源城区源城镇（上城办事处）人民武装部副部长（1997年7月转为录用干部）；1998年8月至2003年7月任源城区上城办事处党委委员、武装部部长（其间：1996年9月至1999年8月在中共广东省委党校经济管理专业就读函授大专班）；2003年7月至2004年8月任源城区高埔岗农场党委副书记；2004年8月至2012年3月任源城区高埔岗农场党委副书记、场长（其间：2002年9月至2005年6月在桂林陆军学院军事指挥专业就读函授本科班）；2012年3月至2012年5月任源城区高埔岗农场党委书记、场长；2012年5月至2012年7月任源城区高埔岗街道（农场）党工委书记、场长；2012年7月至2016年5月任源城区高埔岗街道（农场）党工委书记；2016年5月至2016年6月任河源大桂山省级自然保护区管理处书记、河源市源城区高埔岗街道（农场）党工委书记；2016年6月至2016年8月任河源大桂山省级自然保护区管理处书记；2016年8月至2019年12月任中共河源市高新区党工委委员、管委会副主任；2019年12月至2023年3月任中共河源市高新区党工委委员、管委会副主任、三级调研员；2023年3月至2023年4月任中共东源县委常委，东源县人民政府副县长（兼）、三级调研员；2023年4月起任中共东源县委常委，东源县人民政府党组成员、副县长（兼）、三级调研员。

吴丽琴 女，汉族，1974年10月出生，广东省和平人，研究生学历，1992年7月参加工作，九三学社社员。1992年7月至1993年9月任和平县附城中学英语教师；1993年9月至2002年3月任和平县和平中学英语教师（其间：1994年9月至1996年7月在广东外语外贸大学英语专业专科学习；1998年9月至2000年7月在华南师范大学英语教育专业本科学习）；2002年3月至2005年7月任河源市人民对外友好协会科员；2005年7月至2009年6月任河源市人民对外友好协会副秘书长（副科级）；2009年6月至2011年1月任河源市外事侨务局侨务科副科长；2011年1月至2014年7月任河源市外事侨务局侨务科科长（其间：2009年9月至2011年6月在江西财经大学攻读工商管理硕士研究生）；2014年7月至2019年4月任河源市外事侨务局外事科科长（其间：2014年4月至2014年8月在韩国安城市政府挂职研修）；2019年4月至2020年11月任河源市委外事工作委员会办公室、河源市外事局对外交流科科长（其间：2020年9月至2020年11月参加河源市中青年干部培训班学习）；2020年11月至2022年1月任河源市人民对外友好协会专职副会长（试用期一年）（其间：2021年5月至2021年7月参加广东省党外中青年干部培训班学习；2021年7月至2021年10月在市信访局挂任市委、市政府信访督察员）；2022年1月至2023年2月任河源市人民对外友好协会专职副会长；2023年2月起任东源县人民政府副县长。

卢帮燕 男，汉族，1974年10月出生，广东省连平人，省委党校大学学历，1991年12月参加工作，1994年10月加入中国共产党。1991年12月至1994年12月在中国人民解放军53204部队服役；1994年12月至1995年9月待业；1995年9月至1997年7月在广东省人民武装学校人民武装专业学习；1997年7月至1998年8月任连平县人民武装部办事员（其间：1995年9月至1998年7月在陆军指挥学院大专班人武指挥专业学习）；1998年8月至1999年8月任连平县人民武装部正股级科员；1999年8月至2000年5月任连平县溪山镇武装部部长；2000年5月至2006年11月任连平县溪山镇党委委员、武装部部长（其间：1999年9月至2001年12月在广东省委党校行政管理专业本科学习）；2006年11月至2007年7月任连平县溪山镇党委委员、副镇长、武装部部长；2007年7月至2010年6月任连平县隆街镇党委副书记；2010年6月至2014年9月任连平县隆街镇党委副书记、镇长；2014年9月至2014年10月任连平县隆街镇党委书记；2014年10月至2016年8月任连平县隆街镇党委书记、人大主席；2016年8月至2021年5月任连平县隆街镇党委书记；2021年5月至2022年8月任连平县元善镇党委书记；2022年8月至2022年9月任政协连平县委员会党组成员、副主席候选人、元善镇党委书记；2022年9月至2023年2月任政协连平县委员会党组成员、副主席；2023年2月起任东源县人民政府党组成员、副县长。

封小虎　男，汉族，1975年2月出生，四川省安岳人，本科学历，1993年12月参加工作，1997年9月加入中国共产党。1993年12月至1995年3月任广西军区边防二团三营机炮连战士；1995年3月至1996年9月任广西军区边防二团三营机炮连班长；1996年9月至2000年7月是桂林陆军学院步兵分队指挥专业学员；2000年7月至2001年7月任驻香港部队步兵旅副连职储备干部；2001年7月至2001年12月任驻香港部队步兵旅装甲营三连二排副连职排长；2001年12月至2003年12月任驻香港部队步兵旅六营十六连三排排长；2003年12月至2005年12月任驻香港部队步兵旅政治部宣传科正连职干事；2005年12月至2006年12月任广东省清远军分区政治部正连职干事；2006年12月至2007年3月任广东省清远军分区政治部副营职干事；2007年3月至2008年2月转业待安置；2008年2月至2010年12月任深圳市盐田区审计局办公室科员；2010年12月至2011年7月任深圳市盐田区审计局固定资产投资审计科副主任科员；2011年7月至2012年9月任深圳市盐田区审计局办公室（审理科）副主任科员；2012年9月至2013年4月任深圳市盐田区审计局办公室（审理科）副主任；2013年4月至2013年12月任中共深圳市盐田区委（区政府）办公室（直属机关工委）综合科副主任科员；2013年12月至2017年3月任中共深圳市盐田区委（区政府）办公室（直属机关工委）综合科主任科员；2017年3月至2018年10月任深圳市盐田区发展研究室副主任；2018年10月至2019年3月任中共深圳市盐田区委（区政府）督查室副主任；2019年3月至2019年5月任中共深圳市盐田区委（区政府）办公室督查科（区绩效管理委员会办公室）科长；2019年5月至2019年6月任中共深圳市盐田区委（区政府）办公室副调研员、督查科（区绩效管理委员会办公室）科长（其间：2016年5月至2019年6月派驻河源市东源县康禾镇若坝村扶贫）；2019年6月至2021年7月任中共深圳市盐田区委（区政府）办公室督查科（区绩效管理委员会办公室）科长、四级调研员；2021年7月至2023年11月任中共深圳市盐田区委（区政府）办公室四级调研员（其间：2023年6月选派至河源市东源县参加广东省内对口帮扶协作工作）；2023年11月至2023年12月任东源县人民政府副县长候选人（挂职），中共深圳市盐田区委（区政府）办公室四级调研员；2023年12月起任东源县人民政府党组成员、副县长（挂职），中共深圳市盐田区委（区政府）办公室四级调研员。

2023年东源县获市（省厅局）级以上表彰先进个人（工作者）、单位名录

姓 名	性 别	籍 贯	工作单位	职务（职称）	荣 誉	颁奖单位	获奖时间
东瑞食品股份有限公司生产部	—	—	东瑞食品股份有限公司	—	全国工人先锋号	中华全国总工会	2023.04
何瑞东	男	广东省汕尾市	铭镭激光智能装备（河源）有限公司	技术部工程师	广东省五一劳动奖章	广东省总工会	2023.04
黄子锋	男	广东省东源县	河源富马硬质合金股份有限公司	精密制品事业部车间主任	广东省五一劳动奖章	广东省总工会	2023.04

附　录

（一）地方性法规

2023年东源县人民政府规范性文件目录

序　号	文件名称	文　号	发文时间
1	东源县人民政府办公室关于印发《东源县临时救助实施细则》的通知	东府办〔2023〕13号	2023年5月24日

各乡镇人民政府，县直各单位：

《东源县临时救助实施细则》已经九届29次县政府常务会议审议通过，现印发给你们，请认真组织实施。实施过程中遇到的问题，请径向县民政局反映。

东源县人民政府办公室
2023年5月24日

东源县临时救助实施细则

第一章　总　则

第一条　为进一步发挥社会救助托底线、救急难作用，解决城乡困难群众遭遇的突发性、紧迫性、临时性基本生活困难，根据《社会救助暂行办法》（国务院令第649号）、《国务院关于全面建立临时救助制度的通知》（国发〔2014〕47号）、《广东省社会救助条例》、《广东省临时救助办法》（粤府办〔2021〕4号）和《河源市临时救助实施细则》（河府办〔2022〕14号），结合我县实际，制定本实施细则。

第二条　本实施细则所称临时救助，是指国家对遭遇突发事件、意外伤害、重大疾病或其他特殊原因导致基本生活陷入困境，其他社会救助制度暂时无法覆盖或救助之后基本生活暂时仍有严重困难的家庭或个人给予的应急性、过渡性的救助。

在东源县居住的港澳居民遭遇突发困难的，可向经常居住地或困难发生地提出临时救助申请，经认定后符合条件的给予临时救助。

非本地户籍且无法提供有效居住证明或个人身份信息的，县民政部门、救助管理机构、未成年人救助保护机构、儿童福利机构可按生活无着人员救助管理有关规定提供救助。

第三条　临时救助工作遵循下列原则：

（一）应救尽救，及时施救；

（二）量力而行，尽力而为；

（三）信息公开，合理公正；

（四）政府救助，社会帮扶。

第四条　临时救助制度实行各级政府分级负责制。

（一）县民政局负责指导及统筹协调全县临时救助工作。

（二）县民政局负责本辖区内临时救助审批、临时救助金发放和监督管理等工作。

（三）乡镇人民政府负责临时救助申请受理、调查核实、审核、公示等工作。

（四）乡镇人民政府、村（居）民委员会要主动发现并及时核实辖区居民遭遇突发事件、意外事故、罹患重病等特殊情况，帮助有困难的家庭或个人提出救助申请。

（五）教育、公安、司法、财政、人力资源和社会保障、住房城乡建设、卫生健康、应急管理、医保、工会、团县委、妇联、残联等部门按照各自职责主动配合，密切协作，做好相关救助工作。

（六）公安、城管综合执法等部门在执法中发现身处困境的未成年人、精神障碍患者等无民事行为能力人或限制民事行为能力人，以及失去主动求助能力的危重病人等，应主动采取必要措施帮助其脱离困境。

第二章 救助对象

第五条 临时救助对象，根据困难类型分为支出型救助对象和急难型救助对象。

第六条 支出型救助对象，是指因教育、医疗等生活必需支出突然增加超出家庭承受能力，导致基本生活在一定时期内出现严重困难的家庭（含返贫致贫监测对象）。原则上其家庭人均可支配收入应低于当地上年度人均可支配收入，且家庭财产状况符合当地有关规定。主要包括：

（一）因在境内接受普通高中、中等职业技术学校、全日制普通高等教育（大学本科及以下）和学龄前教育，经教育部门救助后仍需负担的学历教育学费、住宿费、保育教育费超过家庭承受能力，导致基本生活在一定时期内出现严重困难的。

（二）因在医疗机构治疗疾病、住院照料产生的必需支出超过家庭承受能力，经医疗保险、医疗救助后负担仍然过重，导致基本生活在一定时期内出现严重困难的。

（三）县民政部门规定的其他原因导致基本生活在一定时期内出现严重困难的。

第七条 急难型救助对象，是指因突发急病，遭遇火灾、交通事故、意外伤害，家庭成员突发重大疾病及遭遇其他特殊困难等原因，导致基本生活暂时出现严重困难、需要立即采取救助措施的家庭或个人。主要包括：

（一）近期突发急病，遭遇火灾、交通事故、意外伤害等，导致基本生活陷入困境的。

（二）遭受家庭暴力或监护侵害，需要到临时庇护场所、救助管理机构或未成年人救助保护机构进行庇护救助和临时监护的。

（三）其他特殊原因造成基本生活陷入困境，需立即采取救助措施，防止可能危及公民生命或身体健康，或可能造成重大社会影响的。

（四）在申请其他社会救助或慈善救助的过程中，存在重大困难，基本生活难以为继的。

第三章 申请受理

第八条 凡认为符合救助条件的城乡居民均可到户籍所在地或经常居住地的乡镇人民政府提出临时救助申请，受申请人委托，村（居）民委员会或其他单位、个人可代为提出临时救助申请。申请临时救助应提供以下材料：

（一）申请人及共同生活家庭成员户口簿。

（二）申请人及共同生活家庭成员二代身份证。

（三）临时救助申请及授权委托书（授权委托核对机构对收入和家庭财产及支出情况的相关信息进行核对）。

（四）向经常居住地申请的，还需提供家庭成员至少一种有效居住材料。有效居住材料包括居住证、纳税信息打印单、缴纳社保信息打印单、与工作单位签订的劳动合同、经政府有关部门登记备案的租房合同以及其他能够证明该家庭成员在特定时间段内在本地居住的材料。

（五）支出型救助对象需提供基本生活暂时出现严重困难的相关证明材料：

1. 教育支出型对象，经教育部门救助后仍需负担的学历教育学费、住宿费、保育教育费等超过家庭承受能力，导致基本生活在一定时期内出现严重困难的，需提供当前教育部门证明及费用支出单据等相关证明材料。

2. 医疗支出型对象，经医疗保险、医疗救助后负担仍然过重，导致基本生活在一定时期内出现严重困难的，需提供疾病诊断证明及费用支出单据等相关证明材料。

3.因其他特殊原因造成家庭生活特别困难的，需提供造成生活暂时特别困难的相关佐证材料。

（六）急难型救助对象需在紧急情况解除之后10个工作日内补齐遭遇困难的证明材料。

家庭成员中有残疾人、重病患者、在校学生等的申请人，可在申请时提供相应的残疾人证、诊断证明、学生证等佐证材料，以及可证明一段时间内遭遇困难支出较大的发票及其他有效票据等相关材料。

乡镇人民政府工作人员应当就申请人提交的必需材料是否齐全、证件是否与申请家庭成员相符进行审查。对材料不齐全或不符合要求的，应当一次性告知申请人作出补正。

第四章　审核审批

第九条　临时救助审核审批程序分为一般程序和紧急程序。支出型救助对象适用一般程序，急难型救助对象适用紧急程序。

第十条　乡镇人民政府应当在受理临时救助申请后履行相应的审核和审批手续。因救助对象在救治过程中去世、长期无法恢复意识且无法查找家人等原因无法补齐相关手续的，乡镇人民政府可实施先行救助，并在履行救助职责后补齐相关手续，将照片、视频等佐证资料及书面情况说明一并纳入救助档案。

第一节　一般程序

第十一条　对于支出型救助申请，应当进行家庭经济状况核对与入户调查。申请家庭的收入、财产等认定范围和计算方法，参照最低生活保障有关规定执行。

申请家庭在申请之日前12个月内家庭人均月收入，原则上不超过统计部门公布的上一年度当地城乡居民人均可支配收入。

申请家庭的财产状况，参照申请地最低生活保障边缘家庭和支出型困难家庭的有关规定进行认定。

第十二条　乡镇人民政府在临时救助申请人签署居民家庭经济状况核对授权书的2个工作日内，将申请人姓名、身份证等基本信息录入家庭经济状况核对系统，根据居民家庭经济状况核对相关规定开展经济状况信息化核对。经家庭经济状况信息化核对，符合本实施细则第十一条规定的，乡镇人民政府应当予以受理，并在2个工作日内出具受理通知书；不符合的，不予受理，并在2个工作日内告知申请人，出具不予受理通知书和核对报告（结果）。

乡镇人民政府受理临时救助申请后，在村（居）民委员会协助下，对申请人的家庭生活状况、人口状况、遭遇困难类型等通过入户调查、邻里访问等方式进行了解，并视情组织民主评议。

第十三条　乡镇人民政府应当在受理临时救助申请之日起5个工作日内，根据家庭经济状况核对、入户调查、民主评议结果，提出审核意见，并在申请人所居住的村（居）民委员会张榜公示3天。公示结束后，乡镇人民政府应当将申请材料、调查结果、审核意见和公示情况等相关材料报送县民政部门审批。

临时救助金额不超过当地2个月城镇最低生活保障标准的小额救助，县民政部门可以委托乡镇人民政府审批，但应当报县民政部门备案。

第十四条　已纳入最低生活保障、低收入家庭、特困供养人员、孤儿、事实无人抚养儿童的临时救助申请人，不再进行家庭经济状况核对。

家庭全体或部分成员无户籍的，对无户籍成员的身份证、户口簿等不要求提供，对其个人不进行经济状况核对，根据入户调查、邻里访问了解到的家庭生活状况，结合民主评议结果，决定是否给予临时救助。

第十五条　县民政部门应当自收到乡镇人民政府审核意见和相关材料的3个工作日内作出审批决定。批准给予临时救助的，应当同时确定救助方式和金额。获得临时救助的对象的情况，应当在其户籍所在地或经常居住地的乡镇人民政府和村（居）民委员会进行公示，公示期6个月；不予批准的，应当在3个工作日内，通过乡镇人民政府书面告知申请人或其代理人并说明理由。

第十六条 申请人在同一自然年度内，以同一事由重复申请临时救助，无正当理由的，不予救助。

第二节 紧急程序

第十七条 受理机构按照首问负责制的原则，对于急难型救助对象，可简化申请人家庭经济状况核对和初次公示等环节，由乡镇人民政府或县民政部门根据调查结果实施先行救助。

符合先行救助条件的，应当在紧急情况解除之后10个工作日内，按规定补齐审核审批手续。救助情况在救助对象户籍所在地或经常居住地的乡镇人民政府和村（居）民委员会进行公示，公示期1年。

第五章 救助方式和标准

第十八条 临时救助方式有：发放临时救助金、发放实物和转介服务。

（一）发放临时救助金。县民政部门要全面推行临时救助金社会化发放，按照财政国库管理制度将临时救助金直接支付到救助对象个人账户，确保临时救助金及时发放到位。出现以下情形，经办人员与救助对象的家人或监护人未能取得联系，或虽已取得联系但无法支付到个人账户的，可以现金形式发放临时救助金：

1. 救助对象无银行账户或无法确定其银行账户的。

2. 救助对象的身体行动不便或智力精神存在问题，无法支取银行存款的。

以现金形式发放临时救助金，应由领款人（代领人）、经办人共同签字并合影，一并纳入救助档案。

（二）发放实物。根据临时救助标准和救助对象基本生活需要，可采取发放衣物、食品、饮用水等方式予以救助。除紧急情况外，要严格按照政府采购制度的有关规定执行。

（三）提供转介服务。对发放临时救助金或实物后，仍不能解决临时救助对象困难的，可分情况提供转介服务。对符合最低生活保障、特困人员供养、孤儿养育、事实无人抚养儿童，或医疗、教育、住房、就业等专项救助条件的，乡镇人民政府应当协助其申请；对需要公益慈善组织、社会工作服务机构等通过慈善项目、发动社会募捐、提供专业服务、志愿服务等形式给予帮扶的，应当及时转介。

第十九条 个人临时救助标准，原则上不低于2个月城镇最低生活保障标准，以家庭为救助对象的，按照人均计算。对于个人对象救助金额不高于2个月城镇最低生活保障标准的，可认定为小额救助，适当简化审批手续。小额救助由各乡镇人民政府审批，同时报县民政部门备案。具体救助标准根据临时救助申请对象的实际情况实行分层分类救助。

（一）支出型临时救助对象救助标准

1. 教育支出型对象：因教育支出导致生活困难的家庭，以家庭为单位，家庭中的学生每人按照不超过3个月城镇最低生活保障标准给予救助。

2. 医疗支出型对象：因医疗支出导致生活困难的家庭，以家庭为单位，家庭中的患者每人按照最高不超过当地6个月城镇最低生活保障标准给予救助。

3. 因其他原因造成基本生活暂时出现严重困难的家庭，根据其家庭困难情况酌情给予救助，每个家庭按照最高不超过3个月城镇最低生活保障标准给予救助。

支出型临时救助，救助对象获得临时救助金不应超过其遭遇困难所发生的实际支出。

（二）急难型临时救助对象救助标准

1. 急难型救助对象家庭成员每人按照最高不超过3个月城镇最低生活保障标准给予救助。

2. 急难型救助对象因意外事件造成家庭成员死亡的家庭，一次性给予当地 6 个月城镇最低生活保障标准以下的救助。

第二十条　救助对象遭遇重大生活困难，拟发放临时救助金额超过当地临时救助标准上限的，可由县困难群众基本生活保障工作协调机制，采取"一事一议"方式，适当提高临时救助额度。

第二十一条　临时救助的具体标准，由县人民政府根据当地经济社会发展水平、救助对象困难类型、困难程度合理确定，向社会公布，并适时调整。

第六章　资金筹措和管理

第二十二条　县级财政应当优化财政支出结构，多方筹集临时救助资金，科学合理编制预算，加强困难群众救助资金统筹使用，提升资金使用效益。

乡镇人民政府应当建立临时救助备用金制度，用于发放急难型救助和小额救助，提高资金发放的效率和临时救助及时性。

县民政、财政部门应当加强困难群众救助资金的使用管理，增强救助资金拨付的时效性、公开性、强化救助资金使用绩效评价机制，提高救助资金使用效益。

第七章　社会力量参与

第二十三条　县民政部门可将临时救助中具体服务项目通过委托、承包、采购等方式，向社会力量购买服务，以鼓励、支持群众团体和社会组织参与临时救助。

第二十四条　公益慈善组织、社会工作服务机构、企事业单位、志愿者队伍等社会力量可利用自身优势，在对象发现、专业服务、发动社会募捐等方面发挥积极作用。

第二十五条　县人民政府应当按照国家有关规定制定相关政策，积极培育发展以扶贫济困为宗旨的慈善组织，广泛动员慈善组织参与临时救助工作。鼓励、引导慈善组织建立专项基金，承接政府救助之后转介的个案，形成与政府救助的有效衔接、接续救助。

第八章　监督管理及法律责任

第二十六条　县民政部门及乡镇人民政府要公开临时救助政策及申请审批程序，设立监督电话，接受社会和群众监督。

第二十七条　县财政、审计部门应当对临时救助资金的筹集、分配、管理和使用情况实施监督。

第二十八条　经办人员应当对在调查、审核、审批过程中获得的涉及申请人的信息予以保密，不得向与救助工作无关的任何组织或个人泄露公示范围以外的信息。临时救助获得者是未成年人的，不需公示其信息。

第二十九条　经办人员滥用职权、玩忽职守、徇私舞弊违规办理临时救助或贪污、挪用、扣压、拖欠临时救助金的，严肃追究有关人员的责任；构成犯罪的，依法追究法律责任。

第三十条　经办人员按规定程序尽职完成调查，作出临时救助审批决定后，由于申请家庭隐瞒人口、收入、财产状况以及信息系统数据局限等原因，导致将不符合条件人员纳入临时救助范围的，免予追究经办人员相关责任。适用紧急程序，实施先行救助后，在补齐经办和审批资料的过程中发现申请家庭或个人经济状况或生活状况不符合条件的，免予追究经办人员相关责任。

第三十一条　申请人应如实提供申请信息，并配合民政部门依法开展调查工作。不符合条件的人员冒名顶替、伪造身份信息、隐瞒家庭经济和生活状况，骗取临时救助的，一经查实，立即取消待遇，追回骗取资金，相关信息记入有关部门建立的诚信体系；构成犯罪的，依法追究法律责任。

第九章　附　则

第三十二条　因自然灾害、事故灾难、公共卫生、社会安全等突发公共事件，需要开展紧急转移安置和基本生活救助，以及属于疾病应急救助范围的，按照有关规定执行。

在突发公共事件应急响应期间，县委、县政府的工作部署对临时救助的救助范围、申请材料、办理时限、救助标准等有不同要求的,按照应急响应期间工作部署要求执行。

第三十三条 本办法由县民政局负责解释。

第三十四条 本实施细则自印发之日起施行,有效期5年。《东源县临时救助实施办法》(东府办〔2018〕1号)同时废止。

(二)东源县各级重点文物保护单位

序号	名称	年代	类别	保护级别	地址	公布时间
1	阮啸仙故居	清代	近现代重要史迹及代表性建筑	省级	东源县义合镇下屯村	2002年7月
2	荣封第	清代	古建筑	省级	东源县康禾镇仙坑村	2019年4月
3	仙坑村八角楼	清代	古建筑	省级	东源县康禾镇仙坑村	2012年10月
4	文阁塔	清代	古建筑	市级	东源县黄村镇下七村	2006年9月
5	奎阁塔	北宋	古建筑	市级	东源县柳城镇下坝村	2006年9月
6	义峰苏公祠	明代	古建筑	市级	东源县义合镇义合村	2011年7月
7	东山苏公祠	明代	古建筑	市级	东源县义合镇义合村	2011年7月
8	新山下老围龙屋	清代	古建筑	市级	东源县双江镇高陂村	2011年7月
9	永定桥	明代	古建筑	市级	东源县涧头镇东坝村	2011年7月
10	壹修堂	清代	古建筑	市级	东源县蓝口镇塘心村	2011年7月
11	曾田文笔塔	清代	古建筑	市级	东源县曾田镇玉湖村	2011年7月
12	颜检墓	清代	古葬墓	市级	东源县锡场镇河洞村	2011年7月
13	叶景亭墓	清代	古葬墓	市级	东源县康禾镇仙坑村	2011年7月
14	咸水塘谈判旧址	中华民国	近现代重要史迹及代表性建筑	省级	东源县蓝口镇长江头	2022年7月
15	赵佗故城遗址	秦朝	古建筑	市级	东源县双江镇桥头村	2011年7月
16	萝溪书院	中华民国	近现代重要史迹及代表性建筑	县级	东源县船塘镇老围村	2010年9月
17	粤赣边支队司令部旧址	1948年	近现代重要史迹及代表性建筑	县级	东源县上莞镇新南村	2010年9月
18	中共东江后特委文秀塘旧址	1945年	近现代重要史迹及代表性建筑	县级	东源县黄村镇永新村	2010年9月
19	曲龙乡农民协会旧址	1925年	近现代重要史迹及代表性建筑	县级	东源县康禾镇曲龙村	2010年9月
20	光裕堂	清代	古建筑	市级	东源县叶潭镇文径村	2011年7月
21	乐村石楼	清代	古建筑	省级	东源县蓝口镇乐村	2022年7月
22	慎修堂	清代	古建筑	县级	东源县黄村镇下七村	2010年9月
23	通天岩摩崖石刻	明代	石窟寺及石刻	县级	东源县仙塘镇坭坑村	2010年9月
24	铁门省斋公祠	清代	古建筑	县级	东源县黄田镇黄田村	2010年9月
25	山下村八角楼	清代	古建筑	省级	东源县叶潭镇山下村	2022年7月

续表

序号	名称	年代	类别	保护级别	地址	公布时间
26	南园大夫第	清代	古建筑	县级	东源县仙塘镇红光村	2010年9月
27	双田敬慎堂	清代	古建筑	县级	东源县新港镇双田村	2010年9月
28	柳溪书院	清代	古建筑	县级	东源县仙塘镇红光村	2010年9月
29	洋潭村水口塔	清代	古建筑	县级	东源县涧头镇洋潭村	2010年9月
30	蓝大将军墓	明代	古葬墓	县级	东源县漳溪乡下蓝村	2010年9月
31	黄鼎古墓	明代	古葬墓	县级	东源县漳溪乡漳下村	2010年9月
32	赵廷客墓	清代	古葬墓	县级	东源县半江镇横畲村	2010年9月
33	上莞碧寿洞更新世哺乳动物化石遗址	更新世	古遗址	县级	东源县上莞镇新南村	2010年9月
34	中共河源县委旧址	中华民国	近现代重要史迹及代表性建筑	县级	东源县叶潭镇儒步村	2010年9月
35	河源县人民政府旧址	1948年	近现代重要史迹及代表性建筑	县级	东源县上莞镇太阳村	2010年9月
36	河源县委成立旧址	1940年	近现代重要史迹及代表性建筑	县级	东源县叶潭镇叶潭村	2010年9月
37	下山屋	清代	古建筑	县级	东源县船塘镇小水村	2010年9月
38	民主堂	清代	古建筑	县级	东源县柳城镇柳城村	2010年9月
39	白礤大夫第	清代	古建筑	县级	东源县灯塔镇白礤村	2010年9月
40	永盛古桥	清代	古建筑	县级	东源县灯塔镇结游草村	2021年4月
41	半埔村下新屋	清代	古建筑	县级	东源县叶潭镇半埔村	2021年4月
42	李白村忠行堂	清代	古建筑	县级	东源县上莞镇李白村	2021年4月
43	花树下老屋	清代	古建筑	县级	东源县骆湖镇红花村	2021年4月
44	车头山村双庆堂	清代	古建筑	县级	东源县蓝口镇车头山村	2021年4月
45	仙坑村明德堂	清代	古建筑	县级	东源县康禾镇仙坑村	2021年4月
46	仙坑村行恕堂	清代	古建筑	县级	东源县康禾镇仙坑村	2021年4月
47	李氏祥合公祠	清代	古建筑	县级	东源县黄田镇醒群村	2021年4月
48	礼洞村四角楼	清代	古建筑	县级	东源县黄田镇礼洞村	2021年4月
49	仙坑村崇德堂	清代	古建筑	县级	东源县康禾镇仙坑村	2021年4月
50	仙坑村逢源屋	清代	古建筑	县级	东源县康禾镇仙坑村	2021年4月
51	仙坑村中书第	清代	古建筑	县级	东源县康禾镇仙坑村	2021年4月
52	仙坑村务本堂	清代	古建筑	县级	东源县康禾镇仙坑村	2021年4月
53	仙坑村百护堂	清代	古建筑	县级	东源县康禾镇仙坑村	2021年4月
54	仙坑村蛇龙屋	清代	古建筑	县级	东源县康禾镇仙坑村	2021年4月

续表

序号	名称	年代	类别	保护级别	地址	公布时间
55	仙坑村宝盒屋	清代	古建筑	县级	东源县康禾镇仙坑村	2021年4月
56	仙坑村端本堂	清代	古建筑	县级	东源县康禾镇仙坑村	2021年4月
57	仙坑村司马第	清代	古建筑	县级	东源县康禾镇仙坑村	2021年4月
58	登云书院遗址	清代	古遗址	县级	东源县康禾镇仙坑村	2021年4月
59	儒步村中和堂	清代	古建筑	县级	东源县叶潭镇儒步村	2021年4月

（三）2023年东源县市级以上农业龙头企业名单

序号	级别	评定年限	公司名称	法人代表	所在镇	经营范围
1	市级	2023	东源县醉德春正仙湖茶业发展有限公司	曾新德	上莞镇	茶叶种植
2	市级	2023	河源市政欣农业发展有限公司	李欣倡	上莞镇	水果种植
3	市级	2023	河源市芊丰农林发展有限公司	林宏亮	蓝口镇	树木种植、农副产品销售
4	市级	2023	东源县杰丰农业有限公司	潘武	船塘镇	鹌鹑养殖、培育、销售，鹌鹑蛋销售
5	市级	2023	河源市米小圈生态农业发展有限公司	赖秀南	涧头镇	水稻种植与粮食加工、水产养殖与销售、休闲观光
6	市级	2023	河源太二农业科技有限公司	吴俊	灯塔镇	鱼类养殖、销售
7	市级	2023	广东万绿智慧农业科技有限公司	王晓琳	柳城镇	农产品、水稻种植
8	市级	2023	东源县东顺鸽业有限公司	谢柱光	船塘镇	白鸽养殖、加工、销售，种鸽培育、销售

（四）2023年东源县民办非企业单位登记情况表

单位名称	登记时间	业务主管部门	法人代表	民政分类	地址
东源县家庭教育服务中心	2023.01.09	东源县妇女联合会	赖子豪	社会服务	东源县宝晟城二楼C224商铺
东源县电商公共服务中心	2023.02.14	东源县工业商务和信息化局	许明斌	工商业服务	东源县城行政大道宝晟花园宝格丽A栋101商铺
东源县美的城幼儿园	2023.02.24	东源县教育局	廖育清	教育	东源县城规划区一江两岸控制区美的城小区
东源县灯塔镇个协志愿者服务队	2023.03.08	灯塔镇人民政府	涂俊林	科技研究	东源县灯塔镇镇东路83号

续表

单位名称	登记时间	业务主管部门	法人代表	民政分类	地址
东源县东城豪庭幼儿园	2023.04.18	东源县教育局	朱贯清	教育	东源县东城豪庭小区
东源县暖阳慈善中心	2023.05.15	政府相关职能部门	彭清裕	社会服务	东源县仙塘镇东方红村委综合楼办公室（编号5-105）
东源县花语城幼儿园	2023.07.27	东源县教育局	钟运华	教育	东源县县城规划区新河大道以西I区浩创·花语城幼儿园
东源县桃源里幼儿园	2023.08.01	东源县教育局	张嘉怡	教育	东源县明泰路桃源国际小区
东源县万隆雍和园幼儿园	2023.08.15	东源县教育局	刘海仙	教育	东源县城雍和园花园内
东源县水稻智慧农场技术创新研究中心	2023.09.13	东源县农业农村局	陈考科	农业及农村发展	东源县柳城镇下坝村田间科技小院
东源县护农狩猎队	2023.09.25	东源县林业局	邓文彬	社会服务	东源县仙塘镇仙塘工业园1栋1楼

（五）2023年东源县社会团体登记情况表

单位名称	登记时间	业务主管部门	法人代表	性质	行业分类	民政分类	地址
东源县漳溪畲族乡文化体育协会	2023.04.04	东源县文化广电旅游体育局	吴剑波	一般性社团	联合性	社会服务	东源县漳溪畲族乡文化站内
东源县黄田镇社会工作与志愿服务协会	2023.04.21	东源县黄田镇人民政府	廖树军	一般性社团	联合性	社会服务	东源县黄田镇人民政府
东源县涧头镇社会工作与志愿服务协会	2023.04.21	东源县民政局	赖国雄	一般性社团	联合性	社会服务	东源县涧头镇人民政府
东源县新回龙镇南山下村幸福家园互助会	2023.04.27	东源县民政局	黄天生	一般性社团	联合性	社会服务	东源县新回龙镇南山下村民委员会
东源县社会工作与志愿服务协会	2023.05.22	政府相关职能部门	吴彦晓	一般性社团	联合性	社会服务	东源县民政局二楼
东源县双江镇瓜果行业协会	2023.06.05	东源县农业农村局	黄伟芳	行业协会	行业性	职业及从业者组织	东源县双江镇新田村新一小组16号
东源县新港餐饮住宿行业协会	2023.06.13	东源县工业商务和信息化局	付小勇	一般性社团	行业性	职业及从业者组织	东源县新港镇碉楼居委会
东源县柳城镇社会工作与志愿服务协会	2023.06.13	政府相关职能部门	廖燕妹	一般性社团	联合性	社会服务	东源县柳城镇人民政府一楼108号

附　录

续表

单位名称	登记时间	业务主管部门	法人代表	性质	行业分类	民政分类	地址
东源县新港镇双田畲族村乡村振兴促进会	2023.07.05	东源县乡村振兴局	蓝金青	一般性社团	联合性	社会服务	东源县新港镇双田村委会大楼
东源县餐饮协会	2023.07.24	政府相关职能部门	刘伟兵	行业协会	行业性	职业及从业者组织	东源县东源大道1号深业塞纳湾香堤岸3栋A142号
东源县黄村推广红色文化研究会	2023.07.24	中共东源县委党史研究室	邬焕荣	一般性社团	联合性	社会服务	东源县黄村镇新街
东源县仙塘村教育促进会	2023.08.01	东源县教育局	李嘉敏	一般性社团	联合性	教育	东源县仙塘镇仙塘村老人活动中心
东源县黄村温泉行业协会	2023.09.04	政府相关职能部门	杨小珍	行业协会	行业性	工商业服务	东源县黄村镇新街
东源县龙狮协会	2023.09.19	东源县文化广电旅游体育局	陈志光	一般性社团	专业性	文化	东源县仙塘镇南园古村管委会
东源县健身广场舞协会	2023.10.19	东源县文化广电旅游体育局	朱小梅	一般性社团	学术性	体育	东源县城规划区木京中心区C3-14地块宝晟花园7、8号楼（宝凤居C-231号商铺）
东源县新回龙镇民宿行业协会	2023.11.20	政府相关职能部门	王　菁	行业协会	行业性	工商业服务	东源县新回龙镇甘背塘村心乐青谷民宿
东源县仙塘绿美爱心协会	2023.12.15	东源县仙塘镇人民政府	翟文超	一般性社团	联合性	生态环境	广东省河源市东源县仙塘镇南路

（六）东源县建筑业施工企业一览表

序号	公司名称	经营范围	资质等级
1	广东中创建设有限公司	1. 建筑工程施工总承包一级 2. 市政公用工程施工总承包二级 3. 机电工程施工总承包三级 4. 建筑装修装饰工程专业承包一级 5. 建筑幕墙工程专业承包二级 6. 古建筑工程专业承包三级 7. 钢结构工程专业承包二级 8. 消防设施工程专业承包二级 9. 防水防腐保温工程专业承包二级 10. 模板脚手架专业承包不分等级 11. 建筑机电安装工程专业承包三级 12. 电子与智能化工程专业承包二级 13. 环保工程专业承包三级	一级

续表

序号	公司名称	经营范围	资质等级
		14. 城市及道路照明工程专业承包三级 15. 特种工程（结构补强）专业承包不分等级 16. 施工劳务不分等级	
2	东源华泰建筑工程有限公司	1. 建筑工程施工总承包一级 2. 市政公用工程施工总承包二级 3. 建筑装修装饰工程专业承包二级 4. 钢结构工程专业承包二级 5. 防水防腐保温工程专业承包二级	一级
3	广东旺源建设工程有限公司	1. 建筑工程施工总承包一级 2. 市政公用工程施工总承包二级 3. 建筑装修装饰工程专业承包二级 4. 钢结构工程专业承包三级 5. 建筑机电安装工程专业承包三级 6. 城市及道路照明工程专业承包三级	一级
4	广东万基建设集团有限公司	1. 建筑工程施工总承包一级 2. 地基与基础工程专业承包一级 3. 建筑幕墙工程专业承包一级 4. 钢结构工程专业承包二级 5. 建筑装修装饰工程二级 6. 防水防腐保温工程专业承包二级 7. 市政公用工程施工总承包三级	一级
5	中铁二十三局集团（广东）工程建设有限公司	市政公用工程施工总承包一级	一级
6	广东大睿建设有限公司	建筑工程施工总承包一级	一级
7	东源路桥建筑工程有限公司	1. 建筑工程施工总承包二级 2. 公路工程施工总承包二级 3. 钢结构工程专业承包三级 4. 城市及道路照明工程专业承包三级	二级
8	河源立方市政建筑工程有限公司	1. 建筑工程施工总承包二级 2. 市政公用工程施工总承包二级 3. 建筑装修装饰工程专业承包二级 4. 古建筑工程专业承包三级 5. 钢结构工程专业承包三级 6. 环保工程专业承包三级 7. 城市及道路照明工程专业承包三级 8. 施工劳务不分等级	二级
9	河源华祥建筑工程有限公司	1. 建筑工程施工总承包二级 2. 市政公用工程施工总承包三级 3. 建筑装修装饰专业二级	二级

续表

序号	公司名称	经营范围	资质等级
10	广东东正建设工程有限公司	1. 建筑工程施工总承包二级 2. 市政公用工程施工总承包三级 3. 建筑装修装饰工程专业承包二级 4. 钢结构工程专业承包三级	二级
11	河源市川力建筑工程有限公司	1. 建筑工程施工总承包二级 2. 市政公用工程施工总承包三级 3. 建筑装修装饰工程专业承包二级	二级
12	广东恒业建设工程有限公司	建筑工程施工总承包二级	二级
13	广东新鑫旺建设工程有限公司	建筑工程施工总承包二级	二级
14	广东粤商基础建设有限公司（太平洋）	市政公用工程施工总承包二级	二级
15	广东耀嘉建设工程有限公司	1. 建筑工程施工总承包二级 2. 市政公用工程施工总承包三级	二级
16	东源县水电公司	1. 水利水电总承包三级 2. 建筑工程施工总承包三级	三级
17	东源中大公路养护工程有限公司	1. 公路工程施工总承包三级 2. 市政公用工程施工总承包三级 3. 环保工程专业承包三级 4. 城市及道路照明工程专业承包三级	三级
18	河源市诚源实业发展有限公司	1. 建筑工程施工总承包三级 2. 市政公用工程施工总承包三级	三级
19	河源科辉实业有限公司	1. 建筑工程施工总承包三级 2. 市政公用工程施工总承包三级 3. 建筑装修装饰工程专业承包二级	三级
20	东源路兴公路建筑工程有限公司	1. 建筑工程施工总承包三级 2. 市政公用工程施工总承包三级 3. 公路工程施工总承包三级 4. 古建筑工程专业承包三级	三级
21	广东省河源市禾文建筑工程有限责任公司	1. 建筑工程施工总承包三级 2. 市政公用工程施工总承包三级	三级
22	河源方元市政建筑工程有限公司	1. 建筑工程施工总承包三级 2. 市政公用工程施工总承包三级 3. 环保工程专业承包三级	三级
23	广东亿城建筑工程有限公司	建筑工程施工总承包三级	三级
24	河源市恒顺公路工程有限公司	公路工程施工总承包三级	三级
25	广东腾茗建筑工程有限公司（融湾）	建筑工程施工总承包三级	三级

续表

序号	公司名称	经营范围	资质等级
26	河源市振陇建筑工程管理有限公司（城头）	1. 市政公用工程施工总承包三级 2. 机电工程施工总承包三级 3. 环保工程专业承包三级 4. 建筑工程施工总承包三级 5. 地基基础工程专业承包三级 6. 建筑装修装饰工程专业承包三级	三级
27	广东恒信达建筑工程有限公司	1. 建筑工程施工总承包三级 2. 城市及道路照明工程专业承包三级 3. 市政公用工程施工总承包三级 4. 钢结构工程专业承包三级 5. 建筑幕墙工程专业承包二级 6. 环保工程专业承包三级 7. 施工劳务不分等级 8. 古建筑工程专业承包三级 9. 建筑装修装饰工程专业承包二级	三级
28	广东达洋建设工程有限公司	1. 建筑工程施工总承包三级 2. 钢结构工程专业承包三级 3. 市政公用工程施工总承包三级	三级
29	河源市鸿冠建筑工程有限公司	1. 建筑工程施工总承包三级 2. 市政公用工程施工总承包三级 3. 工劳务不分等级	三级
30	广东五腾建设有限公司	1. 建筑工程施工总承包三级 2. 市政公用工程施工总承包三级 3. 古建筑工程专业承包二级 4. 钢结构工程专业承包三级 5. 水利水电工程三级	三级
31	广东国大建设工程有限公司	1. 环保工程专业承包三级 2. 市政公用工程施工总承包三级 3. 建筑工程施工总承包三级 4. 地基基础工程专业承包三级 5. 建筑装修装饰工程专业承包二级	三级
32	广东铭嘉建筑工程有限公司	1. 市政公用工程施工总承包三级 2. 建筑工程施工总承包三级 3. 古建筑工程专业承包三级	三级
33	广东东竣建设有限公司	市政公用工程施工总承包三级	三级
34	广东东江和为建设有限公司	1. 建筑工程施工总承包三级 2. 市政公用工程施工总承包三级 3. 建筑装修装饰工程专业承包二级	三级

续表

序号	公司名称	经营范围	资质等级
35	广东宏昱电力有限公司	1. 电力工程施工总承包二级 2. 地基基础工程专业二级 3. 建筑工程装修装饰专业二级	二级
36	东源合创建筑工程有限公司	钢结构工程专业总承包二级	二级
37	广东河隆建设工程有限公司	1. 建筑装修装饰工程专业承包二级 2. 市政公用工程总承包三级 3. 建筑工程施工总承包三级	三级

（七）东源县500千瓦以上水电站基本情况表

序号	电站名称	所在乡镇、村	管理单位	装机容量（台/千瓦）		设计年发电量（万kWh）
				千瓦	台	
1	木京水电站	仙塘木京村	股份制	30 000	3	11 584
2	下洞一级水电站	仙塘热水村	股份制	630	1	105
3	礤下水电站	仙塘热水村	股份制	800	2	244
4	礤头水电站	蓝口礤头村	移民局	1 260	2	381.8
5	石大水电站	蓝口礤下村	股份制	6 600	3	1 696
6	铁星水电站	蓝口铁场埔村	股份制	1 890	3	479.3
7	齐坑（土坡）水电站	蓝口土坡村	股份制	950	3	325
8	龙潭柳水电站	蓝口长江头村	股份制	2 000	2	736.91
9	大围水电站	蓝口大围村	股份制	1 600	2	490
10	径背水电站	蓝口铁场埔村	股份制	600	2	202
11	蓝口富源水电站	蓝口鹊坝村	股份制	25 500	3	9 002
12	红星水电站	蓝口花径村	水务局	3 400	5	1250
13	红星坝后水电站	蓝口花径村	水务局	500	1	187
14	洋洞一级水电站	义合下屯村	股份制	1 890	3	600
15	义合（黄田）水电站	义合抚洲村	股份制	20 000	4	9 395
16	义合礤头水电站	义合高楼村	股份制	630	1	198
17	坑口水电站	义合白马村	水务局	2 500	2	950
18	柳下水电站	黄田鹤塘村	个体	950	2	230
19	高桥一级（白溪）水电站	黄田白溪村	股份制	525	2	100
20	高桥水电站	黄田白溪村	股份制	640	2	120

续表

序号	电站名称	所在乡镇、村	管理单位	装机容量（台/千瓦）		设计年发电量（万 kWh）
				千瓦	台	
21	高洞水电站	黄田久社新联村	股份制	570	2	105
22	小溪水电站	黄田久社陈村村	个体	640	2	175
23	岑田水电站	黄田坑口村	水务局	630	1	304
24	李田水电站	船塘李田村	股份制	900	2	229.6
25	主固坡水电站	船塘主固村	个体	500	2	173
26	牛过埠（黄沙）水电站	船塘黄沙村	股份制	960	3	302
27	车田水电站	船塘福坑村	股份制	500	2	179
28	大水坑水电站	上莞百坝村	股份制	520	2	133
29	金史水电站	顺天金史村	镇政府	600	3	180
30	捉鱼岩水电站	顺天镇牛潭村	镇政府	660	5	157
31	赤竹径二级水电站	顺天二龙江村	水务局	640	2	165
32	游鸭礤水电站	灯塔下围村	个体	750	2	133.2
33	白礤水电站	灯塔白礤村	水务局	640	2	150
34	凤门坳水电站	黄村正昌村	股份制	650	2	230
35	旧洞水电站	黄村三洞村	股份制	950	2	192.83
36	细坳水电站	黄村上七村	股份制	1 000	2	354
37	钟鼓岭水电站	黄村永新村	股份制	630	1	147.71
38	邬洞大河尾水电站	黄村邬洞村	股份制	500	1	128
39	半埔（中冠）水电站	叶潭半埔村	股份制	1 260	2	428
40	山下粮角水电站	叶潭山下村	股份制	800	2	240
41	新中（径口）水电站	涧头新中村	镇政府	2 000	2	530.2
42	礤下岗水电站	涧头礤蛾村	股份制	1 000	3	243
43	大往水电站	涧头大往村	个体	630	1	276.3
44	涧头石下水电站	涧头新中村	股份制	1 890	3	567
45	半江樟溪水电站	半江樟溪村	股份制	650	2	227
46	茅岭三级水电站	半江茅岭村	集体	1 260	2	353.14
47	茅岭二级水电站	半江茅岭村	股份制	2 000	2	699.3
48	茅岭一级水电站	半江茅岭村	股份制	640	2	175.07

续表

序号	电站名称	所在乡镇、村	管理单位	装机容量（台/千瓦）		设计年发电量（万kWh）
				千瓦	台	
49	半江珠坑水电站	半江珠坑村	股份制	500	1	139.58
50	渔潭水电站	半江渔潭村	股份制	1 260	2	399
51	高水二级水电站	回龙东星村	股份制	1 500	3	550
52	深水水电站	回龙留洞村	股份制	800	2	196
53	下洞水电站	回龙下洞村	股份制	500	1	150
54	龙泉溪水电站	回龙东星村	股份制	500	1	158
55	洞源水电站	回龙洞源村	股份制	534	3	75
56	苦竹坪水电站	回龙东星村	股份制	900	2	300
57	横坑（雙晟）水电站	回龙横坑村	股份制	525	2	158
58	碧石径（仙人掌）水电站	康禾黎顺村	股份制	1 600	2	368
59	康顺（仙坑）水电站	康禾仙坑村	股份制	800	2	330
60	南山水电站	康禾南山村	股份制	1 040	3	319
61	若坝（塘军二级）	康禾曲龙村	股份制	925	3	278
62	雅陶水电站	康禾雅陶村	股份制	560	2	113
63	陈坑角水电站	康禾陈坑村	镇政府	640	2	165.3
64	陈坑水电站	康禾陈坑村	股份制	500	1	145
65	石合水电站	锡场石合村	股份制	3 000	3	1 074
66	三洞水电站	锡场三洞村	股份制	3 000	3	1 040
67	同心水电站	锡场林石村	股份制	520	2	200
68	中村水电站	锡场林石村	股份制	640	2	218
69	下营水电站	锡场三洞村	股份制	800	2	200
70	横畬水电站	新港双田村	股份制	500	1	140
71	滑石水电站	新港李田村	股份制	500	2	160
72	珠坑水电站	双江珠坑村	股份制	700	2	219
73	柳城鸿友水电站	柳城上洞村	股份制	600	2	87.86
74	柳城富源水电站	柳城围星村	股份制	25 500	3	8 524
75	柳城诗前水电站	柳城上洞村	股份制	600	2	77.78
76	柳城一级水电站	柳城镇柳城村	镇政府	800	2	320
77	柳城二级水电站	柳城镇黄洞村	镇政府	800	2	226
78	柳城泰华（兴源）水电站	柳城镇柳城村	股份制	600	2	177

表格索引

2023年东源县乡镇行政区划表	33
2023年东源县百岁老人花名册	38
2023年东源县工业园区重点企业清单	151
2023年东源县客货运输情况统计表	155
东源县房地产企业名录	160
东源县房地产项目名录	160
2023年东源县一般公共预算收入情况表	168
2023年东源县一般公共预算支出情况表	169
2023年东源县各行业分布情况表	182
2023年东源县个私协会成员名单	182
2023年东源县达标药店名录	183
2023年东源县中小学校统计表	190
2023年东源县学生情况统计表	190
2023年师资队伍情况统计表	190
2023年仙塘镇基本情况统计表	242
2023年灯塔镇基本情况统计表	246
2023年双江镇基本情况统计表	249
2023年涧头镇基本情况统计表	252
2023年顺天镇基本情况统计表	255
2023年漳溪畲族乡基本情况统计表	258
2023年骆湖镇基本情况统计表	261
2023年船塘镇基本情况统计表	263
2023年上莞镇基本情况统计表	267
2023年曾田镇基本情况统计表	271
2023年柳城镇基本情况统计表	274
2023年蓝口镇基本情况统计表	277
2023年叶潭镇基本情况统计表	280
2023年黄村镇基本情况统计表	283
2023年康禾镇基本情况统计表	286
2023年黄田镇基本情况统计表	288

表格索引

表名	页码
2023年义合镇基本情况统计表	291
2023年新回龙镇基本情况统计表	295
2023年锡场镇基本情况统计表	298
2023年半江镇基本情况统计表	300
2023年新港镇基本情况统计表	303
2023年东源县国民经济和社会发展主要指标	304
2023年东源县主要农作物生产情况	305
2023年东源县畜牧业、渔业生产情况	305
2023年东源县工业情况	306
2023年东源县建筑业情况	306
2023年东源县民用船舶拥有量	307
2023年东源县社会消费品零售额	307
2023年东源县旅游业情况	307
2023年东源县财政、金融情况	308
2023年东源县教育、卫生事业情况	308
2023年东源县获市（省厅局）级以上表彰先进个人（工作者）、单位名录	311
东源县各级重点文物保护单位	317
2023年东源县市级以上农业龙头企业名单	319
2023年东源县民办非企业单位登记情况表	319
2023年东源县社会团体登记情况表	320
东源县建筑业施工企业一览表	321
东源县500千瓦以上水电站基本情况表	325

主题索引

说 明

1. 本索引采用主题分析方法，按主题词汉语拼音顺序排列。
2. 本书的"特载""大事记（2023年）""社会经济统计资料""人物""附录"等类目未作索引。
3. 索引的主题词后面的数字表示内容所在页码，数字后面的拉丁字母（a、b、c）表示该页自左至右的栏别。

A

安全保卫	97c
安全播出	222c
安全建设	186c
安全生产	150c，159c，185c
安全生产管理	155a
安置帮教	141b
桉树林整治	145a
案件化解工作	94b
案由	84a

B

百岁老人	38c
半江圩镇	299b
褒扬纪念	238c
保健设施	229c
保密工作	59b
编制周转池制度	68c
博物馆服务	215b
部门履职评议	82a

C

财务管理	97c
财政监管	167c
财政收入	167a
财政支出	167b
残疾人基本服务状况调查	125b
残疾人家庭无障碍改造	125b
残疾人教育助学	124c
残疾人康复工程	123c
残疾人培训与就业	124a
残疾人评残办证	124c
残疾人社会保障	125a
残疾人文体宣传	125c
测绘和地理信息管理	185b
曾田圩镇	269a
曾田镇中心小学	207b
曾田中学	205a
茶叶	40a
车辆管理	98c
城市管理	161a
城市建设	88a
崇伊中学	209c
畜牧业生产	143a
传染病控制	226a
传染病卫生	225c
船塘圩镇	262c
船塘镇三河中心校	208b
船塘镇中心小学	206a
船塘中学	203b
村镇生活垃圾治理	159c

D

打击刑事犯罪	134c
大病保险	236b

大众健康	176c	东源县第一小学	197b
代表活动	82c	东源县第一幼儿园	201b
代表建议督办	82b	东源县东华学校	197a
代建项目	159a	东源县清平中学	195a
档案工作	60a	东源县实验中学	194b
党风廉政建设	110a	东源县特殊学校	196b
党建服务	122a	东源县卫生职业技术学校	191c
党建工作	127b，130c，188b	东源县仙塘幼儿园	202c
党外代表人士	74c	东源县越祥湾幼儿园	202a
党外知识分子和阶层人士	74c	东源县职业技术学校	191a
党组织与党员	61c	东源中学	193a
道路交通安全管理	135a	动物疫病防控	143c
德育工作	189a	督查督办	92b
灯塔盆地中型灌区建设	147a	队伍管理	175b
灯塔圩镇	244a		
灯塔镇中心小学	208a	**E**	
灯塔中心卫生院	224c	儿童保健	230b
灯塔中学	203c	二甲复审工作	232a
地籍管理	185a		
地形地貌	35a	**F**	
地质灾害防治	185b	法律监督	82a
电网建设	150c	法律援助	141c
电子监察	96b	法治宣传	141a
调研工作	59b	法治政府建设	140c
东江客家名菜	41b	反邪教工作	133b
东江中学	192a	防返贫工作	76c
东源高级中学	193c	房地产企业	160a
《东源年鉴2022》编印	73a	房地产市场管理	159b
东源文艺品牌打造	127c	房地产项目	160a
东源县崇文学校	196a	"放管服"改革	180a
东源县春泽醒群实验学校	210a	放射卫生	225b
东源县第二小学	198a	非公人士教育学习	122a
东源县第二幼儿园	201c	非物质文化遗产保护	212a
东源县第三小学	198b	扶贫济困	123a
东源县第四小学	199a	服务保障绿美东源	138a
东源县第五小学	199b	服务能力	121c

服务青年	118a	工业经济	148a
服务网点	157b	工资福利与退休管理	233c
服务网络	157a	工作体系构建	43b
服务与管理	166c	公安队伍建设	135c
服务质量	157b	公共场所卫生	225b
妇联组织建设	118c	公共法律服务	141c
妇女保健	230a	公共服务	95b
妇女儿童关爱维权	120b	公共卫生	227b
妇女发展	119b	公积金管理	162c
妇女思想引领	119a	公路安全生产	155c
		公路养护	155b

G

公务车辆管理	98a
改革转制	165a
公益诉讼检察	137b
概况　　36c，43a，58c，61c，68b，70b，72b，73c，74b，76c，78a，92a，94a，95b，97a，98b，99a，109b，113a，117a，118c，121a，122b，123b，126a，127a，128c，130a，138c，149b，150b，156a，156b，157a，157c，162c，163a，165a，166b，169a，173a，173b，173c，174a，174b，175b，177a，178a，179b，188a，221c，223a，225a，226a，229a，229c，230c，231b，232b，235c，237a，240a，243b，247a，250a，253a，255c，259a，261c，264b，268a，271b，274c，278a，281a，284a，286b，289a，292b，295b，298b，301a	
公证工作	141c
供电服务	150c
固定资产投资与重点项目建设	177b
观塘小学	200a
关心下一代工作	66a
规范县镇属地管理	69a
规范性文件备案审查	82a
规划管理	185b
国家级公园建设	145c
国企经营	170a
国土安全监管	115a
国资国企改革	169c
国资监管	170a

干部队伍建设　　62b，74b，180a，224b	
干部培训和思想引领	73c

H

高考成绩	189b
革命老区建设	77c
河长制推行	146c
革命史迹　　246c，263c，274a，283b	
和美乡村建设	44b
革命史迹与文物	280b
《河源年鉴2023》组稿	72c
革命遗址普查	72c
后勤保障	211b
耕地保护	184b
湖面清漂保洁	114c
工程建设	155b
华南师范大学附属东源小学（东源县第六小学）	
工农业	37a
	199c
工业产品安全	181a
环保督察	164a

环保监督	81c	监控管理	174b
环保绿化	97b	检验检测能力建设	228b
环境监测	164c	建功立业	116a
环境质量	35b	建议	84b
环卫绿化管理	161b	建议提案办理	93b
黄村圩镇	282a	建置沿革	33a
黄村镇中心小学	205c	涧头圩镇	251a
黄村中学	203c	涧头镇中心小学	207c
黄沙中心学校	209a	涧头中学	204c
黄田圩镇	287b	健康服务	90c
黄田镇中心学校	209c	健康宣教	228c
惠企服务	148b	交通环境	89b
		交通基础建设	154a
		交通运输管理	154c

J

机构改革	68c	交通综合执法	154b
机关饭堂管理	97b	教学研究	189b
机关事务管理	97a	教育发展	90c
基本公共服务	231a	教育教学研训	210c
基本公共卫生服务	223c	教育质量监测	210c
基本医疗保险	235c	接待工作	98b
基本医疗保险待遇	236a	接访工作	94b
基层督导	228b	结核病防治	229b
基层政权和社区建设	237b	金融发展	92c
基层组织建设	63a, 116b, 241c, 245a,	金融工作	172a
248a, 251b, 254b, 257a, 260a, 263b, 266b,		经济	240a, 243c, 247b, 250c, 253b,
269b, 273b, 276b, 279b, 287c, 290c, 294b,		256a, 259a, 262a, 264c, 268b, 271c, 275a,	
297a, 299c, 302a		278b, 281b, 284a, 287a, 289c, 292c, 296a,	
基础设施建设	149c, 164a, 240c, 244b,	299a, 301a	
251a, 253c, 256b, 259b, 262b, 268c, 272b,		经济监督	81a
275b, 281c, 287b, 290a, 293c, 296b, 301b		经济指标	232a
基建工作	97c	精神病防治	229b
计量工作	181b	精神文明建设	71b
纪检队伍建设	111b	久社中心学校	209b
家庭家教家风建设	119c	就业创业	234a
价格管理及价格认定	177c	卷烟营销	166b
价格监管	181b	军事工作	130b

K

康禾圩镇	284b
康禾镇中心小学	207a
康禾中学	204c
抗震救灾	186a
科技创新	89c
科普公共服务	126a
科普设施建设	126b
科普宣传	126c
科普志愿服务	126c
科学技术	148a
客户服务	156c，158b，172c，175b
客家古村居	285c
矿产管理	185a
矿产资源	36a，184a

L

蓝口圩镇	275c
蓝口镇中心卫生院	224c
蓝口镇中心小学	208a
蓝口中学	204b
劳动关系仲裁调处	234b
劳动者权益维权	234c
老干部工作	65b
老龄工作	237c
理论工作	70c，128c
理论建设和决策咨政	74a
理赔服务	175c
联谊宣传	102c
粮食、花生、果蔬生产	143a
粮食储备	178a
两癌筛查	230b
两定机构	236b
"两新"组织党建工作	64a
林地林木管理	113c
林木林地管护	145b
林下经济	115b
林业产业发展	145b
林业行政执法	145c
林政资源管理	145b
流通网络建设	166a
柳城圩镇	272a
柳城镇中心小学	205c
柳城中学	203b
"6·30"助力乡村振兴活动	77c
路政管理	155c
骆湖圩镇	259c
骆湖镇中心小学	207b
骆湖中学	204c
旅行社简介	220c
旅游餐饮与特产	301c
旅游产业	115a，293b
旅游发展	214b
旅游景区简介	217b
旅游酒店简介	221a
旅游与民俗活动	257c
旅游与特产	242c，252c，288b，291c，297c
旅游资源	36c
履职担当	232b
绿化造林	145a
绿美建设	90a
绿美生态建设	113b
绿色产业建设	247b
绿色低碳发展	90b
绿色发展	163b

M

麻风病防治	229a
美的城小学	200b
秘书工作	58c

免疫预防	226c	企业信用监管	180c
民商事审判	139b	气候	35b
民生保障	167c	气象保障机制	146b
民生福祉	102c	气象保障能力	146a
民生监督	81b	侨联工作	122c
民生警务建设	135b	侨务工作	75a
民事行政检察	137b	青年志愿者行动	118a
民营经济统战	75a	青少年思想引领	117b
民主监督	102a	全民健身	214c
民族工作	75b		
民族中学	205b		

N

R

		人才队伍建设	62c，232a，233b
		人才建设	232c
纳税服务	171a	人道救助	129b
内生动力	89b	人口民族	35a
能源管理	177c	人民调解	141a
年度计划编制	177a	人民生活	38c
农产品质量监管	143b	人事管理工作	233c
农村公路	155c	人事任免	81a
农村集中供水建设	146c	日常管理	96b
农村危房改造	160c		
农民专业合作社建设	166a		
农业发展	88c		

S

农业龙头企业选介	144a	三防工作	185c
农业农机	144a	三献活动	129c
		扫黑除恶斗争	133b
		森林病虫害防治	114b
		森林防火	114a，145a

P

排水排污	159c	森林防灭火	186a
盘活土地	149c	商贸财税金融	272a
皮肤、性病防治	229b	上莞圩镇	265c
平安东源建设	132a	上莞镇中心小学	207a
		上莞中学	204b
		少先队阵地建设	117c

Q

企业服务	150a	设施建设	188c
企业管理	156b，174c	社会保险管理	234c
企业文化	174c	社会保障	38b，90b，279c，302c

社会服务	174a	双随机、一公开	225c
社会福利事业	237a	双拥工作	131a
社会公益	121c	双拥共建	238b
社会救助	237b	双转移基地	99b
社会民生	241c，245b，248b，252b，255a，257b，261b，263b，267a，270b，273c，277a，282c，285b，288a，291a，294b，297a，300a	水旱灾害防御	147b
		水利水电	146b
		水土流失治理	147c
社会事务	237c	水文	35c
社会维稳	132a	水政执法	147b
社会治安管理	134c	水资源	36b
社会治理	91a	水资源管理	147a
社区矫正	141b	税费工作	170c
深化改革	45a	顺天圩镇	253c
审计工作	179c	顺天镇中心小学	206c
生态工程建设	144c	顺天中学	203a
生态环境	295b	司法改革	140a
生育保险	236a	司法救助	133c
省级示范项目建设	99b	思想政治建设	62a
省级文物保护单位	212c	诉源治理	138b
师资建设	189c	素质教育	189a
十件民生实事落实	91b		

T

实体经济	175c		
食品安全	180c	台港澳事务	74c
史迹和特产	270c	特色产业	254c，280c
史志编研	73a	特色效益农业	143b
史志宣传教育	73a	特种设备安全	181a
市场管理	186c	提案办理	102b
市场贸易	148c	体制改革	112a
示范县创建工作	94b	统计调查	178c，179a
市政管理	161b	统计队伍建设	178b
事业机构编制管理	69a	统计法治	179a
寿险业务	175a	统计法治建设	178b
数字化转型	158a	统计服务	178c
数字政府	95c	统计活动	179b
双江圩镇	247c	图书馆服务	216c
双江中心学校	208c	土地经营	163a

土地开发	184b		
土地资源	36b，184b		
土特产	40b		

W

外事工作	93a
网络建设	157c
网络建设及安全	156c
维权服务	116c
卫生设施建设	224b
卫生许可	225c
未成年人保护检察	137c
位置面积	33b
文电法规工作	59a
文化馆服务	216a
文化教育	37c
文化设施建设	212a
文化体育	91a
文化习俗	246b
文教卫生	251b，294a
文教卫体	241a，244b，247c，254a，256c，259c，262c，266a，269b，273a，276b，279a，282a，285a，287b，290a，296c，299c，302b
文旅产业	285b
文旅中心	215b
文秘工作	92a
文物保护与利用	212b
文物史迹	277c
文物史迹与特产	267b
文物与特产	248c
文艺繁荣高质量发展	128a
文艺平台阵地搭建	128b
文艺志愿服务	127b
闻啸轩学堂服务	217a
污染防治	90a，163c

X

锡场圩镇	296b
锡场镇中心学校	209a
仙塘圩镇	241a
仙塘镇中心小学	205c
仙塘中学	203a
县城管控	161b
县九届人大常委会会议	79a
县九届人大三次会议	78a
县委常委会会议	48c
县委决策落实	81a
县域产业发展	43c
县域经济	88a
县政府常务会议	86a
县政协常委会会议	101a
县直机关工委工作	64c
献血义诊活动	129a
乡村建设	77a，88b
乡村振兴	133c，176b，242b，248b，250b，254c，257b，260c，262b，270b，272c，275c，278c，282c，284b，291a，294c，297b，300c
乡村治理工作	77b
乡镇产业发展	44a
项目审批服务	177b
项目资金申报	177b
消防队伍装备建设	135c
消防宣传	136b
消费维权	181c
校园安全	189c
叶潭圩镇	278c
叶潭镇中心小学	206c
叶潭中学	204a
新港圩镇	301c
新港镇南湖中心校	208c
新港中心学校	209b

新回龙圩镇	292b	12345政务服务热线	96a
新回龙中心学校	208b	移交安置和就业创业	238c
新媒体拓展业务	222c	移民参保	99c
新农村建设	245c，265c，302c	移民后期扶持	99a
新闻出版（版权）	71c	移民培训	99c
新闻信息	59b	移民信访	99c
新型工业发展	89a	义合镇中心卫生院	225a
新型农业经营主体	143c	义合镇中心小学	207c
信访法治化宣传	94c	义合中学	204b
信访工作	82b，123b	义诊活动	232a
信访维稳	162b	异地就医	236b
信息技术建设	211a	医保基金监管	236b
刑事检察	137a	医保经办	236c
刑事审判	139a	医防融合	233a
行政复议与应诉	140c	医疗保险	233b
行政划分	33c	医疗管理	232c
行政审判	139b	医疗救助	236b
宣传工作	71a，166c，222a	医疗设备	231c
宣传教育	111a	医疗市场监督	225b
学科建设	232a	医疗业务	233b
学校卫生	225b	医药管理	233a
巡视巡察	111c	医药卫生体制改革	224a
		疫情防控	223a

Y

		意识形态工作	71b
烟草执法	166b	饮用水卫生	225b
盐业	181c	营商环境	89c
药品安全	180c	应急救护培训	129a
野生动植物保护	114b	应急救援	186b
野生动植物资源	36c	用地管理	184c
业务发展	173b，174a	优抚优待	238a
业务交流	128b	优化机构职能体系	68c
业务结构	174b	友好往来	122c
业务经营	172a，174c，175a，175c	渔业生产	143a
业务收入	231a	渔业资源保护和利用	114c
业务效益	156a	御景豪园幼儿园	202b
依法治县	140b	园区产业	149c

主题索引

园区管理	150a	中共东源县八届四次会议	46a
园区建设	88c	中共东源县八届五次会议	47c
园区平台建设	149c	中共东源县委 东源县人民政府关于印发《东源县贯彻落实〈关于推动北部生态发展区高质量发展的意见〉的实施方案》的通知	58b
孕产妇死亡调查	230b		

Z

		中共东源县委关于贯彻《中共广东省委关于深入推进绿美广东生态建设的决定》的实施意见	58b
漳溪畲族乡中心小学	206b		
漳溪圩镇	256b	中小企业	176a
招标监督管理	159b	重大风险防范化解	136a
招商引资	148b，176a	重大事项决定	80c
阵地建设	74a	重大疫情医疗保障	236b
镇域建设	88a	重要会议	109c
征兵工作	130b	主导业务	165c
征管措施	170c	主题教育	73b，121b
征收工作	162a	住房保障	159a
正风反腐	110c	驻镇帮镇扶村	77c
政法队伍建设	133c	专题调研	102b
政府信息	93a	专业技术职称评审	233c
政务公开	96b	资产管理	97b
政协第九届东源县委员会第三次会议	100a	资产业务	172c
政治工作	130a	自身建设	66a，83a
支农支小	173b	宗教工作	75c
知识产权运用	180b	总体经营	172b
执法打假	181a	综合督办工作	59a
执法规范化建设	135a	综合监督执法	224a
执法监察	185a	综合协调	92b
执法与信访	164b	综合应急救援工作	136a
执行工作	139c	综合治理	242a
职业技能培训	234b	综治管理	245b，248a，252a，254c，257a，260c，263a，266c，270a，273c，276c，280a，282c，284c，288a，290c，294b，297b，300b，302a
职业卫生	225c		
治安户籍管理	135b		
制度建设	98b	走访调研	123b
智慧人社信息化建设	235b	组织建设	117a，121b

339